国家高新区上市公司创新能力评价报告

2022

刘会武　张冲亚　主编

·北京·

图书在版编目（CIP）数据

国家高新区上市公司创新能力评价报告.2022 / 刘会武，张冲亚主编. —北京：科学技术文献出版社，2023.8
ISBN 978-7-5235-0657-8

Ⅰ.①国… Ⅱ.①刘… ②张… Ⅲ.①上市公司—企业创新—研究报告—中国—2022 Ⅳ.① F279.246

中国国家版本馆 CIP 数据核字（2023）第 160742 号

国家高新区上市公司创新能力评价报告2022

策划编辑：王梦珂　　责任编辑：刘　硕　　责任校对：王瑞瑞　　责任出版：张志平

出 版 者	科学技术文献出版社
地　　　址	北京市复兴路15号　邮编　100038
编 务 部	（010）58882938，58882087（传真）
发 行 部	（010）58882868，58882870（传真）
邮 购 部	（010）58882873
官 方 网 址	www.stdp.com.cn
发 行 者	科学技术文献出版社发行　全国各地新华书店经销
印 刷 者	北京虎彩文化传播有限公司
版　　　次	2023年8月第1版　2023年8月第1次印刷
开　　　本	889×1194　1/16
字　　　数	662千
印　　　张	27.5
书　　　号	ISBN 978-7-5235-0657-8
定　　　价	198.00

版权所有　违法必究

购买本社图书，凡字迹不清、缺页、倒页、脱页者，本社发行部负责调换

编辑委员会

主　　任：王胜光　贾敬敦

副主任：李有平　杨　辉　安道昌

委　　员：周　力　余志海　魏　颖　谭祥美　孙法春　宋　捷
　　　　　沙新华　庞鹏沙　柳　澎　李志远　李　享　李　军
　　　　　谷潇磊

编写组人员

组　　长：刘会武　张冲亚

副组长：曹　方　王春阳

成　　员：李海泽　王晶晶　刘　琳　丁巧云　姜冉冉　王昱鹏
　　　　　汪　敏　韦海洋　韩　璐　朱晓慧　康大臣　邹秀萍
　　　　　杨　斌　赵祚翔　魏凤忆　陈宝新　任　伟　徐　荣
　　　　　王　琪　任智智　徐　钦　邱继翔　胡一鸣　杜　洋
　　　　　陈籽铮　周道韫　何　燕　魏海晴　王　熙　郑敏娜
　　　　　周少杰　曲　翔　李　辉　何　丁

前　言

当前，新一轮科技革命和产业变革正在重构全球创新版图、重塑全球经济结构。以人工智能、量子信息、移动通信、物联网、区块链为代表的新一代信息技术加速突破应用，以合成生物学、基因编辑、脑科学、再生医学等为代表的生命科学领域孕育新的变革，融合机器人、数字化、新材料的先进制造技术正在加速推进制造业向智能化、服务化、绿色化转型。同时，"新冠疫情"的大规模暴发将重塑全球产业链、供应链，倒逼对新技术和新模式的需求，产业链安全越发重要，区域化布局供应链将成为常态，关键领域的"国产替代"和"5G应用"迎来重大机遇期。在中国科技事业密集发力、加速跨越的今天，国家高新区扮演着极为重要的角色，而国家高新区内的上市公司则是高新区科技创新的排头兵。截至2021年底，1864家A股上市公司为国家高新区贡献了33.68%的营业收入、62.03%的研发投入及47.97%的研发人员，申请的PCT专利数量占国家高新区整体的26.44%。[①]

本报告共分6章。

第一章主要对国家高新区上市公司创新能力评估的研究背景、指标设计等进行介绍。在新一轮科技革命和产业变革突飞猛进的情况下，面对百年未有之大变局，党的二十大报告提出，坚持创新在我国现代化建设全局中的核心地位，把科技自立自强作为国家发展的战略支撑，加快实现高水平科技自立自强，加快建设科技强国。国家高新区作为我国发展新经济、培育新动能和发展高新技术产业的重要平台，积极贯彻落实新发展理念和创新驱动发展战略，紧扣"创新驱动发展示范区和高质量发展先行区"的目标定位，成为我国实现高质量发展的重要力量，当前已进入创新驱动高质量发展新阶段。上市公司聚焦主业创新发展，借力资本市场突破创新，科技与资本深度融合，对全国企业的创新引领作用日益凸显。在国家创新发展大背景的基础上，结合创新发展理论，科学设计了一套评价体系，对国家高新区上市公司创新能力进行评估。

第二章主要是对国家高新区上市公司创新能力的整体分析。截至2021年底，全国169家国家高新区内拥有上市公司2283家，较上年增加了327家（新增336家，退市9家）。总体来看，在2283家国家高新区上市公司中，A股上市公司占绝对主导地位，创新产出效率较高，盈利能力较

---

① 数据来源：2022年11月，中国高新区研究中心整理。

强，投资价值正在逐步升高，但整体研发强度略低于美股，资本运作能力和管理专业度表现较差，带动本地就业方面表现较弱；港股上市公司规模较大，平均融资规模表现最优，研发投入经费最多，员工薪酬激励和资本运作能力表现较强，在人力市场表现出更强的竞争力，但研发强度较低，股息率呈逐年下降趋势，"黄金投资时代"正在渐行渐远；美股上市公司表现出更强的风险偏好，在企业治理方面表现出更强的专业性，但整体市值表现较差，研发强度呈下降趋势，创新产出效率有待进一步提升。从上市板块来看，北交所由于刚成立不久，上市公司规模较小，各方面表现较弱，科创板作为新生板块，纵然在绝对指标上和传统的三大板块有些差距，但在研发强度、人员结构、专利产出等方面依然表现出强大的生命力，2021 年深交所主板、上交所主板、深交所创业板、上交所科创板和北交所的国家高新区上市公司创新能力指数得分依次为 84.06 分、86.79 分、63.03 分、79.66 分、18.93 分。依据本报告设计的创新贡献测度方法，测得国家高新区内 1864 家 A 股上市公司对国家高新区的创新发展贡献度高达 25.07%，对全国经济增长的创新发展贡献度亦达到 6.30%[①]。

第三章是对国家高新区上市公司企业创新能力的分析。一是通过国家高新区上市公司创新能力企业排名，发现创新百强企业高度重视研发投入、人才结构更优、拥有更强的经济实力、创新成果产出更多。二是从发展阶段、高企分布、组织形式、证券板块等对国家高新区上市公司创新能力进行分析，通过对研发人员数量、核心专利储备、研发费用、营业收入、当年新增专利数量、企业获得的政府创新补助等指标进行分类，分析上市公司创新能力影响方式，探讨指标间的相互作用，以及各指标与上市公司创新的关系，并进行仿真分析。三是运用 K-Means 聚类方法对国家高新区上市公司进行分类，并对不同类型的上市公司按证券板块、组织形式、发展年限、所属高新区等进行分析。

第四章是对国家高新区上市公司产业创新能力的分析。本章首先从行业角度对国家高新区上市公司创新能力进行分析，2021 年国家高新区上市公司包括十七大类行业，如"制造业""建筑业""信息传输、软件和信息技术服务业"等，其中国家高新区上市公司制造业占 68.99%，信息传输、软件和信息技术服务业拥有国家级高新技术企业数占比最高，为 92.66%。国家高新区制造业上市公司创新能力得分最高，为 82.09 分，住宿和餐饮业上市公司创新能力得分最低，为 23.74 分。根据上市公司所属概念板块，选择了十大不同产业领域进行重点分析，主要涉及新能源车、国产芯片、物联网、大数据、5G 概念、人工智能、节能环保、国产软件、医疗器械、区块链。从发展现状及政策、产业链分析、产业创新能力、产业排名 20 强、企业分析 5 个角度，分别对十大产业进行了产业创新能力分析。2021 年国家高新区上市公司国产芯片产业创新能力得分最高，为 84.81 分，人工智能产业得分略低于国产芯片，为 84.40 分，新能源车产业得分为 82.75 分，位列第三。

第五章是对国家高新区上市公司区域创新能力的分析。从区域分布上看，长三角、珠三角、京津冀、长江中游、成渝和黄河流域等区域的六大城市群内的国家高新区拥有 A 股上市公司 1696 家，占国家高新区整体的 91%，其中广东省、北京市、江苏省、上海市和浙江省的高新区上市公司数量居前 5 位，共 1201 家，占全国的 63%。从经济基础上看，京津冀和长三角城市群的国家高新区上市公司营业收入较其他城市群优势明显，其中北京市、上海市、广东省和江苏省的国家高新区上市公司营业收入居全国前 4 位，都在万亿元以上，综合优势显著。从技术成果上看，广东

---

① 数据来源：2022 年 11 月，中国高新区研究中心整理。

省当年新增专利数量为 52 904 件，占全国的 36%，远超第 2 名北京市的 36 070 件专利，处于绝对优势的位置，而珠三角城市群国家高新区上市公司的当年新增专利数量在六大城市群中也处于一枝独秀的位置。2021 年国家高新区上市公司创新能力得分排名，从省市来看，北京得分为 77.18 分，位列第一，新疆、广东、上海、江苏位列第 2~5 名，得分也都在 75 分以上；从城市群来看，长三角得分为 82.83 分，位列榜首，京津冀、黄河流域、珠三角和长江中游彼此间基本属于同一梯队。

第六章是对国家高新区上市公司创新发展的点评与阶段性总结。在未来经济发展中，国家高新区上市公司势必会成为国家高新区乃至中国创新驱动和经济高质量发展的先导者，引领经济爆发式成长。可以预见的是，国家高新区上市公司自主创新能力将进一步增强，在关键核心技术领域具有一定的行业地位；以新技术新产业新模式为核心的新经济进入爆发期，新业态蓬勃发展；产业组织变革速度加快，社会生产效益明显提高；成果转化进程加快，大量科技成果实现产业化；国际交流合作密切，在国际标准和规则制定方面拥有一定话语权。

目 录

第一章 国家高新区上市公司创新能力评估体系设计 ……… 1
第一节 研究背景 ……… 1
一、新一轮科技革命和产业变革正加速演进 ……… 1
二、科技自立自强成为国家发展的战略支撑 ……… 2
三、国家高新区迈进创新驱动高质量发展新阶段 ……… 2
四、上市公司对全国企业创新引领作用日益凸显 ……… 3

第二节 指标设计 ……… 4
一、设计目的 ……… 4
二、理论依据 ……… 5
三、设计原则 ……… 9
四、指标构建 ……… 10

第三节 指标确权 ……… 14
一、基础数据搜集 ……… 14
二、赋权方法选择 ……… 14
三、数据处理及确权 ……… 15

第二章 国家高新区上市公司创新能力整体分析 ……… 20
第一节 创新发展现状 ……… 20
一、三大股票市场 ……… 20
二、五大上市板块 ……… 24
三、企业组织形式 ……… 30

第二节 创新发展评估 ……… 33

一、分上市板块评估 ··· 33
　　二、分组织形式评估 ··· 34
　　三、分国家高新区评估 ··· 35
第三节　创新发展贡献度 ··· 43
　　一、创新发展贡献度测算方法 ··· 43
　　二、对全国的创新发展贡献度 ··· 44
　　三、对国家高新区的创新发展贡献度 ··································· 47

第三章　国家高新区上市公司企业创新能力分析 ··························· 49
第一节　企业创新 100 强 ·· 49
　　一、创新百强企业特点 ··· 49
　　二、创新百强企业分布 ··· 50
第二节　企业创新分析 ·· 58
　　一、创新能力影响方式 ··· 58
　　二、指标间的相互作用 ··· 75
第三节　创新企业分类 ·· 78

第四章　国家高新区上市公司产业创新能力分析 ··························· 87
第一节　行业创新发展现状 ·· 87
　　一、各大行业整体分布情况 ··· 87
　　二、各大行业创新发展现状 ··· 95
　　三、产业创新能力评估 ·· 104
第二节　十大新兴产业专题研究 ··· 105
　　一、新能源车产业 ·· 105
　　二、国产芯片产业 ·· 117
　　三、物联网产业 ·· 129
　　四、大数据 ·· 145
　　五、5G 概念产业 ··· 162
　　六、人工智能 ·· 178
　　七、节能环保 ·· 198
　　八、国产软件 ·· 215
　　九、医疗器械 ·· 236

十、区块链 ··· 254

第五章　国家高新区上市公司区域创新能力分析 ·· 273
第一节　区域创新发展情况 ··· 273
　　一、省（区、市）分布 ··· 273
　　二、城市群分布 ·· 280
第二节　区域创新能力评估 ··· 288
　　一、创新总指数 ·· 288
　　二、创新分指数 ·· 289
第三节　区域创新能力分析 ··· 291
　　一、京津冀城市群 ··· 291
　　二、长三角城市群 ··· 297
　　三、珠三角城市群 ··· 304
　　四、成渝城市群 ·· 310
　　五、黄河流域城市群 ··· 315
　　六、长江中游城市群 ··· 322

第六章　点评与总结 ·· 329
第一节　国家高新区上市公司创新点评 ··· 329
　　一、北京市 ··· 329
　　二、上海市 ··· 330
　　三、天津市 ··· 330
　　四、重庆市 ··· 331
　　五、河北省 ··· 332
　　六、山西省 ··· 334
　　七、内蒙古自治区 ··· 335
　　八、辽宁省 ··· 336
　　九、吉林省 ··· 338
　　十、黑龙江省 ·· 340
　　十一、江苏省 ·· 341
　　十二、浙江省 ·· 347
　　十三、安徽省 ·· 350

十四、福建省	352
十五、江西省	355
十六、山东省	357
十七、河南省	361
十八、湖北省	363
十九、湖南省	367
二十、广东省	369
二十一、广西壮族自治区	374
二十二、海南省	375
二十三、四川省	376
二十四、贵州省	378
二十五、云南省	379
二十六、陕西省	380
二十七、甘肃省	381
二十八、青海省	382
二十九、宁夏回族自治区	382
三十、新疆维吾尔自治区	383

第二节 国家高新区上市公司总结 **384**

附录1 中国城市群分布 **386**

附录2 2021年国家高新区新增的336家上市公司名单 **387**

附录3 国家高新区主板100强企业 **400**

附录4 国家高新区创业板100强企业 **406**

附录5 国家高新区科创板100强企业 **412**

附录6 2021年144家国家高新区上市公司创新能力及分项指标表现 **418**

附录7 国家高新区上市公司创新发展评价指标体系及权重 **424**

后 记 **426**

第一章

国家高新区上市公司创新能力评估体系设计

第一节 研究背景

一、新一轮科技革命和产业变革正加速演进

当前，新一轮科技革命和产业变革突飞猛进，科学研究范式正在发生深刻变革，学科交叉融合不断发展，科学技术和经济社会发展加速渗透融合，新一代信息技术成为新一轮科技革命的关键引爆点。随着信息技术、智能化技术的发展，数据流动性和可获得性大幅提高，信息不对称性不断降低，促进生产组织和社会分工方式更倾向于社会化、网络化、平台化、扁平化、小微化，推动产业边界模糊化、产业组织网络化、产业集群虚拟化、组织结构扁平化，大规模定制生产和个性化定制生产日益成为主流制造范式，传统依靠规模经济来提高效率的生产方式受到挑战。

同时，随着人工智能、信息技术等的突破及应用，以数字化、网络化、智能化为标志的信息技术革命加快发展，制造业企业将利用先进信息技术不断从产品制造向服务端延伸、整合，推动服务业与制造业深度融合。随着制造业与服务业的深度融合，价值链"微笑曲线"底部环节将不断拉平、附加值逐步提升，全球产业链、价值链将获重构。新一轮科技革命将对产业自身发展模式、产业格局、经济格局、社会发展模式均将产生巨大的影响，产业发展驱动力量将更多转向微个性创新驱动，产业组织方式向分布式、定制化和就地化发展，产业全球空间布局由比较优势主导转向市场需求主导。新一轮产业变革将会导致全球制造业的重新布局，新兴国家必然要紧紧抓住自身的市场需求，以面向未来的需求为导向，以技术创新为驱动，进行新一轮产业布局。

二、科技自立自强成为国家发展的战略支撑

当今世界正面临百年未有之大变局，科技创新正在成为大国博弈竞争的主战场，世界主要发达国家纷纷把抢占量子计算、人工智能、生物技术及信息通信技术等前沿科技制高点上升为国家战略，围绕科技制高点的竞争空前激烈。党的十八大以来，以习近平同志为核心的党中央着眼全局、面向未来，做出"必须把创新作为引领发展的第一动力"的重大战略抉择，实施创新驱动发展战略，加快建设创新型国家，吹响建设世界科技强国的号角。党的十九届五中全会高度强调了创新在现代化建设全局中的核心地位，提出"把科技自立自强作为国家发展的战略支撑""关键核心技术实现重大突破，进入创新型国家前列"。

截至 2021 年底，我国全社会研发投入高达 2.79 万亿元、研发人员全时当量 571.63 万人年、高企数量突破 33 万家、登记技术合同达 67.1 万项、中国发明专利申请量达 158.6 万件、PCT 申请量达 7.3 万件，创新实力明显增强[①]。据《2021 年全球创新指数报告》显示，中国的创新指数排名较 2020 年上升 2 位，列全球第 12 位，在多个领域表现出领先优势，是跻身综合排名前 30 位的唯一中等收入经济体。基础研究实现多点突破，涌现出铁基高温超导、量子反常霍尔效应、中微子振荡等一批世界级重大成果；科技人才队伍不断壮大，形成全球最完整的学科体系和最大规模的人才体系；载人航天、探月工程、北斗导航、超级计算等战略领域实现跨越发展，超级杂交稻、高速铁路、新能源汽车等重点产业技术水平世界领先，人工智能、5G、物联网、量子通信等新兴技术领域占据发展先机。

现阶段，我国已初步形成了各类创新主体共同参与、各类创新基地协同布局、各类创新活动全链条拓展的跨国别、跨区域、跨学科的联合"大科技"攻关体系，已成为具有重要影响力的科技大国，创新型国家建设取得重大进展。在看到成绩的同时，更应该清楚地认识到，我国科技实力距离世界顶尖科技还有很大差距，在新形势下我国比以往更需要改善科技创新生态，激发创新创造活力。

三、国家高新区迈进创新驱动高质量发展新阶段

当前，新一轮科技革命和产业变革深入发展，基础前沿领域相继有所突破，颠覆性技术加快涌现，全球创新版图发生深刻改变，世界主要创新型国家纷纷出台系列政策并采取积极行动，将高新技术产业培育作为引领和驱动新一轮经济发展的"制胜之道"。党中央、国务院高度重视科技创新和高新技术产业的发展，党的二十大报告提出，要把科技自立自强作为国家发展的战略支撑，加快建设创新型国家和世界科技强国。"十四五"规划和 2035 年远景目标纲要明确提出要强化高新技术产业开发区创新功能。这些重要论断和意见既为国家高新区发展指明了方向，同时要求我们必须进一步强化战略研究工作，提前谋篇布局，在全面总结过去 30 年的发展经验的基础上，深入研判面临的新形势、新要求、新使命，提出新时代国家高新区的总体目标、重点任务、实施路径和政策措施，支撑引领国家高新区创新驱动高质量发展。

国家高新区始终坚守"发展高科技、实现产业化"的初心使命，积极贯彻落实新发展理念和创新驱动发展战略，紧扣"创新驱动发展示范区和高质量发展先行区"的目标定位，成为我国发

---

① 数据来源：科技部、国家统计局。

展新经济、培育新动能，发展高新技术产业的重要平台，也成为转方式、调结构，实现高质量发展的重要力量。以国家高新区为代表的创新资源集聚区成为高新技术产业化的主阵地。经过30年发展，国家高新区历经创业发展、二次创业、创新驱动战略提升3个阶段，正迈入"创新驱动高质量发展"新阶段，涌现出华为、中车、阿里、腾讯、寒武纪等一批具有国际竞争力的创新领军企业，已成为我国新兴产业发展的策源地和主战场。2021年，国家高新区着力提升自主创新能力，持续整合和集聚高端创新资源，面向全球吸引和培育一流创新人才，关键核心技术创新和成果转移转化进一步加强，创新驱动实现纵深发展；国家高新区进一步激发各类市场主体创新发展活力，积极营造有利于科技型企业创新发展的良好环境，加强对科技创新创业的服务支持，率先形成适应科技企业成长规律的双创体系，大中小微企业呈现竞相发展的良好态势；国家高新区面向国家战略和产业发展需求，加强战略前沿领域部署，大力培育发展新兴产业，做大做强特色主导产业，努力培育世界级创新型产业集群，持续推进产业迈向中高端，率先形成具有全球竞争力的创新型产业格局；国家高新区进一步加大开放创新力度，积极服务国家区域发展战略，推动区域协同发展，打造区域创新增长极，面向未来发展和国际市场竞争，积极融入全球创新体系，形成了开放、包容、协调的创新环境；国家高新区持续营造高质量发展环境，通过深化管理体制机制改革、优化营商环境、加强金融服务及推动绿色生态园区建设等方式，构建了更加宜居、宜业、宜创的体系环境，成为我国新时代改革探索的先行区。

历经30多年的建设与发展，国家高新区已经成为我国的创新高地、产业高地、人才高地和开放高地，为我国经济的高速发展做出了巨大贡献。世界面临百年未有之大变局，最大特征是"不确定性"，国家高新区进入创新驱动高质量发展新阶段，面向未来，核心是要实施"领先战略"，走引领型发展之路。

四、上市公司对全国企业创新引领作用日益凸显

我国上市公司数量迅速增加，质量稳步提高，已成为全球市值规模第二的股票市场。截至2021年底，我国境内外上市公司已达5832家，其中境内上市4639家，基本涵盖国民经济90个行业大类的优质龙头企业[①]。30年来，上市公司从资本市场累计募集基金13.6万亿元，累计现金分红8.36万亿元，分红率达60%[②]，仅2021年我国上市公司分红就超1.5万亿元。同时，占全国企业总量万分之一的非金融上市公司，其利润总额接近全国规模以上企业的一半，研发投入也占一半以上。尽管受到疫情影响，2021年上市公司科技创新步伐并未放缓，沪深两市共有4140家上市公司披露2021年研发费用投入情况，研发费用总计高达11 690.59亿元，连续两年突破万亿，较2020年的10 119.98亿元增长15.52%。其中，报告期内实现研发费用同比增长逾10%的公司有2827家[③]。

上市公司聚焦主业创新发展，借力资本市场突破创新，科技与资本深度融合，正在助力"创新中国"跑出加速度。2021年，科创板上市公司全年合计新增发明专利7800余件，平均每家公司拥有发明专利数达到108件，66家次公司牵头或者参与的项目曾获得国家科学技术奖等重大奖

---

① 数据来源：东方财富旗下Choice数据库。
② 数据来源：《成为国有经济研究智库委员后 宋志平这样把脉上市公司改革》。
③ 数据来源：东方财富旗下Choice数据库。

项[①]，创业板公司拥有与主营业务相关的核心专利技术 13 万余件，近六成公司的产品和技术实现了进口替代，解决一批"卡脖子"技术难题[②]；科研成果方面，一批信息技术、高端装备制造、生物医药等领域的上市公司正积极为数字经济建设、产业高精尖发展及健康中国战略服务。作为资本市场的基石，上市公司从无到有、从弱到强，数量稳步增长，业绩持续改善，创新能力不断增强，已成为我国经济高质量发展的"主力军"和"排头兵"，成为我国推动创业创新、优化资源配置、引领转型升级的中坚力量，成为适应经济新常态、争创竞争新优势、强化发展新动力的重要抓手，成为培育大企业、建设大项目、集聚大产业的有效载体。

在中国资本市场进入"而立之年"时，上市公司的科技含量越来越高，"科技创新驱动"正在成为国内上市公司发展日新月异的主题词。"十四五"时期，我国将进入新发展阶段，推动上市公司在新的起点上实现更高质量发展，这是在"双循环"下强化资本市场枢纽功能、加快构建新发展格局的内在要求，推动上市公司做优做强、解决上市公司突出问题、防范化解重点领域风险等，已经成为我国经济转型升级和高质量发展的重要抓手。

第二节　指标设计

一、设计目的

一是客观衡量国家高新区上市公司的创新发展现状。在新一轮科技革命不断推进之际，新业态、新模式、新组织不断涌现，国家高新区是创新创业高度活跃的区域，在未来国家创新驱动发展的过程中担负重任，上市公司作为高新区的中坚力量，尤为需要加强关注。但目前还没有一套合理的有针对性的评价体系对国家高新区上市公司创新能力进行评估，以充分反映其创新发展的水平。目前来看，国家高新区上市公司对于园区企业的引领带动作用日益增强，准确把握高新区上市公司创新发展态势，才能对未来发展形成合理预判，才有利于政府引导其发展。因此，通过构建本套创新能力评估体系，可以从数据层面了解国家高新区上市公司的创新发展情况，进而明确其创新发展所处的阶段和在创新发展过程中所存在的共性问题及各个高新区上市公司发展的优势、短板等。

二是深入了解上市公司对国家创新发展的引领力和贡献力。在新一轮产业竞争中，创新成为全球竞争的主要着力点，国家高新区上市公司作为国家创新发展的先锋军，在国家创新竞争中起着举足轻重的作用。国家高新区上市公司对于全国创新发展具有引航的作用，其创新能力的强弱也一定程度上反映了整个国家的创新能力。通过指标设计可以测度国家高新区上市公司对于全国、国家高新区及深沪所有上市公司的创新贡献度，可以系统展示国家高新区上市公司对于全国创新发展的引领带动情况，相关政府部门可以根据国家高新区上市公司对国家的引领力制定相应的支持政策和发展策略助力国家创新发展，这对于国家创新发展有着重要的指导意义。

三是不断加强国家高新区对上市公司培育的重视程度。国家高新区上市公司作为国家高新区企业的"领头羊"，在国家高新区高质量发展中起到了关键作用。通过国家高新区上市公司创新

---

① 数据来源：《科技、绿色、成长——2021年科创板公司经营业绩情况分析》。
② 数据来源：《深市上市公司2021年报实证分析报告发布：整体表现稳中有进 内生增长潜力进一步释放》。

能力评价指标的设计，可以对各个国家高新区上市公司创新能力进行排名，据此侧面反映各个园区整体创新能力的强弱，进而通过排名引起各个国家高新区对于上市公司培育的重视，激励国家高新区积极出台企业培育办法，引导园区上市公司加大研发投入、主动开展原始创新，推动园区实现创新驱动高质量发展。

四是遴选挖掘国家高新区企业创新发展的优秀案例。2021年4月22日，科技部印发了《国家高新技术产业开发区综合评价指标体系》，一石激起千层浪，新版评价指标体系引起了全国各地国家高新区的高度重视。新版指标对于国家高新区发展的关注点和侧重点有所变化，尤其重视企业的培育和新动能的打造。2020年，国务院印发《关于促进国家高新技术产业开发区高质量发展的若干意见》（国发〔2020〕7号），明确提出将国家高新区建设成为创新驱动发展示范区和高质量发展先行区的目标要求，这个时期的国家高新区进入"三次创业"阶段，强调高效有机运行的创新经济生态的营造，部分高新区不知道如何响应国家战略，缺乏一些创造性的想法和实用性的举措。通过构建本套创新能力评估指标体系，可以选出一些表现优秀的国家高新区和上市公司案例供高新区学习参考。

二、理论依据

1. 企业创新的概念界定

美国哈佛大学教授熊彼特第一个从经济学角度提出"创新理论"[①]。熊彼特认为，创新就是建立一种新的生产函数，把一种从来没有过的关于生产要素和生产条件的"新组合"引入生产体系，同时列出5种新组合：引入新产品、采用新方法、开辟新市场、控制原料新来源、建立新组织，但他认为"技术发明不是创新，创新是技术发明的商业应用"。Burgelman和Maidigue[②]认为，企业创新能力是便利组织支持企业创新战略的企业一系列综合特征，它包括可利用资源及分配、对行业发展的理解能力、对技术发展的理解能力、结构和文化条件、战略管理能力。

与熊彼特的观点相反，1992年OECD的《技术创新统计手册》提出技术发明是创新的重要内容，指出"技术创新包括新产品和新工艺，以及产品和工艺的显著的技术变化。如果在市场上实现了创新（产品创新），或者在生产工艺中应用了创新（工艺创新），那么就说创新完成了"。《奥斯陆手册》第3版中进一步将创新描述为"是在商业实践、工作场所组织或外部关系中实施新的或显著改进的产品（商品或服务）、工艺、新的营销方法或新的组织方法"，企业创新包含技术创新（产品创新、工艺创新）和非技术创新（营销创新、组织创新）[③]。

随着经济全球化的深入，越来越多的学者开始关注创新网络、创新生态，企业利用和整合外

[①] 约瑟夫·熊彼特.熊彼特经济发展理论精选之经济周期循环论：对利润，资本，信贷，利息以及经济周期的探究［M］.北京：中国长安出版社，2009.

[②] BURGELMAN R A，MAIDIQUE M A，WHEECWRIGHT S C. Strategic management of technology and innovation［M］. New York：Mc Gnw-Hill Irwin. 1996.

[③] 经济合作与发展组织.奥斯陆手册：创新数据的采集和解释指南（第3版）［M］高昌林，译.北京：科学技术文献出版社，2011.

部创新资源的能力成为企业创新能力的重要组成部分。基于以上梳理，我们初步将企业创新界定为"在一定外部环境约束的条件下，为了增加市场需求、降低生产成本或提高生产效率、改善生存空间，企业综合利用市场内各类创新要素，统筹推进技术研发、技术引进、技术改造、工艺流程优化、组织变革、营销推广等一系列有利于提升自身市场竞争力的活动。"

2. 企业创新的影响因素

（1）财务表现

大企业的创新优势在于：一是可以提供研发所需的资源，特别是对于一些资源投入较大或需要持续资源投入的研发活动更具优势；二是能够更有效地分散风险，其风险承担能力也更强；三是创新成果带来的边际收益更大。Schumpeter 认为，企业规模对研发活动有重要的促进作用，即大企业比小企业更有创新积极性，这一观点受到了很多学者的认可[1]。

随着技术的快速发展，并购成为企业获取技术创新能力的重要方式，技术并购能促进并购企业创新绩效[2]。企业拥有的现金流直接决定可用于研发投入的资源，如现金流量上升可能是20世纪90年代美国企业研发投入激增的重要原因[3]。债券融资能够显著促进制造业企业的创新绩效，而资产负债率和现金债务比是影响制造业企业债券发行的主要因素[4]。吴尧等[5]研究表明，企业增加负债有助于促进企业创新规模的增长，当企业负债水平超过某一临界值时，企业继续增加负债则对企业创新规模产生抑制作用。

马文聪等[6]研究发现，研发经费投入强度、研发人员投入强度、薪酬激励和人员培训对企业创新绩效有显著正向影响。此外，营销能力可能会影响到公司注意力从而影响公司创新投入决策，最终影响到公司创新产品的商业化效率。郭立新等[7]认为，在创新决策阶段，营销能力对创新投入具有显著的抑制作用和"挤出"效应；在成果转化阶段，营销能力促进了创新投入对公司绩效的正向影响。

（2）公司治理

股权结构处于公司内部治理的最高层级，对公司内部治理机制与管理层行为产生重要的决定作用。总体来看，股权集中有利于发挥股东对管理层的监督和约束行为，进而提高管理层的创新积

---

[1] SCHUMPETER J A. Capitalism, socialism, and democracy [J]. American economic review, 1942, 3（4）: 594-602.

[2] 张峥，聂思. 中国制造业上市公司并购创新绩效研究 [J]. 科研管理, 2016, 37（4）: 8.

[3] BROWN H S, DE JONG M, LEVY D L. Building institutions based on information disclosure: lessons from GRI's sustainability reporting [J]. Journal of cleaner production, 2009, 17（6）: 571-580.

[4] 王伟楠，王旭，褚旭. 基于准实验分析的债券融资对企业创新绩效影响研究 [J]. 系统工程理论与实践, 2018, 38（2）: 8.

[5] 吴尧，沈坤荣. 资本结构如何影响企业创新：基于我国上市公司的实证分析 [J]. 产业经济研究, 2020（3）: 15.

[6] 马文聪，侯羽，朱桂龙. 研发投入和人员激励对创新绩效的影响机制：基于新兴产业和传统产业的比较研究 [J]. 科学学与科学技术管理, 2013, 34（3）: 11.

[7] 郭立新，陈传明. 控制权视角下股权治理对公司创新和绩效的影响研究 [J]. 技术经济与管理研究, 2019（6）: 46-54.

性[1]。但有研究指出，适度的股权集中度与企业创新正相关，当出现"一股独大"时，第一大股东持股比例与企业创新负相关[2]。股权制衡使所有者倾向于进行有助于自主创新的资源配置，管理者的创新决策会被大股东重视，并得到强有力的理解和支持，避免管理者因害怕创新投资失败而减少创新活动，激发管理者的创新动力[3]。

董事会结构影响公司的风险态度和决策导向，进而影响其创新行为。由于独立董事往往是专业出身，其对风险的敏感程度更高，所以有更多独立董事的企业会专注于公司熟悉的技术领域，进而降低企业创新风险[4]。同时有研究表明，管理者个人（特别是董事长和CEO）特质，包括性别、受教育水平和性格等都会对其创新决策和行为产生显著影响。高管受教育程度越高、个人经历越丰富、知识存量越多，企业创新能力越强[5]。

此外，机构投资者拥有雄厚的资金，可以长期大量地持有公司股票，专业的信息收集和处理能力使其能够掌握行业发展趋势，更有效地识别企业的非效率行为，从而能抑制管理层短视行为，进而促进企业创新[6]。风险容忍程度高（如公司机构投资者和风险投资机构）、专业能力强（如对冲基金）、沟通渠道更顺畅的机构投资者往往能促进企业创新投入和创新效率的提升[7]。

（3）创新环境

企业内部环境。内部知识共享有助于建立一个基于知识的系统，新知识的内部产生促进了各种创新活动[8]。员工教育作为一种人力资本投资的方式，有助于员工更敏锐地捕捉到创新机会、更有能力开展创新活动[9]，企业应增加员工教育投入，将员工自身的知识及员工从外部吸收的知识成功应用于企业创新过程中，有效降低企业创新成本、提升企业创新成功的可能性。企业创新文化是创新行为的先导者，是企业技术创新的原动力，强调"创新"的企业文化真实地驱动了企业的研发投资[10]。

企业外部环境。政府补贴和税收优惠是政府扶持企业创新的2种重要财政手段。政府补贴不

---

[1] FRANCIS J, SMITH A. Agency costs and innovation some empirical evidence [J]. Journal of accounting and economics, 1995, 19 (2–3): 383-409.

[2] 刘渐和, 王德应. 股权结构与企业技术创新动力: 基于双重代理理论的上市公司实证研究 [J]. 西安财经学院学报, 2010, 23 (3): 6.

[3] 杨建君, 王婷, 刘林波. 股权集中度与企业自主创新行为: 基于行为动机视角 [J]. 管理科学, 2015, 28 (2): 11.

[4] BALSMEIER B, FLEMING L, MANSO G. Independent boards and innovation [J]. Journal of financial economics, 2016, 123 (3): 536-557.

[5] AYYAGARI P, GROSSMAN D, F SLOAN. Erratum to: education and health: evidence on adults with diabetes [J]. International journal of health care finance & economics, 2011, 11 (1): 221-222.

[6] 党印, 鲁桐. 公司治理与技术创新: 两个基本模型 [J]. 财经科学, 2014 (7): 10.

[7] 陈思, 何文龙, 张然. 风险投资与企业创新: 影响和潜在机制 [J]. 管理世界, 2017 (1): 12.

[8] MCKELVIE A, WIKLUND J, ANNA BRATTSTRÖM. Externally acquired or internally generated? Knowledge development and perceived environmental dynamism in new venture innovation [J]. In entrepreneurship theory and practice, 2018, 42 (1): 24-46.

[9] 张慧, 彭璧玉. 创新行为与企业生存: 创新环境、员工教育重要吗 [J]. 产业经济研究, 2017 (4): 11.

[10] 张玉明, 李荣, 闵亦杰. 企业创新文化真实地驱动了研发投资吗？[J]. 科学学研究, 2016, 34 (9): 9.

仅可以为研发提供所需资金，降低企业创新的融资成本[①]，而且具有明显的外溢效应，即作为利好信息传递给私人投资者，能帮助企业获取银行贷款或风险投资等其他创新资源[②]，且良好的公司治理水平有利于提高创新补贴效率。税收优惠作为政府扶持创新的另一种重要手段，同样能够分担企业风险，提高企业创新投入。同时，货币政策和产业政策也是政府扶持创新的重要工具[③]。

（4）创新产出

越来越多的企业更加注重增加企业的自主研发能力，并且将专利申请量作为自己的核心竞争优势进行披露，专利已经成为各企业核心竞争力的源泉。专利申请量能够更好地体现企业的技术研发成果，能够更准确地反映技术创新产出水平。新产品销售收入反映了企业通过创新实现经济效益的情况，能够体现将知识创新价值转化为产品创新价值的过程。新产品销售收入越高，表明企业技术创新的市场价值越大[④]，能够较好地诠释企业技术创新的市场价值。

3. 企业创新评价的相关综述

在企业创新评价方面，国内外学者研究较全面，关注度较高。英国学者弗里曼（1982）率先从研发能力、营销能力、对用户需求的理解和管理能力4个方面总结了创新成功企业的10个特点。Garayannis和Provance（2008）针对企业的创新能力，从投入指标、过程指标、技术指标3个方面进行衡量。Lubica Lesáková将研究的重点放在企业进行创新活动的决定性因素上，从经济增长与发展、竞争力及支持创新的政策等方面对企业的创新能力进行评估。徐立平等[⑤]从创新投入能力、创新研发能力、创新生产能力、创新产出能力、创新营销能力、创新管理能力等方面构建了覆盖企业创新多个环节的指标体系。陈劲等[⑥]从问题驱动、思考未来、多样化知识、创新文化、利益相关者协同、经济价值与社会价值等方面入手，对知识管理和价值创造的应用扩展提出了新的方向。陈劲等[⑦]还从战略管理、创新基础、创新投入、创新产出等方面构建了"创新型企业""创新型领军企业"和"世界一流创新企业"评价指标体系。

此外，国内也出现了一些具有较大影响力的企业创新评价体系。2013年，科技部制定了用于评价我国企业创新能力的指标体系，从创新投入能力、协同创新能力、知识产权能力和创新驱动能力4个方面构建了国家创新指数指标体系。2015年以来，浙江大学管理学院逐年编制并发布《中

---

① 李兰，张泰，李燕斌，等. 企业经营者对宏观形势及企业经营状况的判断、问题和建议：2015·中国企业经营者问卷跟踪调查报告［J］. 管理世界，2015.

② MEULEMAN M，JÄÄSKELÄINEN M，MAULA M V J，et al. Relational Embeddedness，Institutional Distance，and Partner Selection Decisions Across Borders［J］. Academy of Management Proceedings，2012（1）：10563.

③ 秦雪征，尹志锋，周建波，等. 国家科技计划与中小型企业创新：基于匹配模型的分析［J］. 管理世界，2012（4）：12.

④ 叶丹，黄庆华. 区域创新环境对高技术产业创新效率的影响研究：基于DEA-Malmquist方法［J］. 宏观经济研究，2017（8）：9.

⑤ 徐立平，姜向荣，尹翀. 企业创新能力评价指标体系研究［J］. 科研管理，2015（S1）：5.

⑥ 陈劲，赵闯，贾筱，等. 重构企业技术创新能力评价体系：从知识管理到价值创造［J］. 技术经济，2017，36（9）：9.

⑦ 陈劲，李佳雪. 打造世界级创新企业——基于BCG全球最具创新力企业报告的分析［J］. 科学与管理，2020，40（1）：1-8.

国上市公司创新指数报告》，从创新势力和创新效率 2 个维度构建了上市公司创新指数，包含 7 个二级指标。2018 年，《大众证券报》和南京师范大学商学院研究基地联合发布《中国 A 股上市公司创新指数百强榜》，从创新投入、创新转化过程、创新产出、企业家特质和创新条件保障等 5 个方面构建了评估上市公司创新能力的指标体系。2018 年汇丰发布《2018 中国企业创新发展报告》，由北京大学汇丰商学院独立设计中国企业创新指标体系，内容涵盖创新环境、创新资源、创新绩效 3 个方面，包含 9 个二级指标。

总体来看，关于上市公司创新评价方面研究存在 3 个问题：①学术层面的企业创新评价，部分指标数据的可获得性较差，部分依赖于主观评价，结果不够客观；②在目前发布的比较有影响力的企业创新报告中，对于企业可持续创新的关注度不足，企业规模、财务表现、组织管理、文化属性等都影响着企业在市场竞争中生存时间的长短；③国家高新区作为科创板等上市公司孕育的温床，关于国家高新区上市公司的创新评价专项研究意义重大。

三、设计原则

当经济逆全球化趋势愈加显现时，我国创新驱动发展呈现出新的变化，而国家高新区上市公司在其中发挥着关键的示范带头作用。本套创新能力评估体系的设计，以实现高质量发展为根本目标，充分考虑国内外形势变化，遵循国家创新驱动的战略部署，呈现出国家高新区上市公司个性化特征；指标既要反映上市公司的创新，又要兼顾多主体协同创新网络的创新活动；既要关注上市公司本身的创新，又要考虑局部对整体的创新贡献度；既要包含创新投入和创新产出等指标，又要包含创新支撑、保障等衡量创新活动可持续的指标。

指标的设计遵循以下原则。

一是系统性和重点性结合。必须用若干指标对于国家高新区上市公司创新能力进行衡量，这些指标是互相联系和互相制约的。有的指标之间有横向联系，反映不同侧面的相互制约关系，有的指标之间有纵向关系，反映不同层次之间的包含关系。同时，同层次指标之间尽可能界限分明，避免相互有内在联系的若干组、若干层次的指标体系，体现出很强的系统性。在统筹考虑到指标系统性同时，还重点关注国家高新区上市公司创新投入、创新产出及创新保障等 3 个指标，并针对关键指标给予较高权重，体现出重点性。

二是监测与引领带动并重。开展国家高新区上市公司创新能力的评估不是单纯评出名次和显示优劣的程度，而是要引导和鼓励国家高新区上市公司积极开展创新工作，培育高质量发展动能，具有一定的目标导向作用。因此，在指标设计时，一方面要关注常规性指标，用于国家高新区上市公司创新发展的整体监测引导；另一方面要关注体现国家发展战略新导向、反映创新发展新趋势的创新性指标，用于创新发展的引领和带动。

三是科学性与实践性兼顾。指标既要有理论做指导，还要和实际相匹配，实现理论和实践相结合，能够科学合理地反映国家高新区上市公司创新发展的客观情况。指标既要反映规模和总量，又要反映质量和效益，科学、全面地测度国家高新区上市公司的创新能力，同时要立足于实际，充分考虑指标的可采集性、可对比性，还要保证指标之间的互补性、独立性。

四是静态与动态合理分配。国家高新区上市公司的创新发展是动态变化的过程，在保持关键指标稳定性的同时，随着发展变化适时调整相关指标，以便指标体系能始终准确反映其创新趋势，实现稳定性与动态性的统一。评价指标体系不仅要反映国家高新区上市公司创新能力最新发展的实际情况，还要跟踪其变化发展情况，以便及时发现问题。同时，指标体系应随着国家战略的调整、国家高新区发展态势的变化、上市公司年报的披露情况不断进行调整和优化。

四、指标构建

按照上述设计思路和原则，我们全面梳理了相关文献，充分借鉴国家高新区创新能力评价指标体系和国内外先进创新监测指标体系，结合上市公司年报披露的最新情况，开展了国家高新区上市公司创新能力评价指标体系构建。经过长期调研和相关专家的深入讨论，根据指标体系的设计原则和逻辑框架，最终设计出一套国家高新区上市公司创新能力评估体系。

本套体系选取了创新投入能力、创新产出能力和创新保障能力等3个维度作为一级指标，搭建指标体系框架如下：①"创新投入能力"的维度。旨在衡量企业未来的创新水平提升的潜力，主要分为人、财、物3个方面，分别为研发、生产、营销等阶段所必需的创新投入要素，以及上市公司在创新发展过程中的创新激励举措；②"创新产出能力"的维度。旨在衡量企业当期的创新能力，研发阶段产生的技术成果或者未形成成果的知识积累，生产阶段通过工艺改进等直接带来企业生产效率的提升，营销阶段通过广告、并购等方式带来的市场销量上升、公司组织架构变革等，以及对社会发展带来的贡献；③"创新保障能力"的维度。这方面主要通过企业的经济规模、组织管理、文化教育等实际情况，来衡量上市公司现在的创新行为能否长期进行，是否具有保证持续创新的能力。

总之，国家高新区上市公司创新能力评估指标体系包括：3个一级指标、9个二级指标、21个三级指标（表1-1）。

表1-1 国家高新区上市公司创新发展评价指标体系

一级指标	二级指标	三级指标	指标解释	指标属性
A 创新投入能力	A1 人才投入	A11 硕士及以上人员占企业员工比重		正向指标
		A12 研发人员数量		正向指标
	A2 资金投入	A21 研发强度	（研发人员人均经费、研发经费/营业收入）	正向指标
		A22 研发活动区域集中度	（企业研发经费/高新区研发经费）	正向指标
		A23 设备采购及营销推广经费	（当年购置的机器设备价值、广告宣传推广费）	正向指标
	A3 创新激励	A31 企业获得的政府创新补助		正向指标
		A32 员工薪酬激励	（企业员工平均薪酬/所在地区平均房价）	正向指标

续表

一级指标	二级指标	三级指标	指标解释	指标属性
B 创新产出能力	B1 研发成果	B11 当年新增专利数量	（当年申请专利数+当年申请PCT专利数×10）	正向指标
		B12 当年新增知识产权价值	（专利技术、非专利技术、商标权、特殊经营权、软件）	正向指标
		B13 商业变革力度	（企业组织变革）	正向指标
B 创新产出能力	B2 经济效益	B21 人均增加值		正向指标
		B22 总资产收益率	（净利润/总资产平均余额）	正向指标
	B3 社会贡献	B31 股息率		正向指标
		B32 企业所得税区域贡献度	（企业所得税占高新区税收收入的比例）	正向指标
C 创新保障能力	C1 基础保障	C11 营业收入		正向指标
		C12 总市值均值	（年初，年中和年底的均值）	正向指标
		C13 核心技术储备	（企业拥有的有效专利数）	正向指标
	C2 运营保障	C21 资本结构合理度	（资产负债率、现金流动负债比率）	适度指标
		C22 管理决策专业度	（独立董事占比、董事会人均受教育年限、股权制衡度CR5/CR1、机构持股比例）	正向指标
	C3 文化保障	C31 从业人员人均教育经费		正向指标
		C32 开放创新及数字转型重视度	（年报关键字检索）	正向指标

指标解释如下。

A 创新投入能力

A1 人才投入

A11 硕士及以上人员占企业员工比重

计算公式：企业硕士+博士人员数/企业员工总数。

指标解释：衡量企业高学历人才占比，引导企业进一步提升从业人员综合素质，也是衡量研发创新的重要指标。

A12 研发人员数量

即企业拥有从事研发的人员数。

指标解释：衡量企业研发人员的实际投入力度，引导企业强化自主创新人力的投入。

A2 资金投入

A21 研发强度

计算公式：研发经费/研发人员数、研发经费/营业收入。

指标解释：度量企业研发投入强度的通用指标，反映园区企业对研发和技术创新的重视程度及投入能力。

A22 研发活动区域集中度

计算公式：企业研发经费/高新区研发经费。

指标解释：衡量企业研发经费在所在国家高新区的集中度，反映企业对国家高新区的创新引领力。

A23 设备采购及营销推广经费

计算公式：设备购买费用+营销推广费用。

指标解释：衡量企业在研发设备上的投入力度和产品推广力度。

A3 创新激励

A31 企业获得的政府创新补助

指标解释：衡量国家高新区对企业创新的支持力度，也反映了企业开展创新活动的积极性。

A32 员工薪酬激励

计算公式：企业员工平均薪酬/所在地区平均房价。

指标解释：衡量企业从业人员在所在城市的住房压力情况，是吸引人才、留住人才的重要指标，也反映了企业对于人才的重视度。

B 创新产出能力

B1 研发成果

B11 当年新增专利数量

计算公式：当年申请发明专利数+当年申请PCT专利数×10。

指标解释：衡量园区企业的高质量创新成果的产出效率，引导企业开展具有较高原创性的创新活动。

B12 当年新增知识产权价值

计算公式：当年新增专利技术、非专利技术、商标权、特殊经营权、软件著作权数量之和。

指标解释：衡量园区企业知识产权产出的价值大小，同样是反映企业的创新产出能力的重要指标。

B13 商业变革力度

指标解释：衡量园区企业为推进创新成果转化而新设子公司的资金投入力度。

B2 经济效益

B21 人均增加值

计算公式：企业增加值/企业员工总数。

指标解释：度量企业价值创造效能，反映园区企业员工的单位生产效率。

B22 总资产收益率

计算公式：企业净收益/企业总资产平均余额。

指标解释：衡量企业收益能力，反映公司的竞争实力和发展能力，也是决定公司是否应举债经营的重要依据。

B3 社会贡献

B31 股息率

计算公式：股息/股票价格。

指标解释：是衡量企业是否具有投资价值的重要标尺之一。

B32 企业所得税区域贡献度

计算公式：企业所得税/所在高新区税收收入。

指标解释：度量企业对于所在高新区的税收贡献度。

C 创新保障能力

C1 基础保障

C11 营业收入

即企业从事主营业务所获得的收入。

指标解释：营业收入的实现关系到企业再生产活动的正常进行，加强营业收入管理，可以使企业的各种耗费得到合理补偿，有利于再生产活动的顺利进行。

C12 总市值均值

计算公式：（年初总市值 + 年末总市值）/ 2。

指标解释：总市值是指在某特定时间内总股本数乘以当时股价得出的股票总价值。

C13 核心技术储备

即企业拥有的有效专利数。

指标解释：用以衡量企业的创新底蕴，较高的专利储备让企业在原有基础上的再创新更加容易。

C2 运营保障

C21 资本结构合理度

计算公式：资产负债率=总负债/总资产；

现金流量负债比=年经营活动现金净流量/年末流动负债。

指标解释：反映出企业偿还长期负债、流动负债的实际能力。现金流量负债比过大则表明企业资金利用不充分，盈利能力不强，过小则说明企业存在流动债务风险。资产负债率同样存在相似问题，都是适度指标。

C22 管理决策专业度

计算公式：独立董事占比、董事会人均受教育年限、股权制衡度 CR5/CR1、机构持股比例。

指标解释：衡量企业管理层的决策管理能力。

C3 文化保障

C31 从业人员人均教育经费

计算公式：企业教育经费支出/企业员工总数。

指标解释：衡量企业对员工的培养能力。

C32 开放创新及数字转型重视度（年报关键字检索）

计算公式：创新、开放、数字化等关键词在企业年报中出现的频次之和。

指标解释：衡量企业的开放创新能力和数字化转型程度。

第三节　指标确权

一、基础数据搜集

国家高新区上市公司主要有3个判定标准：注册地在高新区，如神州高铁、中国长城等；注册地不在高新区，但实际办公地或企业总部在高新区，如金蝶国际、康师傅控股等；注册地、办公地均不在高新区，但其开展业务的主体在高新区，如联想集团、石药集团等。基于以上标准，针对A股、港股、美股所有上市企业，同科技部火炬中心合作，经过一系列的筛选和电话查证、地址比对等方法核实，最终确定2021年底国家高新区共有2283家上市公司，其中A股1864家、港股297家、美股122家。

本报告搜集数据的年限范围为2017—2021年，根据国家高新区上市公司创新发展评价指标体系中的指标拆解及报告中多维度分析需要，最终确定国家高新区内上市公司需要搜集的基础数据有70多条，其中有3条数据来源于智慧芽专利数据库，3条数据来源于火炬统计，1条数据来源于墨泰企业平台，1条来自上市公司年报文本检索，其余数据均来自东方财富数据库、WIND数据库直接提取（所有上市公司的经济数据均来自企业每年公布年报中的合并报表）。这里强调一点，本报告所用数据以东方财富数据库为主，以WIND数据库作为补充。

二、赋权方法选择

通过对现有文献中各类赋权方法的梳理，发现比较主流的方法有以下3种。

① 主观赋权法。主观赋权法是研究者根据其主观价值判断来指定各指标权数的一类方法。这类方法又分为专家评判法、层次分析法等。各指标权重的大小取决于各专家自身的知识结构，个人喜好。虽然很好地反映了主观意愿，但其欠缺科学性、稳定性。考虑到其明显的缺陷，一般只适用于数据收集困难和信息不能准确量化的评价中。

② 客观赋权法。客观赋权法是利用数理统计的方法将各指标值经过分析处理后得出权数的一类方法。根据数理依据，这类方法又分为变异系数法、主成分分析法，熵值法等。这类方法根据样本指标数值本身的特点来进行赋权，具有较好的规范性，但其容易受到样本数据的影响，不同的样本会根据同一方法得出不同的权数。应用中，当样本各指标独立性很强时，可以选择采用变异系数法；当样本指标相互之间具有复杂联系时，采用熵值法得出的权数较为理想；当样本指标过多，计算量过大时，主成分分析法无疑是一个很好的选择，使用该方法可以在较好地保持结果准确性的前提下，大幅减少工作量，因此该种方法被广泛采用。

③ 组合赋权法。前述各类方法各有利弊，在实际应用中体现出权数不同的现象，有学者就提出将前述主客观赋权方法的结果进行组合，即组合赋权法，以此来中和偏差。权数的组合赋权方法归纳起来有乘法合成和线性加权2种。乘法合成实质上是将各种赋权方法得出的结果进行折中，其实原理类似于算术平均，所不同的是前者是乘积之比，而后者是求和之比。线性加权的目的同样是将各种方法得出的权数分配进行综合，只是算法有所区别。

综合考虑本报告的预期目标，以创新评估的科学性、连续性、稳定性为前提，尽力削弱由传统方法通过截面数据处理确权带来的指标权重非常规波动影响，兼顾评价结果多维度对比分析的诉求，本报告在采用熵值法赋权的基础上，通过专家问卷打分法获得的主观赋权加以修正，最终得到更为合理、准确的指标权重，为本报告后续分析的展开提供了可靠支撑。

三、数据处理及确权

1. 指标数据的标准化处理

不同评价指标往往具有不同的量纲，这样的情况会影响到数据分析的结果，为了消除指标之间的量纲影响，需要进行数据标准化处理，以解决数据指标之间的可比性。最常用的方法为离差标准化，但考虑到部分指标间差距过大，因此，本报告最终选取 log 函数转换的方法对指标进行标准化处理。

对于正向指标，具体处理步骤如下。

① 指标正数化处理：

$$X_{ij}^+ = X_{ij} - \min(X_{i1} : X_{in})。 \tag{1-1}$$

其中，X_{ij} 表示第 i 个指标的第 j 条数据，$X_{i1} : X_{in}$ 表示第 i 个指标第 1 到 n 个的数据集，X_{ij}^+ 表示第 i 个指标第 j 条数据正数化处理结果。

② 进行 ln 函数转换，同时要确保处理结果落到 [0，100] 区间上，即

$$X_{ij}' = \frac{\ln(X_{ij}^+ + 1)}{\max[\ln(X_{i1}^+ + 1) : \ln(X_{in}^+ + 1)]} \times 100。 \tag{1-2}$$

其中，X_{ij}' 表示第 i 个指标的第 j 条数据的最终得分，+1 是为了避免对 X_{ij}^+ 处理结果为负，从而影响整体评估。

③ 如为复合指标，进一步对每个小指标求平均值。

对于适度指标，本报告仅有一个，即 C21 资本结构合理度，这是一个复合指标，又分为资产负债率和现金流动负债比率。具体处理步骤如下：

$$\dot{Y}_{ij} = \begin{cases} \overline{Y}_i - Y_{ij}, & Y_{ij} \geqslant \overline{Y}_i \\ Y_{ij} - \overline{Y}_i, & Y_{ij} < \overline{Y}_i \end{cases}。 \tag{1-3}$$

其中，$\dot{Y}_{ij}$ 为第 i 个指标的第 j 条数据的正向化处理值，$\overline{Y}_i$ 表示第 i 个指标的理想水平（本报告中资产负债率理想水平为 50%，现金流动负债比率为 100%），Y_{ij} 表示第 i 个适度指标的第 j 条数据。对于适度指标正向化处理后，后续指标处理遵照①至③。

2. 权重的确定

由于 A 股、港股、美股企业年报的会计标准不一，各项数据披露不完全一致，同时还有部分企业同时上市 A 股、港股、美股 3 个证券市场，如果将其放在一起统一处理评价的话，会导致数据信息不严谨、部分数据缺失、数据重复计算等问题，因此，本报告所做的国家高新区上市公司创新能力评估主体仍以 A 股 1864 家企业为主，港股、美股企业不参与整体的创新评价，仅在报告中整体和区域层面发展现状中用以简单对比。本报告创新评估的总体样本为 2017—2021 年 169 家国家高新区 1864 家 A 上市公司 21 条指标数据，数据量庞大，且以企业为统计主体的指标历年波动性极大，数据处理工作极为困难，由此得出的权重不具备普适性。因此，本报告最终从拥有上市公司的 144 家国家高新区层面测度指标权重。

（1）通过熵值法确定指标客观权重

熵值法可以根据各项指标观测值所提供的信息大小来确定指标权重，其指标值的变异程度越大，得到的信息熵就越小，指标权重越大，反之则指标权重越小。具体步骤如下。

① 计算在第 i 个省（市）下第 j 个指标的比重：

$$p_{ij} = \frac{P_{ij}}{\sum_{i=1}^{m} P_{ij}}, \text{其中} i = 1, 2, \cdots, m; j = 1, 2, \cdots, n。 \tag{1-4}$$

② 计算第 j 个指标的熵值：

$$e_j = -k \sum_{j=1}^{n} p_{ij} \ln(p_{ij})，其中，k > 0，k = \frac{1}{\ln(m)}，0 \leq e_j \leq 1。 \tag{1-5}$$

③ 计算第 j 个指标的差异系数：

$$h_j = 1 - e_j。 \tag{1-6}$$

在公式中，当熵值 e_j 越小时，指标的差异越大，对该项指标的评估重要性越强，则对指标的权重系数相应也会越大。

④ 确定第 j 个指标的权重：

$$v_j = \frac{h_j}{\sum_{j=1}^{n} h_j}。 \tag{1-7}$$

通过上述步骤，对2021年144个国家高新区上市数据中21条指标进行分析测权，得到如下权重（表1-2）。

表1-2 2021年创新发展评价各项指标客观权重

三级指标	熵值法确权 W_1
A11 硕士及以上人员占企业员工比重	0.0835
A12 研发人员数量	0.0228
A21 研发强度	0.0237
A22 研发活动区域集中度	0.0354
A23 设备采购及营销推广经费	0.0315
A31 企业获得的政府创新补助	0.0267
A32 员工薪酬激励	0.0752
B11 当年新增专利数量	0.0783
B12 当年新增知识产权价值	0.0937
B13 商业变革力度	0.0838
B21 人均增加值	0.0144

续表

三级指标	熵值法确权 W_1
B22 总资产收益率	0.0221
B31 股息率	0.0550
B32 企业所得税区域贡献度	0.0405
C11 营业收入	0.0486
C12 总市值均值	0.0772
C13 核心技术储备	0.0425
C21 资本结构合理度	0.0542
C22 管理决策专业度	0.0266
C31 从业人员人均教育经费	0.0093
C32 开放创新及数字转型重视度	0.0550

（2）通过专家打分法确定指标主观权重

本次专家打分问卷通过网络发放问卷的形式，邀请了高新区领域的20位专家进行线上打分，问卷完成回收率100%，同时，通过对问卷信度和效度的检验，最终选取有效问卷16份。

在此，通过层次分析法处理16位专家的问卷打分，具体步骤如下。

① 构建专家判断矩阵，确定各位专家的权重（P_1，P_2，P_3，P_4）；

② 求出专家对每个问题的平均打分等级及得分：

$$\overline{D_i} = P_1 \times D_{i1} + P_2 \times D_{i2} + P_3 \times D_{i3} + P_4 \times D_{i4}。 \quad (1-8)$$

其中，$\overline{D_i}$代表第一位专家对第i个问题的打分等级，对$\overline{D_i}$取整，可得专家们对第i个问题的平均打分等级$[\overline{D_i}]$，同时，本次问卷打分有17个等级，分别为1（1/9）、2（1/8）、3（1/7）、4（1/6）、5（1/5）、6（1/4）、7（1/3）、8（1/2）、9（1）、10（2）、11（3）、12（4）、13（5）、14（6）、15（7）、16（8）、17（9），括号中为对应的得分。通过平均打分等级求其平均得分：

$$T_i = \begin{cases} [\overline{D_i}] - 8, & [\overline{D_i}] > 8 \\ \dfrac{1}{10 - [\overline{D_i}]}, & [\overline{D_i}] \leq 8 \end{cases}。 \quad (1-9)$$

③ 通过平均得分分别对一级指标和三级指标构建两两比较矩阵，各判断矩阵均顺利通过一次性检验，最终得到各项三级指标的主观权重（表1-3）：

表1-3　2021年创新发展评价各项指标主观权重

三级指标	专家打分确权 W_2
A11 硕士及以上人员占企业员工比重	0.0381
A12 研发人员数量	0.0600

续表

三级指标	专家打分确权 W_2
A21 研发强度	0.0615
A22 研发活动区域集中度	0.0456
A23 设备采购及营销推广经费	0.0152
A31 企业获得的政府创新补助	0.0287
A32 员工薪酬激励	0.0481
B11 当年新增专利数量	0.0883
B12 当年新增知识产权价值	0.1024
B13 商业变革力度	0.1288
B21 人均增加值	0.0773
B22 总资产收益率	0.0368
B31 股息率	0.0334
B32 企业所得税区域贡献度	0.0718
C11 营业收入	0.0135
C12 总市值均值	0.0124
C13 核心技术储备	0.0546
C21 资本结构合理度	0.0137
C22 管理决策专业度	0.0364
C31 从业人员人均教育经费	0.0119
C32 开放创新及数字转型重视度	0.0213

（3）组合权重测算

此处采用博弈论求均衡解的方法，具体步骤如下。

① 由 W_1 和 W_2 的线性组合表达的指标组合权重向量 W 为

$$W = \begin{bmatrix} \lambda_1 w_{11} + \lambda_2 w_{21} \\ \lambda_1 w_{12} + \lambda_2 w_{22} \\ \vdots \\ \lambda_1 w_{1n} + \lambda_2 w_{2n} \end{bmatrix} = \begin{bmatrix} w_{11} & w_{21} \\ w_{12} & w_{22} \\ \vdots & \vdots \\ w_{1n} & w_{2n} \end{bmatrix} \begin{bmatrix} \lambda_1 \\ \lambda_2 \end{bmatrix} 。 \quad (1\text{-}10)$$

其中，λ_1、λ_2 为线性组合系数。

② 根据博弈论思想，建立目标函数，以指标组合权重 W 与 W_1 和 W_2 离差之和最小为目标，寻求最优的线性组合系数 λ_1^*、λ_2^*，此时指标组合权重即为最优的组合权重 W^*。目标函数和约束条件如下：

$$\min\left(\|W-W_1\|_2+\|W-W_2\|_2\right)$$
$$=\min\left(\|\lambda_1 W_1+\lambda_2 W_2-W_1\|_2+\|\lambda_1 W_1+\lambda_2 W_2-W_1\|_2\right), \quad (1-11)$$
$$\text{s.t. } \lambda_1+\lambda_2=1, \lambda_1、\lambda_2 \geq 0。 \quad (1-12)$$

③ 根据微分原理，上述模型取得最小值的一阶导数条件为

$$\begin{cases} \lambda_1 W_1 W_1^T + \lambda_2 W_1 W_2^T = W_1 W_1^T \\ \lambda_1 W_2 W_1^T + \lambda_2 W_2 W_2^T = W_2 W_2^T \end{cases}。 \quad (1-13)$$

④ 通过上式求得线性组合系数 $\lambda_1=0.3912$、$\lambda_2=0.6939$，并进行归一化处理得 $\lambda_1^*=0.3605$、$\lambda_2^*=0.6395$，最终求得组合权重如表1-4所示。

表1-4　2021年创新发展评价各项指标组合权重

三级指标	组合权重 W^*
A11 硕士及以上人员占企业员工比重	0.05444
A12 研发人员数量	0.04658
A21 研发强度	0.04791
A22 研发活动区域集中度	0.04196
A23 设备采购及营销推广经费	0.02104
A31 企业获得的政府创新补助	0.02803
A32 员工薪酬激励	0.05784
B11 当年新增专利数量	0.08471
B12 当年新增知识产权价值	0.09928
B13 商业变革力度	0.11259
B21 人均增加值	0.05463
B22 总资产收益率	0.03149
B31 股息率	0.04120
B32 企业所得税区域贡献度	0.06055
C11 营业收入	0.02613
C12 总市值均值	0.03577
C13 核心技术储备	0.05020
C21 资本结构合理度	0.02832
C22 管理决策专业度	0.03289
C31 从业人员人均教育经费	0.01098
C32 开放创新及数字转型重视度	0.03346

第二章

国家高新区上市公司创新能力整体分析

经过30多年的发展，国家高新区创新主体明显扩大，创新能力显著提升，上市公司队伍持续壮大，已经成为我国创新发展重要的支撑和新的增长点。本章主要对国家高新区上市公司创新现状及其对国家的创新发展贡献进行分析。

第一节 创新发展现状

一、三大股票市场

截至2021年底，全国169家国家高新区内拥有上市公司2283家，较上年增加了327家（新增336家，退市9家），其中国内上交所、深交所、北交所A股上市公司有1864家，占整体的81.6%；港股上市公司297家，占整体的13.0%，此外，在美交所、纽交所、纳斯达克交易所上市的企业122家，占整体的5.3%[①]。从总市值的表现情况来看，受美国市场环境的不确定性影响，部分中概股企业回归港股，导致美股上市公司总市值较上年减少了0.17万亿元，仅有0.75万亿元，占整体的1.7%，美股单个企业直接融资规模较小；港股上市公司总市值较上年增加了1.57万亿元，达11.33万亿元，占整体的25.7%，单个企业融资规模表现最优，企业规模较大（图2-1）。

---

① 数据来源：2022年11月，中国高新区研究中心搜集整理。

第二章 国家高新区上市公司创新能力整体分析

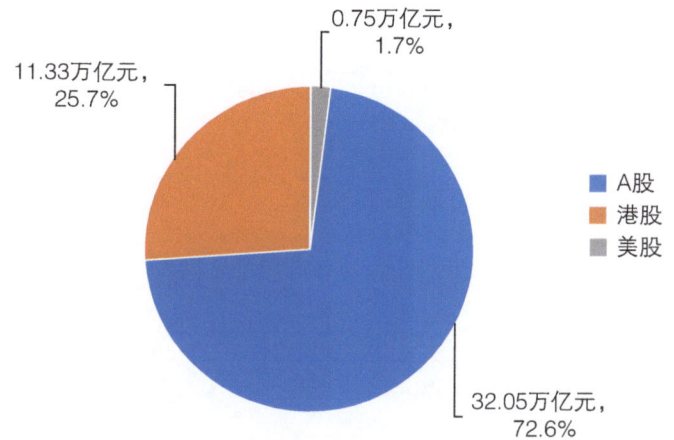

图 2-1 2021 年国家高新区上市公司总市值及其占比情况

（数据来源：中国高新区研究中心整理，2022 年 8 月，下同）

从企业的研发、销售支出来看，港股上市公司研发投入经费最多，单个企业研发经费高达 9.86 亿元（图 2-2），较上年增加 0.57 亿元，远高于 A 股和美股的上市公司，但从研发强度上看，美股表现最优，研发经费占营业收入比重高达 5.00%，A 股表现亦超过港股。A 股的广告宣传推广经费占营业收入的比重为 0.82%，这一项指标高于港股和美股，美股的该项投入仅占营业收入的 0.10%。数据显示，营业收入在 50 亿元以上的企业美股中仅有 27 家，占美股所有上市公司的 22.13%；而港股中这一数值为 112 家，占港股所有上市公司的 37.71%；A 股中这一数值为 436 家，占 A 股所有上市公司的 23.39%。这大概是由于美股整体企业规模偏小，因此企业起步初期在发展过程中除了注重研发外，还需要大力度推广新产品。

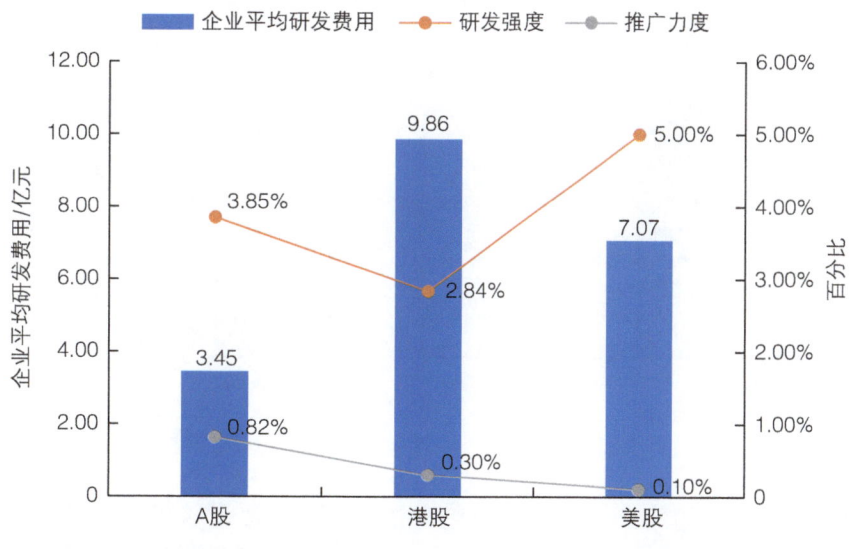

图 2-2 2021 年三大股票市场上市公司的研发、销售支出表现

从研发投入强度的整体趋势看，2017—2021 年美股上市公司整体呈下降趋势，由 2018 年的 5.89% 大幅下降至 2021 年的 5.00%（图 2-3），港股和 A 股上市公司整体表现趋好，未来有望进一步加强。

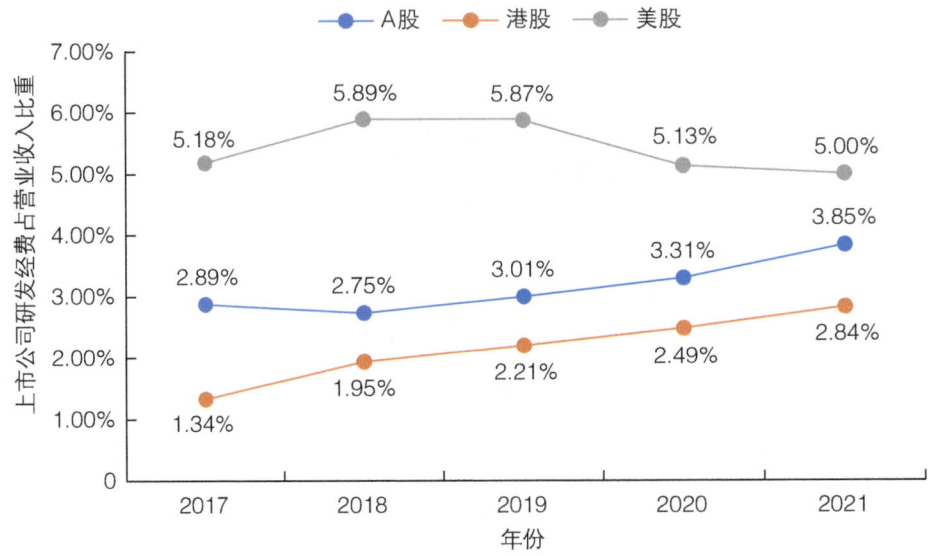

图 2-3　2017—2021 年三大股票市场上市公司研发经费占营业收入比重

从上市公司的人力资源情况来看，A 股、港股、美股上市公司分别有 856.1 万、393.7 万、108.1 万名的从业人员，其中，A 股中单个企业平均拥有从业人员 4593 人，港股、美股分别有 13 255 人、8857 人，A 股上市公司在带动本地就业方面表现较弱。在薪酬待遇方面，港股表现极为亮眼，企业员工的平均工资约达 28.97 万元，是美股的 2 倍多，是 A 股的近 1.5 倍，港股上市公司在人力市场表现出更强的竞争力（图 2-4）。

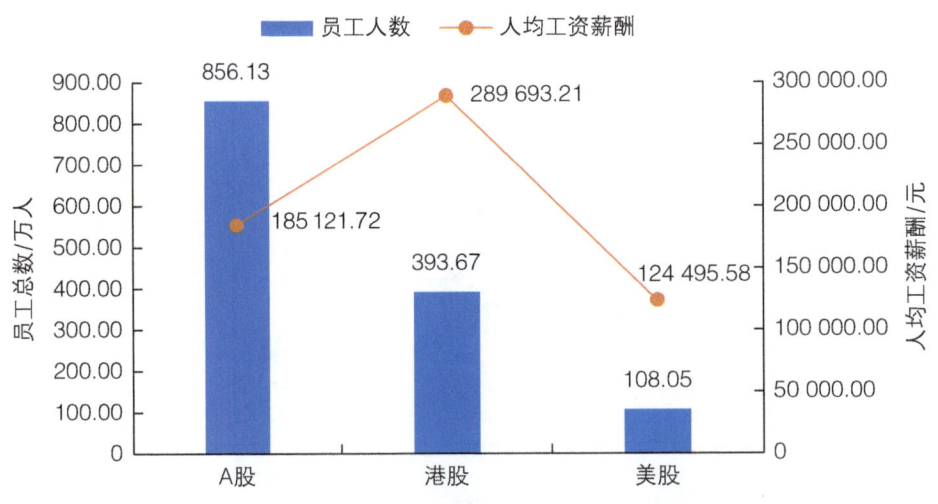

图 2-4　2021 年三大股票市场上市公司的人力资源及薪酬待遇

从上市公司的专利产出来看，A 股上市公司专利产出效率遥遥领先。2021 年，A 股上市公司共申请专利 57 466 件，其中 PCT 专利有 9170 件，总量远超港股和美股，同时，每亿元研发经费产出专利近 9 件，远高于港股的 3.1 件、美股的 0.5 件。在高质量专利产出方面，美股上市公司表现整体较弱，122 家上市公司 2021 年仅申请 PCT 专利 31 件，企业平均不足 1 件，港股上市公司平均高达 6 件，而 A 股平均仅为 5 件，但考虑到港股企业整体规模偏大，单从效率角度看，仍以

A 股的效率最高，表现最好（图 2-5）。

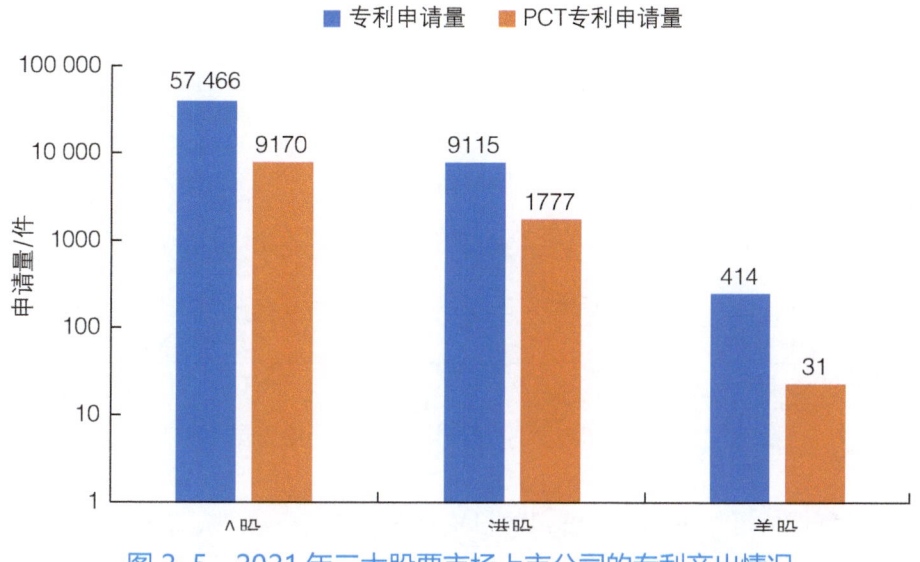

图 2-5　2021 年三大股票市场上市公司的专利产出情况

从盈利能力来看，A 股上市公司盈利能力较强，但举债经营能力不足。从企业利润率来看，A 股上市公司以 3.38% 的表现赶超港股、美股上市公司，其中美股表现最差，可能受前期研发、推广费用较大的影响，利润率仅为 0.32%。从企业的资产结构来看，港股上市公司的资产负债率高达 70.52%，而美股为 50.36%，这一方面说明企业资金充足，不需要借债经营；另一方面同样揭示了企业举债经营能力不足，未来可以通过加大融资规模获取更好的收益（图 2-6）。

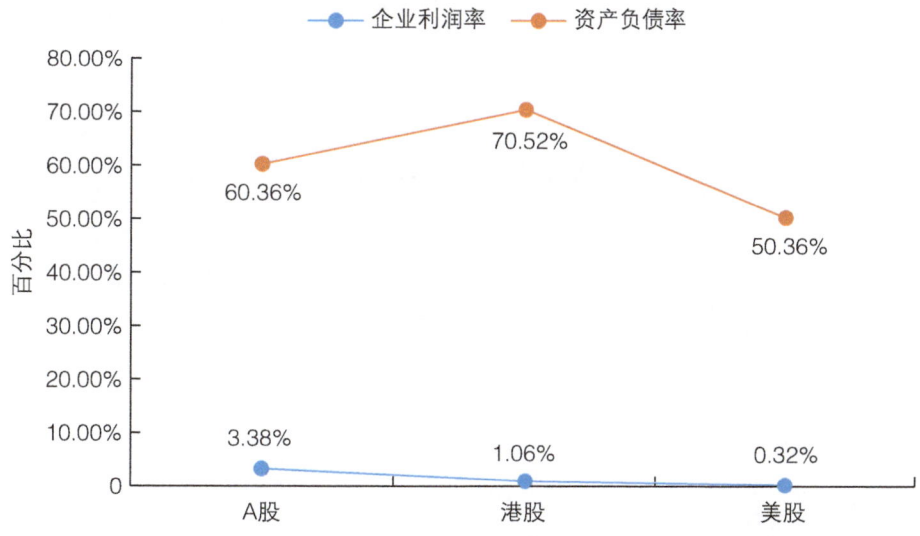

图 2-6　2021 年三大股票市场上市公司的盈利状况和资本结构表现

在企业治理方面，美股上市公司表现出更强的专业性。美股上市公司的独立董事占比达 50% 以上，而国内 A 股上市公司仅有 37.32%（图 2-7），独立董事人数较少，在企业投资决策时无法提供更多的专业指导。

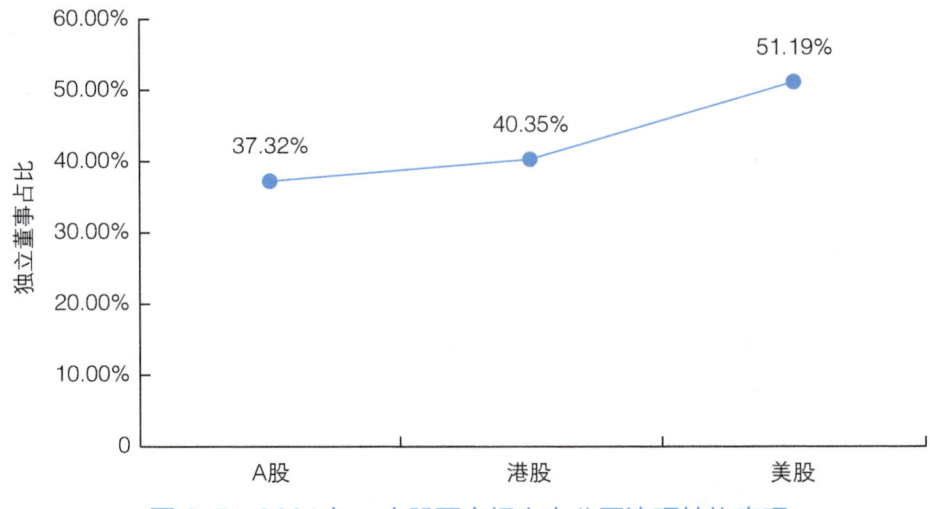

图 2-7　2021 年三大股票市场上市公司治理结构表现

从企业的可投资性来看，A 股上市公司的投资价值正在逐步升高，2017—2021 年股息率整体呈现上升趋势。而与 A 股表现截然相反的是，港股上市公司的股息率呈逐年下降趋势，股息率由 2017 年的 319.65% 下降至 2021 年的 156.51%（图 2-8），虽然较 A 股仍有较大优势，但差距已然在逐步缩小，港股的"黄金投资时代"正在渐行渐远。

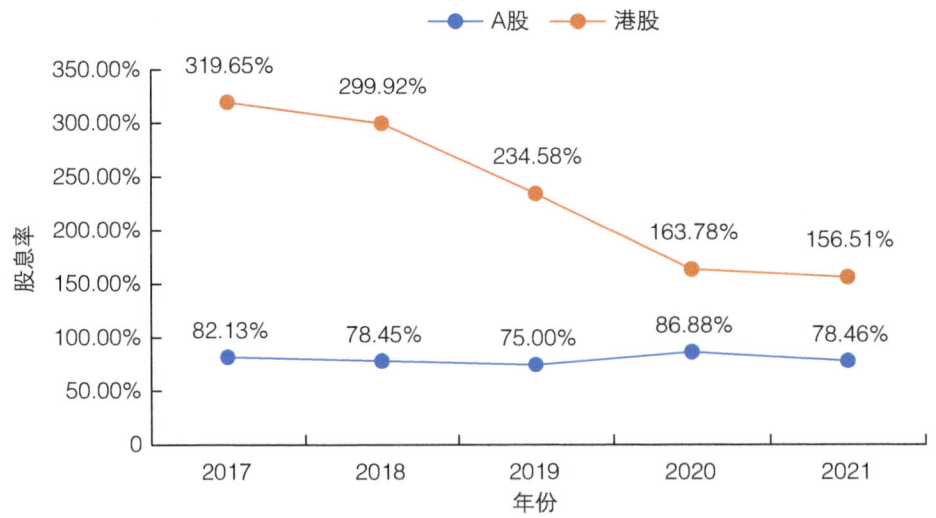

图 2-8　2017—2021 年 A 股和港股上市公司股息率表现

二、五大上市板块

国内 A 股又分为上交所主板、上交所科创板、深交所主板、深交所创业板及北交所五大板块。截至 2021 年底，国家高新区内拥有上交所主板上市公司 546 家、深交所主板上市公司 520 家、深交所创业板上市公司 523 家及上交所科创板上市公司 253 家，北交所上市公司 22 家，共 1864 家 A 股上市公司（图 2-9），较上年增加了 242 家，其中上交所科创板上市公司数量增幅最大，达61.15%。同时，科创板、创业板上市公司表现出更强的科技性，高新技术企业占比分别达97.23%、90.63%，高于上交所主板69.05%、深交所主板69.04%的表现。从市值表现来看，上交所主板市值规模最大，达11.51万亿元，占整体的35.90%，其次为深交所主板26.79%、深交所创业板23.28%、上交所科创板13.91%、北交所0.11%。

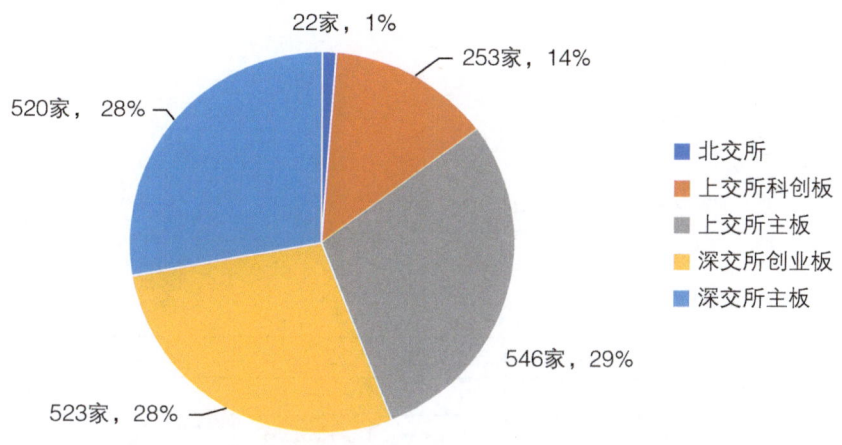

图2-9　2021年国内A股上市公司五大板块分布

2021年，国家高新区A股上市公司共有132.68万名研发人员、52.02万名硕士以上从业人员，较上年分别增加了18.84万名、8.74万名，占从业人员的15.50%、6.08%。进一步来看，上交所科创板上市公司表现极为突出，研发人员占比高达26.66%，硕士以上从业人员占比高达12.90%，遥遥领先于其他板块；董事长受高等教育年限最高，平均受高等教育年限为6.45年；研发经费占营业收入比重高达11.84%，远高于上交所主板和深交所创业板；人均薪酬同样具备极强的竞争力，员工平均薪酬达21.59万元。综上所述，上交所科创板创新动力强劲，深交所创业板紧跟其后（图2-10）。

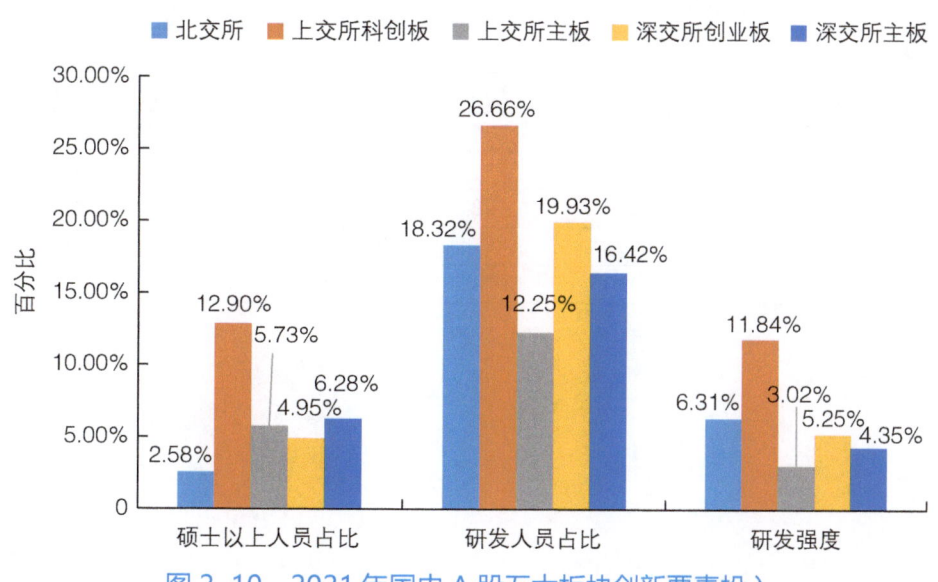

图2-10　2021年国内A股五大板块创新要素投入

近 5 年，五大板块上市公司的创新投入整体呈上升趋势，整体呈现"上交所科创板＞深交所创业板＞深交所主板＞上交所主板＞北交所"的特征，上交所科创板人才结构与研发强度明显高于其他板块，且上升趋势迅猛，表现出更旺盛的创新活力（图 2-11）。

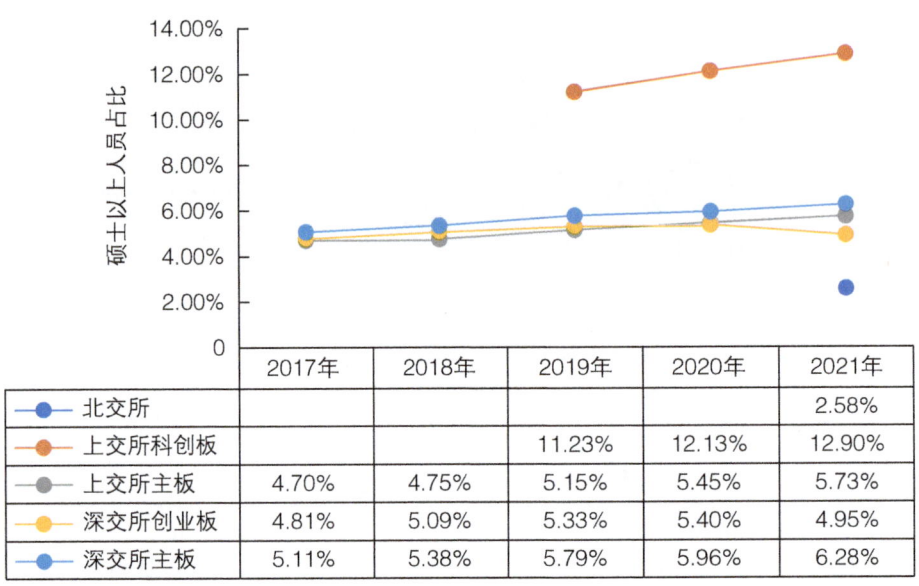

a

	2017年	2018年	2019年	2020年	2021年
北交所					2.58%
上交所科创板			11.23%	12.13%	12.90%
上交所主板	4.70%	4.75%	5.15%	5.45%	5.73%
深交所创业板	4.81%	5.09%	5.33%	5.40%	4.95%
深交所主板	5.11%	5.38%	5.79%	5.96%	6.28%

b

	2017年	2018年	2019年	2020年	2021年
北交所					18.32%
上交所科创板			24.65%	26.15%	26.66%
上交所主板	11.67%	11.42%	11.76%	11.83%	12.25%
深交所创业板	21.95%	22.77%	23.56%	21.98%	19.93%
深交所主板	14.93%	15.44%	16.42%	16.45%	16.42%

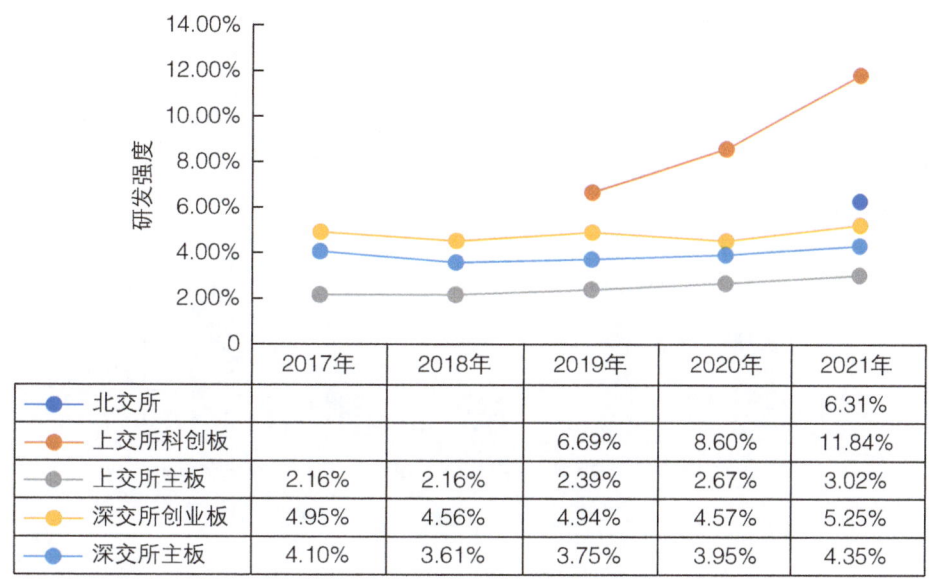

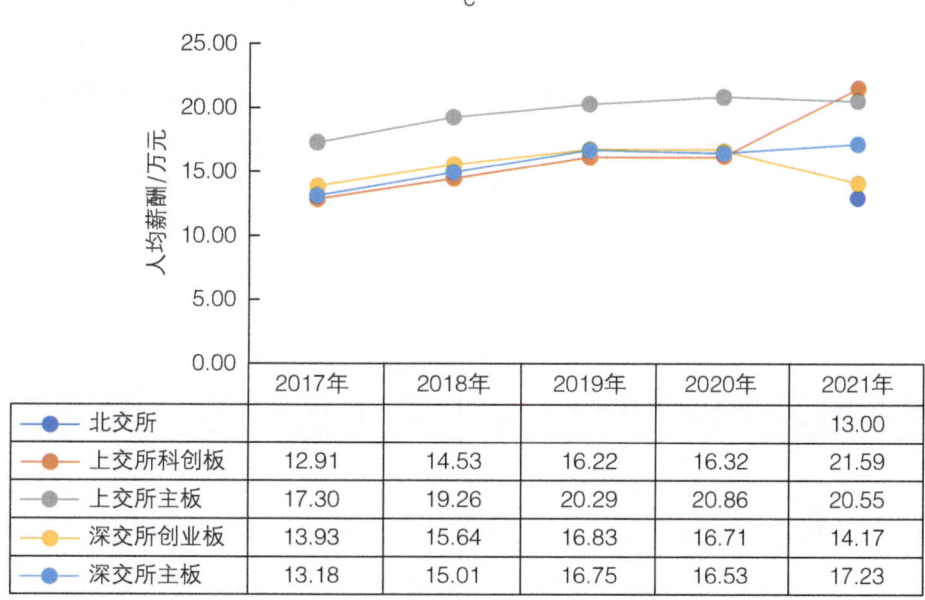

图 2-11　2017—2021 年国内 A 股五大板块创新要素投入表现

从上市公司专利产出情况来看，上交所科创板表现出极强的创新力量。2021 年上交所科创板万人专利申请量及万人 PCT 专利申请量均大幅领先于其他 4 个板块，分别高达 216.66 件、94.68 件（图 2-12）。上交所主板万人专利申请量仅为 32.07 件，万人 PCT 专利申请量仅有 2.30 件，均表现最差，未来仍需要重点强化。深交所创业板在 PCT 专利产出效率方面需要保持重点关注，其 2021 年万人 PCT 专利申请量仅有 4.65 件。2021 年上交所主板上市公司的每百件专利产出中 PCT 专利数量为 43.70 件，大幅领先于其他 4 个板块，其次是深交所主板上市公司，每百件专利产出中 PCT 专利数量为 14.23 件。

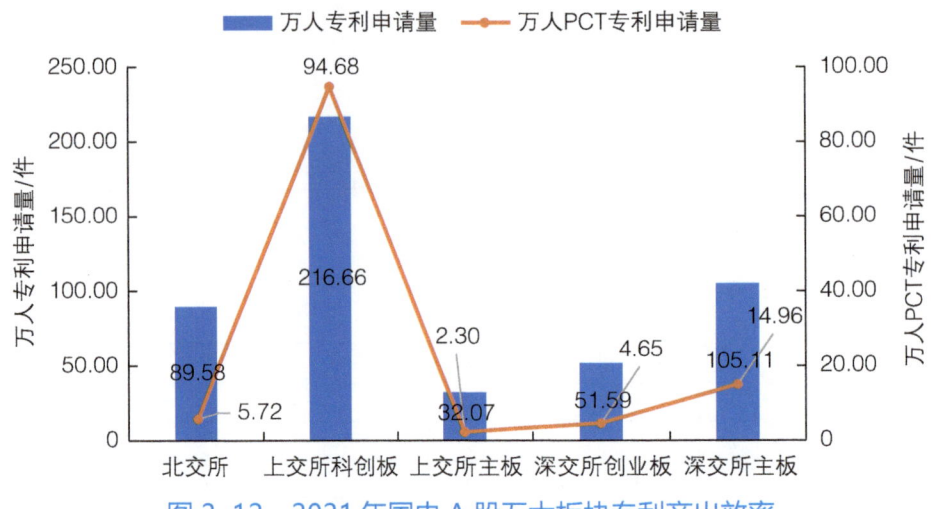

图 2-12　2021 年国内 A 股五大板块专利产出效率

2021 年，国家高新区内 1864 家 A 股上市公司创造了 2.25 万亿元的增加值，较上年增加 0.77 万亿元，主板、创业板、科创板分别贡献了 83.99%、10.62%、5.29%，主板是经济发展中的核心力量。但上交所科创板作为新生力量，表现出了非常强大的发展潜力，上交所科创板上市公司人均增加值达 33.40 万元，约为深交所创业板的 2 倍，明显高于主板表现，在利润率和总资产收益率方面表现同样优秀。在可投资性方面，主板上市公司表现出更高的投资价值，上交所主板股息率高达 122.12%，而上交所科创板和深交所创业板的股息率维持在 50% 左右，未来需要进一步分享发展红利（表 2-1）。

表 2-1　2021 年国内 A 股五大板块经济产出及盈利表现

上市板块	人均增加值 / 元	利润率	总资产收益率	股息率
北交所	209 703.0	13.28%	9.12%	95.77%
上交所科创板	334 001.7	11.91%	5.53%	58.53%
上交所主板	292 759.3	4.82%	3.10%	122.12%
深交所创业板	169 536.5	8.41%	4.93%	49.11%
深交所主板	260 210.1	5.69%	3.17%	71.11%

数据来源：中国高新区研究中心整理，2022 年 8 月。

从上市公司的资产结构来看，上交所科创板和深交所创业板资产负债率远低于主板表现，上交所科创板资产负债率连续 2 年下降，其举债经营能力有待进一步强化（图 2-13）。此外，各大板块上市公司的现金流动负债比率表现较差，表现最好的是上交所科创板上市公司，但也仅有 16.14%，远低于合理水平，企业偿付短期负债的能力较弱（图 2-14）。

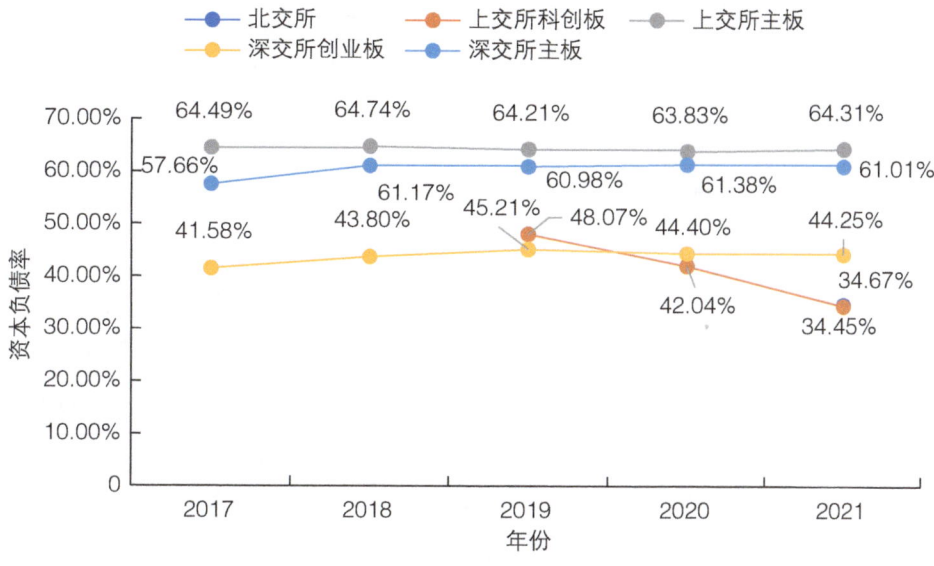

图 2-13　2017—2021 年国内 A 股五大板块资产负债率

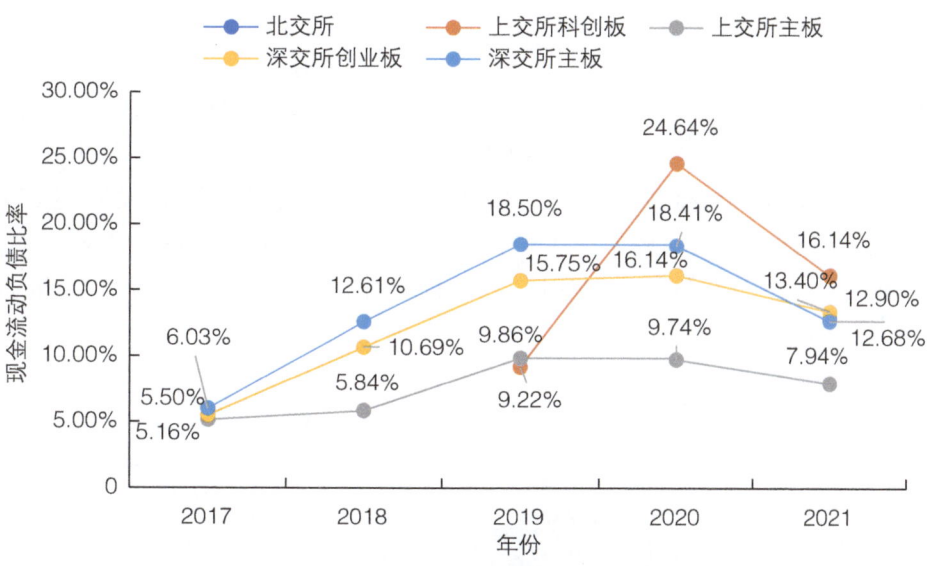

图 2-14　2017—2021 年国内 A 股五大板块现金流动负债比率

此外，A 股上市公司中高新技术企业的创新表现明显优于非高新技术企业，高新技术企业拥有更强的创新发展动力。在创新人才方面，除北交所外的四大板块中高新技术企业的研发人员占比均高于非高新技术企业，深交所主板差异最大，相差 10.2 个百分点。在研发经费方面，深交所主板、深交所创业板和上交所主板高新技术企业的研发强度也高于非高新技术企业，其中深交所创业板差异最为显著，相差 5.6 个百分点（图 2-15）。在创新产出方面，高新技术企业的万人申请专利数和利润率等指标均优于非高新技术企业，高新技术企业在创新驱动发展中表现"出彩"。

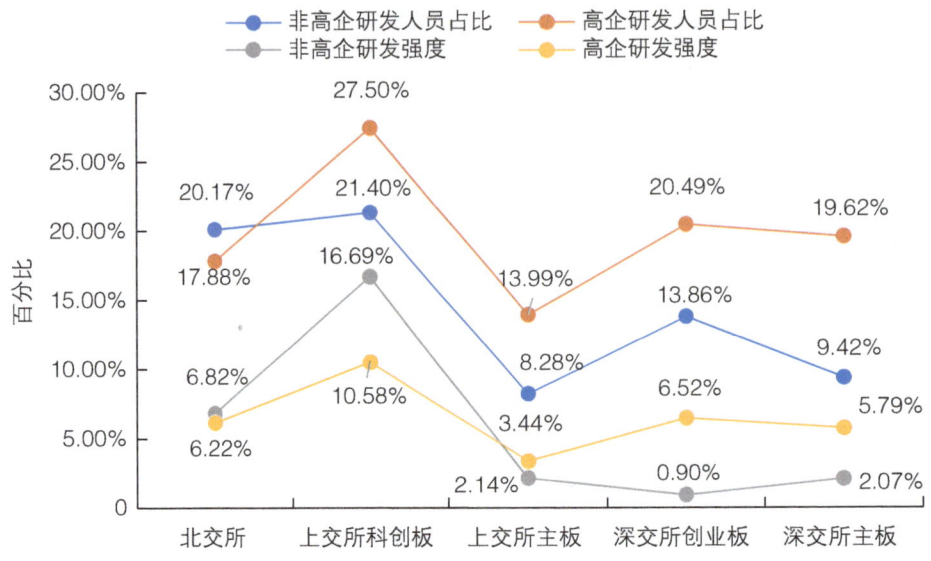

图 2-15　2021 年国内 A 股五大板块高企和非高企的创新表现对比

三、企业组织形式

在国家高新区 1864 家 A 股上市公司中，民营企业有 1271 家，占比达 68.19%，是上市公司的主体力量；地方国有企业有 270 家，占比为 14.48%；中央国有企业有 198 家，占比为 10.62%；外资企业有 76 家，中外合资经营企业有 46 家（图 2-16）。从市值表现来看，2021 年底，民营企业总市值为 18.44 万亿元，较上年增加 3.74 万亿元，占整体的比重为 57.54%，企业平均直接融资规模为 145.10 亿元，要小于中外合资经营企业（407.40 亿元）、中央国有企业（253.65 亿元）、外资企业（238.05 亿元）、地方国有企业（174.81 亿元）。

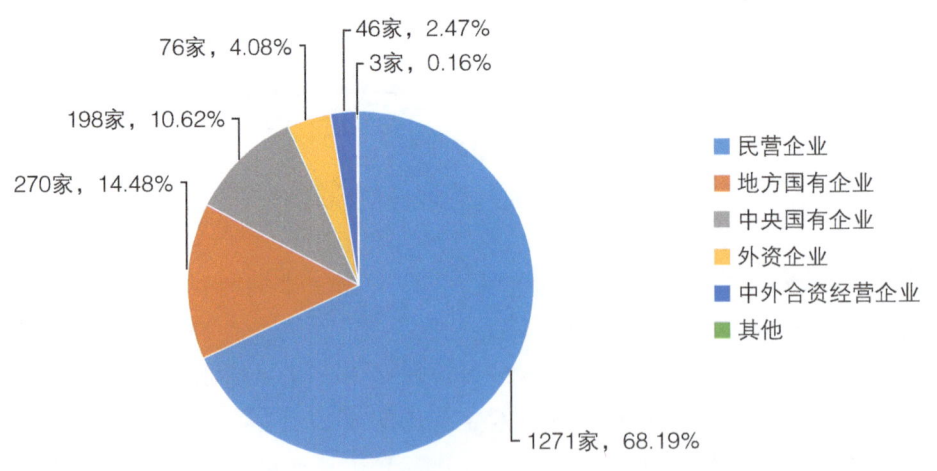

图 2-16　2021 年国内 A 股各类企业组织形式

从企业用工情况来看（表 2-2），1864 家上市公司中民营企业解决社会就业人数为 413.17 万人，较上年增加 97.27 万人，在解决就业、拉动内需等方面发挥着不可替代的作用，其次为中央国有企业和地方国有企业。

表 2-2 2021 年国内 A 股各类企业从业人员表现

组织形式	员工总数/人	硕士以上人员占比	人均薪酬/元	人均教育经费/元
地方国有企业	1 819 772	4.82%	189 890.55	2837.94
民营企业	4 131 695	5.49%	157 120.71	1309.41
外资企业	353 594	2.69%	113 829.01	573.06
中外合资经营企业	198 512	9.45%	191 204.94	1526.03
中央国有企业	2 040 510	8.50%	243 193.03	4070.70

数据来源：中国高新区研究中心整理，2022 年 8 月。

从人才学历结构来看，中外合资经营企业和中央国有企业拥有更多的硕士以上从业人数，硕士以上人员占比均超过 8%，地方国有企业和民营企业表现相当，外资企业从业人员整体质量偏低（表 2-2）。

从薪资吸引力来看，中央国有企业薪资待遇丰厚，人均薪酬达 24.32 万元，中外合资经营企业和地方国有企业表现相当，优于民营企业，但外资企业表现较差，人均薪酬仅为 11.38 万元，不足中央国有企业的一半，有待进一步提升（表 2-2）。

从人才培养方面来看，中央国有企业表现出更强大的投入力度，每年人均教育经费达 4070.70 元，其次是地方国有企业，达到 2800 元左右，外资企业表现较差，仅为中央国有企业的 1/8。

2017—2021 年，国家高新区 1864 家 A 股上市公司人均薪酬呈现出差异化变动趋势。受国际贸易环境影响，2021 年外资企业人均薪酬出现较大降幅，民营企业保持平稳，地方国有企业和中央国有企业 5 年间连续稳定增长（图 2-17）。

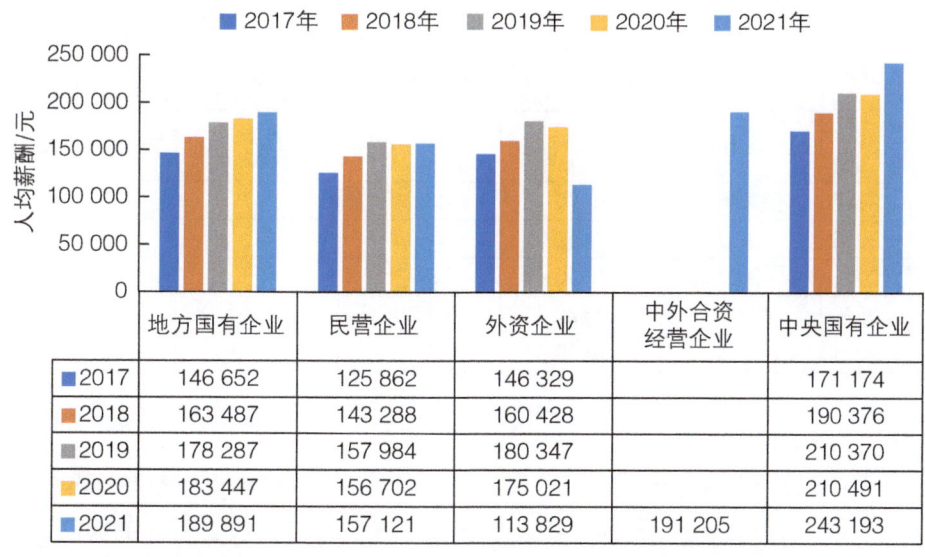

图 2-17 2017—2021 年国内 A 股各类企业人均薪酬

从企业的创新投入来看（图 2-18），中外合资经营企业和民营企业拥有更强的创新活力，研发人员占比分别达 23.42%、17.61%；而外资企业、中央国有企业和地方国有企业拥有更充足的资金投入，研发人员人均研发经费配置分别高达 69.78 万元、62.48 万元和 57.23 万元，但相对而言，中央国有企业和地方国有企业的整体研发强度偏弱，研发经费占营业收入比重仅为 3%。从近 5 年表现来看（图 2-19），A 股各类企业研发人员人均研发经费整体呈现上升趋势，其中外资企业增速最快、单个研发人员经费配置力度最大，民营企业整体表现较差。

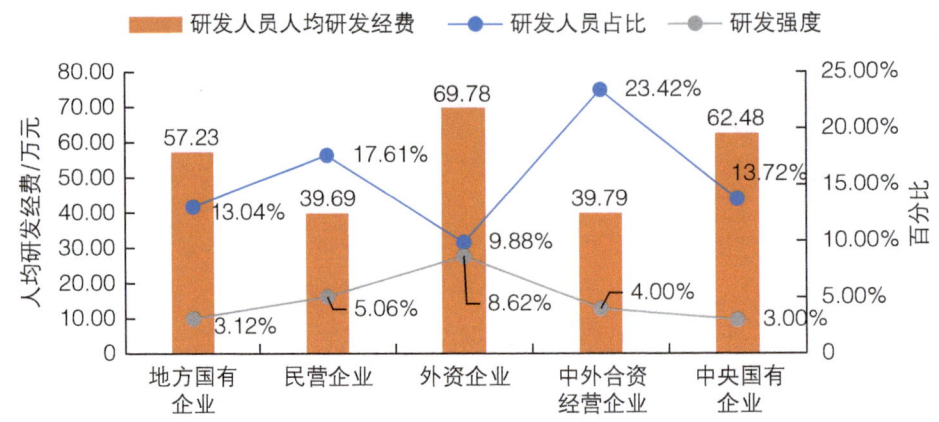

图 2-18　2021 年国内 A 股各类企业创新投入表现

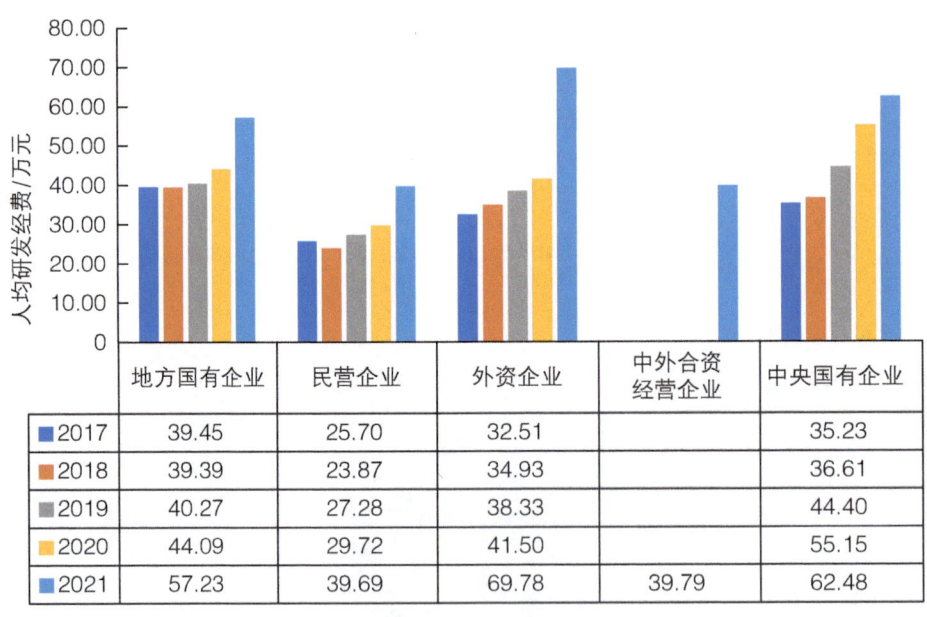

图 2-19　2017—2021 年国内 A 股各类企业研发人员人均研发经费

从企业的创新产出来看（图 2-20），外资企业、中央国有企业表现有些差强人意，2021 年万人专利申请量分别为 29.19 件、40.67 件，这与其投入表现不符，专利产出效率偏低，相比较而言，地方国有企业的专利产出效率最高，万人专利申请量超 100 件，民营企业和中外合资经营企业表现相当。此外，中央国有企业每百件申请专利中仅有 2.89 件 PCT 专利，PCT 专利产出效率与其他各类企业差距较大，外资企业表现最优，每百件申请专利中 PCT 专利达 32.66 件。

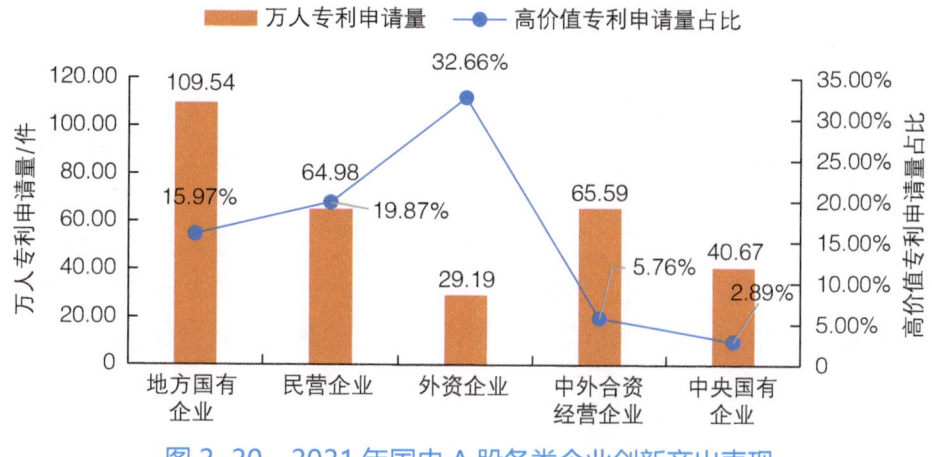

图 2-20　2021 年国内 A 股各类企业创新产出表现

第二节　创新发展评估

本节将借助第一章中设计的创新能力评估指标体系，进一步对国内五大 A 股上市板块[①]、5 类企业、144 家国家高新区进行深入分析，借此评估国家高新区内上市公司各维度创新发展的水平，找出亮点及短板。

一、分上市板块评估

从创新能力指数得分来看（图 2-21），上交所主板的国家高新区上市公司得分最高，达 86.79 分，其次是深交所主板和上交所科创板，得分分别为 84.06 分、79.66 分，而北交所由于刚成立不久，

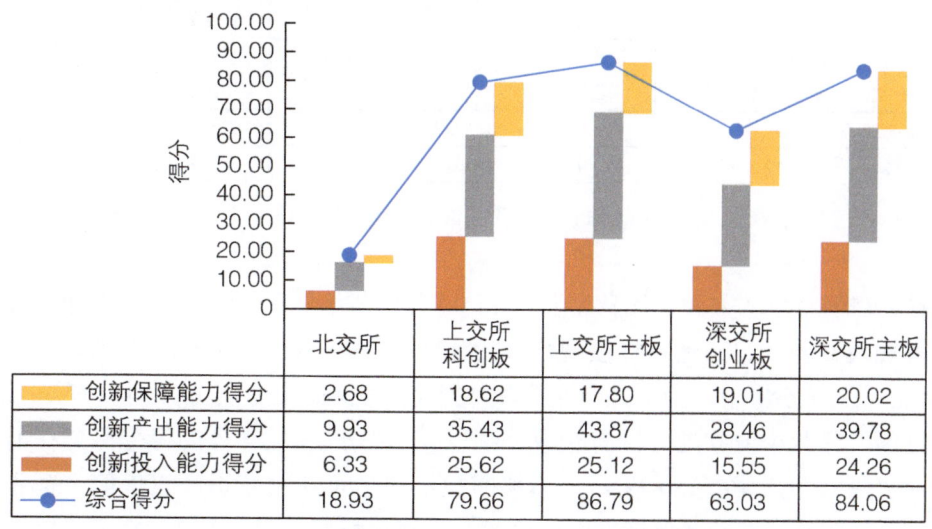

图 2-21　2021 年国内 A 股五大板块企业创新能力指数得分

---

① 指上交所主板、深交所主板、深交所创业板、上交所科创板、北交所。

得分最低。上交所科创板部分创新指标表现亮眼，但与上交所主板、深交所创业板相比仍有较大的规模差距。

具体来看（图2-21），在创新投入方面，上交所科创板与上交所主板、深交所主板实力基本相当，其中，上交所科创板表现更胜一筹，创新投入能力得分达25.62分。在创新产出方面，差距开始拉开，上交所主板表现最为出色，得分43.87分，深交所创业板表现较弱，得分为15.55分，而北交所表现明显不足，仅有9.93分，当年新增专利数量、当年新增知识产权价值、商业变革力度、企业所得税区域等多项指标处于五大板块的末数位置。在创新保障方面，北交所表现仍然垫底，得分2.68分，主要源于营业收入、总市值均值、核心技术储备等绝对指标不占优势，其他4个板块表现基本相当。

二、分组织形式评估

从创新能力指数得分来看（图2-22），国家高新区上市公司中民营企业表现最好，得分达83.06分，地方国有企业表现次之，得分为80.45分，外资企业表现差强人意，综合得分仅有65.42分，主要原因在于企业数量较少，导致21项指标中有9项指标均处于垫底位置。

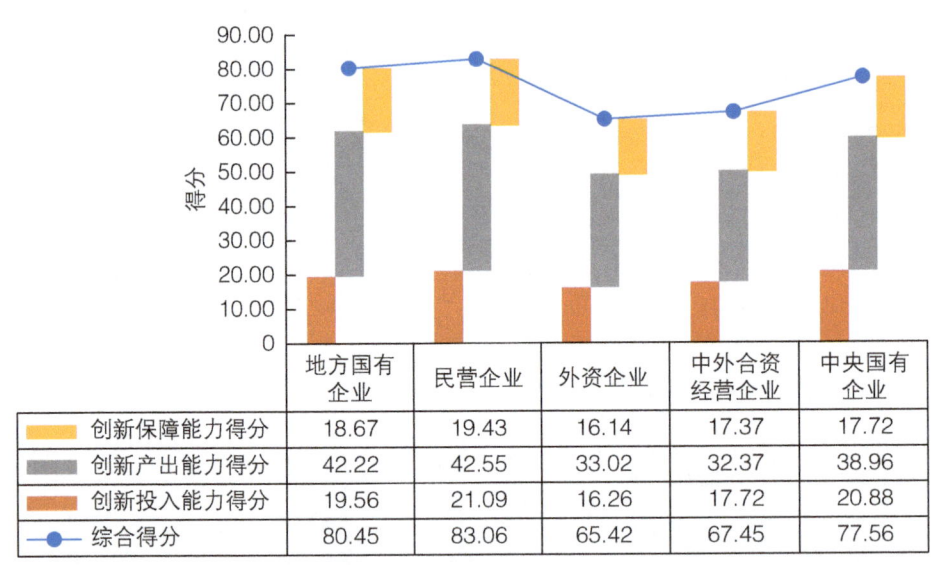

图2-22　2021年国内A股5大类型企业创新能力指数得分

具体来看，在创新投入方面，民营企业以21.09分的成绩领先于其他类型企业，除员工薪酬激励相比较而言表现较弱外，其他指标表现均极为出色，中央国有企业略高于地方国有企业，得分分别为20.88分、19.56分，中外合资经营企业和外资企业表现接近，得分分别为17.72分、16.26分。在创新产出方面，民营企业和地方国有企业分别以42.55分、42.22分的得分保持在前2名，中外合资经营企业表现有些反常，投入与产出不够匹配，在当年新增知识产权价值、企业所得税区域贡献度等方面表现较差。在创新保障方面，民营企业表现最好，得分达19.43分，除从业人员人均教育经费、管理决策专业度等方面表现较差外，其他各项指标均呈现出明显的优势。

三、分国家高新区评估

全国 169 家国家高新区内拥有上市公司的国家高新区已经从 2020 年的 142 家上升至 2021 年的 144 家，但仍有 25 家国家高新区暂未培育出上市公司。通过对 2021 年 1864 家 A 股上市公司数据按国家高新区分类提取并整理分析，最终得出 144 家国家高新区上市公司创新能力指数得分及一级指标得分（表 2-3）。

表 2-3 2021 年国家高新区上市公司创新能力指数得分

国家高新区	综合得分	创新投入能力得分	创新产出能力得分	创新保障能力得分
中关村科技园区	82.89	21.41	42.50	18.98
上海张江高新区	79.43	20.94	40.56	17.93
深圳高新区	77.96	19.66	39.92	18.37
珠海高新区	76.59	19.12	40.58	16.89
惠州仲恺高新区	75.16	21.74	37.55	15.87
杭州高新区	75.00	21.92	36.15	16.93
成都高新区	73.96	21.11	36.62	16.23
南京高新区	73.53	20.38	36.39	16.75
长沙高新区	73.52	21.12	35.80	16.60
武汉东湖高新区	73.25	21.05	35.55	16.65
潍坊高新区	73.23	22.30	35.08	15.85
保定高新区	73.03	21.29	35.98	15.76
广州高新区	72.53	19.41	36.22	16.91
合肥高新区	72.27	21.32	34.85	16.10
连云港高新区	72.03	23.60	33.21	15.23
乌鲁木齐高新区	71.68	22.88	35.77	13.03
天津滨海高新区	71.65	21.75	34.05	15.85
洛阳高新区	70.95	20.75	34.69	15.50
呼和浩特金山高新区	70.72	18.95	36.57	15.19
马鞍山慈湖高新区	70.55	21.24	34.46	14.86
青岛高新区	70.33	19.36	35.63	15.34
济南高新区	69.71	20.40	33.61	15.70
无锡高新区	68.74	20.57	32.93	15.24

续表

国家高新区	综合得分	创新投入能力得分	创新产出能力得分	创新保障能力得分
宁波高新区	68.43	18.60	33.92	15.91
苏州工业园	68.39	19.21	32.87	16.31
温州高新区	67.96	17.88	34.91	15.17
昆明高新区	67.94	19.92	32.89	15.12
包头稀土高新区	67.80	19.20	33.71	14.88
武进高新区	67.57	18.53	34.25	14.78
绵阳高新区	67.54	20.22	32.28	15.03
长春高新区	67.33	22.75	29.64	14.94
福州高新区	67.33	20.72	31.64	14.96
苏州高新区	66.91	18.43	33.49	15.00
西安高新区	66.64	19.02	31.46	16.16
贵阳高新区	66.20	19.08	32.42	14.69
襄阳高新区	66.15	20.63	31.41	14.11
南昌高新区	65.47	18.98	31.71	14.78
郑州高新区	65.10	20.54	30.23	14.33
厦门火炬高新区	65.02	16.13	33.13	15.77
株洲高新区	64.05	19.78	30.24	14.03
哈尔滨高新区	63.72	19.75	29.94	14.02
新余高新区	63.29	16.92	32.99	13.38
嘉兴秀洲高新区	63.24	18.35	30.77	14.12
绍兴高新区	62.92	17.14	31.78	14.00
重庆高新区	62.67	17.30	30.85	14.51
中山火炬高新区	62.60	16.94	30.09	15.57
常州高新区	62.34	18.95	28.45	14.95
芜湖高新区	62.29	18.33	29.68	14.28
汕头高新区	62.14	18.17	30.28	13.69
萧山临江高新区	61.80	15.81	31.14	14.85
柳州高新区	61.70	19.25	28.74	13.71
咸阳高新区	61.55	18.27	30.17	13.11

续表

国家高新区	综合得分	创新投入能力得分	创新产出能力得分	创新保障能力得分
昌吉高新区	61.47	22.91	24.94	13.62
东莞松山湖高新区	61.35	16.26	30.43	14.65
江门高新区	60.70	18.85	28.28	13.57
上海紫竹高新区	60.63	20.45	26.47	13.71
宜昌高新区	60.55	15.93	30.46	14.15
江阴高新区	60.36	16.26	29.68	14.42
漳州高新区	60.34	16.39	30.64	13.31
淄博高新区	60.22	19.88	24.98	15.37
扬州高新区	60.02	17.64	28.90	13.48
长春净月高新区	59.65	21.79	24.14	13.72
龙岩高新区	59.15	14.97	31.05	13.13
昆山高新区	59.10	17.36	28.46	13.28
海口高新区	59.07	16.60	29.17	13.30
沈阳高新区	58.69	22.18	22.04	14.48
佛山高新区	58.63	17.99	25.22	15.43
平顶山高新区	58.53	20.04	25.45	13.04
辽阳高新区	58.52	19.37	27.29	11.86
太原高新区	58.50	19.05	24.99	14.46
通化医药高新区	58.45	23.26	23.10	12.09
南宁高新区	58.16	17.01	27.38	13.76
荆门高新区	57.97	17.85	26.30	13.82
威海火炬高新区	57.43	19.24	23.88	14.31
鄂尔多斯高新区	57.42	17.37	26.91	13.15
清远高新区	57.36	17.20	27.13	13.03
泰州医药高新区	57.24	19.50	25.08	12.66
白银高新区	56.95	18.21	25.49	13.26
长治高新区	56.79	19.12	24.52	13.16
蚌埠高新区	56.72	18.69	23.87	14.15
烟台高新区	56.23	15.77	28.02	12.44

续表

国家高新区	综合得分	创新投入能力得分	创新产出能力得分	创新保障能力得分
安阳高新区	55.97	20.35	22.30	13.32
济宁高新区	55.90	20.73	21.73	13.44
内江高新区	54.71	21.71	21.51	11.49
石河子高新区	54.48	17.55	24.43	12.50
桂林高新区	54.28	18.65	22.76	12.86
宿迁高新区	54.24	16.30	24.92	13.01
大连高新区	54.14	14.06	27.74	12.35
锦州高新区	53.99	16.56	22.00	15.44
湖州莫干山高新区	53.79	17.07	23.35	13.37
石家庄高新区	53.39	17.64	21.72	14.03
湘潭高新区	53.10	19.22	20.41	13.48
徐州高新区	52.86	16.07	25.28	11.51
北海高新区	52.76	19.48	22.37	10.91
德州高新区	52.60	17.59	22.16	12.86
肇庆高新区	52.60	17.45	22.37	12.79
宝鸡高新区	52.59	18.37	20.72	13.49
益阳高新区	52.45	16.94	22.42	13.09
泉州高新区	52.21	14.43	25.93	11.85
景德镇高新区	52.04	18.24	21.26	12.54
兰州高新区	51.92	19.53	19.31	13.08
新乡高新区	51.49	17.38	22.09	12.02
阜新高新区	51.17	21.37	18.46	11.34
乐山高新区	50.94	16.75	21.27	12.92
镇江高新区	50.86	16.80	21.58	12.48
铜陵狮子山高新区	50.79	16.59	22.07	12.13
衢州高新区	50.64	16.57	21.53	12.54
杨凌高新区	50.58	17.34	21.81	11.43
湛江高新区	50.31	17.00	20.94	12.36
孝感高新区	50.17	15.67	22.24	12.25

续表

国家高新区	综合得分	创新投入能力得分	创新产出能力得分	创新保障能力得分
南阳高新区	49.59	17.37	20.70	11.52
南通高新区	49.55	15.27	21.68	12.59
玉溪高新区	49.08	18.87	18.47	11.75
自贡高新区	49.05	19.07	17.53	12.45
潜江高新区	49.01	13.93	24.46	10.62
唐山高新区	48.67	17.09	21.53	10.06
随州高新区	48.20	15.33	21.17	11.69
安顺高新区	48.10	14.95	20.72	12.43
营口高新区	47.88	18.00	19.14	10.74
抚州高新区	47.62	16.83	18.99	11.80
荣昌高新区	47.56	16.67	19.76	11.13
泰安高新区	46.32	17.03	19.10	10.18
鞍山高新区	46.12	16.91	17.13	12.08
淮南高新区	45.95	8.91	24.73	12.31
鹰潭高新区	45.76	13.89	20.72	11.15
大庆高新区	45.74	18.34	17.83	9.56
宜春丰城高新区	45.13	15.11	19.04	10.98
宁夏石嘴山高新区	44.70	16.27	17.76	10.67
黄冈高新区	44.14	15.06	19.41	9.68
吉林高新区	43.95	15.00	17.39	11.56
衡阳高新区	43.84	19.21	14.28	10.36
泸州高新区	43.80	14.97	17.53	11.31
莱芜高新区	42.91	14.71	17.49	10.71
常熟高新区	42.78	15.20	14.59	12.99
璧山高新区	42.01	13.13	18.14	10.74
承德高新区	41.74	14.88	18.34	8.52
郴州高新区	40.88	15.35	14.74	10.79
青海高新区	40.70	13.78	21.98	4.94
茂名高新区	40.04	15.47	16.13	8.44

续表

国家高新区	综合得分	创新投入能力得分	创新产出能力得分	创新保障能力得分
黄石大冶湖高新区	39.66	14.70	15.18	9.79
咸宁高新区	39.34	15.20	14.34	9.80
银川高新区	39.25	9.63	22.49	7.13
燕郊高新区	38.10	9.66	19.17	9.27
三明高新区	37.05	10.13	16.43	10.49

数据来源：中国高新区研究中心整理，2022年8月。

从创新能力指数得分来看，2021年表现最好的高新区有中关村科技园区、上海张江高新区、深圳高新区，得分均在77以上。得分在70分以上的国家高新区有21家，得分低于50分的仍有34家国家高新区，这些高新区仍需重视对区内上市公司创新发展的引导和支持。

在创新投入方面，连云港高新区以23.60分的成绩居于榜首，在研发活动区域集中度、设备采购及营销推广经费等资金投入方面极具竞争优势，通化医药高新区、昌吉高新区、乌鲁木齐高新区、长春高新区、潍坊高新区、沈阳高新区得分都在22分以上，创新投入表现可圈可点。在创新产出方面，中关村科技园区表现出色，优于珠海高新区和上海张江高新区；深圳高新区同样排名靠前，当年新增专利数量、商业变革力度等指标表现良好。在创新保障方面，乌鲁木齐高新区、辽阳高新区、通化医药高新区等创新能力排名与综合得分排名差距较大，是高新区上市公司创新发展的短板，亟待加强，锦州高新区、常熟高新区、佛山高新区等排名表现优于综合得分排名。

从近两年的国家高新区上市公司创新能力排名来看（表2-4），中关村科技园区、上海张江高新区、深圳高新区、珠海高新区位列前四，整体保持稳定。此外，排名上升幅度较大的国家高新区有包头稀土高新区、白银高新区、辽阳高新区、襄阳高新区、北海高新区、新余高新区、海口高新区、锦州高新区、湖州莫干山高新区、上海紫竹高新区，较2020年排名均上升了超30个名次。排名下降幅度较大的国家高新区有淄博高新区、威海火炬高新区、兰州高新区、常熟高新区、佛山高新区、石家庄高新区淄博高新区、威海火炬高新区、兰州高新区、佛山高新区、常熟高新区、石家庄高新区等，较2020年排名均下降了超30个名次。

表2-4 2020—2021年国家高新区上市公司创新能力评价综合排名

国家高新区	2021年排名	2020年排名	国家高新区	2021年排名	2020年排名
中关村科技园区	1	1	杭州高新区	6	5
上海张江高新区	2	2	成都高新区	7	18
深圳高新区	3	3	南京高新区	8	10
珠海高新区	4	4	长沙高新区	9	6
惠州仲恺高新区	5	13	武汉东湖高新区	10	9

续表

国家高新区	2021年排名	2020年排名	国家高新区	2021年排名	2020年排名
潍坊高新区	11	8	株洲高新区	40	41
保定高新区	12	27	哈尔滨高新区	41	65
广州高新区	13	7	新余高新区	42	78
合肥高新区	14	12	嘉兴秀洲高新区	43	61
连云港高新区	15	20	绍兴高新区	44	44
乌鲁木齐高新区	16	43	重庆高新区	45	64
天津滨海高新区	17	14	中山火炬高新区	46	31
洛阳高新区	18	34	常州高新区	47	36
呼和浩特金山高新区	19	35	芜湖高新区	48	37
马鞍山慈湖高新区	20	28	汕头高新区	49	42
青岛高新区	21	11	萧山临江高新区	50	45
济南高新区	22	21	柳州高新区	51	70
无锡高新区	23	23	咸阳高新区	52	79
宁波高新区	24	16	昌吉高新区	53	40
苏州工业园	25	15	东莞松山湖高新区	54	68
温州高新区	26	17	江门高新区	55	53
昆明高新区	27	29	上海紫竹高新区	56	86
包头稀土高新区	28	84	宜昌高新区	57	58
武进高新区	29	26	江阴高新区	58	56
绵阳高新区	30	46	漳州高新区	59	51
长春高新区	31	47	淄博高新区	60	25
福州高新区	32	22	扬州高新区	61	71
苏州高新区	33	33	长春净月高新区	62	67
西安高新区	34	30	龙岩高新区	63	50
贵阳高新区	35	32	昆山高新区	64	55
襄阳高新区	36	73	海口高新区	65	100
南昌高新区	37	49	沈阳高新区	66	54
郑州高新区	38	48	佛山高新区	67	19
厦门火炬高新区	39	24	平顶山高新区	68	75

续表

国家高新区	2021年排名	2020年排名	国家高新区	2021年排名	2020年排名
辽阳高新区	69	109	益阳高新区	98	76
太原高新区	70	80	泉州高新区	99	108
通化医药高新区	71	52	景德镇高新区	100	99
南宁高新区	72	66	兰州高新区	101	59
荆门高新区	73	74	新乡高新区	102	97
威海火炬高新区	74	39	阜新高新区	103	85
鄂尔多斯高新区	75	60	乐山高新区	104	107
清远高新区	76	81	镇江高新区	105	98
泰州医药高新区	77	72	铜陵狮子山高新区	106	104
白银高新区	78	122	衢州高新区	107	89
长治高新区	79	82	杨凌高新区	108	113
蚌埠高新区	80	77	湛江高新区	109	114
烟台高新区	81	83	孝感高新区	110	117
安阳高新区	82	92	南阳高新区	111	121
济宁高新区	83	62	南通高新区	112	94
内江高新区	84	—	玉溪高新区	113	91
石河子高新区	85	—	自贡高新区	114	88
桂林高新区	86	63	潜江高新区	115	127
宿迁高新区	87	93	唐山高新区	116	106
大连高新区	88	96	随州高新区	117	128
锦州高新区	89	123	安顺高新区	118	110
湖州莫干山高新区	90	57	营口高新区	119	115
石家庄高新区	91	38	抚州高新区	120	105
湘潭高新区	92	120	荣昌高新区	121	101
徐州高新区	93	102	泰安高新区	122	129
北海高新区	94	130	鞍山高新区	123	95
德州高新区	95	90	淮南高新区	124	126
肇庆高新区	96	103	鹰潭高新区	125	118
宝鸡高新区	97	69	大庆高新区	126	132

续表

国家高新区	2021年排名	2020年排名	国家高新区	2021年排名	2020年排名
宜春丰城高新区	127	119	承德高新区	136	116
宁夏石嘴山高新区	128	135	郴州高新区	137	138
黄冈高新区	129	125	青海高新区	138	141
吉林高新区	130	112	茂名高新区	139	136
衡阳高新区	131	140	黄石大冶湖高新区	140	137
泸州高新区	132	133	咸宁高新区	141	131
莱芜高新区	133	111	银川高新区	142	142
常熟高新区	134	87	燕郊高新区	143	124
璧山高新区	135	134	三明高新区	144	139

注："—"表示在这一年该高新区暂未统计到上市公司，不纳入当年的统计分析。
数据来源：中国高新区研究中心整理，2022年8月。

第三节 创新发展贡献度

单纯讨论国家高新区上市公司的创新能力，并不能直观地感受到国家高新区内上市公司的创新发展对国家高新区整体乃至整个国家的影响，因此报告将会通过一套科学的测量方法对国家高新区上市公司的创新贡献度进行估算。本节将重点以国家高新区1864家A股上市公司数据、169家国家高新区数据，以及国家整体发展数据为依据，以各层级的科技进步贡献率为媒介，深入分析并测算国家高新区上市公司对国家高新区的创新发展贡献度，乃至对整个国家创新发展的贡献度。

一、创新发展贡献度测算方法

现阶段关于创新发展贡献的研究，主要以搭建定量评价指标体系为主，指标选取各有侧重，评价结果亦是多种多样，对于创新发展贡献水平暂未达成共识，同时，考虑到本报告已有一套评估创新水平的指标体系，若再搭建一套新的衡量创新贡献的指标体系未免有些重复，而且说服力不强，因此，本报告将尝试借助科技进步贡献率，探索一种新的创新发展贡献度的测算方法，思虑不周之处，望与编者联系指正。

科技进步贡献率是国内政策文件中经常出现的概念，它是指科技进步对经济增长的贡献，是衡量地区科技竞争实力和科技成果转化的综合性指标。据科技部数据显示，2020年我国科技进步贡献率超过60%，2021年达66%。在国外研究中，科技进步贡献率往往被视为全要素生产率，主要的研究方法有"C-D函数法""索罗余值法"等。从国内来看，受政府部门影响，国内学术界对科技进步贡献率的研究热度不减，主要集中在Solow增长核算法、随机前沿生产函数、DEA-Malmquist方法等领域。本节内容在综合考虑上市公司数据年份少、处理分析简易等因素后，"索

罗余值法",其假设技术进步是希克斯中性的,即为产出增长型技术进步,且规模报酬不变,具体生产函数如下:

$$\begin{cases} Y=A(t)K^{\alpha}L^{\beta} \\ \alpha+\beta=1 \end{cases} \quad (2-1)$$

其中,Y 为经济总产出,K 为资本投入,L 为劳动投入,α 和 β 分别为资本、劳动的产出弹性,而 A 为一段时间内技术变化的累积效应,相当于 t 时期的技术水平。对公式两边取自然对数:

$$\ln(Y)=\ln(A)+\alpha\ln(K)+\beta\ln(L) \quad (2-2)$$

上式两边对 t 求导数,得到:

$$\frac{dY}{Y}=\lambda+\alpha\frac{dK}{K}+\beta\frac{dL}{L} \quad (2-3)$$

考虑到数据的不连续性,此处对数据变动采用差分处理,令 $\frac{dY}{Y}\approx\frac{\Delta Y}{Y}=y$、$\frac{dK}{K}\approx\frac{\Delta K}{K}=k$、$\frac{dL}{L}\approx\frac{\Delta L}{L}=l$,则得到全要素生产率公式:

$$\lambda=y-\alpha k-\beta l \quad (2-4)$$

进一步可得到科技进步贡献率:

$$E_A=\frac{\lambda}{y} \quad (2-5)$$

通过上述方法分别处理国家整体数据、国家高新区数据、高新区上市公司数据,在求得国家整体的科技进步贡献率 GE_A、国家高新区的科技进步贡献率 HTE_A 和国家高新区上市公司的科技进步贡献率 LCE_A 的基础上,可进一步推出国家高新区上市公司对国家高新区的创新贡献度(IC_{HT})和对国家整体的创新贡献度(IC_G):

$$IC_{HT}=\frac{LCE_A\times\Delta Y_{LC}}{HTE_A\times\Delta Y_{HT}}; \quad (2-6)$$

$$IC_G=\frac{LCE_A\times\Delta Y_{LC}}{GE_A\times\Delta Y_G} \quad (2-7)$$

其中,ΔY_{LC} 表示高新区上市公司总产出变动量、ΔY_{HT} 表示国家高新区总产出的变动量、ΔY_G 表示国家 GDP 的变动量。

二、对全国的创新发展贡献度

1. 全国科技进步贡献率

上述公式中主要涉及 3 个指标,即 Y、K 和 L,国家层面数据的主要来源于国家统计局,具体数据处理方式如下。

(1)经济总产出量 Y

以全国 2001—2021 年的国内生产总值(GDP)为基础数据,通过国内生产总值指数将其调整为以 1990 年可比价格为基础的实际 GDP,具体表示为:实际 GDP = 基期 GDP × GDP 定基指数,其中 GDP 定基指数为基期后一年到末期的各个环比指数连乘积。

（2）资本投入量 K

由于资本投入和社会经济效益的产出在时间上存在时滞效应，因此采用资本存量而非当年的固定资产投资额作为测度变量。根据相关学者研究，本报告资本存量的测算采用永续存盘法，基本公式为

$$K_t = \frac{I_t}{P_t} + (1-\delta) K_t - 1。 \quad (2-8)$$

其中，K_t 为第 t 年的资本存量；I_t 为第 t 年的固定资产投入，不同学者分别采用全社会固定资产投资额，资本形成额和固定资本形成额计算，本书采用固定资本形成额表示固定资产投入；P_t 为固定资产投资价格指数；δ 为固定资产折旧率。本书采用张军[1]的研究方法，选取 9.6% 作为全国固定资产折旧率。选取为 1990 年的固定资本形成额除以 10% 作为全国的初始资本存量 K_{1990}。

（3）劳动投入量 L

本报告选取 2001—2021 年的全国就业人员作为劳动投入量（表 2-5）。

表 2-5　2001—2021 年我国宏观经济数据

年份	实际 GDP / 亿元	资本存量 / 亿元	就业人员 / 万人
2001	55 286.4	113 071.9	72 797
2002	60 334.4	124 945.9	73 280
2003	66 389.3	140 202.9	73 736
2004	73 102.1	157 974.1	74 264
2005	81 432.6	178 594.7	74 647
2006	91 790.4	202 014.8	74 978
2007	104 853.5	229 644.5	75 321
2008	114 976.3	260 211.9	75 564
2009	125 783.9	301 239.3	75 828
2010	139 162.4	347 860.5	76 105
2011	152 453.7	398 235.2	76 196
2012	164 436.0	452 265.8	76 254
2013	177 210.4	510 783.4	76 301
2014	190 367.5	570 337.7	76 349
2015	203 772.9	630 705.1	76 320
2016	217 728.7	692 278.7	76 245
2017	232 852.6	751 372.3	76 058

---

[1] 张军，吴桂英，张吉鹏. 中国省际物质资本存量估算：1952—2000 [J]. 经济研究，2004（10）：35-44.

续表

年份	实际GDP/亿元	资本存量/亿元	就业人员/万人
2018	248 573.9	814 660.9	75 782
2019	263 362.1	877 937.9	75 447
2020	269 544.6	934 699.1	75 064
2021	291 377.7	1 000 002.3	74 652

数据来源：中国高新区研究中心整理，2022年8月。

对表2-5中的数据分别做对数化处理后，采用最小二乘法对$\ln(Y)$、$\ln(K)$、$\ln(L)$进行回归，得到如下索罗增长速度方程拟合结果：

$$\ln(Y) = -10.40 + 0.82\ln(K) + 1.04\ln(L)。 \quad (2-9)$$
$$(-0.224)\quad(3.63)\qquad\quad(0.268)$$

回归结果的R^2为0.996，拟合度较好，模型整体显著，有一定的可靠性。根据模型拟合结果，假定规模报酬不变，归一化得到全国初始的资本产出弹性系数α为0.442，劳动产出弹性系数β为0.558。

由此测得2021年全国的全要素生产率：

$$\lambda_G = 8.10\% - 0.442 \times 6.99\% - 0.558 \times (-0.55\%) = 5.32\%。$$

最终可得，2021年全国的科技进步贡献率为：$GE_A = \dfrac{\lambda_G}{y_G} = 65.66\%$。

2. 国家高新区上市公司科技进步贡献率

截至2021年底，国家高新区共有A股上市公司1864家，在此以企业增加值作为其经济总产出量Y，具体的企业增加值以收入法进行核算，即企业增加值=营业利润+营业税金及附加+应交增值税+本年应付职工薪酬+固定资产本年折旧-投资收益。对于资本投入量K，此处以上市公司年报公布的固定资产净值为准，考虑到价格影响较难剔除的问题，在此对Y和K均不作基期校准处理。对于劳动投入量L，此处借用上市公司年报公布的从业人数。

为了避免新上市或数据缺失的企业对测算造成较大误差，在此剔除后对2019—2021年数据进行整体处理（表2-6）。

表2-6　2019—2021年国家高新区上市公司经济数据

年份	企业增加值/亿元	从业人员/万人	固定资产净值/亿元
2019	11 072.31	653.69	25 910.48
2020	13 035.40	684.25	28 996.70
2021	20 445.21	777.02	36 215.98

数据来源：中国高新区研究中心整理，2022年8月。

由于国家高新区上市公司数据年份较少，无法通过最小二乘法得到生产要素的弹性系数，在此采用公式法，$\alpha = \frac{\Delta Y}{Y} / \frac{\Delta K}{K}$，$\beta = \frac{\Delta Y}{Y} / \frac{\Delta L}{L}$，其中 Y、K、L 的增速均以近 3 年的平均增速计算，可以得到资本产出弹性系数 α 为 1.97，劳动产出弹性系数 β 为 3.98，进一步归一化处理得到劳动产出弹性系数 0.331、资本产出弹性系数 0.669。在此基础上可以测得国家高新区上市公司的全要素生产率 Y_{LC} 为 39.53%，进一步得到科技进步贡献率 LCE_A 为 69.54%。

3. 创新贡献度测算

对于创新贡献度测算公式所用数据整理如下：

$$\Delta Y_G = 130\,103\text{ 亿元}; \quad \Delta Y_{LC} = 7738\text{ 亿元}; \quad GE_A = 65.66\%; \quad LCE_A = 69.54\%。$$

可求得：

$$IC_G = \frac{LCE_A \times \Delta Y_{LC}}{GE_A \times \Delta Y_G} = 6.30\%。$$

综上可知，国家高新区上市公司对于国家整体的创新贡献度已达 6.30%。

三、对国家高新区的创新发展贡献度

近年来，国家高新区的数量一直在增加，从而导致国家高新区整体的经济数据呈现出大幅上涨状态，如仅站在全局的角度测算国家高新区整体的科技进步贡献率，而不考虑各高新区的个性特征，不仅不够科学合理，还可能会影响到生产函数中参数估计的精确性。在此，本书采用李兰兰等[①]的方法，对每个高新区单独测算全要素生产率，然后以各高新区对国家高新区整体的影响力为权重进行加权平均，最终得出国家高新区的全要素生产率。具体步骤如下：

$$\lambda_{HT} = \sum_{i=1}^{n} \lambda_{HT}^{i} \times w_i; \quad (2\text{-}10)$$

$$w_i = \frac{Y_{HT}^{i}}{Y_{HT}}。\quad (2\text{-}11)$$

其中，λ_{HT}^{i} 表示第 i 个国家高新区的全要素生产率，Y_{HT}^{i} 表示第 i 个国家高新区的经济总产出，w_i 表示第 i 个高新区对国家高新区整体的影响力。

国家高新区的数据来源主要是火炬中心，在此选取 2014—2021 年各国家高新区经济数据作为分析对象（2014 年后升级的国家高新区以升级年份为数据起始年份），以高新区全口径的园区生产总值（GDP）作为经济总产出量 Y，以高新区年末资产总计作为资本投入量 K，以高新区从业人员期末人数作为劳动投入量 L。同样，考虑到数据年份较少，依然采用公式法计算投入要素的弹性，其中 Y、K、L 的增速均以可获取数据最大年限的平均增速计算，进一步归一化处理后得到每个高新区的资本产出弹性系数 α_{HT}^{i} 和劳动产出弹性系数 β_{HT}^{i}，最终测得每个高新区的全要素生产率 λ_{HT}^{i}。

---

① 李兰兰，诸克军，郭海湘. 中国各省市科技进步贡献率测算的实证研究［J］. 中国人口·资源与环境，2011，21（4）：55-61.

以中关村科技园区为例，以其 2014—2021 年数据为依据，最终测得资本产出弹性系数 0.188 和劳动产出弹性系数 0.812，全要素生产率为 12.96%；以 2017 年升级的常德高新区为例，以其 2017—2021 年数据为依据，最终测得资本产出弹性系数 0.148 和劳动产出弹性系数 0.852，全要素生产率为 19.89%。在此不一一列举，整体来看，结果显示出一定的合理性。

最终，$\lambda_{HT} = \sum_{i=1}^{n} \lambda_{HT}^{i} \times w_i = 4.77\%$，以 2021 年 169 家国家高新区 GDP 增速为基准，可以推出，国家高新区科技进步贡献率 HTE_A 为 61.98%。

高新区上市公司对于国家高新区创新贡献度的计算所用数据整理如下：

$\Delta Y_{HT} = 10\,217$ 亿元；$\Delta Y_{LC} = 7738$ 亿元；$HTE_A = 61.98\%$；$LCE_A = 69.54\%$。

可求得：

$$IC_{HT} = \frac{LCE_A \times \Delta Y_{LC}}{HTE_A \times \Delta Y_{HT}} = 25.07\% 。 \tag{2-12}$$

2021 年国家高新区上市公司的企业增加值超 2 万亿元，而同期国家高新区 GDP 为 15.6 万亿元，国家高新区上市公司以近 1/8 的体量为国家高新区创新驱动发展贡献了近 1/4 的科技进步增值，显示出了极为强大的创新力量。

第三章

国家高新区上市公司企业创新能力分析

本章主要从企业层面对国家高新区上市公司创新能力进行分析。通过国家高新区上市公司创新能力评价指标对企业进行排名，从中选取创新100强上市公司进行分析，为其他企业提供发展范例。然后对国家高新区上市公司创新能力得分、市值、研发投入、专利产出等指标进行相关分析，得出一些特色结论。进而根据结论选取重点指标对高新区上市公司进行分类，全面了解国家高新区上市公司的创新发展。

第一节 企业创新100强

一、创新百强企业特点

国家高新区上市公司创新100强是国家高新区上市公司创新的主力军，其中，格力电器、长城汽车、海康威视、潍柴动力、京东方A、中兴通讯、恒瑞医药、伊利股份、TCL科技、中联重科等位列国家高新区上市公司创新10强[1]。2022年上榜的企业具有如下特点。

一是高度重视研发投入。国家高新区上市公司创新100强（简称"创新百强上市公司"）的总研发费用为3034.96亿元，较上年增加855.75亿元，占国家高新区1864家上市公司总研发费用的47.23%，创新百强上市公司平均研发投入强度为3.99%，比国家高新区1864家上市公司的研发

---

[1] 数据来源：2022年8月，中国高新区研究中心整理。

投入强度（3.85%）多0.14个百分点[①]。创新百强上市公司中研发强度超过10%的公司有寒武纪-U、百济神州-U、虹软科技、恒生电子、奇安信-U、苏州科达、用友网络等31家上市公司，较上年增加了7家。

二是人才结构更优。创新百强上市公司硕士研究生学历及以上人员占企业员工比重为7.78%，比国家高新区1864家上市公司硕士研究生学历及以上人员占企业员工比重（6.08%）高1.7个百分点[②]。其中，寒武纪-U、虹软科技、地铁设计、通化东宝、国电南瑞等12家创新百强上市公司硕士研究生学历及以上人员占企业员工比重达到了30%，较上年增加了1家。

三是拥有更强的经济实力。创新百强上市公司的总营业收入是7.62万亿元，占国家高新区1864家上市公司总营业收入的45.67%，其中，中国中铁、中国铁建、上汽集团、中国交建、京东方A、上海医药、潍柴动力、格力电器等18家创新百强上市公司营业收入超过1000亿元，较上年增加了6家。

四是创新成果产出更多。创新百强上市公司共计拥有有效专利数为38.75万件，占国家高新区1864家上市公司有效专利（71.69万件）的54.05%。创新百强上市公司中拥有有效专利数据前10位的公司分别是京东方A 80 472件、格力电器64 390件、中兴通讯52 417件、长城汽车11 376件、潍柴动力10 075件、视源股份8925件、海康威视7666件、歌尔股份7308件、中联重科6311件、四川长虹6261件。创新百强上市公司2021年新增专利数量109 377件，占国家高新区1864家上市公司新增专利数（149 166件）的73.33%，尤其是PCT专利申请量，占比达到了80.93%，创新百强上市公司中PCT专利申请量居前10位的公司为京东方A、中兴通讯、珠海冠宇、电气风电、艾为电子、格力电器、歌尔股份、海信视像、长城汽车、光峰科技。创新百强上市公司新增知识产权价值575.52亿元，占国家高新区1864家上市公司新增知识产权价值（931亿元）的61.52%。

此外，创新百强上市公司在研发活动区域集中度、企业获得的政府创新补贴、员工薪酬激励、企业所得税区域贡献度等方面也有明显的优势。

二、创新百强企业分布

从1864家上市公司创新能力得分分布来看（图3-1），偏度为0.26（＞0）时，属于正偏斜或向右偏斜分布，反映仅有少数上市公司的得分较高。峰度为1.08（＞0）时，数据比较集中于中间部分，反映上市公司的得分主要集中于55～65。

[①] 数据来源：2022年8月，中国高新区研究中心整理。
[②] 数据来源：2022年8月，中国高新区研究中心整理。

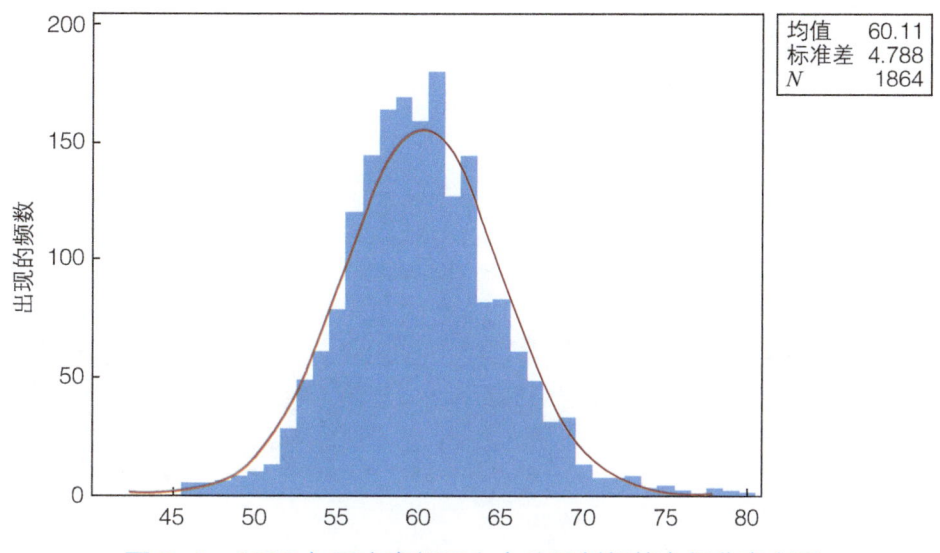

图 3-1　2022 年国家高新区上市公司创新能力得分直方图

下面针对创新百强上市公司进行分析。

从国家高新区分布来看（图 3-2），创新百强上市公司主要分布于 49 家高新区。其中，中关村科技园区一枝独秀，拥有创新百强上市公司 12 家，远超其他高新区；深圳高新区、上海张江高新区、杭州高新区处于第二阶梯，分别拥有创新百强上市公司 6 家、5 家、5 家；珠海高新区、武汉东湖高新区处于第三阶梯，均拥有创新百强上市公司 4 家；广州高新区、惠州高新区、济南高新区、天津高新区、成都高新区、昆明高新区均拥有创新百强上市公司 3 家；潍坊高新区、青岛高新区、合肥高新区、南京高新区、长沙高新区、无锡高新区、中山火炬高新区、洛阳高新区、绵阳高新区均拥有创新百强上市公司 2 家；上海紫竹高新区、保定高新区、连云港高新区、呼和浩特金山高新区、威海火炬高新区、东莞松山湖高新区、苏州高新区、平顶山高新区、温州高新区、马鞍山慈湖高新区、常州高新区、绍兴高新区、泰州医药高新区、沈阳高新区、株洲高新区、淄博高新区、柳州高新区、济宁高新区、襄阳高新区、重庆高新区、龙岩高新区、安阳高新区、白银高新区、长春高新区、鄂尔多斯高新区、昌吉高新区、长治高新区、通化医药高新区 28 家高新区均拥有创新百强上市公司 1 家；其他 120 家国家高新区没有创新百强上市公司。此外，创新能力排名第一的上市公司为格力电器，位于珠海高新区，属于深交所主板，为地方国有企业[①]。

经过以上分析发现：拥有创新百强上市公司数量前三的国家高新区综合实力最强，在 2021 年国家高新区综合评价中也名列前茅。保定高新区 2021 年综合评价排名居第 12 位，仅拥有一家创新百强上市公司，需要加强上市公司创新能力。乌鲁木齐高新区是在 2021 年综合评价排名居前 20 位的国家高新区中唯一一家没有创新百强上市公司的高新区[②]。（根据 2022 年排名及时更新）

---

① 数据来源：2022 年 11 月，中国高新区研究中心整理。
② 数据来源：2022 年 11 月，中国高新区研究中心整理。

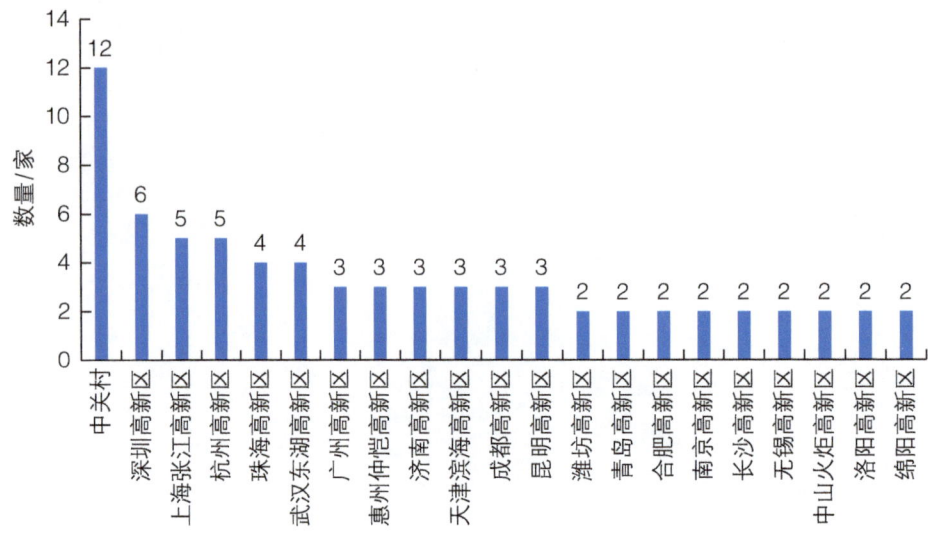

图 3-2　各国家高新区 2022 年创新百强上市公司数量分布（部分）

从省份分布来看（图 3-3），创新百强上市公司主要分布于 23 个省。其中，广东居第 1 位，拥有创新百强上市公司 19 家；北京紧跟其后，居第 2 位，拥有创新百强上市公司 12 家；山东、江苏、浙江、上海、湖北、四川、河南 7 个省市依次递减；湖南、安徽、天津均拥有 3 家创新百强上市公司；内蒙古、吉林均拥有 2 家创新百强上市公司；河北、新疆、广西、辽宁、山西、重庆、福建、甘肃均拥有 1 家创新百强上市公司；其他省份中没有创新百强上市公司。

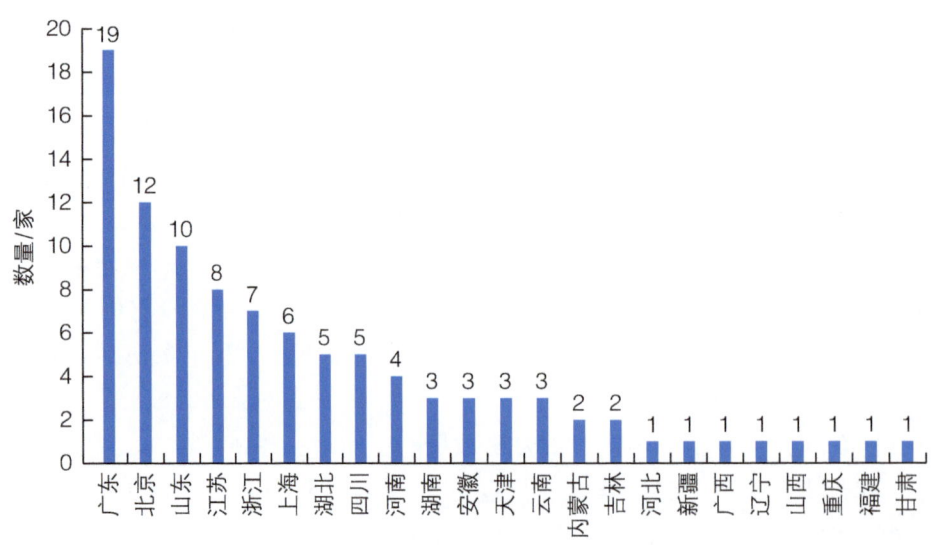

图 3-3　2022 年创新百强上市公司省份分布

从城市分布来看（图 3-4），创新百强上市公司主要分布于 48 个城市。其中，北京遥遥领先，拥有 12 家创新百强上市公司；深圳和上海均拥有 6 家创新百强上市公司，杭州拥有 5 家创新百强上市公司；珠海和武汉均拥有 4 家创新百强上市公司；惠州、济南、广州、天津、成都、昆明位于同一列次，均拥有 3 家创新百强上市公司；潍坊、长沙、合肥、南京、青岛、洛阳、中山、绵阳、无锡均拥有 2 家创新百强上市公司；保定、连云港、呼和浩特、马鞍山、昌吉回族自治州、柳州、株洲、沈阳、温州、通化、鄂尔多斯、济宁、平顶山、长治、淄博、常州、威海、长春、安阳、绍兴、重庆、龙岩、东莞、苏州、白银、泰州、襄阳等 27 个城市均拥有 1 家创新百强上市公司。

图 3-4　2022 年创新百强上市公司城市分布

从证券板块来看（图 3-5），创新百强上市公司主要集中在上交所主板。其中，上交所主板有 51 家，深交所主板有 27 家，上交所科创板有 15 家，深交所创业板有 7 家。总体来看，上交所上市公司创新能力更强。

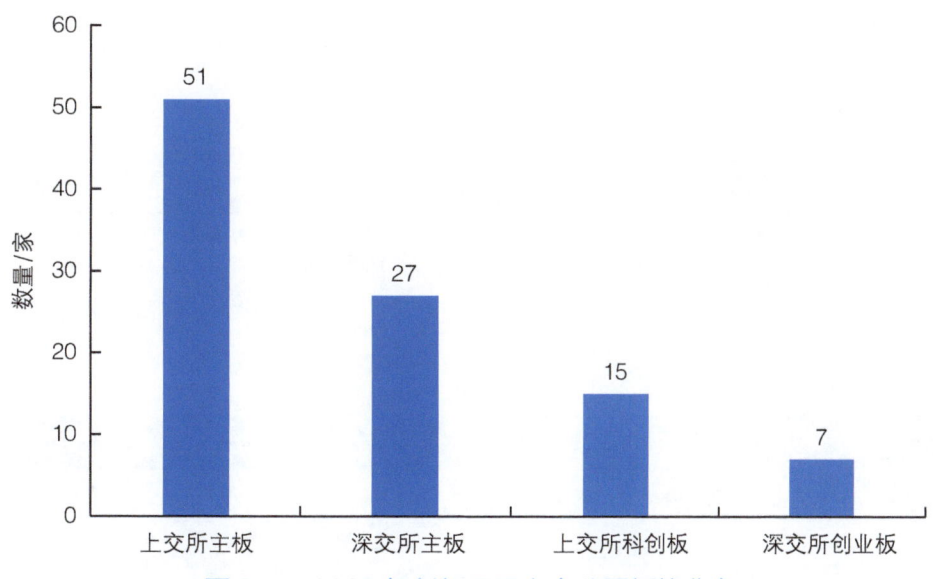

图 3-5　2022 年创新百强上市公司板块分布

从组织形式来看（图3-6），创新百强上市公司主要集中在民营企业。其中，民营企业有46家，地方国有企业24家，中央国有企业23家，中外合作经营企业4家，外资企业3家。对比各组织形式在国家高新区1864家上市公司和创新百强上市公司占比情况，发现中外合作经营企业、中央国有企业、地方国有企业拥有创新百强上市公司的比例更高，更容易培育出创新能力强的公司。国家高新区上市公司创新百强中中央国有企业占比为11.62%，地方国有企业占比为8.89%，中外合资经营企业占比为8.70%，表明中央国有企业、地方国有企业和中外合资经营企业具有更强的创新活力（图3-7、表3-1）。

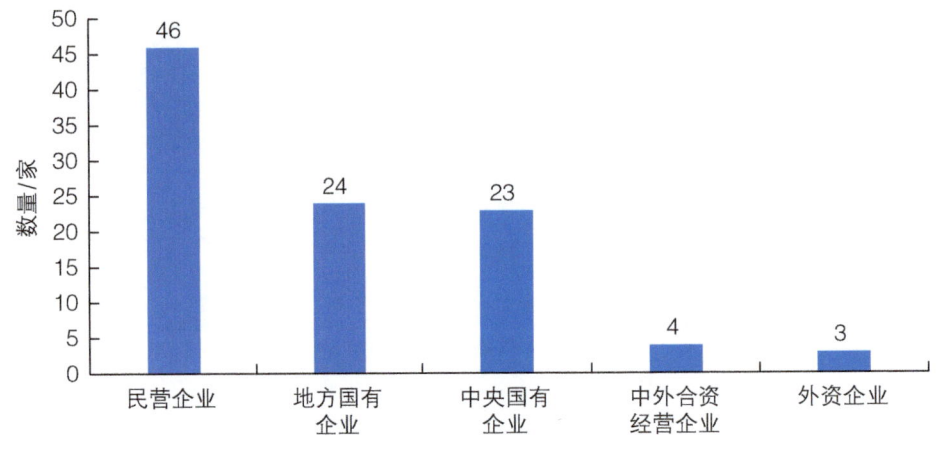

图3-6　2022年创新百强上市公司属性分布

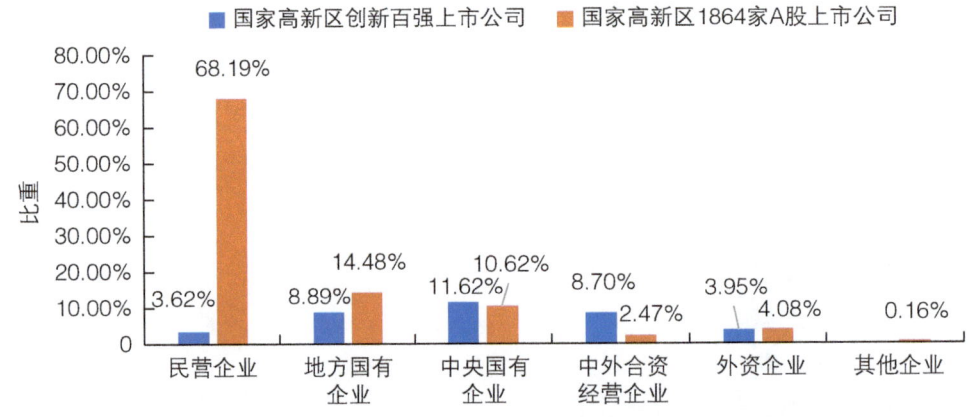

图3-7　国家高新区1864家A股上市公司和创新百强上市公司中不同组织形式分布

表3-1　创新百强上市公司名单

排名	证券代码	证券名称	证券板块	所属高新区	得分
1	000651.SZ	格力电器	深交所主板	珠海高新区	80.03
2	601633.SH	长城汽车	上交所主板	保定高新区	79.47
3	002415.SZ	海康威视	深交所主板	杭州高新区	79.01
4	000338.SZ	潍柴动力	深交所主板	潍坊高新区	78.19

续表

排名	证券代码	证券名称	证券板块	所属高新区	得分
5	000725.SZ	京东方A	深交所主板	中关村科技园区	78.10
6	000063.SZ	中兴通讯	深交所主板	深圳高新区	77.99
7	600276.SH	恒瑞医药	上交所主板	连云港高新区	76.60
8	600887.SH	伊利股份	上交所主板	呼和浩特金山高新区	76.38
9	000100.SZ	TCL科技	深交所主板	惠州仲恺高新区	75.89
10	000157.SZ	中联重科	深交所主板	长沙高新区	75.49
11	600808.SH	马钢股份	上交所主板	马鞍山慈湖高新区	75.21
12	002236.SZ	大华股份	深交所主板	杭州高新区	75.08
13	002230.SZ	科大讯飞	深交所主板	合肥高新区	74.94
14	002241.SZ	歌尔股份	深交所主板	潍坊高新区	74.33
15	600406.SH	国电南瑞	上交所主板	南京高新区	74.32
16	600089.SH	特变电工	上交所主板	昌吉高新区	73.94
17	688660.SH	电气风电	上交所科创板	上海紫竹高新区	73.42
18	600498.SH	烽火通信	上交所主板	武汉东湖高新区	72.77
19	003816.SZ	中国广核	深交所主板	深圳高新区	72.70
20	601800.SH	中国交建	上交所主板	中关村科技园区	72.68
21	000977.SZ	浪潮信息	深交所主板	济南高新区	72.67
22	600060.SH	海信视像	上交所主板	青岛高新区	72.67
23	002841.SZ	视源股份	深交所主板	广州高新区	72.53
24	600143.SH	金发科技	上交所主板	广州高新区	72.51
25	601390.SH	中国中铁	上交所主板	中关村科技园区	72.31
26	002179.SZ	中航光电	深交所主板	洛阳高新区	72.30
27	600104.SH	上汽集团	上交所主板	上海张江高新区	72.01
28	000528.SZ	柳工	深交所主板	柳州高新区	71.78
29	600458.SH	时代新材	上交所主板	株洲高新区	71.59
30	600718.SH	东软集团	上交所主板	沈阳高新区	71.52
31	300866.SZ	安克创新	深交所创业板	长沙高新区	71.52
32	601615.SH	明阳智能	上交所主板	中山火炬高新区	71.38

续表

排名	证券代码	证券名称	证券板块	所属高新区	得分
33	300274.SZ	阳光电源	深交所创业板	合肥高新区	71.37
34	601877.SH	正泰电器	上交所主板	温州高新区	71.30
35	601808.SH	中海油服	上交所主板	天津滨海高新区	71.26
36	300760.SZ	迈瑞医疗	深交所创业板	深圳高新区	71.23
37	600839.SH	四川长虹	上交所主板	绵阳高新区	71.23
38	603019.SH	中科曙光	上交所主板	天津滨海高新区	70.99
39	600031.SH	三一重工	上交所主板	中关村科技园区	70.49
40	600867.SH	通化东宝	上交所主板	通化医药高新区	70.48
41	601869.SH	长飞光纤	上交所主板	武汉东湖高新区	70.21
42	600282.SH	南钢股份	上交所主板	南京高新区	70.21
43	600295.SH	鄂尔多斯	上交所主板	鄂尔多斯高新区	70.14
44	601186.SH	中国铁建	上交所主板	中关村科技园区	70.06
45	600535.SH	天士力	上交所主板	天津滨海高新区	70.05
46	688798.SH	艾为电子	上交所科创板	上海张江高新区	70.00
47	601607.SH	上海医药	上交所主板	上海张江高新区	69.73
48	000680.SZ	山推股份	深交所主板	济宁高新区	69.72
49	002920.SZ	德赛西威	深交所主板	惠州仲恺高新区	69.69
50	600312.SH	平高电气	上交所主板	平顶山高新区	69.67
51	601699.SH	潞安环能	上交所主板	长治高新区	69.59
52	688208.SH	道通科技	上交所科创板	深圳高新区	69.50
53	688772.SH	珠海冠宇	上交所科创板	珠海高新区	69.47
54	600570.SH	恒生电子	上交所主板	杭州高新区	69.45
55	300450.SZ	先导智能	深交所创业板	无锡高新区	69.44
56	600438.SH	通威股份	上交所主板	成都高新区	69.41
57	600587.SH	新华医疗	上交所主板	淄博高新区	69.33
58	688599.SH	天合光能	上交所科创板	常州高新区	69.29
59	000538.SZ	云南白药	深交所主板	昆明高新区	69.29
60	300458.SZ	全志科技	深交所创业板	珠海高新区	69.28

续表

排名	证券代码	证券名称	证券板块	所属高新区	得分
61	688363.SH	华熙生物	上交所科创板	济南高新区	69.27
62	688235.SH	百济神州-U	上交所科创板	中关村科技园区	69.27
63	002376.SZ	新北洋	深交所主板	威海火炬高新区	69.25
64	300014.SZ	亿纬锂能	深交所创业板	惠州仲恺高新区	69.24
65	002281.SZ	光迅科技	深交所主板	武汉东湖高新区	69.18
66	002180.SZ	纳思达	深交所主板	珠海高新区	69.15
67	688256.SH	寒武纪-U	上交所科创板	中关村科技园区	69.13
68	600582.SH	天地科技	上交所主板	中关村科技园区	69.13
69	601608.SH	中信重工	上交所主板	洛阳高新区	69.13
70	688378.SH	奥来德	上交所科创板	长春高新区	68.99
71	688088.SH	虹软科技	上交所科创板	杭州高新区	68.91
72	600271.SH	航天信息	上交所主板	中关村科技园区	68.87
73	600569.SH	安阳钢铁	上交所主板	安阳高新区	68.86
74	600968.SH	海油发展	上交所主板	中关村科技园区	68.85
75	002422.SZ	科伦药业	深交所主板	成都高新区	68.80
76	688561.SH	奇安信-U	上交所科创板	中关村科技园区	68.79
77	600216.SH	浙江医药	上交所主板	绍兴高新区	68.78
78	603100.SH	川仪股份	上交所主板	重庆高新区	68.77
79	688777.SH	中控技术	上交所科创板	杭州高新区	68.75
80	000878.SZ	云南铜业	深交所主板	昆明高新区	68.66
81	688036.SH	传音控股	上交所科创板	深圳高新区	68.62
82	600875.SH	东方电气	上交所主板	成都高新区	68.57
83	601727.SH	上海电气	上交所主板	上海张江高新区	68.57
84	600388.SH	ST龙净	上交所主板	龙岩高新区	68.56
85	600022.SH	山东钢铁	上交所主板	济南高新区	68.47
86	600459.SH	贵研铂业	上交所主板	昆明高新区	68.47
87	000581.SZ	威孚高科	深交所主板	无锡高新区	68.47
88	600183.SH	生益科技	上交所主板	东莞松山湖高新区	68.45

续表

排名	证券代码	证券名称	证券板块	所属高新区	得分
89	603660.SH	苏州科达	上交所主板	苏州高新区	68.44
90	003013.SZ	地铁设计	深交所主板	广州高新区	68.35
91	600588.SH	用友网络	上交所主板	中关村科技园区	68.33
92	000876.SZ	新希望	深交所主板	绵阳高新区	68.30
93	601212.SH	白银有色	上交所主板	白银高新区	68.28
94	688399.SH	硕世生物	上交所科创板	泰州医药高新区	68.26
95	002249.SZ	大洋电机	深交所主板	中山火炬高新区	68.23
96	603421.SH	鼎信通讯	上交所主板	青岛高新区	68.18
97	300567.SZ	精测电子	深交所创业板	武汉东湖高新区	68.16
98	603501.SH	韦尔股份	上交所主板	上海张江高新区	68.13
99	600006.SH	东风汽车	上交所主板	襄阳高新区	68.05
100	688007.SH	光峰科技	上交所科创板	深圳高新区	68.03

数据来源：中国高新区研究中心整理，2022年8月。

第二节 企业创新分析

一、创新能力影响方式

从发展阶段[①]来看（图3-8），国家高新区老牌上市公司的创新能力得分均值最高，标准差最大，表明老牌上市公司的创新能力的得分分布较为分散，反映了有的老牌上市公司经过多年洗礼，在众多公司中脱颖而出，如格力电器、京东方A等，有的却发展缓慢，创新发展活力不足，如深天地A、凯迪退、华联股份等；国家高新区新兴上市公司的创新能力得分均值居中，标准差最小，表明新兴上市公司的创新能力的得分分布较为集中，反映了新兴上市公司具有较强的创新动力；国家高新区成长期上市公司的创新能力得分均值最低，标准差居中。

---

① 主要分为3个阶段：1990—2004年上市属于老牌企业，2005—2014年上市属于成长企业，2015—2021年上市属于新兴企业。

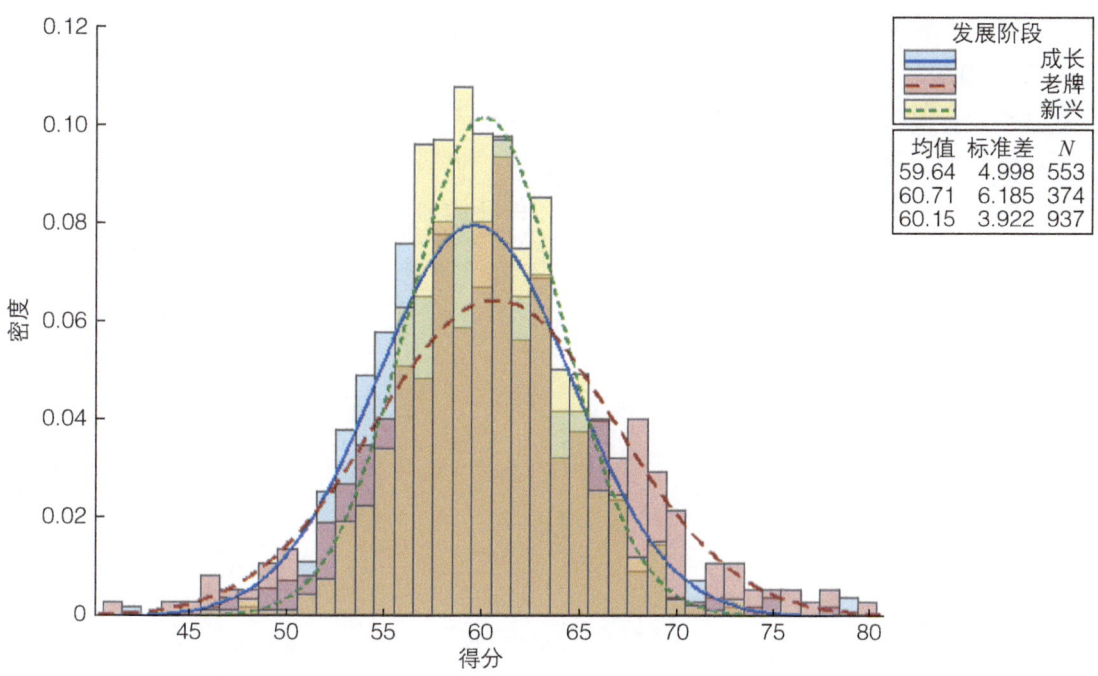

图 3-8　国家高新区上市公司的创新能力得分（从发展阶段来看）

从高企分布来看（图 3-9），国家高新区上市公司中高企的创新能力得分均值为 60.81，高于非高企均值 57.47，表明高企的创新能力更强；国家高新区上市公司中高企的创新能力得分标准差为 4.390，低于非高企标准差 5.288，表明高企的创新能力得分分布更为集中。同时，创新能力得分最高的格力电器、长城汽车、海康威视、潍柴动力、京东方 A、中兴通讯、恒瑞医药 7 家上市公司均为高企，这些充分反映了国家高新区上市公司中高企的创新能力表现更好。

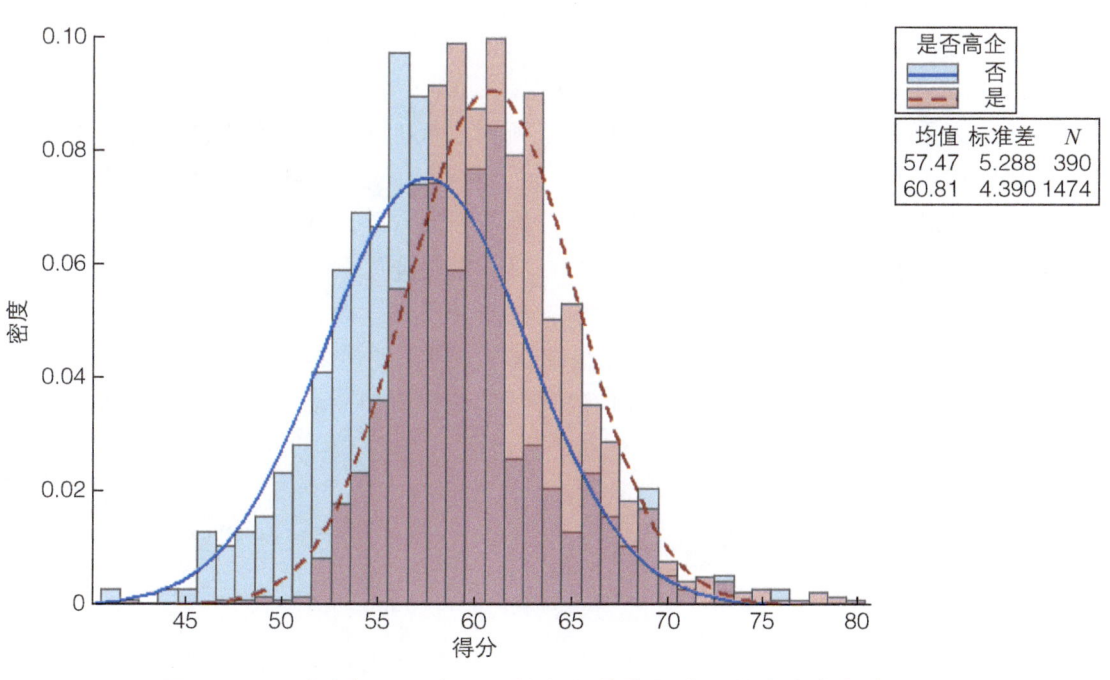

图 3-9　国家高新区上市公司的创新能力得分（从高企分布来看）

从组织形式来看（图3-10），国家高新区上市公司中中外合资经营企业的创新能力得分均值为62.23，在所有组织形式中得分最高，表明中外合资经营企业具有稳定的创新能力；中央国有企业创新能力得分均值略低于中外合资经营企业，但标准差较大，其中不乏一些创新能力强的上市公司，如海康威视、科大讯飞、国电南瑞、马钢股份、中国广核等；相较于中外合资经营企业和中央国有企业，外资企业创新能力得分均值较低，创新活力相对不足；民营企业数量众多，创新能力参差不齐，其中也涌现出了一批具备科创实力的优秀企业，如长城汽车、中兴通讯、伊利股份、恒瑞医药、大华股份等。

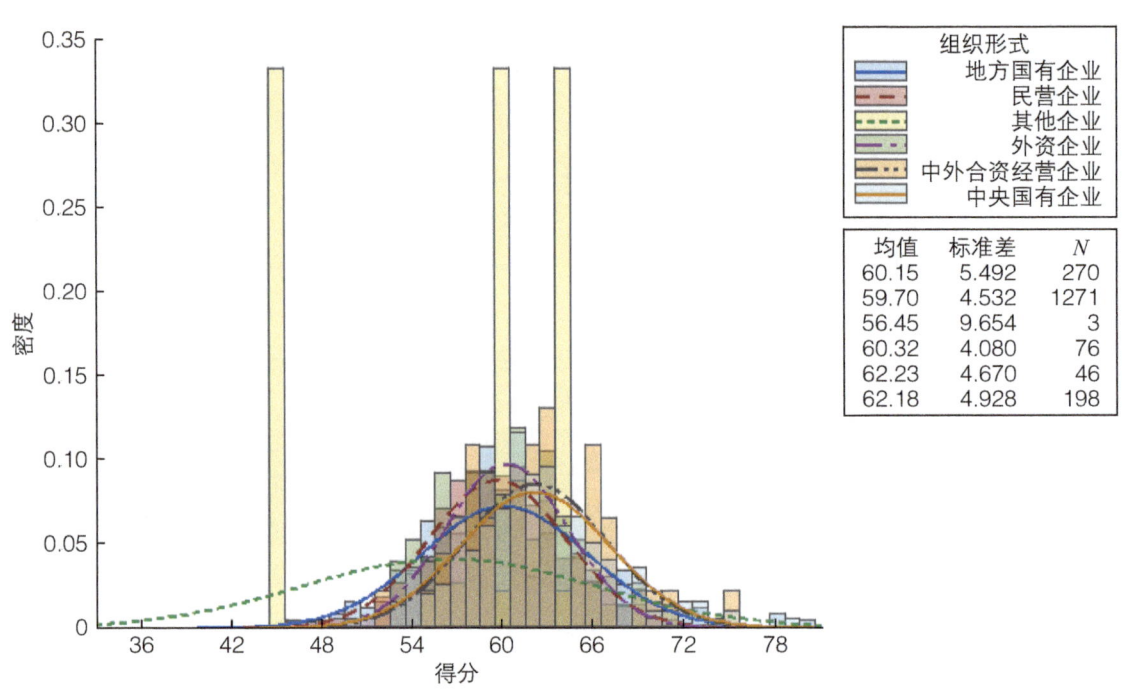

图3-10　国家高新区上市公司的创新能力得分（从组织形式来看）

从证券板块来看（图3-11），国家高新区上交所科创板上市的公司创新能力得分均值最高，创新能力最强，代表企业有电气风电、艾为电子、道通科技、寒武纪-U等；上交所主板上市公司创新能力得分均值比科创板稍低，但标准差较高，创新发展水平存在较大差异；深交所创业板主要支持创新型、成长型企业发展，经济实力相对较弱，创新能力弱于上交所主板、上交所科创板和深交所主板上市公司，但是也有迈瑞医疗、安克创新、阳光电源、全志科技、先导智能、亿纬锂能、精测电子、乐普医疗、汇川技术、圣邦股份、苏交科、景嘉微等12家上市公司入围创新百强企业；深交所主板上市公司创新能力得分均值略低于深交所创业板，创新能力整体微弱于上交所主板；北交所由于刚成立不久，上市公司创新能力较弱。

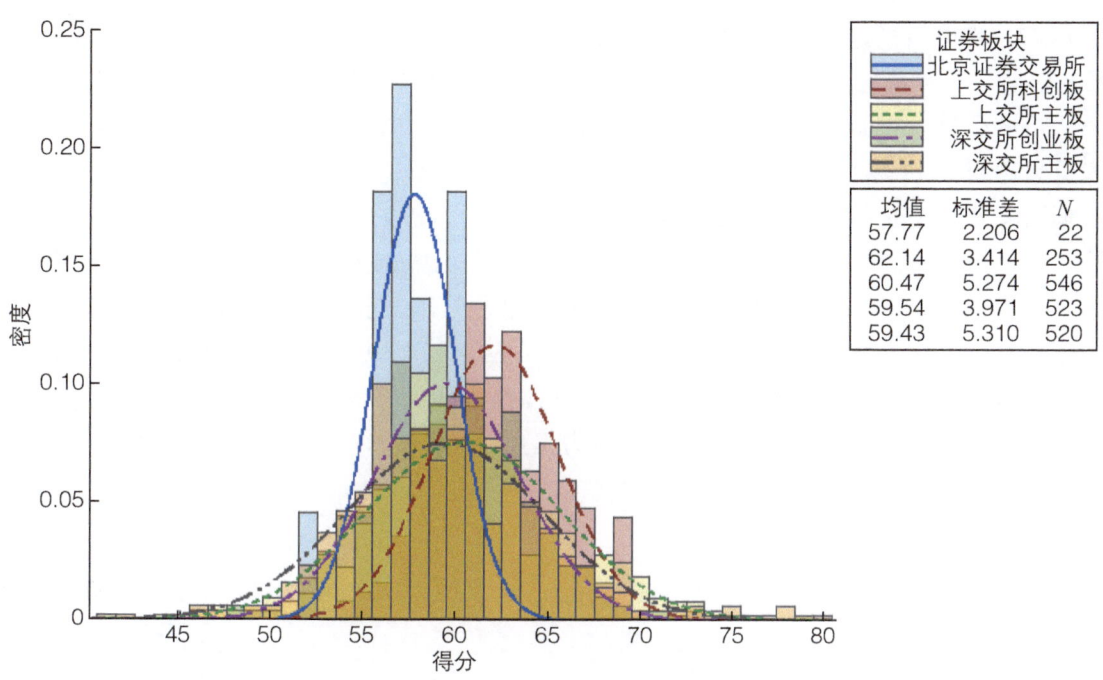

图 3-11　国家高新区上市公司的创新能力得分（从证券板块来看）

国家高新区上市公司研发人员数量呈现"中间大两头小"特征。

根据国家高新区上市公司对研发人员的重视度（研发人员数量）进行分类（图 3-12），主要分为强、中、弱 3 个程度[①]。对研发人员的重视度为强的国家高新区上市公司创新能力得分的分布

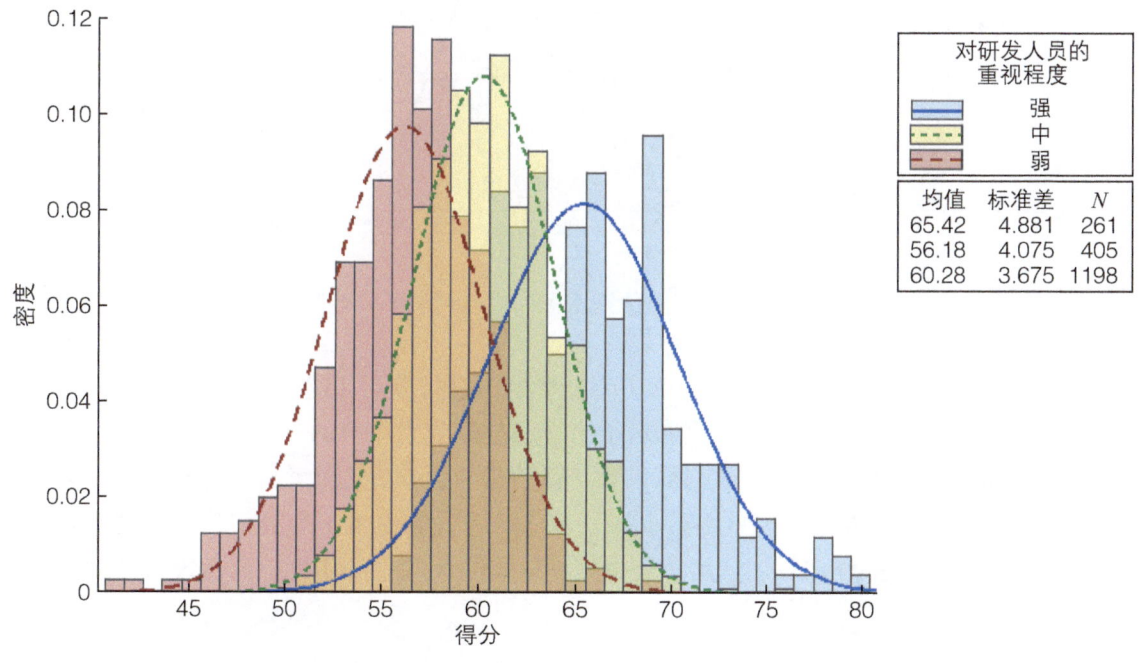

图 3-12　国家高新区上市公司的创新能力得分（从对研发人员的重视度来看）

---

① 强：研发人员数量 ≥ 1000 人；中：研发人员数量在 100 ~ 999 人；弱：研发人员数量 ≤ 99 人。

图整体偏右，均值最高，与其他程度相比具有很大的创新优势。目前来看，169家国家高新区有261家上市公司非常重视研发人员的投入，占比为14%。其中，有65家高新区的上市公司非常重视研发人员的引进（对研发人员的重视度为强的比重超过14%）。尤其是深圳高新区的中兴通讯研发人员数达到了33 422人。

根据国家高新区上市公司核心技术竞争力（核心专利储备）进行分类（图3-13），主要分为强、中、弱3个程度①。由图来看，国家高新区中核心技术竞争力强的上市公司有311家，中的有741家，弱的有812家，整体来看，还需要加强专利申请和储备工作。核心技术竞争力强的国家高新区上市公司创新能力得分的分布图整体偏右，均值达到了65.33，与其他程度相比具有很大的创新优势。目前来看，169家国家高新区有311家上市公司具有很强的核心技术竞争力，占比为16.68%。其中，有68家高新区的上市公司核心技术竞争力很强（核心技术竞争力强的比重超过了16.38%）。尤其是中关村科技园区的京东方A核心专利储备达到了73 255件。

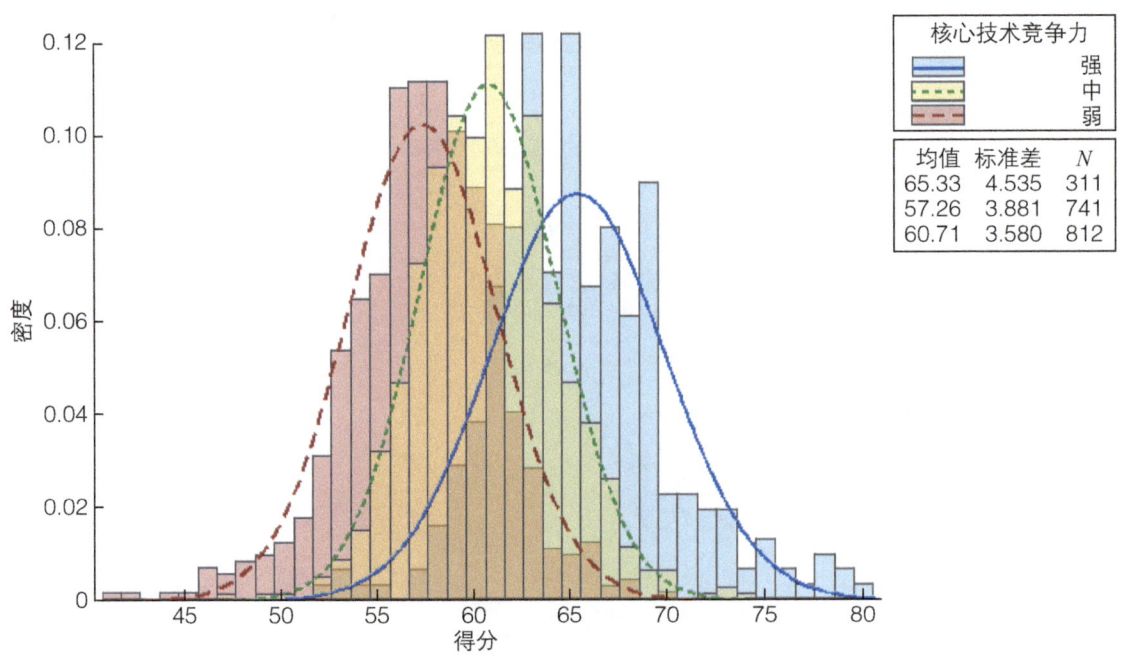

图3-13　国家高新区上市公司的创新能力得分（从核心技术竞争力来看）

根据国家高新区上市公司研发投入力度（研发费用）进行分类（图3-14），主要分为高、中、低3个程度②。研发投入力度高的国家高新区上市公司创新能力得分的分布图整体偏右，均值达到了62.87，与其他程度相比具有很大的创新优势。目前来看，169家国家高新区有882家上市公司非常重视研发资本投入，占比为47.31%。其中，有115家高新区的上市公司非常重视研发（研发投入力度高的比重超过了47.31%）。尤其是中关村科技园区的中国中铁，研发投入达到了247.98亿元。

---

① 强：核心专利储备数量≥300件；中：核心专利储备数量在60～299件；弱：核心专利储备数量≤59件。
② 强：研发费用≥1亿元；中：研发费用在1000万～9999万元；弱：研发费用≤999万元。

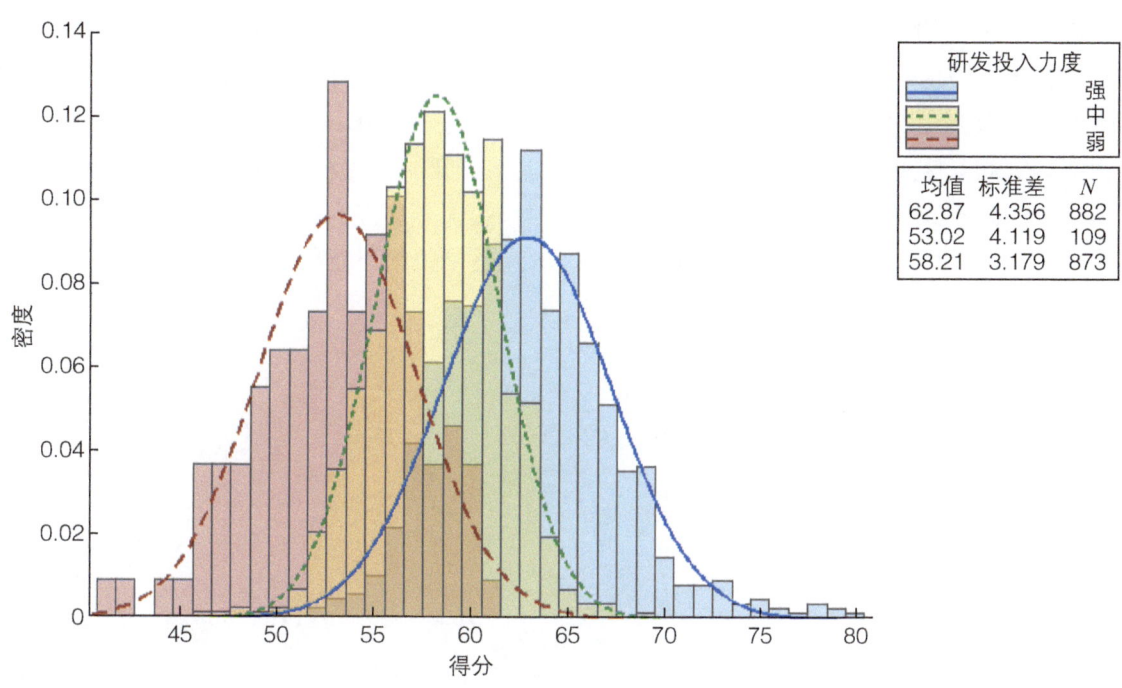

图 3-14　国家高新区上市公司的创新能力得分（从研发投入力度来看）

根据国家高新区上市公司经济实力（营业收入）进行分类（图 3-15），主要分为强、中、弱 3 个程度[①]。经济实力强的国家高新区上市公司创新能力得分的分布图整体偏右，均值达到了 62.42，

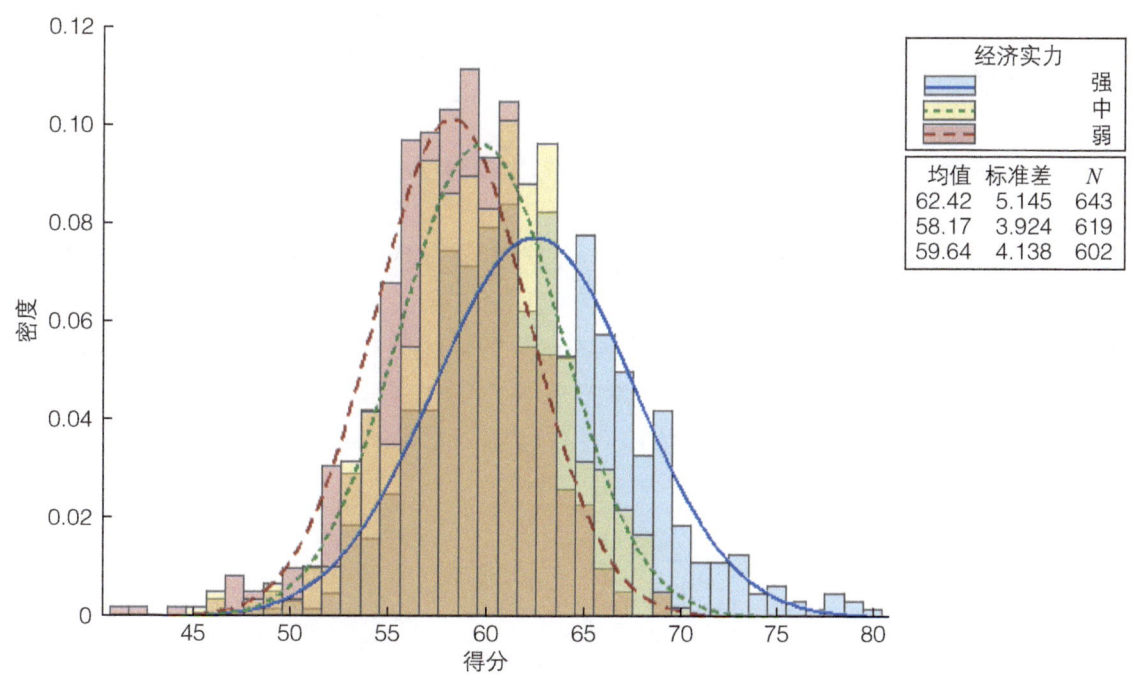

图 3-15　国家高新区上市公司的创新能力得分（从经济实力来看）

---

① 强：营业收入 ≥ 30 亿元；中：营业收入在 10 亿 ~ 29 亿元；弱：营业收入 ≤ 9 亿元。

与其他程度相比具有很大的创新优势。目前来看，169家国家高新区有643家经济实力强的上市公司，占比为34.50%。其中，有114家高新区的上市公司经济实力强大（经济实力强的比重超过34.50%）。尤其是中关村科技园区的中国中铁，营业收入达10 704.17亿元。

根据国家高新区上市公司专利产出能力（当年新增专利数量）进行分类（图3-16），主要分为强、中、弱3个程度[①]。专利产出能力强的国家高新区上市公司创新能力得分的分布图整体偏右，均值达到了70.59，与其他相比具有很大的创新优势，尤其是中关村科技园区的京东方A，当年新增专利数量达到了27 321件。

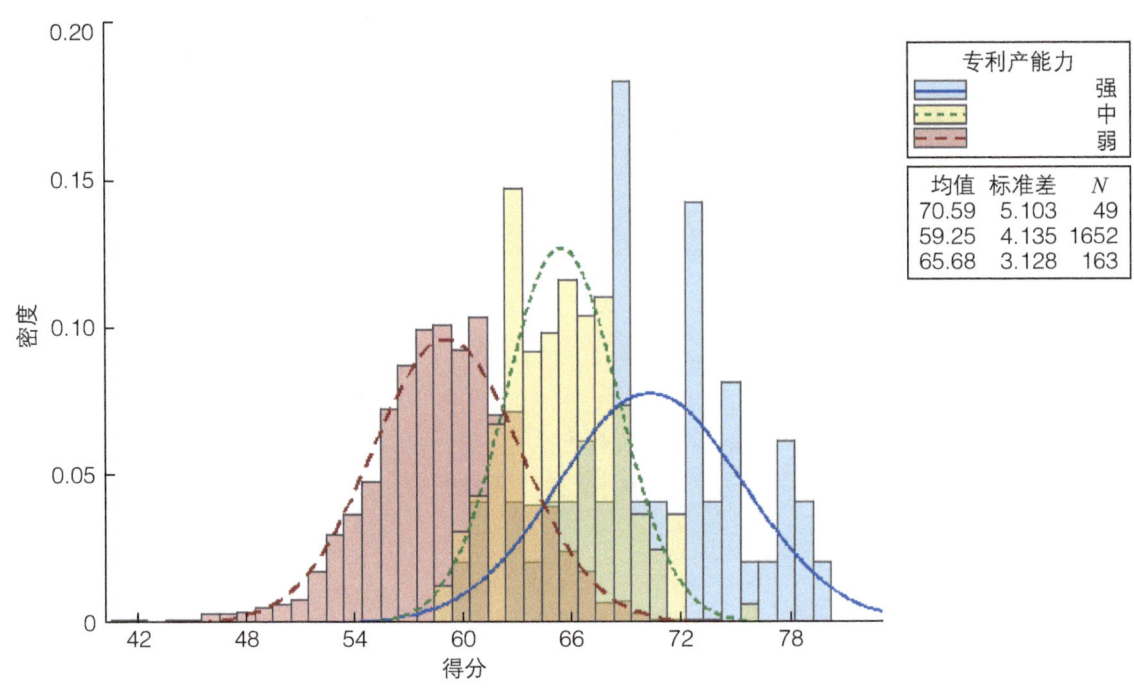

图3-16　国家高新区上市公司的创新能力得分（从专利产出能力来看）

根据国家高新区上市公司政府支持力度（企业获得的政府创新补助）进行分类（图3-17），主要分为高、中、低3个程度[②]。政府支持力度高的国家高新区上市公司创新能力得分的分布图整体偏右，均值达到了63.03，与其他程度相比具有很大的创新优势。目前来看，169家国家高新区有617家政府支持力度高的上市公司，占比为33.10%。其中，有106家高新区的上市公司政府支持力度高（政府支持力度高的比重超过33.10%）。尤其是上海张江高新区的上汽集团，获得的政府创新补助达到了40.32亿元。

---

① 强：核心专利储备数量≥300件；中：核心专利储备数量在60～299件；弱：核心专利储备数量≤59件。
② 高：企业获得的政府创新补助≥2500万元；中：企业获得的政府创新补助在1000万～2499万元；低：企业获得的政府创新补助≤999万元。

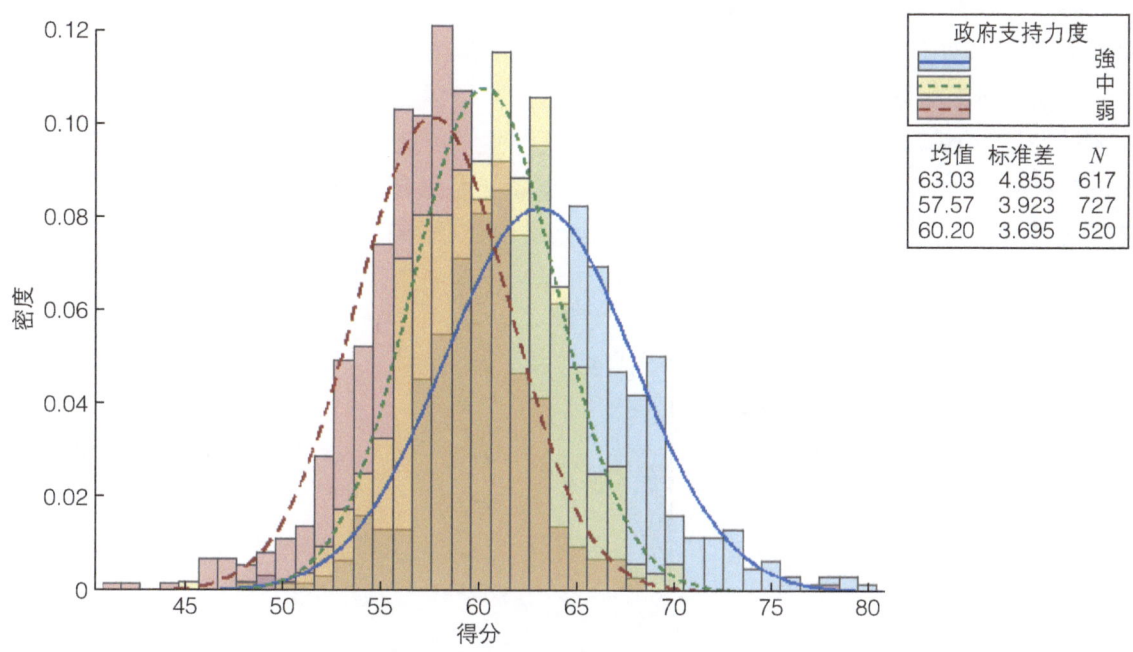

图 3-17　国家高新区上市公司的创新能力得分（从政府支持力度来看）

下文主要针对各个指标与国家高新区上市公司创新能力得分的相关关系进行分析，得出以下结论。

1. 高学历人才比重与上市公司创新有着明显的正相关关系

从"硕士研究生学历及以上人员占企业员工比重"指标与上市公司创新能力得分相关变化趋势来看（图 3-18），"硕士研究生学历及以上人员占企业员工比重"指标与国家高新区上市公司

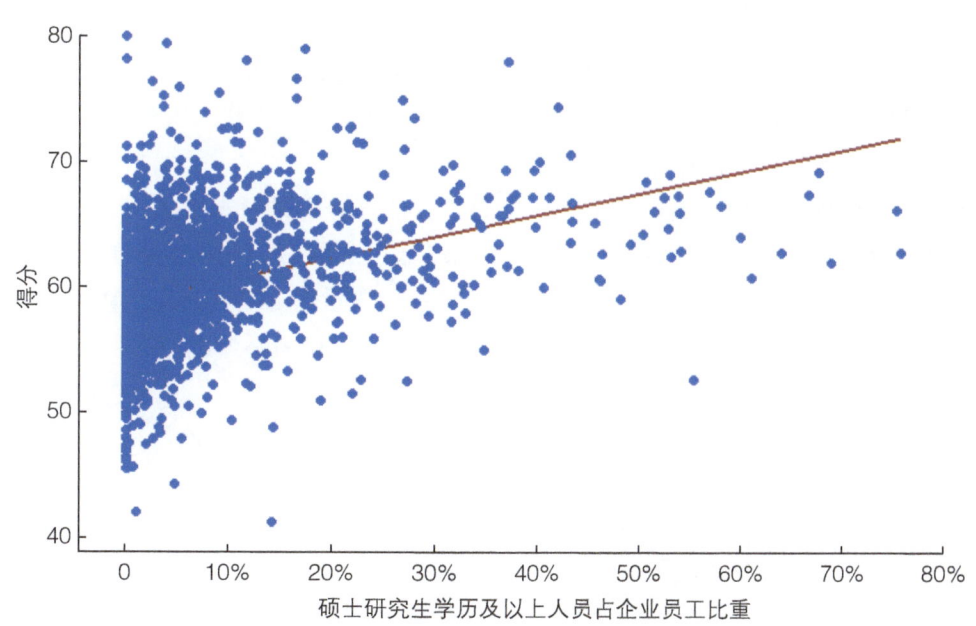

图 3-18　硕士研究生学历及以上人员占企业员工比重与上市公司创新能力得分相关图

创新能力得分具有明显的正相关关系。从图3-18来看，硕士研究生学历及以上人员占企业员工比重大于45%时，对上市公司创新能力得分的促进作用不是按比例增大，递增效应减弱。

从"硕士研究生学历及以上人员占企业员工比重"指标与上市公司创新能力得分的仿真分析结果来看（图3-19），2021年，神州高铁的硕士研究生学历及以上人员占企业员工比重为9.69%，当该指标数值提升为原来的1.2倍后，神州高铁的创新能力综合得分提升0.21分，排名提升23名；2021年，芯原股份-U的硕士研究生学历及以上人员占企业员工比重达到75.39%，当该指标数值提升为原来的1.2倍后，芯原股份-U的创新能力综合得分不变，排名提升9名。

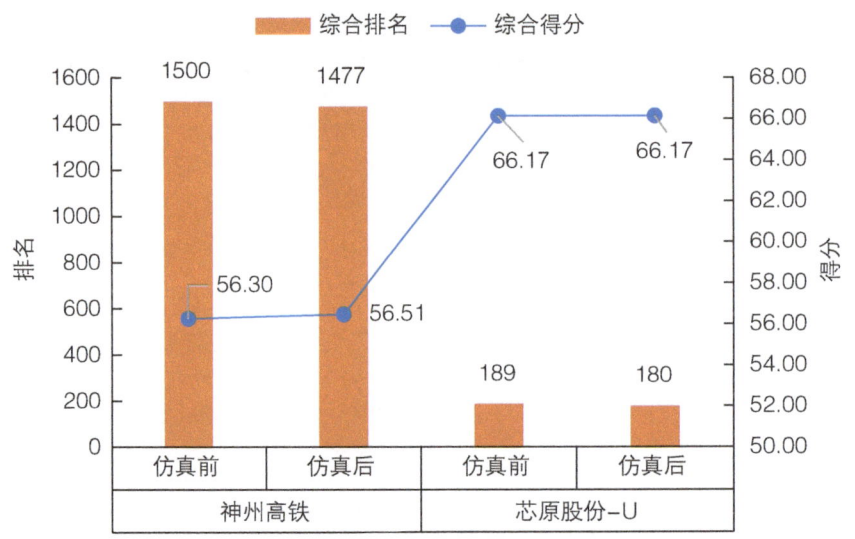

图3-19　硕士研究生学历及以上人员占企业员工比重与上市公司创新能力得分仿真分析

2. 研发人员的引入能够有效促进上市公司的创新

从"研发人员数量"指标与上市公司创新能力得分相关变化趋势来看（图3-20），"研发人员数量"指标与国家高新区上市公司创新能力得分具有很强的正相关关系。当研发人员数量小于5000人时，对上市公司创新能力得分的促进作用非常明显。

从"研发人员数量"指标与上市公司创新能力得分仿真分析结果来看（图3-21），2021年飞亚达研发人员数量为128人，当该指标数值提升为原来的1.2倍后，飞亚达的创新能力综合得分提升0.08分，排名提升10名；2021年，上汽集团研发人员数量为31 748人，当该指标数值提升为原来的1.2倍后，上汽集团的创新能力综合得分提升0.02分，排名不变。

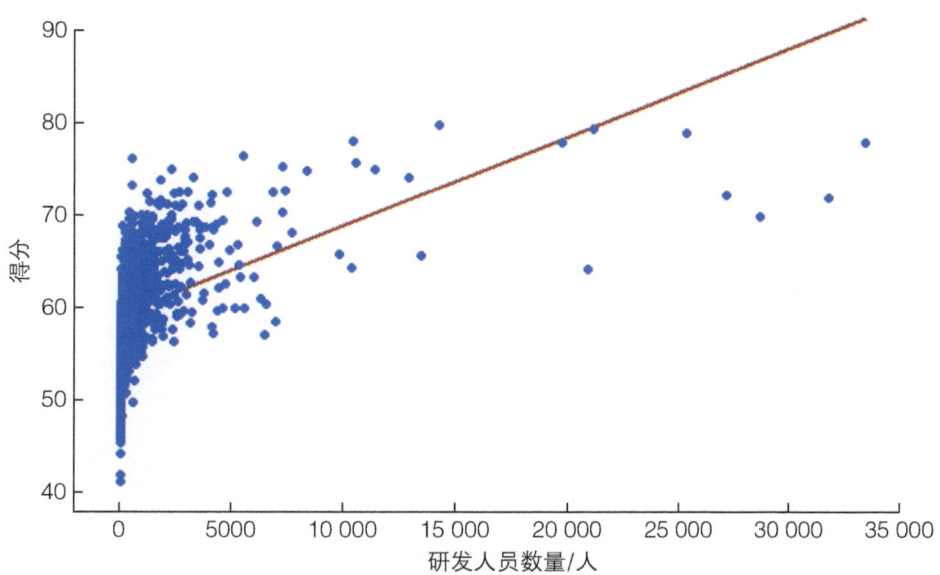

图 3-20 研发人员数量与上市公司创新能力得分相关图

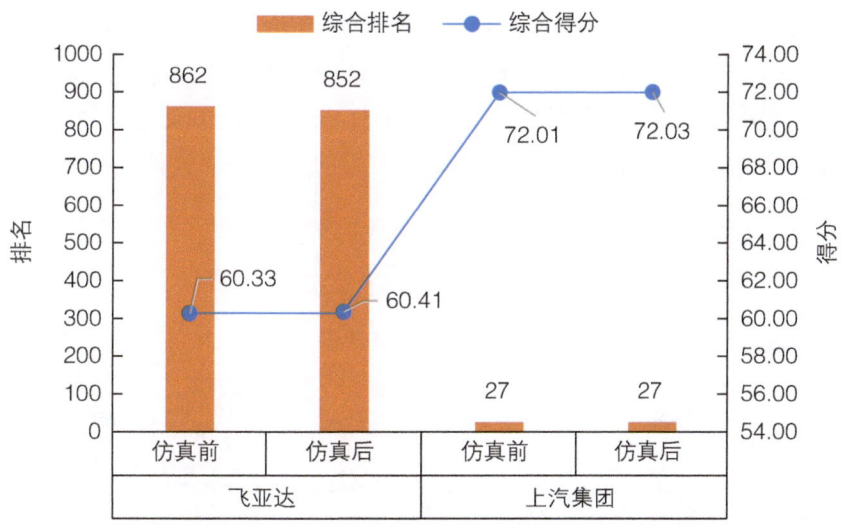

图 3-21 研发人员数量与上市公司创新能力得分仿真分析

3. 研发经费的投入能够快速支撑上市公司创新

从"研发人员人均经费"指标与上市公司创新能力得分相关变化趋势来看（图 3-22），"研发人员人均经费"指标与国家高新区上市公司创新能力得分有正相关关系。当研发人员人均经费大于 200 万元时，对上市公司创新能力得分的促进作用减弱。

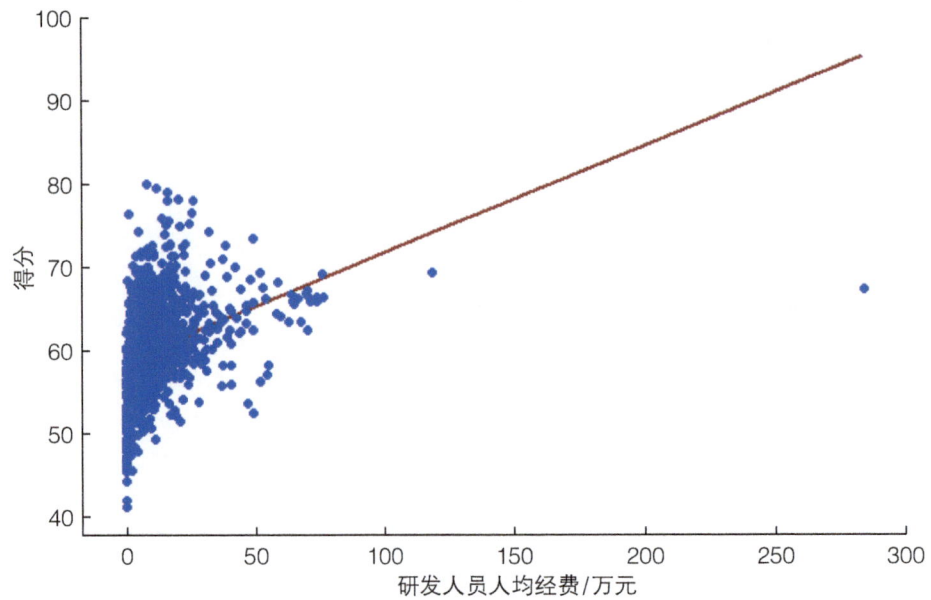

图 3-22　研发人员人均经费与上市公司创新能力得分相关图

从"研发人员人均经费"指标与上市公司创新能力得分仿真分析结果来看（图 3-23），2021 年深康佳 A 研发人员人均经费为 42.07 万元，当该指标数值提升为原来的 1.2 倍后，深康佳 A 的创新能力综合得分提升 0.03 分，排名提升 4 名；2021 年五矿资本研发人员人均经费为 383.44 万元，当该指标数值提升为原来的 1.2 倍后，五矿资本的创新能力综合得分提升 0.02 分，排名提升 3 名。

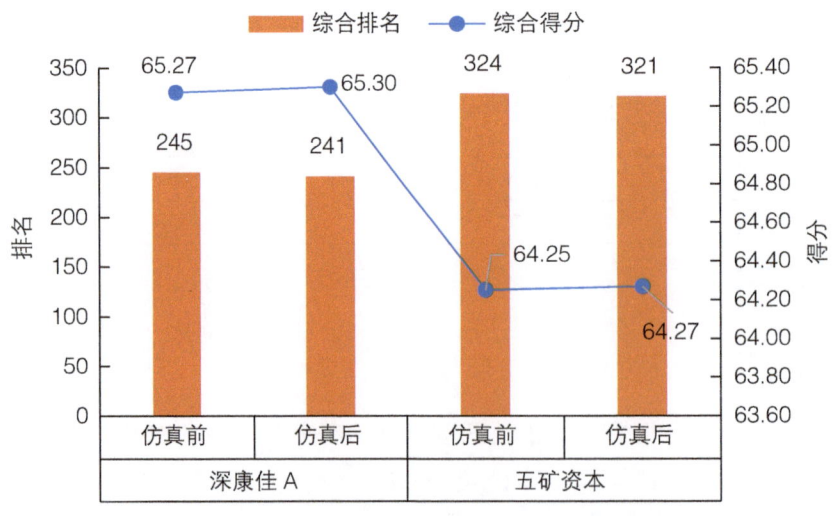

图 3-23　研发人员人均经费与上市公司创新能力得分仿真分析

4. 对于员工的激励可以明显提升人员的创新热情

从"员工薪酬激励"指标与上市公司创新能力得分相关变化趋势来看（图3-24），"员工薪酬激励"指标与国家高新区上市公司创新能力得分有很强的正相关关系，尤其是当员工薪酬激励水平小于10时，员工薪酬激励对上市公司创新能力得分的促进作用很强。

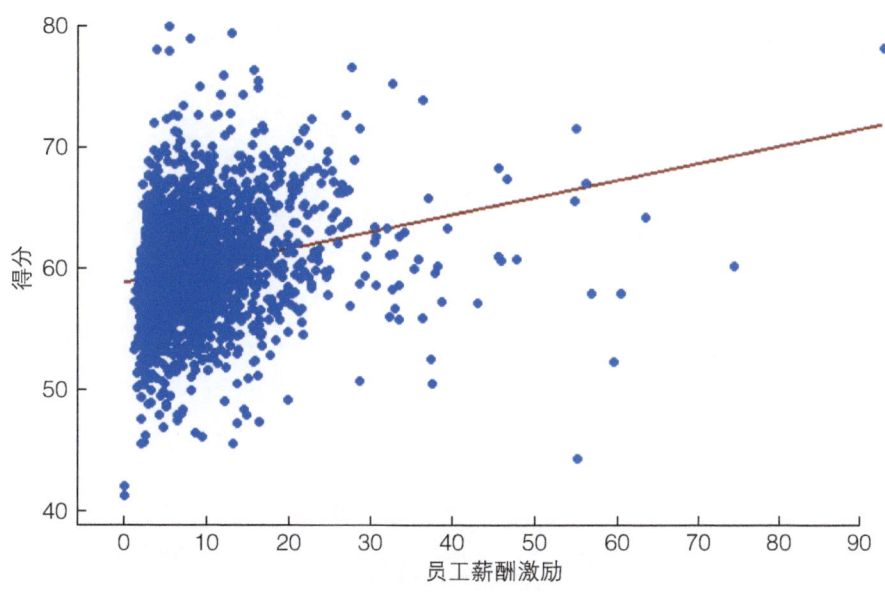

图3-24　员工薪酬激励与上市公司创新能力得分相关图

从"员工薪酬激励"指标与上市公司创新能力得分仿真分析结果来看（图3-25），2021年深康佳A员工薪酬激励为2.10分，当该指标数值提升为原来的1.2倍后，深康佳A的创新能力综合得分提升0.16分，排名提升15名；2021年潍柴动力员工薪酬激励为92.96分，当该指标数值提升为原来的1.2倍后，潍柴动力的创新能力综合得分不变，排名无变化。

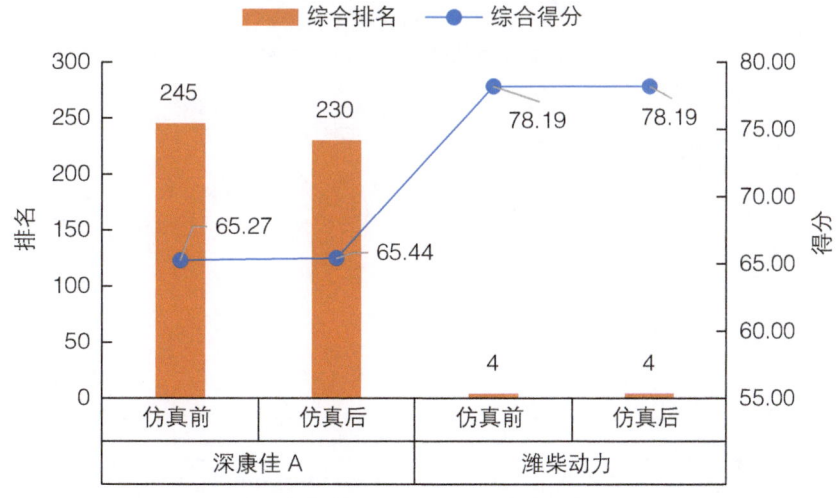

图3-25　员工薪酬激励与上市公司创新能力得分仿真分析

5. 新增专利可以直接反映上市公司的创新能力

从"当年新增专利数量"指标与上市公司创新能力得分相关变化趋势来看（图3-26），"当年新增专利数量"指标与国家高新区上市公司创新能力得分有较强的正相关关系。去除几家专利数量较多的上市公司，会发现当年新增专利数量对上市公司创新能力的得分有很大影响。

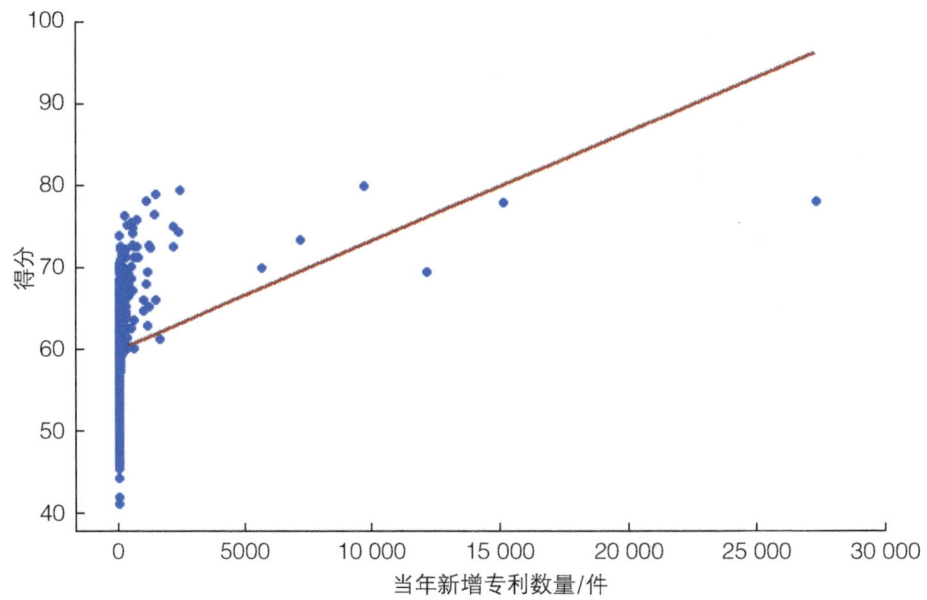

图3-26　当年新增专利数量与上市公司创新能力得分相关图

从"当年新增专利数量"指标与上市公司创新能力得分仿真分析结果来看（图3-27），2021年中国长城当年新增专利数量为34件，当该指标数值提升为原来的1.2倍后，中国长城的创新能力综合得分提升0.15分，排名提升13名；2021年中兴通讯当年新增专利数量为15 087件，当该指标数值提升为原来的1.2倍后，中兴通讯的创新能力综合得分提升0.15分，排名提升1名。

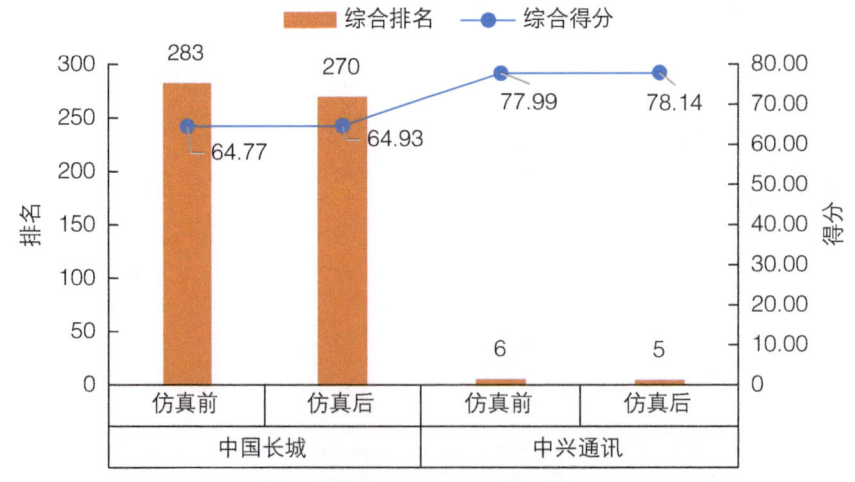

图3-27　当年新增专利数量与上市公司创新能力得分仿真分析

6. 稳定的营业收入可以保障上市公司的再创新

从"营业收入"指标与上市公司创新能力得分相关变化趋势来看（图 3-28），"营业收入"指标与国家高新区上市公司创新能力得分具有正相关关系，对于上市公司创新有一定支撑作用。

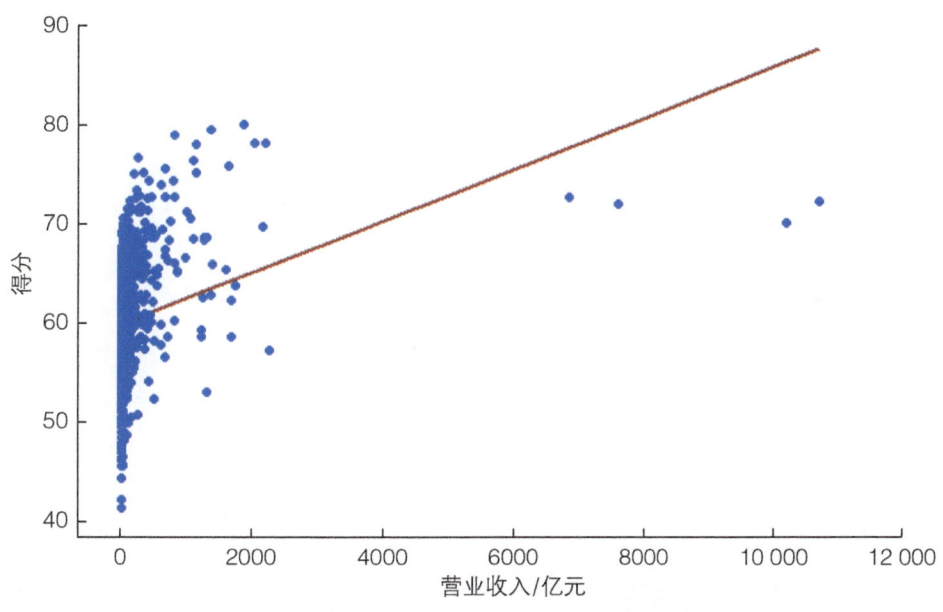

图 3-28 营业收入与上市公司创新能力得分相关图

从"营业收入"指标与上市公司创新能力得分仿真分析结果来看（图 3-29），2021 年云鼎科技营业收入为 5.08 亿元，当该指标数值提升为原来的 1.2 倍后，云鼎科技的创新能力综合得分提升 0.02 分，排名提升 4 名；2021 年上汽集团营业收入为 7599.15 亿元，当该指标数值提升为原来的 1.2 倍后，上汽集团的创新能力综合得分提升 0.01 分，排名无变化。

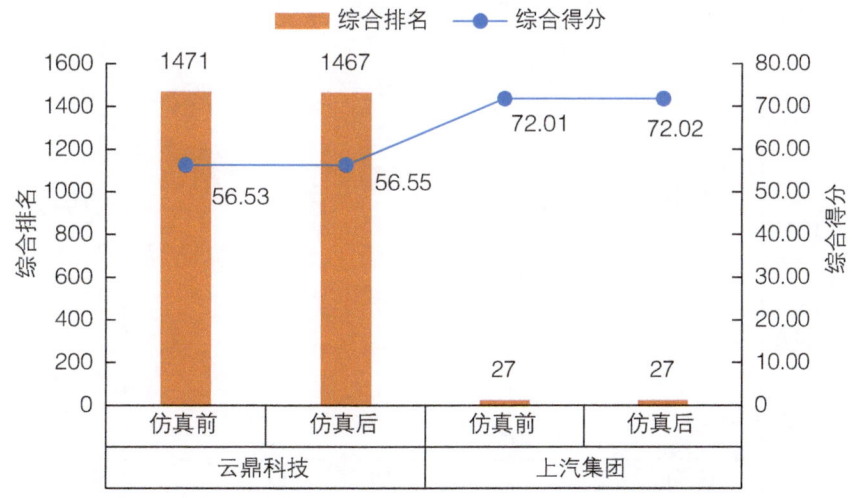

图 3-29 营业收入与上市公司创新能力得分仿真分析

7. 资本市场表现和上市公司的创新相辅相成

从"总市值均值"指标与上市公司创新能力得分相关变化趋势来看（图3-30），"总市值均值"指标与国家高新区上市公司创新能力得分具有正相关关系。说明资本市场在考虑经济体量的同时，也重视上市公司的创新；反过来资本市场也一定程度上推动了上市公司的创新发展。

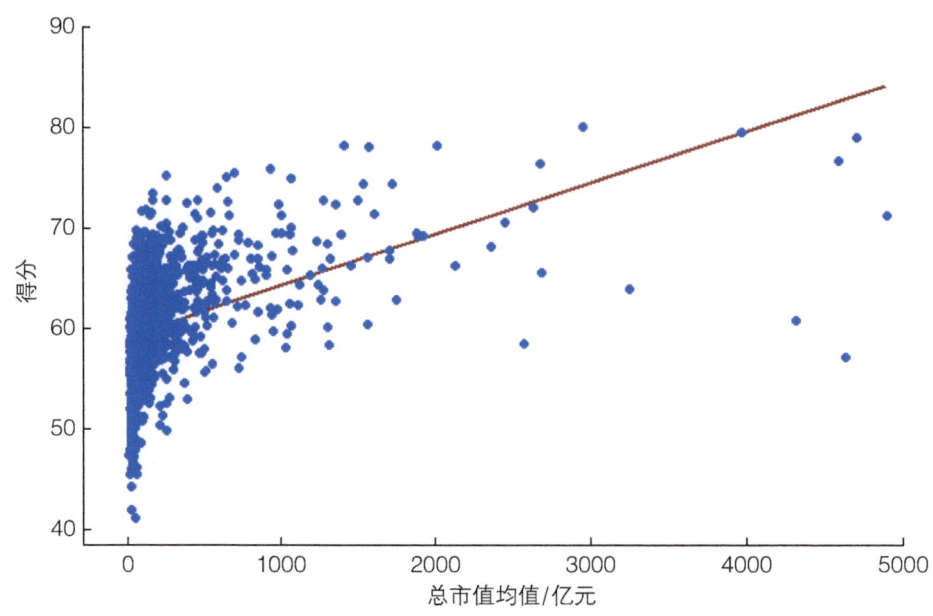

图3-30 总市值均值与上市公司创新能力得分相关图

从"总市值均值"指标与上市公司创新能力得分仿真分析结果来看（图3-31），2021年同辉信息总市值均值为9.06亿元，当该指标数值提升为原来的1.2倍后，同辉信息的创新能力综合得分提升0.03分，排名提升3名；2021年迈瑞医疗总市值均值为4904.10亿元，当该指标数值提升为原来的1.2倍后，迈瑞医疗的创新能力综合得分不变，排名无变化。

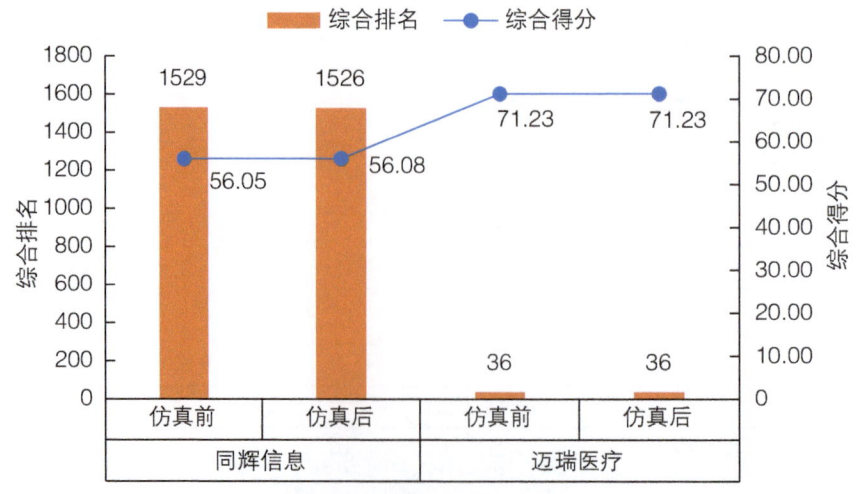

图3-31 总市值均值与上市公司创新能力得分仿真分析

8. 专利技术的储备可以推动进一步创新

从"核心技术储备"指标与上市公司创新能力得分相关变化趋势来看（图 3-32），"核心技术储备"指标与国家高新区上市公司创新能力得分具有明显的正相关关系。核心技术的储备可以进一步推动创新，加快新技术的发展与应用。

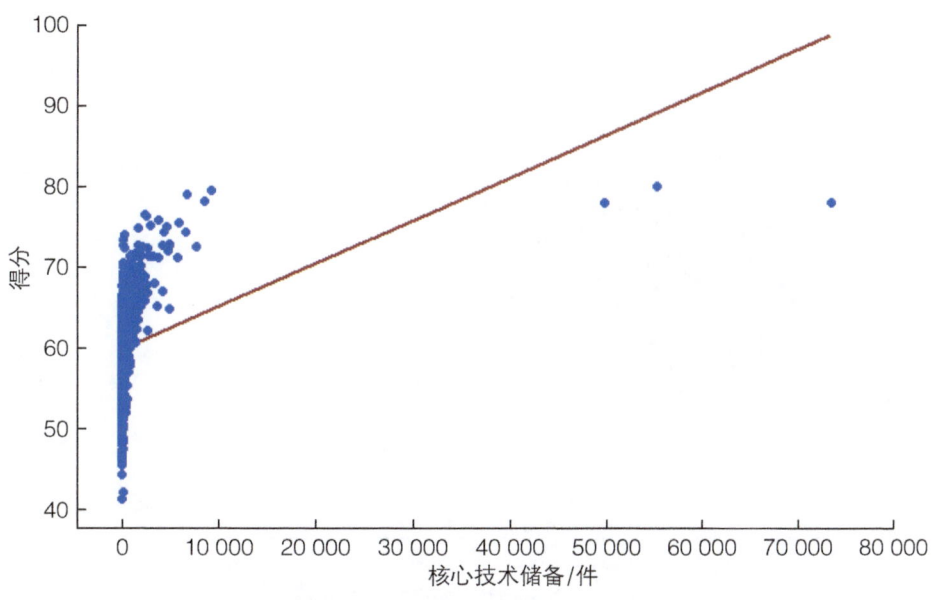

图 3-32　核心技术储备与上市公司创新能力得分相关图

从"核心技术储备"指标与上市公司创新能力得分仿真分析结果来看（图 3-33），2021 年特发信息核心技术储备为 267 件，当该指标数值提升为原来的 1.2 倍后，特发信息的创新能力综合得分提升 0.08 分，排名提升 14 名；2021 年格力电器核心技术储备为 55 139 件，当该指标数值提升为原来的 1.2 倍后，格力电器的创新能力综合得分提升 0.08 分，排名无变化。

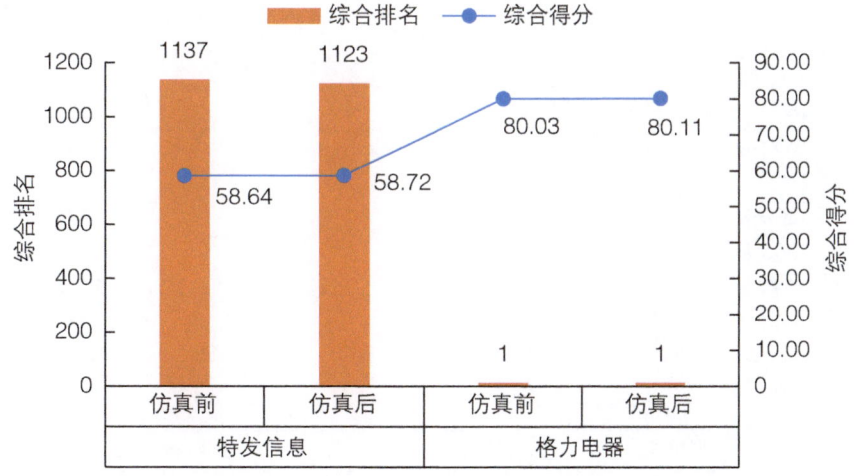

图 3-33　核心技术储备与上市公司创新能力得分仿真分析

9. 开放创新和数字化转型可以引领上市公司变革

从"开放创新及数字转型重视度"指标与上市公司创新能力得分相关变化趋势来看（图 3-34），"开放创新及数字转型重视度"指标与国家高新区上市公司创新能力得分具有正相关关系。上市公司的开放创新和数字化转型可以加速公司变革发展。

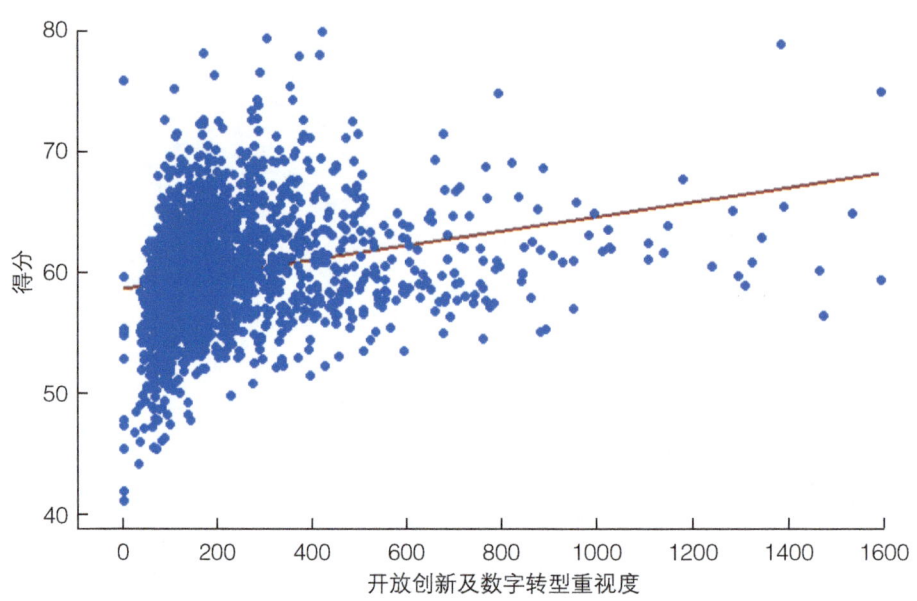

图 3-34　开放创新及数字转型重视度与上市公司创新能力得分相关图

从"开放创新及数字转型重视度"指标与上市公司创新能力得分仿真分析结果来看（图 3-35），2021 年，南京公用开放创新及数字转型重视度为 105，当该指标数值提升为原来的 1.2 倍后，南京公用的创新能力综合得分提升 0.08 分，排名提升 9 名；2021 年，东方通开放创新及数字转型重视度为 1535，当该指标数值提升为原来的 1.2 倍后，东方通的创新能力综合得分提升 0.02 分，排名提升 4 名。

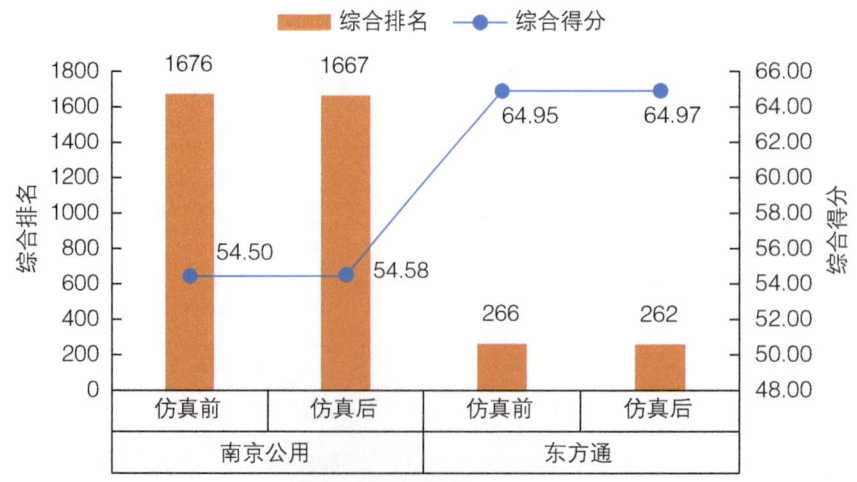

图 3-35　开放创新及数字转型重视度与上市公司创新能力得分仿真分析

二、指标间的相互作用

1. 研发人员可以创造更多的专利

从上市公司研发人员数量与核心技术储备相关变化趋势来看（图3-36），研发人员数量的增多可以促进专利的产出，同时，核心技术的储备会造就一批研发人才，进一步推动研发创新。

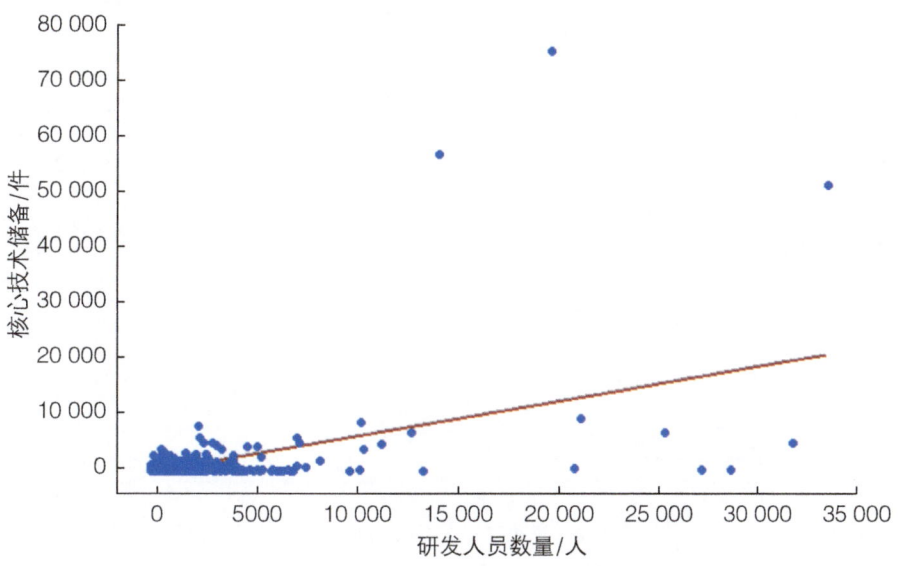

图3-36　研发人员数量与核心技术储备相关图

2. 营业收入可以更好地促进研发

从上市公司营业收入与研发费用相关变化趋势来看（图3-37），营业收入决定了研发经费的支出，营业收入越高，才有可能为开展进一步研发提供资金。

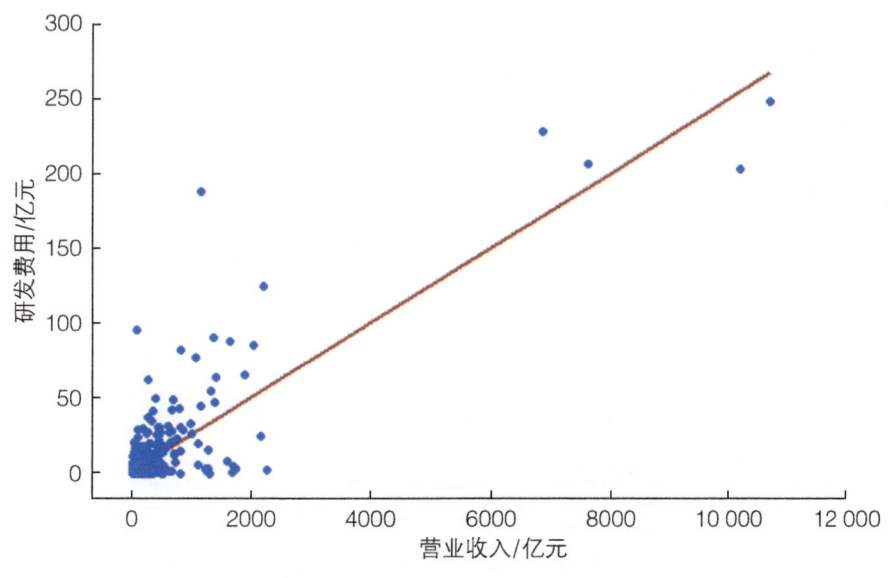

图3-37　营业收入与研发费用相关图

3. 政府的创新支持未必能真的促进创新

从上市公司获得的政府创新补助与当年新增专利数相关变化趋势来看（图3-38），新增专利数量与企业获得的政府创新补助存在负相关关系。当企业获得的政府创新补助小于5.8亿元时，随着企业获得的政府创新补助的增加，新增专利数量却有所递减；当企业获得的政府创新补助大于5.8亿元时，新增专利数量也没有明显增长。

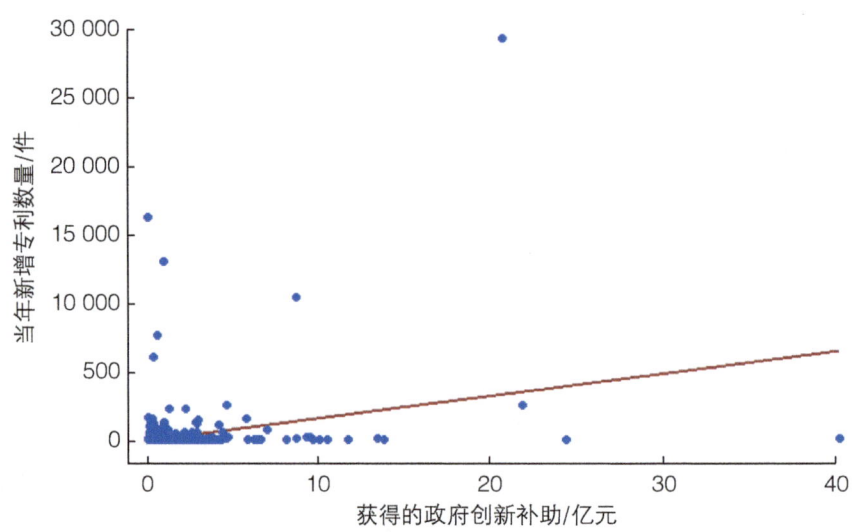

图3-38　获得的政府创新补助与当年新增专利数量相关图

4. 高学历人才比重越高不代表专利产出越多

从上市公司硕士研究生学历及以上人员占企业员工比重与当年新增专利数相关变化趋势来看（图3-39），当年新增专利数量与上市公司硕士研究生学历及以上人员占企业员工比重存在负相关关系。硕士研究生学历及以上人员占企业员工比重越高，对于新增专利的产出贡献越不明显。

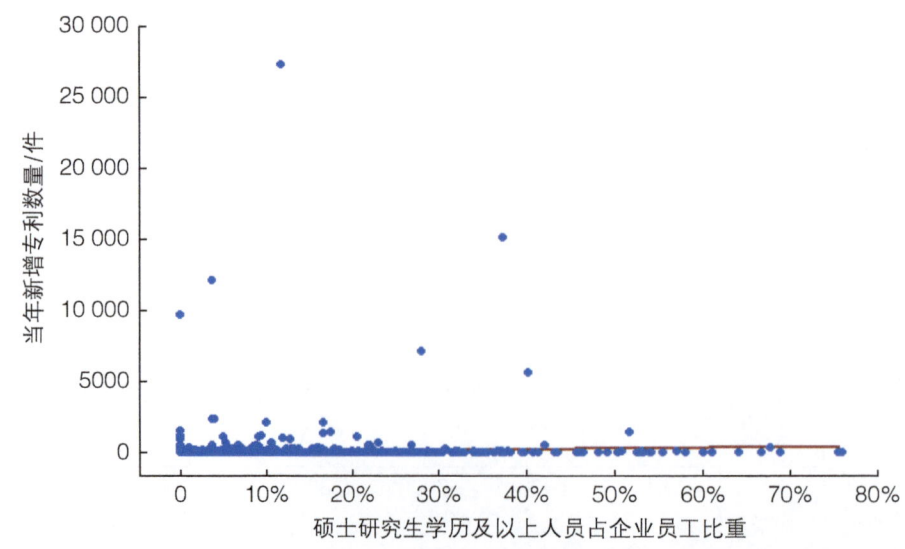

图3-39　硕士研究生学历及以上人员占企业员工比重与当年新增专利数量相关图

5. 营业收入可以为再创新提供资本支撑

从上市公司营业收入与当年新增专利数量相关变化趋势来看（图 3-40），当营业收入达到 1000 亿~1800 亿元时，专利产出会出现质的增加；但当营业收入大于 6000 亿元时，如果公司不积极变革、加快创新，专利数量可能不会有明显的增加，但也有不少致力于研发创新的小型公司。

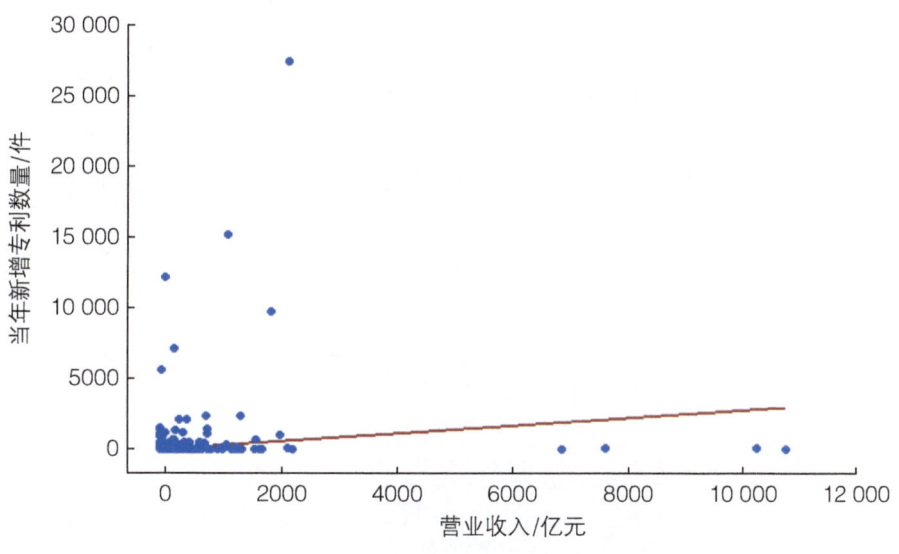

图 3-40　营业收入与当年新增专利数量相关图

6. 适当的净资产收益率可以保证更好的创新

从上市公司净资产收益率与总市值均值相关变化趋势来看（图 3-41），净资产收益率保持在 -25%~40%，可以获得较高的市值；净资产收益率偏高或偏低，对于股票价值的判断会有一定影响。总市值均值排前 2 位的上市公司迈瑞医疗、海康威视净资产收益率分别为 22% 和 18%。

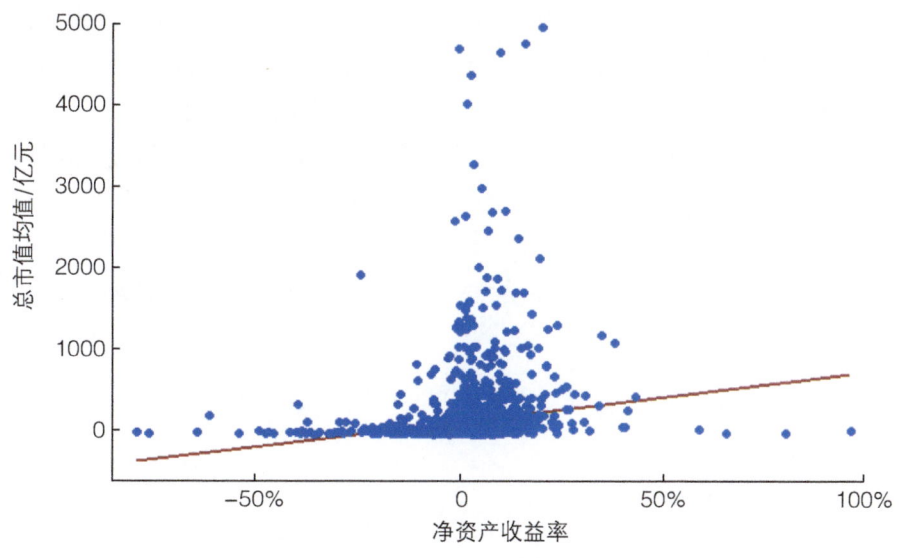

图 3-41　净资产收益率与总市值均值相关图

第三节 创新企业分类

依据各指标在创新能力得分中的权重，结合以上分析，选取研发人员数量、知识产权储备、研发费用、营业收入、当年新增专利数量、企业获得的政府创新补贴共6个指标，运用K-Means聚类方法对国家高新区上市公司进行分类，主要分为三大类（图3-42）：第一类属于创新阶段公司，重视创新管理，研发强度大，专利产出多，如格力电器、长城汽车等；第二类属于研发阶段公司，非常重视研发再创新，研发强度较大，如通化东宝、北方稀土等；第三类属于成熟阶段公司，成立较早，创新动力不足，人均拥有专利多，研发强度较低，如广发证券、申万宏源等。

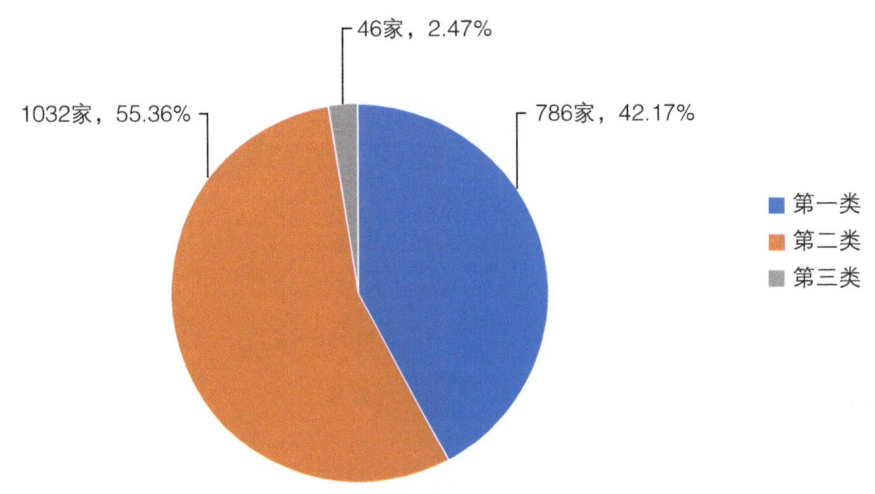

图 3-42 国家高新区上市公司分类

其中，国家高新区的第二类上市公司数量最多，共有1032家，占比达到了55.36%，代表性公司有通化东宝、北方稀土、复星医药、宝信软件等；第三类上市公司数量最少，仅有46家，代表性公司有广发证券、申万宏源、东吴证券、新集能源等；第一类上市公司有786家，代表性公司有格力电器、长城汽车、海康威视、京东方A等。从分布图来看（图3-43），第一类上市公司创新能力得分普遍较高，整体均值为63.74，表现最好，主要是通过创新驱动公司发展；第二类上市公司表现良好，均值为57.75，整体相对集中，目前更加重视产品研发；第三类上市公司创新能力较弱，整体均值为51.11，相对比较分散，缺乏强烈的创新动力。整体来看，国家高新区上市公司创新表现较好，大部分公司是通过创新驱动经济高质量发展，创新氛围浓厚。

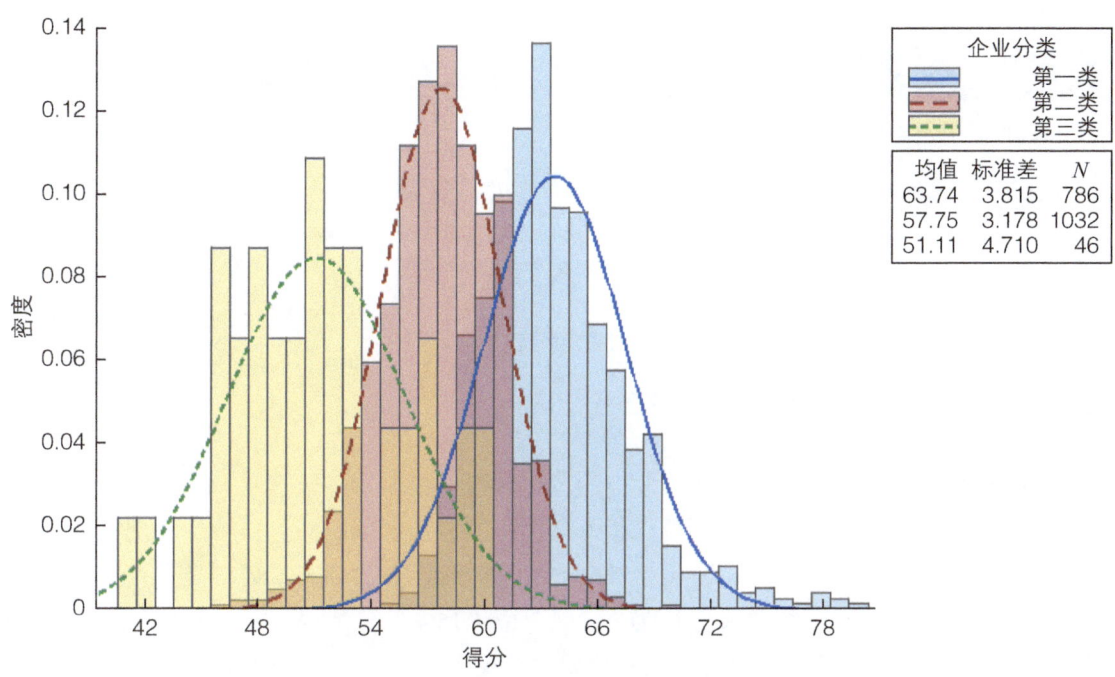

图 3-43　2022 年国家高新区上市公司创新能力得分直方图

由上市公司分类得知，国家高新区 1864 家上市公司中，第一类上市公司占比为 42.17%，第二类占比为 55.36%，第三类占比为 2.47%[①]。对比不同类型上市公司在深交所和上交所主板的分布情况（图 3-44、表 3-2），第一类上市公司中，在深交所主板上市的公司比重低于上交所主板（深交所 37.88%，上交所 42.31%）；第二类上市公司中，在上交所主板上市的公司比重低于深交所主板（深交所 58.65%，上交所 53.66%）；第三类上市公司中，在上交所主板上市的公司比重高于深交所主板（深交所 3.46%，上交所 4.03%）。综合来看，深交所主板处于研发阶段的上市公司占比较大，上交所主板处于创新阶段和成熟阶段的上市公司占比较大。由以上分析可以发现，深交所主板上市的公司更加重视研发，上交所主板上市的公司更加善于创新管理。

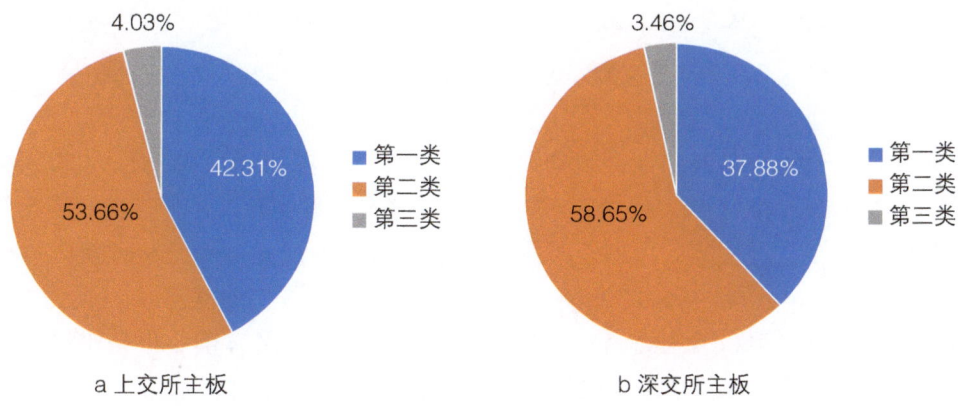

图 3-44　2022 年国家高新区上市公司在深交所和上交所主板的分布情况

---

① 数据来源：2022 年 8 月，中国高新区研究中心整理。

表 3-2　国家高新区不同类型上市公司板块分类

证券板块	第一类	第二类	第三类
北交所	2	20	0
上交所科创板	156	97	0
上交所主板	231	293	22
深交所创业板	200	317	6
深交所主板	197	305	18

数据来源：中国高新区研究中心整理，2022年8月。

对比不同类型上市公司在科创板和创业板的分布情况（图 3-45、表 3-2），第一类上市公司中，在创业板上市的公司比重低于科创板（科创板 61.66%，创业板 38.24%）；第二类上市公司中，在科创板上市的公司比重低于创业板（科创板 38.34%，创业板 60.61%）；第三类上市公司中，在创业板上市的公司比重高于科创板（科创板为 0，创业板 1.15%）。综合来看，科创板处于创新阶段的上市公司占比较大，创业板处于研发阶段和成熟阶段的上市公司占比较大。由以上分析可以发现，科创板上市公司创新能力更强，发展方向更符合创新前沿。

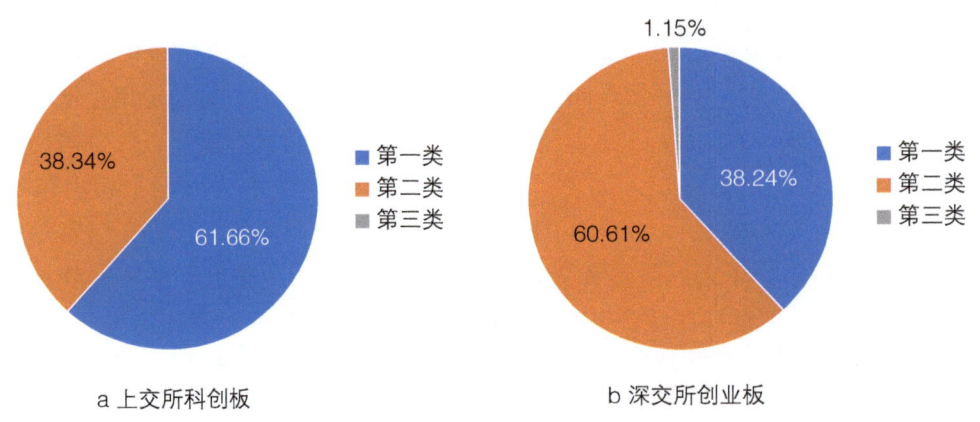

图 3-45　2022 年国家高新区上市公司在科创板和创业板的分布情况

从不同组织形式来看（图 3-46），中央国有企业中，第一类上市公司占比为 52.53%，第二类占比为 43.94%，第三类占比为 3.54%，第一类和第二类比重比整体较高，第三类比重比整体较低，说明中央国有企业中处于研发阶段和创新阶段的上市公司数量较多，研发和创新能力较强；地方国有企业中，第一类上市公司占比为 32.59%，第二类占比为 60.37%，第三类占比为 7.04%，第二类比重比整体较高，第一类和第三类比重比整体较低，说明地方国有企业中处于研发阶段的上市公司数量较多，具有强烈的创新动力；民营企业中，第一类上市公司占比为 41.46%，第二类占比为 57.12%，第三类占比为 1.42%，第一类和第二类比重比整体较高，第三类比重比整体较低，说明民营企业中处于创新阶段和研发阶段的上市公司数量较多，研发和创新能力较强；外资企业中，第一类上市公司占比为 50%，第二类占比为 50%，第一类比重和第二类比重一样高，没有第三类上市公司，说明外资企业中处于创新阶段和研发阶段的上市公司数量一样多，研发能力和创新动力都很强；中外合资经营企业中，第一类上市公司占比为 60.87%，第二类占比为 39.13%，第一类比重高于第二类比重，没有第三类上市公司，说明中外合作经营企业中处于创新阶段的上市公司数量较多，具有较强的创新动力[①]。

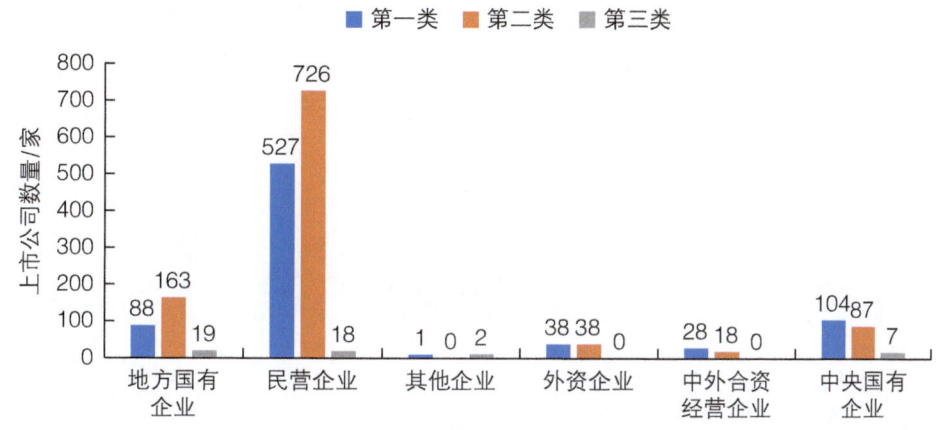

图 3-46　2022 年国家高新区不同组织形式上市公司类型分布

下面根据发展年限对国家高新区上市公司进行分析（图 3-47）。在第一类上市公司中，新兴型上市公司数量较多，成长和老牌次之；第二类上市公司中，新兴上市公司数量依然最多，成长和老牌数量相对较少，整体差异小于第一类上市公司；第三类上市公司中，老牌上市公司数量较多，成长和新兴数量接近。分析发现，新兴上市公司创新能力更强，部分老牌上市公司创新动力不足。

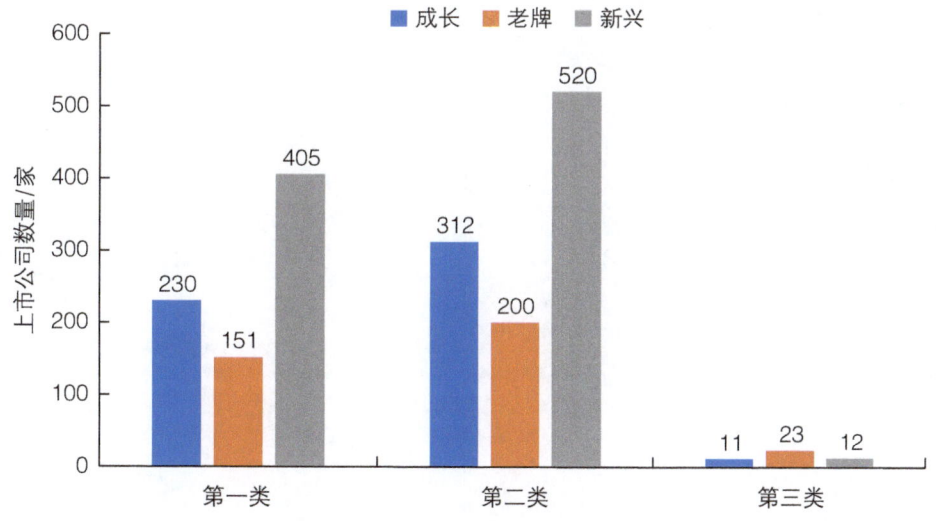

图 3-47　2022 年国家高新区不同发展阶段上市公司类型分布

---

① 数据来源：2022 年 8 月，中国高新区研究中心整理。

下面对各国家高新区上市公司分类分析（表3-3）。中关村科技园区第一类上市公司有123家，第二类有196家，第三类有8家，在三类上市公司中数量均处于首要地位，尤其是第一类和第二类上市公司，遥遥领先于其他高新区，表明中关村科技园区上市公司具有较强的创新能力和创新活跃度；上海张江高新区第一类上市公司有70家，第二类有101家，第三类有4家；深圳高新区第一类上市公司有84家，第二类有80家，第三类有1家。中关村科技园区和上海张江高新区第一类上市公司比重相对较大，分别为37.61%和40%；深圳高新区第一类和第二类上市公司比重相对较大，分别为50.90%、48.48%，第三类上市公司比重相对较小，说明深圳高新区上市公司主要是处于研发和创新阶段；宁波高新区没有第三类上市公司，说明宁波高新区没有处于成熟阶段的上市公司，整体创新活力较强。

表3-3 不同类型上市公司在国家高新区内的分布情况

高新区	分类	上市公司数量/家	高新区	分类	上市公司数量/家
中关村	1	123	东莞松山湖高新区	1	5
	2	196		2	1
	3	8	包头稀土高新区	1	3
上海张江高新区	1	70		2	2
	2	101		3	1
	3	4	益阳高新区	1	2
深圳高新区	1	84		2	3
	2	80	南通高新区	1	3
	3	1		2	2
南京高新区	1	31	绵阳高新区	1	2
	2	37		2	2
	3	1		3	1
广州高新区	1	26	连云港高新区	1	3
	2	32		2	2
	3	1	荆门高新区	1	3
杭州高新区	1	26		2	3
	2	23		3	1
	3	1	海口高新区	1	4
宁波高新区	1	24		2	4
	2	23	大连高新区	2	4
武汉东湖高新区	1	22		3	1
	2	18	保定高新区	1	4
	3	6		2	1

续表

高新区	分类	上市公司数量/家	高新区	分类	上市公司数量/家
长沙高新区	1	16	宝鸡高新区	1	1
	2	25		2	4
	3	2	蚌埠高新区	1	3
成都高新区	1	15		2	2
	2	22	鞍山高新区	1	1
	3	3		2	4
苏州工业园	1	15	自贡高新区	1	1
	2	18		2	3
	3	2	长春净月高新区	2	3
合肥高新区	1	17		3	1
	2	13	湘潭高新区	1	1
	3	1		2	3
西安高新区	1	12	宿迁高新区	1	2
	2	15		2	2
	3	2	上海紫竹高新区	1	2
佛山高新区	1	14		2	2
	2	11	乐山高新区	2	3
珠海高新区	1	11		3	1
	2	13	济宁高新区	1	3
天津滨海高新区	1	11		2	1
	2	10	德州高新区	1	1
	3	1		2	3
无锡高新区	1	10	常熟高新区	1	2
	2	11		2	2
苏州高新区	1	8	肇庆高新区	1	1
	2	13		2	2
济南高新区	1	10	漳州高新区	1	3
	2	9	湛江高新区	1	1
福州高新区	1	10		2	2
	2	9	烟台高新区	2	3
淄博高新区	1	6	新余高新区	1	2
	2	12		2	1

续表

高新区	分类	上市公司数量/家	高新区	分类	上市公司数量/家
厦门火炬高新区	1	12	铜陵狮子山高新区	2	3
厦门火炬高新区	2	6	石河子高新区	1	1
贵阳高新区	1	7	石河子高新区	2	2
贵阳高新区	2	9	泉州高新区	1	2
青岛高新区	1	9	泉州高新区	2	1
青岛高新区	2	6	衢州高新区	1	1
郑州高新区	1	6	衢州高新区	2	2
郑州高新区	2	8	清远高新区	1	2
萧山临江高新区	1	2	清远高新区	2	1
萧山临江高新区	2	12	柳州高新区	1	1
武进高新区	1	5	柳州高新区	2	2
武进高新区	2	9	景德镇高新区	1	1
南昌高新区	1	5	景德镇高新区	2	2
南昌高新区	2	9	昌吉高新区	1	1
中山火炬高新区	1	10	昌吉高新区	2	2
中山火炬高新区	2	3	北海高新区	2	3
重庆高新区	1	2	白银高新区	1	1
重庆高新区	2	10	白银高新区	2	2
江阴高新区	1	1	安顺高新区	1	1
江阴高新区	2	10	安顺高新区	2	2
江阴高新区	3	1	镇江高新区	1	1
常州高新区	1	5	镇江高新区	2	1
常州高新区	2	7	长治高新区	1	1
洛阳高新区	1	6	长治高新区	2	1
洛阳高新区	2	5	徐州高新区	1	2
长春高新区	1	2	新乡高新区	2	2
长春高新区	2	8	孝感高新区	1	1
绍兴高新区	1	2	孝感高新区	2	1
绍兴高新区	2	8	咸阳高新区	1	1
昆明高新区	1	7	咸阳高新区	2	1
昆明高新区	2	3	通化医药高新区	2	2

续表

高新区	分类	上市公司数量/家	高新区	分类	上市公司数量/家
惠州仲恺高新区	1	6	泰州医药高新区	1	1
	2	4		2	1
哈尔滨高新区	1	1	平顶山高新区	1	2
	2	9	南阳高新区	2	2
芜湖高新区	1	7	马鞍山慈湖高新区	1	2
	2	2	龙岩高新区	1	1
乌鲁木齐高新区	1	2		2	1
	2	4	辽阳高新区	2	2
	3	3	吉林高新区	1	1
南宁高新区	1	2		2	1
	2	7	衡阳高新区	2	2
襄阳高新区	1	4	郴州高新区	2	2
	2	4	安阳高新区	1	1
威海火炬高新区	1	6		2	1
	2	2	玉溪高新区	2	1
汕头高新区	1	2	营口高新区	1	1
	2	6	鹰潭高新区	1	1
兰州高新区	1	1	银川高新区	3	1
	2	7	宜春丰城高新区	2	1
江门高新区	1	1	杨凌高新区	2	1
	2	7	燕郊高新区	2	1
湖州莫干山高新区	1	2	咸宁高新区	2	1
	2	6	唐山高新区	2	1
宜昌高新区	1	4	泰安高新区	2	1
	2	3	随州高新区	2	1
温州高新区	1	4	三明高新区	2	1
	2	3	荣昌高新区	2	1
太原高新区	1	1	青海高新区	2	1
	2	5	潜江高新区	2	1
	3	1	宁夏石嘴山高新区	1	1
石家庄高新区	1	4	内江高新区	1	1
	2	3	茂名高新区	2	1

续表

高新区	分类	上市公司数量/家	高新区	分类	上市公司数量/家
沈阳高新区	1	3	泸州高新区	2	1
	2	4	莱芜高新区	1	1
昆山高新区	1	4	锦州高新区	2	1
	2	3	黄石大冶湖高新区	2	1
嘉兴秀洲高新区	1	1	黄冈高新区	2	1
	2	6	淮南高新区	3	1
株洲高新区	1	3	呼和浩特金山高新区	1	1
	2	3	阜新高新区	1	1
扬州高新区	1	1	抚州高新区	2	1
	2	5	鄂尔多斯高新区	1	1
潍坊高新区	1	3	大庆高新区	2	1
	2	3	承德高新区	2	1
桂林高新区	1	1	璧山高新区	2	1
	2	5			

数据来源：中国高新区研究中心整理，2022年。

第四章

国家高新区上市公司产业创新能力分析

根据《国民经济行业分类》（2019年实施），中国国民经济行业门类众多，共有20个门类，97个大类，各行业创新发展程度不一。国家高新区因区位不同、基础不一，战略定位各有侧重，产业布局和发展规划也各不相同、各具特色。故而本章首先从行业角度对国家高新区上市公司进行创新能力分析；其次根据国家对国家高新区的产业定位和企业数量，选择十大重点产业，从产业发展现状、产业排名20强、创新贡献、典型企业、存在问题及建议等方面对国家高新区上市公司进行产业创新能力分析。

第一节　行业创新发展现状

一、各大行业整体分布情况

根据证监会《上市公司行业分类指引》（2012年修订），2021年国家高新区上市公司（共1864家）分为十七大类行业，各大行业上市公司分布情况如下。

1. 数量分布

从国家高新区不同行业上市公司数量来看，分布极不均衡，大部分上市公司属于制造业（图4-1）。国家高新区上市公司总数超过100家的有两大行业，分别为制造业与信息传输、软件和信息技术服务业，占国家高新区上市公司总量的82.89%。国家高新区各大行业上市公司数量主要集中于10～30家，上市公司数低于10家的行业较少。

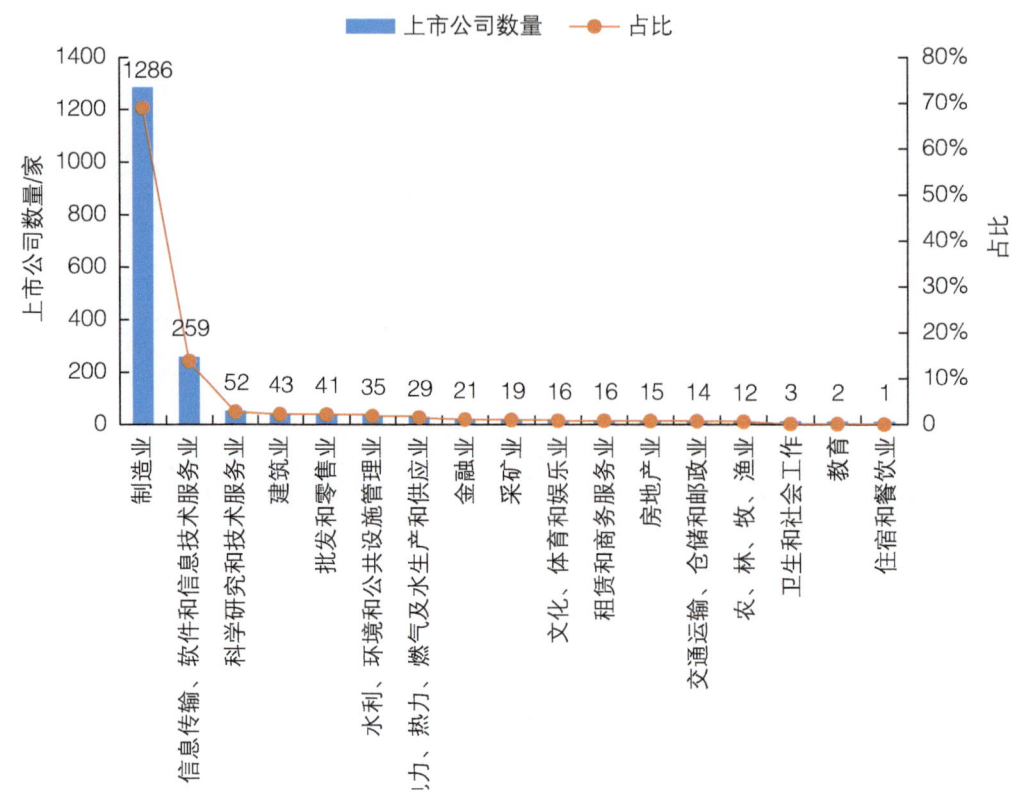

图 4-1 2021 年国家高新区十七大行业上市公司数量分布

其中，国家高新区制造业上市公司数量一枝独秀，共 1286 家，占国家高新区上市公司的 68.99%；信息传输、软件和信息技术服务业居第 2 位，共 259 家，占国家高新区上市公司的 13.89%；科学研究和技术服务业和建筑业排名第三和第四，分别有 52 家和 43 家；国家高新区其他行业上市公司数量相对减少。这主要是基于国家高新区大力布局高端装备制造业、生物产业、新一代信息技术等战略性新兴产业，所以国家高新区内制造业和信息传输、软件和信息技术服务业上市公司数量较多（表 4-1）。

表 4-1 2021 年国家高新区各行业上市公司数量及占比

序号	行业	上市公司数量/家	所占百分比
1	制造业	1286	68.99%
2	信息传输、软件和信息技术服务业	259	13.89%
3	科学研究和技术服务业	52	2.79%
4	建筑业	43	2.31%
5	批发和零售业	41	2.20%
6	水利、环境和公共设施管理业	35	1.88%
7	电力、热力、燃气及水生产和供应业	29	1.56%
8	金融业	21	1.13%
9	采矿业	19	1.02%

续表

序号	行业	上市公司数量/家	所占百分比
10	文化、体育和娱乐业	16	0.86%
11	租赁和商务服务业	16	0.86%
12	房地产业	15	0.80%
13	交通运输、仓储和邮政业	14	0.75%
14	农、林、牧、渔业	12	0.64%
15	卫生和社会工作	3	0.16%
16	教育	2	0.11%
17	住宿和餐饮业	1	0.05%
	总计	1864	100.00%

数据来源：中国高新区研究中心整理，2022年8月。

从国家高新区各行业上市公司总市值均值箱线图可以看出（图4-2），国家高新区各行业上市公司总市值存在很大差异。其中，卫生和社会工作行业箱线图的箱子相对较宽，代表卫生和社会

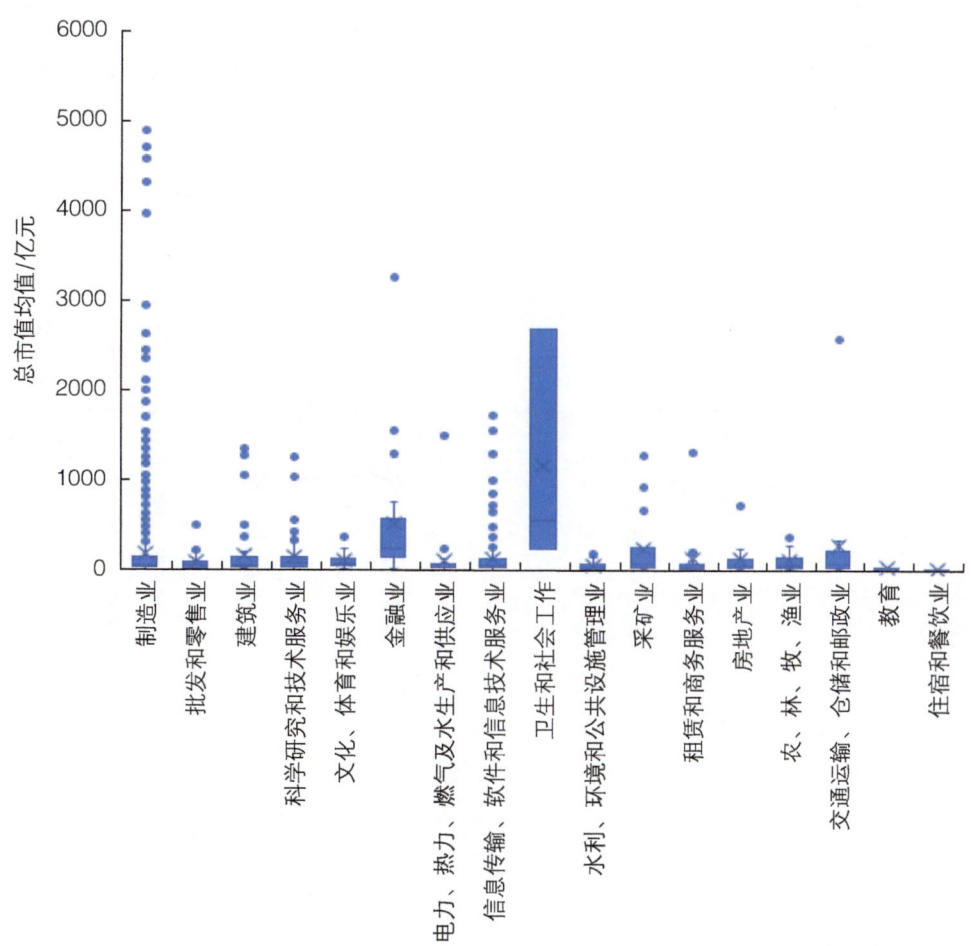

图4-2　2021年国家高新区十七大行业上市公司总市值均值箱线图

工作行业上市公司总市值相对分散，说明卫生和社会工作行业不同上市公司持续融资的能力差异较大；金融业箱线图的箱子也较宽，说明金融业上市公司持续融资的能力差异也相对较大；制造业总市值相对比较集中，整个行业持续融资的能力差异相对较小，但是也存在大量异常点，说明制造业存在不少总市值较大的龙头企业，持续融资能力相对一般上市公司较强；其他行业上市公司的总市值较小且相对集中，说明融资能力差异相对较小。

营业收入是企业取得利润的重要保障，营业收入的实现关系到企业再生产活动的正常进行。从国家高新区各行业营业收入箱线图可以看出（图4-3），制造业和建筑业箱线图上市公司营业收入相对分散，说明国家高新区制造业和建筑业上市公司再生产能力差异较大，制造业营业收入大于7000亿元的有一家公司，大于2000亿元的有4家公司，制造业有一家上市公司一枝独秀。其他行业公司非常集中。

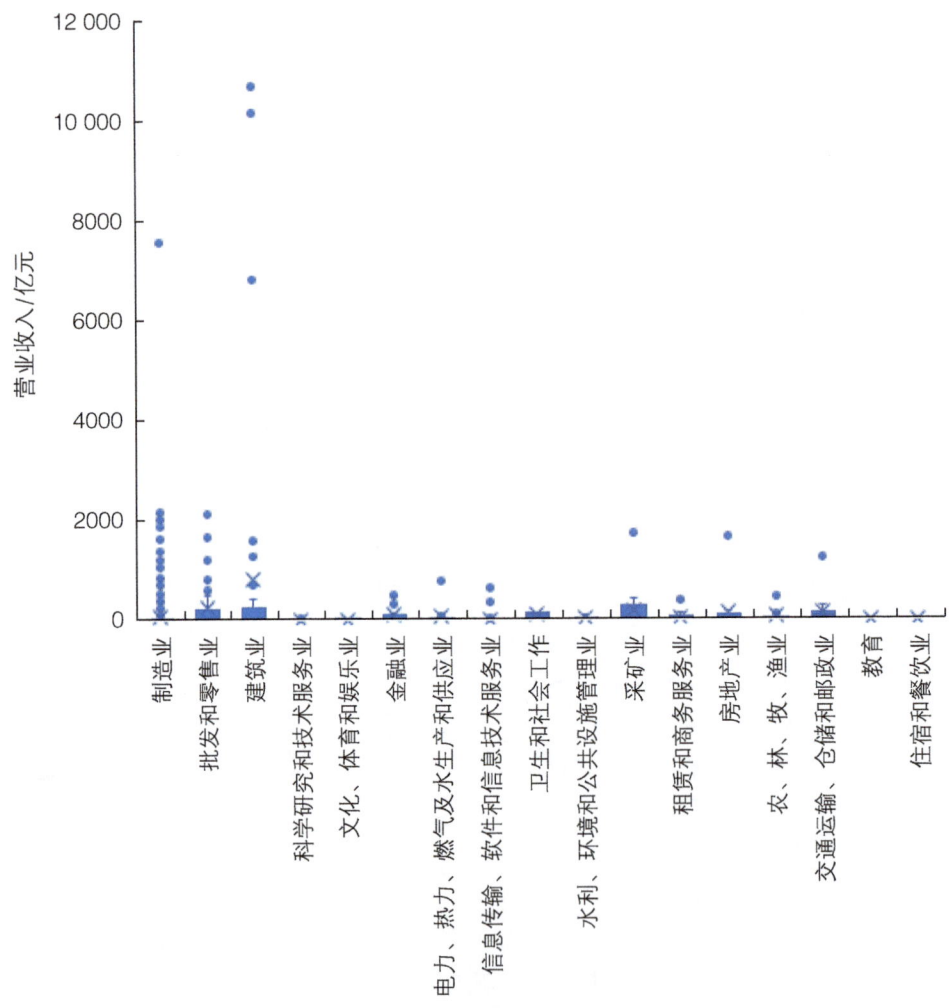

图4-3　2021年国家高新区十七大行业上市公司营业收入箱线图

2. 省份分布

（1）国家高新区上市公司整体分布

2021年，国家高新区上市公司共计1864家，比去年增加242家，同比增长14.92%，共涉及30个省（区、市）的国家高新区。从区域分布来看（图4-4），国家高新区上市公司主要集中在长三角、珠三角及京津冀地区；从省（区、市）来看，广东省高新区上市公司数量最多为328家，占全国高新区上市公司比重为17.60%，北京市高新区上市公司数量为327家，排名第二，占全国高新区上市公司比重为17.54%，其次江苏省高新区上市公司数量为221家，占全国高新区上市公司比重为11.86%，上海市、浙江省高新区上市公司均超过100家，分布为179家和146家，分别占全国高新区上市公司比重的9.60%和7.83%。

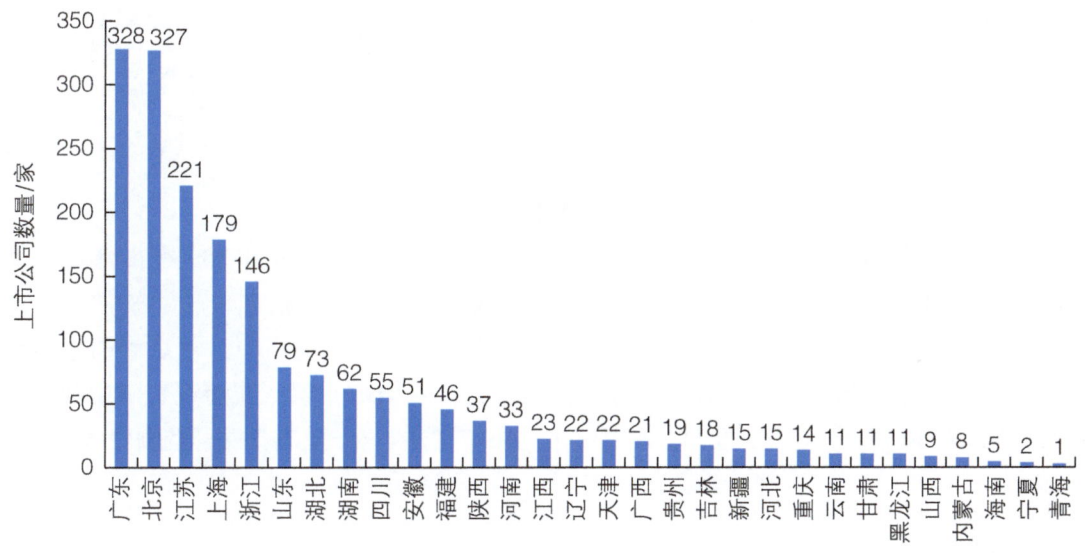

图4-4　2021年国家高新区上市公司整体分布情况

（2）国家高新区制造业上市公司分布

2021年，国家高新区制造业上市公司共计1286家，比去年增加160家，同比增长14.21%，共涉及30个省市的国家高新区，呈现"东多西少"的格局。从区域分布来看，国家高新区制造业上市公司高度集聚在沿海地区，尤其是珠三角、长三角及京津冀地区。从省（区、市）来看（图4-5），广东、江苏、北京是国家高新区制造业上市公司分布最为集聚的地区，浙江、上海和山东也是重要产业区域，湖北、湖南等也是制造业上市公司比重较高的区域，形成了两湖地区的上市公司密集分布地区。其中，广东省国家高新区制造业上市公司数量最多，共有259家上市公司，比去年增加30家，这主要是因为改革开放以来，广东凭借地理优势和国家政策大力发展制造业，拥有雄厚的产业基础。改革开放以来，江苏经济同全国一样，较好地实现了从计划经济向市场经济的深刻转变，市场机制激发了巨大的活力和创造力，江苏制造实现了量的飞速发展，因此江苏省国家高新区制造业上市公司数量跃居第二，拥有170家上市公司，比去年增加24家。北京、江苏、浙江国家高新区制造业上市公司数量也超过100家，其中上海市由2020年的99家增加到115家，超过浙江省居第4位。

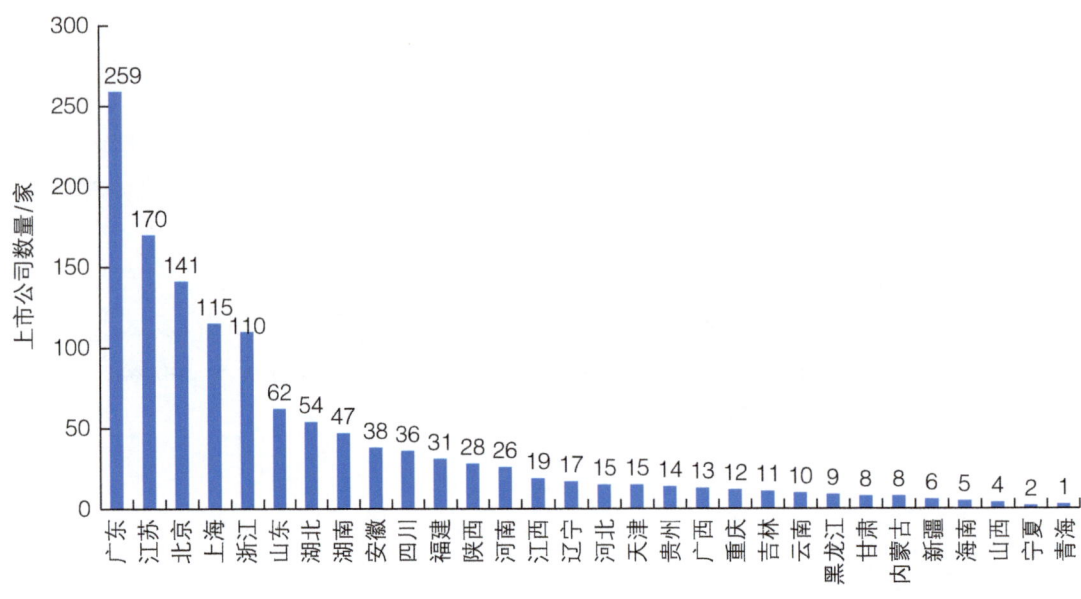

图 4-5 2021 年国家高新区制造业上市公司全国分布情况

（3）国家高新区信息传输、软件和信息技术服务业上市公司分布

2021 年，国家高新区信息传输、软件和信息技术服务业上市公司共计 259 家，比去年增加 25 家，同比增长 10.68%，共涉及 20 个省市的国家高新区。国家高新区信息传输、软件和信息技术服务业上市公司呈现北京、广东、上海三极分布的态势，以北京最为集中。北京市国家高新区拥有 95 家信息传输、软件和信息技术服务业上市公司，比去年增加 6 家，在所有省市中独领风骚；广东和上海均拥有 34 家，远落后于北京，其中广东比去年增加 4 家，上海比去年增加 2 家（图 4-6）。

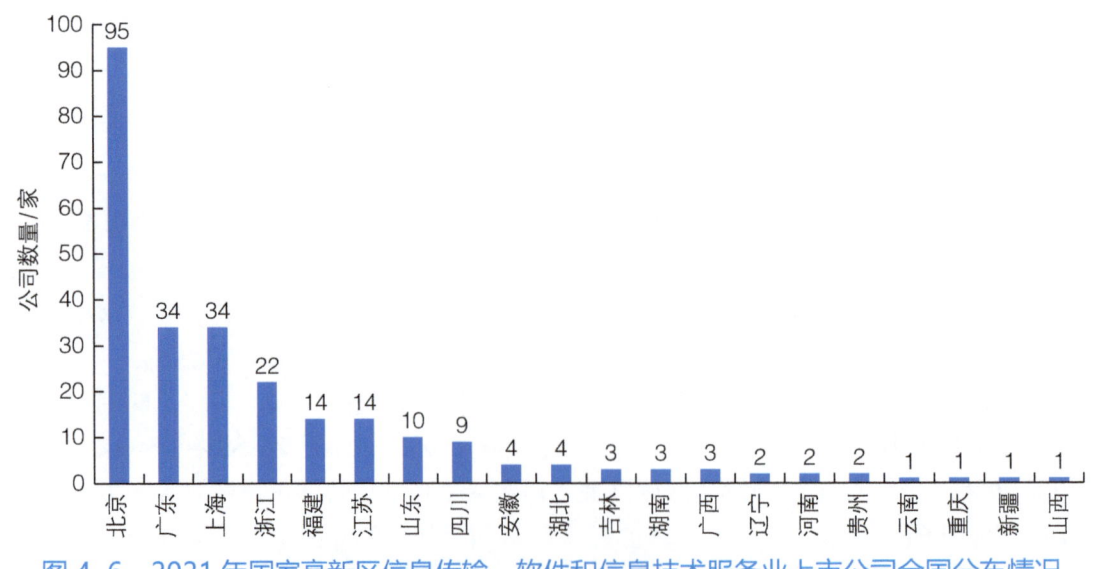

图 4-6 2021 年国家高新区信息传输、软件和信息技术服务业上市公司全国分布情况

（4）国家高新区科学研究和技术服务业上市公司分布

2021 年，国家高新区科学研究和技术服务业上市公司共计 52 家，比去年增加 16 家，同比增长 44.44%，共涉及 12 个省（区、市）的国家高新区。国家高新区科学研究和技术服务业上市公司

主要集中在北京，这基于北京的高等学校和科研院所较多，科教资源丰富。其中，北京市国家高新区拥有 19 家科学研究和技术服务业上市公司，占国家高新区科学研究和技术服务业上市公司的 36.84%；广东省和江苏省分别拥有 10 家和 8 家，分别占国家高新区科学研究和技术服务业上市公司比重的 19.23% 和 15.38%（图 4-7）。

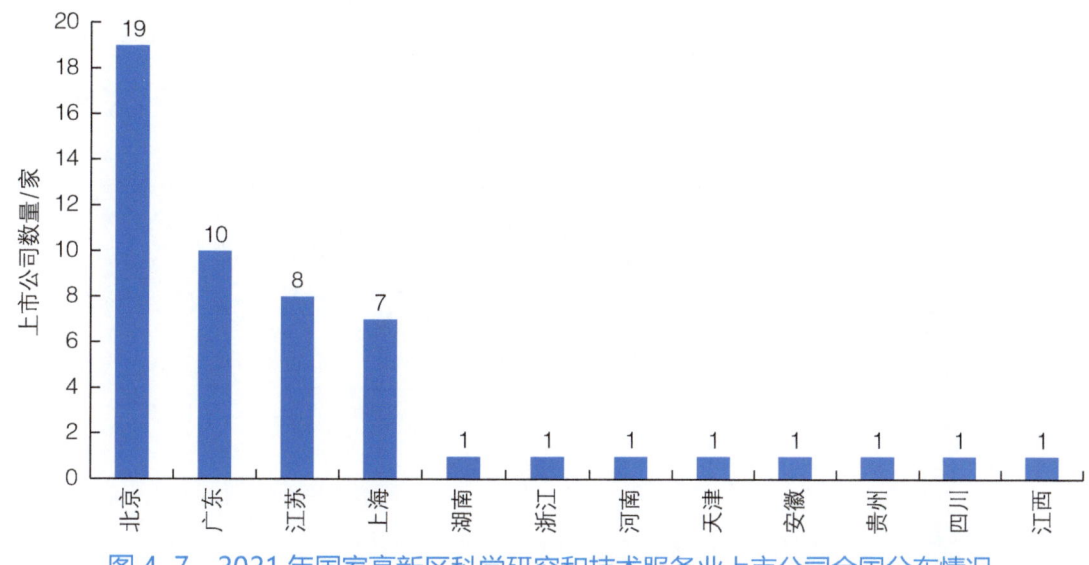

图 4-7　2021 年国家高新区科学研究和技术服务业上市公司全国分布情况

3. 板块分布

国家高新区制造业上市公司上市板块主要集中在主板、创业板，主板上市公司数量最多，有 744 家，这是由于制造业企业经济体量大、实力强；创业板上市公司数量为 336 家，科创板上市公司相对较少，有 193 家。信息传输、软件和信息技术服务业在创业板上市较多，有 110 家，紧接着是主板上市数量为 97 家，科创板上市公司数量为 45 家，信息传输、软件和信息技术服务业大多数是一些科技含量高、高成长性的企业，在创业板上市可以更好地实现融资。科学研究和技术服务业在创业板上市公司数量最多为 22 家，其次是主板上市公司数量为 18 家，科创板上市公司为 11 家（图 4-8）。

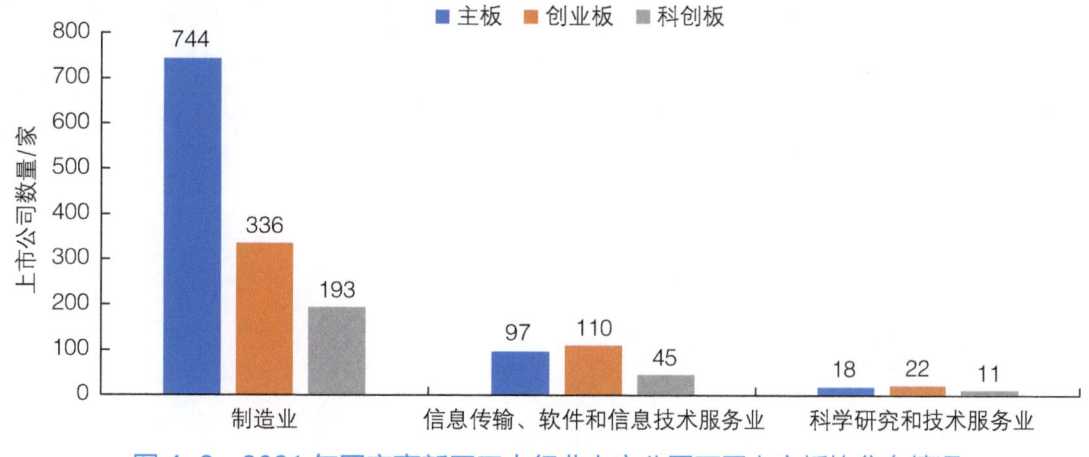

图 4-8　2021 年国家高新区三大行业上市公司不同上市板块分布情况

4. 属性分布

国家高新区制造业、信息传输、软件和信息技术服务业及科学研究和技术服务业上市公司主要属于民营企业，民营企业占比超过60%。民营企业是国民经济的重要组成部分和最活跃的增长点，也是推动高新区经济发展，促进社会稳定的基础力量，在上市公司创新发展中发挥着越来越重要的作用。制造业上市公司中央、地方国有企业、外资企业及中外合资企业占有较大一部分，集体企业数量较少。信息传输、软件和信息技术服务业上市公司地方和中央国有企业数量相对较少，没有集体企业。科学研究和技术服务业上市公司地方和中央国有企业数量较少，没有集体企业（图4-9）。

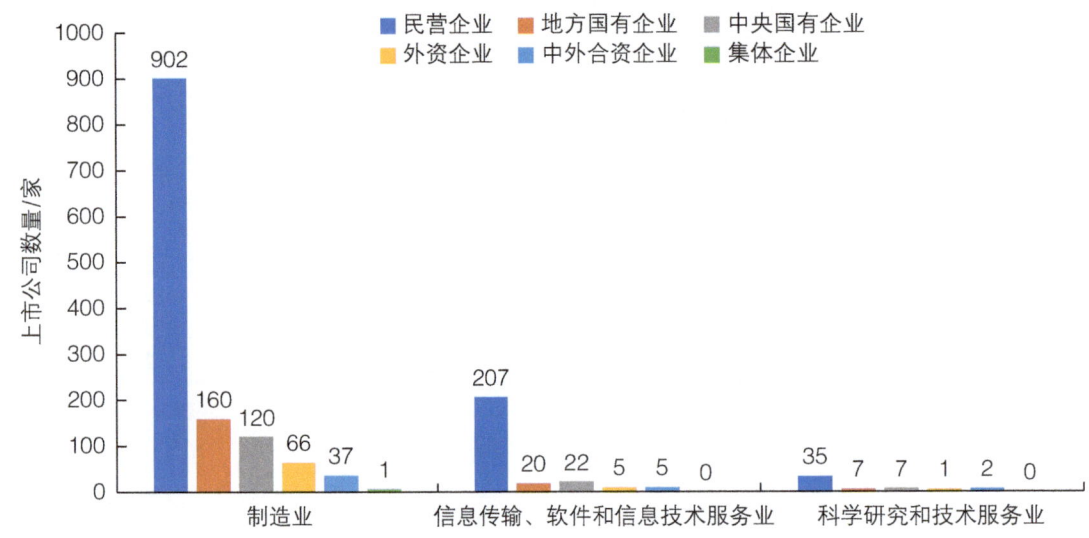

图4-9 2021年国家高新区三大行业上市公司不同企业属性分布情况

5. 高企分布

国家高新区制造业、信息传输、软件和信息技术服务业及科学研究和技术服务业上市公司拥有国家级高新技术企业数在十七大行业中位列前三名，信息传输、软件和信息技术服务业高企数量占比超过90%，制造业和科学研究和技术服务业国家级高企数量占比超过80%，紧接着为建筑业，水利、环境和公共设施管理业。信息传输、软件和信息技术服务业高企占比最多92.66%，2021年科学研究和技术服务业高企占比为84.62%，排名超过制造业居第2位，制造业高企占比为83.20%，居第3位（图4-10）。

第四章 国家高新区上市公司产业创新能力分析

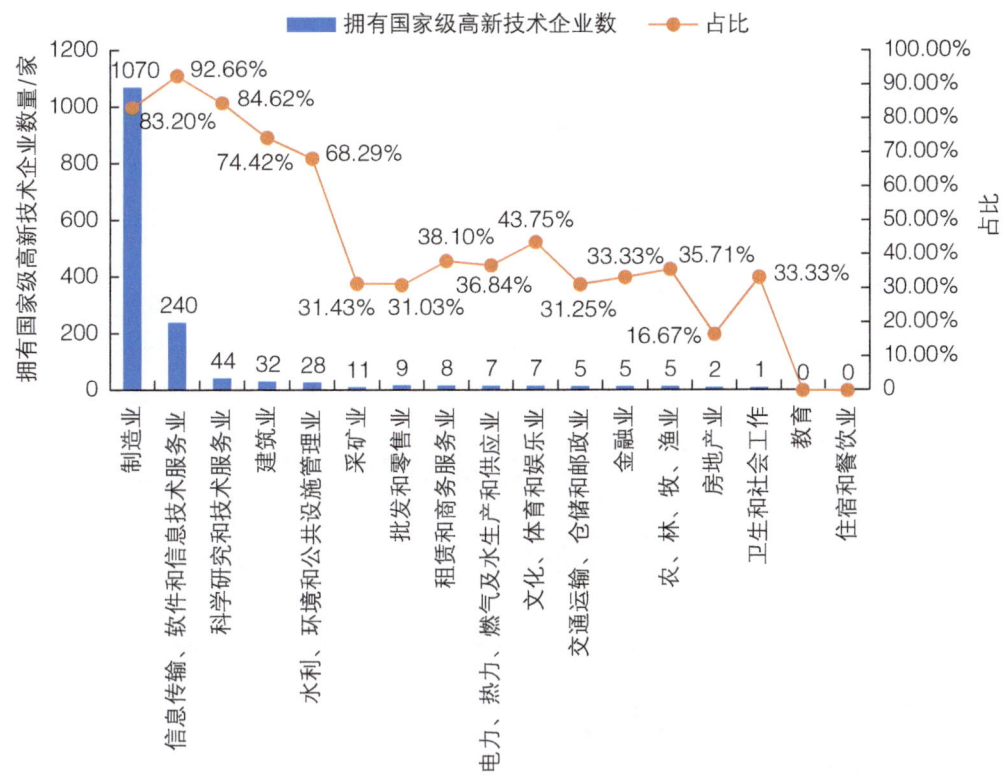

图 4-10　2021 年国家高新区十七大行业上市公司国家级高企分布情况

二、各大行业创新发展现状

目前，国家高新区各行业上市公司正积极加大研发投入，引进高学历专业人才，开展技术创新、模式创新，积极参与产业组织变革，引领国家高新区企业提升自主创新能力。

在高学历人才引进方面，2021 年国家高新区内硕士研究生学历及以上人员占企业员工比重前三名分别是金融业、科学研究和技术服务业、卫生和社会工作行业，三大行业总占比为 58.27%，其中金融业硕士研究生学历及以上人员占企业员工比重最高，为 25.10%；科学研究和技术服务业、卫生和社会工作行业硕士研究生学历及以上人员比重分别为 18.17% 和 14.99%，三大行业硕士研究生学历及以上人员所占比重均在 10% 以上。说明国家高新区内金融业、科学研究和技术服务业及卫生和社会工作行业上市公司注重对高等学历人才的引进（图 4-11）。

在研发人员投入上，2021 年国家高新区内制造业研发人员数独领风骚，共 878 747 人，占十七大行业总体研发人员的 66.23%；信息传输、软件和信息技术服务业位列第二，拥有研发人员 259 402 人，占十七大行业总体研发人员的 19.55%。国家高新区内制造业及信息传输、软件和信息技术服务业上市公司研发人员数占国家高新区所有上市公司的比重达 85.78%，说明国家高新区内制造业及信息传输、软件和信息技术服务业上市公司注重对研发人才的引进和培养（图 4-12）。

95

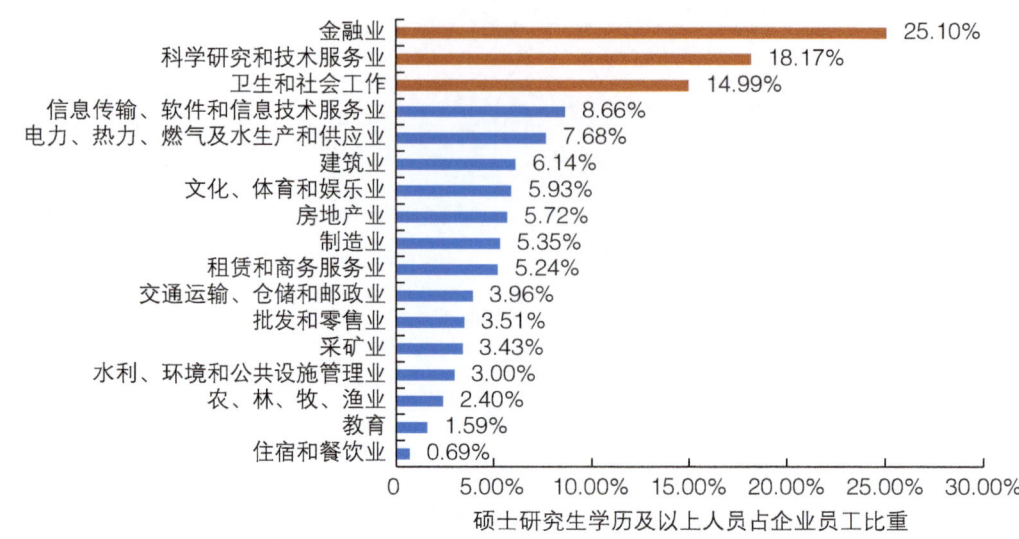

图 4-11 2021 年国家高新区十七大行业上市公司硕士研究生学历及以上人员占企业员工比重

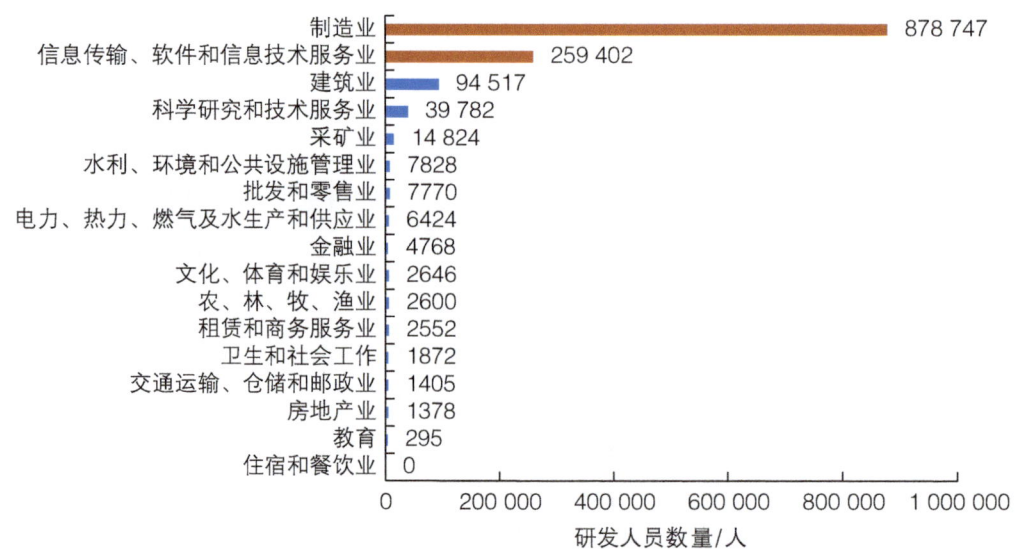

图 4-12 2021 年国家高新区十七大行业上市公司研发人员数量

在研发投入占营业收入比重上，2021 年国家高新区内信息传输、软件和信息技术服务业研发投入占营业收入比重为 10.03%，在所有行业中比重最大；教育及科学研究和技术服务业研发投入占营业收入比重分别为 5.72% 和 5.71%，均在 5% 以上（图 4-13）。

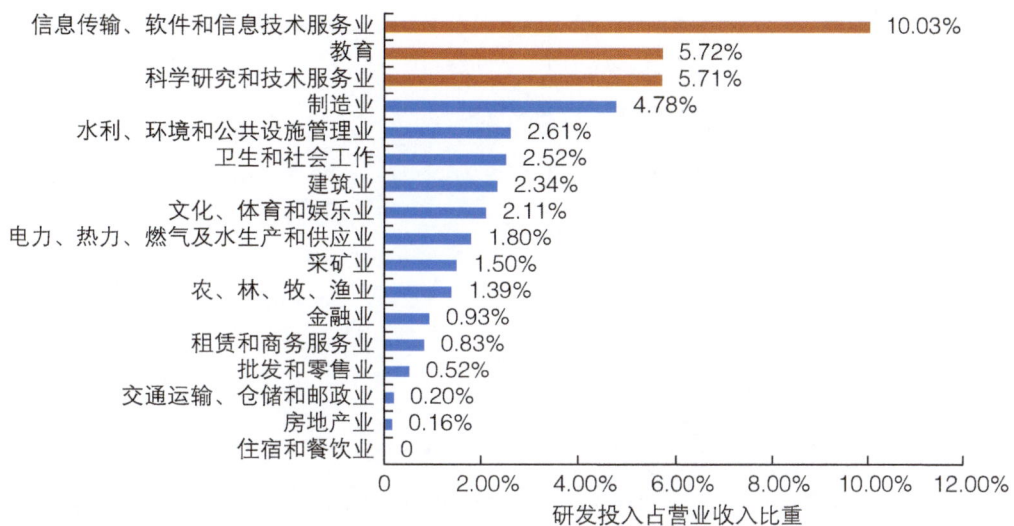

图 4-13 2021 年国家高新区十七大行业上市公司研发人员数量

在政府创新补贴方面，2021 年国家高新区内制造业上市公司独占鳌头，获得政府创新补贴 655.13 亿元，占十七大行业政府创新补贴总数的 76.25%，远超于其他行业；信息传输、软件和信息技术服务业获得 51.48 亿元政府创新补贴；建筑业和金融业获得政府创新补贴分别为 37.53 亿元和 34.83 亿元，均超过 30 亿元。说明政府部门非常支持制造业及信息传输、软件和信息技术服务业的创新发展，同时政府部门也十分重视建筑业和金融业的创新发展，并付诸实际（图 4-14）。

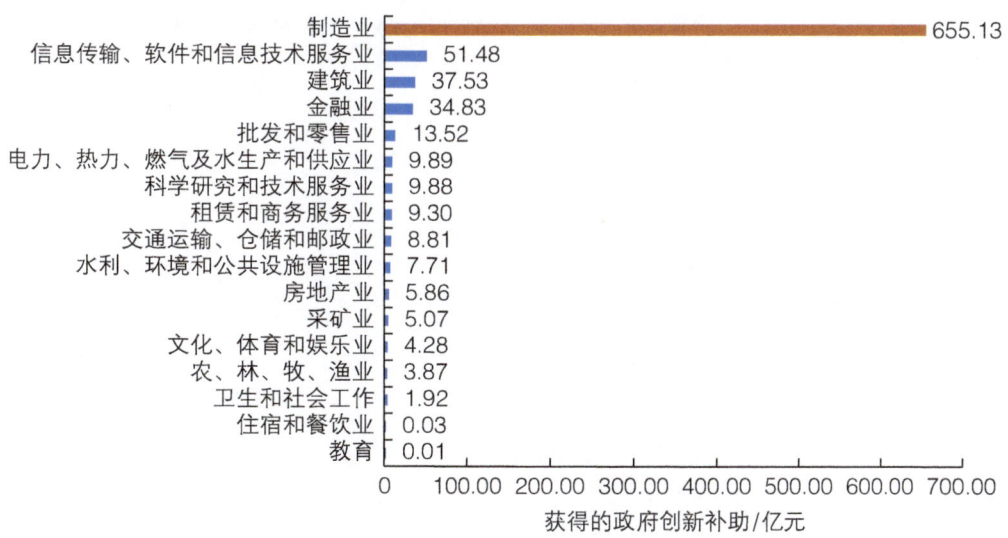

图 4-14 2021 年国家高新区十七大行业上市公司获得的政府创新补贴

在设备采购及营销推广经费上，2021 年国家高新区内制造业设备采购及营销推广经费名列前茅，共计 2382.12 亿元，占十七大行业设备采购及营销推广经费的 87.51%，远超于其他行业，说明国家高新区内制造业上市公司注重对设备采购及营销推广。位列第 2、第 3 名的是电力、热力、燃气及水生产和供应业和建筑业，设备采购及营销推广经费分别是 120.90 亿元和 72.64 亿元，远远落后于制造业（图 4-15）。

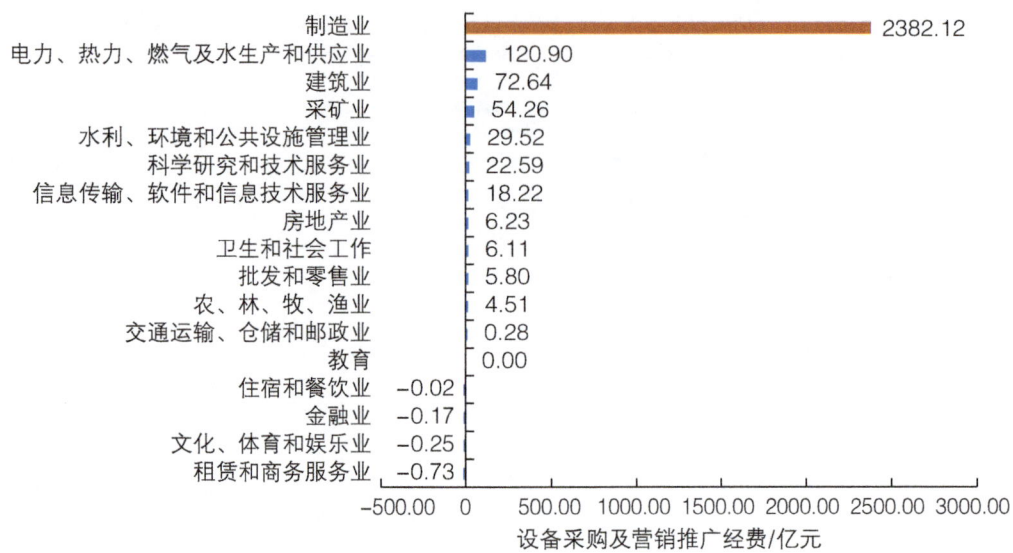

图 4-15　2021 年国家高新区十七大行业上市公司设备采购及营销推广经费

在技术成果产出方面，2021 年国家高新区内制造业当年新增专利数量 136 004 件、PCT 专利申请量 8796 件，2 件成果新增量均居第 1 位，这说明国家高新区上市公司制造业的行业优势。建筑业知识产权价值增加 554.61 亿元，在十七大行业上市公司新增知识产权价值居第 1 位（图 4-16 至图 4-18）。

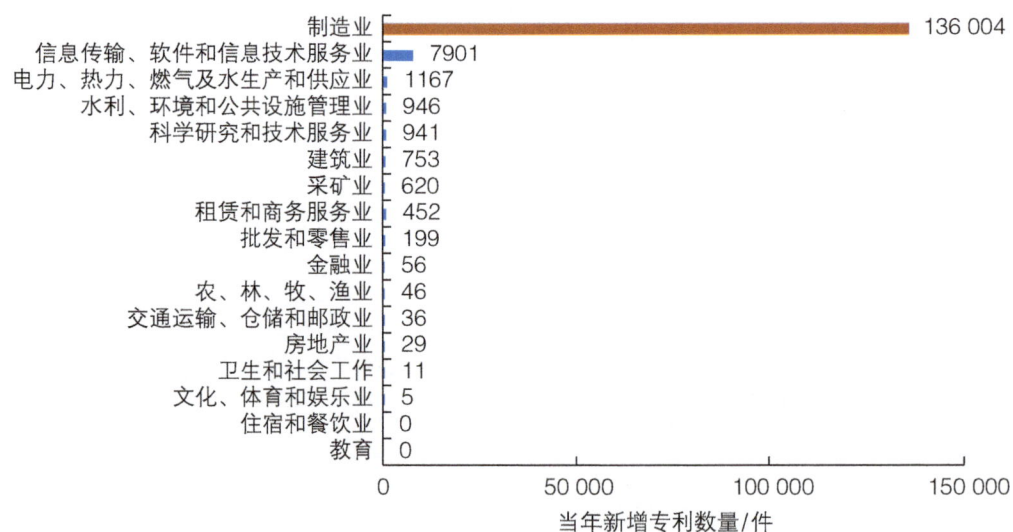

图 4-16　2021 年国家高新区十七大行业上市公司当年新增专利数量

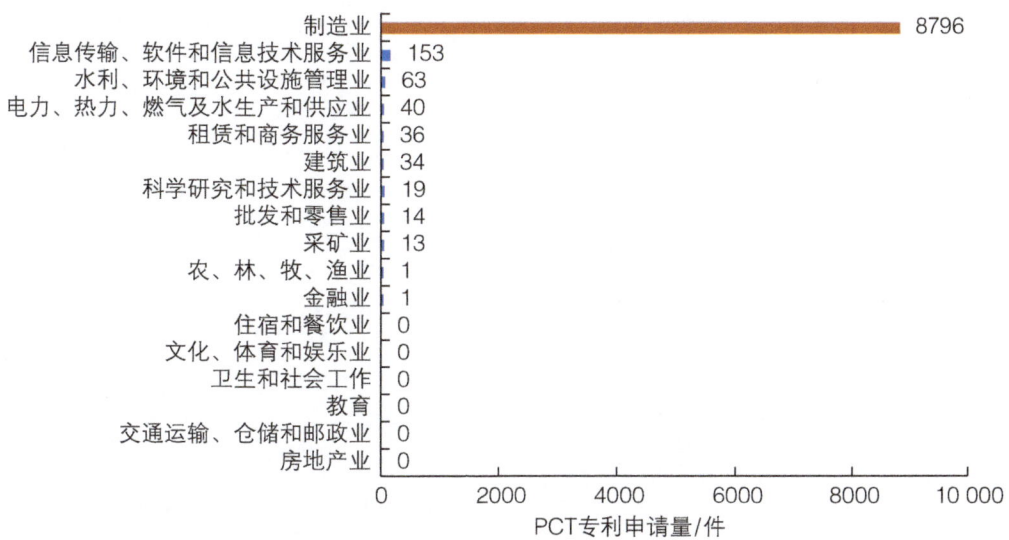

图 4-17　2021 年国家高新区十七大行业上市公司 PCT 专利申请量

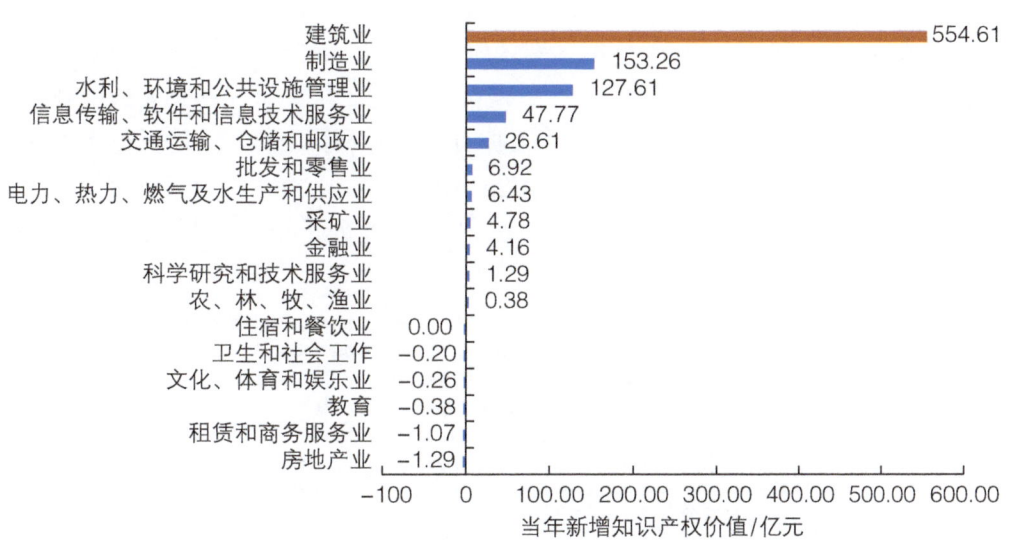

图 4-18　2021 年国家高新区十七大行业上市公司新增知识产权价值

在总体技术成果产出方面，2021 年国家高新区十七大行业拥有效专利共计 637 176 件，其中制造业有效专利数 566 752 件，占十七大行业有效专利总数的 88.95%；信息传输、软件和信息技术服务业有效专利数 37 747 件，占十七大行业有效专利总数的 5.92%，排名前两位行业的有效专利共计 604 499 件，超十七大行业有效专利总数的 90%（图 4-19）。

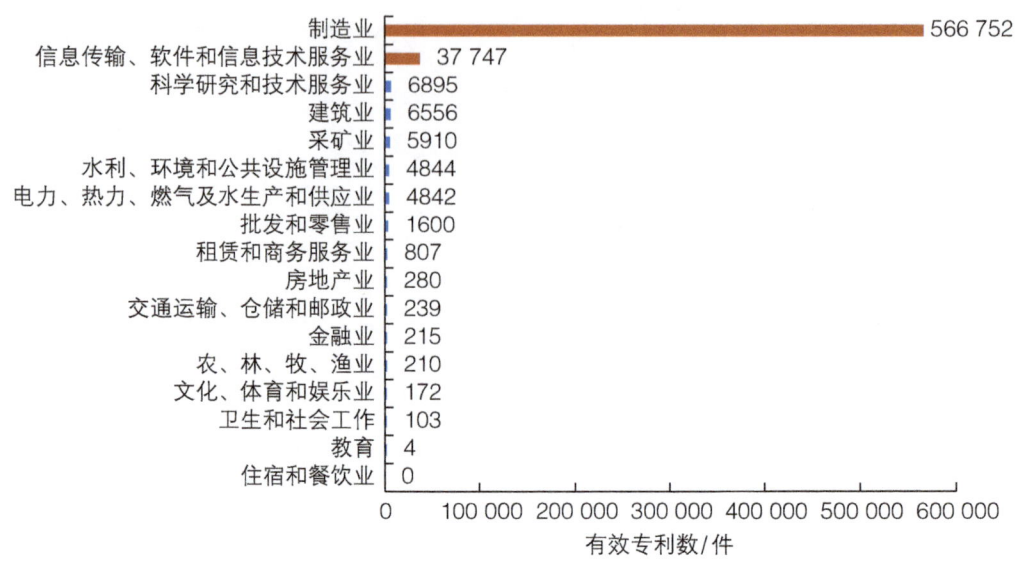

图 4-19 2021 年国家高新区十七大行业上市公司有效专利数

在人均技术成果产出方面，2021 年国家高新区内制造业万人拥有有效专利数 984.65 件，电力、热力、燃气及水生产和供应业万人拥有有效专利数 631.06 件，科学研究和技术服务业万人拥有有效专利数 523.55 件。排名前三位的行业共计万人拥有有效专利数 2139.26 件，占十七大行业万人拥有有效专利数 70.85%。这说明国家高新区上市公司制造业、电力、热力、燃气及水生产和供应业及科学研究和技术服务业创新成果产出效率较高，且制造业处于相对领先地位（图 4-20）。

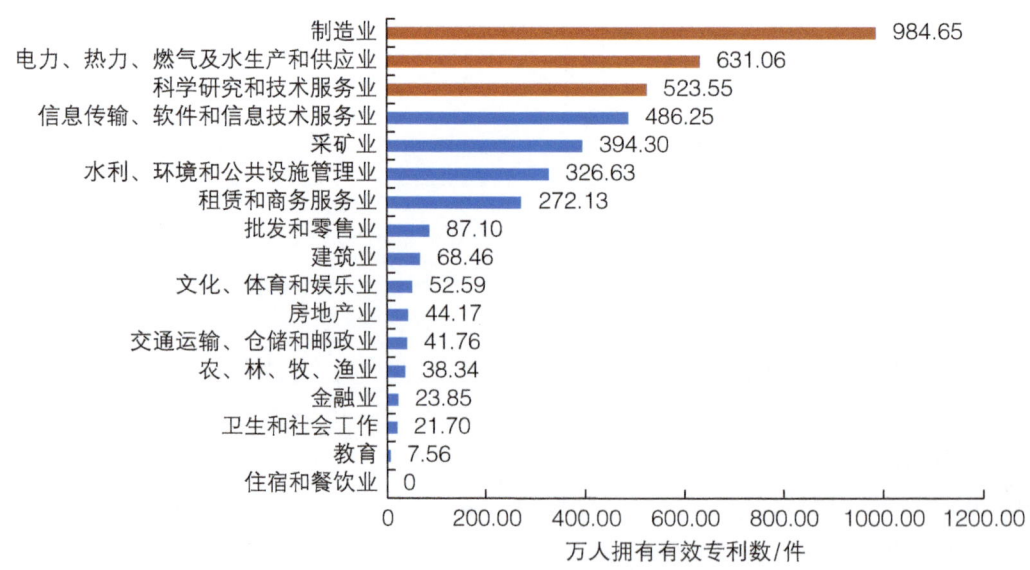

图 4-20 2021 年国家高新区十七大行业上市公司万人拥有有效专利数

在取得子公司及其他营业单位支付的现金净额和数字化转型水平方面，2021 年国家高新区内制造业取得子公司及其他营业单位支付的现金净额为 391.99 亿元，占十七大行业取得子公司及其他营业单位支付的现金净额的 67.57%，大幅领先于居第 2 位的批发和零售业（图 4-21）。

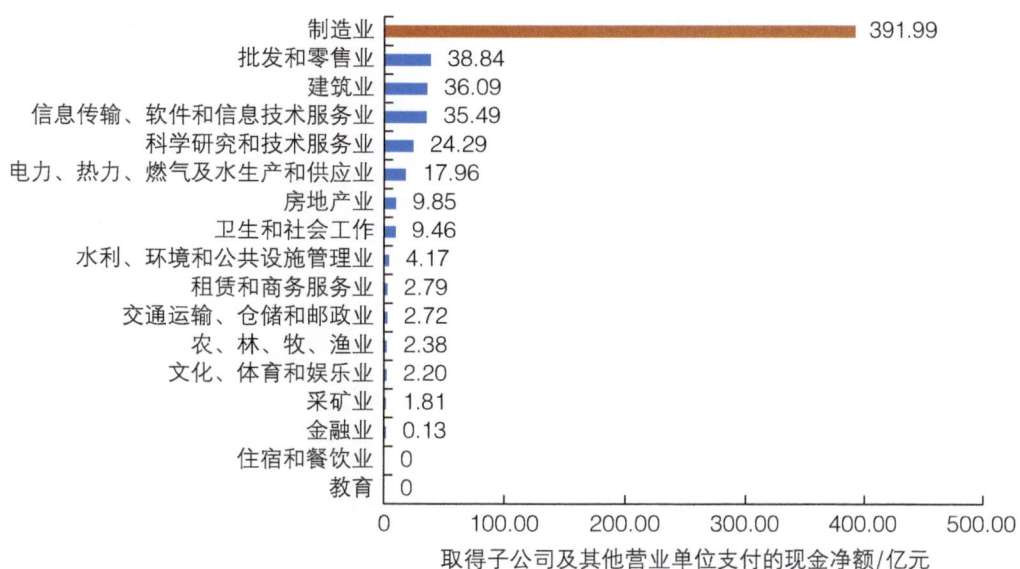

图 4-21 2021 年国家高新区十七大行业上市公司取得子公司及其他营业单位支付的现金净额

2021年制造业数字化转型重视度为 250 812，在所有行业中一枝独秀，信息传输、软件和信息技术服务业居第 2 位，重视度为 117 610。排名前两位行业的得分占十七大行业数字化转型水平的 88.56%，这说明国家高新区上市公司制造业、信息传输、软件和信息技术服务业注重组织变革、积极参与创新和数字化转型（图 4-22）。

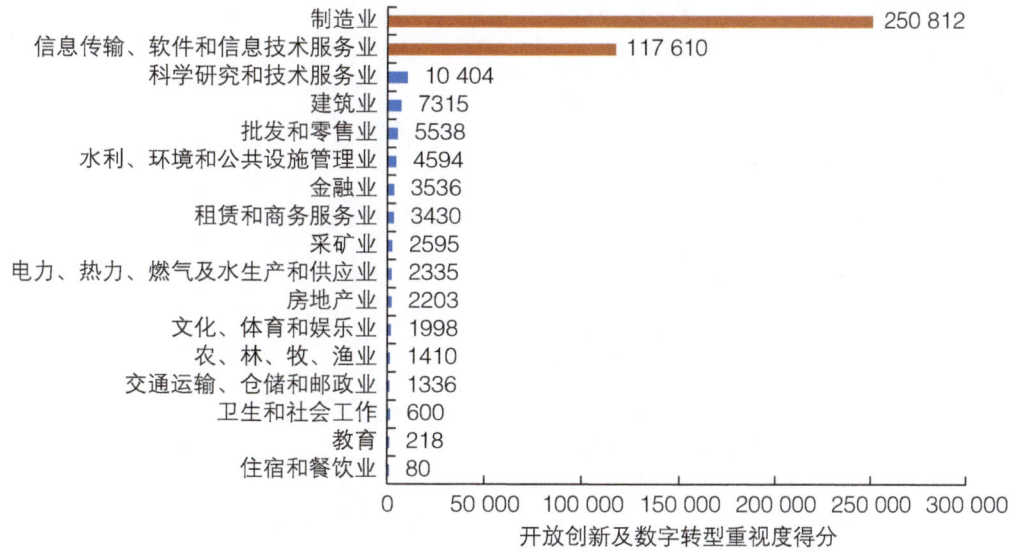

图 4-22 2021 年国家高新区十七大行业上市公司开放创新及数字转型重视度

在企业商誉方面，2021 年国家高新区内制造业上市公司商誉值为 2623.36 亿元，占十七大行业上市公司企业商誉总值的 61.40%，遥遥领先其他行业，信息传输、软件和信息技术服务商誉值为 595.22 亿元，占十七大行业上市公司企业商誉价值的 13.93%（图 4-23）。

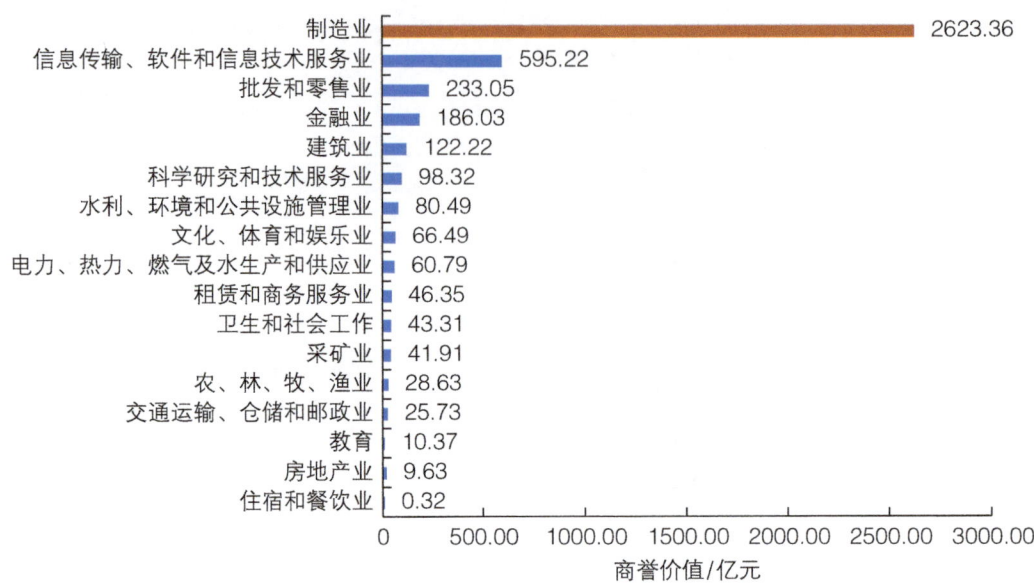

图 4-23 2021 年国家高新区十七大行业上市公司企业商誉价值

在经济基础方面，2021 年国家高新区内制造业营业收入为 96 277.17 亿元，总市值为 233 030.58 亿元。说明制造业总体经济体量很大，有强大的经济基础可以保证上市公司持续的创新（图 4-24、图 4-25）。

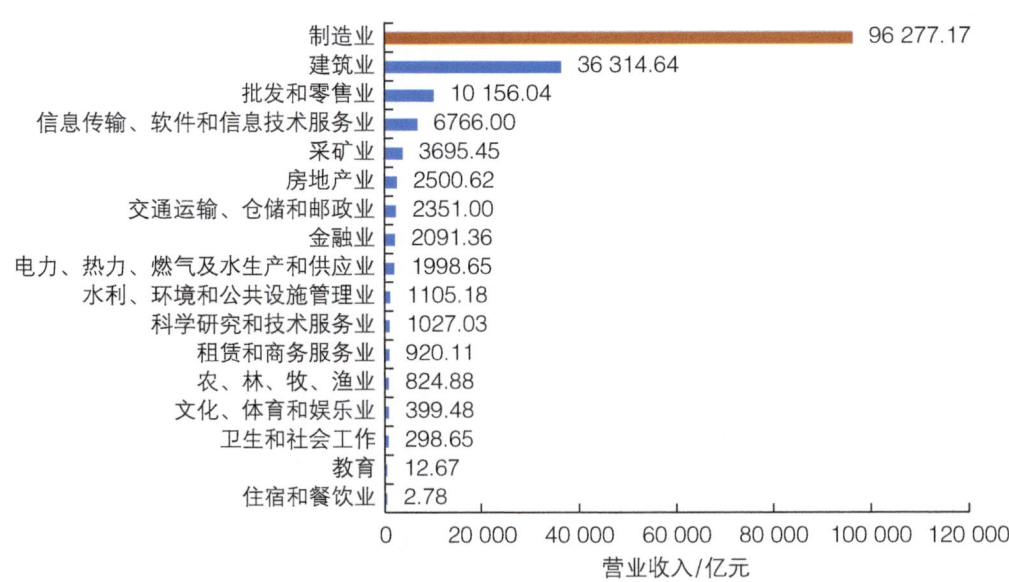

图 4-24 2021 年国家高新区十七大行业上市公司营业收入

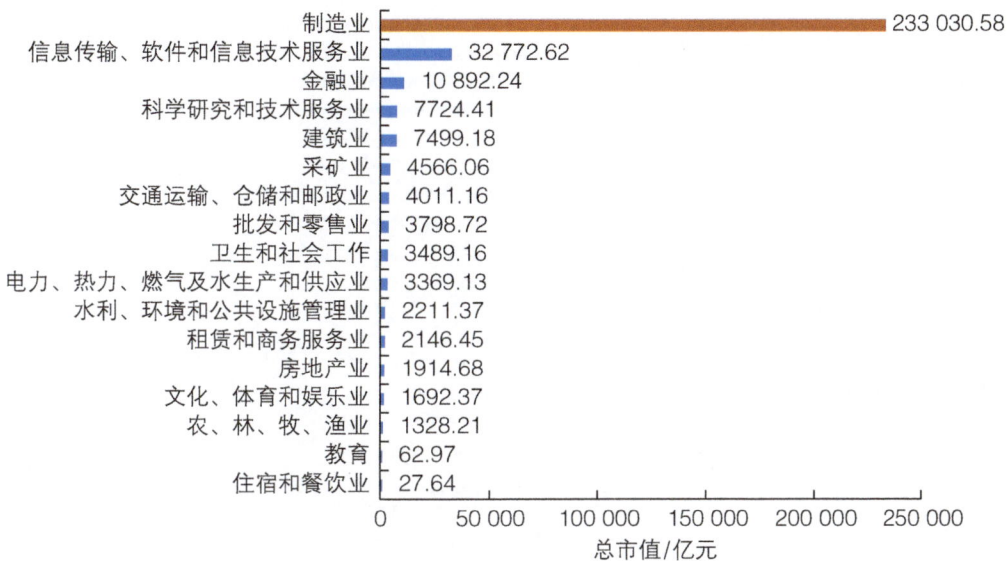

图 4-25　2021 年国家高新区十七大行业上市公司总市值

在研发经费方面，2021 年国家高新区十七大行业上市公司研发经费总额为 6425.92 亿元，其中制造业研发经费为 4602.05 亿元，占十七大行业上市公司研发经费的 71.62%，远高出其他行业研发经费投入，这说明制造业重视研发创新。在研发人员薪资待遇上，2021 年国家高新区十七大行业上市公司研发人员人均经费总额为 656.13 万元，其中建筑业研发人员人均经费为 89.87 万元，占十七大行业上市公司研发人员人均经费的 13.70%，这说明建筑业重视研发人员，可以吸引更多的研发人员留在公司进行研发创新（图 4-26、图 4-27）。

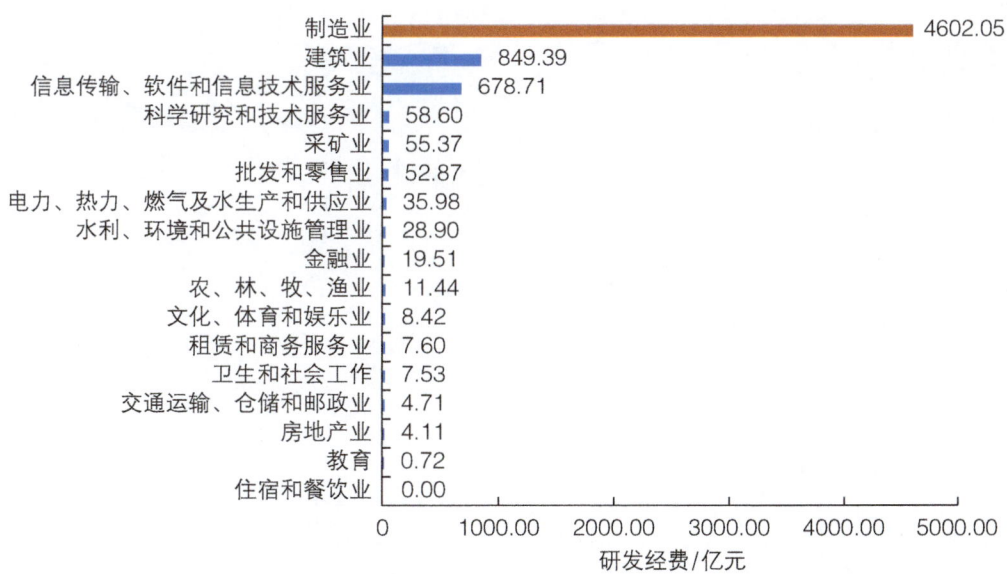

图 4-26　2021 年国家高新区十七大行业上市公司研发经费

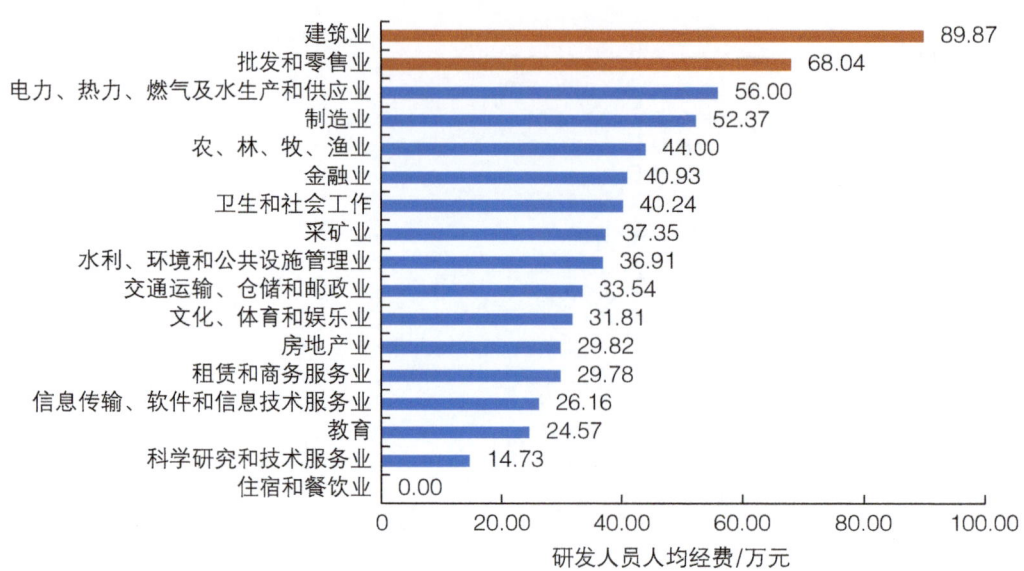

图 4-27　2021 年国家高新区十七大行业上市公司研发人员人均经费

三、产业创新能力评估

2021 年国家高新区上市公司不同行业的创新能力得分如表 4-2 所示，可以看出，制造业创新能力得分最高，为 82.09 分，住宿和餐饮业得分最低，为 23.74 分，十七大行业总体平均得分为 60.20 分，中位值为 62.26 分，极差为 58.35 分，标准差为 13.67 分，说明国家高新区上市公司所属不同行业得分差异较大，其创新能力差异较大。

表 4-2　2021 年国家高新区上市公司不同行业创新能力得分

行业	创新投入能力得分	创新产出能力得分	创新保障能力得分	总得分
制造业	21.31	40.49	20.29	82.09
建筑业	22.21	38.49	16.05	76.75
信息传输、软件和信息技术服务业	19.17	33.87	18.19	71.23
电力、热力、燃气及水生产和供应业	18.76	34.31	15.95	69.02
采矿业	17.11	34.61	16.36	68.08
金融业	20.74	33.23	13.56	67.53
科学研究和技术服务业	18.22	31.19	16.72	66.13
卫生和社会工作	19.16	31.74	14.64	65.55
批发和零售业	14.29	32.52	15.44	62.26
交通运输、仓储和邮政业	13.03	32.69	15.14	60.87
水利、环境和公共设施管理业	12.25	31.67	15.46	59.39

续表

行业	创新投入能力得分	创新产出能力得分	创新保障能力得分	总得分
租赁和商务服务业	12.30	27.93	15.51	55.75
房地产业	14.82	26.74	13.00	54.57
文化、体育和娱乐业	14.73	25.12	14.41	54.26
农、林、牧、渔业	15.55	18.10	13.69	47.33
教育	13.42	15.16	10.26	38.84
住宿和餐饮业	3.12	16.60	4.02	23.74

数据来源：中国高新区研究中心整理，2022年8月。

第二节 十大新兴产业专题研究

国家高新区是高新技术产业的集聚地，吸引和孕育了大量新兴产业。国家高新区因区位不同、基础不一，定位各有侧重，产业布局和发展规划也各不相同、各具特色，故而本章从产业角度对国家高新区上市公司进行创新能力分析。本节根据上市公司所属概念板块[①]，选取十大板块，从发展现状及政策、产业链分析、创新能力分析、产业20强、企业分析等方面对国家高新区上市公司进行产业创新能力分析。

一、新能源车产业

1. 发展现状及政策

新能源车是指采用非常规的车用燃料作为动力来源（或使用常规的车用燃料、采用新型车载动力装置），综合车辆的动力控制和驱动方面的先进技术，形成的技术原理先进、具有新技术、新结构的汽车。当前，我国新能源汽车主要包括四大类：混合动力电动汽车（HEV）、纯电动汽车（BEV，包括太阳能汽车）、燃料电池电动汽车（FCEV）、其他新能源（如超级电容器、飞轮等高效储能器）汽车等（图4-28）。

---

① 根据上市公司所属概念板块，选取出现次数较多的板块作为重点产业，分别为新能源车（212次）、国产芯片（186次）、物联网（186次）、大数据（172次）、5G概念（168次）、人工智能（152次）、节能环保（152次）、国产软件（151次）、医疗器械（149次）、区块链（144次）。

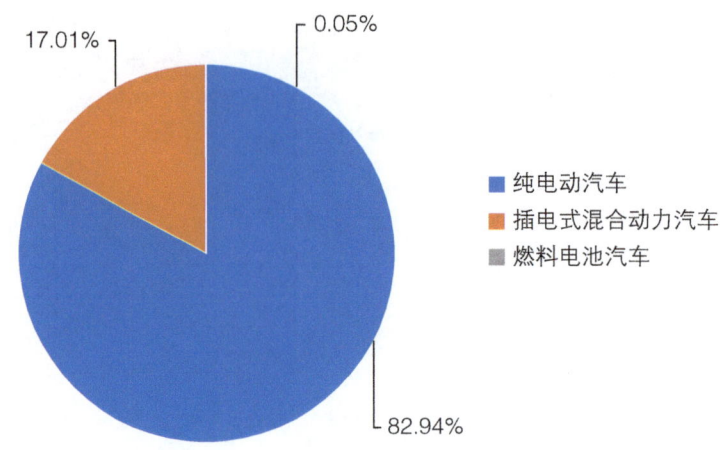

图 4-28 2021年中国新能源车产量占比情况

近年来，中国政府出台了多项政策支持国内纯电动汽车及插电式混合动力汽车在内的新能源汽车的发展，中国目前是全球最大的新能源汽车市场，新能源、智能控制系统和远程信息处理是全球汽车行业的发展方向，到目前为止，中国新能源汽车市场将继续保持高速增长。

中国政府对具备潜力的新能源汽车产业给予了高度关注。近年来，出台了一系列支持性和指导性政策，在我国"十四五"规划中明确提到聚焦新能源汽车等战略性新兴产业、在氢能等产业组织实施未来产业孵化与加速计划等。2020年11月，在国务院办公厅印发的《新能源汽车产业发展规划（2021—2035年）》明确了未来新能源汽车的发展目标，提出到2025年纯电动乘用车新车平均电耗降至12.0千瓦时/百公里；到2035年，纯电动汽车成为新销售车辆的主流，公共领域用车全面电动化。从目前市场现状和未来政策方向来看，纯电动车将长期占据新能源汽车市场的主流地位（表4-3）。

表 4-3 近年来国家层面新能源汽车产业发展相关政策

时间	发布部门	政策名称	重点内容
2022年	工业和信息化部、公安部等部门	《进一步加强新能源汽车企业安全体系建设的指导意见》	强化运行数据分析挖掘。鼓励企业加强对车辆运行数据的分析挖掘，梳理具有规律性、普遍性的安全问题并及时采取改进措施，持续优化产品在不同场景下的安全性能。鼓励积极研究应用先进安全预警方法，不断提升新能源汽车安全预警能力
2022年	国务院	《计量发展规划（2021—2035）的通知》	开展新能源汽车电池、充电设施等计量测试技术研究和测试评价，加强智能汽车计量测试方法研究和基础设施建设
2022年	国务院	《"十四五"节能减排综合工作方案》	率先淘汰老旧车，率先采购使用节能和新能源汽车，新建和既有停车场要配备电动汽车充电设施或预留充电设施安装条件。推行能耗定额管理，全面开展节约型机关创建行动。到2025年，创建2000家节约型公共机构示范单位，遴选200家公共机构能效领跑者

续表

时间	发布部门	政策名称	重点内容
2021年	国务院	《关于完整准确全面贯彻新发展理念做好碳达峰碳中和工作的意见》	大力发展绿色低碳产业。加快发展新一代信息技术、生物技术、新能源、新材料、高端装备、新能源汽车、绿色环保及航空航天、海洋装备等战略性新兴产业。建设绿色制造体系。推动互联网、大数据、人工智能、第五代移动通信（5G）等新兴技术与绿色低碳产业深度融合
2020年	国务院	《关于印发新能源汽车产业发展规划（2021—2035年）的通知》	实施新能源汽车基础技术提升工程。突破车规级芯片、车用操作系统、新型电子电气架构，高效高密度驱动电机系统等关键技术和产品，攻克氢能储运、加氢站、车载储氢等氢燃料电池汽车应用支撑技术。支持基础元器件、关键生产装备、高端试验仪器、开发工具、高性能自动检测设备等基础共性技术研发创新，攻关新能源汽车智能制造海量异构数据组织分析、可重构柔性制造系统集成控制等关键技术，开展高性能铝镁合金、纤维增强复合材料、低成本稀土永磁材料等关键材料产业化应用

数据来源：中国高新区研究中心整理，2022年8月。

2. 产业链分析

新能源汽车产业链上游包括钴矿、锂矿、石墨、稀土等矿产资源；中游为动力电池、电机、电控、车身模具等零部件；下游主要是整车制造，新能源车的后期市场主要包括充电桩、换电站、动力电池回收等（图4-29）。

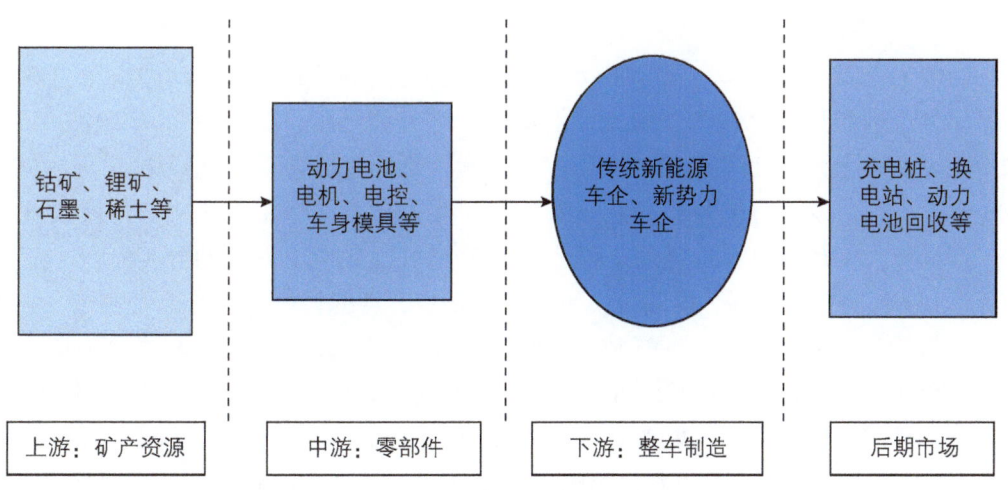

图4-29 新能源车产业链示意

新能源汽车行业为汽车行业的重要分支，也改变了延续百年的传统汽车产业链结构。动力电池是产业链中游最重要的零部件，同时钴矿、镍矿等矿产资源为动力电池的重要组成部分，所以此类矿产资源与传统汽车上游产业链有所差别。在传统汽车产业链中，处于下游的整车厂需掌握发动机、底盘和变速箱等核心技术;而在新能源汽车产业链中,核心零部件的研发与车企逐渐分离,下游的整车厂可以外采电池、电控和电机,同时部分智能化硬件与辅助驾驶芯片也可以与其他企业合作开发,降低了整车厂进入的门槛,给予了企业更大的发展空间。同时充电桩、换电站等服务于新能源汽车后市场的产业也将在产业链中占据重要地位。

上游:我国稀土储量丰富,在新能源汽车领域存在广泛应用。稀土永磁材料是指稀土元素和过渡金属元素形成的合金经一定的工艺制成的永磁材料,是对电机性能、效率提升较为明显的重要基础材料。电池级碳酸锂、钴、镍、铂、镝等为制作电池正负极和稀土永磁电机的关键性矿产资源。稀土永磁驱动电机具有较宽的弱磁调速范围、高功率密度比、高效率、高可靠性等优势,能够有效地降低新能源汽车的重量和提高其效率,难以被替代。钕铁硼永磁体是目前新能源汽车驱动电机中应用最广泛的材料(图4-30)。

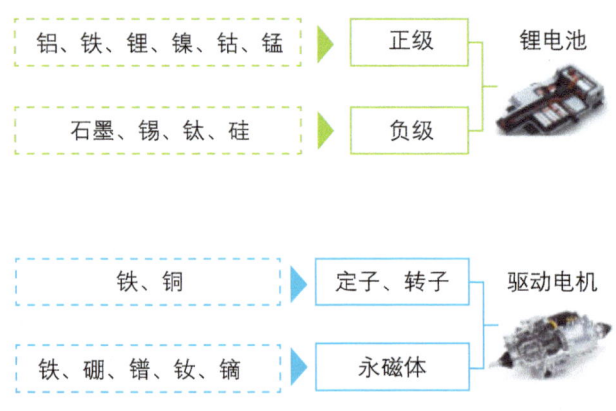

图4-30 矿产资源在新能源车中的应用

中游:装机量受新能源汽车市场影响较大,三元电池比例不断提升。动力电池是纯电动汽车的必要组成部分,按照正极材料可分为三元电池和磷酸铁锂电池,其装机量从2013年到2018年增长了72倍。三元电池由于其更高的能量密度、容量及低温性能备受车企青睐。

下游:传统车企研发制造销售的产业链条极为完整,传承了整个工业文明阶段具有标志性的商业理念,有着庞大的产品体系、高度垂直度的细分持续优化着上百年的分工系统,其在技术研发和规模制造上的优势极为明显。但同时由于其发展惯性,拥抱行业变革的速度较慢。与此同时,新势力车企作为近几年的新兴力量,打破了传统的造车思路,以用户需求和体验为核心,反向定义汽车产品,使汽车的功能从交通工具向智能出行空间转变,给予用户良好的驾驶体验。

后期服务:目前,新能源汽车能源补给可以通过充电和换电2种模式,充电又可以分为交流充电和直流充电。有序充电模式可以在满足充电需求的情况下做到削峰填谷,减少对电容的需求,减轻电网压力。同时,换电模式也在逐渐发力,在2020年7月23日的国务院新闻办举行的新闻发布会中,工业和信息化部表示鼓励企业研发新型充电和换电技术,探索车电分离的模式应用,换电模式有望迎来快速发展阶段。

3. 产业创新能力

当前，我国新能源车担当着国民经济的支柱产业和先导产业的重要角色，并且已经成为我国经济发展的第一支柱产业，对经济发展起了至关重要的作用。与2017年相比，2021年，国家高新区内新能源车上市公司的创新投入能力、创新产出能力、创新保障能力大幅提升。2021年新能源车产业在十大概念产业中排名第三，综合得分为82.75分，其中创新投入能力得分为22.08分，创新产出能力得分为43.25分，创新保障能力得分为17.41分。

（1）创新投入能力

在创新人员投入方面（图4-31、图4-32），2021年国家高新区内汽车制造业上市公司硕士研究生及以上学历人员占企业员工比重为4.31%，与2017年相比，增长了3.03个百分点，总体呈稳定增长态势；研发人员为295 508人，与2017年相比，年均增长18.31%，总体呈稳定增长态势。

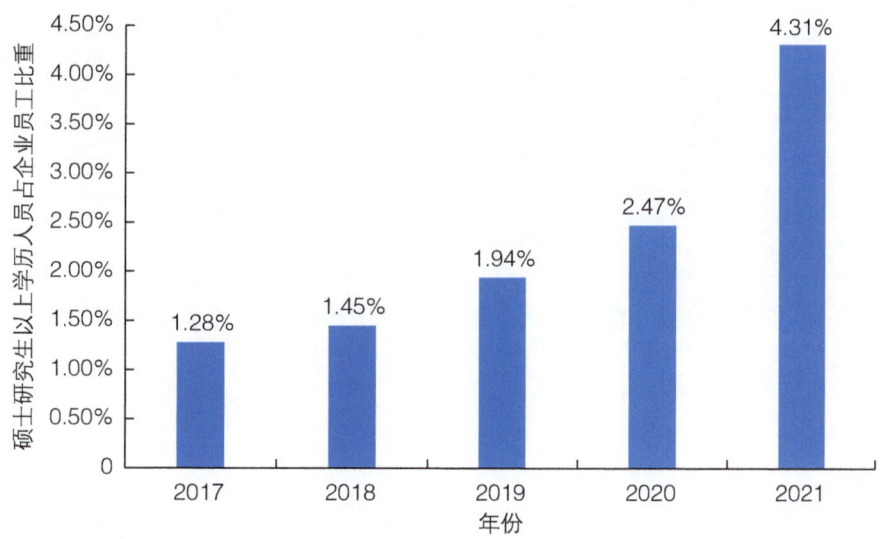

图4-31　2017—2021年国家高新区新能源车上市公司硕士研究生及以上学历人员占企业员工比重

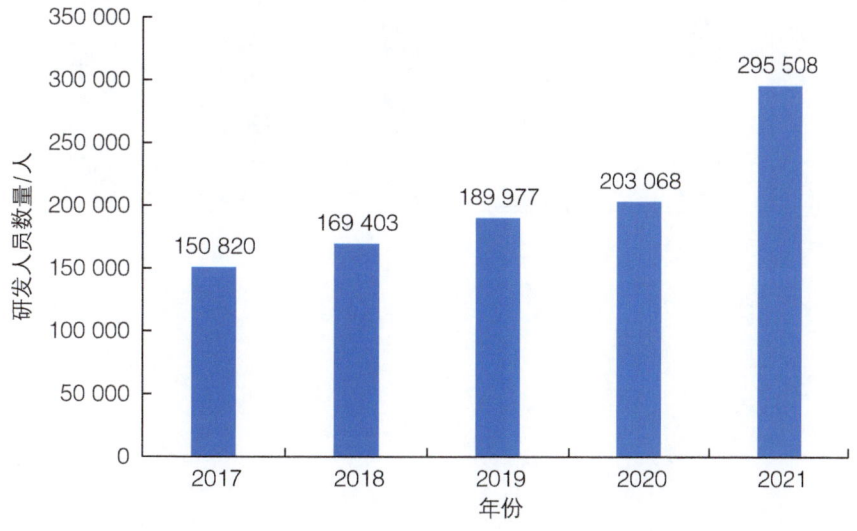

图4-32　2017—2021年国家高新区新能源车上市公司研发人员数量

在资金投入方面（图 4-33 至图 4-35），2021 年国家高新区内新能源车上市公司研发投入占营业收入比重为 6.62%，与 2017 年相比，年均增长 0.576 个百分点；企业获得的政府创新补贴为 181 亿元，与 2017 年相比，年均增长 20.11%，说明政府部门大力支持新能源车上市公司进行不断创新；研发人员人均经费为 42.94 万元，与 2017 年相比，年均增长 18.39%，说明新能源车上市公司注重对研发经费的投入。

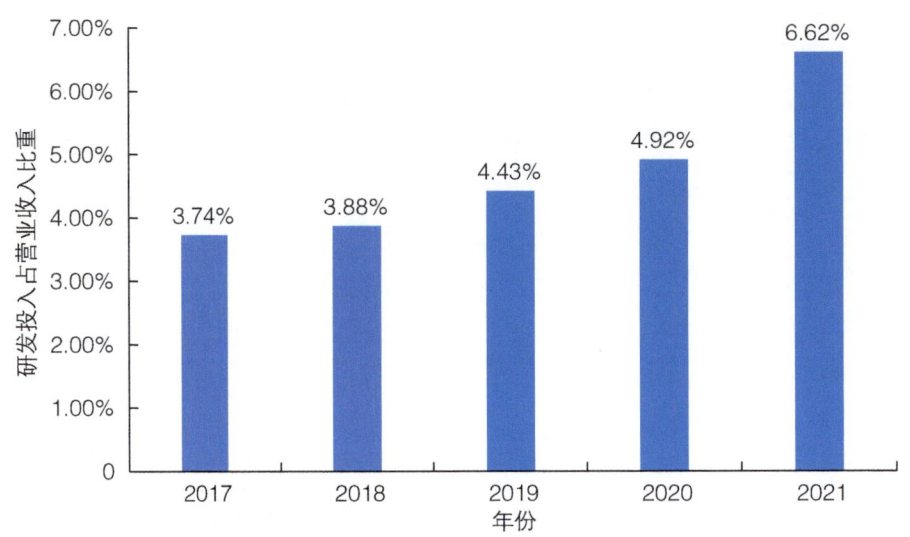

图 4-33　2017—2021 年国家高新区新能源车上市公司研发投入占营业收入比重

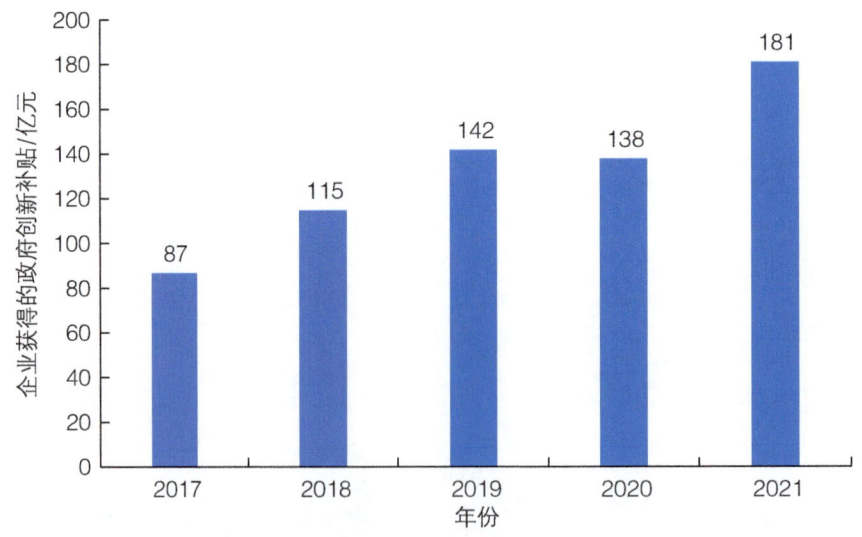

图 4-34　2017—2021 年国家高新区新能源车上市公司获得的政府创新补贴

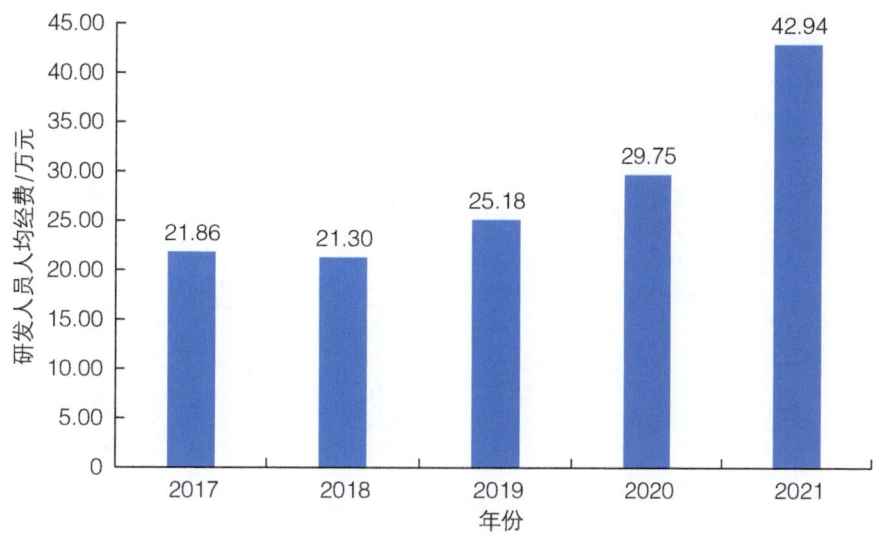

图 4-35 2017—2021 年国家高新区新能源车上市公司研发人员人均经费

在物资投入方面（图 4-36），2021 年国家高新区内新能源车上市公司购置的机器设备价值 450 亿元，与 2017 年相比，年均增长 11.34%，近年来基本保持较为稳定增长趋势。说明新能源车上市公司越来越重视对研发设备的投入。

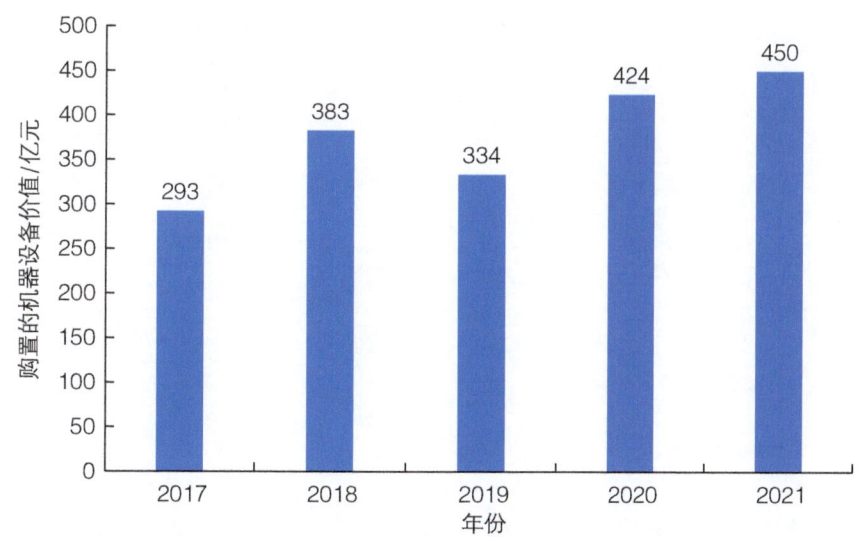

图 4-36 2017—2021 年国家高新区新能源车上市公司购置的机器设备价值

（2）创新产出能力

在技术成果产出方面（图 4-37），2021 年国家高新区内新能源车上市公司新增专利数为 36 111 件，与 2017 年相比，新增专利数年均增长 12.32%，增长速度较快，说明国家高新区内新能源车上市公司技术成果转化效果较好。

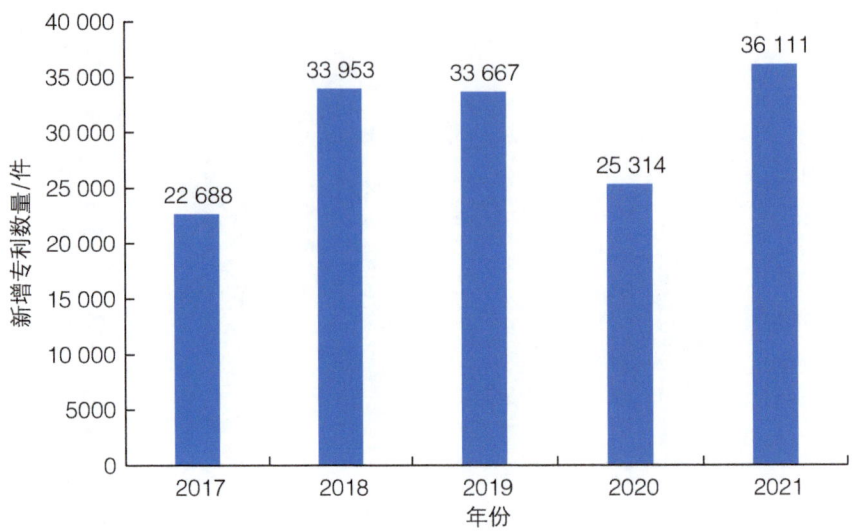

图 4-37　2017—2021 年国家高新区新能源车上市公司新增专利数量

在经济效益方面（图 4-38），2021 年国家高新区内新能源车上市公司新增知识产权价值为 257 927 万元，较 2020 年有所下降，与 2017 年相比，年均增长 20.35%。

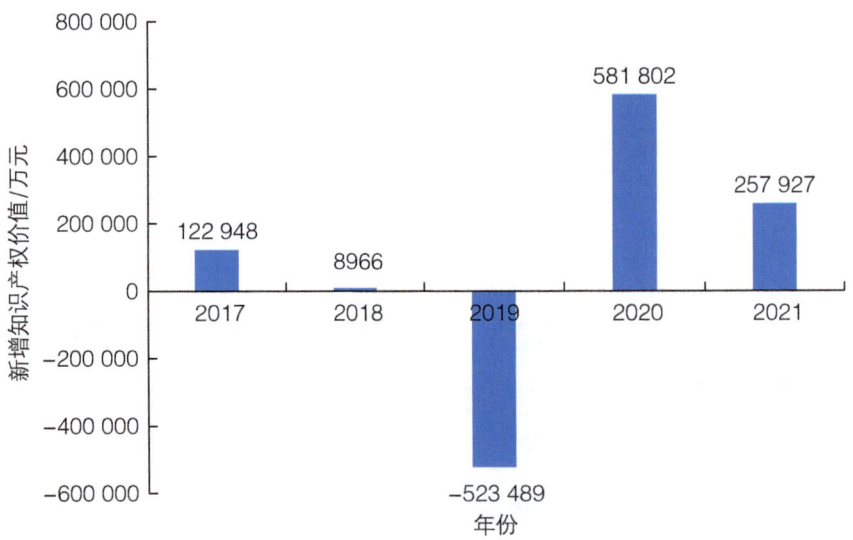

图 4-38　2017—2021 年国家高新区新能源车上市公司新增知识产权价值

在商业革新方面（图 4-39、图 4-40），2021 年国家高新区内新能源车上市公司取得子公司及其他营业单位支付的现金净额 92 亿元，与 2017 年相比，年均增长 10.39%，2018 年是该指标下降以来第一次回涨，整体来看，国家高新区内新能源车上市公司持续扩张能力相对比较稳定。2021 年商誉值为 617 亿元，较 2020 年相比大幅增加，与 2017 年相比，年均增长 1.77%。

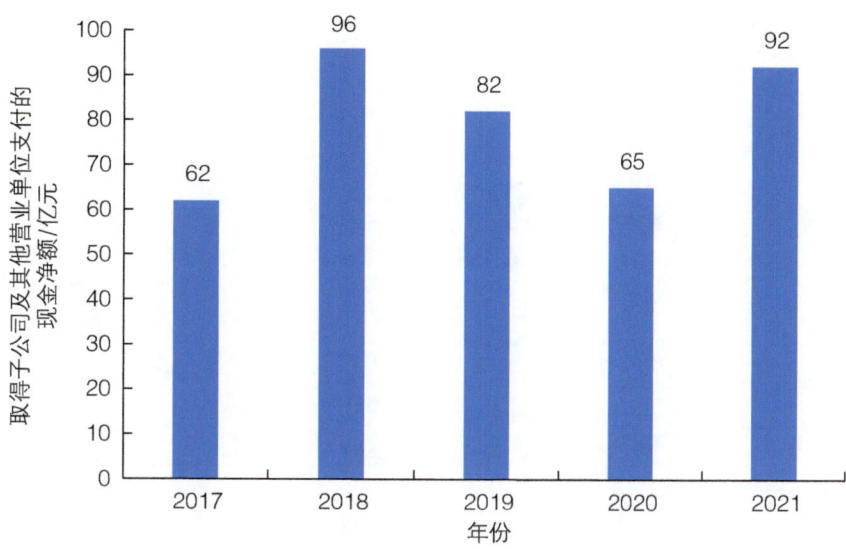

图4-39 2017—2021年国家高新区新能源车上市公司取得子公司及其他营业单位支付的现金净额

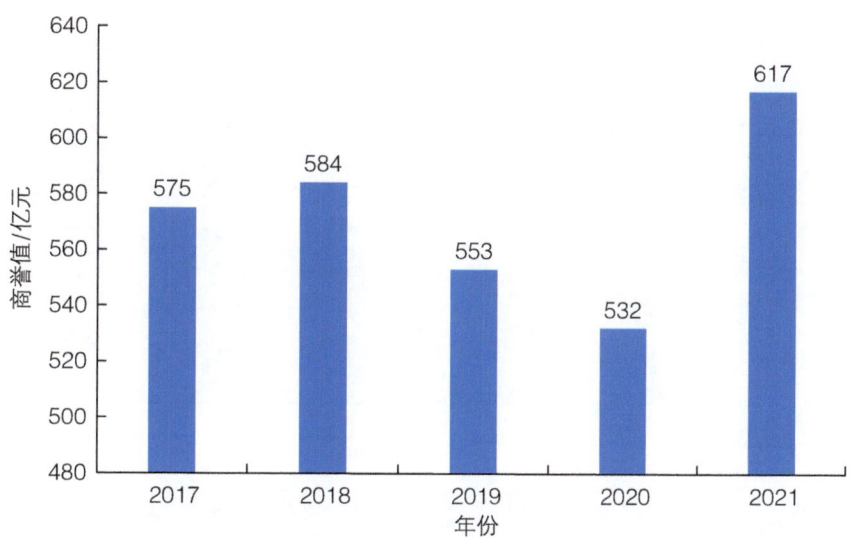

图4-40 2017—2021年国家高新区新能源车上市公司企业商誉值

（3）创新保障能力

在经济保障方面（图4-41、图4-42），营业收入是企业取得利润的重要保障，营业收入的实现关系到企业再生产活动的正常进行，加强营业收入管理，可以使企业的各种耗费得到合理补偿，有利于再生产活动的顺利进行。2021年国家高新区内新能源车上市公司营业收入为31 206亿元，与2017年相比，年均增长10.66%，说明国家高新区内新能源车上市公司拥有较强的再生产基础；总市值均值为49 619亿元，与2017年相比，年均增长22.10%，说明国家高新区内新能源车上市公司拥有较强的市场投资吸引能力。

在运营保障方面（图4-43），资产负债率是衡量企业负债水平及风险程度的重要标志。2021年资产负债率为45.27%，与2017年相比，年均增长6.20%，连续4年呈现逐渐上升趋势，资产负债率相对较高，高新区内上市公司应当注意负债情况。

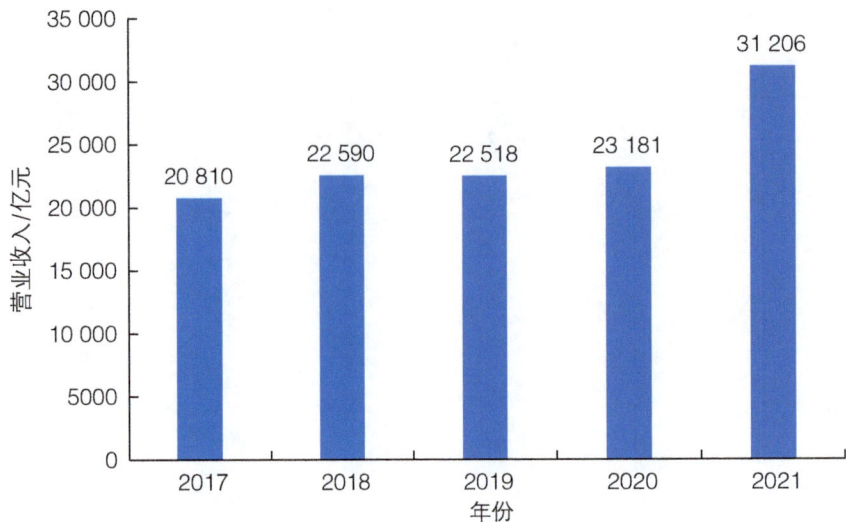

图 4-41 2017—2021 年国家高新区新能源车上市公司营业收入

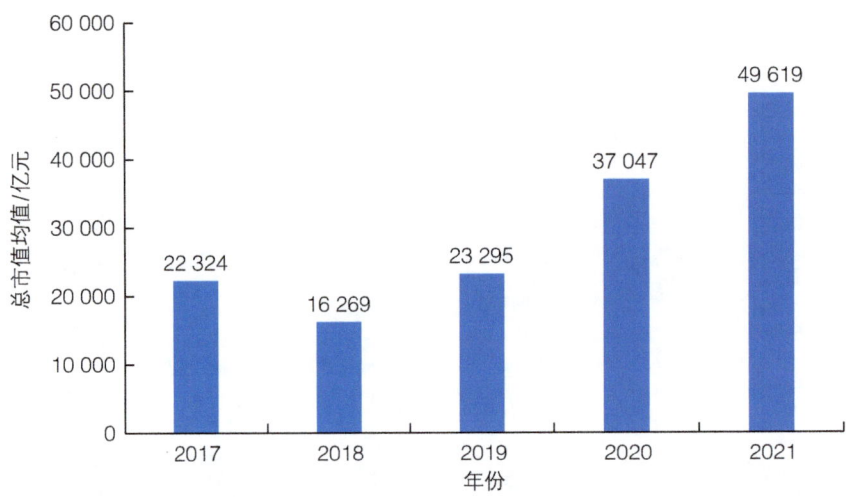

图 4-42 2017—2021 年国家高新区新能源车上市公司总市值均值

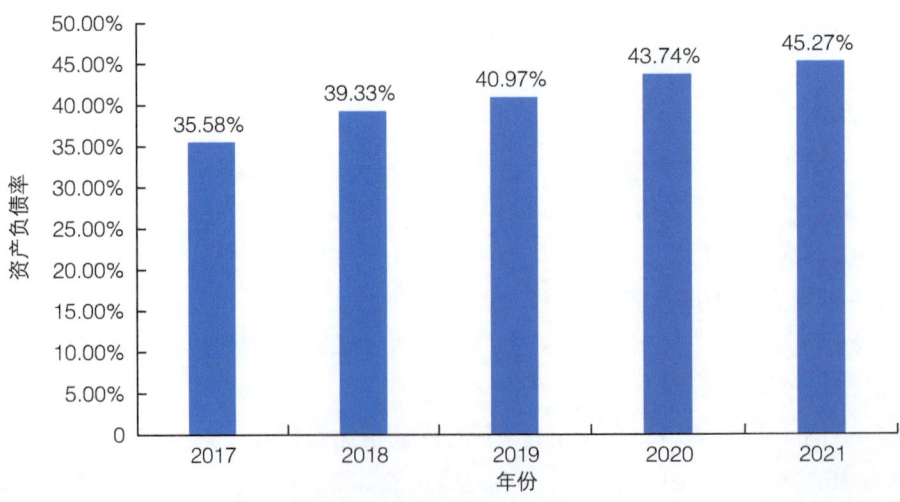

图 4-43 2017—2021 年国家高新区新能源车上市公司资产负债率

在文化保障方面（图4-44），2020年国家高新区内新能源车上市公司从业人员人均教育经费为1606.39元，与2017年相比，年均增长21.73%，整体呈上升态势，说明国家高新区内新能源车上市公司人才培养力度在逐渐加强。

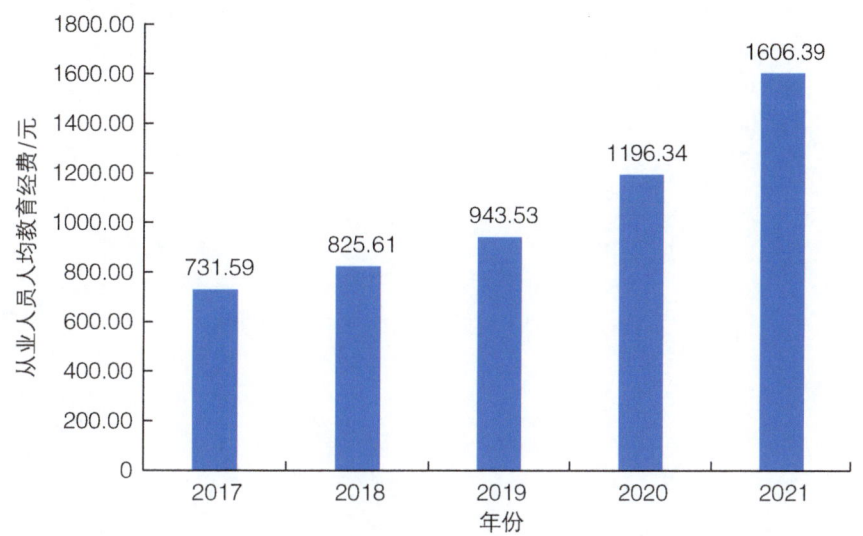

图4-44　2017—2021年国家高新区新能源车上市公司从业人员人均教育经费

4. 产业内上市公司20强名单

结合第三章企业创新能力分析，通过对国家高新区内新能源车产业212家上市公司的指标数据进一步归纳整理及评价分析，得出新能源车产业创新能力排名20强上市公司，具体如表4-4所示。

表4-4　2021年国家高新区内新能源车产业排名20强上市公司

排名	证券代码	公司中文名称	省市	组织形式	是否高企	A 创新投入能力	B 创新产出能力	C 创新保障能力	创新指数得分
1	000651.SZ	珠海格力电器股份有限公司	广东	公众企业	是	17.27	42.72	20.04	80.03
2	601633.SH	长城汽车股份有限公司	河北	民营企业	是	21.27	39.23	18.96	79.47
3	000338.SZ	潍柴动力股份有限公司	山东	地方国有企业	是	21.13	38.52	18.55	78.19
4	000063.SZ	中兴通讯股份有限公司	广东	公众企业	是	20.87	37.62	19.50	77.99
5	002236.SZ	浙江大华技术股份有限公司	浙江	民营企业	是	20.05	36.06	18.97	75.08
6	002179.SZ	中航光电科技股份有限公司	河南	中央国有企业	是	20.49	34.09	17.72	72.30

续表

排名	证券代码	公司中文名称	省市	组织形式	是否高企	A 创新投入能力	B 创新产出能力	C 创新保障能力	创新指数得分
7	600104.SH	上海汽车集团股份有限公司	上海	地方国有企业	是	18.56	34.75	18.70	72.01
8	600458.SH	株洲时代新材料科技股份有限公司	湖南	中央国有企业	是	20.85	33.71	17.02	71.59
9	600718.SH	东软集团股份有限公司	辽宁	民营企业	是	20.26	33.27	17.99	71.52
10	300274.SZ	阳光电源股份有限公司	安徽	民营企业	是	19.81	33.73	17.83	71.37
11	600031.SH	三一重工股份有限公司	北京	民营企业	是	19.36	33.44	17.70	70.49
12	300014.SZ	惠州亿纬锂能股份有限公司	广东	民营企业	是	18.92	32.74	17.57	69.24
13	600875.SH	东方电气股份有限公司	四川	中央国有企业	否	19.79	31.85	16.93	68.57
14	600459.SH	贵研铂业股份有限公司	云南	地方国有企业	是	20.15	32.29	16.03	68.47
15	000581.SZ	无锡威孚高科技股份有限公司	江苏	地方国有企业	是	17.88	34.02	16.57	68.47
16	002249.SZ	中山大洋电机股份有限公司	广东	民营企业	是	17.34	33.90	16.98	68.23
17	600006.SH	东风汽车股份有限公司	湖北	中央国有企业	是	18.02	33.73	16.30	68.05
18	300124.SZ	深圳汇川技术股份有限公司	广东	民营企业	是	16.27	33.96	17.48	67.72
19	600761.SH	安徽合力股份有限公司	安徽	地方国有企业	是	16.89	34.09	16.67	67.65
20	603355.SH	莱克电气股份有限公司	江苏	民营企业	是	14.40	36.47	16.49	67.36

数据来源：中国高新区研究中心整理，2022 年 8 月。

5. 典型企业

长城汽车股份有限公司（简称"长城汽车"）是中国规模最大的集体所有制汽车制造企业，也是国内首家在香港上市并融资 33 亿港元的汽车企业。公司以稳健发展而著称，经济实力雄厚，连续10余年创造高增长和盈利的业绩。长城汽车的业务包括汽车及零部件设计、研发、生产、销售和服务，并在氢能、太阳能等清洁能源领域进行全产业链布局，重点进行智能网联、智能驾驶、芯片等前瞻科技的研发和应用，旗下拥有哈弗、魏派、欧拉、坦克及长城皮卡，以及面向纯电豪华市场的沙龙机甲科技品牌。

2021年，长城汽车股份有限公司创新投入能力得分为21.27分，创新产出能力得分39.23分，创新保障能力得分为18.96分，综合得分为79.47分，在国家高新区新能源车产业上市公司中排名第二，排名较2020年上升2位。2021年，企业实现营业收入1364亿元，同比增长32.04%，归属净利润67.26亿元。按照企业产品分类，长城汽车股份有限公司2021年汽车销售类业务营业收入1213亿元，销售零配件68.72亿元，提供劳务30.61亿元，其他（补充）29.66亿元，模具及其他21.98亿元。

创新投入能力：目前，长城汽车研发人员占公司总人数近30%，达到世界一流水平。基于全球化目标，长城汽车结合全球法规、气候、路况、技术趋势，投资数十亿元建设研发硬件能力，包括环境风洞、电磁兼容、智慧交通等国际一流的综合实验室、试验场地。"柠檬""坦克"两大平台汇聚了全球18种典型环境的用户应用场景分析，包括但不限于德国不限速高速的驾驶平稳性测试、澳大利亚拖拽场景测试和印度车辆超载场景测试等。"柠檬""坦克"两大平台下的每一款产品都会进行涵盖试验场内76种路面（如比利时路、搓板路、鱼鳞坑路等）和全球市场典型路况（如俄罗斯冻土路、智利内瓦多山路等）总里程超600万公里道路测试，以及全球极限环境测试。

创新产出能力：2020年12月15日，柠檬混动DHT正式发布，长城汽车成为首个突破混动技术壁垒的中国汽车品牌，同时成为最快响应国家重要发展战略《节能与新能源汽车技术路线图2.0》的品牌。几乎在《节能与新能源汽车技术路线图2.0》发布的同时，长城汽车柠"檬混动DHT"业已成型，199件技术专利、80件核心技术专利、全部独立自主设计与研发、具备完全自主知识产权，成功打破国外品牌在混动技术上的垄断。

创新保障能力：2021年12月29日，长城汽车股份有限公司与河北同光半导体股份有限公司正式签署战略投资协议，正式进军第三代半导体核心产业。长城汽车将着力推动碳化硅材料在新能源领域的应用，助力新能源汽车产业发展。面对行业变局，长城汽车保持战略定力，持续深耕核心科技，坚持精准研发，重点布局汽车清洁化、智能化、网联化领域，以5G、自动驾驶等智能科技为引擎。

二、国产芯片产业

1. 发展现状及政策

芯片是半导体元件产品的统称，又称为集成电路、微电路、微芯片。在电子学中是一种将电路（主要包括半导体设备、被动组件等）小型化的方式，并时常在半导体晶圆表面上制造。半导体芯片归属于半导体产业，半导体产业是国家信息产业的基石，其技术水平和发展规模已成为衡量一个国家产业竞争力和综合国力的重要标志之一，也是世界上主要国家高度重视、全力布局的竞争高地。

目前，通信芯片的国产替代化更多是在中低端市场中进行，而在高端芯片领域，中国企业仍有提升空间。以光通信产业为例，据中国电子元件行业协会表示，虽然近十年来，目前国内核心的光通信芯片及器件仍然严重依赖于进口，高端光通信芯片与器件的国产化率不超过10%。其中高端光通信器件芯片与配套集成电路（IC）芯片成为光通信器件的瓶颈，已经对我国正在大力发展的光通信产业造成极高的产业安全风险。从产品技术看，国内企业在无源器件、低速光收发模块等中低端细分市场较强，但在高端有源器件、光模块方面的提升空间仍然很大。芯片受制促使各大中国厂商纷纷用自主研发、投资、收购等手段布局通信芯片业务。自美国限制芯片出口中国后，国内各大厂商纷纷以多样化的手段布局新供应链，优先考虑国内供应商，为中国通信芯片行业带来众多增长机会。其中，深圳市海思半导体有限公司与中兴通讯股份有限公司为自研芯片的代表，而小米、华为等也投资了多个技术领先的芯片设计、制造厂商。三安光电股份有限公司、翱捷科技股份有限公司等公司则通过收购快速获取国际领先的通信芯片相关经验，进一步精进国内厂商的芯片技术。

为了推动半导体产业发展，打破国外垄断，增强产业创新能力和国际竞争力。近些年国家从关键技术研发、产业应用等角度大力支持促进行业发展。2020年9月，国家发展改革委、科技部、工业和信息化部、财政部发布《关于扩大战略性新兴产业投资培育壮大新增长点增长极的指导意见》提出，加快基础材料、关键芯片、高端元器件、新型显示器件、关键软件等核心技术攻关，大力推动重点工程和重大项目建设，积极扩大合理有效投资。稳步推进工业互联网、人工智能、物联网、车联网、大数据、云计算、区块链等技术集成创新和融合应用（表4-5）。

表4-5 近年来国家层面芯片产业发展相关政策

时间	发布部门	政策名称	重点内容
2022年	国家发展改革委、工业和信息化部、财政部、海关总署、国家税务总局	《关于做好2022年享受税收优惠政策的集成电路企业或项目、软件企业清单制定工作有关要求的通知》	重点集成电路设计领域：高性能处理器和FPGA芯片；存储芯片；智能传感器；工业、通信、汽车和安全芯片、EDA、IP和设计服务。如业务范围涉及多个领域，仅选择其中一个领域进行申请，选择领域的销售（营业）收入占本企业集成电路设计销售（营业）收入的比例不低于50%
2022年	国务院	《"十四五"数字经济发展规划》	瞄准传感器、量子信息、网络通信、集成电路、关键软件、大数据、人工智能区块链、新材料等战略性前瞻性领域，发挥我国社会主义制度优势、新型举国体制优势、超大规模市场优势，提高数字技术基础研发能力
2021年	工业和信息化部	《关于加强产融合作推动工业绿色发展的指导意见》	做强做优现有绿色产业发展基金，鼓励国家集成电路产业投资基金、国家制造业转型升级基金、国家中小企业发展基金等国家级基金加大对工业绿色发展重点领域的投资力度
2021年	工业和信息化部、科技部等八部门	《物联网新型基础设施建设三年行动计划（2021—2023年）》	高端传感器、物联网芯片、物联网操作系统、新型短距离通信等关键技术水平和市场竞争力显著提升。突破MEMS传感器和物联网芯片的设计与制造
2020年	国家发展改革委、科技部、工业和信息化部、财政部	《关于扩大战略性新兴产业投资 培育壮大新增长点增长极的指导意见》	加快基础材料、关键芯片、高端元器件、新型显示器件、关键软件等核心技术攻关，大力推动重点工程和重大项目建设，积极扩大合理有效投资。稳步推进工业互联网、人工智能、物联网、车联网、大数据、云计算、区块链等技术集成创新和融合应用

续表

时间	发布部门	政策名称	重点内容
2020年	中共中央办公厅、国务院办公厅	《"十四五"规划建议》	利用举国体制，攻克人工智能、集成电路等前沿技术，实现科技强国战略

数据来源：中国高新区研究中心整理，2022年8月。

2. 产业链分析

芯片产业链上游包括硅晶圆、溅射靶材、光刻机、电子特气、检测设备等；中游为芯片设计、晶圆制造、封装测试等；下游广泛应用于通信行业、汽车电子、工业、消费电子、信息通讯、人工智能等方面（图4-45）。

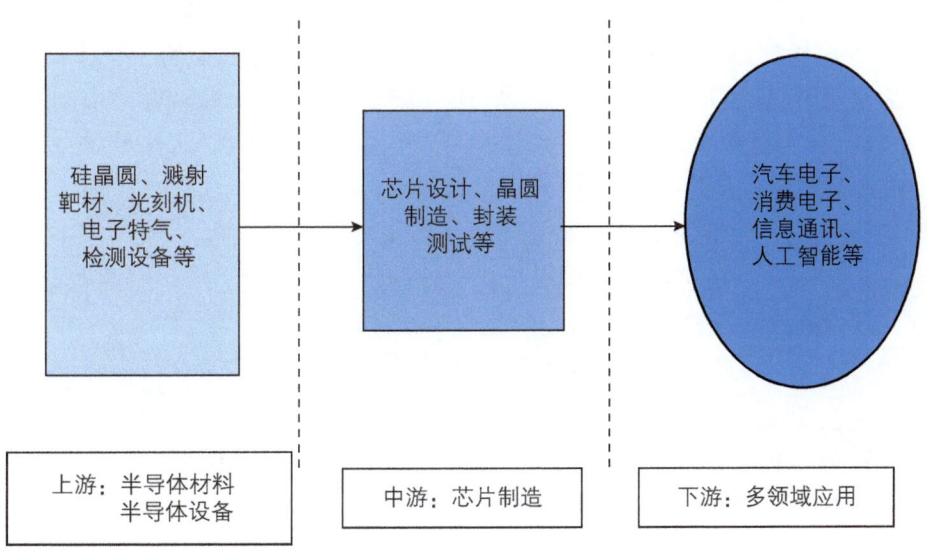

图4-45 芯片产业链图示

上游：随着全球半导体行业景气度上行，晶圆厂资本开支持续走高，以高纯靶材为代表的半导体材料需求持续旺盛。市场需求不断释放，溅射靶材行业规模将进一步扩大。在应用需求的带动下，我国溅射靶材市场规模不断扩大。2021年，我国溅射靶材市场规模达375.8亿元。近年来，国内厂商抓住行业发展机遇，在政策利好与需求升级的双轮驱动下，中国电子特种气体行业市场呈现高速增长的状态。2021年，中国电子特种气体行业市场规模达216亿元。受益于下游的旺盛需求，光刻设备有望量价齐升带动市场空间不断增长。全球半导体设备行业复苏，受益于下游晶圆行业的巨大需求、云计算服务器和5G基础建设的发展，带动了相关芯片的需求，2021年，光刻机全球市场规模达到153亿元。

中游：近年来，随着消费电子产品、移动互联网、汽车电子、工业控制、医疗电子等市场需求的不断提升，以及国家支持政策的不断提出，中国芯片行业发展迅速。同时，中国模拟芯片市场规模在全球占比达50%以上，是全球最主要的模拟芯片消费市场，且增速高于全球模拟芯片市场的整体增速。芯片设计是芯片产业三大环节之一，也是我国集成电路布局中大力发展的领域。

近年来，中国芯片设计产业在提升自给率、政策支持、规格升级与创新应用等要素的驱动下，保持高速成长的趋势。2021年，我国芯片设计市场规模达4596.9亿元。晶圆是指制作硅芯片所用的硅晶片，其原始材料是硅。高纯度的多晶硅溶解后掺入硅晶体晶种，然后慢慢拉出，形成圆柱形的单晶硅。硅晶棒在经过研磨、抛光、切片后，形成硅晶圆片，即晶圆。硅晶圆作为制造芯片的基本材料，在产业中占据着举足轻重的地位。2021年，我国晶圆制造市场规模达2966.9亿元。近些年，高通、华为海思、联发科、联咏科技等知名芯片设计公司逐步将封装测试订单转向中国大陆企业，同时国内芯片设计企业的规模也在逐步扩大，国内封装测试企业步入更为快速的发展阶段。2021年，我国封装测试市场规模达2660.1亿元。

下游：芯片行业应用领域广泛，下游广泛应用于汽车电子、消费电子、信息通信、人工智能、物联网、医疗、工业、军工等领域。受到新能源汽车产销两旺的影响，汽车电子化程度持续提升，汽车电子将迎来长景气周期，行业将迎来一次全产业链级别的大发展机遇。汽车的智能化、电动化推动汽车电子市场规模的增长。近年来，中国汽车电子市场规模一直保持稳定增长，2021年，中国汽车电子市场规模达1104亿美元。近年来，人工智能行业经历了爆发式的增长，而AI技术发展的背后离不开AI芯片的推动。我国AI芯片市场规模由2017年的53亿元增至2021年的436.8亿元，年均复合增长率为69.43%。随着AI芯片应用领域扩大，未来我国AI芯片市场规模将持续增长。电源管理芯片是除MCU之外最紧缺的芯片品类之一，供应严重短缺，行业高度景气。近年来，中国电源管理芯片市场规模一直保持增长，2020年，中国电源管理芯片市场规模达118亿美元，占全球约35.9%市场份额。未来几年，随着国产电源管理芯片在家用电器、3C产品等领域的应用拓展，预计国产电源管理芯片市场规模仍将快速增长。

3. 产业创新能力

半导体芯片产业是我国科技自立和经济高质量增长的重要驱动力，不仅自身存在巨大的增长前景，更为重要的是芯片是人工智能、汽车电子、物联网、大数据、云计算、区块链等新兴产业发展的基础构件。目前我国正处在由制造业转向尖端工业化的进程中，产业智能化、信息化已经成为国家发展的重要方向，作为电子系统的"粮仓"和数据信息的载体，芯片在保证重要信息存储的可靠性与安全性上承担着关键作用，但目前我国芯片的自给率较低，中高端芯片均通过进口获取，随着中美贸易摩擦频繁，掌握自主可控存储技术的重要性逐步凸显，未来国产替代的逐步推进及集成电路自给率提升，将带来我国半导体产业的新发展机遇，从而也将给半导体芯片市场带来发展机遇。2021年，国产芯片产业在十大概念产业中排名第一，综合得分为84.81分，其中创新投入得分为24.52分，创新产出得分为39.74分，创新保障得分为20.55分。

（1）创新投入能力

在创新人员投入方面（图4-46、图4-47），2021年，国家高新区内国产芯片上市公司硕士研究生学历及以上人员占企业员工比重为14.36%，与2017年相比，年均增长率为16.42%；研发人员为22.79万人，与2017年相比，年均增长1.308个百分点，整体呈上升趋势，说明国家高新区内国产芯片上市公司注重对研发人才的引进。

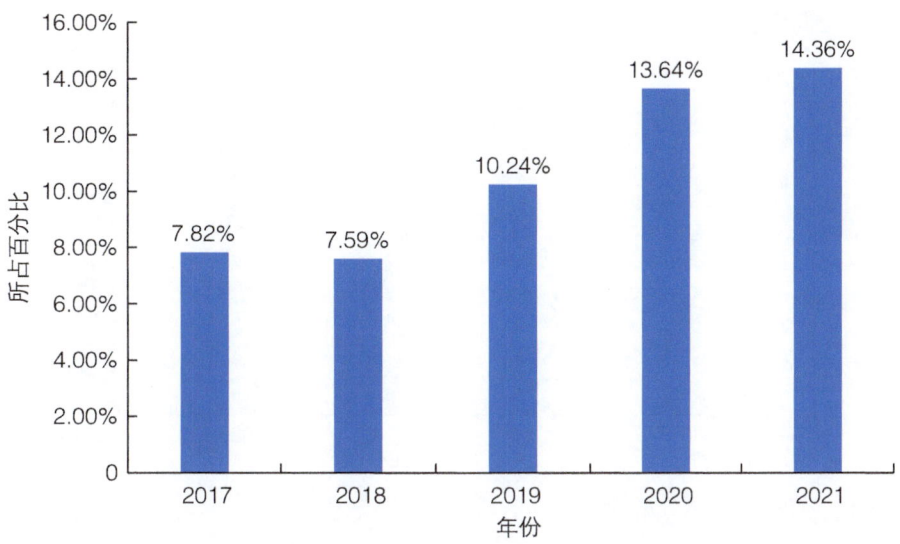

图 4-46 2017—2021 年国家高新区内国产芯片上市公司硕士研究生学历及以上人员占企业员工比重

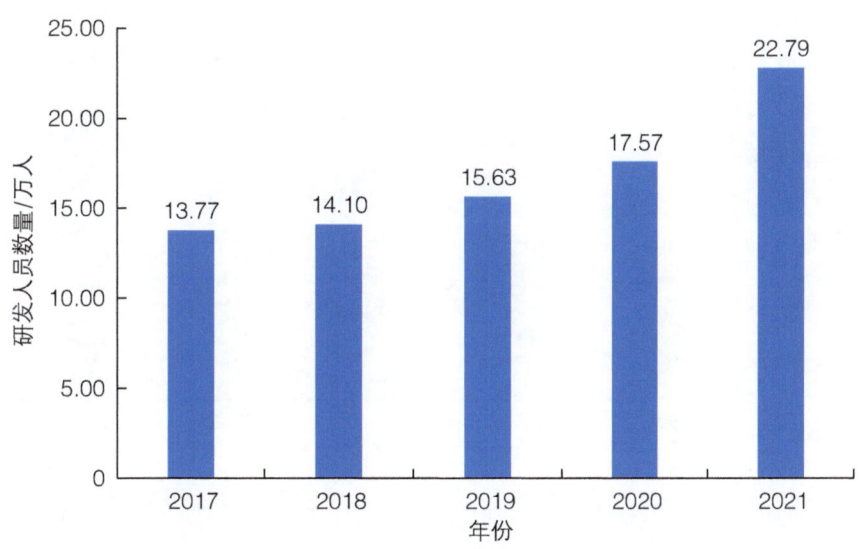

图 4-47 2017—2021 年国家高新区内国产芯片上市公司研发人员数量

在资金投入方面（图 4-48 至图 4-50），2021 年，国家高新区内国产芯片上市公司研发投入占营业收入比重为 12.34%，与 2017 年相比，年均增长 1.118 个百分点，整体呈平稳快速增长态势，说明国家高新区内国产芯片上市公司注重对研发资本的投入；企业获得的政府创新补贴为 161.50 亿元，与 2017 年相比，年均增长率为 30.27%，总体呈上升趋势，说明政府部门大力支持国产芯片上市公司进行不断创新；研发人员人均经费为 51.05 万元，与 2017 年相比，年均增长率为 22.89%，近年来增速较快，说明国家高新区内国产芯片上市公司注重对研发经费的投入。

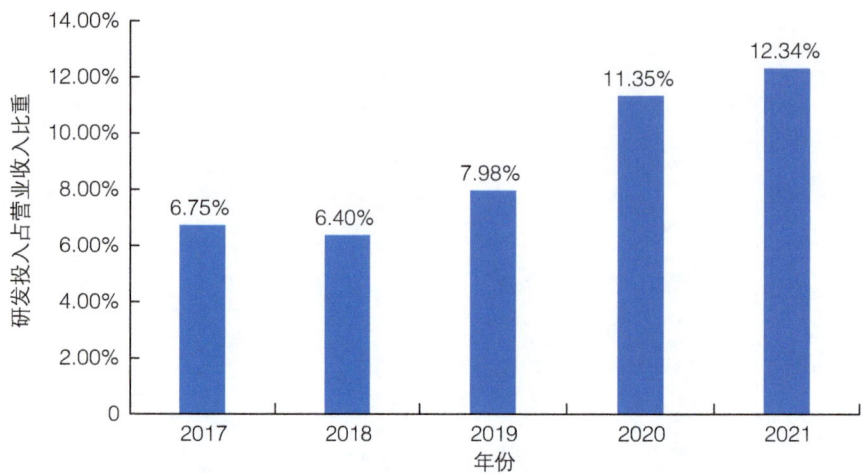

图 4-48　2017—2021 年国家高新区内国产芯片上市公司研发投入占营业收入比重

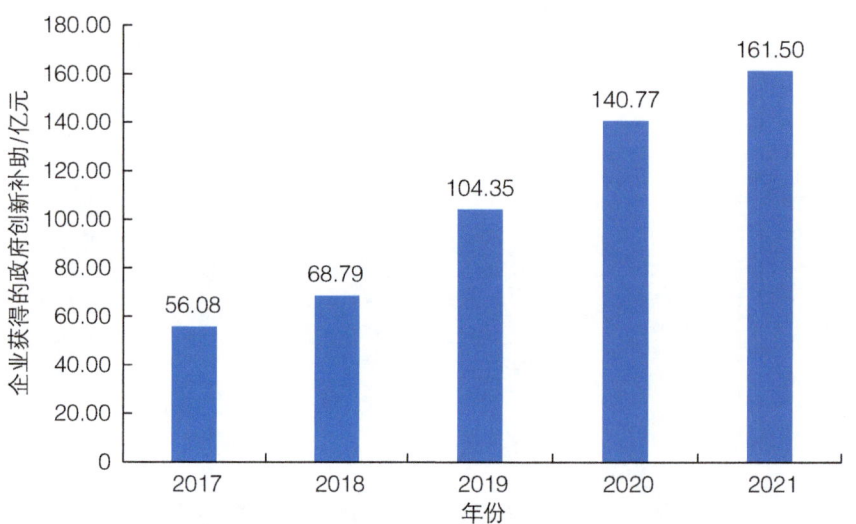

图 4-49　2017—2021 年国家高新区内国产芯片上市公司获得的政府创新补贴

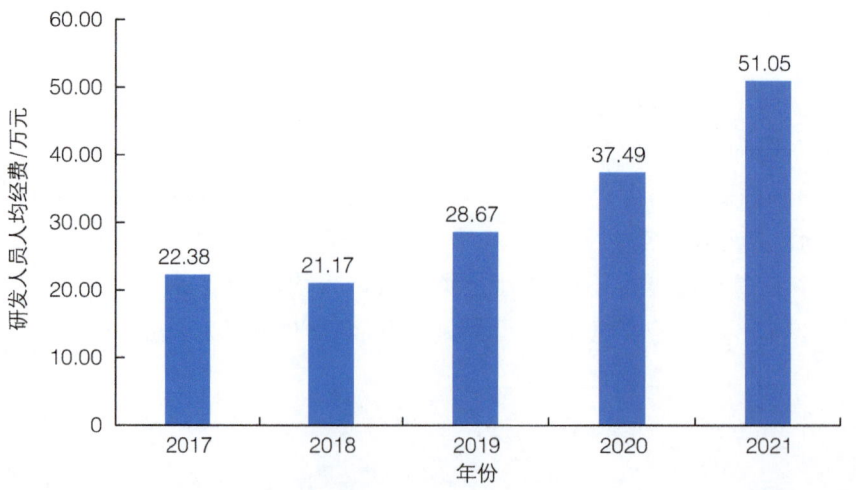

图 4-50　2017—2021 年国家高新区内国产芯片上市公司研发人员人均经费

在物资投入方面（图4-51），2021年，国家高新区内国产芯片上市公司当年购置的机器设备价值394.93亿元，与2017年相比，年均增长率为43.01%，近两年增长较快，说明国家高新区内国产芯片上市公司注重对研发设备的投入。

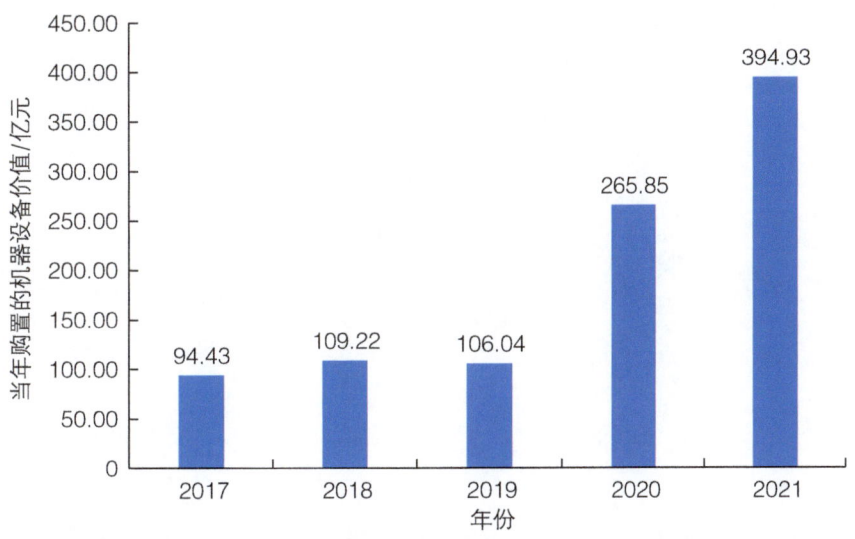

图4-51　2017—2021年国家高新区内国产芯片上市公司当年购置的机器设备价值

（2）创新产出能力

在技术成果产出方面（图4-52），2021年，国家高新区内国产芯片上市公司当年新增专利数为73 575件，与2017年相比，年均增长率为2.08%，较2020年下降以来再次拉升回归平稳增长态势，说明国家高新区内国产芯片上市公司技术成果转化效果较好。

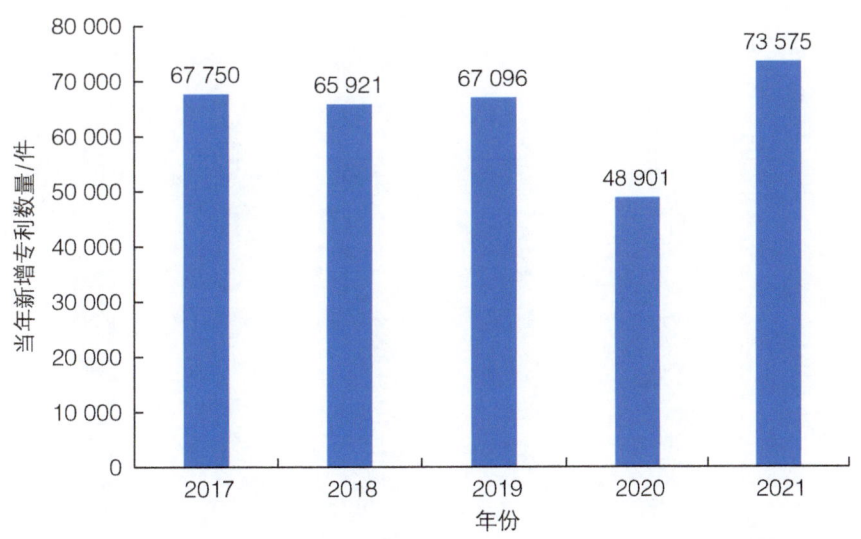

图4-52　2017—2021年国家高新区内国产芯片上市公司当年新增专利数量

在经济效益方面（图 4-53），2021 年，国家高新区内国产芯片上市公司当年新增知识产权价值为 12.10 亿元，较 2020 年增长 2.50 亿元，近两年来，国家高新区内国产芯片上市公司当年新增知识产权价值维持平稳增长。

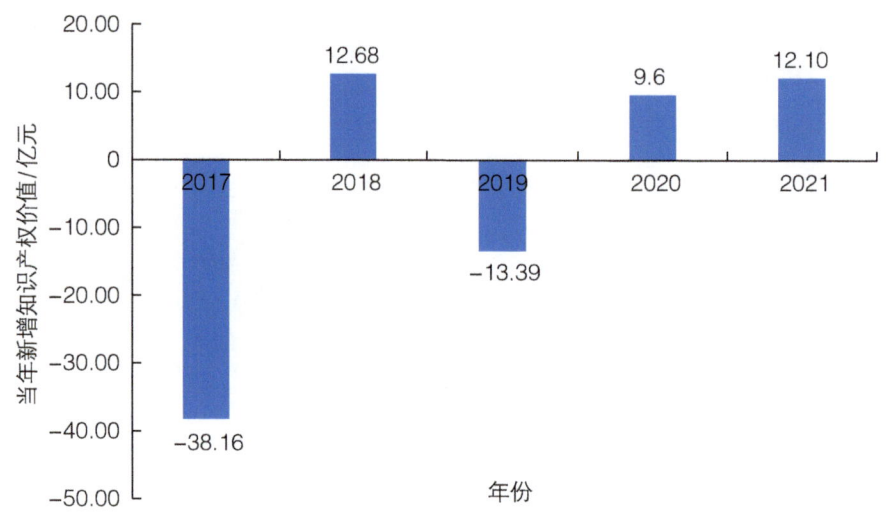

图 4-53　2017—2021 年国家高新区内国产芯片上市公司当年新增知识产权价值

在商业革新方面（图 4-54、图 4-55），2021 年，国家高新区内国产芯片上市公司取得子公司及其他营业单位支付的现金净额 44.89 亿元，较 2020 年有所下降。2021 年商誉值为 594.90 亿元，与 2017 年相比，年均增长率为 3.48%，较 2020 年相比大幅增加，且国家高新区国产芯片上市公司企业商誉值连续下降 2 年后首次回升，且增速较大，说明国家高新区内国产芯片上市公司在商业革新方面有较好的发展前景和空间。

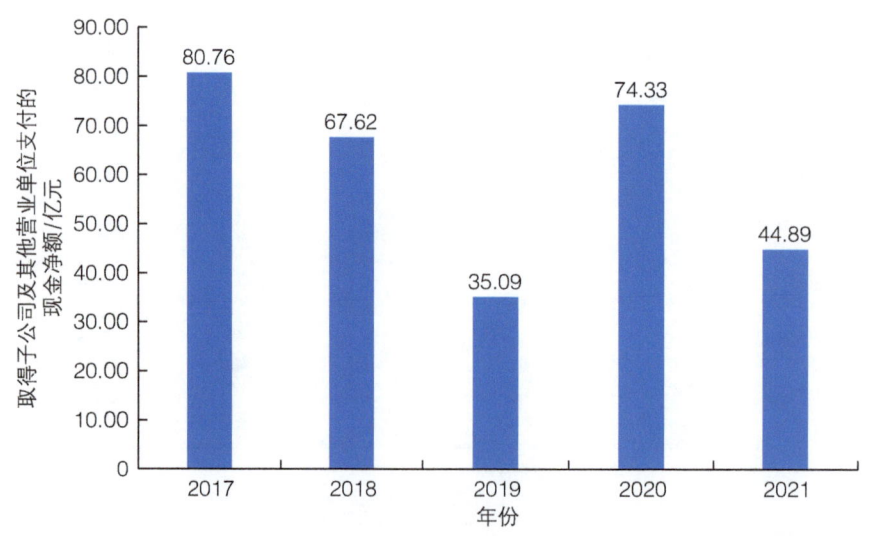

图 4-54　2017—2021 年国家高新区内国产芯片上市公司取得子公司及其他营业单位支付的现金净额

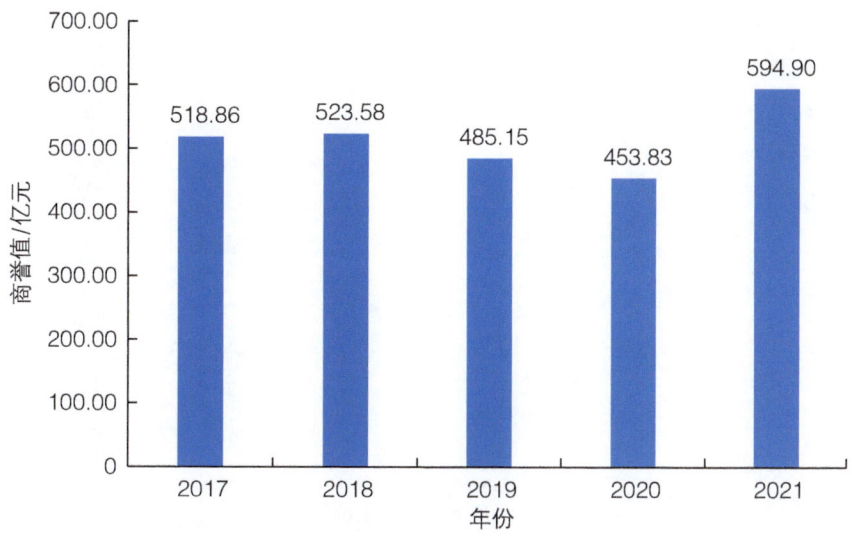

图 4-55　2017—2021 年国家高新区内国产芯片上市公司企业商誉值

（3）创新保障能力

在经济保障方面（图 4-56、图 4-57），2021 年国家高新区内国产芯片上市公司营业收入为 16 195.75 亿元，与 2017 年相比，年均增长 19.06%，且较 2020 年有较大增长，说明国家高新区内国产芯片上市公司拥有较强的再生产基础；总市值均值为 47 970.15 亿元，与 2017 年相比，年均增长 30.73%，是自 2018 年下降后保持较快增速，说明国家高新区内国产芯片上市公司拥有较强的市场投资吸引能力。

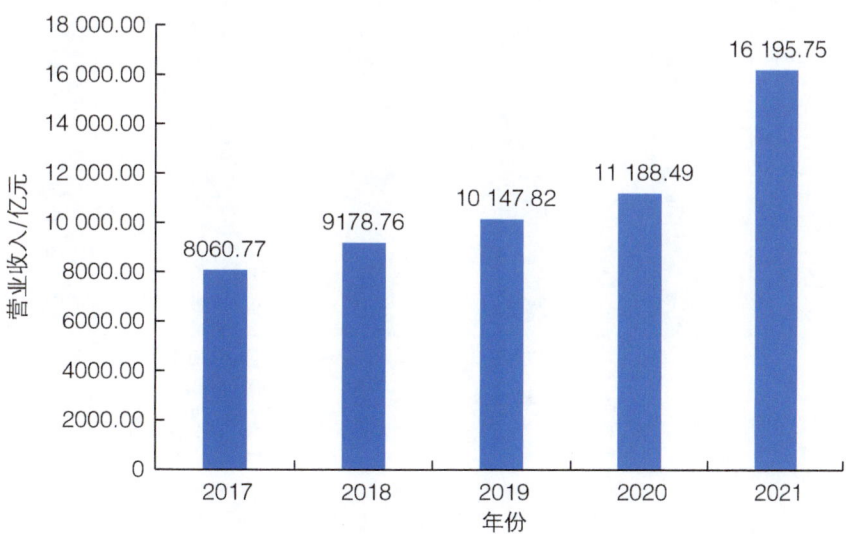

图 4-56　2017—2021 年国家高新区内国产芯片上市公司营业收入

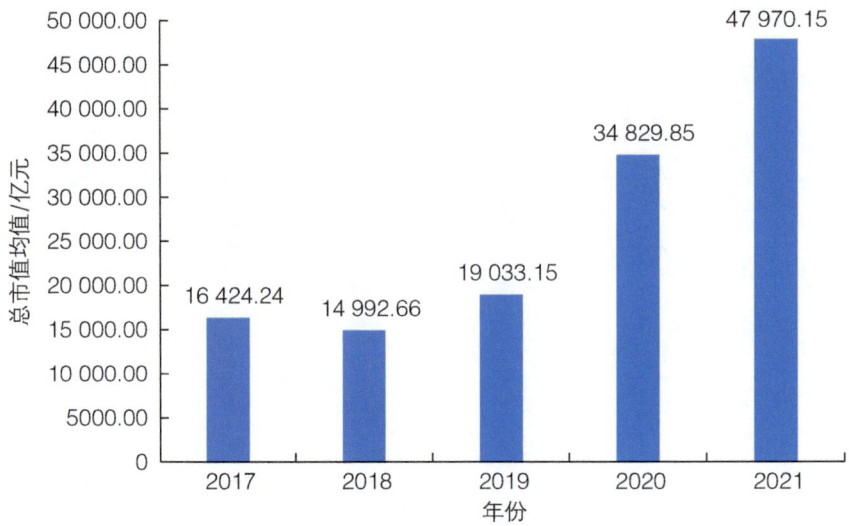

图 4-57　2017—2021 年国家高新区内国产芯片上市公司总市值均值

在运营保障方面（图 4-58），资产负债率是衡量企业负债水平及风险程度的重要标志。2021年资产负债率为 33.30%，与 2017 年相比，年均增长 6.30%，2021 年资产负债率呈现下降趋势，2017—2021 年国家高新区国产芯片上市公司资产负债率始终维持在较为合理的区间。

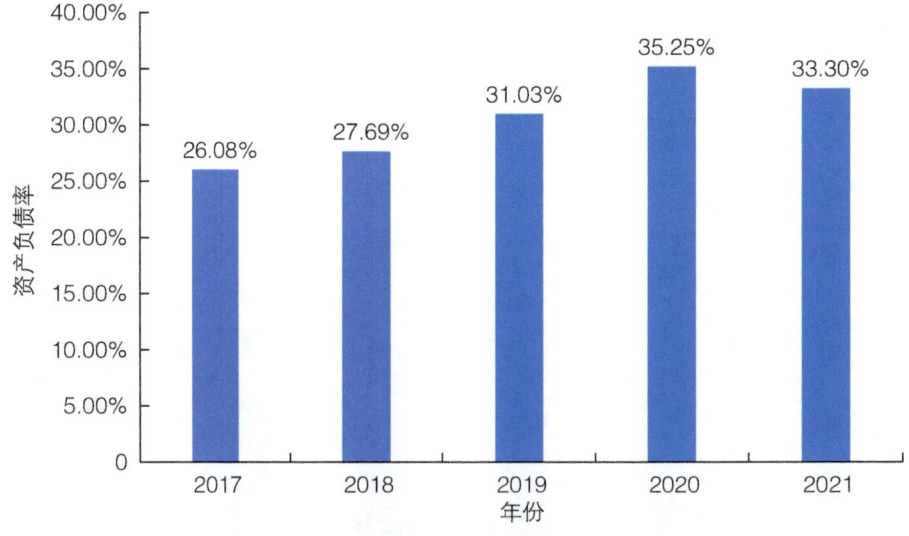

图 4-58　2017—2021 年国家高新区内国产芯片上市公司资产负债率

在文化保障方面（图 4-59），2020 年，国家高新区内国产芯片上市公司从业人员人均教育经费为 1880.15 元，与 2017 年相比，年均增长 8.39%，整体呈上升态势，增长态势较为稳定，说明国家高新区内国产芯片上市公司人才培养力度在逐渐加强。

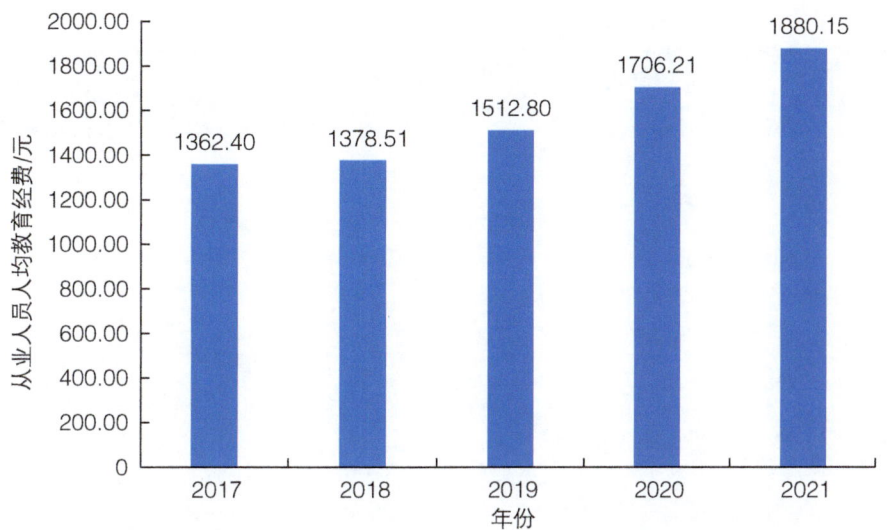

图 4-59　2017—2021 年国家高新区内国产芯片上市公司从业人员人均教育经费

4. 产业内上市公司 20 强名单

结合第三章的企业创新能力分析，通过对国家高新区内国产芯片产业 186 家上市公司指标数据进行进一步归纳整理及评价分析，得出国产芯片产业创新能力排名 20 强上市公司，具体如表 4-6 所示。

表 4-6　2021 年国家高新区内国产芯片产业上市公司 20 强

排名	证券代码	公司中文名称	省市	组织形式	是否高企	A 创新投入能力	B 创新产出能力	C 创新保障能力	创新指数得分
1	000651.SZ	珠海格力电器股份有限公司	广东	公众企业	是	17.27	42.72	20.04	80.03
2	000725.SZ	京东方科技集团股份有限公司	北京	地方国有企业	是	18.94	39.17	19.99	78.10
3	000063.SZ	中兴通讯股份有限公司	广东	公众企业	是	20.87	37.62	19.50	77.99
4	002236.SZ	浙江大华技术股份有限公司	浙江	民营企业	是	20.05	36.06	18.97	75.08
5	002241.SZ	歌尔股份有限公司	山东	民营企业	是	19.90	35.61	18.83	74.33
6	600406.SH	国电南瑞科技股份有限公司	江苏	中央国有企业	是	20.95	34.95	18.42	74.32
7	600498.SH	烽火通信科技股份有限公司	湖北	中央国有企业	是	20.34	34.37	18.06	72.77
8	000977.SZ	浪潮电子信息产业股份有限公司	山东	地方国有企业	是	21.23	34.38	17.06	72.67

续表

排名	证券代码	公司中文名称	省市	组织形式	是否高企	A创新投入能力	B创新产出能力	C创新保障能力	创新指数得分
9	600060.SH	海信视像科技股份有限公司	山东	地方国有企业	是	18.94	35.76	17.97	72.67
10	300866.SZ	安克创新科技股份有限公司	湖南	民营企业	是	20.20	33.73	17.59	71.52
11	601615.SH	明阳智慧能源集团股份有限公司	广东	中外合资经营企业	是	20.13	33.68	17.57	71.38
12	600839.SH	四川长虹电器股份有限公司	四川	地方国有企业	否	19.00	33.86	18.38	71.23
13	603019.SH	曙光国际信息产业有限公司	天津	中央国有企业	是	20.93	32.39	17.68	70.99
14	688798.SH	上海艾为电子技术股份有限公司	上海	民营企业	是	17.56	36.26	16.18	70.00
15	300458.SZ	珠海全志科技股份有限公司	广东	中外合资经营企业	是	19.48	32.95	16.85	69.28
16	002281.SZ	武汉光迅科技股份有限公司	湖北	中央国有企业	是	17.77	34.32	17.08	69.18
17	002180.SZ	纳思达股份有限公司	广东	民营企业	是	18.45	33.78	16.92	69.15
18	688256.SH	中科寒武纪科技股份有限公司	北京	民营企业	是	19.90	31.77	17.46	69.13
19	688088.SH	虹软科技股份有限公司	浙江	外资企业	是	19.02	33.30	16.59	68.91
20	000581.SZ	无锡威孚高科集团股份有限公司	江苏	地方国有企业	是	17.88	34.02	16.57	68.47

数据来源：中国高新区研究中心整理，2022年8月。

5. 典型企业

中兴通讯股份有限公司（简称"中兴"）是全球领先的综合通信解决方案提供商，中国最大的通信设备上市公司。主要产品包括：2G/3G/4G/5G 无线基站与核心网、IMS、固网接入网与承载网、光网络、芯片、高端路由器、智能交换机、政企网、大数据、云计算、数据中心、手机及家庭终端、智慧城市、ICT 业务，以及航空、铁路与城市轨道交通信号传输设备。公司成立于 1985 年，在香港和深圳两地上市，通过为全球 160 多个国家和地区的电信运营商和企业网客户提供创新技术与产品解决方案，让全世界用户享有语音、数据、多媒体、无线宽带等全方位沟通。

2021 年中兴通讯股份有限公司创新投入能力得分为 20.87 分，创新产出能力得分为 37.62 分，创新保障能力得分为 19.50 分，综合得分为 77.99 分，在国家高新区国产芯片产业上市公司中排名第三，排名较2020年未发生变化。2021年，企业实现营业收入1145亿元，同比增长12.88%，归属净利润68.13亿元。按照企业产品分类，中兴2021年运营商网络业务营业收入757.1亿元，消费者业务为257.3亿元，政企业务为130.8亿元，公司业务覆盖160多个国家和地区，服务全球1/4以上人口。

创新投入能力：中兴的芯片发展历程至今已有26年的历史，相比于国内的大多数企业都要早。早在1996年，中兴就建立了自己的IC设计部，专门从事芯片的研发。目前中兴通讯股份有限公司的研发人员达到3.3万人，连续7年研发投入超过100亿元，2021年研发投入占营业收入16.4%。中兴坚持关键领域技术领先，在芯片、算法和网络架构等核心技术方面加大投入，保持技术优势，以端到端解决方案，助力运营商快速建设极简、极致、绿色的精品网络。截至2022年6月，中兴共拥有了超过8.5万件全球专利申请，累计获得授权专利4.3万多件。2019年中兴通讯就已经能够设计7纳米的芯片，2020年，中兴所提供搭建的5G基站占全球的33%，2022年2月10日，中兴成功和台积电达成了7纳米5G基站芯片合作项目，借助台积电先进的7nm芯片制造技术，生产自研5G基站主控芯片，后续中兴还在考虑引进更先进的芯片制程技术。

创新产出能力：在中国专利奖评选中，中兴累计获得了10金、2银、38优秀的优异成绩，在通信行业中排名第一。目前中兴的专利技术价值已超过450亿元。2021年11月1日，中兴发布了拥有全新自研12核芯片的AX5400Pro路由器，在11月6日已经开售。中兴这枚自研的12核芯片由4核1.1GHz CPU+8核NPU的设计架构，数据包转发性能直接提升120%。因为是CPU+NPU的双核驱动，AX5400Pro路由器双向数据传输能力达到了惊人的20Gbps，无论在CPU处理性能、信号强度、还是网络速度等方面，该路由器都有着很显著的提升。同时，AX5400Pro路由器所搭载的芯片还有中兴自研的安全加密引擎。采用自研十二核主芯片的AX5400Pro家庭无线路由器在"双11"期间获得京东路由器新品销售冠军。在消费者业务方面，中兴逐步整合手机、宽带互联、终端芯片模组及生态能力形成"大终端"，打造全场景智慧生态。同时以产品和技术能力作为基础，加上品牌、渠道、市场策略的支持，持续推动销售增长。

创新保障能力：中兴具有超过26年的研发积累，在先进工艺、核心IP、封装和架构创新、数字化高效开发等方面持续强化投入，已具备业界领先的芯片全流程设计能力，并以"工艺—芯片—产品"的持续迭代，有效支撑产品竞争力引领。2021年中兴深度参与国内5G规模建设，运营商市场格局稳步提升，海外市场稳健经营，政企业务快速增长，终端业务持续恢复，新业务加速布局。同时坚持技术领先，在芯片、算法、基础软件和架构等方面持续加大投入，强化核心竞争力。中兴持续推进企业内部数字化转型，实现运营过程可视化，促进运营效率提升。中兴坚持固本拓新，实现有质量增长，顺利达成战略发展期各项经营目标。

三、物联网产业

1. 发展现状及政策

物联网（IoT）即"万物相连的互联网"，是在互联网基础上的延伸和扩展的网络，是将各种信息传感设备与网络结合起来而形成的一个巨大网络，能实现任何时间、任何地点的人、机、物的互联互通。目前，物联网根据其应用可分为消费物联网和产业物联网2类，其中，消费物联网可细分为个人物联网和家庭物联网；产业物联网可细分为工业物联网、商业物联网、智慧城市及智慧交通/车联网（图 4-60）。

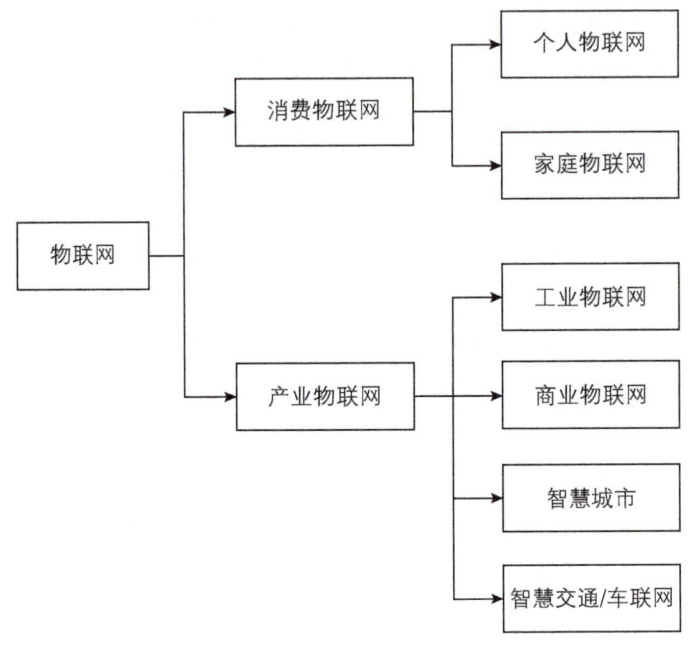

图 4-60　物联网产业细分

物联网是通过各种信息传感器、射频识别技术、全球定位系统、红外感应器、激光扫描器等各种装置与技术，实时采集任何需要的信息，通过各类可能的网络接入，实现物与物、物与人的泛在连接。想要实现上述功能，需要大量技术手段支持，其中关键技术主要有射频识别技术、传感网、M2M 系统框架和云计算（表 4-7）。

表 4-7　物联网关键技术及介绍

关键技术	相关介绍
射频识别技术	射频识别技术（RFID）是一种简单的无线系统，由一个询问器（或阅读器）和很多应答器（或标签）组成。标签由耦合元件及芯片组成，每个标签具有扩展词条唯一的电子编码，附着在物体上标识目标对象，它通过天线将射频信息传递给阅读器，阅读器是读取信息的设备。RFID 技术让物品能够"开口说话"，赋予了物联网一个可跟踪的特性，使得人们可以随时掌握物品的准确位置及其周边环境
传感网	MEMS 是微机电系统的英文缩写。它是由微传感器、微执行器、信号处理和控制电路、通信接口和电源等部件组成的一体化的微型器件系统。其目标是把信息的获取、处理和执行集成在一起，组成具有多功能的微型系统，集成于大尺寸系统中，从而大幅度地提高系统的自动化、智能化和可靠性水平
M2M 系统框架	M2M 是一种以机器终端智能交互为核心的、网络化的应用与服务。它将使对象实现智能化的控制。M2M 技术涉及 5 个重要的技术部分：机器、M2M 硬件、通信网络、中间件、应用。基于云计算平台和智能网络，可以依据传感器网络获取的数据进行决策，改变对象的行为进行控制和反馈

续表

关键技术	相关介绍
云计算	云计算通过网络把多个成本相对较低的计算实体整合成一个具有强大计算能力的完美系统，并借助先进的商业模式让终端用户可以得到这些强大计算能力的服务。物联网通关感知层获取大量数据信息，在经过网络层传输以后，放到一个标准平台上，再利用高性能的云计算对其进行处理，赋予这些数据智能，最终转换成对终端用户有用的信息

数据来源：中国高新区研究中心整理，2022年8月。

近年来，物联网技术快速发展并深入应用在各产业领域，物联网和全球经济的发展密不可分。根据全球移动通信系统协会（GSMA）数据显示，2018年，物联网对全球经济的影响达1750亿美元，占GDP比重的0.2%。从行业来看，对全球制造业的影响最大，高达920亿美元。同时，全球经济发展也会反过来推动物联网行业的进步，预计到2025年，物联网对全球经济影响达3710亿美元，占GDP比重将增至0.34%。在我国，物联网被"十三五"规划列为七大战略新兴产业之一，是引领中国经济华丽转身的主要力量，行业及职业前景广阔。物联网已在智能制造、智能家居、智慧农业、智能交通和智慧医疗等领域得到较好应用。未来，还会在各个行业、领域发挥更大作用。由于前景广阔、适用范围广泛，市场对物联网工程技术人员的需求也日渐增多，物联网领域发展、行业快速应用引起人才巨大缺口，市场需要大量具备底层技术研究、软硬件系统研发、项目规划实施、系统运维管理等各项专业技术技能的物联网工程技术人才，以驱动产业持续高速发展。

2022年8月，中国通信学会、中国电子学会在南京主办的"2022年全国物联网技术与应用大会"揭示了"2021—2022物联网十大技术创新与工程应用进展"和"2023物联网十大技术与产业创新发展趋势"，在"十大进展"榜单中，OneOS物联网操作系统、WiFi6全无线高可靠医疗物联网解决方案、高可靠单片总线物联网SOC芯片关键技术及应用、中兴通讯数字星云平台、5G-V2X环境下的智能驾驶技术研究及应用、基于海量接入跨域计算技术的5G连接管理研究与应用、分布式物联网操作系统CTwingOS技术创新与工程应用、基于百度天工AIoT技术的能碳数智化平台、基于全面感知的AIoT智慧制造方案、基于边缘计算架构下的能源物联网平台AI算法技术研发入围。"十大趋势"包括基于感知通信一体化的数据传输；5G+AIOT实现众多场景规模落地；星地计算实现空天地海网络通信系统无缝对接；智能超表面无线通信有望在6G时代脱颖而出；多传感器融合推动自动驾驶技术更加成熟；脑机接口有望成为下一代人机交互技术；基于北斗卫星导航的高精度应用泛在化和规模化；MATTER协议标准解决智能家居孤岛现状；智能中心加快部署和建设；算网一体走深走实，实现算力无处不在。

物联网作为继计算机、互联网之后，世界信息化发展的第三次浪潮，已成为国家科技发展战略的重要组成部分，是未来战略新兴产业的主导力量之一。国家一直以来高度重视物联网产业的发展和基础设施建设，陆续出台了一系列相关政策文件，大力推进物联网、人工智能等新兴产业的发展。"十三五"期间，物联网技术开始应用，提出推进物联网感知设施规划布局，并推动建立能源互联网。"十四五"期间，明确了加快推进物联网在能源等领域的应用，能源物联网建设向规模化方向发展。2016年以来，国家发布多项政策和规划，推动能源智能化发展、能源物联网终端、平台、技术和标准等同步发展和应用（表4-8）。

表 4-8　近年来国家层面物联网产业发展相关政策

时间	发布部门	政策名称	重点内容
2022 年	国家发展改革委等	《"十四五"可再生能源发展规划》	结合数字乡村建设工程，推动城乡可再生能源数字化、智能化水平同步发展，推进可再生能源与农业农村生产经营深度融合，提升乡村智慧用能水平。推动可再生能源与人工智能、物联网、区块链等新兴技术深度融合，发展智能化、联网化、共享化的可再生能源生产和消费新模式。推广新能源云平台应用，汇聚能源全产业链信息，推动能源领域数字经济发展
2022 年	工业和信息化部等	《工业能效提升行动计划》	推动 5G、云计算、边缘计算、物联网、大数据、人工智能等数字技术在节能提效领域的研发应用，积极构建面向能效管理的数字孪生系统，发挥 5G 应用产业方阵、"绽放杯"5G 应用征集大赛等平台作用，深入挖掘 5G 赋能工业领域节能提效的典型案例和场景并加以推广
2021 年	国务院	《"十四五"数字经济发展规划》	提高物联网在工业制造、农业生产、公共服务、应急管理等领域的覆盖水平，增强固移融合、宽窄结合的物联接入能力
2021 年	工业和信息化部	《"十四五"信息通信行业发展规划》	推动 IPv6 与人工智能、云计算、工业互联网、物联网等融合发展，支持在金融、能源、交通、教育、政务等重点行业开展"IPv6+"创新技术试点及规模应用，增强 IPv6 网络对产业数字化转型升级的支撑能力
2021 年	国家能源局	《"十四五"能源领域科技创新规划》	开展适应能源领域标准的物联网通信协议技术，能源物联终端协议自适应转换技术、能源物联网信息模型技术、能源物联网端到端连接管理技术研究，开发适用于能源物联网的新型器件、新型终遍与边缘物理代理装置，开发物联网多源数据采集融合共享系统及大数据分析应用，建设能源物联网及终端安全防护技术装备体系，建立具备接入和管理各种物联网设备及规约的物联网管理支撑平台
2021 年	工业和信息化部	《物联网基础安全标准体系建设指南（2021 版）》	到 2022 年，初步建立物联网基础安全标准体系，研制重点行业标准 10 项以上；到 2025 年，推动形成较为完善的物联网基础安全标准体系

数据来源：中国高新区研究中心整理，2022 年 8 月。

2. 产业链分析

物联网主要由感知层、传输层、平台层和应用层 4 个部分构成。其中感知层为物联网行业上游端，主要包括芯片、传感器、射频识别技术（RFID）等；传输层和平台层为产业链中游；下游为物联网应用层，主要为物联网的应用及相关服务（图 4-61）。

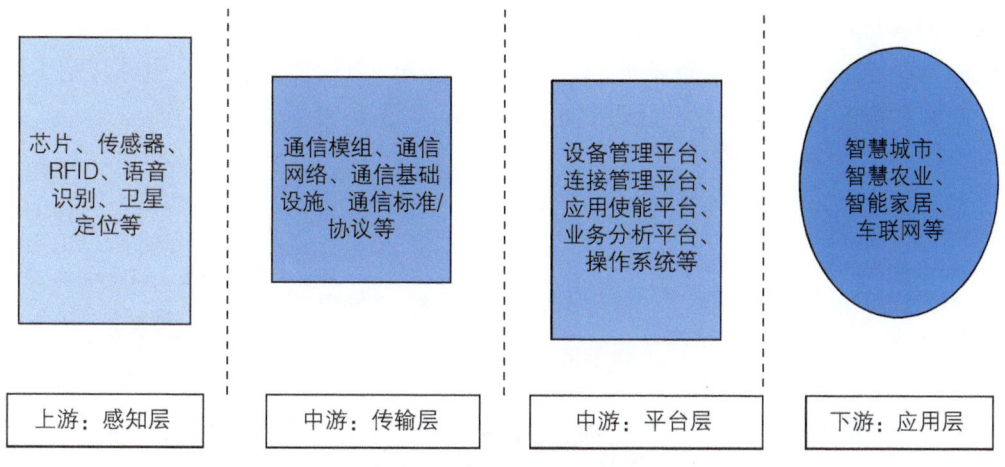

图 4-61　物联网产业链图示

上游：感知层是物联网的最底层，硬件主要包括各类底层元器件，如传感器、控制芯片、智能控制器等，主要功能是实现物端智能及提取物品本身的信息。视频监控、图像识别等也属于广义的感知层，其中 RFID 和二维码属于被动读取技术，属于第一代物联网技术。RFID（射频识别技术）作为物联网关键技术之一，可以让物品"开口说话"，赋予了物联网一个可跟踪的特性，使得人们可以随时掌握物品的准确位置及其周边环境情况，其发展情况对物联网发展的重要性不言而喻。基于 RFID 技术的物联网应用不断丰富，与移动互联网的结合不断深入，应用领域不断广泛，RFID 市场规模保持高速增长趋势。2021 年我国 RFID 市场规模达 1431 亿元，同比增长 13.12%（图 4-62）。

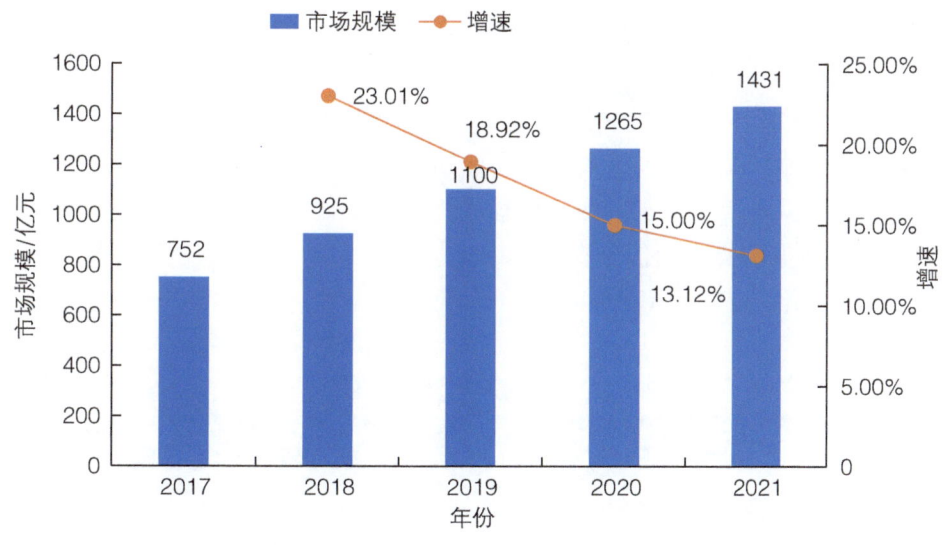

图 4-62　2017—2021 年中国 RFID 市场规模情况

中游：传输层主要应用无线传输方式，无线传输可以分为远距传输和近距传输。平台层负责处理数据，在物联网体系中起到承上启下的作用，主要将来自感知层的数据进行汇总、处理和分析，主要包括 PaaS 平台、AI 平台和其他能力平台。

近几年云计算和大数据的快速发展，以及人工智能技术的提升，促进了数据提取、存储、处理、利用等方面能力的提高，提供设备管理、连接管理、应用使能、安全服务等关键功能的平台服务成为物联网海量连接的生态聚合点，运营商、互联网企业与垂直行业巨头都持续布局，为物联网大规模地建立连接，连接与设备管理、设备状态被感知、应用使能和安全服务奠定了良好基础、未来将充分挖掘数据价值，推动垂直行业商业模式变革（图4-63）。

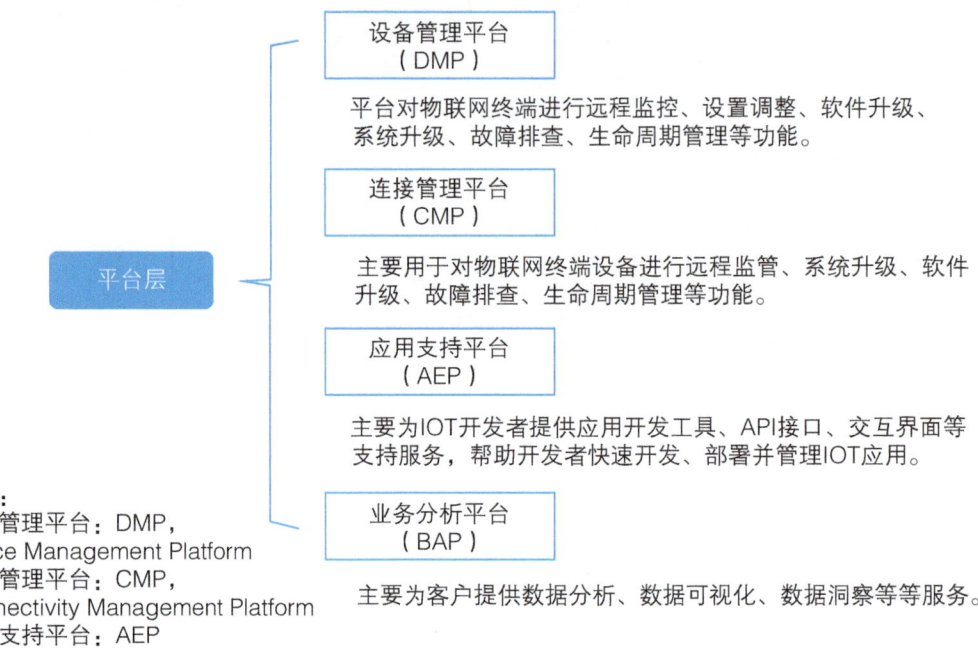

图 4-63　物联网平台分类

物联网的传输层以无线传输为主，按照传输距离的不同，无线传输又可以分为局域网（LAN）和广域网（LPWAN）2种。局域网包括人们较为熟知的蓝牙、WiFi等，其特点是通信距离相对较短，一般在200米范围以内，适合于室内、低移动性场景（如智慧家居、智能仓库等）。广域网包括NB-IoT、Sigfox等，其特点是通信范围大，可以达到15千米以上，适合于大范围、移动性场景，如车联网、物流跟踪、资产定位等（表4-9）。

表 4-9　局域网和广域网对比

名称	通信技术	传输速度	通信距离	成本	是否授权	优点	缺点
局域网	WiFi	54 Mbps	20～200米	120元	否	应用广，速度快，距离远	设置复杂，高功耗高成本
	蓝牙	1 Mbps	20～200米	20元	否	组网简单，低功耗，低延迟，安全	距离小，传输数据小
	Zigbee	20～250 Mbps	2～20米	20元	否	低功耗，自组网，简单可靠	范围小，速率低，时延不稳定

续表

名称	通信技术	传输速度	通信距离	成本	是否授权	优点	缺点
广域网	LoRa	50 kbps	1～10千米	45元	否	低成本，电池寿命长，连接广	非授权频段
	Sigfox	100 kbps	1～10千米	30元	否	成本低，范围广，技术简单	数据传输小，非授权，封闭
	NB-IOT	100 kbps	15千米以上	30元	是	安全可靠，传输数据大，低延时，广覆盖	成本高，协议复杂，电池消耗快
	eMTC	1 Mbps	—	60元	是	低功耗，连接广，高速率可移动	

数据来源：中国高新区研究中心整理，2022年8月。

下游：应用层是物联网的最顶层，主要基于平台层的数据解决具体垂直领域的行业问题，包括消费驱动应用、产业驱动应用和政策驱动应用。应用层提供丰富的基于物联网的应用，将物联网技术与行业信息化需求相结合，实现广泛智能化应用的解决方案，如智能工业、智能农业、智能医疗、智能家居等。应用层发展的关键在于行业融合、信息资源的开发利用、低成本高质量的解决方案、信息安全的保障及有效的商业模式的开发。应用层由业务支撑平台（如中间件平台）、网络管理平台（如M2M管理平台）、信息处理平台、信息安全平台、服务支撑平台等组成，完成协同、管理、计算、存储、分析、挖掘，以及提供面向行业和大众用户的服务等功能，典型技术包括中间件技术、虚拟技术、云计算、SOA系统架构方法等。

硬件端具备物联网能力后，需要平台实现整个网络和应用的具体实现。平台按功能类型大致可以分为4类（图4-64）。

CMP管理平台/DMP管理平台：设备连接的管理。如购买一台扫地机器人，回家开机激活，与手机APP绑定等，都通过管理平台实现。

AEP应用使能平台：传统公司（如插排工厂）想升级成物联网遥控插排，但是没有相应的技术人员，他们就可以付费使用AEP平台，AEP平台上汇聚了很多物联网解决方案，插排工厂在平台上设置产品参数（如插孔数量等）、功能模块（如手机控制开关、定时开关等），就可以直接生成需要的物联网功能。

BAP业务分析平台：物联网采集了大量用户数据，有专门的平台来分析用户数据，通过大数据让设备的功能更加智能，也可以通过对用户习惯的分析做定制化营销等拓展功能。

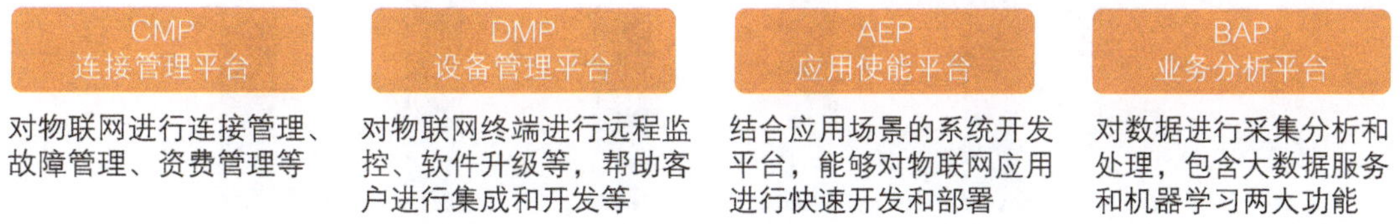

CMP 连接管理平台	DMP 设备管理平台	AEP 应用使能平台	BAP 业务分析平台
对物联网进行连接管理、故障管理、资费管理等	对物联网终端进行远程监控、软件升级等，帮助客户进行集成和开发等	结合应用场景的系统开发平台，能够对物联网应用进行快速开发和部署	对数据进行采集分析和处理，包含大数据服务和机器学习两大功能

图4-64 物联网平台层的四大平台

3. 产业创新能力

物联网通过信息采集与获取，实现可靠连接和智能感知，进而对数据进行传输处理和应用，可以说是信息基础设施的"底座"。随着5G的逐渐落地，人工智能、边缘计算、大数据等技术的逐渐成熟，需求侧相关应用场景的逐步发展，物联网产业链进入发展黄金期并逐步体现出规模效应。2021年，物联网产业在十大概念产业中排名第四，综合得分为79.94分，其中创新投入得分为23.76分，创新产出得分为36.04分，创新保障得分为20.13分。

（1）创新投入能力

在创新人员投入方面（图4-65、图4-66），2021年，国家高新区内物联网行业上市公司硕士研究生学历及以上人员占企业员工比重为9.84%，较2020年有所下降；研发人员为260 722人，与2017年相比，年均增长7.30%，呈现持续增长的态势，说明国家高新区内物联网上市公司注重对创新人才的投入。

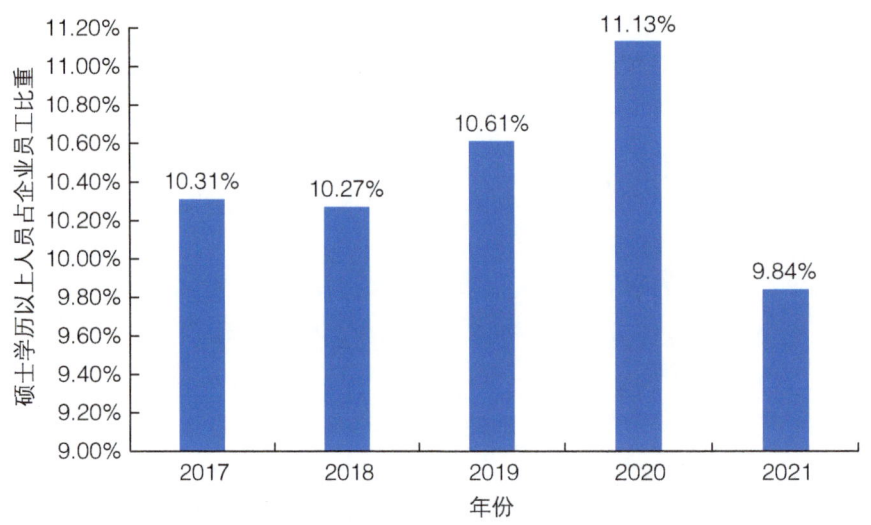

图4-65　2017—2021年国家高新区内物联网上市公司硕士研究生学历及以上人员占企业员工比重

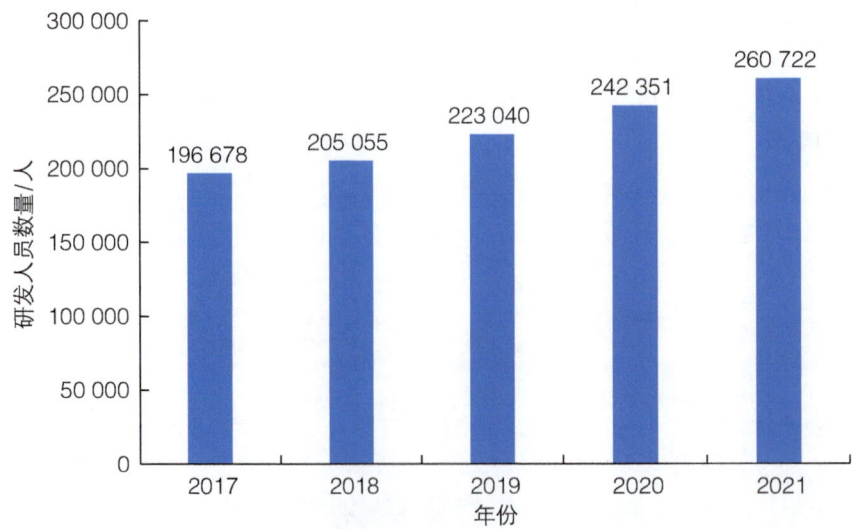

图4-66　2017—2021年国家高新区内物联网上市公司研发人员数量

在资金投入方面（图4-67至图4-69），2021年国家高新区内物联网上市公司研发投入占营业收入比重为10.68%，与2017年相比，年均增长0.938个百分点，说明国家高新区内物联网上市公司对于研发资本投入的重视程度在逐渐增强；企业获得的政府创新补贴为97.42亿元，与2017年相比，年均增长12.14%，总体呈平稳上升趋势，说明政府部门大力支持物联网上市公司进行不断创新；研发人员人均经费为37.34万元，与2017年相比，年均增长16.53%，说明物联网上市公司注重对研发经费的投入。

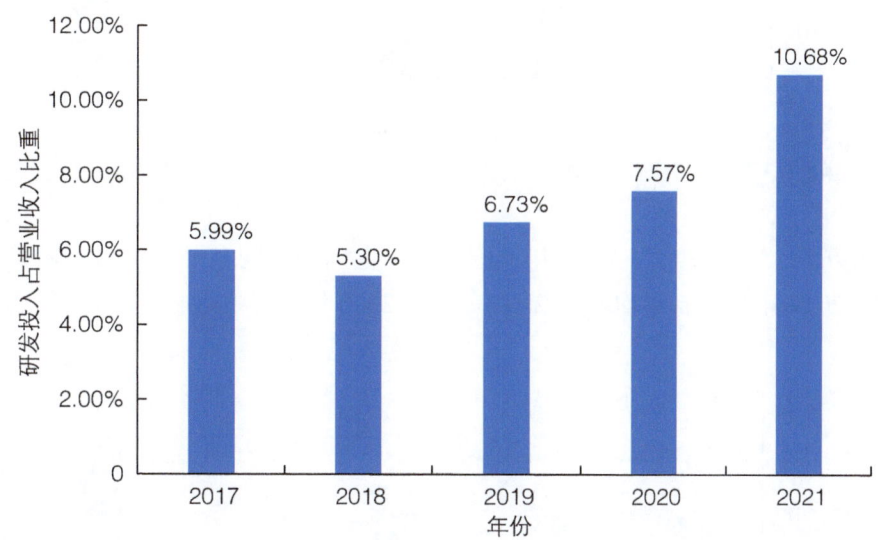

图4-67　2017—2021年国家高新区内物联网上市公司研发投入占营业收入比重

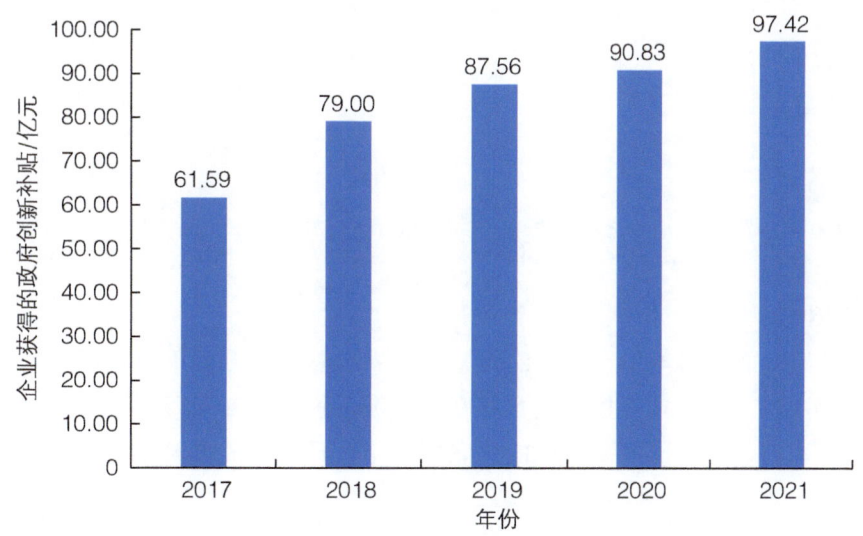

图4-68　2017—2021年国家高新区内物联网上市公司获得的政府创新补贴

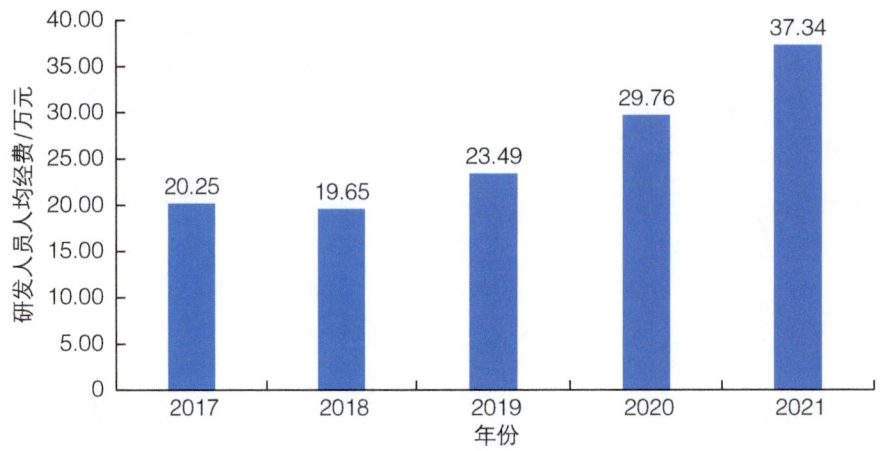

图 4-69　2017—2021 年国家高新区内物联网上市公司研发人员人均经费

在物资投入方面（图 4-70），2021 年，国家高新区内物联网上市公司当年购置的机器设备价值 113 亿元，与 2017 年相比，年均增长 25.83%，在 2020 年下降之后再次快速增长。

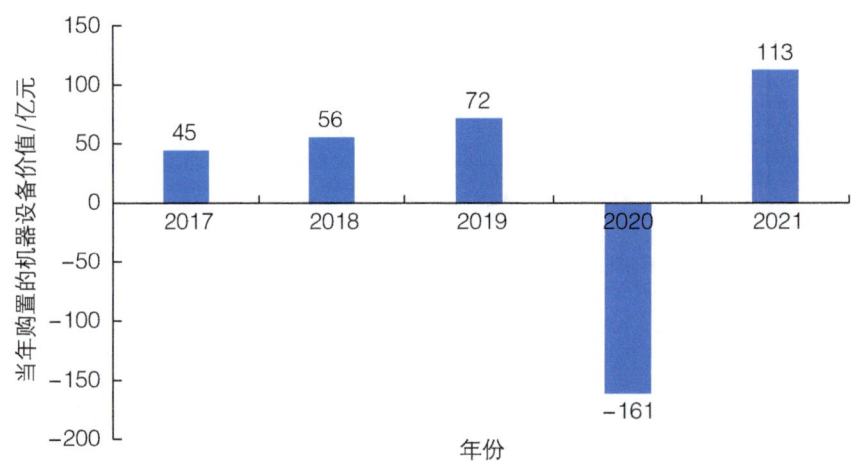

图 4-70　2017—2021 年国家高新区内物联网上市公司当年购置的机器设备价值

（2）创新产出能力

在技术成果产出方面（图 4-71），2021 年，国家高新区内物联网上市公司新增专利数为 51 788 件，近 5 年来，物联网上市公司新增专利数存在一定波动性，2020 年下降较为明显，但 2021 年明显已经拉升回正常数值，说明国家高新区内物联网上市公司技术成果转化方面仍在努力。

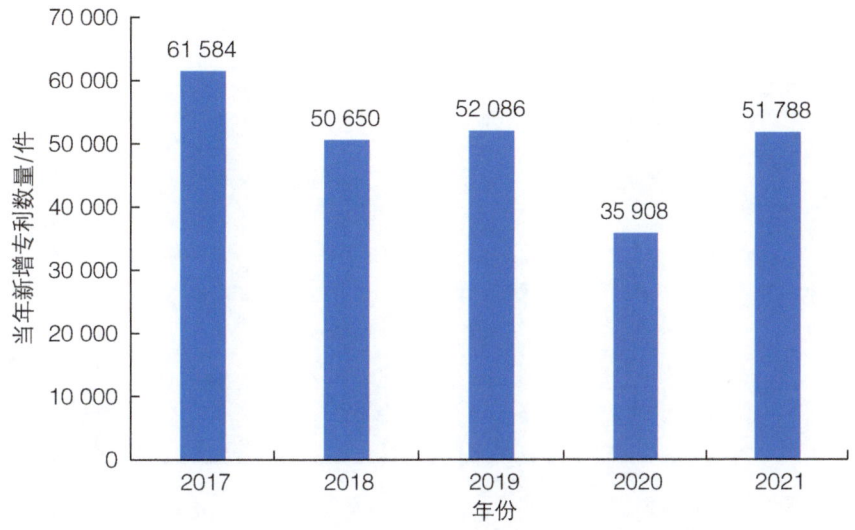

图 4-71　2017—2021 年国家高新区内物联网上市公司当年新增专利数量

在经济效益方面（图 4-72），2021 年，国家高新区内物联网上市公司当年新增知识产权价值为 202 231 万元，较 2020 年有大幅度上涨，是近 5 年来增长速度最快的一年。

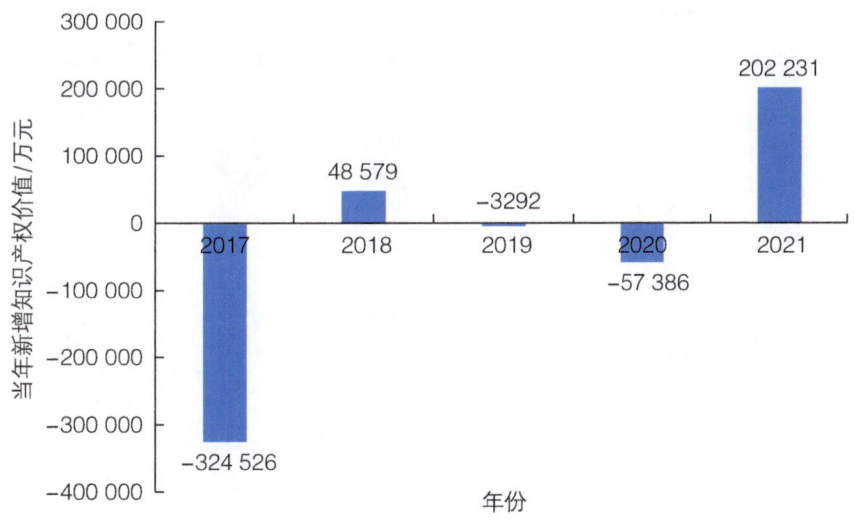

图 4-72　2017—2021 年国家高新区内物联网上市公司当年新增知识产权价值

在商业革新方面（图 4-73、图 4-74），2021 年，国家高新区内物联网上市公司取得子公司及其他营业单位支付的现金净额 22.95 亿元，较 2020 年有所下降。2021 年商誉值为 711 亿元，同比 2020 年有小幅度的下降，需继续加强企业商誉度。

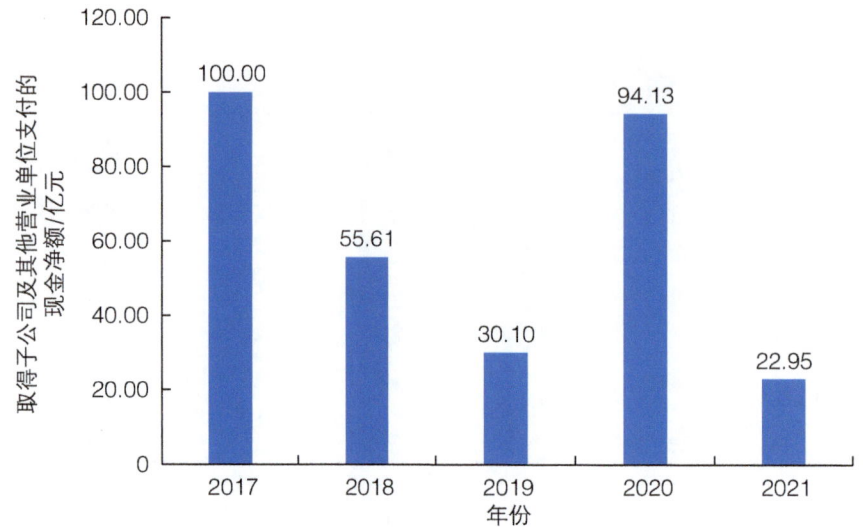

图 4-73　2017—2021 年国家高新区内物联网上市公司取得子公司及其他营业单位支付的现金净额

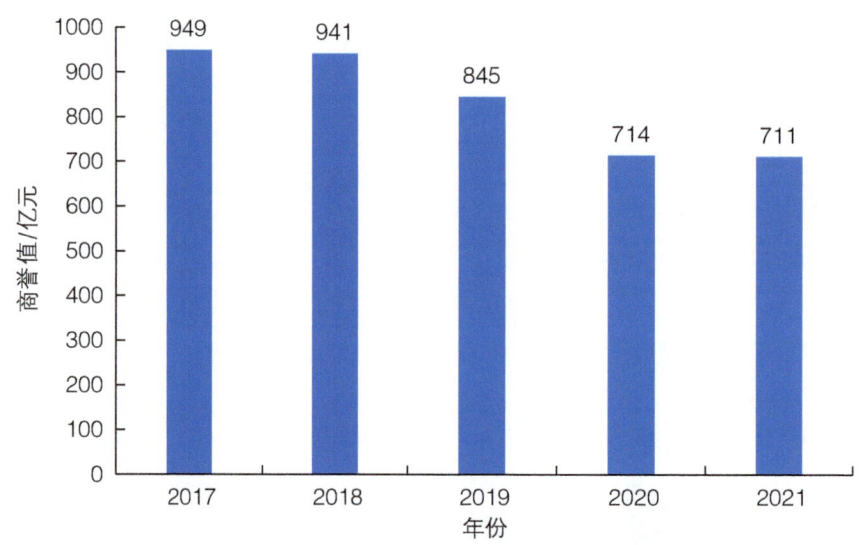

图 4-74　2017—2021 年国家高新区内物联网上市公司企业商誉值

（3）创新保障能力

在经济保障方面（图 4-75、图 4-76），2021 年国家高新区内物联网上市公司营业收入为 14 547.24 亿元，与 2017 年相比，年均增长 15.34%，说明国家高新区内物联网上市公司拥有较强的再生产基础；总市值均值为 31 365.50 亿元，与 2017 年相比，年均增长 14.54%，连续 2 年持续增长，说明具有良好的融资市场来获取创新资本。

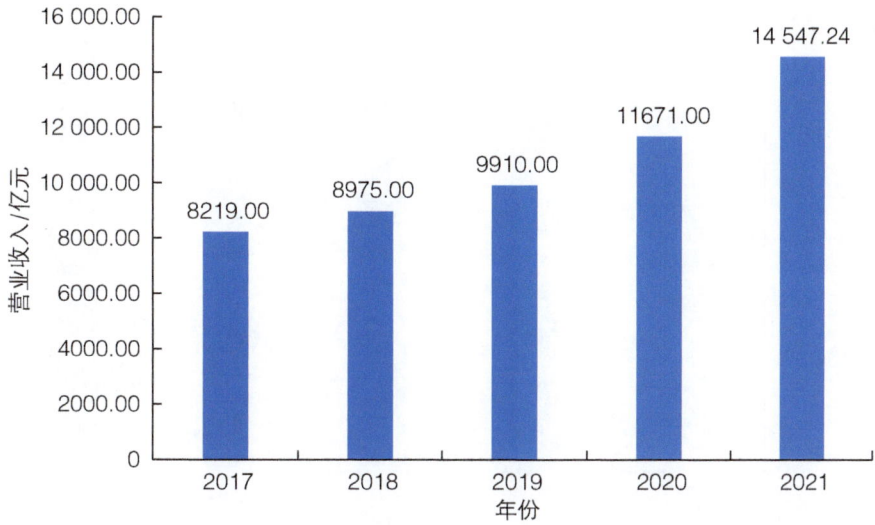

图 4-75　2017—2021 年国家高新区内物联网上市公司营业收入

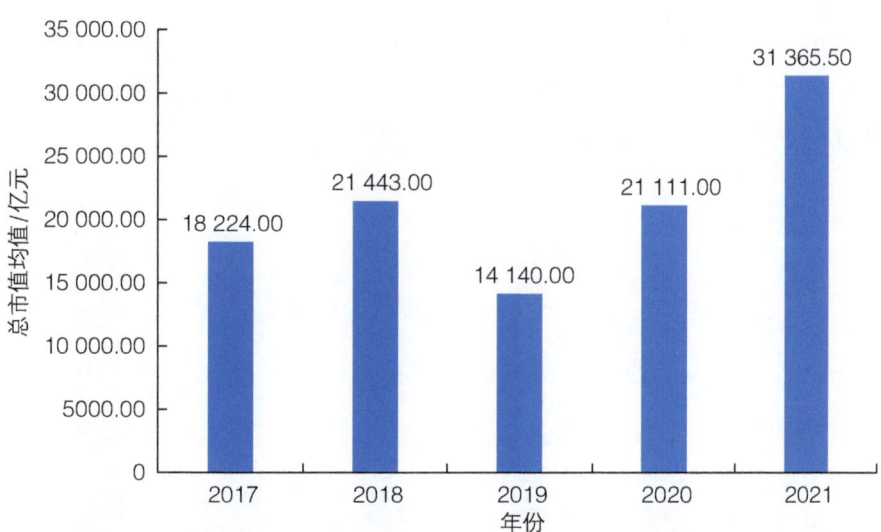

图 4-76　2017—2021 年国家高新区内物联网上市公司总市值均值

在运营保障方面（图 4-77），资产负债率是衡量企业负债水平及风险程度的重要标志。2021 年资产负债率为 38.82%，与 2017 年相比，年均增长 1.816 个百分点，虽然近 5 年一直在上升，但仍在可控范围内。

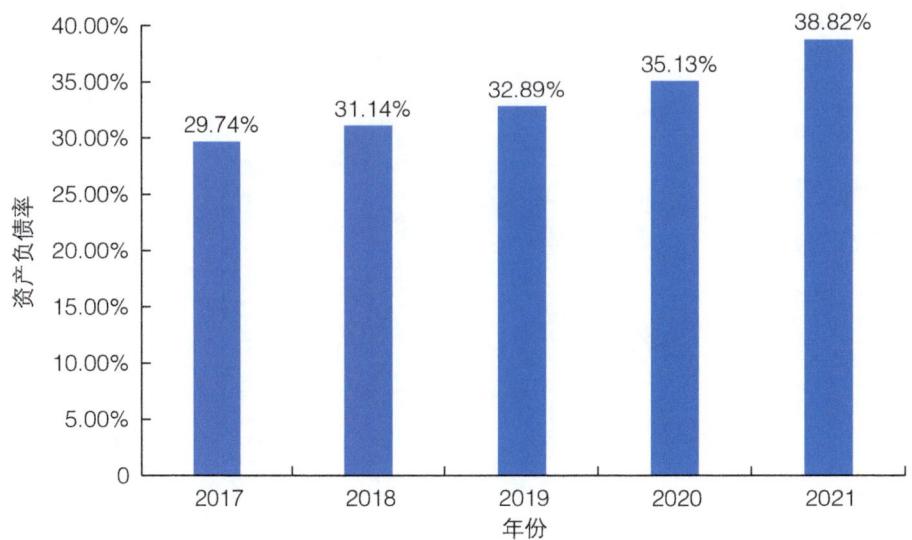

图 4-77 2017—2021 年国家高新区内物联网上市公司资产负债率

在文化保障方面（图 4-78），2020 年，国家高新区内物联网上市公司从业人员人均教育经费为 1695.44 元，与 2017 年相比，年均增长 6.64%，连续 3 年持续增长，增长态势较为稳定，说明国家高新区内物联网上市公司人才培养力度在逐渐加强。

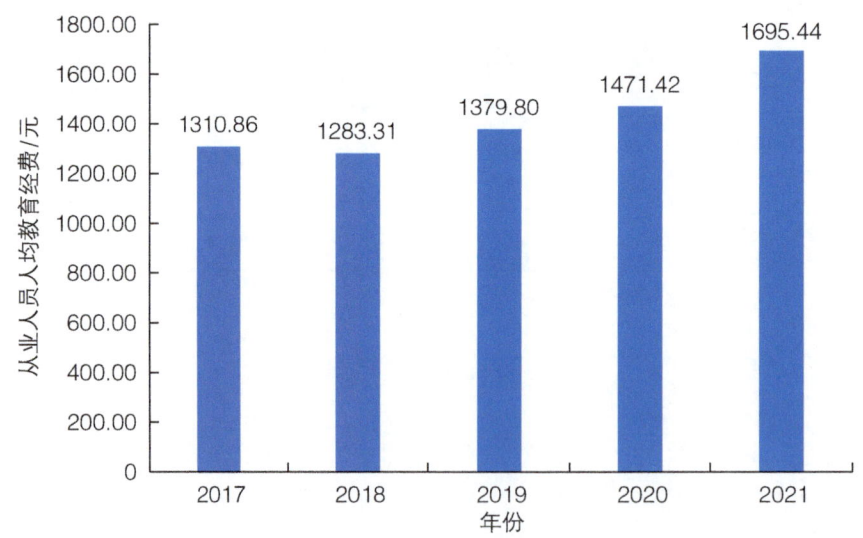

图 4-78 2017—2021 年国家高新区内物联网上市公司从业人员人均教育经费

4. 产业内上市公司 20 强名单

结合第三章企业创新能力分析，通过对国家高新区内物联网产业 186 家上市公司指标数据进一步归纳整理及评价分析，得出物联网产业创新能力排名 20 强上市公司具体如表 4-10 所示。

表 4-10 2021年国家高新区内物联网产业排名20强上市公司

排名	证券代码	公司中文名称	省市	组织形式	是否高企	A 创新投入能力	B 创新产出能力	C 创新保障能力	创新指数得分
1	002415.SZ	杭州海康威视数字技术股份有限公司	浙江	中央国有企业	是	21.18	38.11	19.72	79.01
2	000725.SZ	京东方科技集团股份有限公司	北京	地方国有企业	是	18.94	39.17	19.99	78.10
3	000063.SZ	中兴通讯股份有限公司	广东	公众企业	是	20.87	37.62	19.50	77.99
4	002236.SZ	浙江大华技术股份有限公司	浙江	民营企业	是	20.05	36.06	18.97	75.08
5	600718.SH	东软集团股份有限公司	辽宁	民营企业	是	20.26	33.27	17.99	71.52
6	600839.SH	四川长虹电器股份有限公司	四川	地方国有企业	否	19.00	33.86	18.38	71.23
7	688599.SH	天合光能股份有限公司	江苏	民营企业	是	18.59	32.76	17.94	69.29
8	300458.SZ	珠海全志科技股份有限公司	广东	中外合资经营企业	是	19.48	32.95	16.85	69.28
9	002376.SZ	山东新北洋信息技术股份有限公司	山东	地方国有企业	是	17.83	33.96	17.47	69.25
10	002180.SZ	纳思达股份有限公司	广东	民营企业	是	18.45	33.78	16.92	69.15
11	600271.SH	航天信息股份有限公司	北京	中央国有企业	是	15.55	35.72	17.60	68.87
12	688561.SH	奇安信科技集团股份有限公司	北京	民营企业	是	17.22	33.48	18.08	68.79
13	603660.SH	苏州科达科技股份有限公司	江苏	民营企业	是	18.22	33.62	16.60	68.44
14	603421.SH	青岛鼎信通讯股份有限公司	山东	民营企业	是	17.97	33.91	16.30	68.18
15	688018.SH	乐鑫信息科技（上海）股份有限公司	上海	外资企业	是	17.80	33.47	16.29	67.56
16	688023.SH	杭州安恒信息技术股份有限公司	浙江	民营企业	是	16.85	32.71	17.56	67.12
17	002008.SZ	大族激光科技产业集团股份有限公司	广东	民营企业	是	15.49	33.45	18.06	67.00

续表

排名	证券代码	公司中文名称	省市	组织形式	是否高企	A创新投入能力	B创新产出能力	C创新保障能力	创新指数得分
18	688100.SH	威胜信息技术股份有限公司	湖南	民营企业	是	17.90	32.24	16.83	66.97
19	000938.SZ	紫光股份有限公司	北京	中央国有企业	是	19.57	30.31	16.88	66.76
20	300638.SZ	深圳市广和通无线股份有限公司	广东	民营企业	是	16.09	33.97	16.50	66.56

数据来源：中国高新区研究中心整理，2022年8月。

5. 典型企业

京东方科技集团股份有限公司（简称"京东方"）创立于1993年4月，是一家领先的物联网创新企业，为信息交互和人类健康提供智慧端口产品和专业服务，形成了以半导体显示为核心，物联网创新、传感器及解决方案、MLED、智慧医工融合发展的"1+4+N+生态链"业务架构。物联网创新业务通过人工智能、大数据、云计算技术，聚焦软硬融合的产品与服务，为智慧金融、智慧园区、智慧零售、智慧出行、视觉艺术等物联网细分领域提供整体解决方案。截至2022年前三季度，智慧金融解决方案覆盖超过2800个网点，智慧园区解决方案在20余个城市落地应用，智慧零售解决方案服务于全球3万余家门店，创新产品及解决方案已遍布全球。

2021年，京东方科技集团股份有限公司创新投入能力得分为18.94分，创新产出能力得分为39.17分，创新保障能力得分为19.99分，综合得分为78.10分，在国家高新区物联网产业上市公司中排名第二，排名较2020年下降一名。2021年，企业实现营业收入2193亿元，同比增长61.79%，归属净利润258.3亿元。按照企业产品分类，京东方2021年显示器件业务营业收入2022亿元，物联网创新业务为283.8亿元，智慧医工业务为18.47亿元，MLED业务为4.515亿元，传感器及解决方案业务为2.162亿元，京东方在北京、合肥、成都、重庆、福州、绵阳、武汉、昆明、苏州、鄂尔多斯、固安等地拥有多个制造基地，子公司遍布20个国家和地区，服务体系覆盖欧洲、美洲、亚洲、非洲等全球主要地区。

创新投入能力：截至2021年，京东方累计自主专利申请超7万件，在年度新增专利申请中，发明专利超90%，海外专利超35%，覆盖美国、欧洲、日本、韩国等多个国家和地区。美国专利服务机构IFI Claims发布2021年度美国专利授权量统计报告，京东方全球排名跃升至第11位，排名提升2位并连续4年跻身全球TOP20；世界知识产权组织（WIPO）2021年全球国际专利申请排名中，京东方以1980件PCT专利申请量位列全球第七，连续6年进入全球PCT专利申请Top10。京东方多年来始终秉持"对技术的尊重"，持续保持着对研发的高强度投入，2021年公司研发投入首次突破百亿达到124.36亿元，研发投入占营业收入比例5.67%。2022年上半年公司研发投入56.90亿元，新增专利申请超4500件，发明专利超90%，海外专利超33%，其中柔性OLED、传感、人工智能等创新领域专利超50%。

创新产出能力：2022年由京东方牵头，中国工商银行、中国银行软件中心等单位共同编制，国内首个金融网点智能化改造团体标准——《物联网智慧银行网点管控系统技术要求》于2022年正式发布，为银行网点的智能化升级改造，提供了技术规范和应用参考。2022年，京东方的智慧网点综合管理平台的终端接入数量超过10 000台。2022年12月21日，京东方正式对外发布首个《"屏之物联"创新应用案例集》，作为其物联网创新业务的阶段性成果展示，该案例集聚焦"显示技术＋物联技术"融合的应用领域，收录了包括新兴消费、传感器件、工业互联、智慧金融、智慧园区、智慧出行、智慧教育、视觉艺术、数字艺术、智慧医疗等十大垂直场景的30个创新实践案例。2022年上半年，其自主研发的全媒体管控平台，在成都地铁实现落地应用，分别为文殊院站、桐梓林站等10余个核心站点，提供软硬融合的全媒体智能化升级服务。2022年下半年，京东方自主研发的智慧公交管控平台落地长沙桐梓坡，并提供了公交站台的模块化智慧驿站，是集创意候车亭、电子站牌、数字媒体、城市驿站、共享生态"五位一体"的智慧城市交通综合体。2022年由京东方牵头制定的《物联网－电子标签系统的物联网应用》通过国际物联网权威标准组织ISO/IEC JTC1 SC41正式发布，是中国智慧零售行业物联网国际标准。此外，京东方还获评第三方测试、检验和认证机构SGS颁发的产品碳足迹核查评估报告，成为全球零售领域电子价签产品的碳足迹评估报告。

创新保障能力：京东方通过短中长远期技术研发体系，推动技术快速产品化，并在实现技术价值孵化的同时，积极布局前瞻技术方向，确保公司技术实力持续领先。2021年京东方主持制修订外部技术标准42项，京东方牵头申请的IEC国际标准《柔性显示器件 基本额定值和特性》及2项国家标准《物联网电子价签系统总体要求》《电子染料液晶调光玻璃》获批立项，实现我国在柔性显示领域产品规范类国际标准突破。京东方持续全面推进数字化变革，以构建"一个、数字化、可视的京东方"为顶层目标，推动一系列数字化变革关键举措落地，全力构建"敏捷响应、高效协同、全域贯通"的数字化管理体系，以端到端为基础，激发组织活力，强化IT系统支撑，盘活数据资产，实现高效数字化运营，持续推动管理效率和经营效益提升，各项工作有序推进。京东方表示未来将继续提升智慧终端软硬融合系统设计能力，强化新技术转量产及创新业务技术储备，并持续开拓战略客户，加强与生态伙伴间合作，强化落地标杆项目，提升品牌影响力，加快实现业务规模增长。

四、大数据

1. 发展现状及政策

大数据技术是以数据为本质的新一代革命性的信息技术，在数据挖潜过程中，能够带动理念、模式、技术及应用实践的创新。大数据在数据科学理论的指导下，改变创新模式和理念，发展大数据技术，深化大数据应用和实践，而行业大数据将是大数据最大、最佳的应用领域。

大数据产业是指大数据的产业集群、产业园区，涵盖大数据技术产品研发、工业大数据、行业大数据、大数据产业主体、大数据安全保障、大数据产业服务体系等组成的大数据工业园区。大数据是指无法在一定时间范围内用常规软件工具进行捕捉、管理和处理的数据集合，是需要新处理模式才能具有更强的决策力、洞察发现力和流程优化能力的海量、高增长率和多样化的信息资产。自2014年大数据首次写入政府工作报告以来，我国大数据战略布局历经"预热""起步""落地"和"深化"阶段。2016年，大数据正式上升为国家战略，此后各地政府陆续出台促进大数据产业发展的指导文件，全国31个省级行政区划单位已发布大数据相关的发展政策。目前，我国各地发展大数据产业的规划图景已经基本完成，北京、上海、浙江、江苏、广东等省（区、市）早在2016年就发布了相关政策，如《北京市大数据和云计算发展行动计划》《上海市大数据发展实施意见》《浙江省促进大数据发展实施计划》。直到2019年3月，大数据连续6年被写入政府工作报告。大数据发展的环境日益完善。中国大数据产业从萌芽到如今渐成体系，已走过将近10个年头。"十四五"开局之年，大数据产业进入了集成创新、深度应用的新阶段。大数据在医疗、工业、交通等领域的融合应用技术加快创新突破，大数据融合应用重点从虚拟经济转变为实体经济；大数据底层技术方面，信息安全、模式识别、语言工程、计算机辅助设计、高性能计算等加快突破，大数据技术领域逐渐补齐短板，并进一步强化长板。

当前，数据已成为重要的生产要素，大数据产业作为以数据生成、采集、存储、加工、分析、服务为主的战略性新兴产业，是激活数据要素潜能的关键支撑，是加快经济社会发展质量变革、效率变革、动力变革的重要引擎。面对百年未有之大变局和新一轮科技革命和产业变革深入发展的机遇期，世界各国纷纷出台大数据战略，开启大数据产业创新发展新赛道，聚力数据要素多重价值挖掘，抢占大数据产业发展制高点（图4-79）。

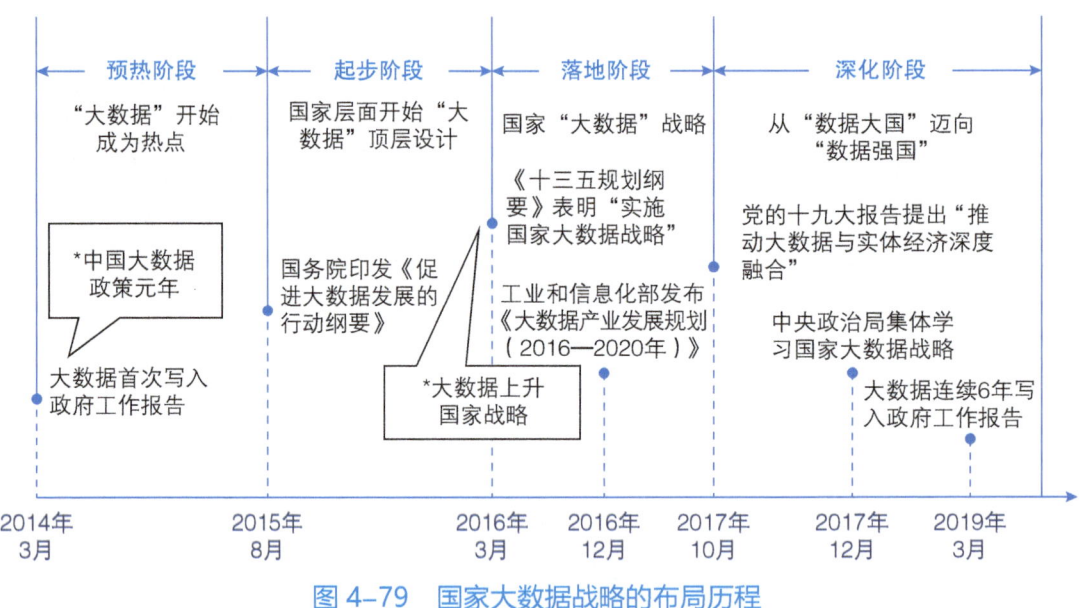

图4-79　国家大数据战略的布局历程

党中央、国务院高度重视大数据在推进经济社会发展中的地位和作用。2014年，大数据首次被写入政府工作报告，大数据逐渐成为各级政府关注的热点，政府数据开放共享、数据流通与交易、利用大数据保障和改善民生等概念深入人心。此后，国家相关部门出台了一系列政策，鼓励大数据产业发展，例如，2020年5月，工业和信息化部颁发《关于工业大数据发展的指导意见》，推动工业数据全面采集，加快工业设备互联互通，推动工业数据高质量汇聚，统筹建设国家工业大数据平台，推动工业数据开放共享，激发工业数据市场活力，深化数据应用，完善数据治理（表4-11）。

表 4-11 近年来国家层面大数据产业发展相关政策

时间	发布部门	政策名称	重点内容
2022 年	国务院	《政府工作报告》	提出促进数字经济发展；加强数字中国建设整体布局。建设数字信息基础设施，逐步构建全国一体化大数据中心体系，推进 5G 规模化应用、促进产业数字化转型，发展智慧城市、数字乡村
2021 年	工业和信息化部	《"十四五"大数据产业发展规划》	围绕加快培育数据要素市场、发挥大数据特性优势、夯实产业发展基础、构建稳定高效产业链、打造繁荣有序产业生态、筑牢数据安全保障防线 6 个方面提出重点任务，设置数据治理能力提升、重点标准研制及应用推广、工业大数据价值提升、行业大数据开发利用、企业主体发展能级跃升、数据安全铸盾 6 个专项行动
2020 年	工业和信息化部	《关于工业大数据发展的指导意见》	推动工业数据全面采集，加快工业设备互通，推动工业数据高质量汇聚，统筹建设国家工业大数据平台，推动工业数据开放共享，激发工业数据市场活力，深化数据应用，完善数据治理
2020 年	中央网信办	《关于做好个人信息保护利用大数据支撑联防联控工作的通知》	鼓励有能力的企业在有关部门的指导下，积极利用大数据，分析预测确诊者、疑似者、密切接触者等重点人群的流动情况，为联防联控工作提供大数据支持
2020 年	工业和信息化部	《工业数据分类分级指南（试行）》	阐述了工业数据的基本概念，介绍数据分类、数据分级、数据分级管理情况
2019 年	工业和信息化部	《电信和互联网行业提升网络数据安全保护能力专项行动方案》	通过集中开展数据安全合规性评估、专项治理和监督检查，督促基础电信企业和重点互联网企业强化网络数据安全全流程管理，及时整改消除重大数据泄露、滥用等安全隐患

数据来源：中国高新区研究中心整理，2022 年 8 月。

2. 产业链分析

大数据产业链上游包括硬件设备、资源管理平台、大数据平台等；中游为大数据交易服务、大数据采集和预处理服务、大数据分析服务、大数据可视化服务、大数据安全服务等；下游广泛应用于政府、工业、金融、电信、交通等方面（图 4-80）。

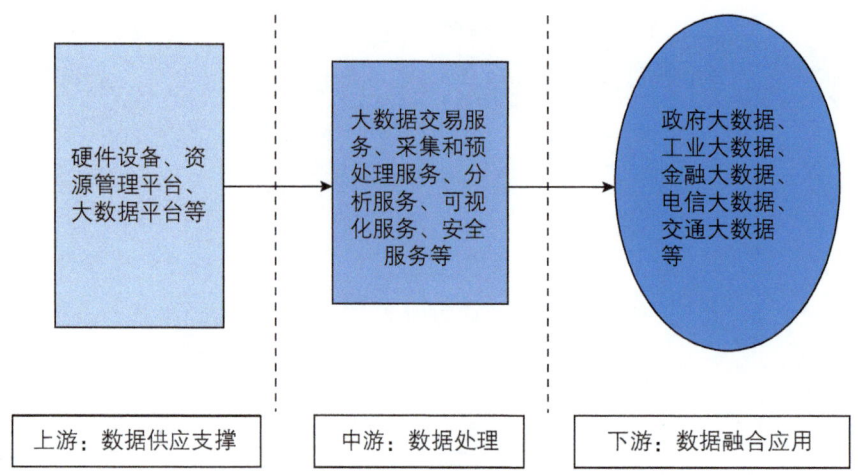

图 4-80　大数据产业链图示

上游：大数据产业上游主要是数据基础设施层，是整个大数据产业的引擎和基础，它涵盖了网络、存储和计算等硬件基础设施及资源管理平台等随着物联网、电子商务、社会化网络的快速发展，全球大数据储量迅猛增长，成为大数据产业发展的基础。2017年，全球大数据储量为21.6 ZB；2021年，全球大数据储量达到53.7 ZB，年均增长25.57%（图4-81）。

图 4-81　2017—2021 年全球大数据储量及增速

目前中国的数据产生量约占全球数据产生量的23%，美国的数据产生量占比约为21%，EMEA（欧洲、中东地区、非洲）的数据产生量占比约为30%，APJxC（日本、亚太地区）数据产生量占比约为18%，全球其他地区数据产生量占比约为8%（图4-82）。

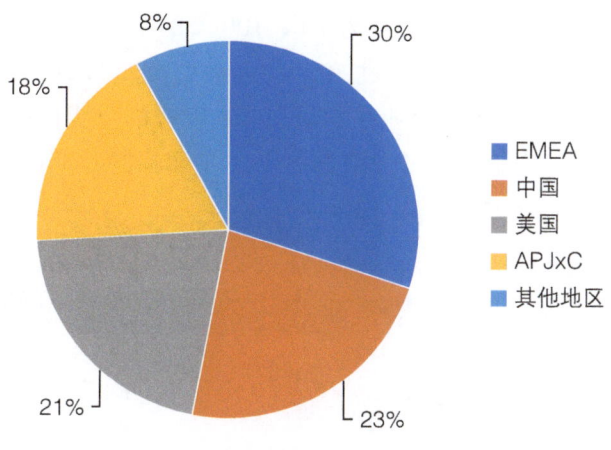

图 4-82　全球数据产量区域分布

近年来，我国互联网产业高速发展，带来数据量的迅猛增加。2018 年，我国数据产量总规模为 3.0 ZB，2021 年，我国数据产量总规模为 5.7 ZB，年均增长 23.86%。人均数据产量方面，2018 年，我国人均数据产量为 2.4 TB，2021 年，我国人均数据产量为 4.2 TB，年均增长 20.51%（图 4-83）。

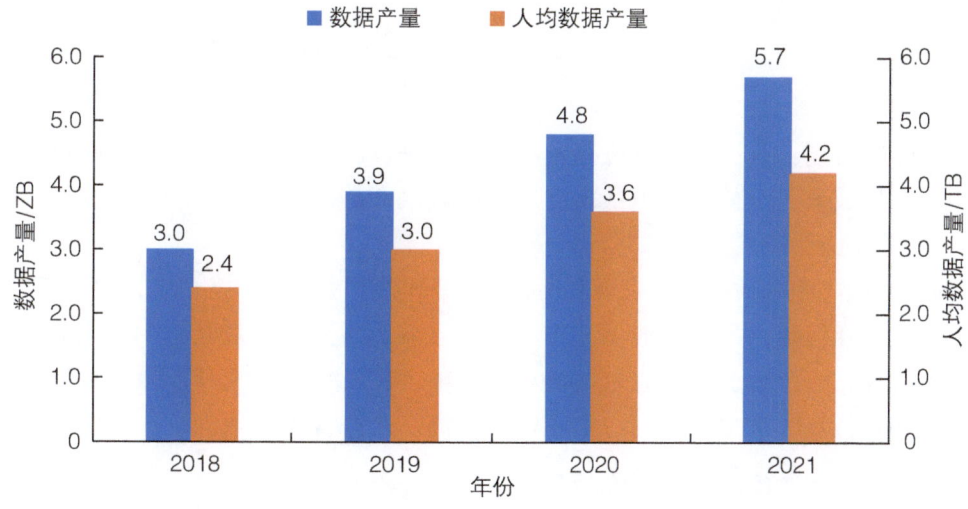

图 4-83　2018—2021 年中国数据产量和人均数据产量

中游：中游大数据服务领域，数据服务层是大数据市场的未来增长点之一，随着 5G 商用的全面推广，数据采集和预处理需求将快速上升；此外，随着数字技术日益复杂，提供第三方数据分析、可视化和安全服务的市场也将持续壮大。目前我国大数据产业迎来新的发展机遇期，产业规模日趋成熟。在互联网快速普及、物联网加速渗透的背景下，PC、手机、传感设备等领域全面兴起，推动全球数据行业发展，使其呈现倍数增长、海量集聚的特点，为大数据产业发展奠定了庞大的数据基础。

当前大数据产业的地域布局中，东部沿海地区经济相对较发达，大数据产业的上市公司多分布在北京及东部沿海地区，其中主要以北京、上海、广州等省（区、市）分布居多。北京市的大数据产业上市公司数量最多，达到了 37 家，广东省为 21 家，上海为 10 家，其余省份的大数据上市公司均在 10 家以下。我国大数据企业规模为 10~100 人的小型企业占主导地位。数据显示，我国大数据领域的企业超过 3000 余家，而超过 70% 的大数据企业为 10~100 人规模的小型企业，在产业蓬勃向上的发展阶段离不开中小企业在创新创业中发挥的重要作用。政策上伴随"新基建"成为拉动国内经济发展的新一轮驱动力，大数据中小企业面临的外部市场环境和依托的基础设施也发生重大变化，从而影响企业规模分布（图 4-84）。

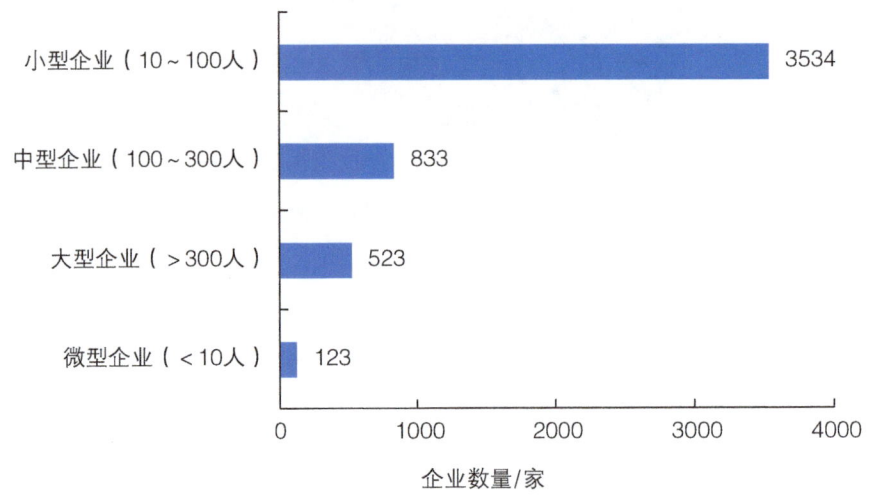

图 4-84　中国大数据企业规模情况

下游：在下游应用市场，我国大数据应用正在快速扩张，在工业、金融、健康医疗等众多领域的大数据应用均初见成效。目前大数据最广泛应用于金融领域。未来，随着大数据技术应用的覆盖范围变得更大，其他领域的领域将加强。

目前，我国的大数据产业进入高质量发展阶段，大数据软件和大数据服务的需求开始不断提升，大数据硬件占比有所下降但仍占据主导地位，2021 年，在我国大数据市场结构中，大数据硬件、大数据软件和大数据服务的市场占比分别为 40.5%、25.7% 和 33.8%。近几年，大数据硬件的占比在逐渐下降，大数据软件和大数据服务的占比在逐步提高。未来我国大数据软件和服务市场相比硬件市场将呈现更好的发展态势（图 4-85）。

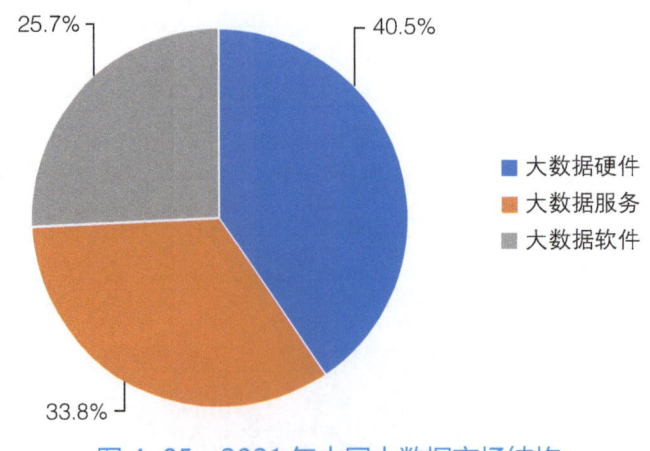

图 4-85　2021 年中国大数据市场结构

大数据分析是指借助大数据技术对规模巨大的数据进行处理、分析挖掘、应用等，以实现大数据价值，并以产品或服务等形式，赋能客户数字化运营的大数据细分行业。大数据分析方面，在大数据时代背景下，政府数字化转型正在加速进行中，大数据技术的应用也在逐步加深。近年来，伴随下游行业对全业务流程数字化运营需求的增加，大数据分析市场取得了良好发展，呈现出高速发展态势。2021年，在我国大数据分析市场下游行业中，金融、政府、电信和互联网居应用领域前4位，市场占比分别为19.1%、16.5%、15.2%和13.9%，合计超过60%（图4-86）。

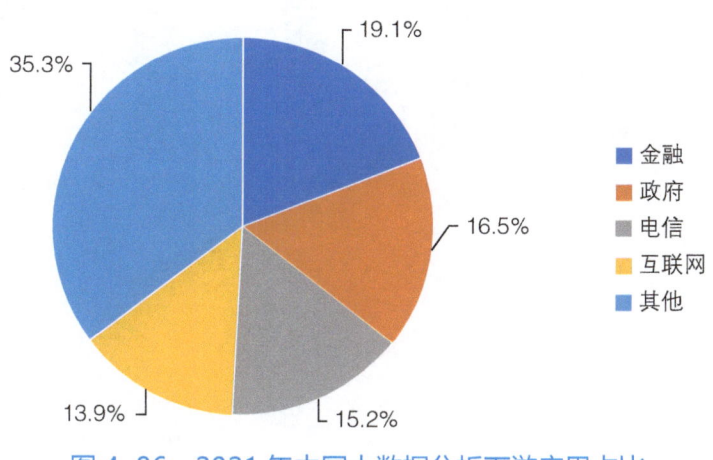

图4-86　2021年中国大数据分析下游应用占比

3. 产业创新能力

伴随着国家快速推动数字经济、数字中国、智慧城市等发展建设，未来大数据行业对经济社会的数字化创新驱动、融合带动作用将进一步增强，应用范围将得到进一步拓宽，大数据市场也将保持持续快速的增长态势。2023年1月，中国信息通信研究院云计算与大数据研究所发布了《大数据白皮书（2022年）》（简称《白皮书》）。《白皮书》显示，当前我国大数据产业规模高速增长，2021年我国大数据产业规模增加到1.3万亿元。大数据产业创新能力不断增强，2021年我国发表大数据领域论文量占全球的31%，大数据相关专利受理总数在全球超50%。大数据产业生态持续优化，2021年我国大数据市场主体总量超18万家，一批大数据龙头企业快速崛起，初步形成了大企业引领、中小企业协同、创新企业不断涌现的发展格局。2021年大数据产业在十大概念产业中排名第六，综合得分为66.42分，其中创新投入得分为16.98分，创新产出得分为31.03分，创新保障得分为18.41分。

（1）创新投入能力

在创新人员投入方面（图4-87、图4-88），2021年，国家高新区内大数据上市公司硕士研究生学历及以上人员占企业员工比重为8.30%，与2017年相比，年均增长0.828个百分点，在5年间总体上逐年递增，但是在2018年略有下降，说明国家高新区内大数据上市公司注重对高学历人才的引进；研发人员为21.75万人，逐年上升，与2017年相比，年均增长12.96%，说明国家高新区内大数据上市公司注重对研发人才的引进。

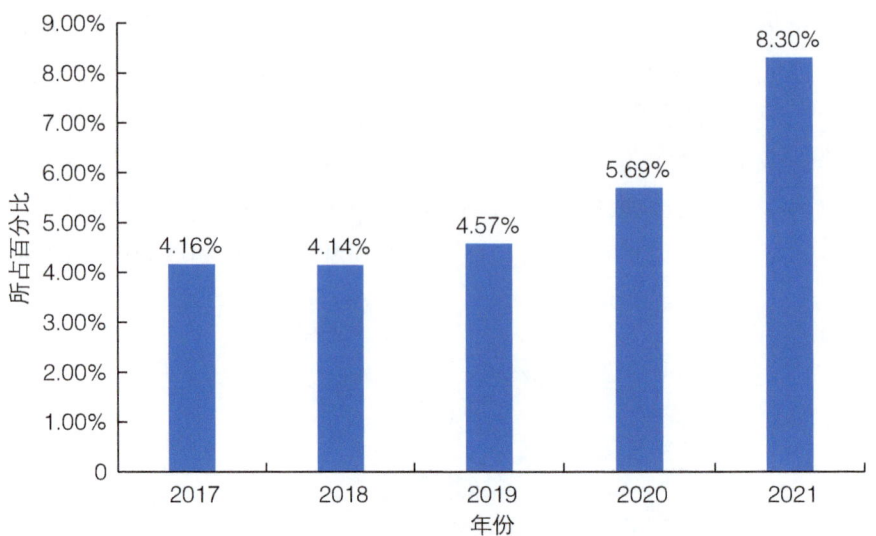

图 4-87　2017—2021 年国家高新区内大数据上市公司硕士研究生学历及以上人员占企业员工比重

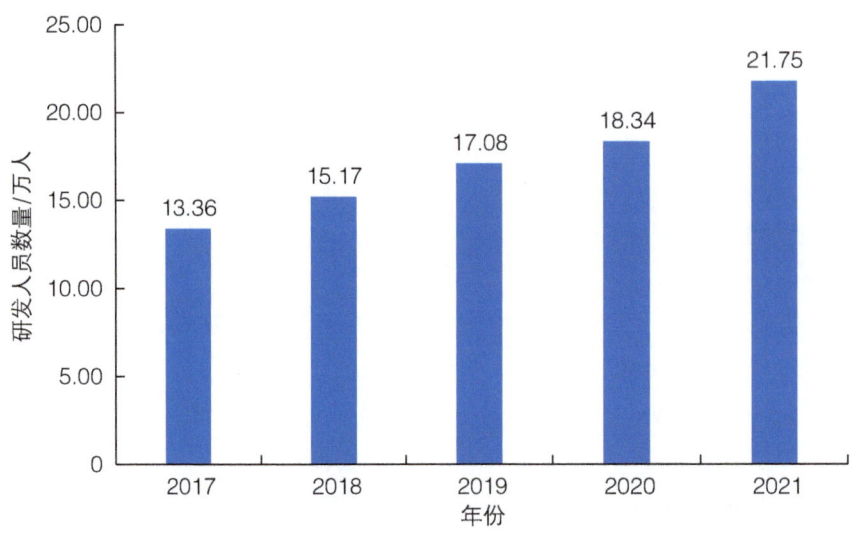

图 4-88　2017—2021 年国家高新区内大数据上市公司研发人员数量

在资金投入方面（图 4-89 至图 4-91），在 5 年间总体上逐年递增的，但是在 2018 年略有下降，2021 年，国家高新区内大数据上市公司研发投入占营业收入比重为 11.68%，与 2017 年相比，年均增长 0.94 个百分点，连续 4 年保持稳定增长，说明国家高新区内大数据上市公司比较注重对研发资本的投入；企业获得的政府创新补贴为 70.48 亿元，与 2017 年相比，年均增长 13.40%，呈持续上升趋势，说明政府部门大力支持大数据上市公司进行不断创新；研发人员人均经费总体上是逐年递增的，2021 年研发人员人均经费为 32.75 万元，与 2017 年相比，年均增长 12.66%，在资金投入方面，3 个指标年均增长率均超过 10%，说明国家高新区内大数据上市公司注重对研发经费的投入。

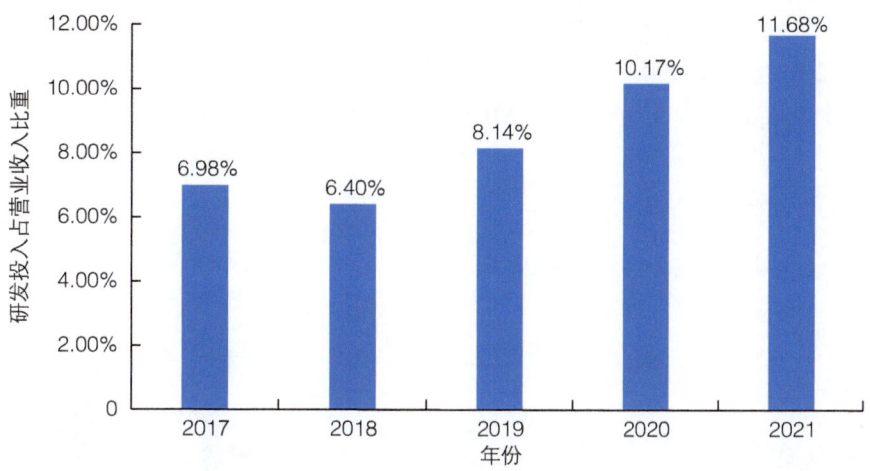

图 4-89　2017—2021 年国家高新区内大数据上市公司研发投入占营业收入比重

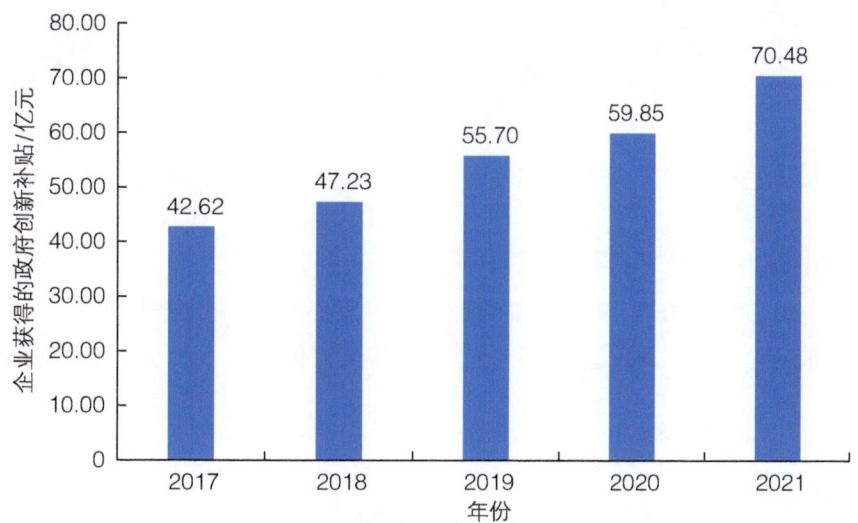

图 4-90　2017—2021 年国家高新区内大数据上市公司获得的政府创新补贴

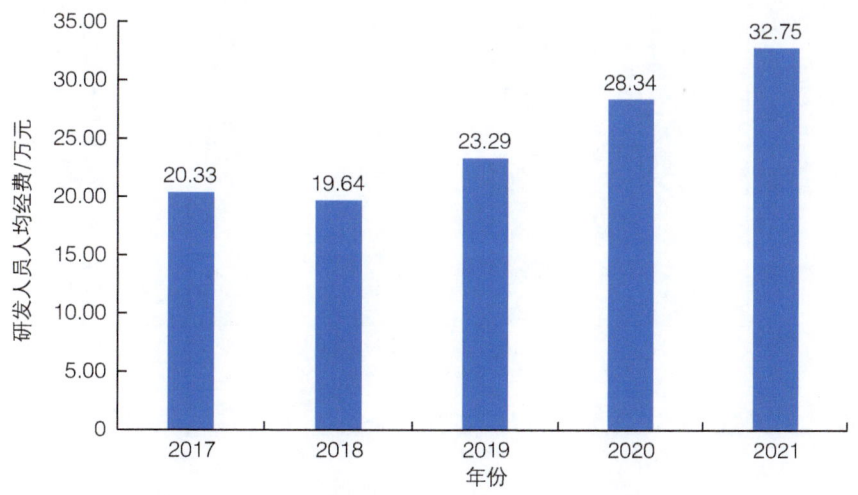

图 4-91　2017—2021 年国家高新区内大数据上市公司研发人员人均经费

在物资投入方面（图4-92），2021年，国家高新区内大数据上市公司当年购置的机器设备价值50.67亿元，与2017年相比，年均增长20.87%，较2020年有所下降，但从近5年的年均增长来看，增速较快，说明国家高新区内大数据上市公司注重对研发设备的投入。

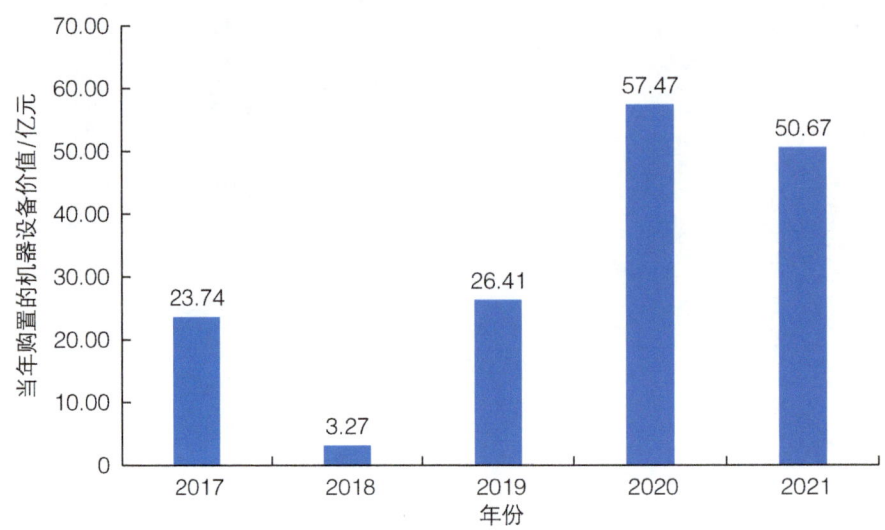

图4-92　2017—2021年国家高新区内大数据上市公司当年购置的机器设备价值

（2）创新产出能力

在技术成果产出方面（图4-93），2021年，国家高新区内大数据上市公司新增专利数为6491件，近2年来新增数量相对较少，说明国家高新区内大数据上市公司技术成果转化方面仍在继续努力。

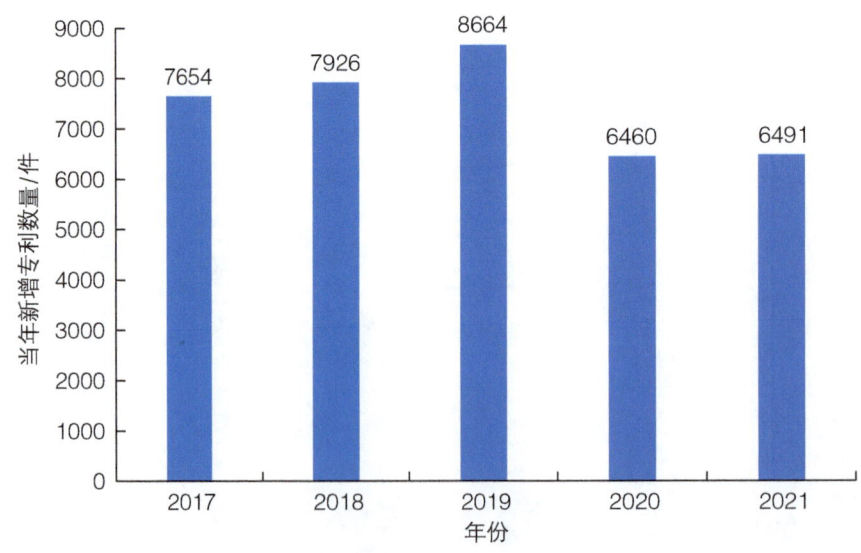

图4-93　2017—2021年国家高新区内大数据上市公司当年新增专利数量

在经济效益方面（图 4-94），2021 年，国家高新区内大数据上市公司当年新增知识产权价值为 35.56 亿元，较 2020 年有大幅度上涨，与 2017 年相比，年均增长 29.74%。

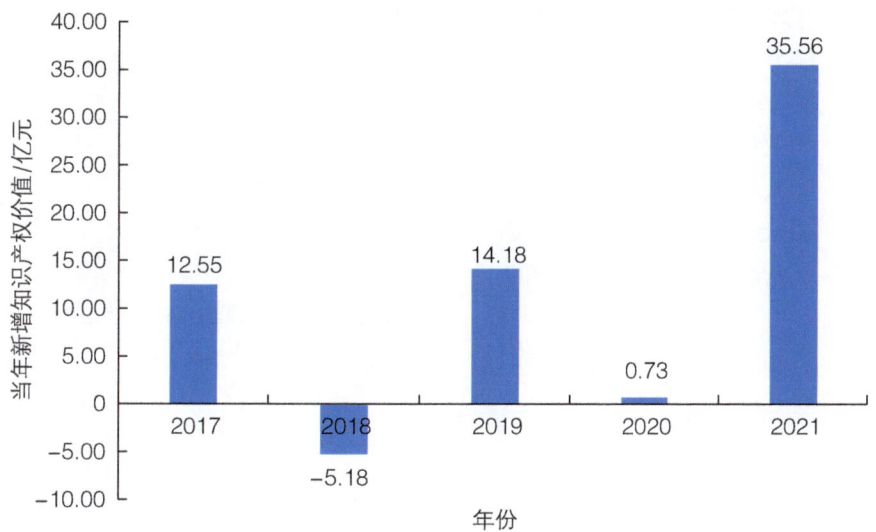

图 4-94　2017—2021 年国家高新区内大数据上市公司当年新增知识产权价值

在商业革新方面（图 4-95、图 4-96），2021 年，国家高新区内大数据上市公司取得子公司及其他营业单位支付的现金净额 24.49 亿元，较 2020 年同比上涨 43.7%，近年来存在一定波动性。2021 年商誉值为 628.83 亿元，同比 2020 年有小幅下降，且连续 4 年持续下降，说明需要继续加强企业商誉度。

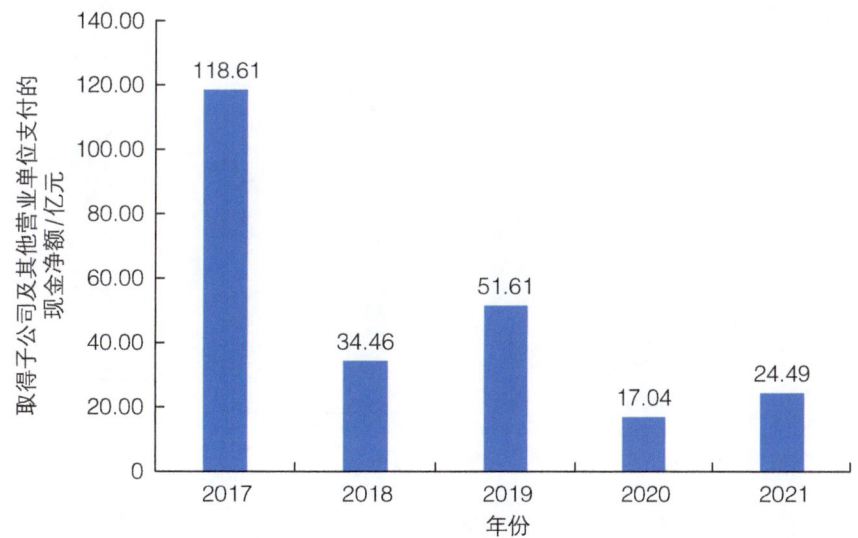

图 4-95　2017—2021 年国家高新区内大数据上市公司取得子公司及其他营业单位支付的现金净额

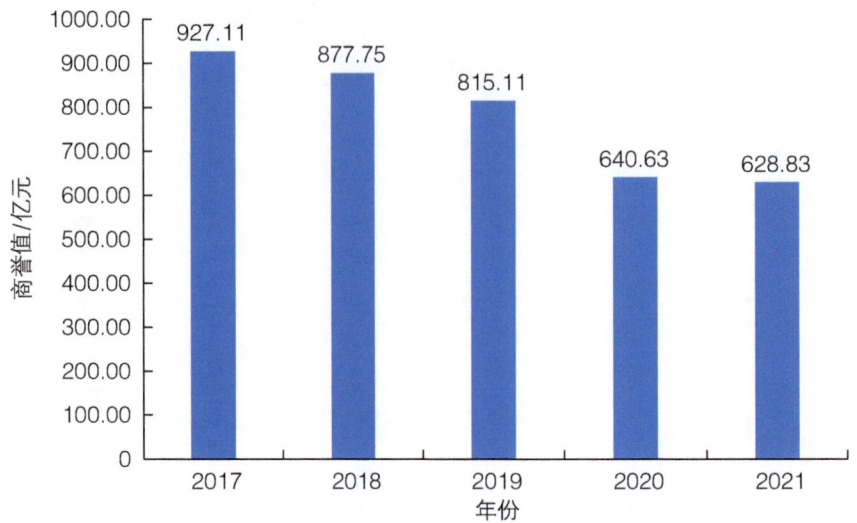

图 4-96 2017—2021 年国家高新区内大数据上市公司企业商誉值

(3) 创新保障能力

在经济保障方面（图 4-97、图 4-98），国家高新区内大数据上市公司营业收入都是逐年上升的，2021 年，国家高新区内大数据上市公司营业收入为 9796.17 亿元，与 2017 年相比，年均增长 13.93%，说明国家高新区内大数据上市公司拥有较强的再生产基础；总市值均值为 29 267.83 亿元，与 2017 年相比，年均增长 12.46%，近 3 年来出现较高的增长态势，说明具有良好的融资市场来获取创新资本。

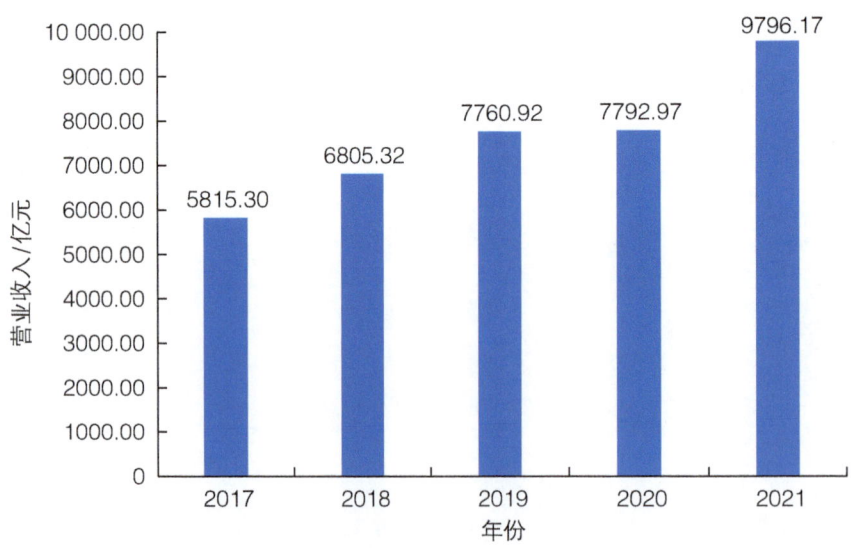

图 4-97 2017—2021 年国家高新区内大数据上市公司营业收入

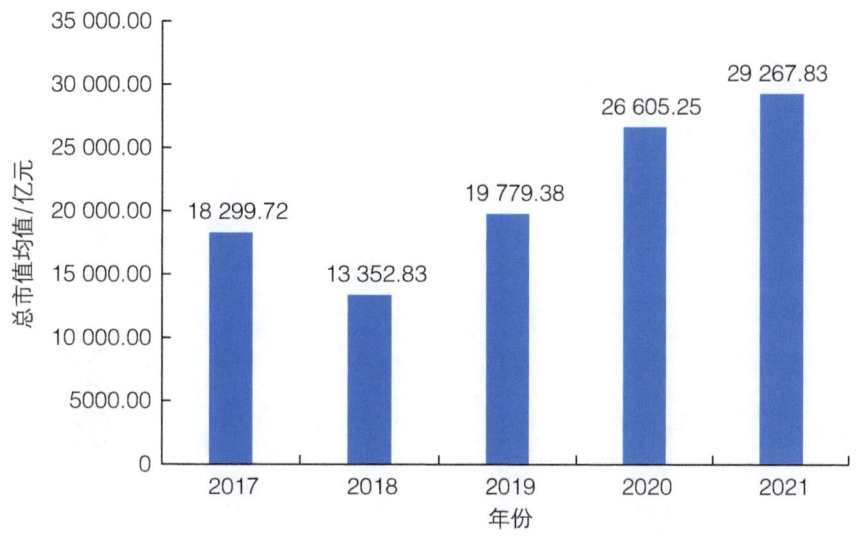

图 4-98　2017—2021 年国家高新区内大数据上市公司总市值均值

在运营保障方面（图 4-99），资产负债率是衡量企业负债水平及风险程度的重要标志。2021 年资产负债率为 39.36%，与 2017 年相比，年均增长 2.22 个百分点，2021 年资产负债率增速较快，需要特别关注上市公司负债情况。

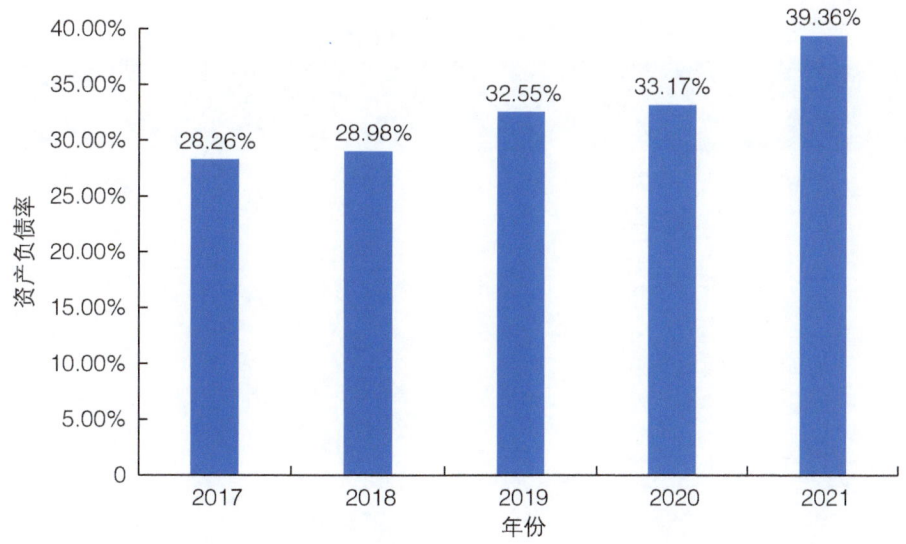

图 4-99　2017—2021 年国家高新区内大数据上市公司资产负债率

在文化保障方面（图 4-100），2021 年，国家高新区内大数据上市公司从业人员人均教育经费为 1707.71 元，与 2017 年相比，年均增长 26.78%，2021 年较 2020 年同比上涨 48.0%，增速较快，说明国家高新区内大数据上市公司人才培养力度在逐渐加强。

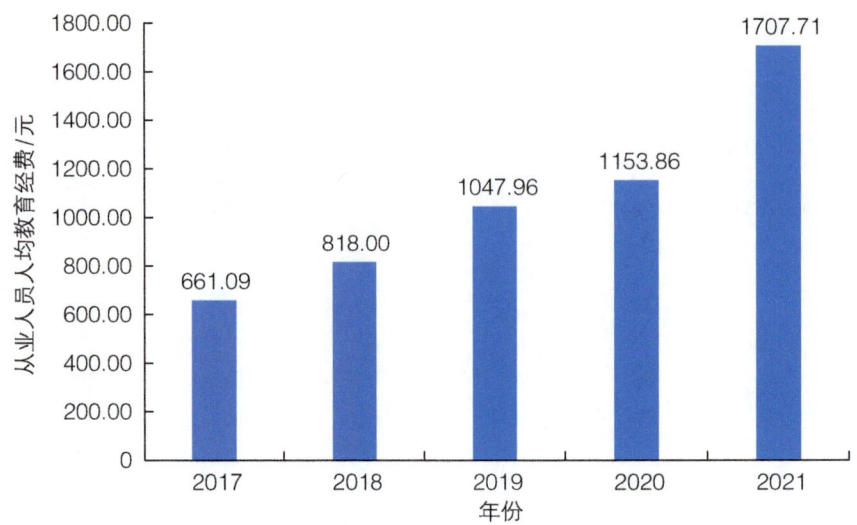

图 4-100　2017—2021 年国家高新区内大数据上市公司从业人员人均教育经费

4. 产业内上市公司 20 强名单

结合第三章企业创新能力分析，通过对国家高新区内大数据产业 172 家上市公司指标数据进一步归纳整理及评价分析，得出大数据产业创新能力排名 20 强上市公司具体如表 4-12 所示。

表 4-12　2021 年国家高新区内大数据产业上市公司 20 强

排名	证券代码	公司中文名称	省市	组织形式	是否高企	A 创新投入能力	B 创新产出能力	C 创新保障能力	创新指数得分
1	002415.SZ	杭州海康威视数字技术股份有限公司	浙江	中央国有企业	是	21.18	38.11	19.72	79.01
2	600498.SH	烽火通信科技股份有限公司	湖北	中央国有企业	是	20.34	34.37	18.06	72.77
3	000977.SZ	浪潮电子信息产业股份有限公司	山东	地方国有企业	是	21.23	34.38	17.06	72.67
4	603019.SH	曙光信息产业股份有限公司	天津	中央国有企业	是	20.93	32.39	17.68	70.99
5	600271.SH	航天信息股份有限公司	北京	中央国有企业	是	15.55	35.72	17.60	68.87
6	688561.SH	奇安信科技集团股份有限公司	北京	民营企业	是	17.22	33.48	18.08	68.79
7	603660.SH	苏州科达科技股份有限公司	江苏	民营企业	是	18.22	33.62	16.60	68.44
8	600588.SH	用友网络科技股份有限公司	北京	民营企业	是	16.62	34.33	17.38	68.33

续表

排名	证券代码	公司中文名称	省市	组织形式	是否高企	A创新投入能力	B创新产出能力	C创新保障能力	创新指数得分
9	300188.SZ	厦门市美亚柏科信息股份有限公司	福建	中央国有企业	是	16.64	33.65	17.53	67.82
10	002405.SZ	北京四维图新科技股份有限公司	北京	民营企业	是	17.22	32.67	17.34	67.22
11	688023.SH	杭州安恒信息技术股份有限公司	浙江	民营企业	是	16.85	32.71	17.56	67.12
12	603458.SH	贵州省交通规划勘察设计研究院有限公司	贵州	民营企业	是	17.43	34.03	15.53	66.99
13	000938.SZ	紫光股份有限公司	北京	中央国有企业	是	19.57	30.31	16.88	66.76
14	603610.SH	麒盛科技股份有限公司	浙江	民营企业	是	15.52	34.31	16.71	66.54
15	000997.SZ	福建新大陆科技集团有限公司	福建	民营企业	是	17.46	32.37	16.64	66.47
16	688095.SH	福建福昕软件开发股份有限公司	福建	民营企业	是	17.92	33.07	15.46	66.44
17	002335.SZ	科华数据股份有限公司	福建	民营企业	是	15.43	33.34	17.58	66.35
18	300349.SZ	金卡智能集团股份有限公司	浙江	民营企业	是	16.33	33.00	16.97	66.30
19	002268.SZ	卫士通信息产业股份有限公司	四川	中央国有企业	是	17.98	31.41	16.83	66.22
20	600845.SH	上海宝信软件股份有限公司	上海	中央国有企业	是	17.82	33.75	14.54	66.12

数据来源：中国高新区研究中心整理，2022年8月。

5. 典型企业

杭州海康威视数字技术股份有限公司成立于2001年，是一家专注技术创新的科技公司。秉承"专业、厚实、诚信"的经营理念，践行"成就客户、价值为本、诚信务实、追求卓越"的核心价值观，海康威视致力于将物联感知、人工智能、大数据技术服务于千行百业，引领智能物联新未来。海康威视充分发挥在智能物联和大数据领域的深厚技术积累和先发优势，深挖行业需求，不断深化感知基座、智能基座、数据基座等基础支撑能力，丰富在智慧城市、公共安全、智慧交通、生态环保等行业的智能应用。

2015年，海康威视的定位是"领先的视频产品和内容服务提供商"。2016年，公司调整为"以视频为核心的物联网解决方案和数据运营服务提供商"。2018年，海康威视再将定位微调成"以视频为核心的智能物联网解决方案和大数据服务提供商"，增添"智能""物联网""大数据"等词汇，海康威视结合技术的逐步成熟，对自身的定位也更加清晰。

2021年，海康威视创新投入能力得分为21.18分，创新产出能力得分为38.11分，创新保障能力得分为19.72分，综合得分为79.01分，在国家高新区大数据产业上市公司中排名第一，排名较2020年没有变化。2021年，企业实现营业收入814.2亿元，同比增长28.21%，归属净利润168.0亿元。按照企业产品分类，海康威视2021年主业产品及服务业务营业收入645.3亿元，多维感知、人工智能、大数据三大核心能力为支撑拓展的创新业务是增长的重要驱动力：2021年，海康威视创新业务整体收入122.71亿元，同比增长98.93%，建造工程业务为40.04亿元，其他（补充）业务为6.169亿元。

创新投入能力：海康威视智能服务器依托公司在业务端的扎实积累和技术端强大能力，围绕智能物联网、大数据服务及智慧业务等核心领域，持续巩固竞争优势，引领行业发展趋势。截至2021年末，海康威视现有员工52 752人，其中研发人员和技术服务人员超25 352人，2017—2021年，海康威视的研发占收入比重分别为7.62%、8.99%、9.51%、10.04%、10.13%，研发投入占比逐年提高。海康威视是博士后科研工作站单位，建立了以杭州为中心，辐射北京、上海、武汉、西安、成都、重庆、石家庄、加拿大蒙特利尔、英国伦敦的全球研发中心体系。

基于海康威视在人工智能和大数据方面的技术创新，为用户提供丰富的硬件产品、软件平台、智能算法、数据模型。海康威视数智软件家族谱系日益壮大，已形成"两池三库七平台一屏一环境"等基础软件及可视指挥、报警管理等10大类70余款通用软件。以感知融合赋能平台为例，该平台通过点位共建、资源共用、算法共管、算力共融、能力共享、事件共治等能力，赋能公共服务领域各细分行业用户，在城市治理、环境保护等场景广泛应用。此外，还沉淀了数百个贴合行业业务的智能算法和数据模型，已覆盖公共服务领域的大部分业务场景。

2021年，海康威视"两池三库七平台一环境"的内容不断丰富完善。"两池"是指计算存储资源池和数据资源池，包括边缘云和中心云计算平台、云存储平台、大数据基础平台；"三库"是指组件仓库、算法仓库、模型仓库，分别支持组件、算法和模型的管理和复用；"七平台"是指资源管理调度平台、智能感知联网平台、AI开放平台、感知融合赋能平台、物信融合数据资源平台、智能应用开放平台、一体化运维服务平台，为各类智能应用场景提供存算资源调度、设备接入联网、智能算法训练、智能服务发布、数据汇聚治理、智能应用开发、一体化运维服务能力；"一环境"是指四维空间操作环境，即与物理世界对应的虚拟时空操作环境，支持感知资源和数据资源在同一时空环境中的存储、关联和分析。原有的"一屏"，即大屏可视化应用开发工具与"一环境"有机整合，支持在零编码的情况下进行可视化应用的配置及与数据的关联，实现数据在同一时空环境中的多方式可视化展现。

创新产出能力：海康威视基于物信融合数据资源平台提供的大数据采集、治理、分析和服务能力，为各行各业提供大数据应用服务，在此过程中，积累了一批行业业务数据模型，基于模型仓库进行管理，并可在其他同类应用场景进行复制应用和优化。以交通领域为例，提供了违法停车整治模型、城市道路交通运行评价诊断模型、城市道路交通溯源分析模型、城市道路交通短时预测模型、高精度交通流实时在线仿真模型、可变车道特征研判与控制模型、潮汐车道特征研判与控制模型、公交优先信号控制模型、套牌车时空分析研判模型、碰瓷车分析模型、基于标准语义解析的交通事故地址解析模型、公交 OD5 客流分析模型、公路货车绕行分析模型、驾驶行为习惯标签及综合评分模型、驾驶行为安全风险管控模型、基于主动安全数据的风险路段挖掘模型。在制药企业，以"多维感知、数据共享、业务联动"为核心理念，建设敏捷运营指挥中心。利用大数据技术挖掘物联感知数据，基于 3D 地图、实景指挥应用，实现生产园区的综合态势展示和可视化指挥调度。

截至 2021 年 12 月 31 日，海康威视在中国大陆设有 32 家省级业务中心、300 多个城市分公司，在港澳台地区及海外国家/地区设立了 66 家分支机构，为全球 150 多个国家和地区的客户提供产品和服务，在二十国集团领导人第十一次峰会、2008 年北京奥运会、中国 2020 年上海世界博览会、APEC 会议、北京大兴国际机场、港珠澳大桥等重大项目中发挥了重要作用。2022 年 1 月 18 日，杭州 2022 年第 19 届亚运会、第 4 届亚残运会官方智能物联及大数据服务赞助商签约会举行。会上，海康威视正式成为杭州 2022 年亚运会、亚残运会官方赞助商，将为本次赛事提供智能指挥、智能安防与安检、智能交通调度等多领域的智能服务，助力打造"智能亚运"。

嵌入式存储产品自 2019 年推出以来，依托持续的研发投入、严格的品控标准及既往丰富的嵌入式存储应用经验，为客户提供高可靠性、高兼容性的产品和本地化的服务。截至 2021 年，公司嵌入式存储已经覆盖 SLC14NAND、eMMC15、LPDDR16、DDR417 等产品系列，满足电力、网通、手机、安全防范、智能家居等行业客户的需求。

创新保障能力： 海康威视专注于物联感知、人工智能和大数据领域的技术创新，提供软硬融合、云边融合、物信融合、数智融合的智能物联系列化软硬件产品，具备大型复杂智能物联系统建设的全过程服务能力。20 余年来，海康威视提供的感知技术手段从可见光拓展到毫米波、红外线、X 光、声波等更广泛的领域，提供的产品从物联感知设备拓展到与人工智能、大数据技术充分融合的智能物联产品、IT 基础产品、平台服务产品、数据服务产品和应用服务产品，从事的领域从综合安防拓展到智能家居、数字化企业、智慧行业和智慧城市。海康威视提供包括总体技术规范、通用技术规范、软件接口规范、物联感知技术规范、智能算法技术规范、大数据治理与服务规范、技术管理规范等 90 多个相关标准规范，保障生态伙伴的技术成果与海康威视软硬件产品无缝对接。

2022 年 8 月 28 日，"智慧应急技术产业高质量发展论坛"在杭州举办，杭州海康威视数字技术股份有限公司应急管理行业总经理佟悦发表了题目为《大应急·大安全·大消防——打造智慧应急综合应用体系》的演讲，演讲中佟悦提到，在大数据全景应用体系方面，海康威视可以提供行业领先的大数据产品+服务体系（N+2），助力应急大数据应用落地。其中，"N"是以物信融合数据资源平台为核心的 N 个产品；"2"是数据资产标准管理体系+数据工程实施服务。在提供行业领先的大数据产品+服务体系方面，整个产品体系主要分为 4 大块：提供存算能力的大数据基础平台 HBP，在海康又被叫作数据资源池；提供源头治理能力的物联要素综合治理应用；提供数据全生命周期管理、治理能力的物信融合数据资源平台及相关选件包；其他相关的一系列独立软件，如模型仓库、BI 可视化分析平台、HDI 数据集成软件等，都是从数据资源平台中结合特定场景进行独立的软件产品。除产品外，一套数据资产标准管理体系、数据工程实施保障应急大数据应用也相继落地。在数据全生命周期管理方面，融合海康感知特色，达成"标、汇、存、治、析、享"。

五、5G概念产业

1. 发展现状及政策

5G即第五代移动通信技术（5th generation mobile networks或5th generation wireless systems、5th-generation，简称"5G"或"5G技术"）是最新一代蜂窝移动通信技术，也是继4G（LTE-A、WiMAX）、3G（UMTS、LTE）和2G（GSM）系统之后的延伸。5G的性能目标是高数据速率、减少延迟、节省能源、降低成本、提高系统容量和大规模设备连接。由于数据传输更快，5G网络将不仅为手机提供服务，而且还将成为一般性的家庭和办公网络提供商，与有线网络提供商竞争。5G技术的定义首次出现在下一代移动网络联盟发布的2015年白皮书中。2015—2016年，5G技术通过了测试及预研究。2017年，3GPP设立5G标准，并开始了技术试验，助力DAS、LTE-U等补充技术的发展。2018年，大规模MIMO及数字波束被开发，可增强5G信号并满足终端用户需求。5G频率达到6Ghz。2020年，毫米波获引入5G技术，具有超高带宽及超高吞吐量。

近年来，5G基站建设稳步推进，2021年，全国5G基站为142.5万个，全年新建5G基站超过65万个。目前5G已经被列入我国重点发展战略，随着工业4.0时代的到来，数字化转型已成为各行业发展的必然趋势。作为数字经济关键支撑和新基建的重要组成部分，5G将进一步与各行业相融相通，形成新型行业信息化基础设施。目前我国已经完全达到了之前5G网络建设的预期，成为当前世界上5G建设范围最大的国家。

2021年，国家加快"双千兆"建设，推动国家大数据中心发展，构建云网融合新型基础设施，赋能社会数字化转型的供给能力不断提升。我国建成全球最大5G网，实现覆盖全国所有地级市城区、超过98%的县城城区和80%的乡镇镇区，并逐步向有条件、有需求的农村地区逐步推进；同时，信息技术加速赋能传统行业，5G行业应用创新案例超10 000个，覆盖工业、医疗等20多个国民经济行业，应用环节从生产辅助环节向核心环节渗透，"5G+工业互联网"的典型应用场景逐步向规模化复制演进。全国有超过300个城市启动千兆光纤宽带网络建设，全年互联网宽带接入投资比2020年增长40%。

我国在行业发展政策、产业融合等多方面积极推动5G的大力发展与行业引进。2019年5月，工业和信息化部、国资委印发《关于开展深入推进宽带网络提速降费支撑经济高质量发展2019专项行动的通知》提出，指导各地做好5G基站站址规划等工作，进一步优化5G发展环境，继续推动5G技术研发和产业化，促进系统、芯片、终端等产业链进一步成熟。2021年4月，工业和信息化部等十部门联合印发《5G应用"扬帆"行动计划（2021—2023年）》中提出，到2030年5G个人用户普及率超过40%，用户数超过5.6亿。中国5G行业受到各级政府的高度重视和国家产业政策的重点支持。国家陆续出台了多项政策，鼓励5G基站行业发展与创新（表4-13）。

表4-13 近年来国家层面5G产业发展相关政策

时间	发布部门	政策名称	重点内容
2021年	工业和信息化部	《5G应用"扬帆"行动计划（2021—2023年）》	面向信息消费、实体经济、民生服务三大领域，重点推进5G在工业互联网、车联网、智慧港口、智慧采矿等15个行业的应用，通过三年时间初步形成5G创新应用体系，到2030年5G个人用户普及率超过40%，用户数超过5.6亿
2021年	工业和信息化部	《工业互联网专项工作组2021年工作计划》	重点推进工业互联网5个方面、11项重点任务和10大重点工程，其中深化"5G工业互联网"是重点内容，提出了相关重点工作、具体举措及年度成果目标
2021年	工业和信息化部	《"5G+工业互联网"十个典型应用场景和五个重点行业实践》	着力推进采矿等重点行业利用"5G工业互联网"加快数字化转型
2021年	工业和信息化部	《关于提升5G服务质量的通知》	全面提升思想认识，高度重视服务工作。做好5G服务工作是践行以人民为中心的发展思想，着力解决好人民群众最关心最直接最现实利益问题的重要举措。各基础电信企业要提高政治站位，带着责任、带着感情开展工作，深化企业内部横向联动、纵向穿透的服务管理制度建设，制定完善本企业5G服务标准，加大对实体营业厅、客服热线等一线窗口的服务考核力度，将5G服务质量作为一线窗口绩效考核的重要内容
2020年	工业和信息化部	《关于推动工业互联网加快发展的通知》《关于推动5G加快发展的通知》	强调实施"5G工业互联网"512工程，总结形成可持续、可复制、可推广的创新模式和发展路径，促进"5G工业互联网"融合创新发展
2019年	工业和信息化部、国资委	《关于开展深入推进宽带网络提速降费支撑经济高质量发展2019专项行动的通知》	各地做好5G基站站址规划等工作，进一步优化5G发展环境，继续推动5G技术研发和产业化，促进系统、芯片、终端等产业链进一步成熟

数据来源：中国高新区研究中心整理，2022年8月。

2. 产业链分析

5G产业链上游包括5G基站、光纤光缆、射频器件、光器件、连接器等；中游为中国移动、中国电信、中国联通、中国广电、海外运营商等；下游广泛应用于政府、金融、教育、医疗、交通、能源、文化、卫生等行业和手机、智能家电、物联网等终端设备（图4-101）。

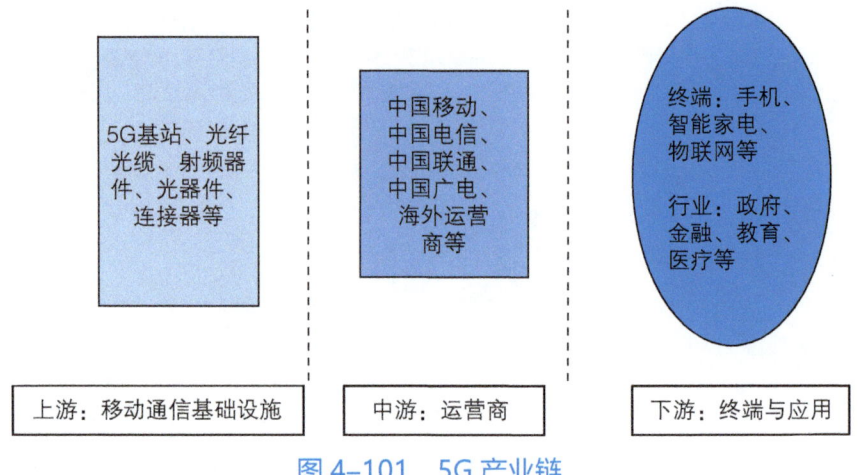

图 4-101　5G 产业链

上游：2022 年 8 月 2 日，国家互联网信息办公室会同相关方面跟踪监测各地区、各部门数字化发展情况，开展数字中国发展水平评估工作，编制完成《数字中国发展报告（2021 年）》（简称《报告》）。《报告》显示，截至 2021 年底，我国已建成 142.5 万个 5G 基站，总量占全球 60% 以上，实现覆盖我国所有地级市城区、超过 98% 的县城城区和 80% 的乡镇镇区，5G 用户数达到 3.55 亿户（图 4-102）。

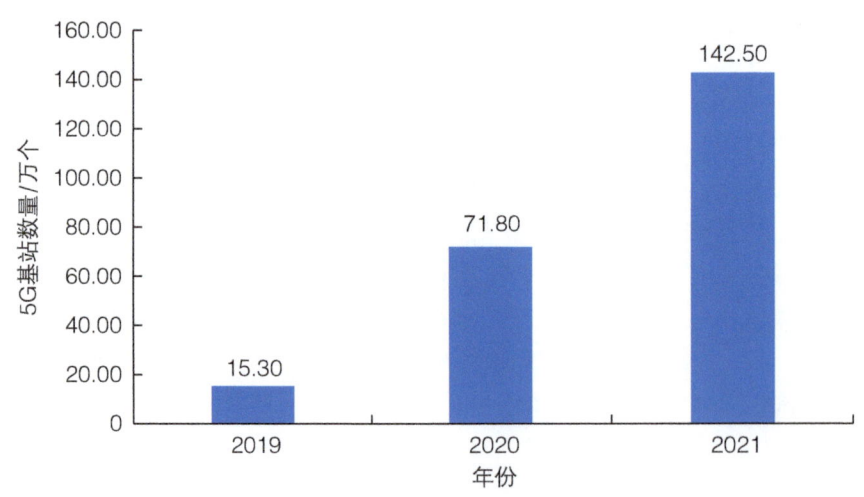

图 4-102　2019—2021 年我国 5G 基站发展情况

作为移动通信重点基础设施之一的光缆，近年来发展非常迅速，2021 年中国新建光缆线路长度 319 万公里，全国光缆线路总长度达 5488 万公里，其中，长途光缆线路、本地网中继光缆线路和接入网光缆线路长度分别达 112.6 万、1874 万和 3502 万公里，接入网光缆线路长度比上年净增达 297 万公里，进一步保障和支撑用户服务质量（图 4-103）。

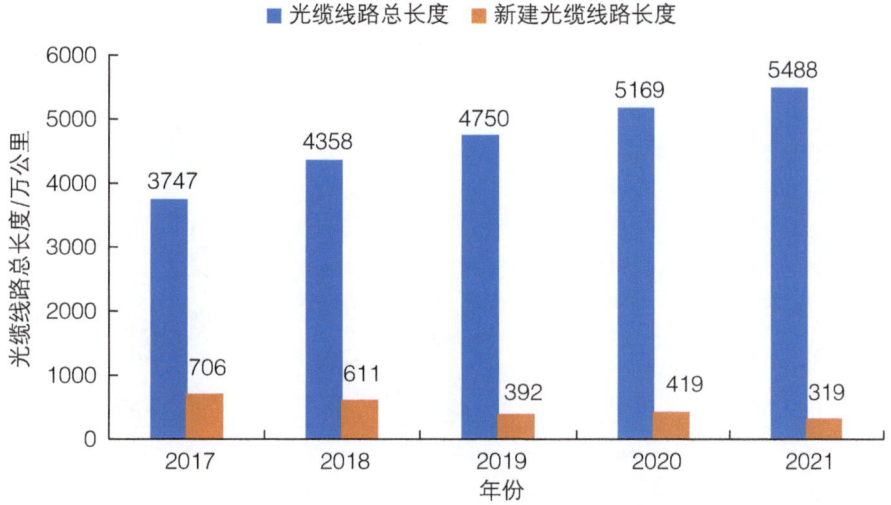

图 4-103　2017—2021 年中国光缆线路长度统计

从光纤接入端口来看，近年来中国光纤接入（FTTH/O）端口大幅增加，全光网建设深入推进，截至 2021 年底，中国互联网宽带接入端口数达到 10.18 亿个，比上年末净增 7180 万个。其中，光纤接入（FTTH/O）端口达到 9.60 亿个，比上年末净增 8017 万个，占比由上年末的 93% 提升至 94.3%（图 4-104）。

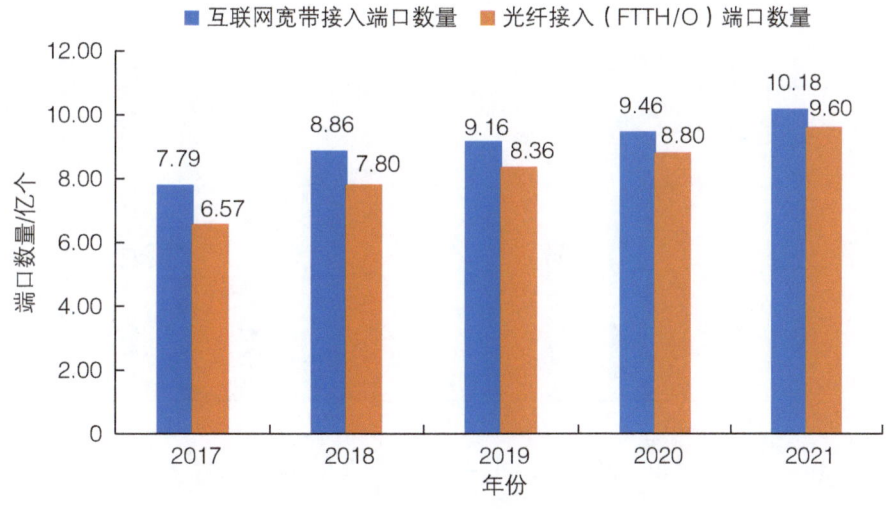

图 4-104　2017—2021 年中国互联网宽带及光纤接入端口数量统计

中游：中国移动运营商主要有中国移动、中国电信、中国联通等，就三大运营商公布的数据来看，中国移动自 2019 年开始，5G 用户数量就处于领先地位，到 2021 年，中国移动 5G 用户数量更是达到 3.87 亿户，超过中国联通和中国电信的总和。自 2022 年 2 月 21 日起，三大运营商不再公布 4G 用户数据，而是专注于拓展 5G 用户。伴随着我国 5G 基站建设稳步推进，5G 套餐用户渗透率不断上升，截至 2021 年底，中国移动 5G 套餐用户达 3.87 亿户，全年净增 2.22 亿户，渗透率为 40.4%。中国联通 5G 套餐用户 2021 年出现倍增，至 1.55 亿户，全年累计净增 8410 万户，5G 套餐用户渗透率达到 48.9%。到 2021 年底，中国电信 5G 套餐用户渗透率达到 50.4%（图 4-105）。

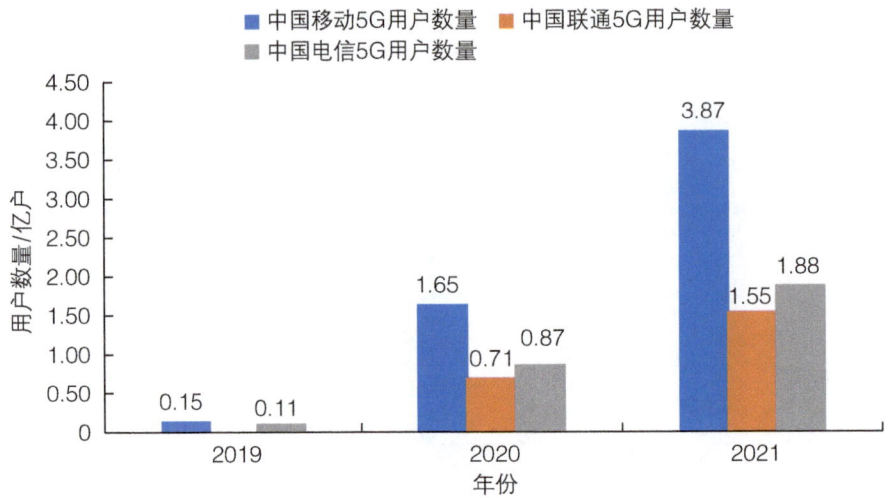

图 4-105　2019—2021 年中国三大运营商 5G 用户数量

下游：2021 年，国内市场 5G 手机出货量 2.66 亿部，同比增长 63.5%，占同期手机出货量的 75.9%。2021 年，上市新机型中，5G 手机出货量 227 款，同比增长 0.9%。2021 年 12 月，国内市场手机出货量 3340.1 万部，同比增长 25.6%，其中，5G 手机 2715 万部，同比增长 49.2%，占同期手机出货量的 81.3%（图 4-106）。

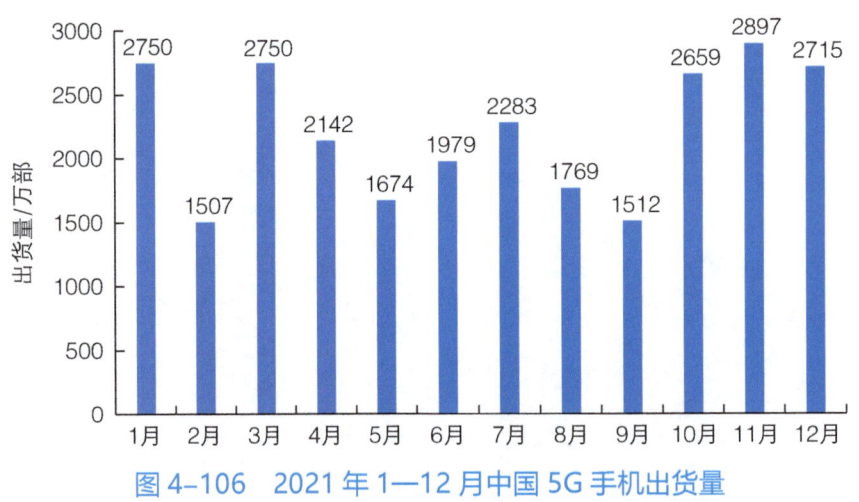

图 4-106　2021 年 1—12 月中国 5G 手机出货量

目前，中国 5G 在赋能行业方面的探索如火如荼，在文娱、零售、生活、制造业等领域正全面开花。在一片向好的形势下，以强大的魄力专注于当下的事业，更以迅疾的速度捕捉转瞬即逝的先机，在致力于终端的成熟与企业的规模化发展中更是关键。5G 应用案例覆盖钢铁、电力、矿山等 22 个国民经济的重要行业和有关领域，形成了一大批丰富多彩的应用场景，目前中国 5G 行业建设日新月异，在打通信息流动、推进经济社会转型发展中，5G 为设备赋能、为企业赋能、为产业赋能，为消费互联网和产业互联网经济双轮驱动插上想象的翅膀，5G 技术成为驱动产业互联网发展的重要因素（表 4-14）。

表 4-14　2021 年中国 5G 场景化应用案例 TOP20 统计

排名	使用方	提供方	案例
1	中央广播电视总台	中国移动通信集团有限公司、华为技术有限公司、数码科技股份有限公司等	"5G+4K/8K"超高清制播示范平台
2	广州市人民政府	中国南方电网有限责任公司	"5G+数字电网"应用示范区
3	东营市人民政府	中国移动通信集团有限公司、通信集团山东有限公司、华为技术有限公司、北京大恒创新技术有限公司等	东营港"5G+"智慧化工园区项目
4	桐庐莪山乡人民政府	中国移动通信集团有限公司、通信集团江浙有限公司杭州分公司	桐庐莪山畲族 5G 示范应用第一乡
5	深圳市福田区卫生健康局	深圳市福田区医疗联合体、中国移动通信集团有限公司、华为技术有限公司等	深圳市福田区医联体"5G+MEC"智慧医疗项目
6	北京协和医院	中国移动通信集团有限公司	基于 5G 的远程眼底激光手术
7	南昌大学第一附属医院	中国电信股份有限公司江西分公司	基于 5G 物联网技术的智慧医院管理新模式
8	中国核工业集团有限公司	中国移动通信集团有限公司	中核集团"5G+"核电项目
9	广州地铁集团有限公司	中兴通讯股份有限公司、中国移动通信集团有限公司通信集团广东有限公司广州分公司	广州地铁"5G+"智慧地铁项目
10	中国商用飞机有限责任公司	中国联合网络通信集团有限公司	上海"5G+"工业互联网赋能大飞机智能制造项目
11	潞安化工集团新元煤矿	华为技术有限公司、中国移动通信集团有限公司等	新元煤矿 5G 智慧矿山项目
12	中国石油化工股份有限公司胜利油田分公司	中国联合网络通信集团有限公司山东分公司、华为技术有限公司等	"5G 智慧油井"项目
13	湖南华菱湘潭钢铁有限公司	中国移动通信集团有限公司	湖南华菱湘钢 5G 智慧工厂
14	三一重工北京桩机工厂	中国电信集团有限公司、华为技术有限公司	"互联网+"协同制造的 5G 虚拟专网建设标杆样板点
15	珠海格力电器股份有限公司	中国联合网络通信集团有限公司	格力"5G+"智慧工厂
16	玉溪新兴钢铁有限公司	中国电信集团有限公司玉溪分公司、华为技术有限公司、中兴通讯股份有限公司等	基于 5G 的"数字孪生透明工厂"

续表

排名	使用方	提供方	案例
17	山东港口青岛港集团有限公司	华为技术有限公司、中国移动通信集团有限公司通信集团山东有限公司等	青岛港5G智慧码头项目
18	中兴通讯股份有限公司南京滨江工厂	中国电信股份有限公司江苏分公司	全球5G智能制造基地
19	华为技术有限公司松山湖工厂	中国移动通信集团有限公司	5G柔性生产制造场景
20	厦门公交集团有限公司	大唐移动通信设备有限公司、中国联合网络通信集团有限公司、厦门金龙联合汽车工业有限公司等	厦门公交5G BRT智能网联车路协同系统

数据来源：中国高新区研究中心整理，2022年8月。

3. 产业创新能力

中国建成全球规模最大、技术领先的网络基础设施。历史性完成"光进铜退"改造工程，所有地级市全面建成光网城市，百兆及以上接入速率用户从无到有，占比达到93.4%，千兆用户数突破了5000万。5G行业应用的发展为5G专网市场提供了庞大机遇。随着5G应用场景的扩展，需要多Gbps峰值数据速率、超低时延、可靠性及高安全性的新应用场景（如工业物联网）将增加对5G专网的需求。5G专网致力于通过提供高速、可靠及安全的网络优化产品表现。"十四五"时期，将面向制造业各行业及采矿、港口、电力等重点行业领域，推动万家企业开展5G全连接工厂建设，打造100个标杆工厂，持续推动"5G+工业互联网"深耕细作。"5G+工业互联网"涉及互联网、通信、运营等多个技术领域的众多主体，赋能工业研发设计、生产制造、仓储物流、经营管理等各个环节，将释放互促共进、叠加倍增的发展效应。2021年5G产业在十大概念产业中排名第八，综合得分为55.13分，其中创新投入得分为22.02分，创新产出得分为14.92分，创新保障得分为18.20分。

（1）创新投入能力

在创新人员投入方面（图4-107、图4-108），2021年，国家高新区内5G上市公司硕士研究生学历及以上人员占企业员工比重为4.66%，与2017年相比，年均增长0.478个百分点；研发人员为23.89万人，与2017年相比，年均增长17.25%，2021年研发人员数量剧增，说明国家高新区内5G上市公司比较注重对创新人才的引进，且各类上市公司也在积极布局产业。

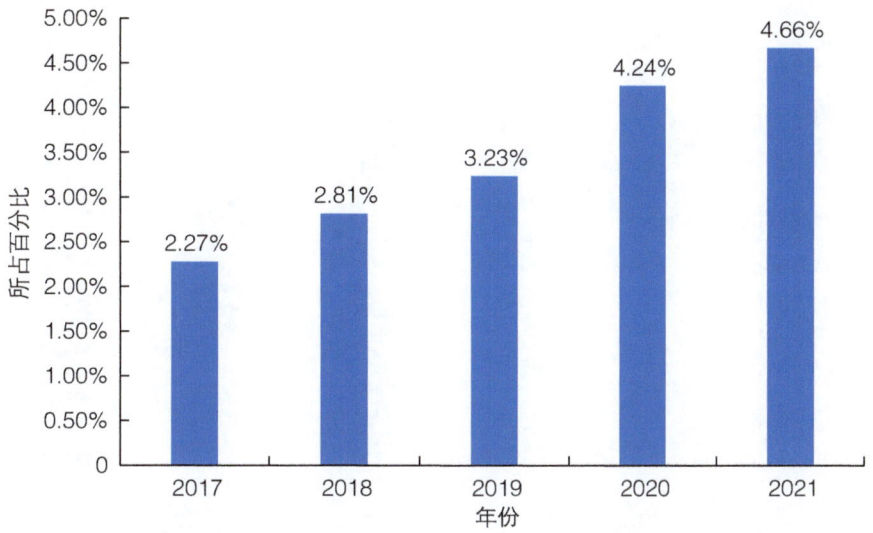

图 4-107　2017—2021 年国家高新区内 5G 上市公司硕士研究生学历及以上人员占企业员工比重

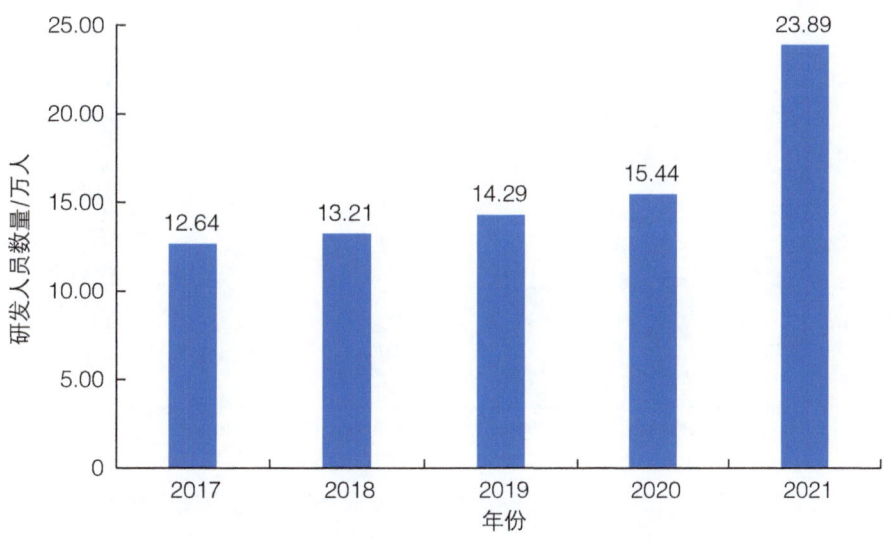

图 4-108　2017—2021 年国家高新区内 5G 上市公司研发人员数量

在资金投入方面（图 4-109 至图 4-111），2021 年，国家高新区内 5G 上市公司研发投入占营业收入比重为 8.43%，与 2017 年相比，年均增长 0.274 个百分点；企业获得的政府创新补贴为 130.97 亿元，较 2020 年呈现出倍数增长的情况，与 2017 年相比，年均增长 35.98%，说明政府部门大力支持 5G 上市公司进行不断创新；研发人员人均经费为 35.95 万元，与 2017 年相比，年均增长 14.33%，整体呈上升趋势，说明 5G 上市公司注重对研发经费的投入。

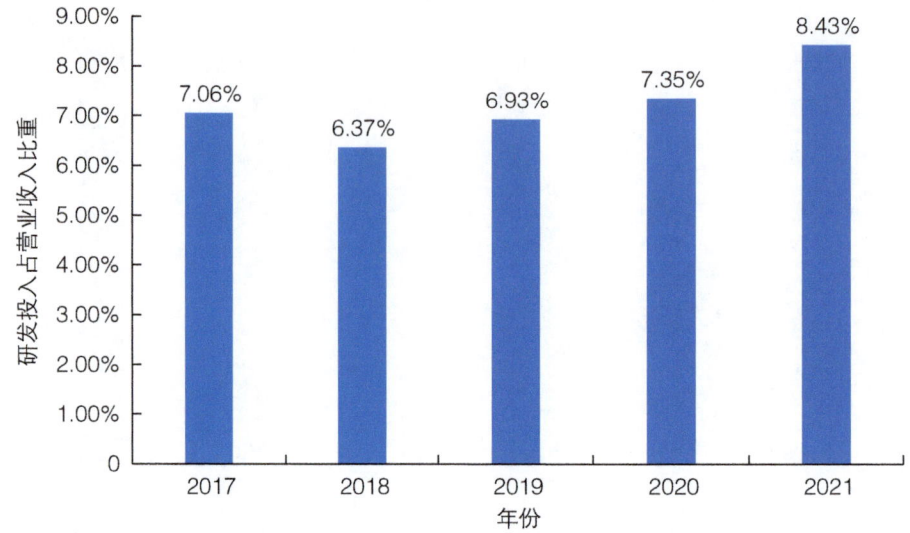

图 4-109　2017—2021 年国家高新区内 5G 上市公司研发投入占营业收入比重

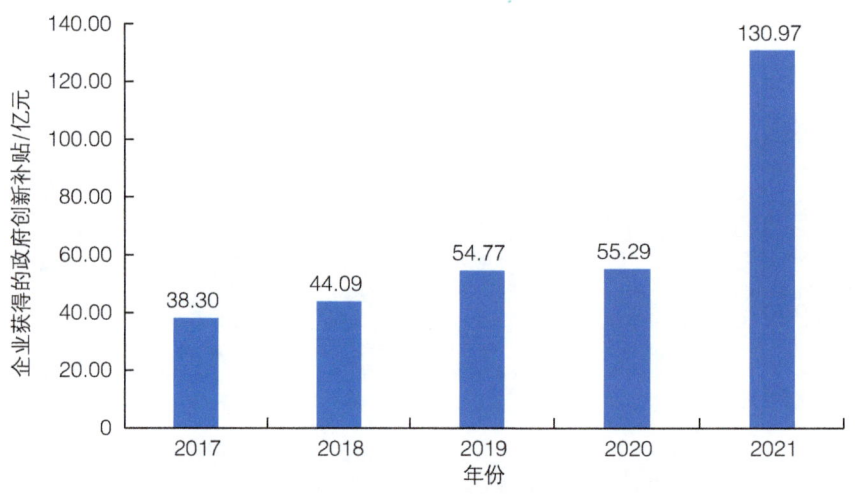

图 4-110　2017—2021 年国家高新区内 5G 上市公司获得的政府创新补贴

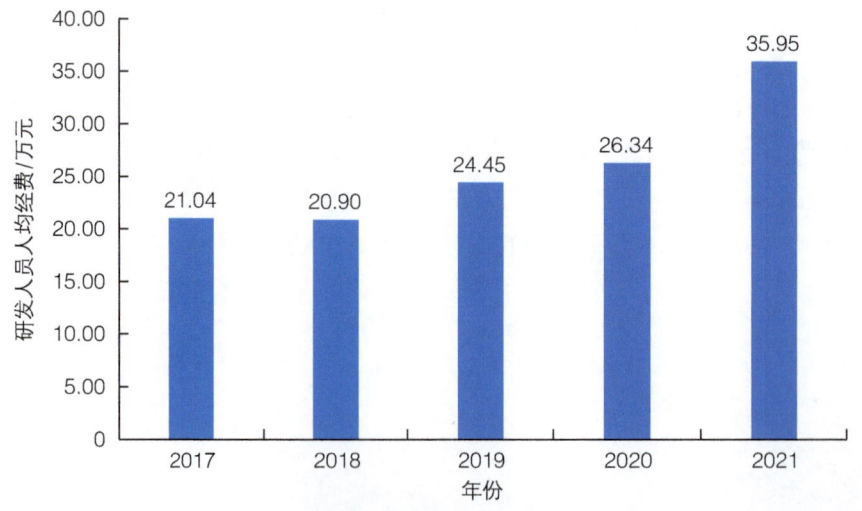

图 4-111　2017—2021 年国家高新区内 5G 上市公司研发人员人均经费

在物资投入方面（图4-112），2021年，国家高新区内5G上市公司当年购置的机器设备价值293.24亿元，与2017年相比，年均下降28.20%，较2020年，有明显增幅，说明5G上市公司对研发设备的投入在不断增加。

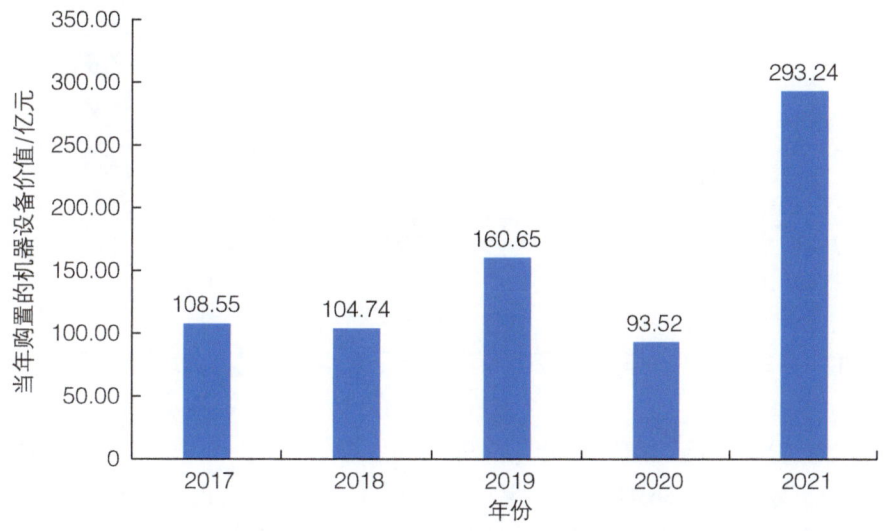

图4-112　2017—2021年国家高新区内5G上市公司当年购置的机器设备价值

（2）创新产出能力

在技术成果产出方面（图4-113），2021年，国家高新区内5G上市公司新增专利数为24 297件，较前3年相比，有明显的增长趋势，说明国家高新区内5G上市公司技术成果转化方面仍在继续努力。

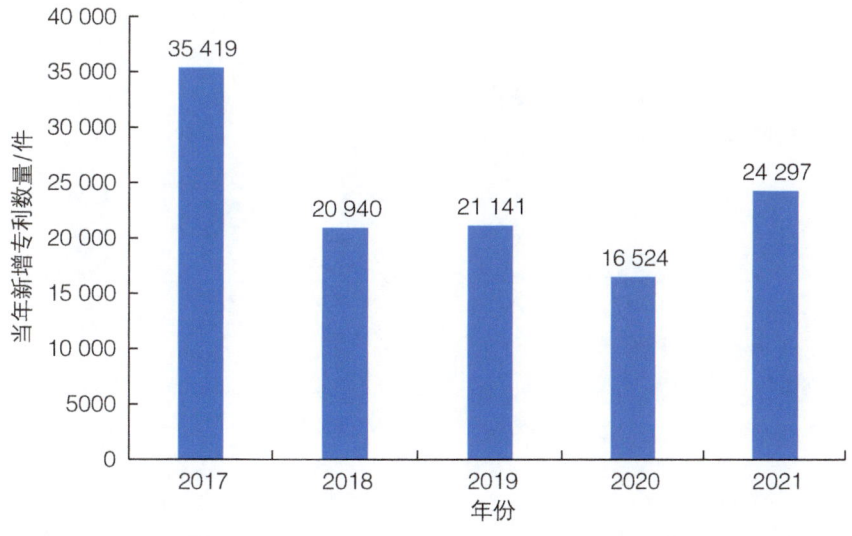

图4-113　2017—2021年国家高新区内5G上市公司当年新增专利数

在经济效益方面（图4-114），2021年，国家高新区内5G上市公司当年新增知识产权价值为17.27亿元，较2020年有大幅度上涨，与2017年相比，年均增长26.42%。

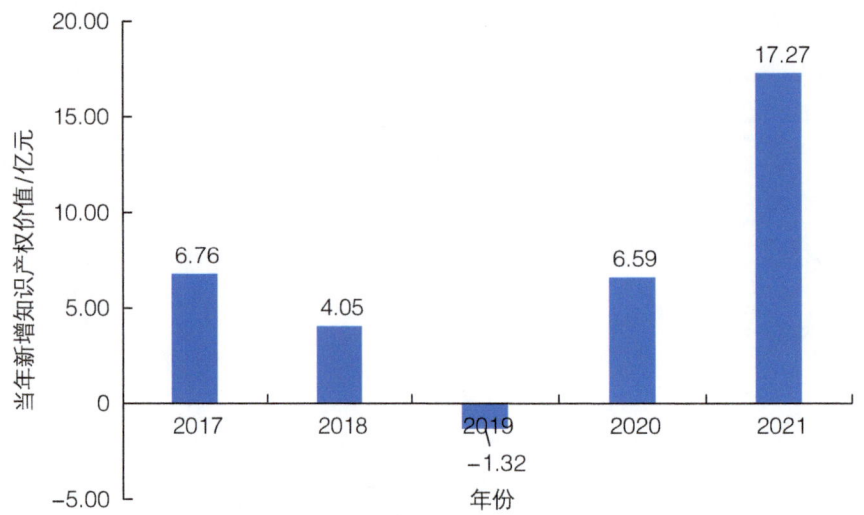

图 4-114 2017—2021 年国家高新区内 5G 上市公司当年新增知识产权价值

在商业革新方面（图 4-115、图 4-116），2021 年，国家高新区内 5G 上市公司取得子公司及其他营业单位支付的现金净额 26.41 亿元，较 2020 年同比上涨 20.98%，但与 2017 年对比，年均增长率呈现下降趋势。2021 年商誉值为 536.28 亿元，较 2020 年同比上涨 30.39%，虽然较 2017 年年均增长率有所下降，但是 2021 年总体有所提高，未来仍然需要继续加强企业商誉度。

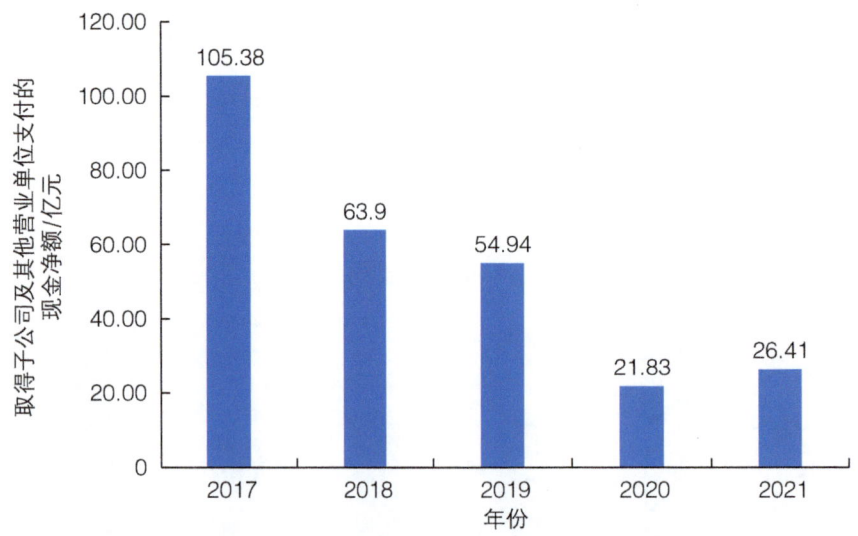

图 4-115 2017—2021 年国家高新区内 5G 上市公司取得子公司及其他营业单位支付的现金净额

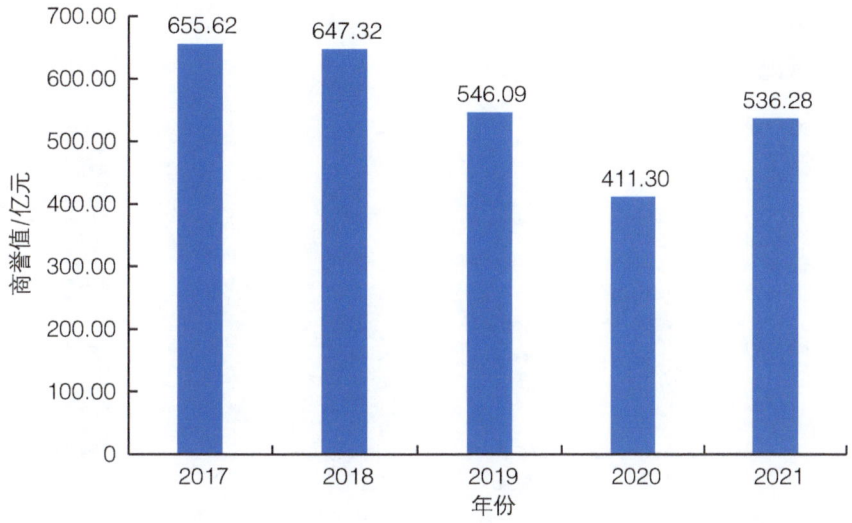

图 4-116　2017—2021 年国家高新区内 5G 上市公司企业商誉值

（3）创新保障能力

在经济保障方面（图 4-117、图 4-118），国家高新区内 5G 上市公司营业收入都是逐年上升的，2021 年，国家高新区内 5G 上市公司营业收入为 19 305.01 亿元，与 2017 年相比，年均增长 37.24%，2021 年呈现爆发式增长，说明国家高新区内 5G 上市公司针对 5G 产业做了充分的布局和准备，且拥有较强的再生产基础；总市值均值为 33 921.19 亿元，与 2017 年相比，年均增长 25.85%，营业收入指标和总市值均值在年均增长率上均超过 20%，说明具有良好的融资市场来获取创新资本。

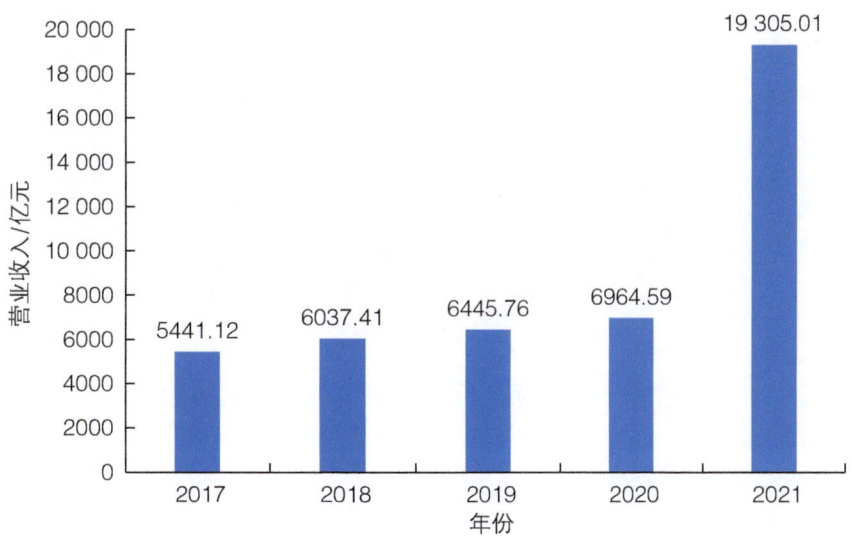

图 4-117　2017—2021 年国家高新区内 5G 上市公司营业收入

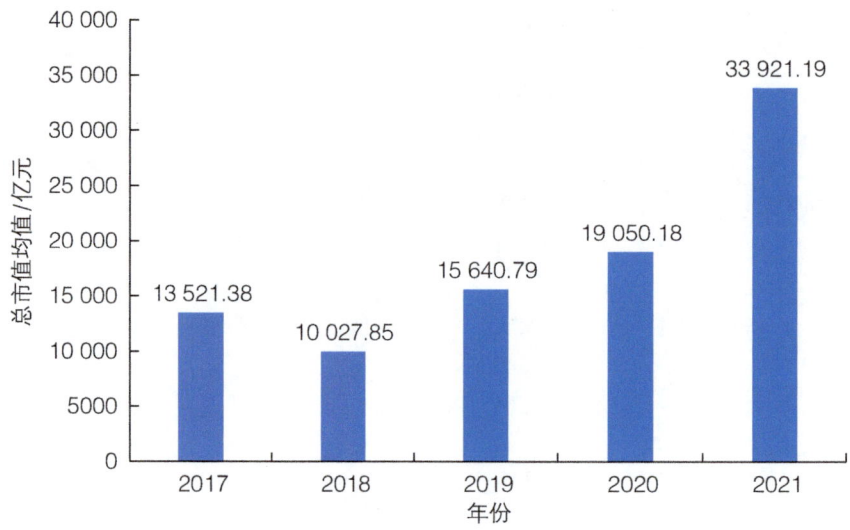

图 4-118　2017—2021 年国家高新区内 5G 上市公司总市值均值

在运营保障方面（图 4-119），资产负债率是衡量企业负债水平及风险程度的重要标志。2021 年资产负债率为 40.94%，与 2017 年相比，年均增长 1.846 个百分点，资产负债率指标连续 4 年增长，需要关注上市公司负债情况。

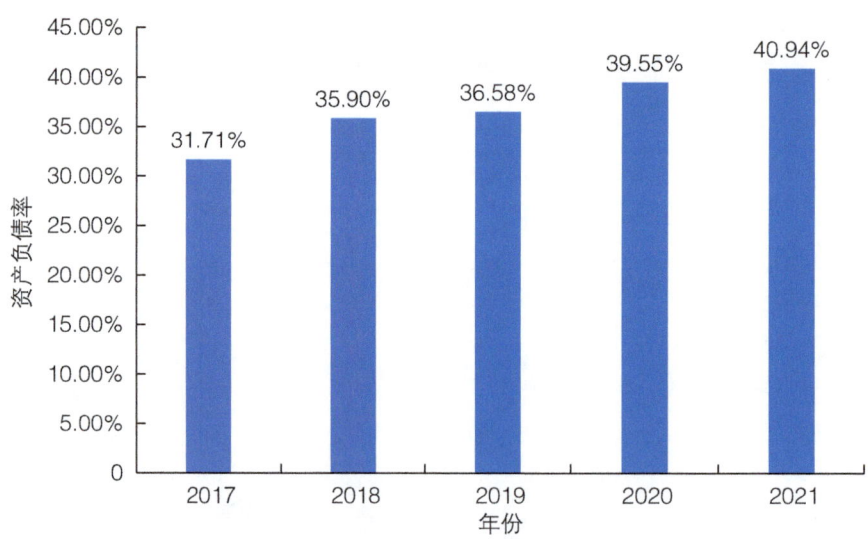

图 4-119　2017—2021 年国家高新区内 5G 上市公司资产负债率

4. 产业内上市公司 20 强名单

结合第三章企业创新能力分析，通过对国家高新区内 5G 产业 204 家上市公司指标数据进一步归纳整理及评价分析，得出 5G 产业创新能力排名 20 强上市公司，具体如表 4-15 所示。

表 4-15　2021 年国家高新区内 5G 产业上市公司 20 强

排名	证券代码	公司中文名称	省市	组织形式	是否高企	A 创新投入能力	B 创新产出能力	C 创新保障能力	创新指数得分
1	000063.SZ	中兴通讯股份有限公司	广东	公众企业	是	20.87	37.62	19.50	77.99
2	600498.SH	烽火通信科技股份有限公司	湖北	中央国有企业	是	20.34	34.37	18.06	72.77
3	000977.SZ	浪潮信息电子信息产业股份有限公司	山东	地方国有企业	是	21.23	34.38	17.06	72.67
4	600143.SH	金发科技股份有限公司	广东	民营企业	是	17.06	38.02	17.43	72.51
5	002179.SZ	中航光电科技股份有限公司	河南	中央国有企业	是	20.49	34.09	17.72	72.30
6	600104.SH	上海汽车集团股份有限公司	上海	地方国有企业	是	18.56	34.75	18.70	72.01
7	600458.SH	株洲时代新材料科技股份有限公司	湖南	中央国有企业	是	20.85	33.71	17.02	71.59
8	300274.SZ	阳光电源股份有限公司	安徽	民营企业	是	19.81	33.73	17.83	71.37
9	601869.SH	长飞光纤光缆股份有限公司	湖北	中外合资经营企业	是	18.09	34.76	17.35	70.21
10	600312.SH	河南平高电气股份有限公司	河南	中央国有企业	是	20.08	32.68	16.91	69.67
11	002281.SZ	武汉光迅科技股份有限公司	湖北	中央国有企业	是	17.77	34.32	17.08	69.18
12	600183.SH	广东生益科技股份有限公司	广东	地方国有企业	是	15.78	35.36	17.31	68.45
13	300188.SZ	厦门市美亚柏科信息股份有限公司	福建	中央国有企业	是	16.64	33.65	17.53	67.82
14	002025.SZ	贵州航天电器股份有限公司	贵州	中央国有企业	是	19.53	31.87	16.41	67.81
15	300124.SZ	深圳市汇川技术股份有限公司	广东	民营企业	是	16.27	33.96	17.48	67.72
16	600320.SH	上海振华重工（集团）股份有限公司	上海	中央国有企业	是	15.99	33.94	17.46	67.39
17	002030.SZ	广州达安基因股份有限公司	广东	地方国有企业	是	17.07	33.84	16.18	67.10

续表

排名	证券代码	公司中文名称	省市	组织形式	是否高企	A创新投入能力	B创新产出能力	C创新保障能力	创新指数得分
18	000636.SZ	广东风华高科技股份有限公司	广东	地方国有企业	是	17.40	32.82	16.58	66.79
19	000938.SZ	紫光股份有限公司	北京	中央国有企业	是	19.57	30.31	16.88	66.76
20	300024.SZ	沈阳新松机器人	辽宁	中央国有企业	是	19.17	30.12	17.39	66.68

数据来源：中国高新区研究中心整理，2022年8月。

5. 典型企业

烽火通信科技股份有限公司（简称"烽火通信"）是中国信息通信科技集团旗下上市公司，是国际知名的信息通信网络产品与解决方案提供商，国家科技部认定的国内光通信领域"863"计划成果产业化基地和创新型企业。

2021年，烽火通信科技股份有限公司创新投入能力得分为20.34分，创新产出能力得分为34.37分，创新保障能力得分为18.06分，综合得分为72.77分，在国家高新区5G产业上市公司中排名第二，排名较2020年持平。2021年，企业实现营业收入263.1亿元，同比增长24.87%，归属净利润2.88亿元。按照企业产品分类，2021年，烽火通信通信系统设备业务营业收入170.9亿元，光纤及线缆业务为58.50亿元，数据网络产品业务为30.39亿元，其他（补充）业务为3.40亿元。

创新投入能力：2021年，烽火通信研发费用为34.60亿元，金额占营业收入14.16%，增加8.82亿元，较上年增长34.20%，主要是公司加快攻克相关关键核心技术进度，持续加大研发投入。目前公司研发人员数量为7396人，占总人数的45.13%，其中博士研究生43人，硕士研究生2697人。

2021年，面对激烈的行业竞争环境、大宗原材料价格上涨等挑战，烽火通信以"谋创新、精耕耘、促共赢"为年度工作主题，积极推进人才创新工程，优化产业链结构，提高企业运营效率。在信息基础设施建设领域，继续打造"三超"光传输"长板"，完成业内首个400G超长距离1000 km传输现网试点；5G承载核心技术取得突破，相关功能及性能指标通过中国移动集采测试；研制新一代PON产品并规模商用。信息化应用领域，制定软硬一体的自主可控大数据解决方案，不断提升大数据平台存储、分析性能；持续优化智慧城轨、智慧政务、智慧政法等端到端解决方案；云平台平滑升级能力及数据中心云计算平台产品易用性、安全性、可靠性进一步提升。紧盯业界提升交付效率、交付质量和研发组织能力；强化平台资源投入，优化技术协同机制，加速平台孵化进度；聚焦预研资源投入，建立公司级技术管理体系，为产品开发奠定坚实的技术基础。

创新产出能力：2020年，烽火通信"面向5G通信超大容量多芯光纤的研究与应用"项目，获得湖北省科技计划项目重点支持，并成功研制了24芯光纤，将多芯光纤的传输容量进一步提升至1.5Pbit/s。烽火"面向5G通信超大容量多芯光纤的研究与应用"项目，将面向5G甚至于未来6G时代超高数据容量通信的需求，基于空分复用技术的新型多芯光纤进行产业化研究。多芯光纤技术通过在一根光纤中构建多个纤芯，实现单根光纤内多通道信号传输，从而将交通拥挤的"单车道"拓宽为"立体多车道"，在有限空间内解决道路拥挤的问题。该技术与现有单芯光纤匹配难度大，因此，在商用过程中需要解决制备工艺等关键科学技术难题，为实现具有"超大容量、超低时延"的下一代光传输系统提供有力的技术支撑。

2020年12月，2020年，东湖国际人工智能高峰会议在武汉举行。烽火通信5G智慧光网方案基于人工智能技术开展智慧运维和自动管控技术研究，攻关光网络数字仿真建模、光网络知识图谱构建与推理、光网络闭环自动控制等关键技术，主要应用于光网络性能劣化分析、光网络故障智能溯源自愈、光网络跨域协同优化控制3类典型应用场景。

2022年，烽火通信携手中国广电共同前进，紧密围绕广电业务应用，推出"数智生活，共创智慧广电5G新时代"系列解决方案，通过展现低碳安全算力网络筑基、文化服务型数据中心方案、广电慧家-数字家庭业务创新应用三大亮点，助力广电新业态发展。烽火通信面向广电网络亿级家庭用户，深耕家庭生态需求，旨在打造5G+智慧家庭新场景，开辟广电发展新格局，持续打造符合广电行业发展的全光数字网络。目前，市场大部分通信厂商都能提供高带宽设备，然而高带宽并不等于高体验。网络问题、光缆线路、传输链路等，往往会导致带宽浪费，无法达到最大利用率。为解决这些问题，烽火通信提供了"广电惠家"的创新型解决方案，助力中国广电更高效更安全地提供适合于家庭场景的特色内容和应用服务，普惠人民大众，广惠千万家。设备上采用XG-PON局端与终端设备配合，P2MP全广覆盖，实现千兆入房，产品解耦，兼容传统设备，平滑演进。传输介质上，全链路光纤化，1分4到1分16光纤插座面板，灵活拓展，支持广电复合缆，极简部署。安装支持穿管、明装等不同场景，美化家居；WiFi覆盖上可采用EasyMesh组网方式，主从设备连接，无缝漫游，实现全千兆WiFi覆盖。

创新保障能力：为配合公司战略发展规划，公司不断完善研发人员梯队建设；组织安排多名储备人才进行轮岗，在实战中培养其综合能力；为企业战略转型提供人才保障与技术支撑。同时，烽火通信拥有支撑整个数字产业化和产业数字化的一整套完整解决方案，在传统的光网领域，拥有从光纤、光缆、芯片、系统设备等较为完整的产业链；在数字应用的领域，以安全、可靠、灵活、智能为特色的烽火云操作系统FitOS已服务于多个云项目，规模包括260多家数据中心，管理节点超过16 000台，存储节点超过9800台，存储容量超过900PB，承载的应用超过20 000个，有10 000多个前端，并在政企、交通、教育、金融、运营商等各行业落地。同时，烽火的产业布局也从武汉向中国向全球不断延伸，目前在中国有"1+6"产业基地，承建了各行各业接近400条国家级光通信干线。烽火的智慧光网覆盖了全国31个省份、自治区、直辖市，目前在全球有2个海外生产基地，8个海外研发中心，11个全球交付中心和30个海外代表处，其产品、方案和服务覆盖100多个国家和地区（图4-120）。

图4-120 烽火通信"1+6"产业基地

六、人工智能

1. 发展现状及政策

人工智能作为一门前沿交叉学科，研究、开发用于模拟、延伸和扩展人的智能的理论、方法、技术及应用系统的一门新的技术科学，将其视为计算机科学的一个分支，指出其研究包括机器人、语言识别、图像识别、自然语言处理和专家系统等。从1956年人工智能这个概念被首次提出以来，人工智能的发展几经沉浮。随着核心算法的突破、计算能力的迅速提高，以及海量互联网数据的支撑，人工智能终于在21世纪的第二个十年里迎来质的飞跃，成为全球瞩目的科技焦点。

人工智能行业属于战略新兴产业，近些年，人工智能厚积薄发，在全球范围内掀起了科技企业竞争的风潮，受到各界关注。目前，全球人工智能产业规模从2017年的6900亿美元，增长至2021年的3万亿美元，人工智能产业规模正在以超过30%的复合增长率快速增长，并将有望在2025年突破6万亿美元的大关。从全球人工智能产业格局来看，美国处于全球人工智能的领导位置，中国紧随其后，之后再是欧洲等国家或地区。中国企业占全球人工智能产业的22%，发展势头良好。中国人工智能产业代表企业正在加快部署，建立产业标准及上层应用生态。得益于这些企业的持续积累和技术突破，人工智能才能真正大范围地走向产业实践，最终助力于各领域、各行业及社会生产生活。

2021年7月8日，世界人工智能大会在上海开幕。根据统计数据评分，全球人工智能排名前10的国家依次为：美国、中国、韩国、加拿大、德国、英国、新加坡、以色列、日本和法国。其中，中国的综合得分为50.6分，美国为66.31分（图4-121）。

人工智能作为新一轮产业变革的核心驱动力，正在释放历次科技革命和产业变革的巨大能量。根据国家发展改革委发布的《战略性新兴产业重点产品和服务指导目录（2016版）》来看，我国人工智能可分为3个下属行业，分别为人工智能软件开发、人工智能消费相关设备制造和人工智能系统服务。相比于互联网产业，我国人工智能发展期与成熟期迎来的较晚，但是随着人工智能产业不断深化发展，中国智能企业数量不断上升，我国人工智能行业已经进入产业化阶段，现今已经在医疗、制造、教育等多个领域实现技术落地，并将在未来对人类社会的经济发展、生产生活方式带来变革式的影响。

人工智能产业是智能产业发展的核心，是其他智能科技产品发展的基础，同时，人工智能是国家战略的重要组成部分，是未来国际竞争的焦点和经济发展的新引擎。近年来，中国人工智能行业受到各级政府的高度重视和国家产业政策的重点支持，国家陆续出台了多项政策，鼓励人工智能行业发展与创新，《关于支持建设新一代人工智能示范应用场景的通知》《关于加快场景创新以人工智能高水平应用促进经济高质量发展的指导意见》《新型数据中心发展三年行动计划（2021—2023年）》等产业政策为我国人工智能产业发展提供了长期保障（表4-16）。

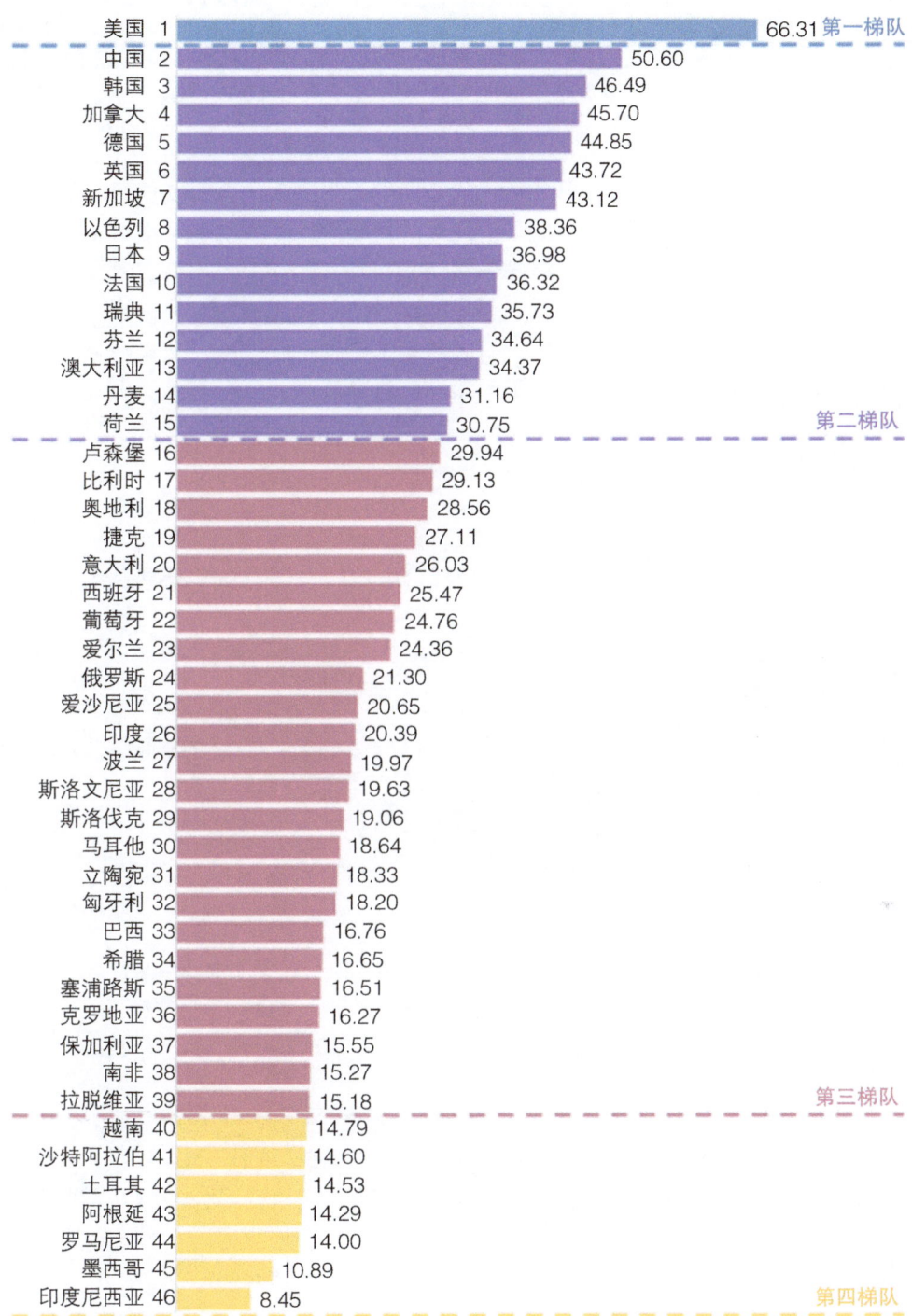

图 4-121　全球人工智能排名

表 4-16　近年来国家层面人工智能产业发展相关政策

时间	发布部门	政策名称	重点内容
2022 年	科技部	《关于支持建设新一代人工智能示范应用场景的通知》	坚持面向世界科技前沿、面向经济主战场、面向国家重大需求、面向人民生命健康，充分发挥人工智能赋能经济社会发展的作用，围绕构建全链条、全过程的人工智能行业应用生态，支持一批基础较好的人工智能应用场景，加强研发上下游配合与新技术集成，打造形成一批可复制、可推广的标杆型示范应用场景。首批支持建设 10 个示范应用场景
2022 年	科技部等六部门	《关于加快场景创新以人工智能高水平应用促进经济高质量发展的指导意见》	场景创新成为人工智能技术升级、产业增长的新路径，场景创新成果持续涌现，推动新一代人工智能发展上水平。鼓励在制造、农业、物流、金融、商务等重点行业深入挖掘人工智能技术应用场景，促进智能经济高端高效发展
2021 年	国家新一代人工智能治理专业委员会	《新一代人工智能伦理规范》	《伦理规范》提出了增进人类福祉、促进公平公正、保护隐私安全、确保可控可信、强化责任担当、提升伦理素养等 6 项基本伦理要求。同时，提出人工智能管理、研发、供应、使用等特定活动的 18 项具体伦理要求
2021 年	工业和信息化部	《新型数据中心发展三年行动计划（2021—2023 年）》	推动新型数据中心与人工智能等技术协同发展，构建完善新型智能算力生态体系
2021 年	国家发展改革委、网信办、工业和信息化部、能源局	《全国一体化大数据中心协同创新体系算力枢纽实施方案》	引导超大型、大型数据中心集聚发展，构建数据中心集群，推进大规模数据的"云端"分析处理，重点支持对海量规模数据的集中处理，支撑工业互联网、金融证券、灾害预警、远程医疗、视频通话、人工智能推理等抵近一线、高频实时交互型的业务需求，数据中心端到端单向网络时延原则上在 20 毫秒范围内
2021 年	国务院	《中华人民共和国国民经济和社会发展第十四个五年规划和 2035 年远景目标纲要》	瞄准人工智能等前沿领域，实施一批具有前瞻性、战略性的国家重大科技项目。推动互联网、大数据、人工智能等同各产业深度融合，推动先进制造业集群发展，构建一批各具特色、优势互补、结构合理的战略性新兴产业增长引擎，培育新技术、新产品、新业态、新模式
2020 年	国家发展改革委、科技部、工业和信息化部等五部门	《国家新一代人工智能标准体系建设指南》	到 2021 年，明确人工智能标准化顶层设计，研究标准体系建设和标准研制的总体规则，明确标准之间的关系，指导人工智能标准化工作的有序开展，完成关键通用技术、关键领域技术、伦理等 20 项以上重点标准的预研工作；到 2023 年，初步建立人工智能标准体系

数据来源：中国高新区研究中心整理，2022 年 8 月。

2. 产业链分析

人工智能产业链基本分为基础层、技术层、应用层 3 个层面。基础层涉及数据收集与运算，是人工智能的发展基础，包括 AI 芯片、云计算、传感器、数据类服务等；技术层包括机器学习、计算机视觉、算法理论、智能语音、自然语言处理等；应用层包括机器人、智能医疗、智慧交通、智慧金融、智能家居、智慧教育、可穿戴设备、安防等方面（图4-122）。

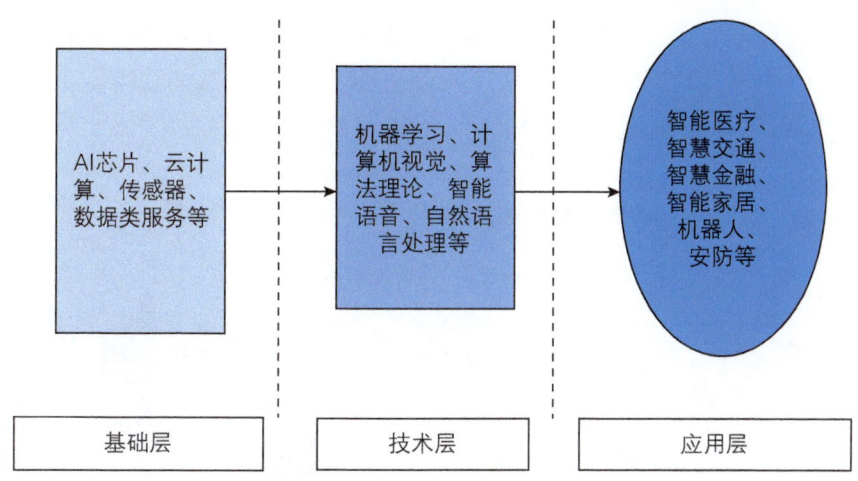

图4-122　人工智能产业链

上游（基础层）：受到技术不断成熟及数智化转型升级的影响，内需增加，人工智能市场也随之增长。2020年以来，芯片短缺开始成为掣肘全球科技发展的主要问题之一，目前人工智能整体市场已从2020年的疫情影响中逐渐恢复，同时，随着技术的成熟及数智化转型升级，内在需求增加，中国人工智能芯片市场规模保持增长趋势，2021年，人工智能芯片市场规模426.8亿元，同比增长123.92%（图4-123）。

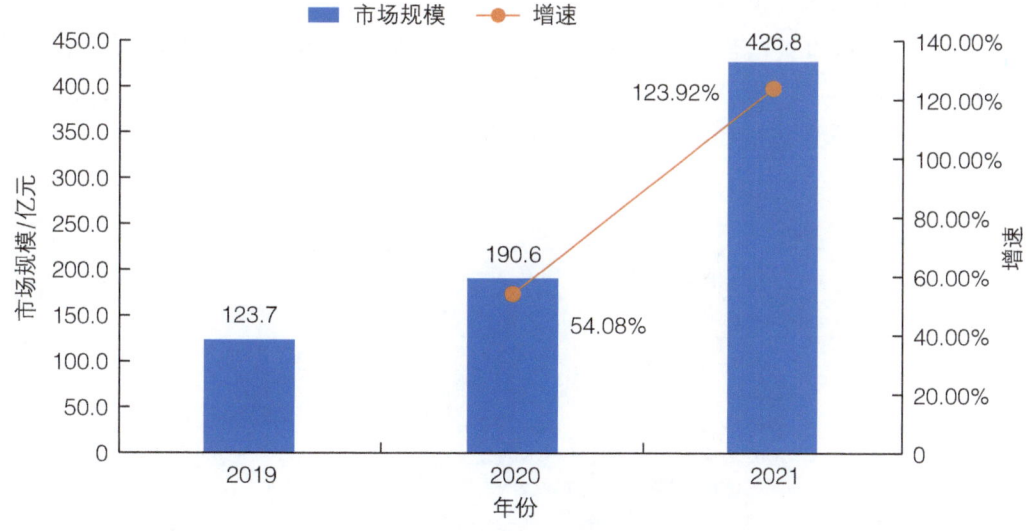

图4-123　2019—2021年中国人工智能芯片市场规模及增速

云计算是与信息技术、软件和互联网等相关的一种服务，其核心是以互联网为中心，为用户提供快速且安全的服务与数据存储，让每一个使用互联网的客户都能使用网络上的庞大计算资源与数据中心。云计算服务类型一般分为基础设施即服务（IaaS）、平台即服务（PaaS）和软件即服务（SaaS）3类。IaaS向用户提供虚拟化计算资源；PaaS向开发人员提供通过全球互联网构建应用程序和服务的平台；SaaS主要向用户交付完整且可以直接使用的软件应用，这些应用程序运行在云基础设施之上，可以通过各种各样的客户端设备访问。随着经济回暖，全球云计算市场所受影响逐步减弱，至2021年已基本恢复到疫情前增长水平，从中国市场来看，我国云计算市场持续高速增长，2021年，中国云计算总体处于快速发展阶段，市场规模达3229亿元，较2020年增加了1138亿元，同比增长54.42%（图4-124）。

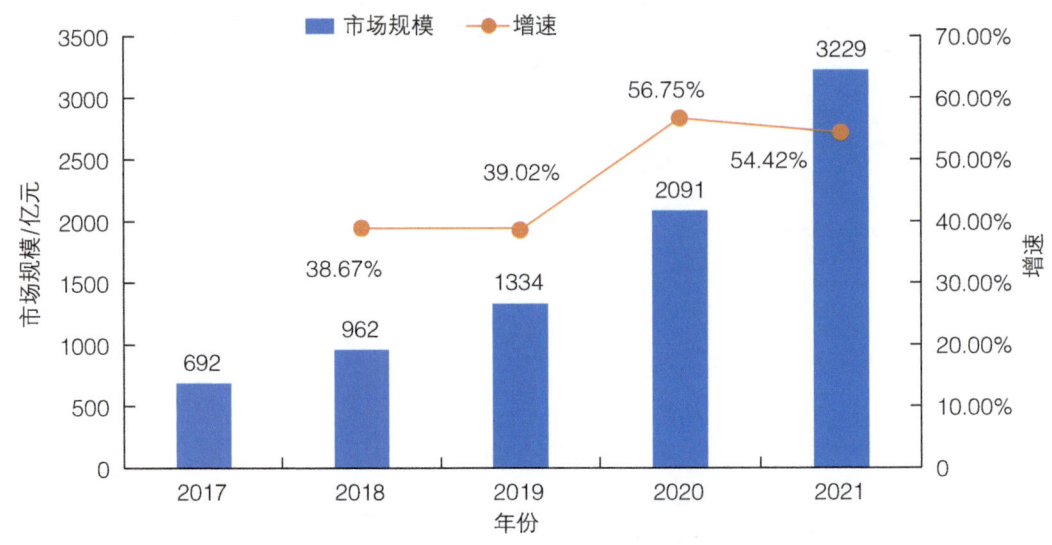

图4-124　2017—2021年中国云计算市场规模及增速

其中，公有云市场继续高歌猛进，2021年市场规模达2181亿元，较2020年增加了904亿元，同比增长70.79%；与此同时，私有云市场突破千亿元大关，市场规模达1048亿元，较2020年增加了234亿元，同比增长28.75%。2021年中国公有云市场规模占云计算整体规模的67.54%；私有云市场规模占云计算整体规模的32.46%（图4-125）。

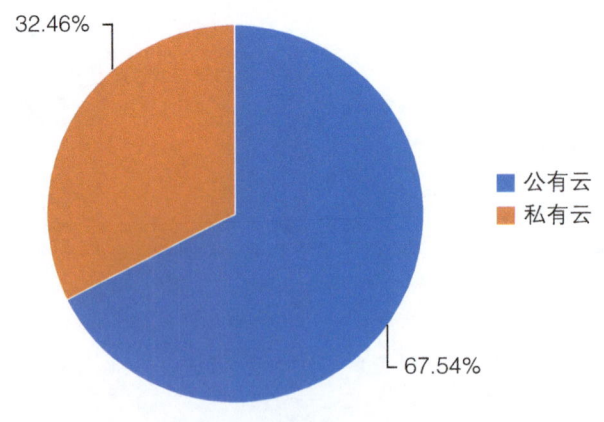

图4-125　2021年中国云计算细分市场占比

2021年公有云IaaS市场规模占总体规模的比例接近3/4，占比达74%；PaaS占9%；SaaS占17%（图4-126）。

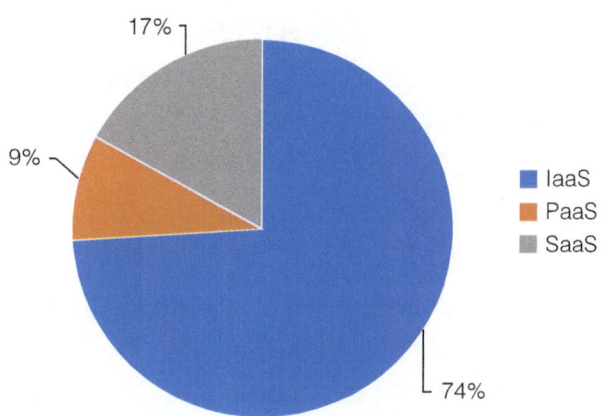

图 4-126 2021 年中国公有云细分市场规模占比

中游（技术层）：技术层是人工智能产业的核心，以模拟人的智能相关特征为出发点，构建技术路径。人工智能技术平台在应用层面主要聚焦于计算机视觉、语音识别和语言技术处理领域。

计算器视觉为跨学科的科学领域，使得计算器可分析数字图像或视频，以便提取数据、执行分析及自动化若干任务。中国计算机视觉市场规模一直保持逐年增长，从 2018 年的 79 亿元增长至 2020 年的 167 亿元，年均复合增长率达 45.39%。

伴随着人工智能的快速发展，中国在智能语音领域发展也是十分迅速。随着智能语音应用产业的拓展，市场需求增大，目前智能语音市场马太效应已相较明显，主流智能语音技术供应商在数据积累、工程化能力、场景业务应用等方面均已形成竞争优势。由于数据积累在行业、场景、业务、地区等方面的差异，各厂商间优势领域存在较大差异，主流技术供应商间既存在竞争，又存在合作。

从应用出发，智能语音软件的应用效果对芯片、收音设备等硬件有较高的要求，因此有设计端、边设备语音芯片并可提供软硬一体解决方案的厂商竞争优势较大。另外对话式人工智能、数字人、智能车机等应用需要云、端、边协同以求最佳应用效果，因此可以提供云、端、边协同解决方案的技术供应商竞争优势较大（图 4-127）。

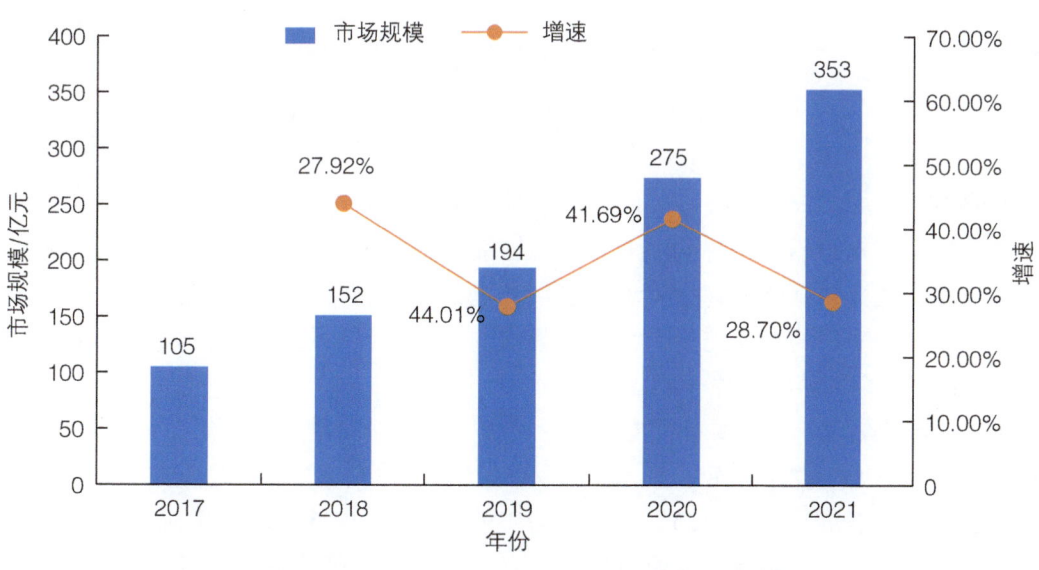

图 4-127 2017—2021 年中国语音智能市场规模及增速

机器学习是人工智能的关键技术之一，是人工智能核心，是使计算机具有智能的根本途径。机器学习的本质是函数，但它依然能够以单纯的算法能力直接落地于金融、工业、医药、互联网等数字化基础较好的领域，为企业提供智能风控、预测性维护、药物发现、个性化推荐等多种服务。机器学习的核心价值是通过特定算法分析已知数据，识别隐藏在数据中的可能性，并基于此独立或辅助使用者进行预测与决策。机器学习体现价值的前提是存在大量可供分析的数据，具体到企业的实际应用当中，要求企业能够提供连续准确地研发设计、生产经营、设备运行、营销获客等各方面业务数据，以此训练、修正、完善算法模型，再利用模型挖掘企业数据的真正价值。行业或区域的数字化程度决定着机器学习能够在其中发挥多大作用。目前，机器学习还缺少在各行各业大面积应用的数据基础，短期内只能在金融、制造、电力、医药等数字化水平较高的领域谋求发展。随着企业数字化转型不断深化和数字经济的蓬勃发展，机器学习还拥有极为广阔的空间。

下游（应用层）：人工智能行业的下游为应用层，应用层是人工智能产业的延伸，为特定应用场景提供软硬件产品或解决方案，集成一类或多类人工智能基础应用技术，面向特定应用场景需求而形成软硬件产品或解决方案。主要包括从行业解决方案（"AI+"）和热门产品（智能汽车、机器人、智能家居、可穿戴设备等）（图4-128）。

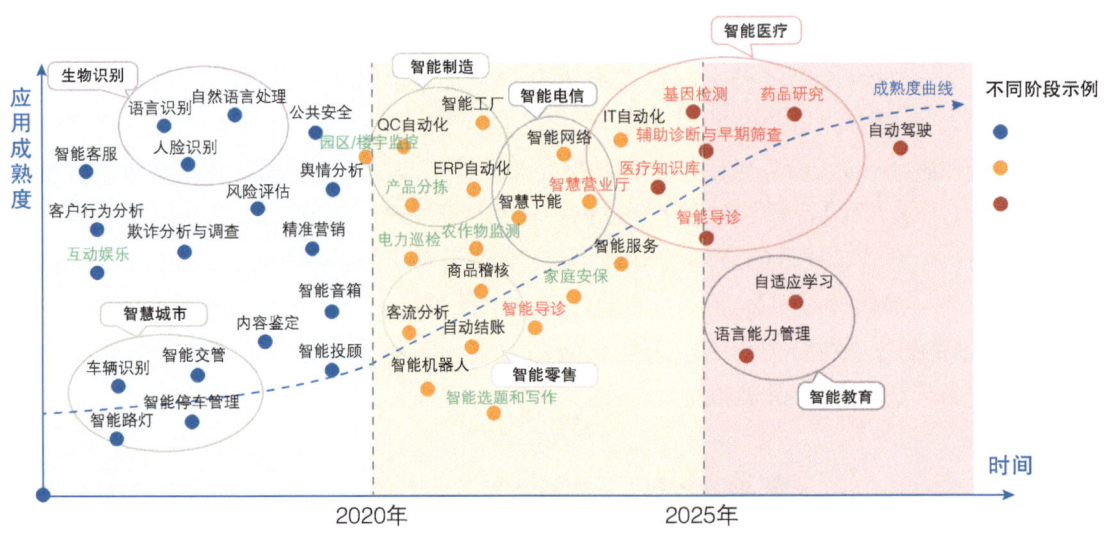

图 4-128　人工智能不同阶段应用成熟度

人工智能不断发展将催生新技术、新产品、新产业、新业态、新模式，实现社会生产力的整体跃升，推动社会进入智能经济时代。随着人工智能市场的不断发展，人工智能操作系统融合核心人工智能技术与计算数据能力，为人工智能产业提供智力、计算和数据资源支撑，在产业中实现终端设备、数据与应用的全面连接，是人工智能的生态大脑和能力输出的基础，在人工智能生态体系构建中占据入口的核心价值。

人工智能领域的热门产品主要有智能汽车、机器人、智能家居、可穿戴设备等。对于5G和人工智能来说，汽车是绝佳载体，而对于汽车行业来说，5G和人工智能又是重要的附加值，智能汽车已成为汽车产业发展的重要方向；机器人分为工业机器人和特种机器人（服务机器人、水下机器人、娱乐机器人、军用机器人、农业机器人），随着人工智能的快速发展，各种类型的机器人纷纷面世，一些公司也在以实际行动推动机器人落地，如今一个机器人应用的新时代正在出现；智能家居主要包括智能灯光控制系统、智能窗帘、智能门锁、智能音箱、智能冰箱、智能水壶等等，人工智能让家居产品拥有"会思考、能决策"的能力，设备智能化以后让生活变得更简单化；可穿戴设备主要包括智能手环、智能手表、智能眼镜、智能头盔，可穿戴设备作为 AI 的入口，可应用在体育、医疗、娱乐、科教、商业等方面（表 4-17）。

表 4-17 人工智能在具体产品的应用

产品类型	具体产品
智能汽车	自动驾驶系统解决方案、人机交互平台
机器人	工业机器人、特种机器人（服务机器人、水下机器人、娱乐机器人、军用机器人、农用机器人）
智能家居	智能灯光控制系统、智能窗帘、智能门锁、智能音箱、智能冰箱等
可穿戴设备	智能手环、智能手表、智能眼镜、智能头盔等

数据来源：中国高新区研究中心整理，2022 年 8 月。

从应用领域来看，目前我国人工智能在政府、金融、互联网、零售等领域的人机对话、远程作业、营销运营、决策支持等诸多环节存在不同程度的应用。其中，政府城市管理和运营的市场份额接近 50%，成为推动我国人工智能行业发展的重要动力。互联网、金融应用占比分别为 18%、12%（图 4-129）。

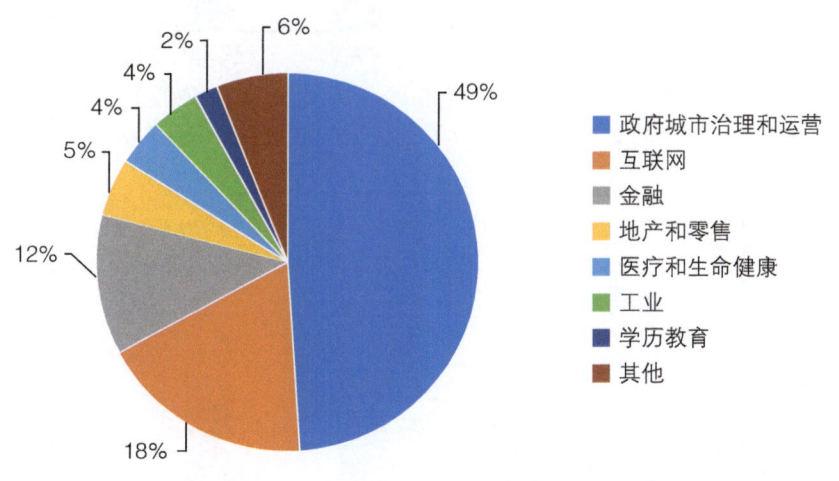

图 4-129 人工智能在不同领域应用占比

3. 产业创新能力

随着人工智能技术的不断进步与发展，部分技术进入产业化发展阶段，智能应用已成为当前及未来较长发展周期的核心要义。与此同时，人工智能正与生产生活的各个领域相融合，有效提升各领域的智能化水平，在带动新产业兴起的同时也为传统领域带来变革机遇，从而拥有极为广阔的市场前景。在机器的帮助下重塑人类整合信息、分析数据和获取洞察的过程，帮助人类提高效率、优化决策判断,已成为科技创新的关键领域和数字经济时代的重要支柱。2021年,人工智能产业在十大概念产业中排名第二,综合得分为84.40分,其中创新投入得分为23.98分,创新产出得分为39.73分,创新保障得分为20.69分。

(1)创新投入能力

在创新人员投入方面(图4-130、图4-131),2021年,国家高新区内人工智能上市公司硕士研究生学历及以上人员占企业员工比重为12.51%,与2017年相比,增长了4.38个百分点,总体呈稳定增长态势,说明国家高新区内人工智能上市公司注重对高学历人才的引进;研发人员为29.51万人,与2017年相比,年均增长15.54%,2021年增速较快,总体增长相对比较稳定,说明国家高新区内人工智能上市公司注重对研发人才的引进。

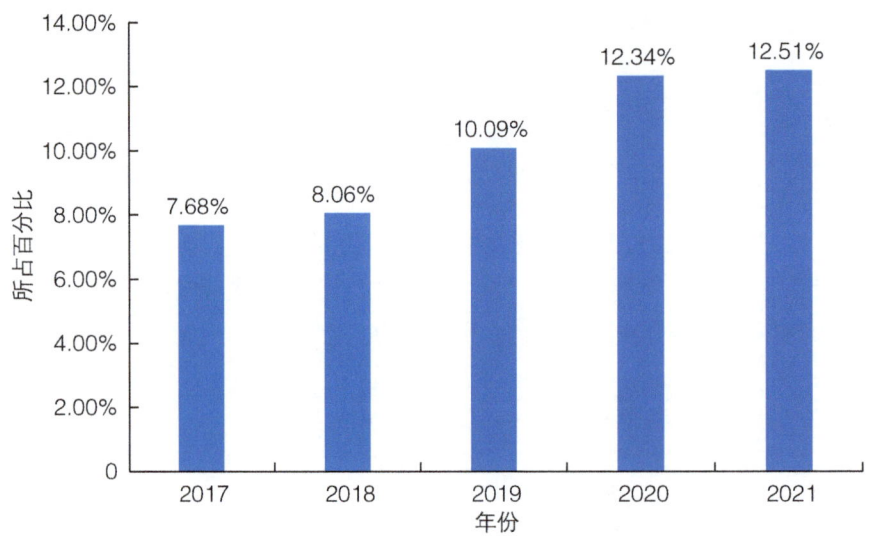

图4-130　2017—2021年国家高新区内人工智能上市公司硕士学历及以上人员占企业员工比重

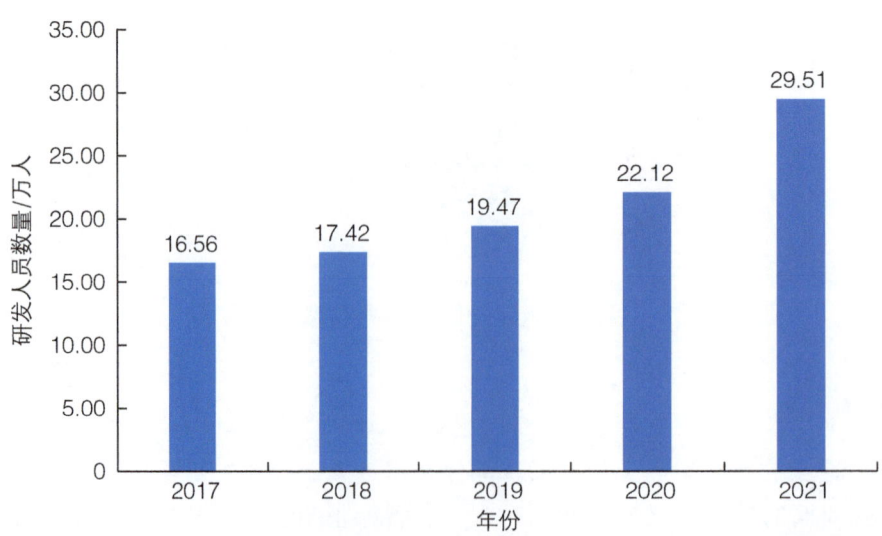

图4-131　2017—2021年国家高新区内人工智能上市公司研发人员数量

在资金投入方面（图 4-132 至图 4-134），2021 年，国家高新区内人工智能上市公司研发投入占营业收入比重为 14.89%，与 2017 年相比，增长了 6.54 个百分点，总体呈上升趋势，说明国家高新区内人工智能上市公司对研发资本投入相对比较稳定；企业获得的政府创新补贴为 130.87 亿元，与 2017 年相比，年均增长 34.16%，2021 年增长较快，总体呈上升趋势，说明政府部门大力支持人工智能上市公司进行不断创新；研发人员人均经费为 32.88 万元，与 2017 年相比，年均增长 13.85%，除 2018 年增速较慢外，总体保持较快增长。

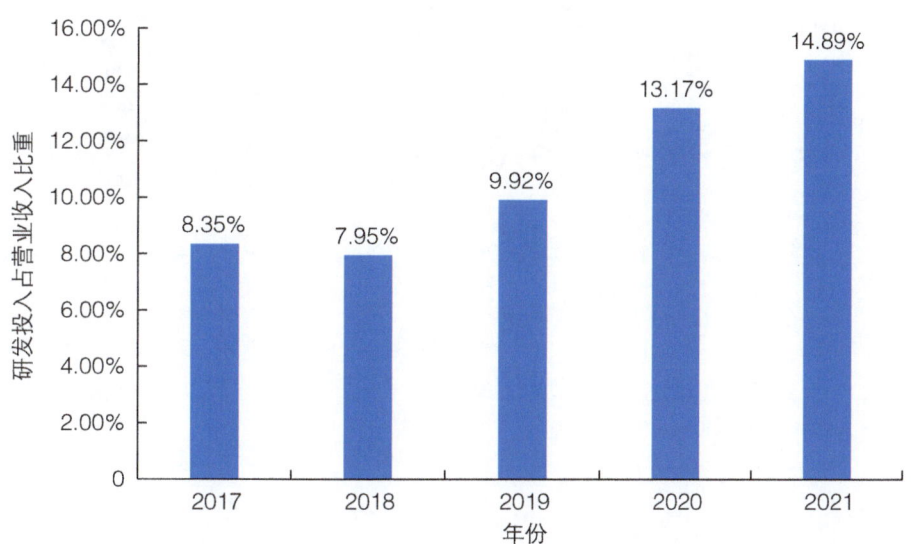

图 4-132　2017—2021 年国家高新区内人工智能上市公司研发投入占营业收入比重

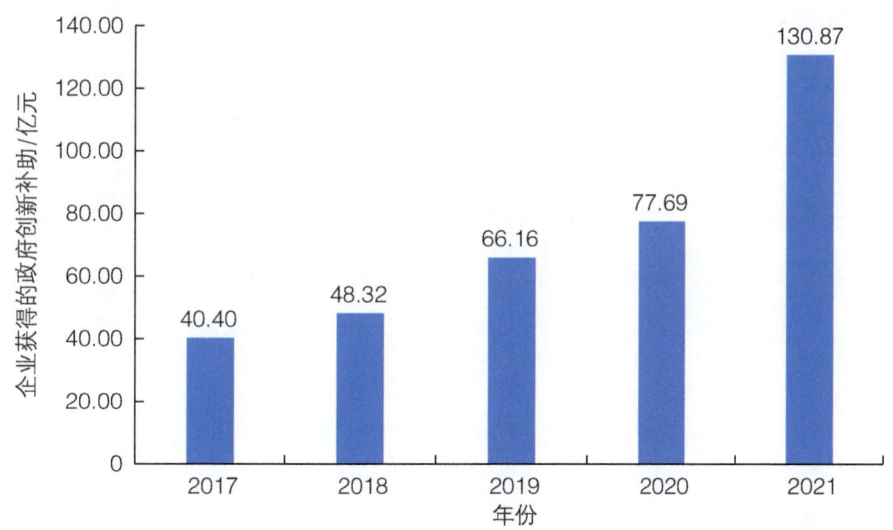

图 4-133　2017—2021 年国家高新区内人工智能上市公司获得的政府创新补贴

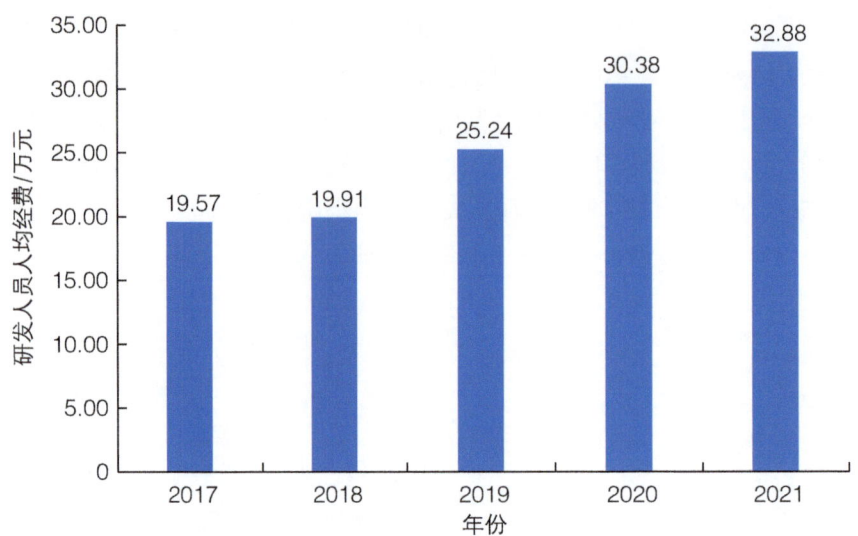

图 4-134　2017—2021 年国家高新区内人工智能上市公司研发人员人均经费

在物资投入方面（图 4-135），2021 年，国家高新区内人工智能上市公司当年购置的机器设备价值 67.26 亿元，与 2017 年相比，年均增长 39.50%，近两年增速较快，说明国家高新区内人工智能上市公司注重对研发设备的投入。

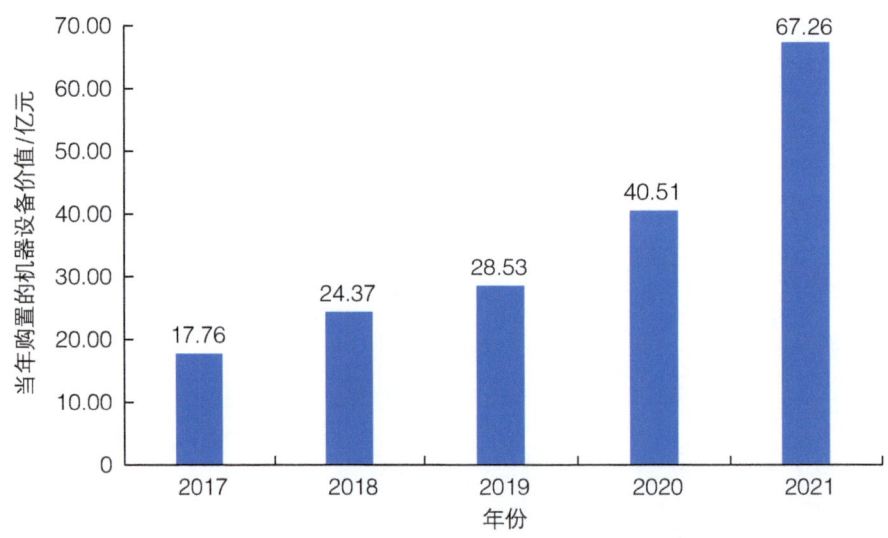

图 4-135　2017—2021 年国家高新区内人工智能上市公司当年购置的机器设备价值

（2）创新产出能力

在技术成果产出方面（图 4-136），2021 年，国家高新区内人工智能上市公司新增专利数为 56 405 件，与 2017 年相比，年均增长 8.29%，较前 4 年相比，有明显的增长趋势，说明国家高新区内人工智能上市公司技术成果转化方面仍在继续努力。

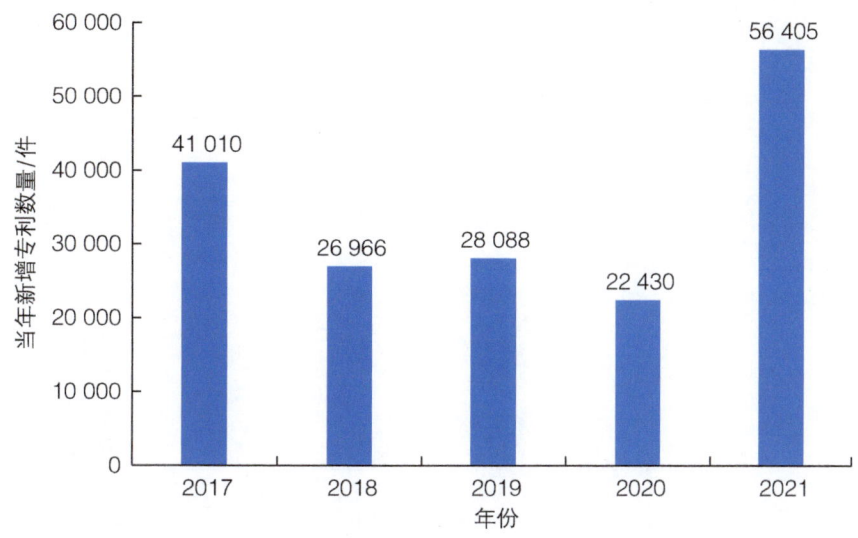

图 4-136　2017—2021 年国家高新区内人工智能上市公司当年新增专利数量

在经济效益方面（图 4-137），2021 年，国家高新区内人工智能上市公司当年新增知识产权价值为 55.96 亿元，较前几年呈倍增态势，较 2020 年上涨 49.52 亿元。

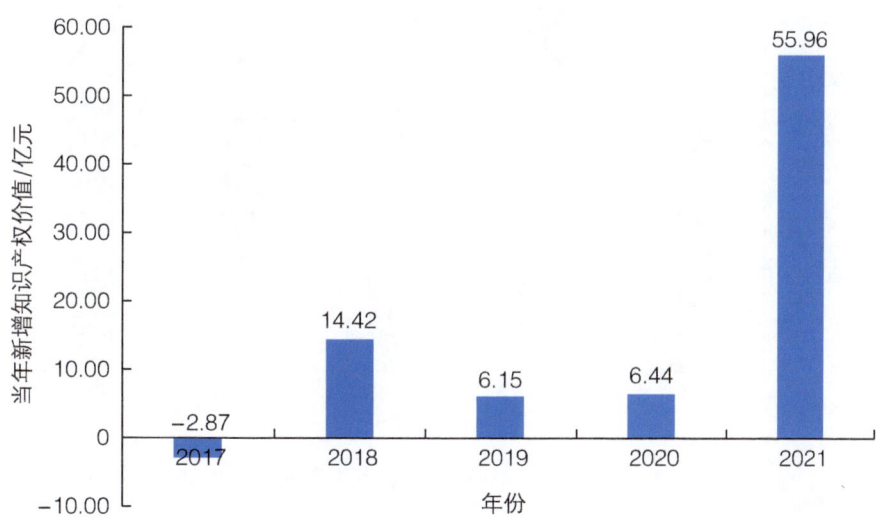

图 4-137　2017—2021 年国家高新区内人工智能上市公司当年新增知识产权价值

在商业革新方面（图 4-138、图 4-139），2021 年，国家高新区内人工智能上市公司取得子公司及其他营业单位支付的现金净额 40.29 亿元，较 2020 年同比上涨 19.59%，但与 2017 年对比，年均增长率呈现下降趋势。2021 年商誉值为 708.97 亿元，较 2020 年同比上涨 8.23%，较 2017 年年均增长率有所下降，近 5 年呈现波动趋势，未来需要不断稳定并继续加强企业商誉度。

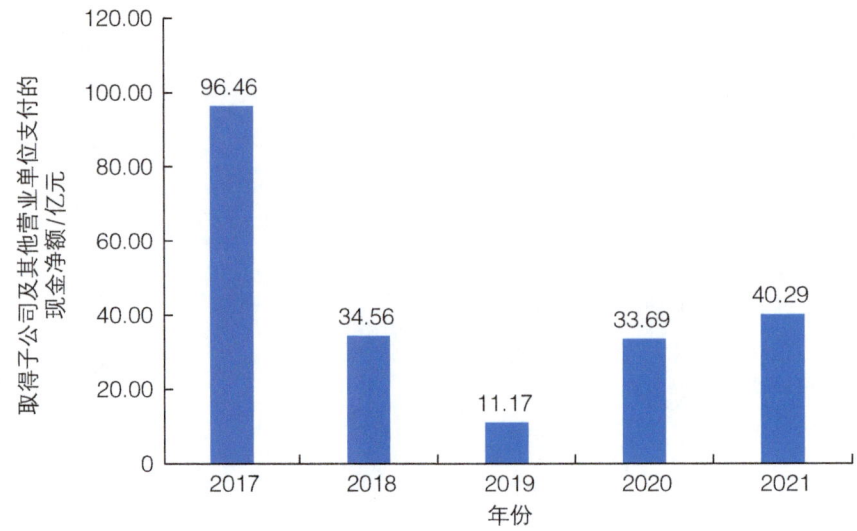

图 4-138　2017—2021 年国家高新区内人工智能上市公司取得子公司及其他营业单位支付的现金净额

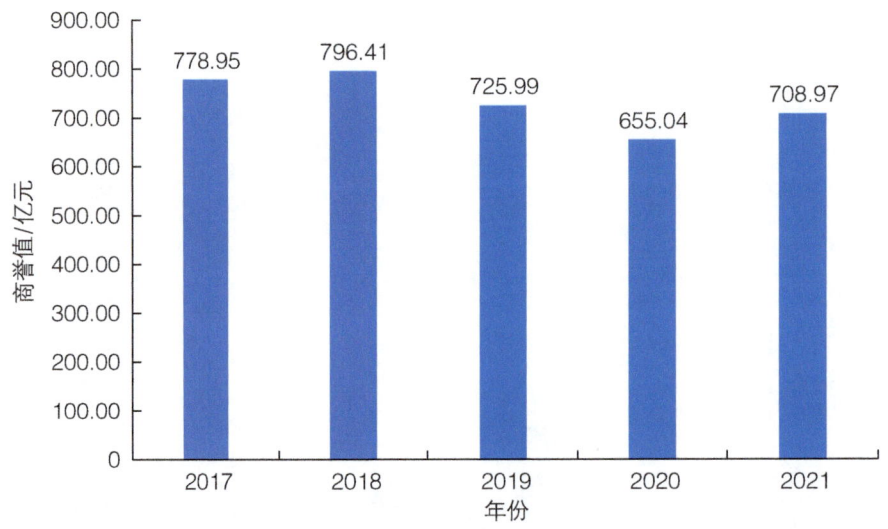

图 4-139　2017—2021 年国家高新区内人工智能上市公司企业商誉值

（3）创新保障能力

在经济保障方面（图 4-140、图 4-141），国家高新区内人工智能上市公司营业收入都是逐年上升的，2021 年，国家高新区内人工智能上市公司营业收入为 14 906.27 亿元，与 2017 年相比，年均增长 24.26%，说明国家高新区内人工智能上市公司拥有较强的再生产基础；总市值均值为 39 180.63 亿元，与 2017 年相比，年均增长 20.59%，近 3 年出现较高的增长态势，说明具有良好的融资市场来获取创新资本。

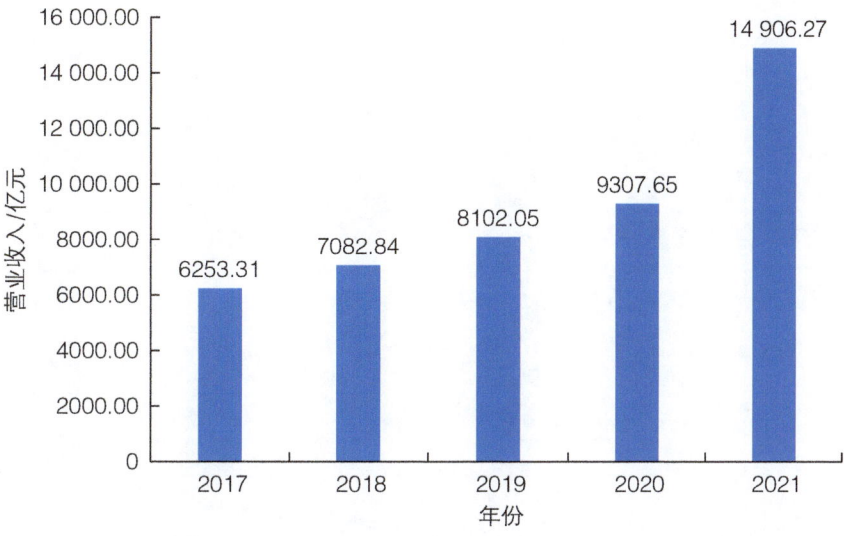

图 4-140　2017—2021 年国家高新区内人工智能上市公司营业收入

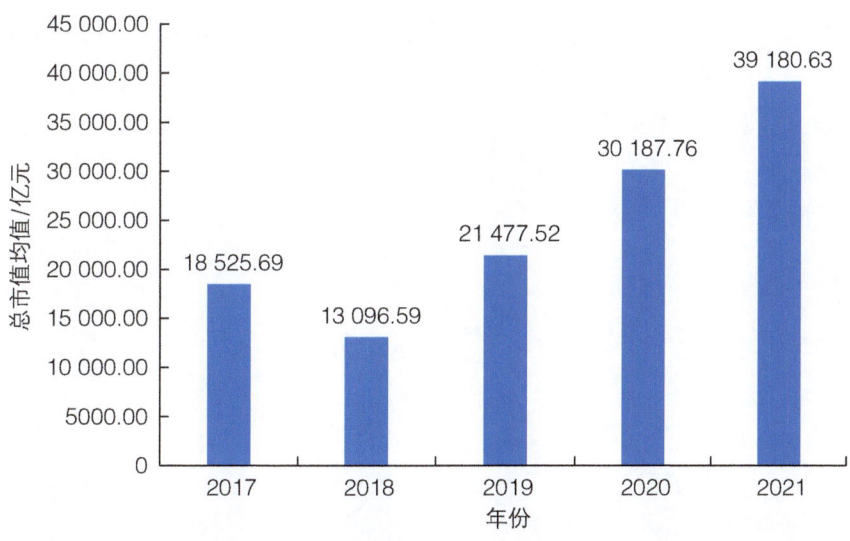

图 4-141　2017—2021 年国家高新区内人工智能上市公司总市值均值

在运营保障方面（图 4-142），资产负债率是衡量企业负债水平及风险程度的重要标志。2021年资产负债率为 34.34%，与 2017 年相比，年均增长 1.464 个百分点，年均增速相对平稳，资产负债率始终维持在较为合理的区间。

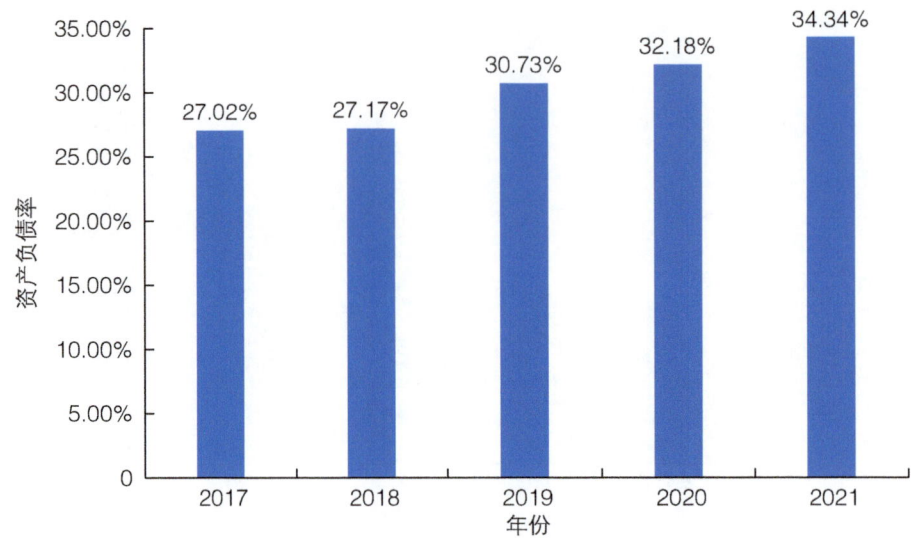

图 4-142　2017—2021 年国家高新区内人工智能上市公司资产负债率

在文化保障方面（图 4-143），2021 年，国家高新区内人工智能上市公司从业人员人均教育经费为 1195.73 元，与 2017 年相比，年均增长 16.33%，2020 年增速较快，整体呈上升态势，增长态势较为稳定，说明国家高新区内人工智能上市公司人才培养力度在逐渐加强。

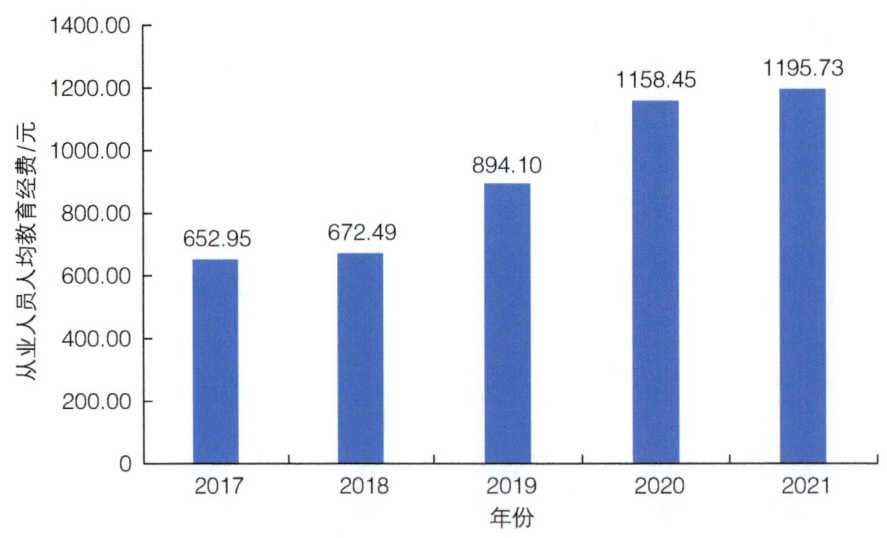

图 4-143　2017—2021 年国家高新区内人工智能上市公司从业人员人均教育经费

4. 产业内上市公司 20 强名单

结合第三章企业创新能力分析，通过对国家高新区内人工智能产业 152 家上市公司指标数据进一步归纳整理及评价分析，得出人工智能产业创新能力排名 20 强上市公司，具体如表 4-18 所示。

第四章 国家高新区上市公司产业创新能力分析

表4-18 2021年国家高新区内人工智能产业上市公司20强

排名	证券代码	公司中文名称	省市	组织形式	是否高企	A 创新投入能力	B 创新产出能力	C 创新保障能力	创新指数得分
1	601633.SH	长城汽车股份有限公司	河北	民营企业	是	21.27	39.23	18.96	79.47
2	002415.SZ	杭州海康威视数字技术股份有限公司	浙江	中央国有企业	是	21.18	38.11	19.72	79.01
3	000725.SZ	京东方科技集团股份有限公司	北京	地方国有企业	是	18.94	39.17	19.99	78.10
4	000063.SZ	中兴通讯股份有限公司	广东	公众企业	是	20.87	37.62	19.50	77.99
5	000157.SZ	中联重科股份有限公司	湖南	中外合资经营企业	是	20.80	35.82	18.87	75.49
6	002236.SZ	浙江大华技术股份有限公司	浙江	民营企业	是	20.05	36.06	18.97	75.08
7	002230.SZ	科大讯飞股份有限公司	安徽	中央国有企业	是	21.65	34.89	18.39	74.94
8	000977.SZ	浪潮电子信息产业股份有限公司	山东	地方国有企业	是	21.23	34.38	17.06	72.67
9	002841.SZ	广州视源电子科技股份有限公司	广东	民营企业	否	17.72	36.19	18.62	72.53
10	600718.SH	东软集团股份有限公司	辽宁	民营企业	是	20.26	33.27	17.99	71.52
11	600839.SH	四川长虹电器股份有限公司	四川	地方国有企业	否	19.00	33.86	18.38	71.23
12	603019.SH	中科曙光国际信息产业有限公司	天津	中央国有企业	是	20.93	32.39	17.68	70.99
13	600282.SH	南京钢铁股份有限公司	江苏	民营企业	是	15.13	37.26	17.82	70.21
14	600570.SH	恒生电子股份有限公司	浙江	民营企业	是	18.99	33.39	17.07	69.45
15	300458.SZ	珠海全志科技股份有限公司	广东	中外合资经营企业	是	19.48	32.95	16.85	69.28
16	688256.SH	中科寒武纪科技股份有限公司	北京	民营企业	是	19.90	31.77	17.46	69.13
17	688088.SH	虹软科技股份有限公司	浙江	外资企业	是	19.02	33.30	16.59	68.91

续表

排名	证券代码	公司中文名称	省市	组织形式	是否高企	A创新投入能力	B创新产出能力	C创新保障能力	创新指数得分
18	600271.SH	航天信息股份有限公司	北京	中央国有企业	是	15.55	35.72	17.60	68.87
19	688561.SH	奇安信科技集团股份有限公司	北京	民营企业	是	17.22	33.48	18.08	68.79
20	603660.SH	苏州科达科技股份有限公司	江苏	民营企业	是	18.22	33.62	16.60	68.44

数据来源：中国高新区研究中心整理，2022年8月。

5. 典型企业

科大讯飞股份有限公司（简称"科大讯飞"）成立于1999年，是亚太地区知名的智能语音和人工智能上市公司。自成立以来，一直从事智能语音、自然语言理解、计算机视觉等核心技术研究并保持了国际前沿技术水平；积极推动人工智能产品和行业应用落地，致力让机器"能听会说，能理解会思考"，用人工智能建设美好世界。作为技术创新型企业，科大讯飞坚持源头核心技术创新，多次在语音识别、语音合成、机器翻译、图文识别、图像理解、阅读理解、机器推理等各项国际评测中取得佳绩。两次荣获"国家科技进步奖"及中国信息产业自主创新荣誉"信息产业重大技术发明奖"，被任命为中文语音交互技术标准工作组组长单位，牵头制定中文语音技术标准。

2021年，科大讯飞创新投入能力得分为21.65分，创新产出能力得分为34.89分，创新保障能力得分为18.39分，综合得分为74.94分，在国家高新区人工智能产业上市公司中排名第七，排名较2020年下降两名。2021年，企业实现营业收入183.1亿元，同比增长40.61%，归属净利润15.56亿元。按照企业产品分类，科大讯飞2021年教育领域业务营业收入62.32亿元，开放平台及消费者业务为60.81亿元，智慧城市业务为40.55亿元，政法业务为9.182亿元，汽车领域业务为4.494亿元，智能服务业务为1.967亿元，其他业务为3.443亿元。

创新投入能力：科大讯飞始终把研发放在战略高度，坚持以市场为导向，不断完善核心技术，开发新产品，升级产品结构，全面提升公司核心竞争力。2021年科大讯飞研发费用为29.36亿元，占额占营业收入16.03%，目前公司研发人员数量为8367人，占总人数的58.48%。在面对创新业务风险时，科大讯飞坚持"系统性创新+根据地业务"的双轮驱动，以扎实的AI核心技术研发能力底座，依托"用户良性依存、长期经营能力、持续增长潜力、行业示范价值"的根据地业务，持续推进业务创新并降低探索风险。

多年来，科大讯飞作为"人工智能产业国家队"，以"看得见、摸得着的应用案例，能够规模化推广，能有统计数据来证明应用成效"为标准，致力于用人工智能解决社会发展中的重大命题，重点赛道应用示范验证持续显现，已经构建起可持续发展的"战略根据地"；另一方面，科大讯飞依托人工智能国家队的品牌公信力，紧紧围绕解决用户的刚需，在关键核心技术持续投入形成代差优势的同时，进一步整合创新链条上关键技术打造"系统性创新"优势。"战略根据地"和"系统性创新"将成为科大讯飞在把握人工智能产业发展机遇过程中"领先一步到领先一路"的核心竞争优势（表4–19）。

表4–19 公司部分研发投入情况

主要研发项目名称	项目目的	项目进展	拟达到的目标	预计未来对公司发展的影响
个性化学习手册资源支撑平台	面向教与学等业务提供个性化学习的AI技术、系统支撑、教研支撑和资源提供	开发完成	提升个册交付的用户满意度	扩大个册市场份额，降低交付成本
教考平台	基于科大讯飞股份有限公司的人工智能技术，实现英语听说教、学、考、评、管全场景应用闭环，为教育主管部门提供英语听说综合解决方案，帮助学生提升英语听说读写综合能力	开发完成	研发AI听说课堂新产品，满足教室教学场景需求；对产品用户、资源、业务数据进行整合，提升产品竞争力；通过产品功能优化，实现快速响应外部客户需求，促进降本增效；技术架构优化升级，夯实基座，满足业务长期发展	面向K12阶段，拓展AI听说课堂新应用，完善英语教学考评管全应用场景；将英语教学考评管应用场景进行融合打通，实现统一管理、统一运营；夯实英语教考平台的底座，支撑业务更长远良性发展
AI创新教育产品	面向K12中小学提供以人工智能特色的科创教育，提升师生信息技术素养和创新创造能力	开发阶段	通过产品优化迭代和新品开发，提升学校常态化开课	针对不同教学应用场景打造专属产品，形成市场突破和销售模式
讯飞开放平台	持续发布和上线最新人工智能产品能力及解决方案，完善平台生态系统和商业化系统的功能	开发完成	打造业界领先人工智能生态平台，并且持续保持开发者市场占有率第一	打造人工智能行业影响力及人工智能核心技术力，助力讯飞建立人工智能第一品牌
讯飞AI输入法	完成输入法AI智能助手功能、支持日韩等多语种键盘功能等，并完成鸿蒙输入法开发和适配；拼音和语音效果能够保持竞品领先	开发阶段	进一步扩大用户规模；并利用输入法可运营的用户群体，通过多种变现模式，实现项目收益收支平衡	深化实现输入法给用户创造的价值；继续巩固科大讯飞股份有限公司在大众领域的品牌影响力
AI虚拟人服务平台	完成虚拟人服务平台的搭建，面向虚拟数字人服务场景对企业业务数字化、智能化效果提升，面向部分行业客户提供软件接口服务、标准化生产产品、软硬一体机化的标准和定制化服务	开发阶段	通过AI虚拟人对行业客户业务实现数字化、智能化应用效果提升，提高服务效率、体验，降低服务成本	AI虚拟人市场竞争力提升，树立AI虚拟人品牌和构建一系列应用落地产品和生态合作
AI电视助手	面向运营商领域，提供语音及周边AI能力支撑	开发阶段	改善产品用户体验的同时，提升用户活跃度	扩大运营商领域市场份额，降低业务运营成本

续表

主要研发项目名称	项目目的	项目进展	拟达到的目标	预计未来对公司发展的影响
酒店AI电话管家SaaS平台	完成酒店AI电话管家研发并上线,帮助酒店员工处理大量流程化、简单重复的工作,释放员工工作量,帮助酒店节省人力	开发完成	提供"SaaS平台服务",为酒店企业客户提供酒店AI电话管家SaaS平台租用服务,可定制化实现行业内容通用电话技能	建设一套面向酒店行业的智能客服系统,支持多种终端设备和海量用户的接入,支持多种业务流程开发,在酒店市场提升竞争力

数据来源:中国高新区研究中心整理,2022年8月。

创新产出能力:科大讯飞坚守核心技术自主创新道路,拥有全球先进的智能语音和人工智能核心技术,近年来相关技术持续在机器翻译、自然语言理解、图像识别、图像理解、知识图谱、知识发现、机器推理等各项国际评测中取得全球第一。这些核心技术全部来自科大讯飞的自主研发,拥有自主知识产权(图4-144)。

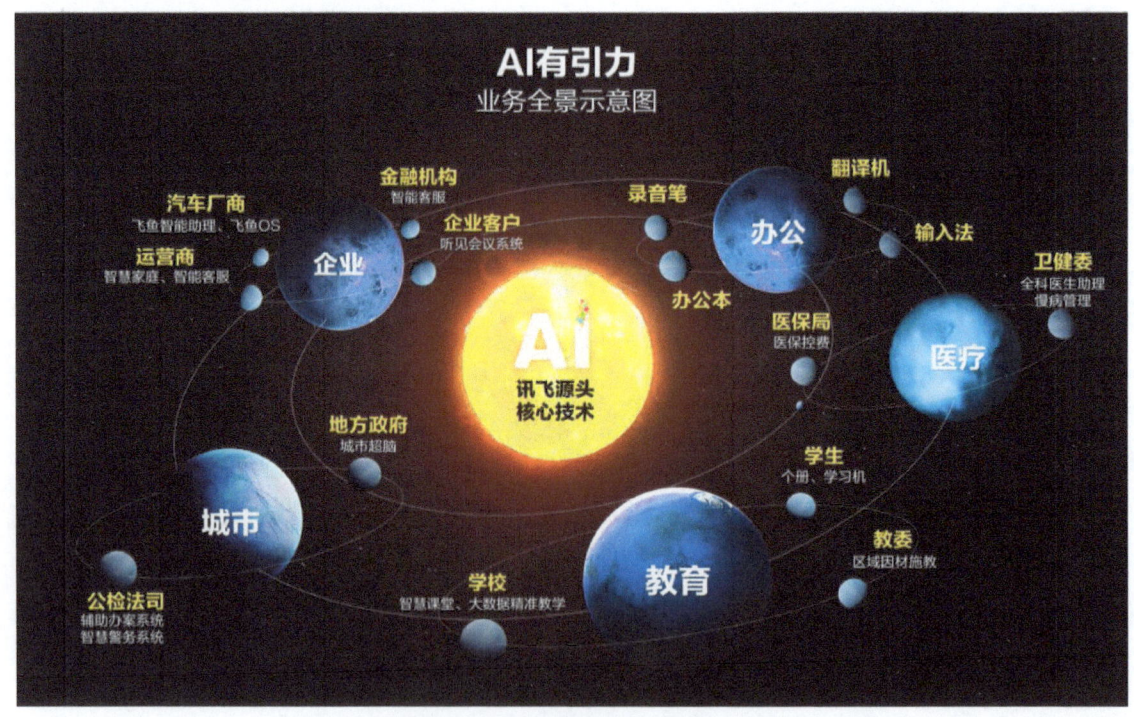

图4-144 科大讯飞关键赛道产品和客户全景示意

在教育领域,科大讯飞在"人工智能助力教育,因材施教成就梦想"理念指导下,面向国家重大教育命题,通过人工智能核心技术加教育教学场景深度融合应用,为学生、教师及各级教育管理者提供精准便捷的服务,实现教与学过程中的数据积累,帮助师生减负增效,促进教育进步。目前,讯飞智慧教育产品已在全国32个省级行政单位及日本、新加坡等海外市场应用。科大讯飞智慧教育业务围绕"既要让学生作业减负,也要教学质量提升;既要减少考试,也要科学评估教学成效；既要五育并举，也要满足科技强国需要"的目标，构建了面向 G/B/C 3 类客户的业务体系：G 端业务主要以市县区等区域建设为主体，涵盖面向区域内所有学校及用户的因材施教整体解决方案等；B 端业务主要以学校建设为主体，包括校内大数据精准教学、英语听说考试等；C 端业务主要以家长用户群自主购买为主，包括人工智能学习机、个性化学习手册等产品（图 4-145）。

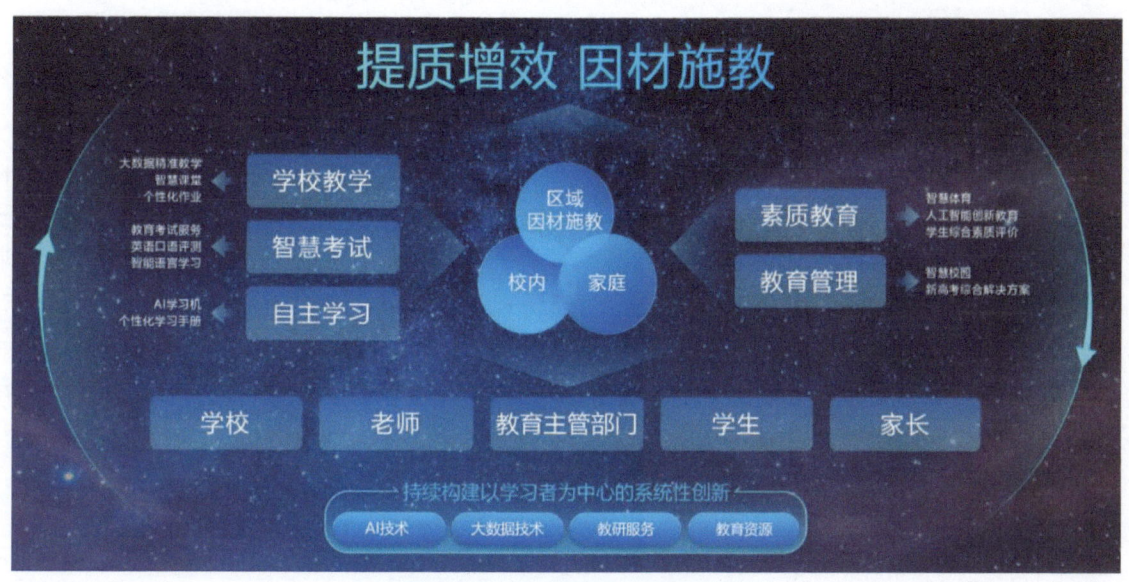

图 4-145　智慧教育业务全景

在医疗领域，科大讯飞以打造"每个医生的 AI 诊疗助理、每个人的 AI 健康助手"为使命，基于国际领先的人工智能技术，通过医学语义计算、医学语言理解、医学知识推理、医学数据挖掘分析等核心技术，实现面向基层医生的全科辅助诊断服务，规范诊疗过程，减少漏诊误诊，为医生的临床决策过程提供智能辅助支持，提高诊疗服务的水平和工作效率，同时为各级医疗卫生主管部门提供基于实时诊疗数据的诊疗过程和诊疗质量智能监管服务。基于科大讯飞人工智能核心技术能力的医考机器人在 2017 年国家执业医师资格考试笔试中，以总分 456 分通过考试，超过全国 96.3% 的考生，成为全球唯一一个通过国家执业医师资格考试笔试测试的人工智能系统。基于医考机器人，智慧医疗全科医生助理等产品已经在医疗机构中实现规模化应用。

在智慧城市领域，科大讯飞围绕政府数字化转型、围绕政法业务办公办案质效提升，在城市治理、政务服务、产业发展层面提供基于人工智能的产品和综合性解决方案，为城市发展赋能，打通各级单位的用户数据，使得数据能回流、能迭代、能学习、能进步，依据数据驱动形成为数字城市持续服务的模式。

在消费者领域，科大讯飞围绕 AI+办公场景，通过智能办公本、录音笔、讯飞听见 APP 等产品，为消费者提供办公场景下所需的产品和服务，将日常办公过程中形成的声音、图文等原始非结构化数据，快速处理成为可以方便保存、检索的文本数据，实现日常办公及学习场景效率的提升。

2022年11月19—21日举行的"2022中国5G+工业互联网大会"上，科大讯飞以"用人工智能建设美好世界"为主题，推出声学成像仪、羚羊工业互联网平台等多项创新成果。羚羊工业互联网平台不仅可以为中小企业提供数字化工具包，还可为龙头企业打造可持续进化的"工业大脑"。羚羊工业互联网平台可以覆盖平台化设计、网络化协同、智能化制造、服务化延伸、个性化定制、数字化管理六大模式，能全面对接企业"研产供销服"各类场景，实现全要素连接，帮助企业解决数字化改造难题。科大讯飞展示的声学成像仪，大小与平板电脑差不多，厚约三四厘米，正面是显示屏，背面是一组64路的麦克风阵列和摄像头，单人即可操作。在电力、燃气、钢铁、化工、制造等行业，声学成像仪可以"看见"极其细微的局部放电、气体泄漏、设备异响点的具体位置，平均检测效率提升80%以上，提升巡检效率，保障生产安全。

创新保障能力：科大讯飞坚持"平台+赛道"的人工智能战略。"平台"赋能上，2010年，科大讯飞在业界发布以智能语音和人机交互为核心的人工智能开放平台—讯飞开放平台，依托国内首家上线的人工智能开放平台为开发者提供一站式人工智能解决方案。应用"赛道"上，科大讯飞在教育、医疗、办公、智慧城市等领域，已经实现了源头技术创新和产业应用的良性互动，在不断扩大的应用规模中成效显现。截至2022年5月31日，讯飞开放平台已开放493项AI产品及能力，聚集超过337.3万个开发者团队，总应用数超过150.1万个，累计覆盖终端设备数超过35.1亿台，AI大学堂学员总量达到69.9万人，链接超过420万个生态伙伴，以科大讯飞为中心的人工智能产业生态持续构建。

七、节能环保

1. 发展现状及政策

节能环保产业是指为节约能源资源、发展循环经济、保护生态环境提供物质基础和技术保障的产业，加快发展节能环保产业，是调整经济结构、转变经济发展方式的内在要求，是推动节能减排，发展绿色经济和循环经济，建设资源节约型环境友好型社会，积极应对气候变化，抢占未来竞争制高点的战略选择。在碳中和、碳达峰大目标的引领下，节能环保产业将对经济增长起到进一步拉动作用。根据国家统计局公布的《节能环保清洁产业统计分类（2021）》，节能环保主要分为高效节能、先进环保、资源循环利用、绿色交通车船和设备制造（图4-146）。

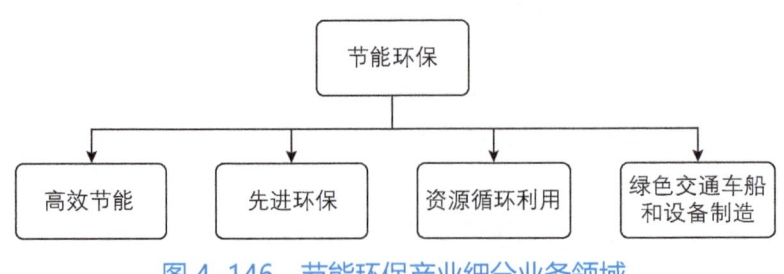

图4-146　节能环保产业细分业务领域

目前，就工业和信息化部统计显示，中国规模以上工业单位增加值能耗在"十二五"时期、"十三五"时期分别下降28%、16%的基础上，2021年进一步下降5.6%。万元工业增加值用水量在"十二五"时期、"十三五"时期分别下降35%和近40%基础上,2021年进一步下降7%。目前,工业和信息化部、国家发展改革委等六部门联合发布《工业能效提升行动计划》提出,到2025年,中国规模以上工业单位增加值能耗比2020年下降13.5%。

自2013年起,我国相关政府部门出台了一系列政策,鼓励节能环保产业发展。2016年,国家发展改革委等四部门发布的《"十三五"节能环保产业发展规划》明确提出到2020年节能环保产业快速发展,质量效益显著提升,高效节能环保产品市场占有率明显提高,一批关键核心技术取得突破,有利于节能环保产业发展的制度政策体系基本形成,节能环保产业成为国民经济的一大支柱产业。2017年10月,工业和信息化部发文加快推进环保装备制造业发展。2018年,国家统计局将节能环保产业纳入战略性新兴产业之中,体现了节能环保产业的重要性。到2021年国家相继出台多项政策,我国节能环保产业发展主要受政策影响,在国家一系列政策的推动下,我国节能环保产业已成为国民经济新的支柱产业(表4-20)。

表4-20 近年来国家层面节能环保产业发展相关政策

时间	发布部门	政策名称	重点内容
2021年	国务院	《2030年前碳达峰行动方案》	将碳达峰贯穿于经济社会发展辰全过程和各方面,重点实施能源绿色低碳转型行动、节能降碳增效行动、工业领域碳达峰行动、城乡建设碳达峰行动、交通运输绿色低碳行动、循环经济助力降碳行动、绿色低碳科技创新行动、碳汇能力巩固提升行动、绿色低碳全民行动、各地区梯次有序碳达峰行动等"碳达峰十大行动"。到2030年,非化石能源消费比重达到25%左右,单位国内生产总值二氧化碳排放比2005年下降65%以上,顺利实现2030年前碳达峰目标
2021年	国务院	《关于完整准确全面贯彻新发展理念做好碳达峰碳中和工作的意见》	到2030年,经济社会发展全面绿色转型取得显著成效,重点耗能行业能源利用效率达到国际先进水平。单位国内生产总值能耗大幅下降;单位国内生产总值二氧化碳排放比2005年下降65%以上;非化石能源消费比重达到25%左右,风电、太阳能发电总装机容量达到12亿千瓦以上;森林覆盖率达到25%左右,森林蓄积量达到190亿立方米,二氧化碳排放量达到峰值并实现稳中有降
2021年	国家发展改革委	《"十四五"循环经济发展规划》	到2025年,主要资源产出率比2020年提高约20%,单位GDP能源消耗、用水量比2020年分别降低13.5%、16%左右,农作物秸秆综合利用率保持在86%以上,大宗固废综合利用率达到60%,建筑垃圾综合利用率达到60%,废纸利用量达到6000万吨,废钢利用量达到3.2亿吨,再生有色金属产量达到2000万吨,资源循环利用产业产值达到5万亿元
2021年	国务院	《"十四五"规划和2035年远景目标纲要》	2020—2025年,我国单位GDP能源消耗将累计降低13.5%,单位GDP二氧化碳排放将累计降低18.0%

时间	发布部门	政策名称	重点内容
2020年	中共中央办公厅、国务院办公厅	《关于构建现代环境治理体系的指导意见》	以习近平新时代中国特色社会主义思想为指导，全面贯彻党的十九大和十九届二中、三中、四中全会精神，深入贯彻习近平生态文明思想，紧紧围绕统筹推进"五位一体"总体布局和协调推进"四个全面"战略布局，认高落实党中央、国务院决策部署，牢固树立绿色发展理念，以坚持党的集中统一领导为统领，以强化政府主导作用为关键，以深化企业主体作用为根本，以更好动员社会组织和公众共同参与为支撑，实现政府治理和社会调节、企业自治良性互动，完善体制机制，强化源头治理，形成工作合力，为推动生态环境根本好转、建设生态文明和美丽中国提供制度保障
2019年	住房城乡建设部、生态环境部、国家发展改革委	《城镇污水处理提质增效三年行动方案（2019—2021年）》	经过3年努力，地级及以上城市建成区基本无生活污水直排口，基本消除城中村、老旧城区和城乡结合部生活污水收集处理设施空白区，基本消除黑臭水体，城市生活污水集中收集效能显著提高

数据来源：中国高新区研究中心整理，2022年8月。

2. 产业链分析

节能环保产业的产业链上游主要包括钢铁、电子、有色金属、塑料等在内的原材料供应商，这些行业为节能环保产品的生产及工程实施提供原材料；中游主要是高效节能、先进环保、资源循环利用、绿色交通车船和设备制造等细分产业；下游主要包括电力、钢铁、建筑、化工、机械制造、市政建设等行业（图4-147）。

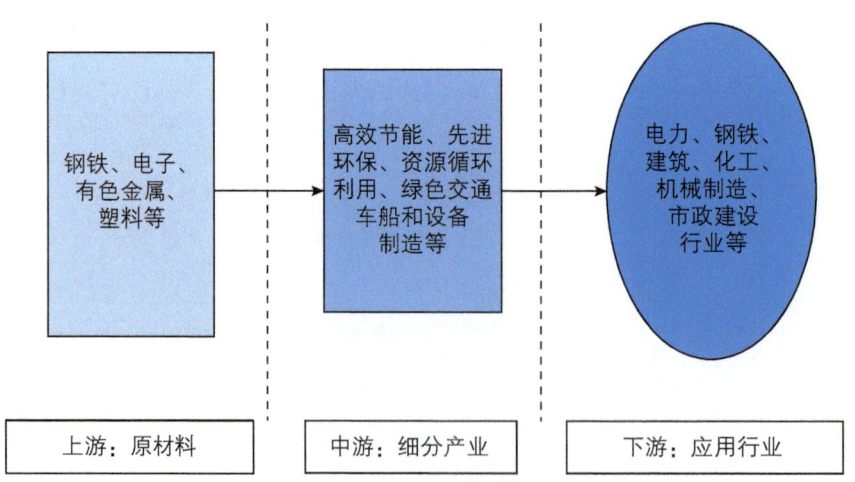

图4-147 节能环保产业链

上游：钢材是钢锭、钢坯或钢材通过压力加工制成的一定形状、尺寸和性能的材料。大部分钢材加工都是通过压力加工，使被加工的钢产生塑性变形。根据钢材加工温度不同，可以分为冷加工和热加工2种，多用于工业加工。过去5年间，中国钢材市场呈现持续下降的态势（图4-148）。

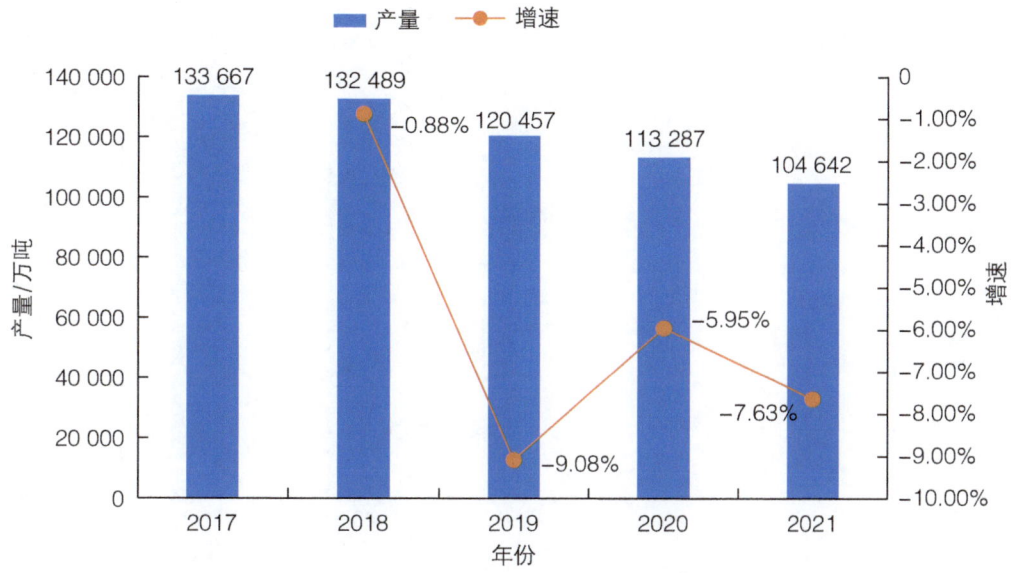

图 4-148　2017—2021 年中国钢材产量及增速

钢铁工业是中国经济高质量发展的重要支撑。"十三五"时期，钢铁工业作为供给侧结构性改革的主战场和排头兵，开展了令世界瞩目的去产能工作。在"十四五"时期，供给侧结构性改革仍将是钢铁行业发展的主线。2021 年 11 月 15 日，中国钢铁工业协会环保节能工作委员会发布《关于钢铁企业超低排放改造和评估监测公示终止申报或撤销公示的相关规定（试行）》（简称《规定》），《规定》要求对在公示申请评审期间或公示后存在违反《关于推进实施钢铁行业超低排放的意见》和《关于做好钢铁企业超低排放评估监测工作的通知》要求，不能稳定达到超低排放的企业，进行动态调整，以彰显超低排放公示工作的示范性、引领性和严肃性，保证超低排放改造和评估监测公示工作真正起到指导钢铁企业高质量实施超低排放改造的公众监督作用。

水泵是输送液体或使液体增压的机械。它将原动机的机械能或其他外部能量传送给液体，使液体能量增加，主要用来输送液体包括水、油、酸碱液、乳化液、悬乳液和液态金属等。水泵广泛应用于农业、工业和生活的多个领域，随着我国及全球对节能环保领域的日益重视，国内外市场对高效节能水泵关注度不断提高，高效、节能、环保和智能是未来水泵行业发展的必然趋势。

从国内市场来看，我国水泵行业较欧美发达国家起步较晚，但是随着近年来国民经济的发展，水泵行业的研发、设计、生产都发展迅速，近年来，国内水泵生产企业在产品研发能力和生产技术水平取得较大进步，水泵制造业从传统的单体制造生产线向智能化、自动化生产线转变，并大大拉动制造业中自动化技术应用的需求。产品的国际竞争力迅速提升，行业领先企业的产品已接近世界同类产品先进水平，经营模式逐渐从原始设备制造（OEM）转向原始设计制造（ODM），部分产品竞争力强的企业已实现自主品牌模式（OBM）。国内水泵行业的核心竞争力增强，将有利于我国水泵行业持续健康发展（图 4-149）。

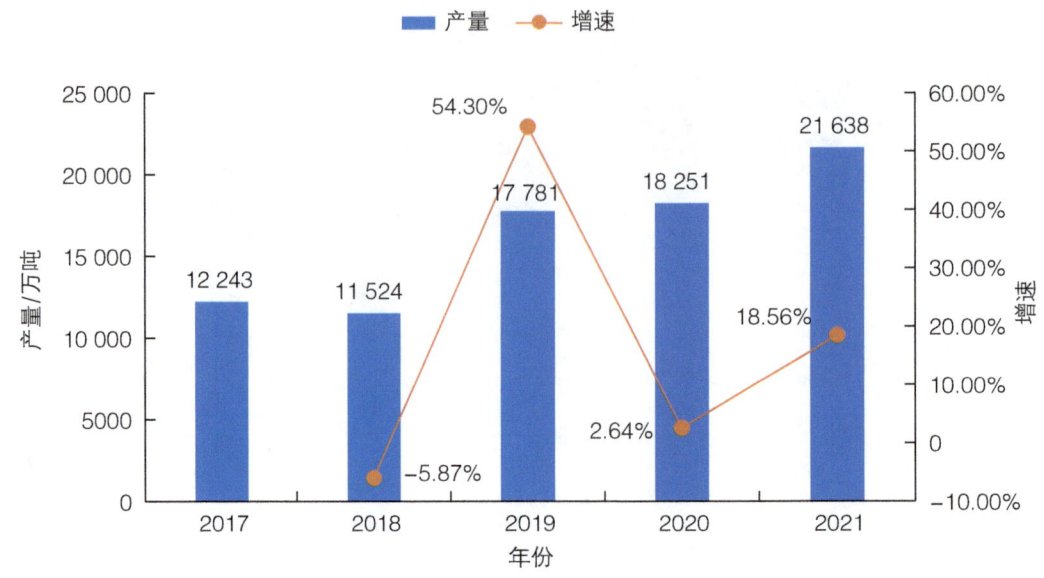

图 4-149　2017—2021 年中国泵行业产量

电子元器件是电子元件和小型的机器、仪器的组成部分，其本身常由若干零件构成，可以在同类产品中通用；常指电器、无线电、仪表等工业的某些零件，如电容、晶体管、游丝、发条等子器件的总称。随着近年来我国消费电子、汽车电子、工业电子等多个行业的高速发展及新能源汽车、物联网、新能源等新兴领域的兴起，我国电子元器件的需求不断增加，对电子元器件的需求快速增长。2020年，我国电子元器件及材料制造行业营业收入为 21 485.2 亿元，同比增长 11.3%。

中游：当前，我国环保行业大监管格局已基本形成，新的格局下，环保行业已从政策播种时代进入到全面的政策深耕时代，涉及水、土、气、固废处理全方位的政策法规日趋完善。"十四五"时期，进入了以降碳为重点战略方向、推动减污降碳协同增效、促进经济社会发展全面绿色转型、实现生态环境质量改善由量变到质变的关键时期。据此，有关部门也推出了多项政策，如"全国碳排放权交易市场""蓝天保卫战""黑臭水体整治环境保护专项行动"及"无废城市"等，全面助力生态环境保护，促进经济社会发展全面绿色转型。

从近年国家推出的一系列政策来看，先进环保相关产业已成为国家可持续发展的重要战略性产业，国家从资金、税收等各个方面均给予大力扶持，加快先进环保装备研发和应用推广，提升环保装备制造业整体水平和供给质量，为生态文明建设和经济高质量发展提供有力支撑。预计先进环保行业将进入新一轮高速发展期。从企业数量看，环保企业相对集中分布在环境监测、水污染防治、固废处置与资源化、大气污染防治四大领域，四大领域企业数量合计占比超过 91.7%。固废处理占比最大，为 46.7%。其次，水污染防治、大气防治、环境监测土壤修复的占比分别为 36.0%、9.6%、5.9%、0.3%（图 4-150）。

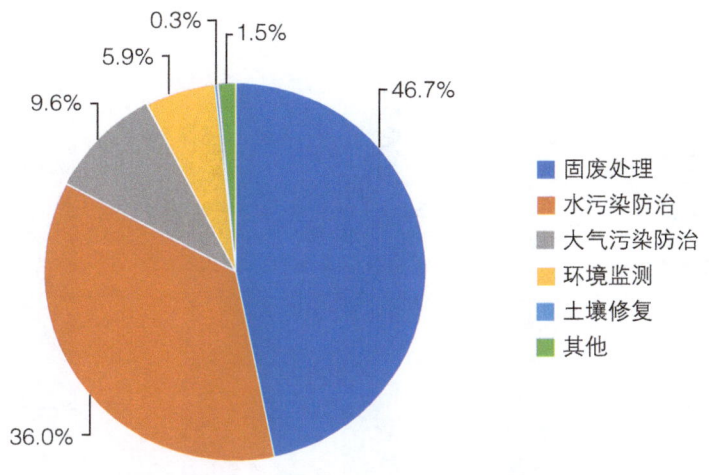

图 4-150　中国环境保护企业数量占比

随着中国经济的持续快速发展，城市进程和工业化进程的不断增加，环境污染日益严重，国家对环保的重视程度也越来越高。由于国家加大了环保基础设施的建设投资，有力拉动了相关产业的市场需求，环保产业总体规模迅速扩大，产业领域不断拓展，产业结构逐步调整，产业水平明显提升。2016—2020 年，中国环保产业市场规模呈增长趋势，2020 年市场规模达到 7.9 万亿元。目前，我国环保设备在大气污染防治设备、水污染治理设备和固体废物处理设备三大领域已经形成了一定的规模和体系。2020 年，中国环保设备行业市场规模达 3789.4 亿元。

我国的再生资源回收利用率低于西方，主要回收率甚至低于 60%，与部分国家存在 20%~30% 的差距。由于技术水平受限和市场运作程度低下等原因，导致回收利用产业链附加值较低，不能做到物尽其用，资源浪费的局面严重。国家陆续出台了相关政策法律来鼓励居民进行资源回收。再生资源行业发展趋势指出，在绿色发展理念引领下，再生资源回收行业得到了进一步发展，再生资源回收体系也在不断完善，再生资源回收产业迎来了新的发展契机。"十四五"发展规划提出，重点内容为强化绿色发展的法律和政策保障，支持绿色技术创新，推进清洁生产，发展环保产业，推进重点行业和重要领域绿色化改造，全面提高资源利用效率，提高海洋资源、矿产资源开发保护水平，完善资源价格形成机制，推行垃圾分类和减量化、资源化，加快构建废旧物资循环利用体系，其发展规划在一定程度上促进了再生资源行业的持续向前。

下游：党的十八大以来，我国积极推动能源供给革命，坚持立足国内多元供应，深化能源供给侧结构性改革，优先发展可再生能源，推进煤炭清洁高效开发利用，加大油气勘探开发力度，供应保障能力不断提升，能源生产清洁化进程加快。2021 年，全国一次能源生产总量 43.3 亿吨标准煤，比 2017 年相比，年均增长 4.80%（图 4-151）。

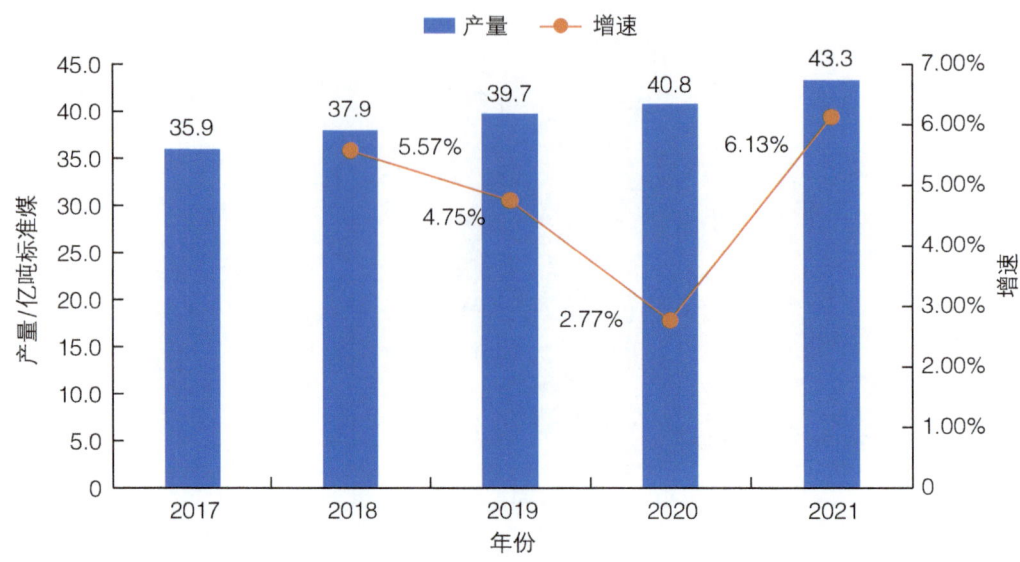

图 4-151　2017—2021 年中国一次能源产量及增速

中国能源生产主要以原煤为主，2021年原煤产量41.3亿吨，同比增长5.7%。原油19 888.1万吨，同比增长2.1%。天然气产量2075.8亿立方米，同比增长7.8%（表4-21）。

表 4-21　2021 年中国一次能源产量具体分布情况

指标	单位	产量	比上年增长
一次能源生产总量	亿吨标准煤	43.3	6.2%
原煤	亿吨	41.3	5.7%
原油	万吨	19 888.1	2.1%
天然气	亿立方米	2075.8	7.8%

数据来源：中国高新区研究中心整理，2022年8月。

2021年，在统计的重点耗能工业企业39项单位产品生产综合能耗中，近九成比2012年下降。其中，吨钢综合能耗下降9.8%，火力发电煤耗下降5.8%，烧碱、机制纸及纸板、平板玻璃、电石、合成氨生产单耗分别下降17.2%、16.8%、13.8%、13.3%、7.1%。2021年与2012年相比，规模以上工业企业能源加工转换效率提高1.8个百分点。其中，火力发电提高2.3个百分点，供热提高4.8个百分点，原煤洗选提高3.2个百分点，炼焦提高1.5个百分点。2021年，我国单位GDP能耗比2012年累计降低26.4%，年均下降3.3%，相当于节约和少用能源约14.0亿吨标准煤。其中，规模以上工业单位增加值能耗累计降低36.2%，年均下降4.9%，分别比单位GDP能耗累计和年均降幅高9.8和1.6个百分点，工业节能效果明显。

3. 产业创新能力

目前，我国节能环保企业创新能力较低，以企业为主体的节能环保技术创新体系仍有升级空间，产学研结合发展需要更加紧密，技术研发投入应根据产业发展情况进行补足。目前，我国部分关键节能环保设备与零部件依然需要进口，自主研发、生产关键设备的能力仍需提升。同时，节能环保产业在我国发展时间较短，参与企业规模偏小，产业集中度较低，龙头企业带动作用效用较弱。同时，节能环保设备成套化、标准化程度较低，仍有很大的发展空间。在"十四五"时期是持续打好污染防治攻坚战的窗口期，也是实现碳中和、碳达峰目标的重要时期。一方面，能源消费将保持低增速和低增量发展态势，储能技术研发和推广应用将加速，解决能源并网、能源消纳等关键技术，为加快优化能源结构奠定基础；另一方面，产业结构升级将不断提高能源结构高频次和高标准调整步伐，节能环保、清洁生产、清洁能源等绿色产业也将迎来新一轮发展机遇。

我国节能环保产业发展正处于转型升级的关键时期，产业将向集聚发展进一步深化。部分中小企业在经历了企业初创的"死亡谷"后，在市场的认可与技术的不断迭代更新下，将迎来爆发，成为行业龙头，吸引产业链上下游企业围绕其进行周边产业布局，产业将呈现集聚发展态势。我国节能环保产业政策将持续深化，在财税金融、产业集聚、人才补贴、平台建设等方面出台相应的规划文件与行动计划，引领产业发展，同时促进产业生态不断形成，为节能环保产业发展提供有力保障。2021年，节能环保产业在十大概念产业中排名第七，综合得分为65.40分，其中创新投入得分为19.24分，创新产出得分为37.14分，创新保障得分为9.02分。

（1）创新投入能力

在创新人员投入方面（图4-152、图4-153），2021年，国家高新区内节能环保上市公司硕士研究生学历及以上人员占企业员工比重为4.84%，连续2年增长，总体相对比较稳定；研发人员为8.70万人，与2017年相比，年均增长0.12个百分点，总体呈快速稳定增长态势。

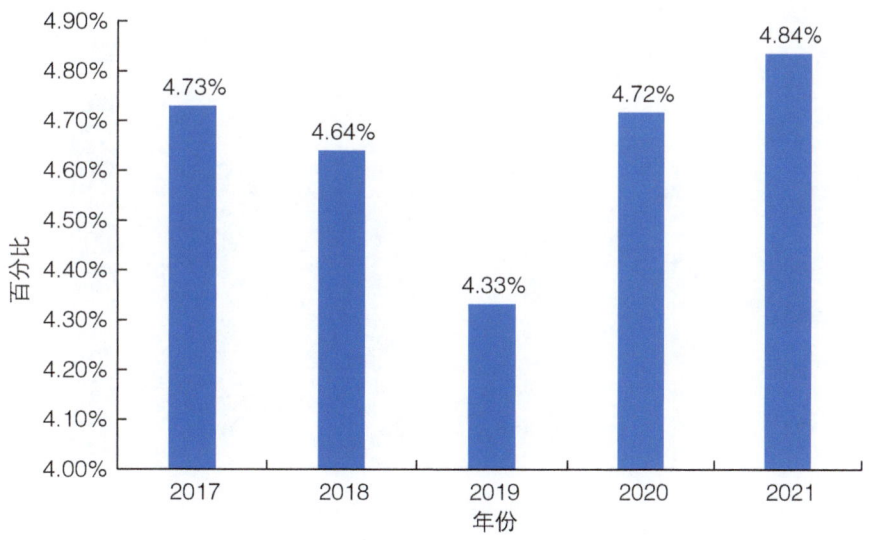

图4-152　2017—2021年国家高新区内节能环保上市公司硕士研究生学历及以上人员占企业员工比重

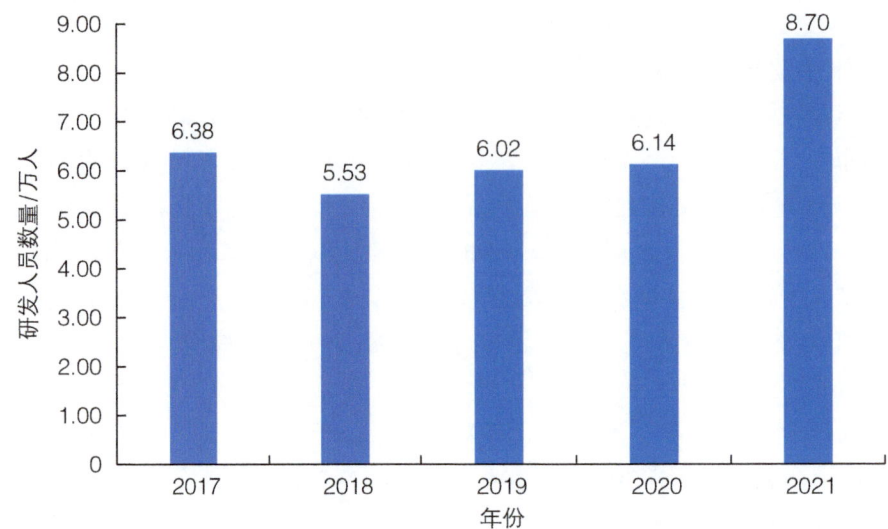

图 4-153　2017—2021 年国家高新区内节能环保上市公司研发人员数量

在资金投入方面（图 4-154 至图 4-156），2021 年国家高新区内节能环保上市公司研发投入占营业收入比重为 4.23%，与 2017 年相比，年均增长 0.248 个百分点，说明国家高新区内节能环保上市公司注重研发资本投入；企业获得的政府创新补贴为 62.94 亿元，与 2017 年相比，年均增长 24.14%，增速较快，说明政府部门开始加快对国家高新区内节能环保上市公司的创新支持；研发人员人均经费为 46.39 万元，与 2017 年相比，年均增长 9.21%，较 2020 年有小幅下降，但总体相对比较稳定，呈增长趋势。

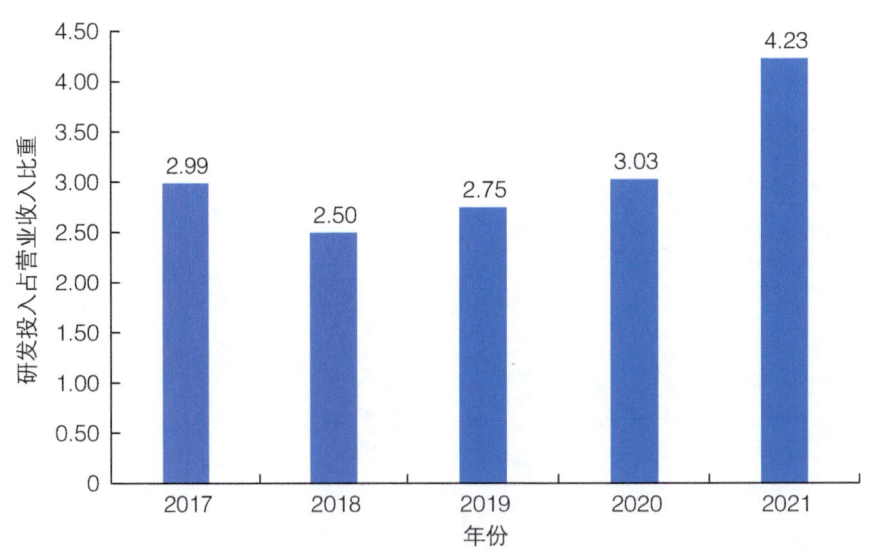

图 4-154　2017—2021 年国家高新区内节能环保上市公司研发投入占营业收入比重

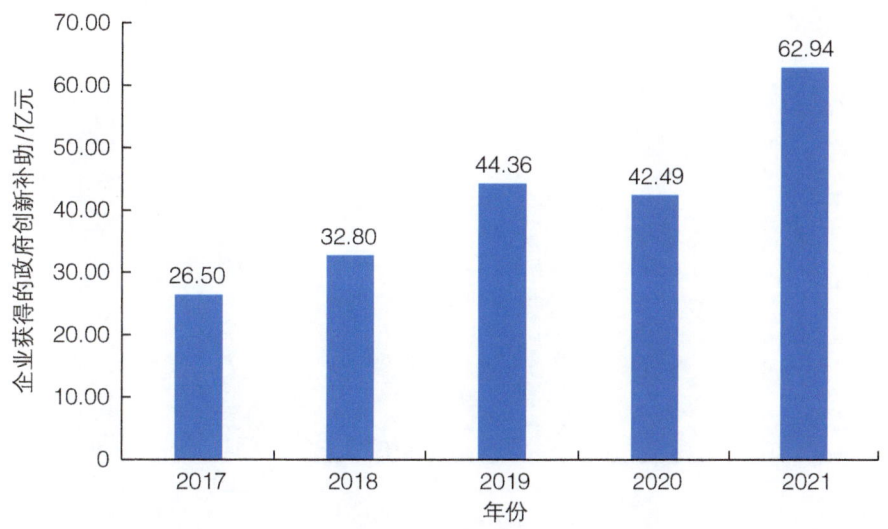

图 4-155　2017—2021 年国家高新区内节能环保上市公司获得的政府创新补助

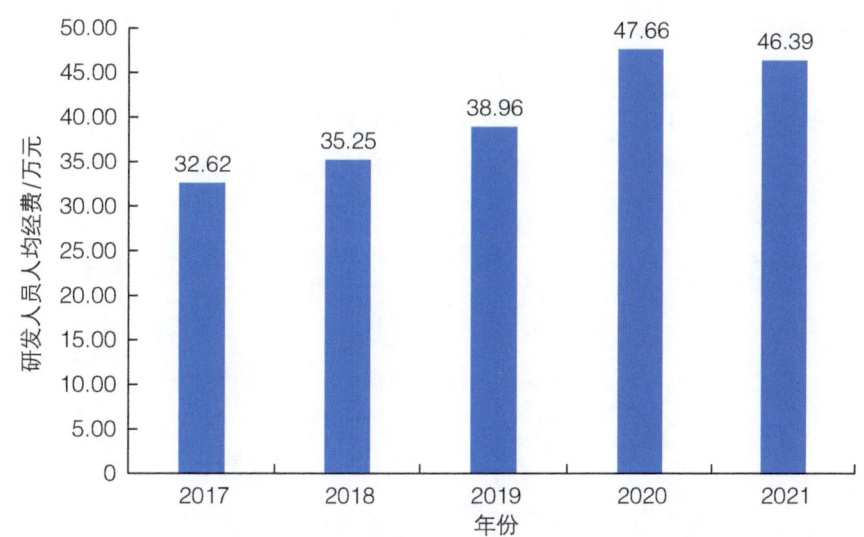

图 4-156　2017—2021 年国家高新区内节能环保上市公司研发人员人均经费

在物资投入方面（图 4-157），2021 年，国家高新区内节能环保上市公司当年购置的机器设备价值 215.81 亿元，与 2017 年相比，年均增长 23.56%，2021 年增速较快，说明国家高新区内节能环保上市公司注重对研发设备的投入。

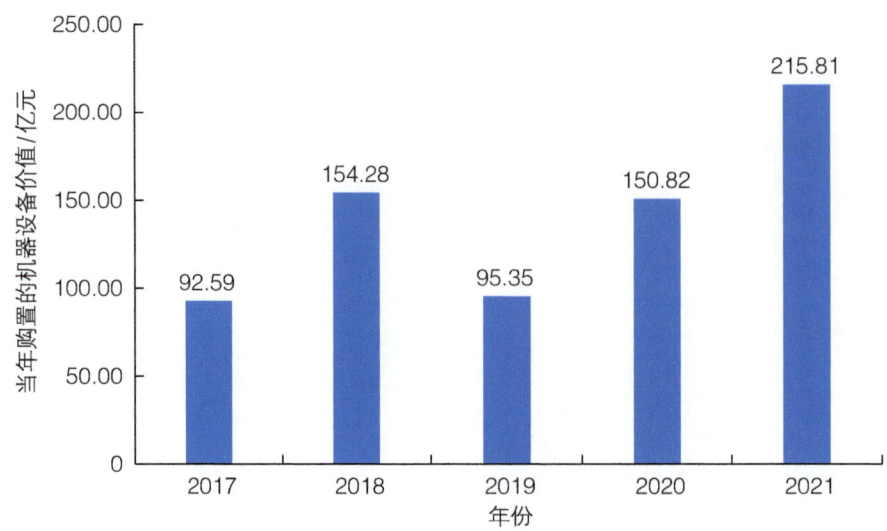

图 4-157　2017—2021 年国家高新区内节能环保上市公司当年购置的机器设备价值

（2）创新产出能力

在技术成果产出方面（图 4-158），2021 年，国家高新区内节能环保上市公司新增专利数为 6477 件，与 2017 年相比，年均增长 11.47%，在 2020 年下降之后再次拉升，有明显的增长趋势，说明国家高新区内节能环保上市公司技术成果转化方面仍在继续努力。

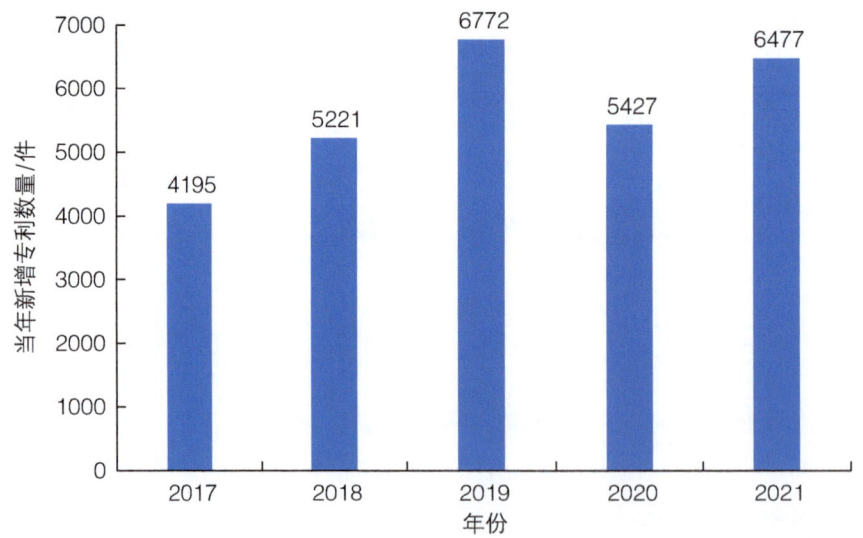

图 4-158　2017—2021 年国家高新区内节能环保上市公司当年新增专利数量

在经济效益方面（图 4-159），2021 年，国家高新区内节能环保上市公司当年新增知识产权价值为 176.23 亿元，较 2020 年呈倍增态势，与 2017 年相比，年均增长 6.38%。

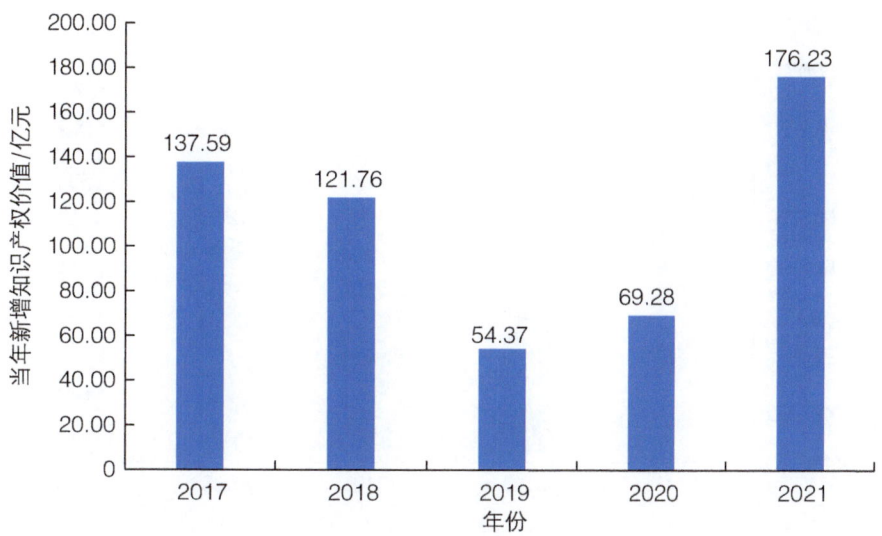

图 4-159　2017—2021 年国家高新区内节能环保上市公司当年新增知识产权价值

在商业革新方面（图 4-160、图 4-161），2021 年，国家高新区内节能环保上市公司取得子公司及其他营业单位支付的现金净额 44.14 亿元，连续 2 年呈现下降趋势。2021 年商誉值为 532.24 亿元，较 2020 年同比上涨 3.76%，较 2017 年年均增长率有小幅度上涨，近 5 年发展趋势总体较为平稳，未来需要不断稳定并继续加强企业商誉度。

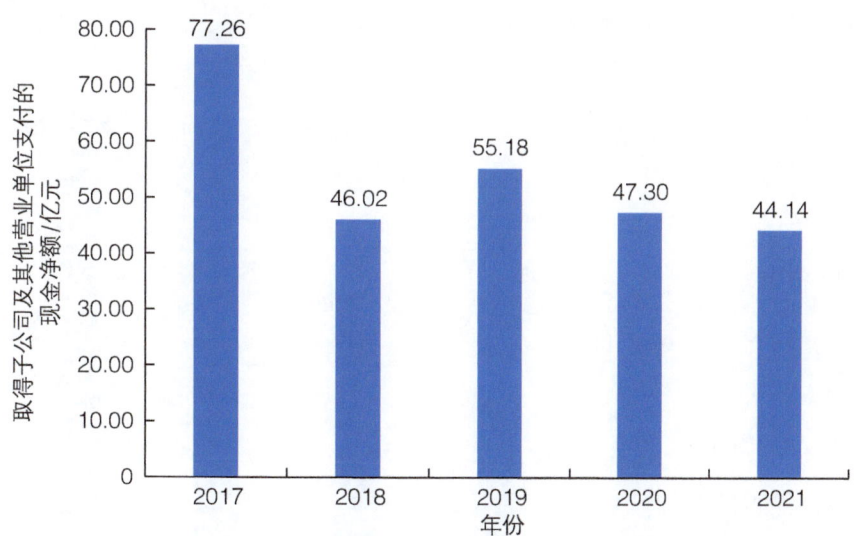

图 4-160　2017—2021 年国家高新区内节能环保上市公司取得子公司及其他营业单位支付的现金净额

209

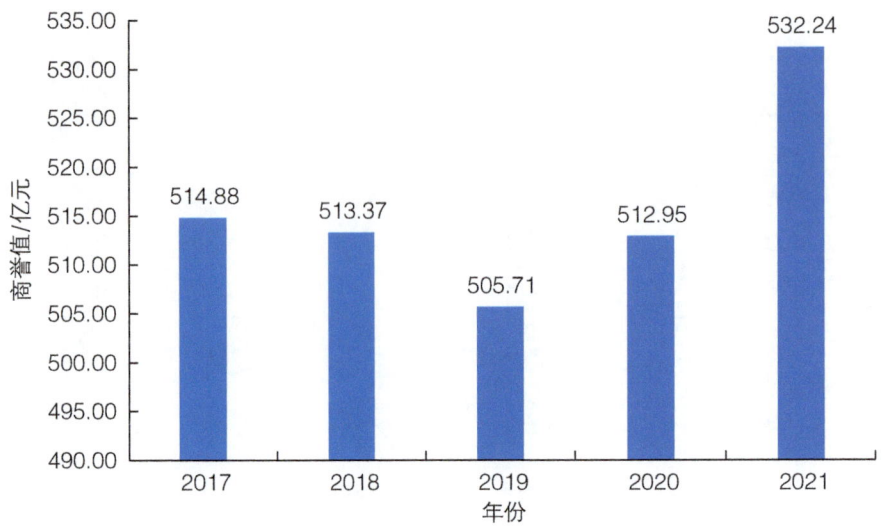

图 4-161　2017—2021 年国家高新区内节能环保上市公司企业商誉值

（3）创新保障能力

在经济保障方面（图 4-162、图 4-163），国家高新区内节能环保上市公司营业收入都是逐年上升的，2021 年，国家高新区内节能环保上市公司营业收入为 14 735.30 亿元，是近 5 年来增速最快的一年，与 2017 年相比，年均增长 20.62%，说明国家高新区内节能环保上市公司拥有较强的再生产基础；总市值均值为 16 586.56 亿元，与 2017 年相比，年均增长 10.94%，近 3 年呈现连续增长态势，说明具有良好的融资市场来获取创新资本。

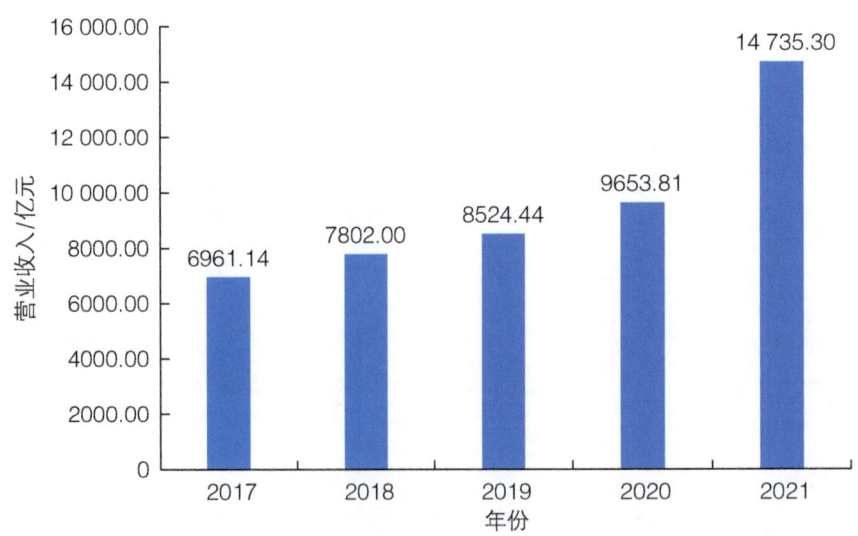

图 4-162　2017—2021 年国家高新区内节能环保上市公司营业收入

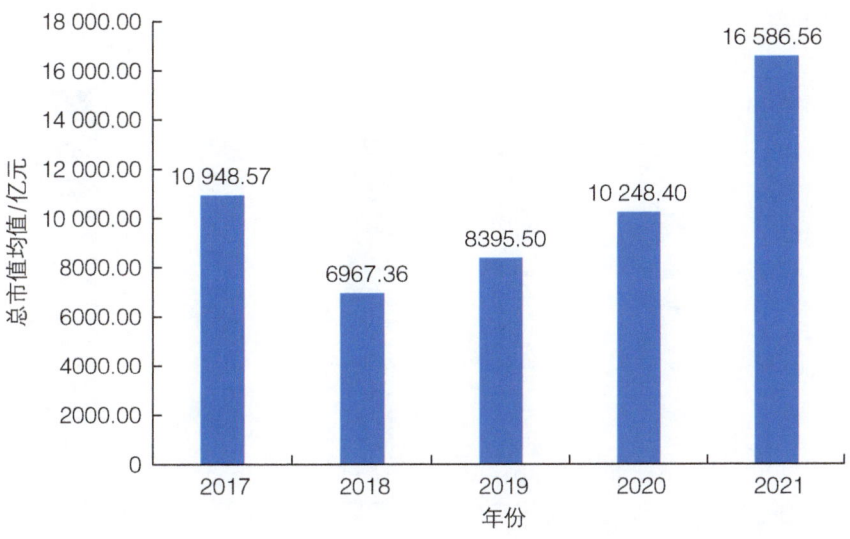

图 4-163　2017—2021 年国家高新区内节能环保上市公司总市值均值

在运营保障方面（图 4-164），资产负债率是衡量企业负债水平及风险程度的重要标志。2021 年资产负债率为 47.40%，与 2017 年相比，年均增长 0.514 个百分点，2021 年资产负债率较 2020 年有所下降，但总体指数还是较高，需要关注上市公司负债情况。

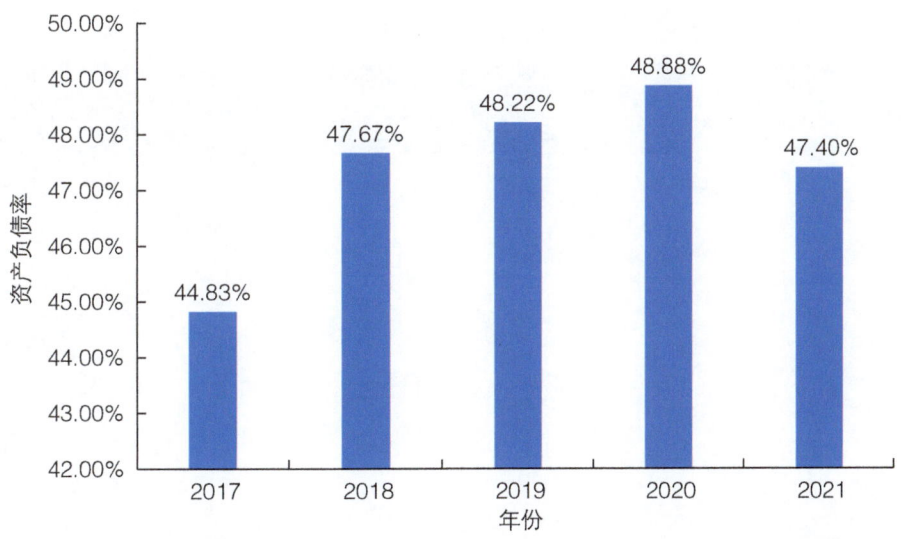

图 4-164　2017—2021 年国家高新区内节能环保上市公司资产负债率

在文化保障方面（图 4-165），2021 年，国家高新区内节能环保上市公司从业人员人均教育经费为 2111.89 元，与 2017 年相比，年均增长 5.27%，较 2020 年，同比上涨 13.59%，整体呈平稳上升态势，说明国家高新区内节能环保上市公司人才培养力度在逐渐加强。

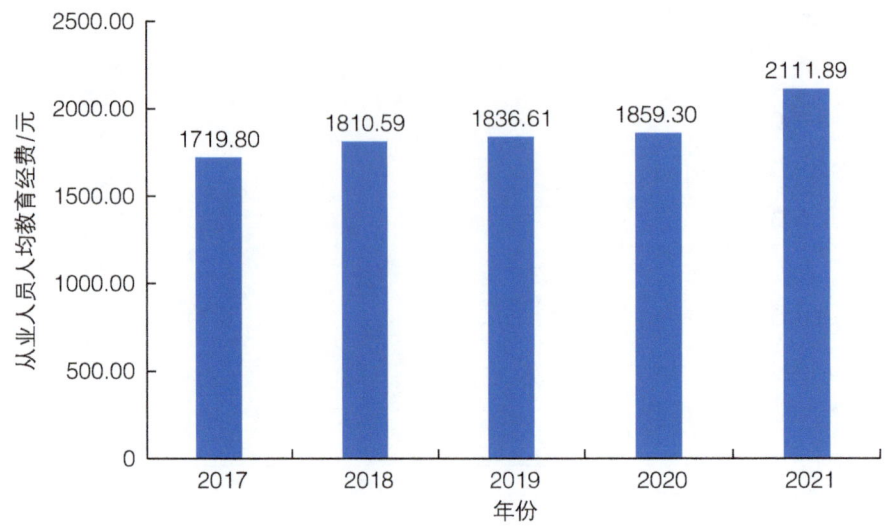

图 4-165 2017—2021 年国家高新区内节能环保上市公司从业人员人均教育经费

4. 产业内上市公司 20 强名单

结合第三章企业创新能力分析，通过对国家高新区内节能环保产业 152 家上市公司指标数据进一步归纳整理及评价分析，得出节能环保产业创新能力排名 20 强上市公司，具体如表 4-22 所示。

表 4-22　2021 年国家高新区内节能环保产业上市公司 20 强

排名	证券代码	公司中文名称	省市	组织形式	是否高企	A 创新投入能力	B 创新产出能力	C 创新保障能力	创新指数得分
1	000338.SZ	潍柴动力股份有限公司	山东	地方国有企业	是	21.13	38.52	18.55	78.19
2	000157.SZ	中联重科股份有限公司	湖南	中外合资经营企业	是	20.80	35.82	18.87	75.49
3	600406.SH	国电南瑞科技股份有限公司	江苏	中央国有企业	是	20.95	34.95	18.42	74.32
4	600282.SH	南京钢铁股份有限公司	江苏	民营企业	是	15.13	37.26	17.82	70.21
5	600582.SH	天地科技股份有限公司	北京	中央国有企业	是	16.93	34.97	17.23	69.13
6	601608.SH	中信重工机构股份有限公司	河南	中央国有企业	是	19.11	33.02	17.00	69.13
7	601727.SH	上海电气集团股份有限公司	上海	地方国有企业	否	18.50	32.51	17.56	68.57
8	600388.SH	福建龙净环保股份有限公司	福建	民营企业	是	19.41	32.42	16.72	68.56

续表

排名	证券代码	公司中文名称	省市	组织形式	是否高企	A创新投入能力	B创新产出能力	C创新保障能力	创新指数得分
9	600459.SH	贵研铂业股份有限公司	云南	地方国有企业	是	20.15	32.29	16.03	68.47
10	000581.SZ	无锡威孚高科集团股份有限公司	江苏	地方国有企业	是	17.88	34.02	16.57	68.47
11	601369.SH	西安陕鼓动力股份有限公司	陕西	地方国有企业	是	17.52	33.01	16.90	67.43
12	300284.SZ	苏交科集团股份有限公司	江苏	地方国有企业	是	16.49	34.49	16.44	67.42
13	600475.SH	无锡华光环保能源集团股份有限公司	江苏	地方国有企业	是	16.93	33.67	16.34	66.94
14	002335.SZ	科华数据股份有限公司	福建	民营企业	是	15.43	33.34	17.58	66.35
15	002080.SZ	中材科技股份有限公司	江苏	中央国有企业	是	15.89	33.75	16.23	65.87
16	600970.SH	中国中材国际股份有限公司	江苏	中央国有企业	是	17.32	32.35	16.16	65.83
17	000811.SZ	冰轮环境技术股份有限公司	山东	地方国有企业	是	18.75	30.94	15.83	65.52
18	000930.SZ	中粮生物科技股份有限公司	安徽	中央国有企业	是	16.25	32.92	16.24	65.41
19	300007.SZ	汉威科技集团股份有限公司	河南	民营企业	是	17.41	31.22	16.70	65.33
20	600499.SH	科达制造股份有限公司	广东	民营企业	是	14.19	34.18	16.93	65.30

数据来源：中国高新区研究中心整理，2022年8月。

5. 典型企业

潍柴动力股份有限公司（简称"潍柴动力"）成立于2002年，由潍柴控股集团有限公司作为主发起人、联合境内外投资者创建而成，是中国内燃机行业在香港H股上市的企业，也是由境外回归内地实现A股再上市的公司。公司始终坚持产品经营、资本运营双轮驱动的运营策略，致力于打造品质、技术和成本三大核心竞争力的产品，成功构筑起了动力总成（发动机、变速箱、车桥、液压）、整车整机、智能物流等产业板块协同发展的格局，拥有"潍柴动力发动机""法士特变速器""汉德车桥""陕汽重卡""林德液压"等品牌。潍柴在全国建立了由5000余家特殊维修服务中心组成的服务网络，在海外建有500余家维修服务站，产品远销110多个国家和地区。

2021年，潍柴动力科技集团股份有限公司创新投入能力得分为21.13分，创新产出能力得分为38.52分，创新保障能力得分为18.55分，综合得分为78.19分，在国家高新区节能环保产业上市公司中排名第一，排名较2020年没有变化。2021年，企业实现营业收入2035亿元，同比增长3.17%，归属净利润92.54亿元。按照企业产品分类，潍柴动力2021年动力总成、整车整机及关键零部件业务营业收入1043亿元，智能物流业务为784.8亿元，其他零部件业务为130.6亿元，其他业务为76.97亿元。

创新投入能力：截至2021年12月31日，潍柴动力研发费用为85.69亿元，占额占营业收入4.21%，研发人员总人数为10 421人，占总人数的12.62%，硕士研究生3086人。2008年至今，潍柴动力已累计投入了50亿元、近千人的研发团队，不断开展新能源关键技术攻关，建成了集氢燃料电池和固态氧化物燃料电池的研发设计、试验检测、生产制造功能于一体的燃料电池产业园，无论是技术水平还是产业规模，都实现了国内领先、全球一流。同时，潍柴还充分利用自身强大的供应链资源和整车厂商产业链优势，为燃料电池业务提供了强力支撑。

2021年，公司坚持创新引领、迈向高端，传统业务优势地位更加稳固，新业态、新能源、新科技业务不断突破，海外业务的业绩贡献显著提升，公司业务结构不断优化升级，国际化发展水平稳步提升，抗风险能力和综合竞争力持续增强。公司坚持"燃料电池、混合动力、纯电动"多路线并举，"燃料电池、动力电池、电驱动系统"全方位布局，已形成新能源动力总成及核心部件的研发和生产能力，产品覆盖客车、物流车、长途牵引车、港口牵引车、自卸车、叉车等市场，批量应用于城市交通、高速干线、港口、园区、矿区等场景，装配潍柴氢燃料电池发动机的车辆累计行驶里程超过1500万公里，产品寿命可达3万小时，处于行业领先水平，以实际行动践行"绿色动力、国际潍柴"的使命。同时，依托国家燃料电池技术创新中心，积极参与推进"氢进万家"科技示范工程，推动氢能全产业链核心技术突破和产业化落地。

2021年，公司以自主创新为主线，加大研发投入，依托全球协同研发平台，加快卡脖子关键核心技术突破，取得一系列科技成果，2022年1月发布全球首款本体热效率51.09%柴油机，再次刷新全球纪录；搭载340马力CVT智能拖拉机亮相国家"十三五"科技创新成就展。新业态、新能源、新科技加快落地，掌控了燃料电池、电机及控制器、空压机等全球新能源产业链优质资源，在新能源动力领域建立了覆盖燃料电池、混合动力、纯电动三大动力总成平台，并实现多场景应用。在电控领域，强化正向开发能力建设，已形成发动机、新能源、动力总成、液压及工程机械、智能驾驶、智慧农业等电控业务全面发展格局。公司加速新工艺技术及智能转型，实现了从批量生产模式向小批量多品种的定制化敏捷制造的转变，突破了一批先进工艺技术，为打造最具品质竞争力的产品提供了坚实保障。

创新产出能力：潍柴动力积极贯彻国家"双碳"发展战略，培育壮大新能源、电控、智能网联等新业态、新科技。牢牢掌控新能源优质资源和核心技术，产业化加速落地。全面布局燃料电池、混合动力、纯电动三大总成平台，开发30～200kW全系列燃料电池产品平台并实现量产发布，核心技术行业领先；2021年4月，由潍柴牵头承建的国家燃料电池技术创新中心落户山东，同时，科技部与山东省签署"氢进万家"科技示范工程框架协议，并依托国家燃料电池技术创新中心，在山东开展氢能多场景示范应用，构建"制—储—运—加—用"一体化氢能供给体系，为实现"双碳"愿景目标提供有力支撑；潍柴与瑞士飞速集团战略合作，致力于为全球客户提供高性能、高质量、高性价比的燃料电池空压机产品解决方案；积极参与推进"氢进万家"科技示范工程，推动氢能全产业链核心技术突破和产业化落地，氢燃料电池客车累计运行超过 1500 万公里；氢燃料电池重卡实现了在港口、园区、钢厂、高速等多场景应用。数字化技术赋能，抢占未来发展新高地。加快动力域、智能驾驶域、座舱域等控制器和域集中式整车电子电气架构开发，引领商用车"电动化、智能化、网联化"发展趋势；探索数字化产品、数字化服务和新的商业模式，由传统信息化架构向平台支撑的数字化架构过渡；以智慧云平台实现产品实时运行数据连接，服务内部运营和外部客户，实现企业高效运营；在氢能高速方面，全国首座高速公路加氢站在淄博市投入运营；配套潍柴动力产品的 49 吨燃料电池重卡，在济南泰钢至青岛董家口港区路线已运营超过 5000 公里；2021 年 10 月 27 日，搭载潍柴氢燃料电池系统的中国重汽黄河雪蜡车交付冬奥会，一举实现了"中国首创、世界领先、完全国产"，这是中国第一辆拥有完全自主知识产权的智能氢燃料电池雪蜡车。

2022 年 1 月 8 日，潍柴动力在济南发布了全球首款本体热效率 51.09% 柴油机及重大氢能科技示范成果，这是继 2020 年 9 月潍柴动力发布全球首款本体热效率 50.23% 的商业化柴油机后，在内燃机技术上再次刷新了行业的节能减排纪录。

创新保障能力：潍柴动力高度重视科技创新，拥有内燃机与动力系统全国重点实验室、国家燃料电池技术创新中心、国家内燃机产品质量检验检测中心、国家内燃机产业计量测试中心、国家商用汽车动力系统总成工程技术研究中心、国家工业设计中心、国家认定企业技术中心、国家专业化众创空间等国家级研发平台，设有"博士后工作站"等研究基地，建有国家智能制造示范基地。在中国潍坊、上海、西安、重庆、扬州等地建立研发中心，并在全球多地设立前沿技术创新中心，搭建起了全球协同研发平台，确保企业技术水平始终紧跟世界前沿。

八、国产软件

1. 发展现状及政策

2021 年，我国软件和信息技术服务业运行态势良好，软件业务收入保持较快增长，盈利能力稳步提升，软件业务出口保持增长，从业人员规模不断扩大，"十四五"实现良好开局。2021 年，全国软件和信息技术服务业规模以上企业超 4 万家，累计完成软件业务收入 95 502 亿元，同比增长 17.06%。软件业利润总额 11 875 亿元，同比增长 7.6%。软件业务出口 521 亿美元，同比增长 8.8%。2021 年，我国软件业从业人员平均人数 809 万人，同比增长 7.4%。从业人员工资总额同比增长 15.0%（图 4-166）。

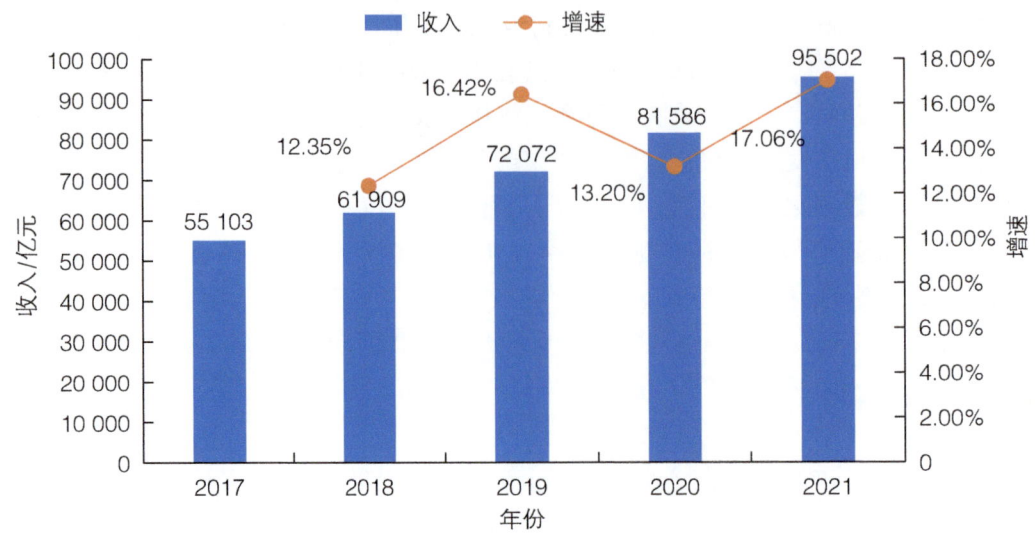

图 4-166　2017—2021 年中国软件业务收入统计

具体到各个领域：2021 年，信息技术服务收入 62 691.04 亿元，占全行业收入比重为 65.6%；软件产品收入 22 970.36 亿元，占全行业收入比重为 24.1%；嵌入式系统软件收入 8443.54 亿元，占全行业收入比重为 8.8%；信息安全产品和服务收入 1397.04 亿元，占全行业收入比重 1.5%（图 4-167）。

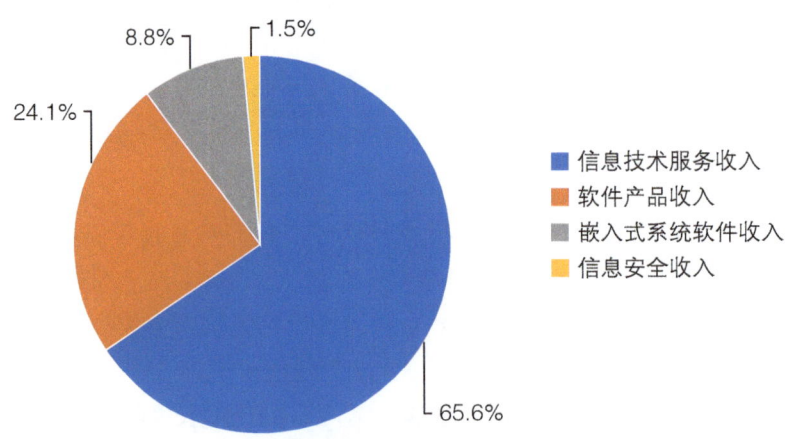

图 4-167　2021 年中国软件产业分类收入占比

2012 年以前，在全球信息产业蓬勃发展的大潮下，我国主动融入全球软件产业链分工，各行业信息化应用需求旺盛，软件产业保持高速增长，却长期处于中低端，核心软件受制于人。在国产软件细分领域中，工业软件可谓是重中之重，工业软件被誉为工业制造的大脑和神经，随着全球"传统制造"加快向"智能制造"转型升级，工业软件正在成为智能制造的核心基础性工具。作为制造业数字化转型重要抓手，工业软件是承载我们国家制造升级的核心环节。在传统工业领域，大量的研发制造经验通常存在资深人员的脑中，通过"老师傅带徒弟"的方式来进行传承。而工业软件的价值则体现在把这些珍贵的经验转变成数据和算法，然后固化在软件中。一方面，工业软件非常低调，几乎不受大众的关注；另一方面，工业软件实力强大，以人类基础学科和工程知识集大成者的身份撑起了整个工业体系。然而，近年来接连不断的国际制裁，却让国产工业软件暴露于聚光灯下，站上了风口浪尖。CAD、CAE 和 EDA 是工业软件赛道中最难翻越的 3 座大山，当前，国产产品在其中的表现可谓不容乐观。

目前，我国工业软件国产化率较低。其中，研发设计类工业软件国产化率极低，2019 年国内厂商市场份额仅 5%。作为数字经济的"明珠"，工业软件实现自主可控与技术先进是数字经济发展是必经之路，也是产业数字化转型的关键。

我国软件业实现快速增长，不仅得益于数字经济的蓬勃发展，更是政策红利的有效支撑。近年来，随着国家软件发展战略发布实施，软件产业高质量发展上升为国家战略。近年来，在中国工业软件行业受到各级政府的高度重视和国家产业政策的重点支持。国家陆续出台了多项政策，鼓励工业软件行业发展与创新，《"十四五"工业绿色发展规划》《工业互联网创新发展行动计划（2021—2023 年）》《加强工业互联网安全工作的指导意见》等产业政策为工业软件行业的发展提供了明确、广阔的市场前景，为企业提供了良好的生产经营环境。此前工信部出台的《"十四五"软件和信息技术服务业发展规划》提出，要补足国内产业链短板弱项，其中工业软件将是重点补强环节（表 4-23）。

表 4-23 近年来国家层面国产软件产业发展相关政策

时间	发布部门	政策名称	重点内容
2021 年	工业和信息化部	《"十四五"软件和信息技术服务业发展规划》	产业链短板弱项得到有效解决，基础软件、工业软件等关键软件供给能力显著提升。形成具有生态影响力的新兴领域软件产品，到 2025 年，工业 APP 突破 100 万个，长板优势持续巩固，产业链供应链韧性不断提升。针对推动软件产业链升级，部署了 6 项具体任务，即通过聚力攻坚基础软件、重点突破工业软件、协同攻关应用软件、前瞻布局新兴平台软件、积极培育嵌入式软件、优化信息技术服务，加速"补短板、锻长板、优服务"，全面提升软件产业链现代化水平
2021 年	工业和信息化部	《"十四五"工业绿色发展规划》	打造面向产品全生命周期的数字孪生系统，以数据为驱动提升行业绿色低碳技术创新、绿色制造和运维服务水平。推进绿色技术软件化封装，推动成熟绿色制造技术的创新应用
2020 年	工业和信息化部	《工业互联网创新发展行动计划（2021—2023 年）》	提出推动工业互联网大数据中心建设，打造工业互联网大数据中心综合服务能力等要求，加快工业互联网发展
2020 年	国务院	《新时期促进集成电路产业和软件产业高质量发展的若干政策》	聚焦高端芯片、集成电路装备和工艺技术、集成电路关键材料、集成电路设计工具，基础软件、工业软件、应用软件的关键核心技术研发，不断探索构建社会主义市场经济条件下关键核心技术攻关新型举国体制

续表

时间	发布部门	政策名称	重点内容
2019年	工业和信息化部等十部门	《加强工业互联网安全工作的指导意见》	督促工业企业部署针对性防护措施，加强工业生产、主机、智能终端等设备安全接入和防护，强化控制网络协议、装置装备、工业软件等安全保障
2018年	国务院	《关于推动创新创业高质量发展打造"双创"升级版的意见》	深入推进工业互联网创新发展，推进工业互联网平台建设，形成多层次、系统性工业互联网平台体系，引导企业上云上平台，加快发展工业软件，培育工业互联网应用创新生态

数据来源：中国高新区研究中心整理，2022年8月。

2. 产业链分析

工业软件行业上游主要为硬件设备、软件系统、软件开发和中间件等；中游主要包括研发设计类软件、生产控制类软件、经营管理类软件和嵌入式软件等；下游广泛应用于工业通信、能源电子、汽车制造、安防电子、航空航天、数控设备等领域（图4-168）。

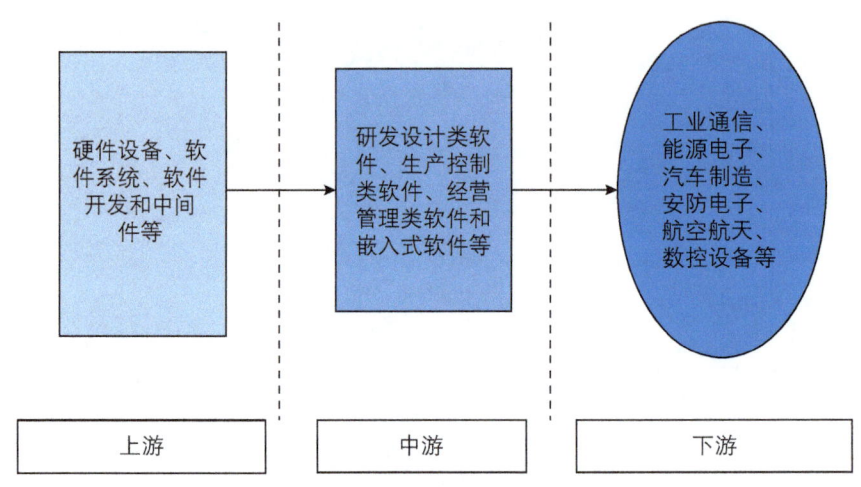

图4-168 国产工业软件产业链

上游：硬件的功能是输入并存储程序和数据，以及执行程序把数据加工成可以利用的形式。随着5G、物联网、人工智能等技术的成熟与落地，硬件行业快速迈入智能时代，中国硬件产业互联网发展加速，驱动各行业用户引入国产化的芯片、元器件，基础软件等在政务及与民生相关行业的渗透，带动网络安全硬件平台同步进行国产化升级，围绕国产化芯片设计、生产高度定制化产品。为助力推动网络安全硬件平台走向专业化，满足用户更多业务需求，对技术能力更专业、产品种类更丰富的网络安全硬件设备厂商的需求有所提升。

目前市场上智能硬件普及程度开始提升，且产品种类更趋多样化，加上消费升级趋势下，智能硬件作为优质产品更受青睐，市场稳步扩大。随着国家大力推进"中国智造"，一系列政策利好，预计未来智能硬件行业增长空间较大。智能硬件是以平台型底层软硬件架构为基础，以智能传互联、人机交互、新型显示及大数据处理等新一代信息技术为特征，以新设计、新材料、新工艺为载体，具备感知、联网、人机交互和后台支撑服务等功能的智能终端产品（图4-169）。

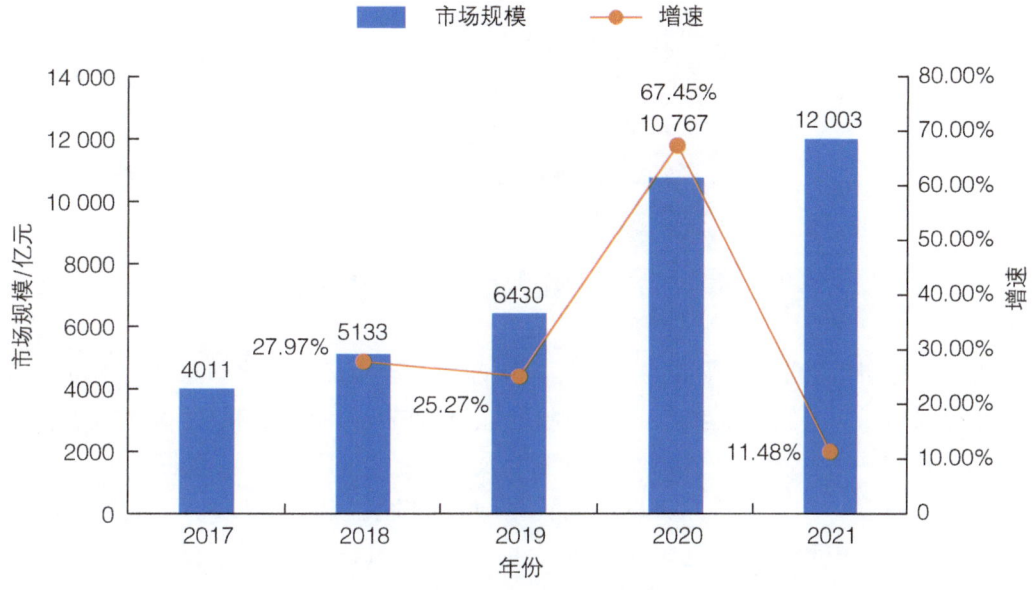

图4-169　2017—2021年中国智能硬件市场规模及增速

在大数据、物联网、云计算等新一代信息技术应用不断深化的背景下，中间件市场进入持续快速增长阶段。2021年，中国中间件总体市场规模为88.7亿元。其中，基础中间件48.3亿元，占比54%，广义中间件40.4亿元，占比46%（图4-170、图4-171）。

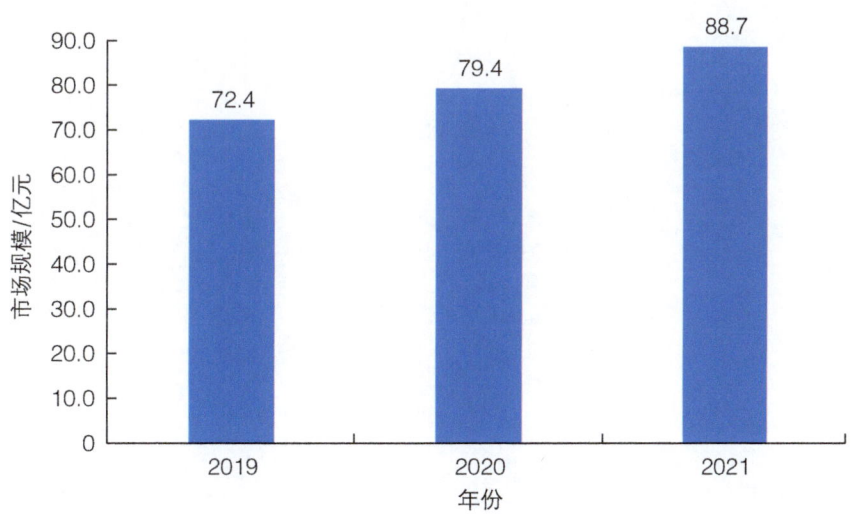

图4-170　2019—2021年中国中间件市场规模

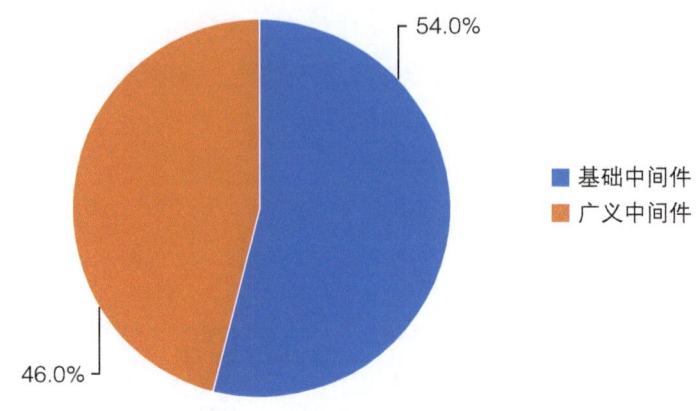

图 4-171　2021年中国中间件产品市场结构占比

2021年是"十四五"规划的开局之年，也是全面建设社会主义现代化国家新征程的开启之年。中央经济工作会议指出，要实现重要产业、基础设施、战略资源、重大科技等关键领域安全可控，增强产业链供应链自主可控能力。伴随"新基建"及数字经济的发展，物联网、云计算等新一代信息技术需求日益提升，作为基础软件的中间件也随着数字化技术的发展而不断壮大。随着新一代信息技术快速发展，中间件作为重要的基础软件，在应用过程中不断进行创新，以 PaaS 平台为代表的广义中间件产品，促进了新一代信息技术场景应用的发展，加速了生态体系的创新融合发展，推动了数字经济战略发展的落地。

中游：国产化工业软件从广义角度来说，分为研发设计类（CAD、PLM 等软件）、生产控制类（MES、DCS 等软件）、经营（信息、业务）管理类（ERP、CRM 等软件）、嵌入式软件（工业通信、汽车电子等软件）（图 4-172、图 4-173）。

工业软件	研发设计类	3D虚拟仿真系统 计算机辅助工程（CAE） 电子设计自动化（EDA） 产品生命周期管理（PLM）	计算机辅助设计（CAD） 计算机辅助制造（CAM） 计算机辅助工艺规划（CAPP） 过程工艺模拟软件等
	生产制造类	工业控制系统（PLC、DCS） 数据采集和监控系统（SCADA） 制造运行管理（MOM） 操作员培训仿真系统（OTS） 先进控制系统（APC）	制造执行系统（MES） 能效管理系统（EMS） 产品数据管理（PDM） 高度优化系统（ORION）
	经营管理类	企业资源管理（ERP） 人力资源管理（HRM、HCM） 营销管理（CRM） 商业智能（BI）	财务管理（FM） 资产管理（EAM） 供应链管理（SCM） 办公协同（OA）

图 4-172　工业软件类别

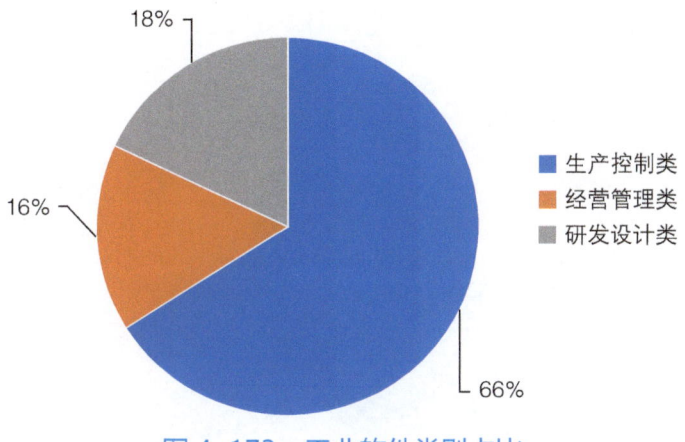

图 4-173 工业软件类别占比

研发设计类工业软件以 CAE、CAD、EDA 为代表，主要作用是提升企业在产品研发工作领域的能力和效率。这类软件具有体量小、集中度高、开发难度大、开发周期长、资金需求高等特征，是工业软件中非常重要的一个类别，也是国内最薄弱的一个环节，2020 年国内厂商市场份额仅 5% 左右，且多数研发设计类工业软件仅应用于工业机理简单、系统功能单一、行业复杂度低的领域。

就我国 CAD 市场规模而言，下游制造业和建筑业整体持续稳步扩张下叠加工业软件国产化需求持续增长，我国 CAD 市场规模持续增长，整体增速远高于全球增长，占比全球份额稳步提升，2021 年，我国 CAD 市场规模达 42 亿元。随着国产企业低价竞争抢占市场份额，我国 CAD 市场规模及国产化进程持续推进（图 4-174）。

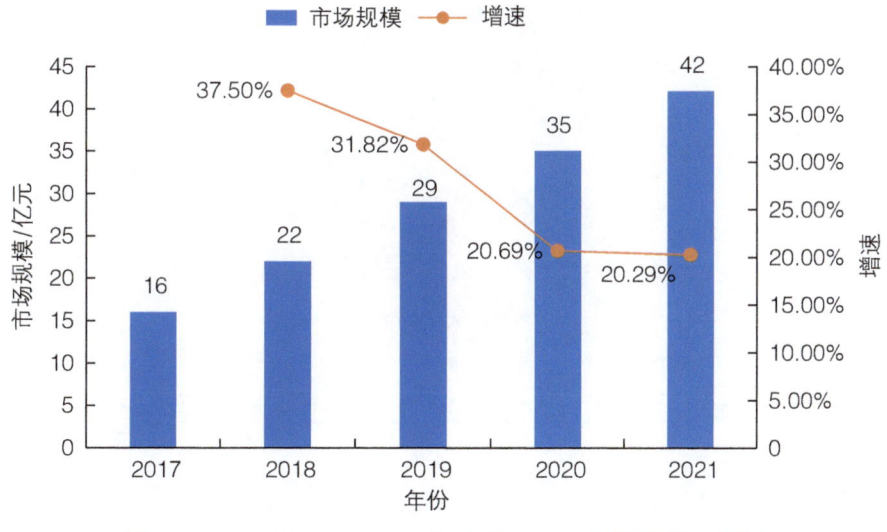

图 4-174　2017—2021 年中国 CAD 市场规模及增速

就我国 CAD 整体结构而言，3D 整体应用相较 2D 更为广泛，除科学、工业和产品设计外，也作为功能确认和性能评估工具。整体而言，3D CAD 已经成为行业趋势，在机械、汽车、建筑、多媒体、医疗等多个领域已经得到深度应用，特别在医学图像（包括 MRI 和 CT 扫描）、飞机设计、汽车整车设计等领域，3D 软件的需求正在快速增长，2021 年，我国制造业 3D CAD 占比达 73.4%

左右，未来 3D CAD 的应用领域仍将不断地拓宽（图 4–175）。

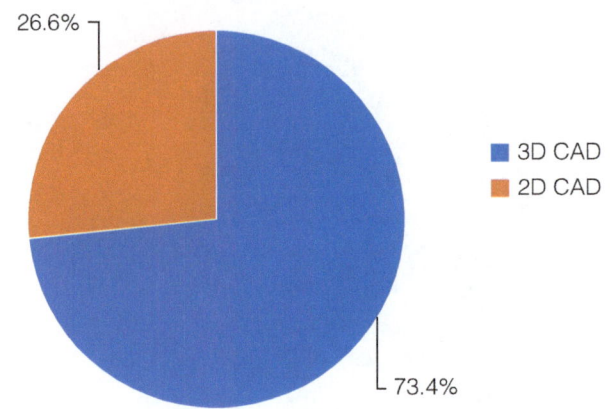

图 4–175 2021 年中国制造 CAD 市场结构占比

生产制造类软件主要在工业产品生产和制造过程中进行数据采集、分析和决策，负责生产管理、物料管理、质量管理、设备管理、能耗管理等。在工业软件中生产制造类软件市场规模大。DCS、SCADA、PLC 国内厂商规模相对较小，主要集中在中低端的细分市场，虽然单项产品具有不错的实力，但是缺少智能工厂整体数字化解决方案。当前，国内 MES 公司在某些细分领域具有行业竞争优势，但与国外 MES 软件产品相比，在技术深度与应用推广方面还存在一定差距（图 4–176）。

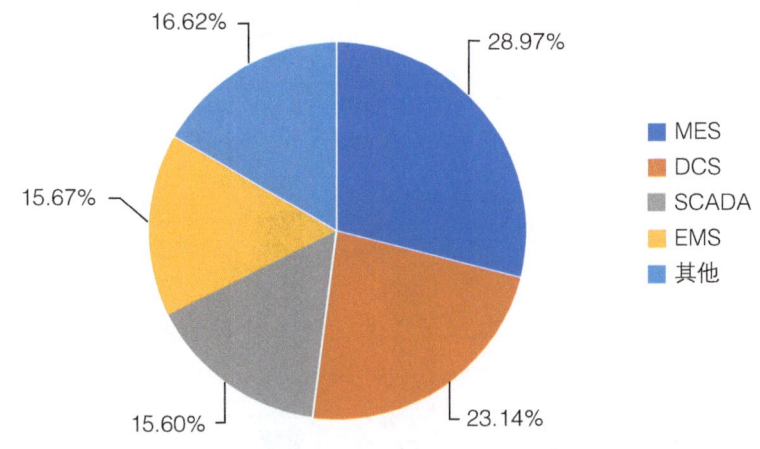

图 4–176 中国生产制造类工业软件主要类型及占比

MES（制造执行系统）是面向制造车间开发的一整套软件解决方案，跟踪生产资源（人、设备、物料、客户需求等）的实时状态，通过生产信息的互联互通，实现生产过程的可视化、可控化，提高生产效率和产品合格率。作为位于上层的计划管理层与底层的工业控制之间的面向车间层的管理信息系统，是制造业数字化架构中的重要组成部分。就我国 MES 市场规模变动情况而言，政策驱动下叠加制造业整体稳步增长带动，整体保持稳步增长趋势，2021 年，我国 MES 市场规模在 48.5 亿元左右，与我国整体工业增速变动趋势基本一致（图 4–177）。

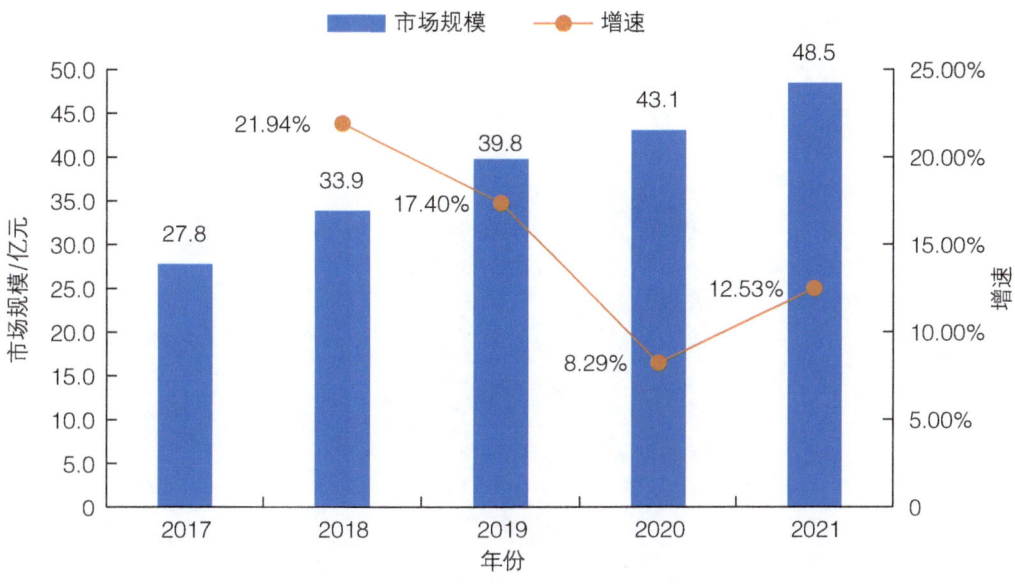

图 4-177　2017—2021 年中国 MES 市场规模及增速

经营管理类软件的作用是管理和协作，其中 ERP（Enterprise Resource Planning，企业资源规划）是应用最多的软件。国内外经营管理类工业软件从功能性上来讲并无差异，但由于国外厂商本身发家早，下游客户体量更加庞大、业务更加复杂，国际厂商的软件更加适用于超大、跨国企业。而国内厂商的软件则更轻量级，目标客户体量更小一些，优点是项目实施周期也更短，配合实施的人力也更少。经营管理类软件在中低端市场占有率高，已经出现如金蝶、用友等代表厂商。从国内市场来看，我国 ERP 市场规模的增速同样较为稳定，根据 IDC 相关数据，2021 年，我国 ERP 市场规模达 385 亿元（图 4-178）。

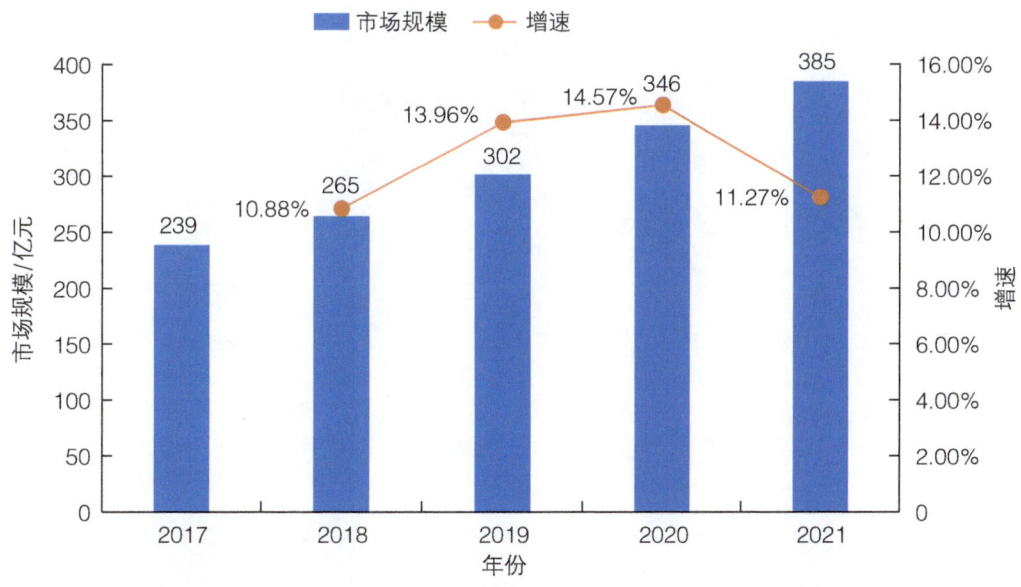

图 4-178　2017—2021 年中国 ERP 软件市场规模及增速

目前，我国ERP软件的应用主要集中在制造业中，其他依次为流通行业、建筑行业、电力行业、交通行业、石化行业等。2021年，工业制造在ERP软件市场中市场份额达到41.1%（图4-179）。

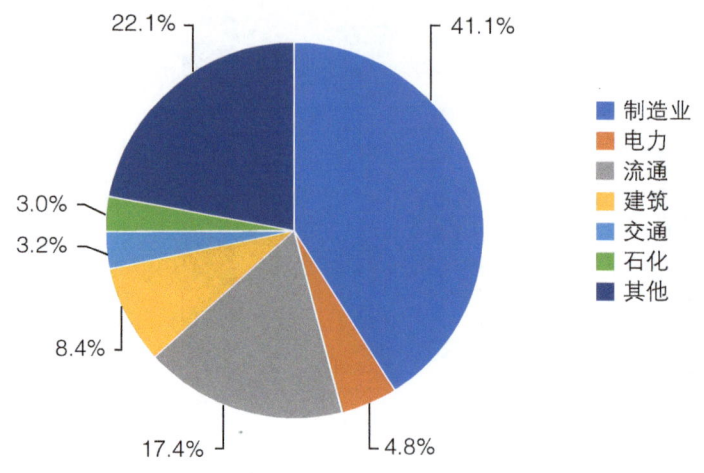

图4-179　2021年中国ERP软件行业需求结构占比

下游：随着汽车智能化和电动化趋势的影响，汽车电子广泛应用于汽车各种领域中。受益于汽车电子市场的快速成长，汽车电子类应用逐渐成为全球被动元件大厂的支柱性收入。近年来，中国汽车电子市场规模一直保持稳定增长，2021年市场规模达1104亿元，同比增长7.29%（图4-180）。

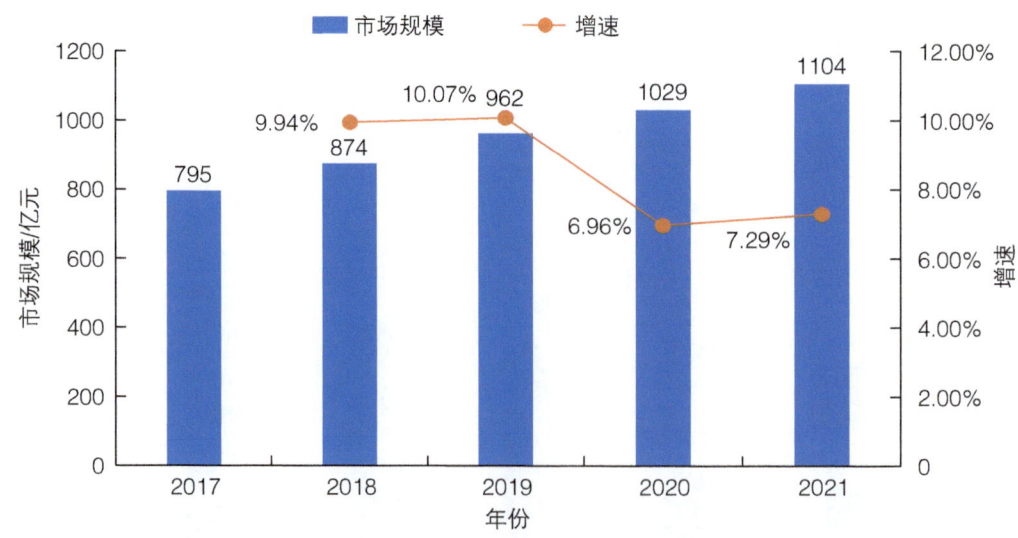

图4-180　2017—2021年中国汽车电子行业市场规模及增速

安防行业是随着现代社会安全需求应运而生的产业。社会中犯罪和不安定因素存在，使得安防行业存在并发展。一直以来，安防行业受政策影响较为明显，国家及各领域出台的政策法规、规划与标准等持续支持推进行业发展。在党中央、国务院的大力推动下，在各级政府和主管部门主导的平安城市、雪亮工程、智慧城市等重大工程带动下，我国安防行业保持了中高速增长的势头。我国安防行业市场规模从2017年的6200亿元增长至2021年的9595亿元，年均复合增长率达11.54%，近年来，伴随国内经济下行的压力，安防成为少数较为景气的行业之一（图4-181）。

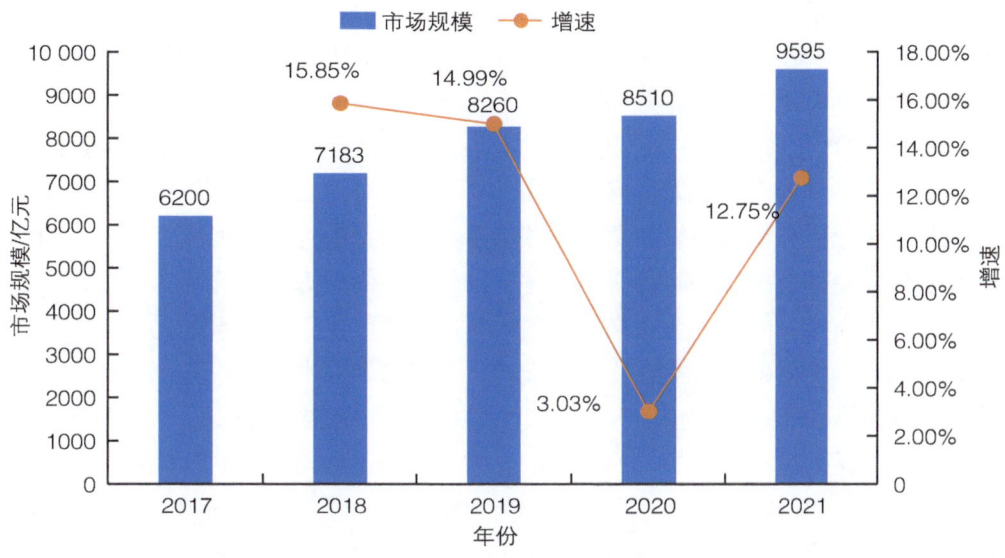

图4-181　2017—2021年中国安防市场规模及增速

数控机床是制造机器的机器，通常担负的加工工作量占机器制造工作总量的40%-60%，是现代工业发展的重要基石。数控机床是一种装有程序控制系统的自动化机床，较好地解决了复杂、精密、批量、多品种的零件加工问题，是一种典型的机电一体化产品，代表了现代机床控制技术的发展方向。近年来，在国家政策利好及企业不断追求创新的背景下，我国数控机床行业发展迅速。2019年，我国数控机床产业规模达3270亿元。由于疫情的影响及能源供应限制，2020年，我国数控机床产业市场规模小幅下降，市场规模为2473亿元，同比下降24.37%。2021年，我国数控机床产业市场规模恢复增长，达2687亿元（图4-182）。

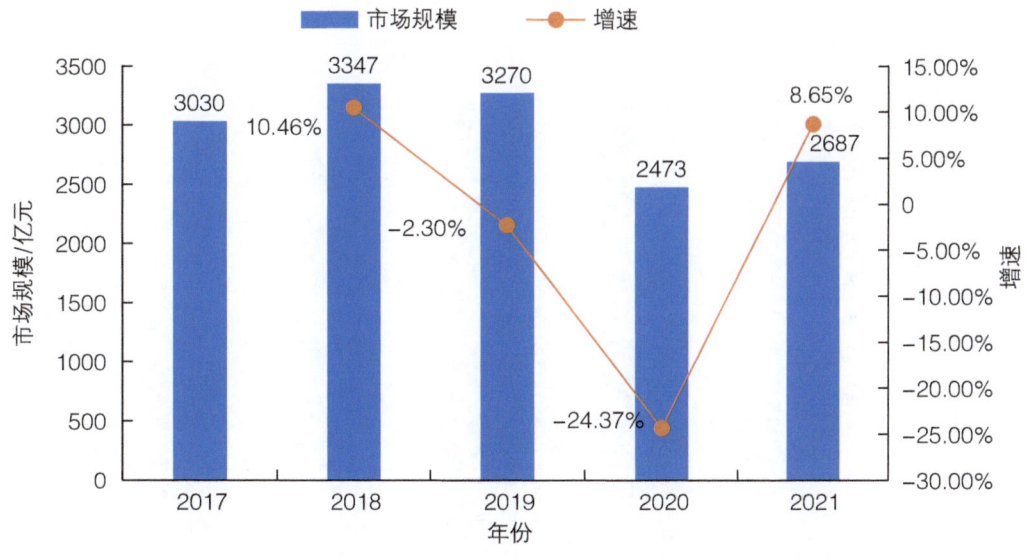

图4-182　2017—2021年中国数控机床市场规模及增速

3. 产业创新能力

长期以来，国内数据技术都由海外厂商主导。然而随着国际竞争环境日益激烈，争端所引发的技术卡脖子事件频发，2022年3月，Cloudera宣布停止对CDH技术支持及Apache Log4j引发严重安全漏洞的问题，企业对核心技术自主可控的意愿急迫，国产化替换需求不断增强。从2020年至今，随着中美贸易战的不断升级，美国商务部限制美企对华为、中兴、大疆等企业的各种零部件出口。面对特殊的大环境，全球化带来的科技创新共同体背后，国家IT产业实现自主可控的重要性不言而喻。

国内企业对国产软件的产品能力也有着较高的要求。宏观层面上，软件国产化解决的是自主可控的问题，但是于企业而言，国产软件是否能够满足其需求，助力其发展同等重要。因此从这个层面来看，国产软件需要的是提升采购吸引力和替换国外产品的能力，而这两者最终都体现在产品能力上。一方面，对于新成立的中国企业来说，国产软件的优势主要在于本地化，如国内厂商更了解国内企业经营的痛点；提供的项目实施、技术支持、学习培训等本地化服务也更贴心，并且项目实施后的运维更加方便等。但是在具体的产品能力上，由于存在关键技术瓶颈、缺失产业人才等问题，国产软件的整体水平是落后于国外的；另一方面，前文提到，早期我国的软件市场被国外厂商占据了较大的份额，典型的如Microsoft、Oracle、SAP等。因此，对于大部分基础软件或应用软件已经是国外产品的企业来说，牵一发而动全身，替换成本和替换效果都是重要的考量因素。这就要求国产软件能够在产品能力上媲美国外软件产品，"丝滑"地实现替换，保持企业业务的运行和使用的顺畅。尽管我国软件业在近些年的发展历程中取得了不错的成绩，但与国外的软件工具相比，国产软件的竞争优势还不够明显，尤其在产品能力上仍有很大的成长空间，软件国产化任重道远。

2021年，国产软件产业在十大概念产业中排名第十，综合得分为47.80分，其中创新投入得分为11.99分，创新产出得分为26.67分，创新保障得分为9.13分。

（1）创新投入能力

在创新人员投入方面，2021年，国家高新区内国产软件上市公司硕士研究生学历及以上人员占企业员工比重为6.40%，较2020年有所下降，总体呈下降态势；研发人员为8.94万人，与2020年相比，下降幅度较大，人才结构稳定发展面临较大挑战（图4-183、图4-184）。

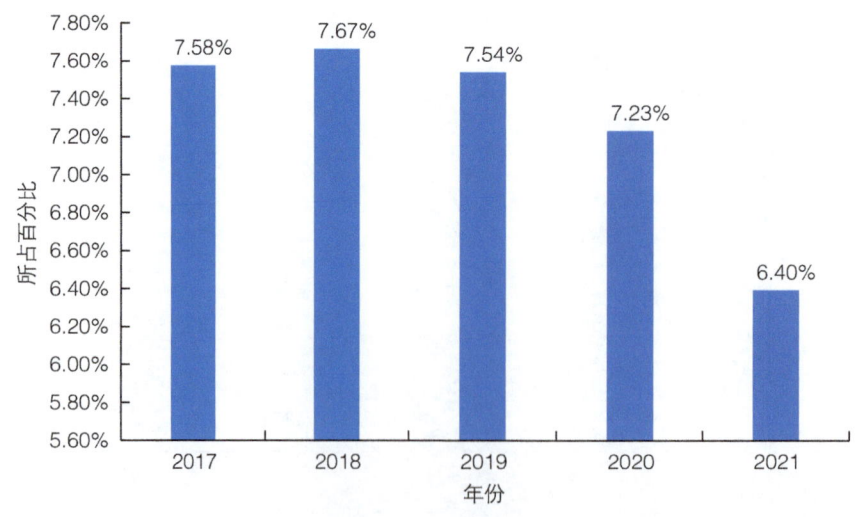

图4-183 2017—2021年国家高新区内国产软件上市公司硕士研究生学历及以上人员占企业员工比重

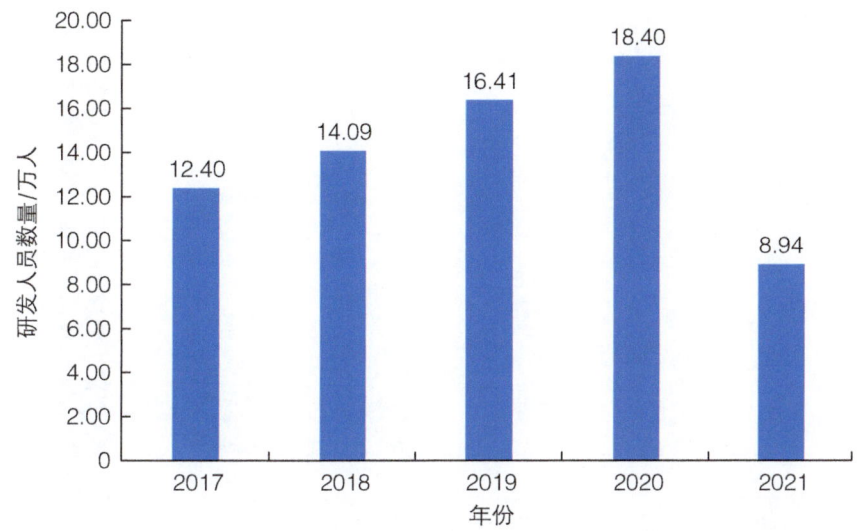

图 4-184　2017—2021 年国家高新区内国产软件上市公司研发人员数量

在资金投入方面，2021 年，国家高新区内国产软件上市公司研发投入占营业收入比重为 8.16%，与 2017 年相比，下降了 4.43%，在连续 2 年增长之后首次下降；企业获得的政府创新补贴为 51.63 亿元，与 2017 年相比，年均增长 33.86%，总体呈现上升趋势，说明政府部门开始支持国产软件上市公司进行创新；研发人员人均经费为 37.73 万元，与 2017 年相比，年均增长 20.11%，2021 年涨幅较大（图 4-185 至图 4-187）。

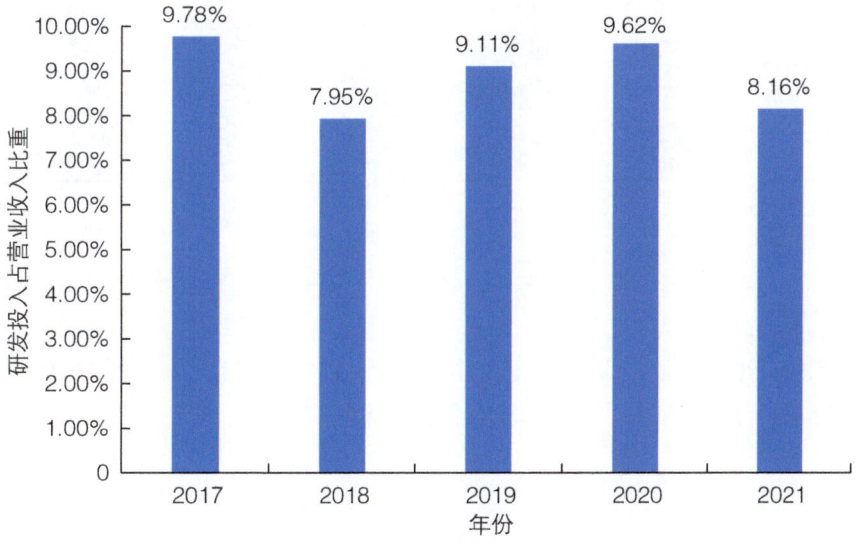

图 4-185　2017—2021 年国家高新区内国产软件上市公司研发投入占营业收入比重

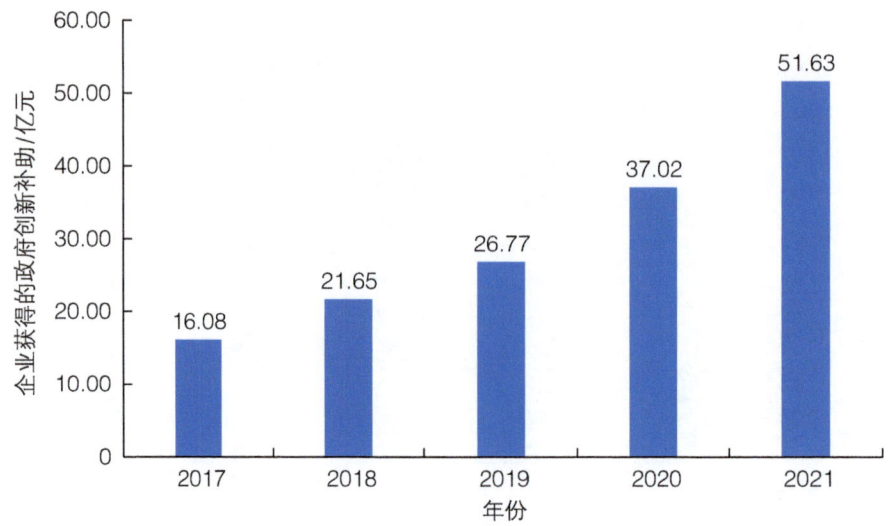

图 4-186　2017—2021 年国家高新区内国产软件上市公司获得的政府创新补助

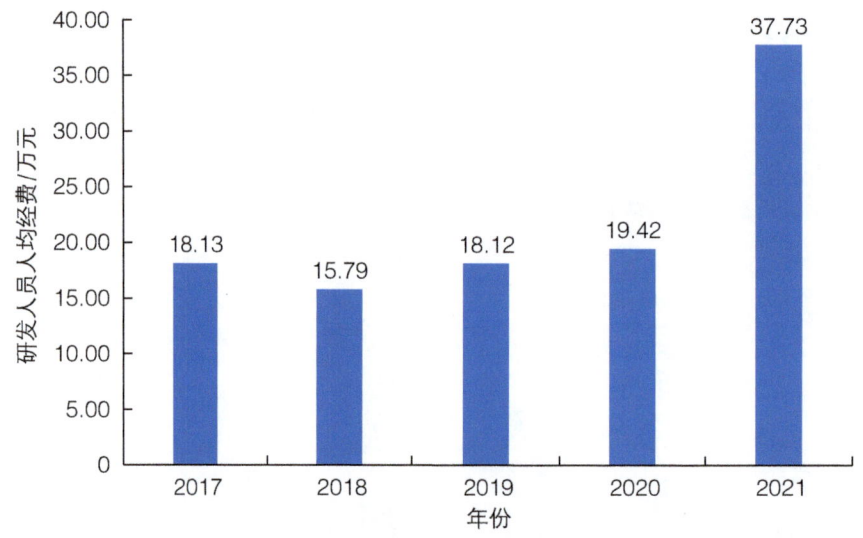

图 4-187　2017—2021 年国家高新区内国产软件上市公司研发人员人均经费

在物资投入方面，2021 年，国家高新区内国产软件上市公司当年购置的机器设备价值 127.26 亿元，2021 年大幅上升，说明 2021 年国家高新区内国产软件上市公司对研发设备的投入较多（图 4-188）。

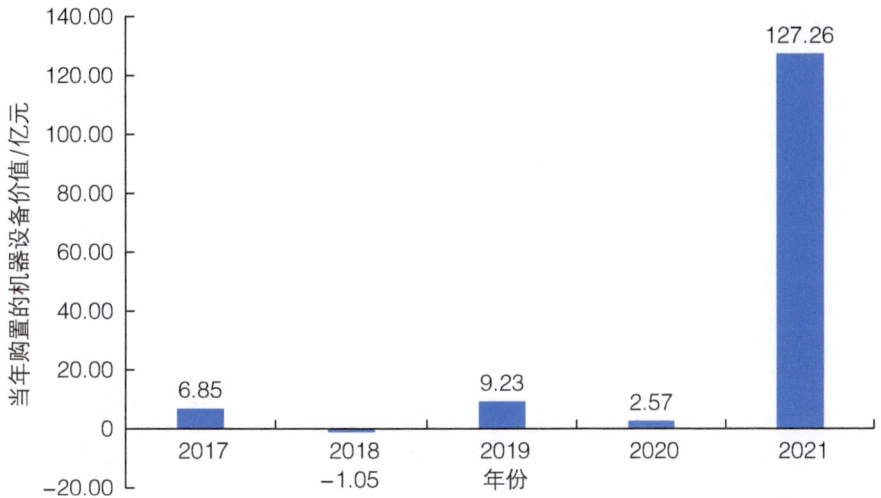

图 4-188　2017—2021 年国家高新区内国产软件上市公司当年购置的机器设备价值

（2）创新产出能力

在技术成果产出方面（图 4-189），2021 年国家高新区内国产软件上市公司新增专利数为 7159 件，与 2017 年相比，年均增长 19.74%，连续 4 年保持增长态势，说明国家高新区内国产软件上市公司技术成果转化方面仍在继续努力。

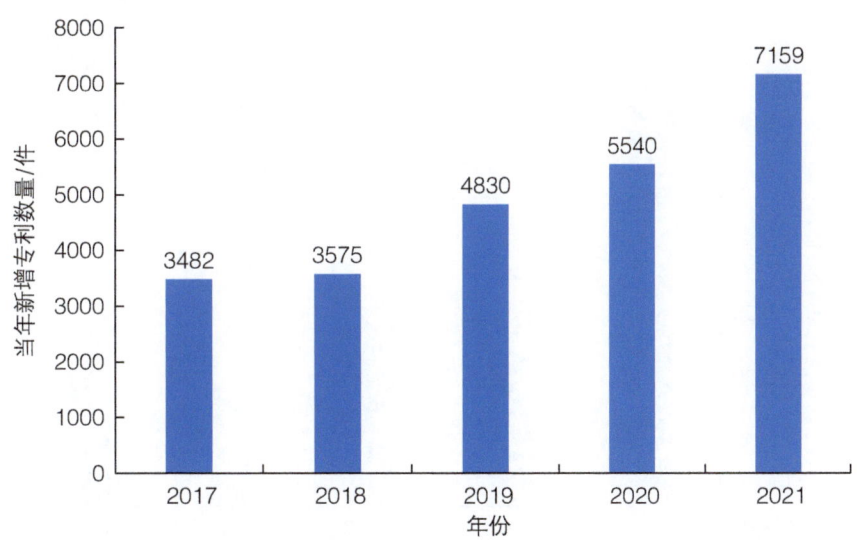

图 4-189　2017—2021 年国家高新区内国产软件上市公司当年新增专利数

在经济效益方面（图 4-190），2021 年，国家高新区内国产软件上市公司当年新增知识产权价值为 41.33 亿元，较 2020 年呈倍增态势，与 2017 年相比，年均增长 104.78%，说明高新区内上市公司越来越注重知识产权价值。

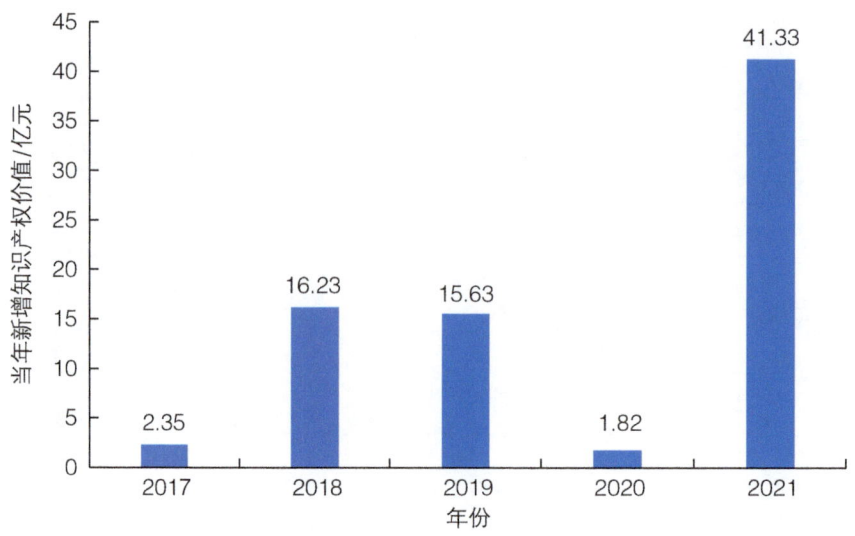

图 4-190　2017—2021 年国家高新区内国产软件上市公司当年新增知识产权价值

在商业革新方面（图 4-191、图 4-192），2021 年，国家高新区内国产软件上市公司取得子公司及其他营业单位支付的现金净额 25.38 亿元，较 2020 年有所上升，近几年呈现波动趋势。2021 年商誉值为 304.24 亿元，连续 4 年呈现下降趋势，未来高新区内上市公司需要加强企业商誉度。

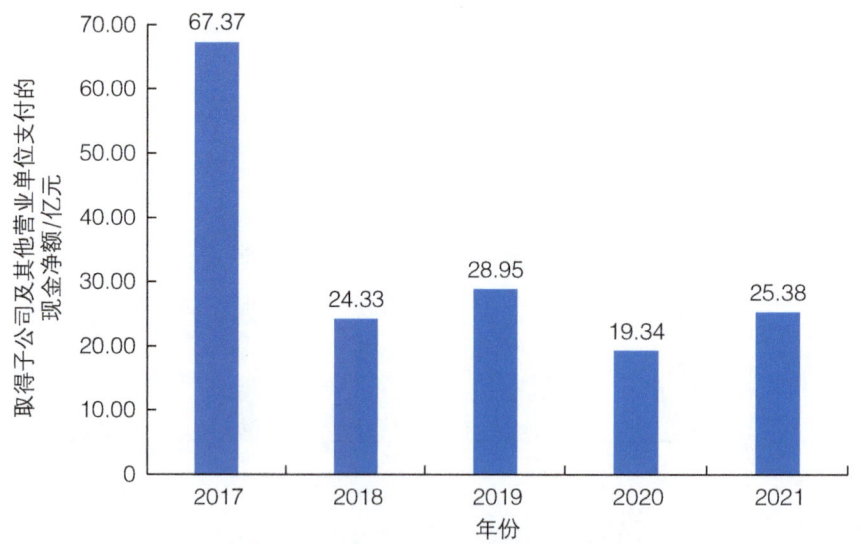

图 4-191　2017—2021 年国家高新区内国产软件上市公司取得子公司及其他营业单位支付的现金净额

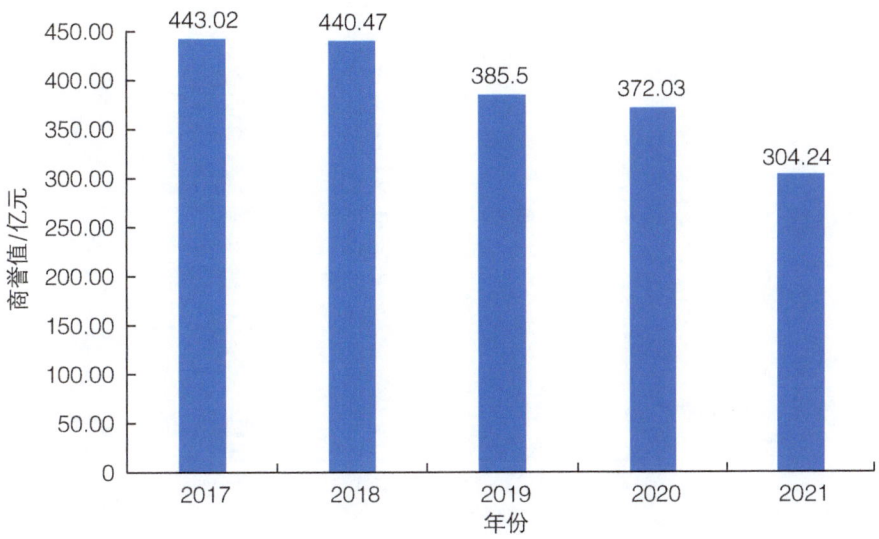

图 4-192　2017—2021 年国家高新区内国产软件上市公司企业商誉值

（3）创新保障能力

在经济保障方面（图 4-193、图 4-194），国家高新区内国产软件上市公司营业收入都是逐年上升的，2021 年，国家高新区内国产软件上市公司营业收入为 9688.24 亿元，是近 5 年来增速最快的一年，与 2017 年相比，年均增长 43.29%，说明国家高新区内国产软件上市公司拥有较强的再生产基础；总市值均值为 21 664.57 亿元，与 2017 年相比，年均增长 23.76%，2021 年增速放缓，但近 3 年呈现连续增长态势，说明具有良好的融资市场来获取创新资本。

在运营保障方面（图 4-195），资产负债率是衡量企业负债水平及风险程度的重要标志。2021 年资产负债率为 43.06%，较 2020 年，资产负债率增幅较大，需要关注上市公司负债情况。

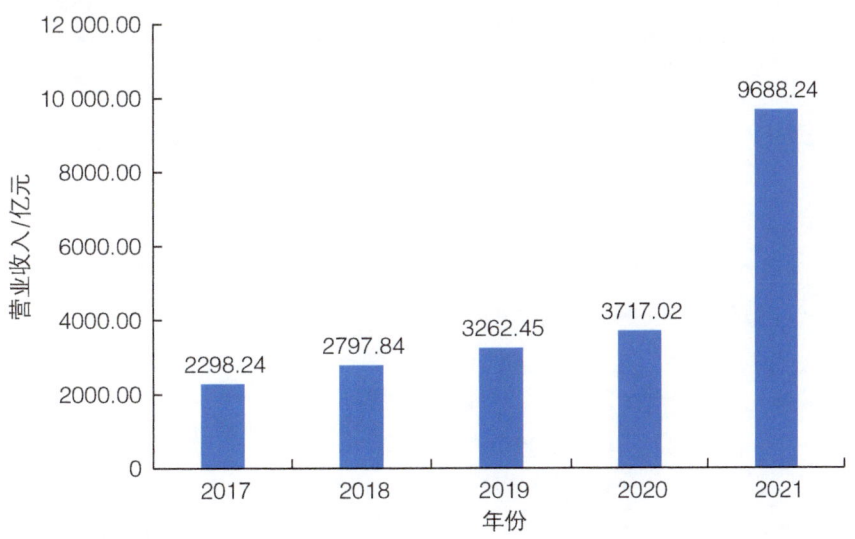

图 4-193　2017—2021 年国家高新区内国产软件上市公司营业收入

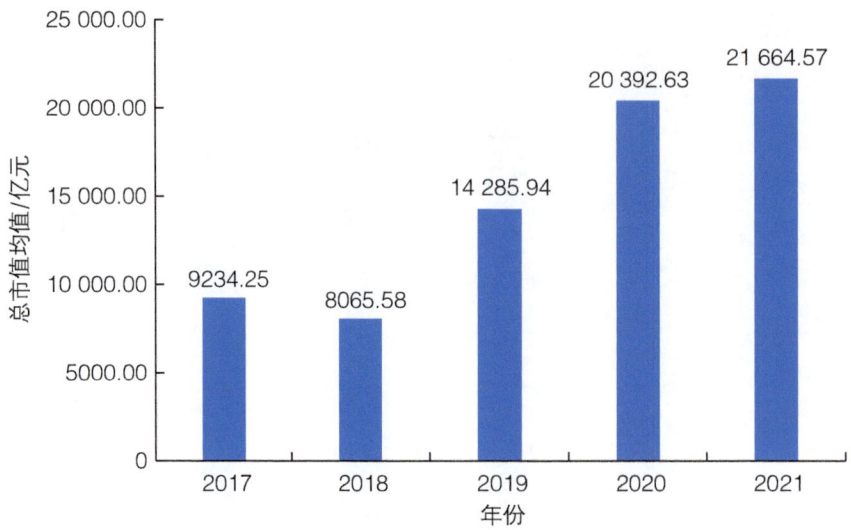

图 4-194　2017—2021 年国家高新区内国产软件上市公司总市值均值

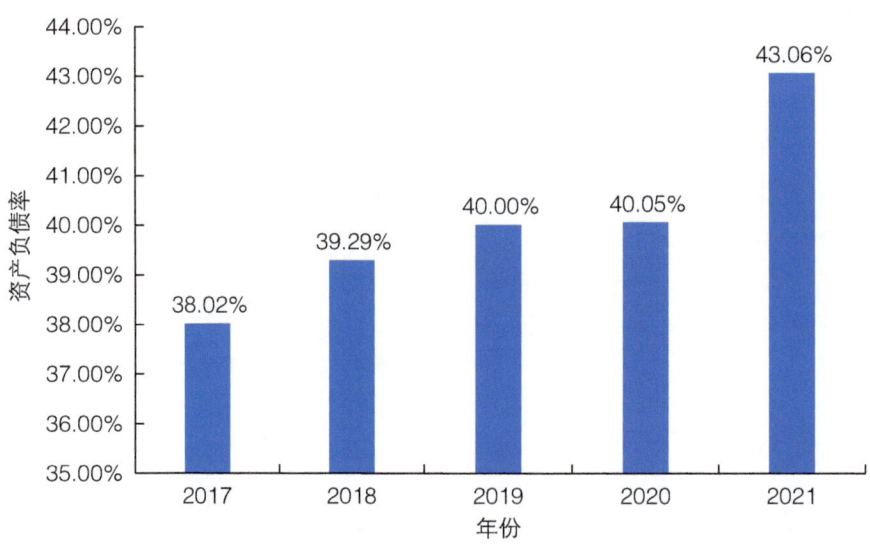

图 4-195　2017—2021 年国家高新区内国产软件上市公司资产负债率

在文化保障方面（图 4-196），2021 年，国家高新区内国产软件上市公司从业人员人均教育经费为 1958.12 元，与 2017 年相比，年均增长 9.52%，较 2020 年有一定增幅，是连续下降 2 年后再次提升，说明国家高新区内国产软件上市公司人才培养力度在逐渐加强。

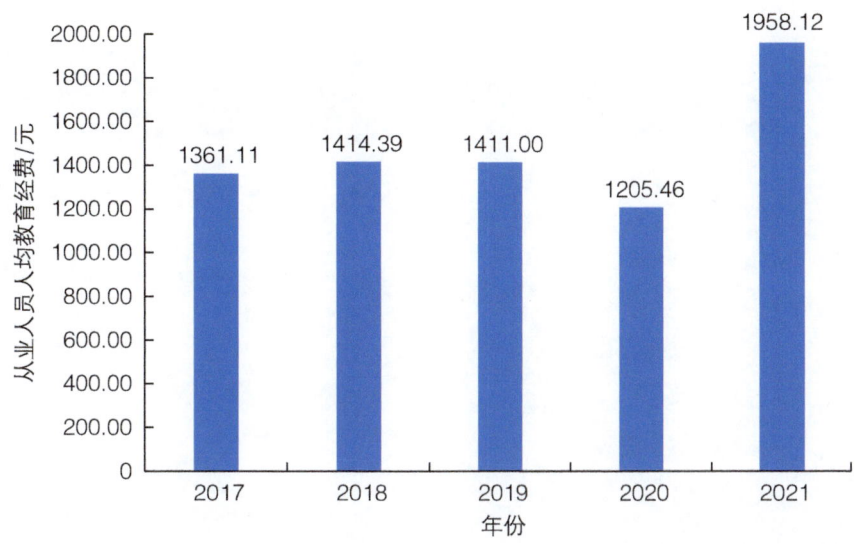

图 4-196　2017—2021 年国家高新区内国产软件上市公司从业人员人均教育经费

4. 产业内上市公司 20 强名单

结合第三章企业创新能力分析，通过对国家高新区内国产软件产业 151 家上市公司指标数据进一步归纳整理及评价分析，得出国产软件产业创新能力排名 20 强上市公司，具体如表 4-24 所示。

表 4-24　2021 年国家高新区内国产软件产业上市公司 20 强

排名	证券代码	公司中文名称	省市	组织形式	是否高企	A 创新投入能力	B 创新产出能力	C 创新保障能力	创新指数得分
1	002230.SZ	科大讯飞股份有限公司	安徽	中央国有企业	是	21.65	34.89	18.39	74.94
2	000977.SZ	浪潮电子信息产业股份有限公司	山东	地方国有企业	是	21.23	34.38	17.06	72.67
3	600718.SH	东软集团股份有限公司	辽宁	民营企业	是	20.26	33.27	17.99	71.52
4	600570.SH	恒生电子股份有限公司	浙江	民营企业	是	18.99	33.39	17.07	69.45
5	600271.SH	航天信息股份有限公司	北京	中央国有企业	是	15.55	35.72	17.60	68.87
6	688561.SH	奇安信科技集团股份有限公司	北京	民营企业	是	17.22	33.48	18.08	68.79
7	688777.SH	浙江中控技术股份有限公司	浙江	民营企业	是	16.88	34.18	17.69	68.75
8	603660.SH	苏州科达科技股份有限公司	江苏	民营企业	是	18.22	33.62	16.60	68.44

续表

排名	证券代码	公司中文名称	省市	组织形式	是否高企	A创新投入能力	B创新产出能力	C创新保障能力	创新指数得分
9	600588.SH	用友网络科技股份有限公司	北京	民营企业	是	16.62	34.33	17.38	68.33
10	300188.SZ	厦门市美亚柏科信息股份有限公司	福建	中央国有企业	是	16.64	33.65	17.53	67.82
11	002405.SZ	北京四维图新信息股份有限公司	北京	民营企业	是	17.22	32.67	17.34	67.22
12	688023.SH	杭州安恒信息技术股份有限公司	浙江	民营企业	是	16.85	32.71	17.56	67.12
13	688111.SH	珠海金山办公软件有限公司	北京	民营企业	是	16.92	32.81	17.27	67.00
14	002410.SZ	广联达科技股份有限公司	北京	民营企业	是	17.18	33.53	16.20	66.91
15	688030.SH	山石网科通信技术股份有限公司	江苏	中外合资经营企业	否	17.84	33.03	16.05	66.91
16	688095.SH	福建福昕软件开发股份有限公司	福建	民营企业	是	17.92	33.07	15.46	66.44
17	300369.SZ	绿盟科技集团股份有限公司	北京	中外合资经营企业	是	16.06	33.27	17.04	66.37
18	002268.SZ	卫士通信息产业股份有限公司	四川	中央国有企业	是	17.98	31.41	16.83	66.22
19	600845.SH	上海宝信软件股份有限公司	上海	中央国有企业	是	17.82	33.75	14.54	66.12
20	688188.SH	上海柏楚电子科技股份有限公司	上海	民营企业	是	17.98	31.57	15.94	65.50

数据来源：中国高新区研究中心整理，2022年8月。

5. 典型企业

东软集团股份有限公司（简称"东软集团"）是行业领先的全球化信息技术、产品和解决方案公司，是产业创新变革的推动者和数字化转型的赋能者。东软集团成立于1991年，是中国第一家上市的软件公司，公司始终洞察时代发展趋势，探索软件技术的创新与应用，赋能全球数万家大中型客户实现信息化、数字化、智能化发展，在智慧城市、医疗健康、智能汽车互联、企业数字化转型、国际软件服务等众多领域处于领先地位。东软集团业务覆盖日本、美国、欧洲等多个国家和地区。

2021年，东软集团股份有限公司创新投入能力得分为20.26分，创新产出能力得分为33.27分，创新保障能力得分为17.99分，综合得分为71.52分，在国家高新区国产软件产业上市公司中排名第三，排名较2020年上升八名。2021年，企业实现营业收入87.35亿元，同比增长14.60%，归属净利润11.73亿元。按照企业产品分类，东软集团2021年自主软件、产品及服务业务营业收入75.14亿元，系统集成业务为10.63亿元，物业广告业务为1.571亿元。

创新投入能力：2021年，东软集团研发支出总额为9.77亿元，同比增长1.76%，占营业收入比例为11.18%。研发人员总人数为4010人，占总人数的22.38%，其中博士研究生13人，硕士研究生572人。公司持续强化ABCD+IoT驱动的技术变革，提高研发投入的精准性和有效性，通过融合移动互联网、物联网、云计算、大数据、人工智能、区块链等新兴技术促进智能互联产品、平台产品、云与数据服务、软件产品和行业解决方案升级。公司统一云原生技术架构，全面提升适应智能互联时代应用规模与复杂度的软件架构与工程能力，大力推进协同创新，提升领域应用平台的技术先进性及市场竞争力。公司拥抱开源，顺应数字化建设的趋势，满足云化、定制化的需求，识别DT类应用场景，加强数据分析与决策能力，萃取并变现大数据蕴含的商业价值。公司主动参与标准化组织、行业协会及生态联盟，融入行业、客户生态，加强政府科研主管部门衔接，在关键技术领域构建有竞争力的坚实合作伙伴群，持续提升行业影响力。

创新产出能力：2021年，东软集团紧紧围绕商业目标，重点投入医疗健康及社会保障、智能汽车互联、智慧城市等业务方向的产品及解决方案的研发，推动公司应对万物智联时代的技术能力升级。2021年内，东软集团新增登记软件著作权427件；申请专利190件，其中申请发明专利173件；授权专利248件，其中授权发明专利225件；新增申请和授权的发明专利占比均超过90%。2021年所获授权发明专利，主要分布在大数据分析、基础平台、区块链技术、人工智能应用、智能汽车等领域。截至2021年年末，公司申请专利2214件，授权专利1101件；登记软件著作权2980件，居行业前列。

在医疗健康及社会保障领域，公司通过AI赋能、基于图谱路径的辅助决策推理、基于语义特征的医学术语标准、基于患者诊疗信息与诊疗知识融合的图计算推理、构建符合规范的PaaS云平台等技术能力建设，再造围绕患者的业务流程、实现基础资源的统一管理与监控、实现应用部署与运维流程的统一化形成、实现低成本交付运维模式。同时继续推动架构现代化进程，通过云原生架构理念的落地实施，提升企业架构的灵活应变能力。研发投入主要在HIS核心平台暨业务中台、临床辅助决策支持系统CDSS、医学影像信息系统PACS、区域医疗健康大数据平台、医疗用药监控系统、医疗保障信息平台、医保云应用管理平台等产品。

在智能汽车互联领域，公司启动下一代智能座舱的前沿关键技术研发，并完成技术贮备。研发投入主要在全球导航、AR-HUD、车路协同系统等产品。2021年在基于5G芯片的智能终端系统、Multi-Core多核通信、高精定位集成、5G远控驾驶等领域继续取得突破。

在智慧城市领域，研发投入主要在养老保险统筹风险评估与智能监管平台、政务服务管理系统、政务大数据领域平台、智慧学院服务一体化平台、企业固废物联网服务平台、融合消息网关、语音反诈系统等产品。

公司继续共性技术平台的孵化与研发，云原生应用平台CNAP作为企业级一体化全栈云原生平台，协助构建"以应用为中心"的现代化IT基础设施，推进云原生优先战略落地。公司持续投入区块链战略布局，升级EchoTrust区块链平台产品V3.0，形成面向区块链的产品组合，包括区块链应用平台、跨链管理平台系统、数字身份管理平台系统、物联网－区块链协同系统。实现分布式的区块链节点可视化部署和运维，支持区块链账本冷存储、跨链技术解决方案、去中心化数字身份管理，实现基于区块链的资源共享。

创新保障能力：东软集团最早成为"中国电子工业标准化技术协会信息技术应用创新工作委员会"会员的公司之一，在众多解决方案，特别是信创领域，均有适配和应用经验，通过医疗健康及社会保障、智能汽车互联、智慧城市及企业互联等行业应用拉动构建国产化信息技术软硬件底层架构体系和全周期生态体系。东软集团面向生态系统和应用场景，驱动业务专业化、IP化、互联网化发展，聚焦政府、高端客户、产业伙伴，建设合作、共赢、健康的生态系统。公司内部建立"事业部＋大区＋虚拟公司"的运营体系，在国内设立了8个区域总部，在60多个城市建立营销与服务网络，省分、虚拟公司等分布式组织商业能力持续提升。同时，公司坚定全球化发展，构建了具备支撑持续规模化国际业务和商业价值创造力的全面组织能力，逐步建立了面向全球的软件技术业务基地和软件交付中心，形成面向全球的业务与服务网络。同时，公司通过内部人才发展和外部人才引进，构建了一整套配置合理、高绩效、高素质的专业团队，为支撑公司业务发展提供人才保障，并持续优化领导力发展体系，科学地选择和培养领军人才。

在大健康领域，东软集团作为医疗健康技术和商业创新的引领者和赋能者，持续推动医疗卫生体系的变革，在医疗信息化、医疗保障、社会保障等领域保持行业领先地位；在大汽车领域，东软集团通过30年的积累与发展，建立了与众多国内国际车厂的长期合作，产品覆盖60多个国家和地区，并构建了以中国、德国、美国、日本、马来西亚为中心的全球产品研发与交付网络；在智慧城市领域，东软集团已签订智慧城市战略协议50余个，构建了覆盖政府、企业、社区、家庭和个人的产业集群。此外，东软集团打造了覆盖智能商务、智能监管、智能制造的智能化管理体系，以信息技术服务于政府与企业数字化转型及产业优化升级。

九、医疗器械

1. 发展现状及政策

医疗器械是指直接或者间接用于人体的仪器、设备、器具、体外诊断试剂及校准物、材料，以及其他类似或者相关的物品，包括所需要的计算机软件。医疗器械包括医疗设备和医用耗材，其效用主要通过物理等方式获得，不是通过药理学、免疫学或代谢的方式获得，或者虽然有这些方式参与，但是只起辅助作用，目的是疾病的诊断、预防、监护、治疗或缓解，损伤的诊断、监护、治疗、缓解或功能补偿，生理结构或生理过程的检验、替代、调节或支持，生命的支持或维持，妊娠控制等，通过对来自人体的样本进行检查，为医疗或诊断目的提供信息。全球医疗器械行业的发展始于1816年听诊器的发明，随后的200年间，各种医疗器械层出不穷，行业不断向上发展。中国医疗器械现代化起步于1952年，随着国家对行业的支持力度加大，居民消费水平的提升，中国医疗器械行业迅速发展。

国家对医疗器械按照风险程度实行分类管理，按照应用时的安全性控制程度由低到高依次分为Ⅰ类、Ⅱ类、Ⅲ类，通常来说，医疗器械产品安全性控制程度越高，其产品附加值及科技含量越高。对于经营不同类型医疗器械的企业，在许可范围、营业场所面积等方面均有不同的规定。第Ⅰ类是风险程度低，实行常规管理即可以保证其安全、有效的医疗器械，如医用冷敷贴，纱布、绷带包扎品，检查手套，引流袋、诊疗用床、担架、手术刀等。第Ⅱ类是具有中度风险，需要严格控制管理以保证其安全、有效的医疗器械，如体温计、血压计、医用缝合针等。第Ⅲ类是具有较高风险，需要采取特别措施严格控制管理以保证其安全、有效的医疗器械，如植入式心脏起搏器，可植入设备，血管支架，综合麻醉机，牙科植入材料等（表4-25）。

表4-25 医疗器械安全等级分类标准

		第一类	第二类	第三类
风险程度		低	中	高
产品管理	备案/注册要求	备案	注册	注册
	取得文件	备案凭证	医疗器械注册证	医疗器械注册证
生产企业管理	备案/许可要求	备案	许可	许可
	取得证照	第一类医疗器械	医疗器械生产许可证	医疗器械生产许可证
	主管部门	设区的市级食品药品监督管理部门	省、自治区、直辖市食品药品监督管理部门	省、自治区、直辖市食品药品监督管理部门
经营企业管理	备案/许可要求	/	备案	许可
	主管部门	/	设区的市级食品药品监督管理部门	设区的市级食品药品监督管理部门

数据来源：中国高新区研究中心整理，2022年8月。

经过数十年的发展，国内医疗器械已经形成涵盖高值耗材、医学影像、体外诊断、低值耗材等在内的几大细分领域，国内企业逐渐崭露头角。其中国外企业在高端器械领域具有明显竞争优势，在拥有高技术壁垒的领域形成垄断，国产品牌从低端产品入手，不断实现从仿制到创新，渐渐获得市场话语权，不断提高在高端设备领域的渗透率。从医疗器械细分领域市场来看，医疗设备占比最大达57%；其次为高值医用耗材、低值医药耗材及体外诊断，分别占比20%、12%、11%（图4-197）。

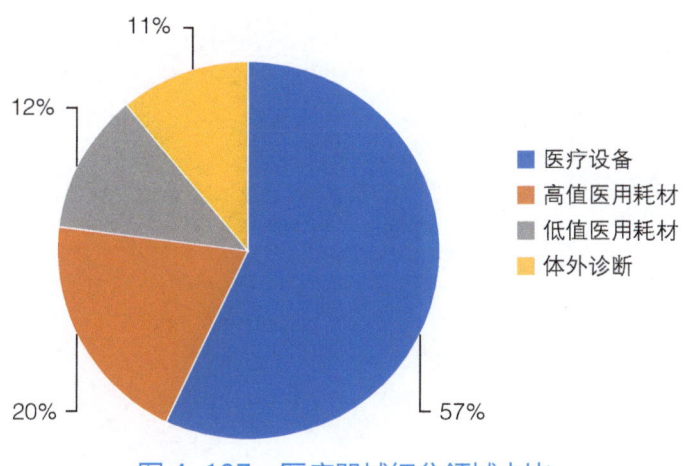

图4-197 医疗器械细分领域占比

医疗器械行业是我国高新技术产业，为推动行业健康有序地发展，近年来，国家密集出台了一系列关于医疗器械行业的政策法规，多次提出将医疗器械作为发展的重点，对医疗器械的转型升级和发展作出了重要部署，为我国医疗器械的发展提供了良好的政策环境。同时，政府工作关注深化公立医院综合改革，扩大国家医学中心和区域医疗中心建设试点，加强全科医生和乡村医生队伍建设，提升县级医疗服务能力，加快建设分级诊疗体系；支持社会办医，促进"互联网+医疗健康"规范发展；医疗作为我国基层民生重点行业，政策将推动医疗机构数量持续增长；2021年3月17日，新修订《医疗器械监督管理条例》重点提出，要落实医疗器械注册人制度，明确注册人依法承担医疗器械研制、生产、经营、使用全生命周期管理责任，进一步保障医疗器械安全、有效，避免"黑市"流通（表4-26）。

表4-26 近年来国家层面医疗器械产业发展相关政策

时间	发布部门	政策名称	重点内容
2022年	国家药监局	《关于加强医疗器械跨区域委托生产协同监管工作的意见》	各级药品监督管理部门要全面贯彻实施《医疗器械监督管理条例》及其配套规章制度，充分认识实施医疗器械注册人制度的重大意义，监督注册人对研制、生产、经营、使用全过程中医疗器械的安全性、有效性依法承担责任；省级药品监督管理部门应当切实履行监管责任，强化跨区域协同监管，形成职责清晰、信息通畅、衔接有序、协作有力的监管工作机制，推动医疗器械产业高质量发展，保障人民群众用械安全有效
2022年	国家药监局	《关于进一步做好医疗器械唯一标识示范推广工作的通知》	各唯一标识实施示范单位要进一步拓展唯一标识实施应用，主动与上下游开展衔接，强化唯一标识全链条联动；要进一步总结经验，形成长效机制，不断提升工作水平，切实发挥引领示范作用
2021年	国务院	《"十四五"全民医疗保障规划》	深化审评审批制度改革，鼓励药品创新发展，加快新药好药上市，促进群众急需的新药和医疗器械研发使用。稳步推进仿制药质量和疗效一致性评价。分步实施医疗器械唯一标识制度，拓展医疗器械唯一标识在卫生健康、医疗保障等领域的衔接应用
2021年	工业和信息化部、国家发展改革委、国家医保局等	《关于开展国家组织高值医用耗材集中带量采购和使用的指导意见》	药监部门要加快推进医疗器械唯一标识在高值医用耗材生产经营使用中的全链条应用，加强中选医疗器械产品质量监管，开展不良事件监测，督促企业落实质量安全主体责任。工业和信息化部门负责督促企业按照中选产品约定采购量落实生产供应责任，支持企业开展生产技术改造，提升中选产品供应保障能力
2021年	国家药监局、国家标准委	《关于进一步促进医疗器械标准化工作高质量发展的意见》	到2025年，基本建成适应我国医疗器械研制、生产经营、使用、监督管理等全生命周期管理需要，符合严守安全底线和助推质量高线新要求，与国际接轨、有中国特色、科学先进的医疗器械标准体系，实现标准质量全面提升，标准供给更加优质、及时、多元，标准管理更加健全、高效、协调，标准国际交流合作更加深入、更富成效

续表

时间	发布部门	政策名称	重点内容
2021年	国务院	《医疗器械监督管理条例》	落实注册人、备案人制度，强化企业主体责任；落实改革举措，鼓励行业创新发展；完善监管制度，提高监管效能；加大惩处力度，提高违法成本
2021年	工业和信息化部、国家卫健委等十部门	《医疗装备产业发展规划（2021—2025年）》	到2025年，关键零部件及材料取得重大突破，医疗装备安全可靠，产品性能和质量达到水平，医疗装备产业体系基本完善；到2030年，成为世界医疗装备研发、制造、应用高地的发展愿景。并且明确了未来五年发展的重点领域和措施

数据来源：中国高新区研究中心整理，2022年8月。

2. 产业链分析

在医疗器械的产业链中，上游为电子器件供应、材料供应等基础设备支撑，中游为医疗器械的制造和检测，下游为医疗机构、实验室等其他终端市场（图4-198）。

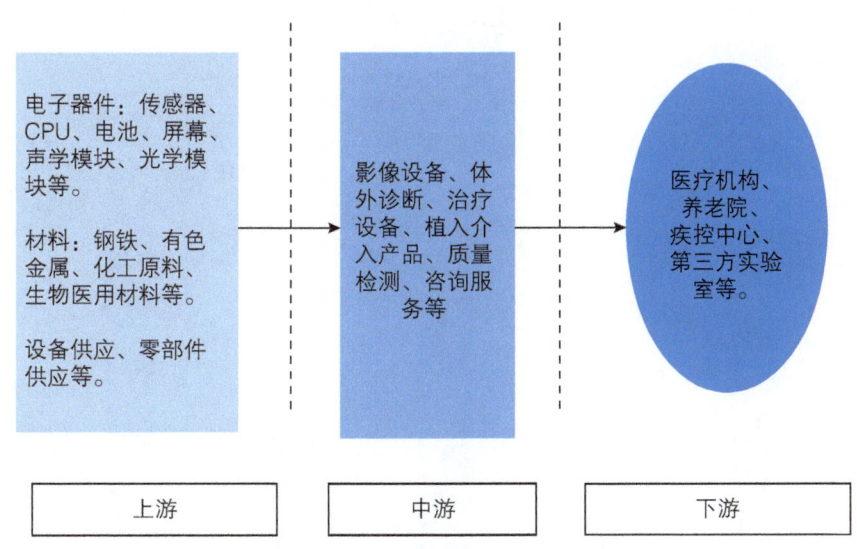

图4-198 医疗器械产业链图示

上游：传感器是一种检测装置，能感受到被测量的信息，并将检测感受到的信息，按一定规律转换成为电信号或其他所需形式的信息输出，以满足信息的传输、处理、计量、存储等要求。根据输入物理量的不同，传感器可以分为力敏、光敏、电压敏、热敏、气敏、磁敏和湿敏7大类传感器。随着我国传感器应用范围不断扩大，市场规模将进一步扩大（图4-199）。

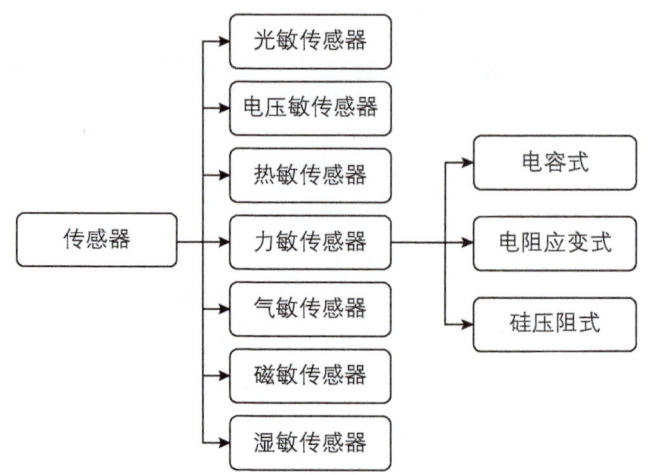

图 4-199　传感器分类情况

从传感器整体市场现状来看，2021年，我国传感器市场规模达2975亿元。市场结构占比方面，以中低端传感器为主，压力传感器和图像传感器占比稳步提升，2021年分别占比17.9%和10.3%，是目前国内占比最高的2种传感器（图4-200）。

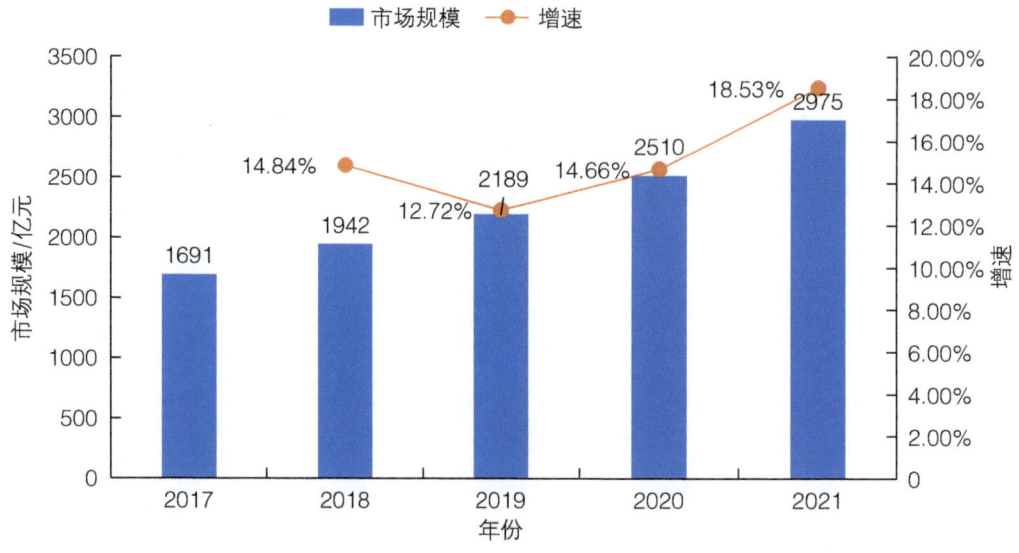

图 4-200　2017—2021年中国传感器市场规模及增速

生物医用材料是指用于诊断、治疗、修复或替换人体组织或器官或增进其功能的一类高技术新材料，可以是天然材料、合成材料或天然材料与合成材料的复合材料。新型材料的不断涌现能够有效提升医疗器械的性能、拓展医疗器械的应用领域，有利于推动医疗器械行业整体技术水平的提升。生物医用材料的发展综合了材料学、生物学、医学等多个领域的知识和技术，已成为医疗器械行业的热点领域之一（表4-27）。

表 4-27 中国生物医用材料分类表

按用途分类	按来源分类	按材料使用期限和接触情况分类	按材料本身性质分类
口腔科材料	自体材料	永久性植入材料	医用金属材料
骨科材料	同种异体材料	短期植入材料	医用高分子材料
神经外科材料	异种材料	可降解材料	无机非金属材料
心血管材料	天然或改性生物材料	半体内体外使用材料	生物衍生材料
手术缝线材料	人工合成材料	一次性医疗用品材料	医用复合材料
组织粘合剂			
血液代用品材料			
药物递送材料			

数据来源：中国高新区研究中心整理，2022年8月。

在组织修复膜领域，人类自体组织、相同物种的器官和组织、相同物种的器官及同种异体器官和组织材料具有良好的生物相容性。这种材料用于组织修复是一种常见的临床治疗方法，但是由于存在继发性损伤和供体有限的问题，逐渐被新材料代替。目前临床上使用的组织修复膜主要是动物来源的材料和人工合成的材料，其特征如下（表4-28）。

表 4-28 我国高端医疗装备医用材料特征

项目	动物源性材料	人工合成材料
代表材料	牛源、猪源等动物组织	聚乙醇酸、聚己内酯、聚乳酸等
优点	1. 具有与人自体组织或器官相似的结构和组成 2. 具有良好的生物相容性	1. 加工技术种类较多，降解速度可调，结构可设计性强 2. 料获取便捷，稳定性及均一性较高，溯源清晰，无病毒传染风险
缺点	1. 动物源性材料取材于动物组织，取材及保存受限条件较多，稳定性、均一性难以控制，溯源难度高，存在病毒传播等的风险 2. 可加工技术相对单一，降解速率可调性差	1. 材料特性与人体组织有差距，传统工艺制备结构不利于细胞长入 2. 统加工工艺下的产品柔顺性较差，导致贴附性差，操作不便
加工工艺	1. 动物组织预处理及脱细胞技术 2. 冻干成形等物理方法	1. 统加工工艺：编织、流延/热压成膜、复合涂层等 2. 进制造工艺：生物增材制造、精密机械加工等

数据来源：中国高新区研究中心整理，2022年8月。

中游：影像设备—核磁共振成像系统（MRI），也称为核磁共振成像，它利用核磁共振现象从人体获取电磁信号并重建人体信息。核磁共振作为20世纪80年代发展起来的全新影像检查技术，是继CT后影像行业的又一大进步，被誉为"现代医学影像技术皇冠上的明珠"，核磁共振设备也成为众多国内外医疗器械企业角逐的战场。经过多年发展，国产MRI设备厂商不断加快市场布局和核心技术突破，逐渐打破GPS垄断局面，并在代表前沿技术的3.0T超导型核磁共振成像系统领域实现破局。随着新兴技术在核磁共振领域的不断渗透，以及分级诊疗、社会办医、第三方独立医学影像中心新业态的逐渐兴起，中国MRI市场空间有望持续扩大（图4-201）。

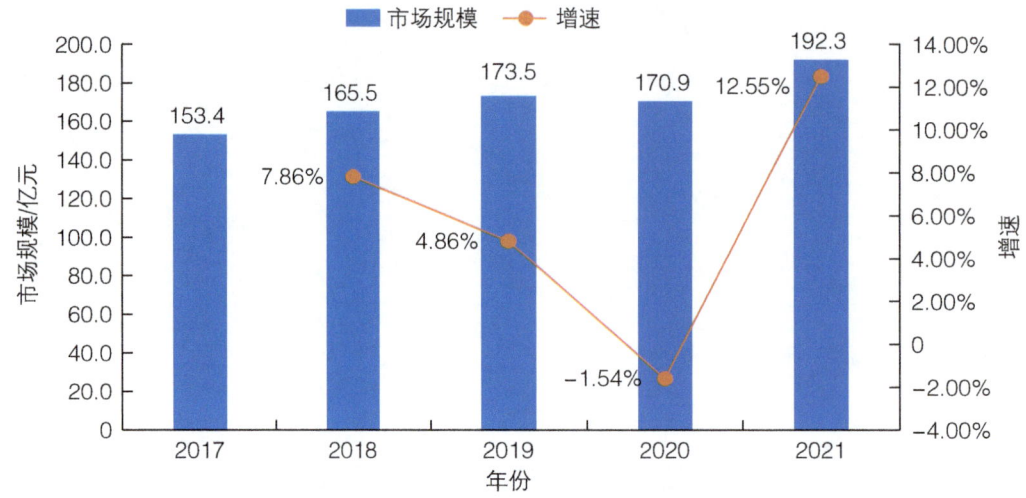

图4-201　2017—2021年中国磁共振成像系统市场规模及增速

手术机器人是在微创手术领域辅助人类对医疗器械进行精准控制的产品，是医疗机器人中主要的产品门类，给外科手术带来了革命性的巨变，将引领着精准医疗、远程医疗、智慧医疗的发展。常用的手术机器人主要包括放射介入类、神经外科类、单孔腔镜类、骨科手术类等。虽然中国手术机器人起步较晚，但是近几年发展非常迅速。手术机器人是目前应用最广且最具前景的医疗智能机器人，其自主性和独立决策能力，必将随着人工智能技术的发展而不断提升。近年来，手术机器人市场规模不断攀升，2021年，我国手术机器人市场规模达到7.55亿元（图4-202）。

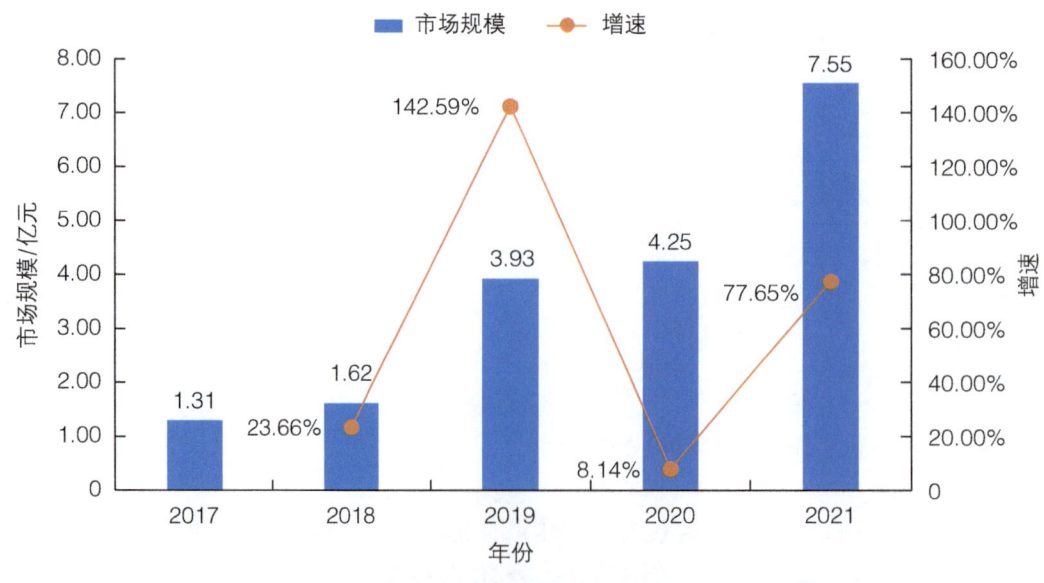

图4-202　2017—2021年中国手术机器人市场规模及增速

近年来，随着国民生产总值的不断提高，老龄化社会的加速到来及各级医疗机构对康复部门的建设不断重视，以及患者对康复意识的不断增强，各方综合需求直接促进了康复器械需求的快速增长。2021年，中国康复医疗器械行业的市场规模约为450.3亿元（图4-203）。

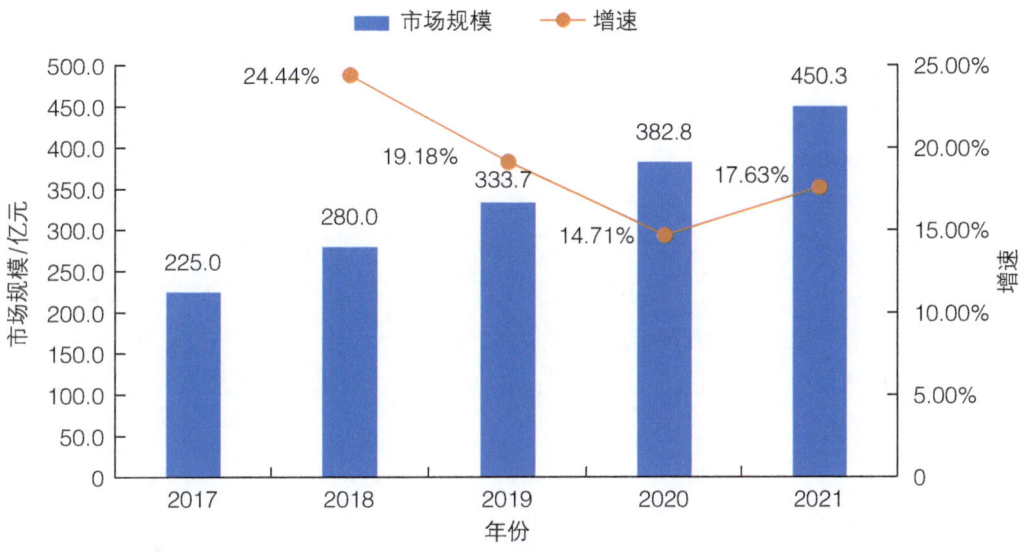

图4-203　2017—2021年中国康复医疗器械市场规模及增速

体外诊断是指在体外通过对人体体液、细胞和组织等样本进行检测而获取临床诊断信息，进而判断疾病或机体功能的诊断方法，是临床诊断信息的重要来源，能够为医生治疗方案及用药提供重要参考指标，是保证人类健康的医疗体系中不可或缺的一环。目前我国体外诊断市场规模从2017年的568亿元增长到2021年的1243亿元，年均增长率21.63%（图4-204）。

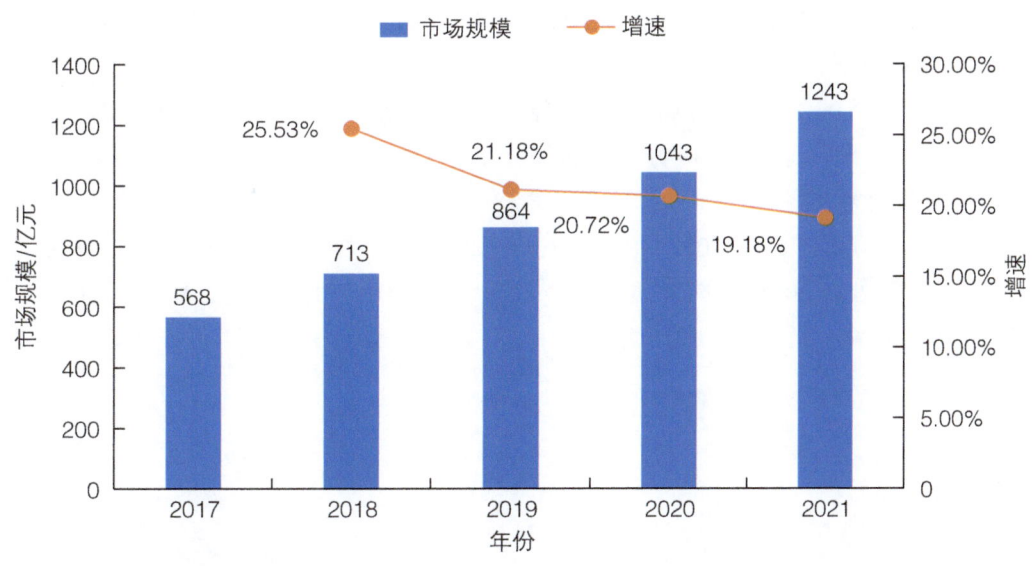

图4-204　2017—2021年中国体外诊断市场规模及增速

下游：2021年末，全国医疗卫生机构总数1 030 935个，比上年增加8013个。其中：医院36 570个，基层医疗卫生机构977 790个，专业公共卫生机构13 276个。与上年相比，医院增加1176个，基层医疗卫生机构增加7754个。全国共设置10个类别的国家医学中心和儿童类别的国家区域医疗中心。

医院中，公立医院11 804个，民营医院24 766个。医院按等级分：三级医院3275个（其中三级甲等医院1651个），二级医院10 848个，一级医院12 649个，未定级医院9798个。

医院按床位数分：100张以下床位医院21 909个，100～199张床位医院5412个，200～499张床位医院5017个，500～799张床位医院2068个，800张及以上床位医院2164个。

基层医疗卫生机构中，社区卫生服务中心（站）36 160个（其中社区卫生服务中心10 122个，社区卫生服务站26 038个），乡镇卫生院34 943个，诊所和医务室271 056个，村卫生室599 292个。

专业公共卫生机构中，疾病预防控制中心3376个，其中：省级31个、地（市）级410个、县（区、县级市）级2755个。卫生监督机构3010个，其中：省级25个、地（市）级315个、县（区、县级市）级2487个。妇幼保健机构3032个，其中：省级26个、地（市）级377个、县（区、县级市）级2554个。

3. 产业创新能力

自新中国成立以来，我国医疗器械行业经过70余年的发展，从无到有，从落后到追赶，正向高质量发展阶段迈进。企业通过提高自主创新能力、"出海"并购等方式增强自身实力，提高国际市场话语权，不断提升我国医疗器械行业整体水平。有理由相信，随着新医改方案和"健康中国2020"的健康发展战略的提出，中国医疗器械产业将会继续发展、扎实前进。医疗器械行业涉及医学、机械、电子及控制、材料科学等多个学科，是一个多学科交叉、知识密集、资金密集的高技术产业。而高新技术医疗设备的基本特征是智能化、数字化和计算机化，是多学科、跨领域的现代高技术的结晶。医疗器械行业发展水平代表一个国家的科技水平和综合实力，也是医疗体系建设的重要组成部分，医疗器械的配置在医疗机构评判标准中仅次于医师配备。随着经济的发展、制度的完善、国民对于医疗服务的需求不断增加，医疗器械行业市场规模进一步扩大。

2021年，医疗器械产业在十大概念产业中排名第五，综合得分为74.02分，其中创新投入得分为15.59分，创新产出得分为41.86分，创新保障得分为16.56分。

（1）创新投入能力

在创新人员投入方面（图4-205、图4-206），2021年，国家高新区内医疗器械上市公司硕士研究生学历及以上人员占企业员工比重为6.74%，与2020年相比小幅下降，但2021年总体研发人员数量较多为12.97万人，与2017年相比，年均增长30.37%，2021年涨幅较大，总体呈快速增长态势。

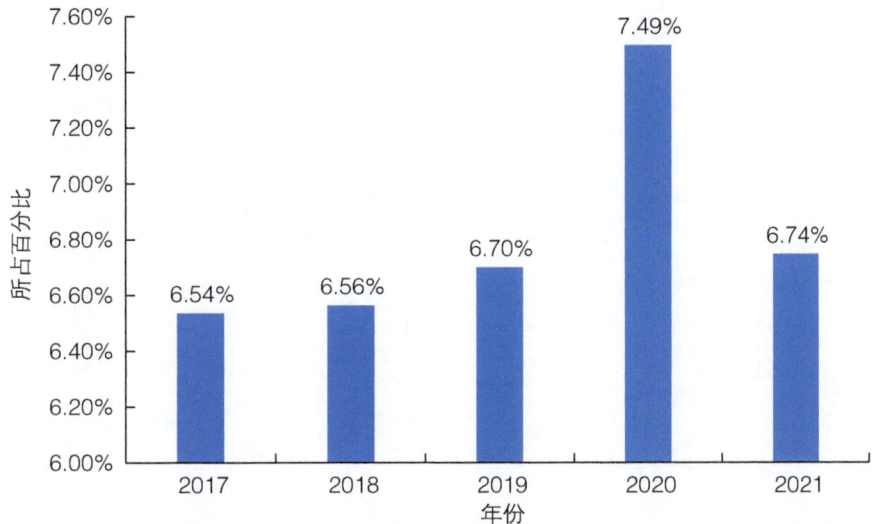

图 4-205　2017—2021 年国家高新区内医疗器械上市公司硕士研究生学历及以上人员占企业员工比重

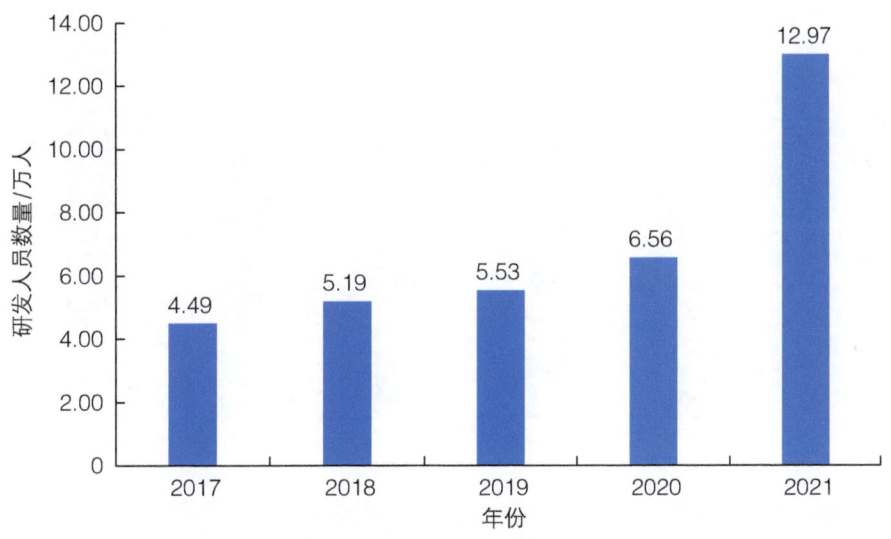

图 4-206　2017—2021 年国家高新区内医疗器械上市公司研发人员数量

在资金投入方面（图 4-207 至图 4-209），2021 年国家高新区内医疗器械上市公司研发投入占营业收入比重为 4.83%，与 2017 年相比，增长了 14.33%，2021 年有所上升；企业获得的政府创新补贴为 57.67 亿元，与 2017 年相比，年均增长 24.70%，整体呈上升趋势，2021 年增速较快，说明政府部门开始支持医疗器械上市公司进行创新；研发人员人均经费为 43.24 万元，与 2017 年相比，年均增长 20.09%，近 3 年增速较快。

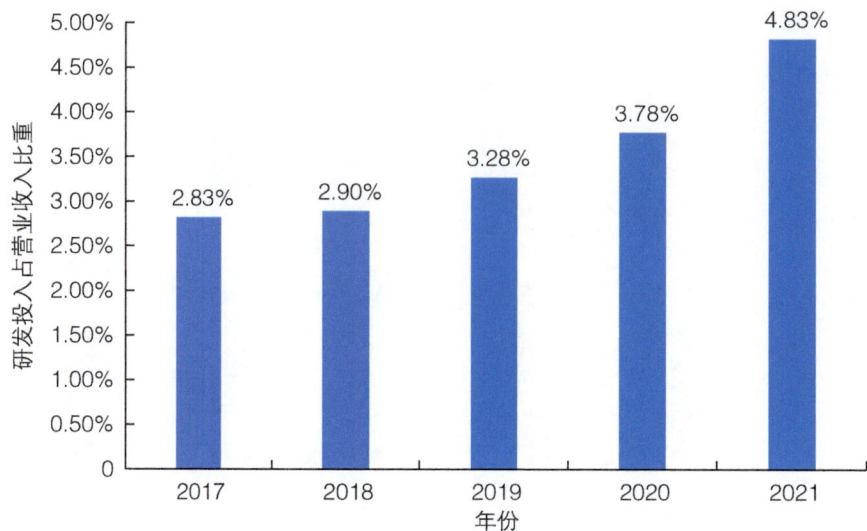

图 4-207　2017—2021 年国家高新区内医疗器械上市公司研发投入占营业收入比重

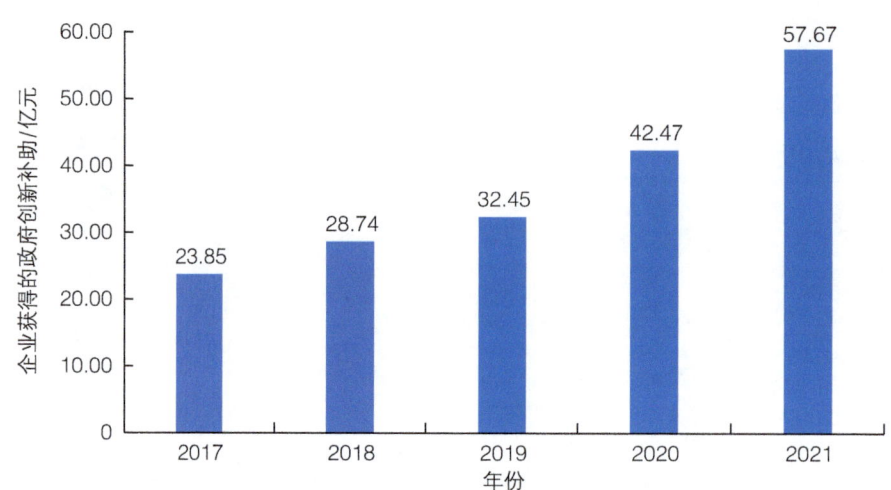

图 4-208　2017—2021 年国家高新区内医疗器械上市公司获得的政府创新补助

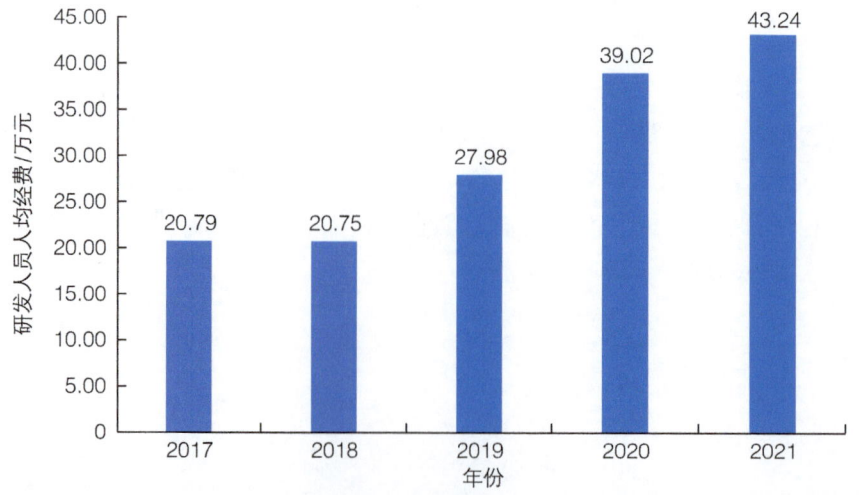

图 4-209　2017—2021 年国家高新区内医疗器械上市公司研发人员人均经费

在物资投入方面（图4-210），2021年国家高新区内医疗器械上市公司当年购置的机器设备价值100.34亿元，与2017年相比，年均增长29.32%，说明近几年国家高新区内医疗器械上市公司对研发设备的投入在快速增加。

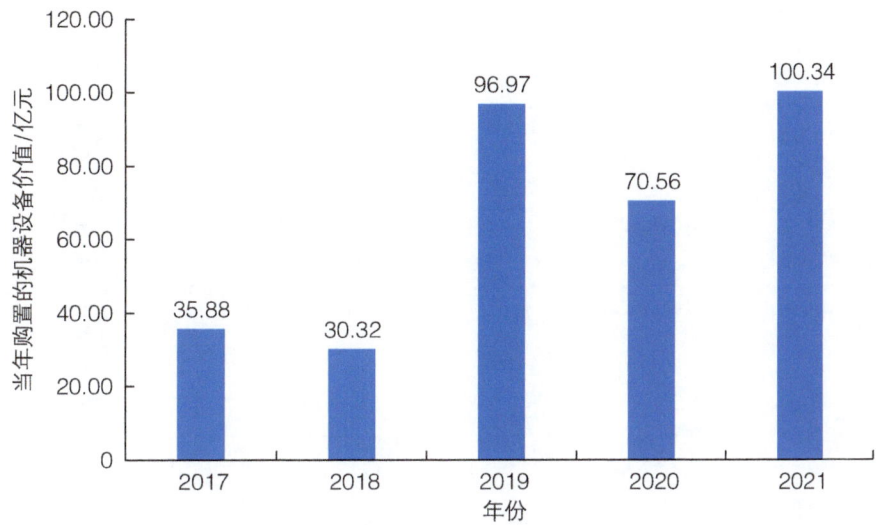

图4-210　2017—2021年国家高新区内医疗器械上市公司当年购置的机器设备价值

（2）创新产出能力

在技术成果产出方面（图4-211），2021年，国家高新区内医疗器械上市公司新增专利数为6312件，与2017年相比，年均增长7.11%，近几年呈现波动趋势，国家高新区内医疗器械上市公司技术成果转化方面仍在继续努力。

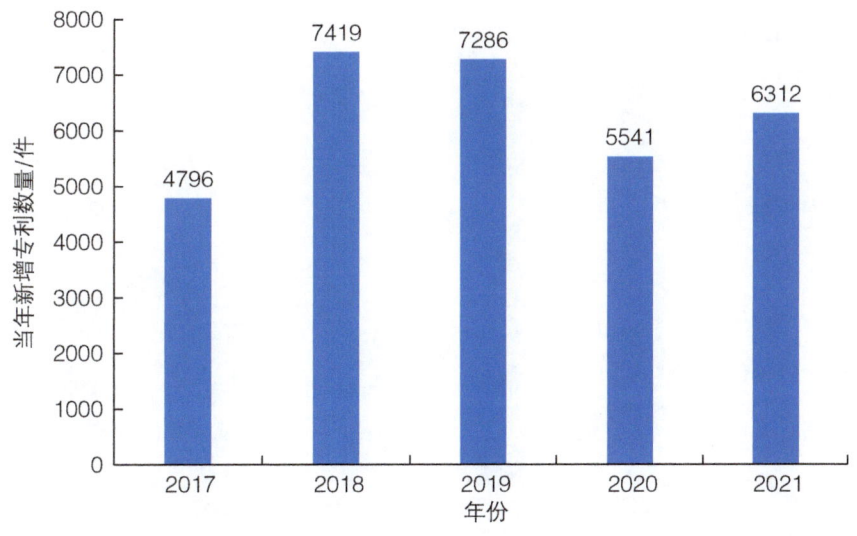

图4-211　2017—2021年国家高新区内医疗器械上市公司当年新增专利数量

在经济效益方面（图4-212），2021年国家高新区内医疗器械上市公司当年新增知识产权价值为116.29亿元，较2020年呈倍增态势，与2017年相比，年均增长125.09%，说明高新区内上市公司越来越注重知识产权价值。

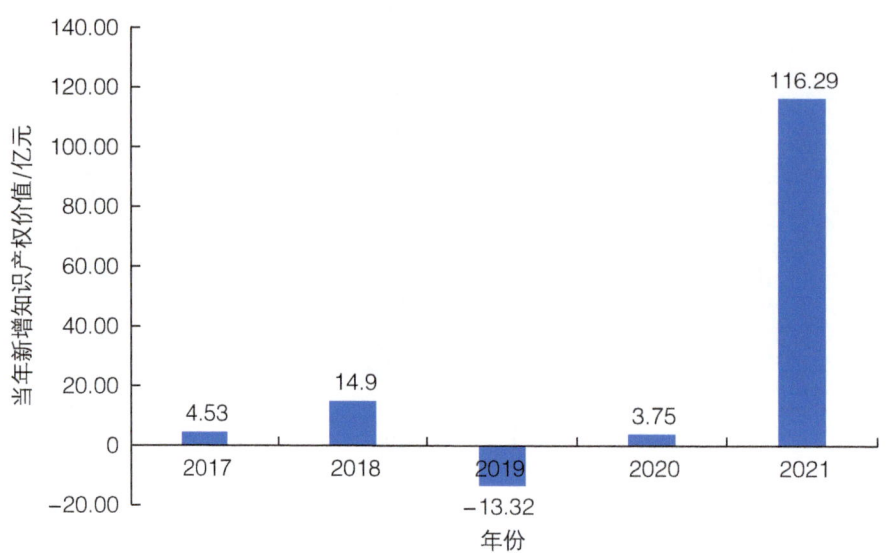

图4-212　2017—2021年国家高新区内医疗器械上市公司当年新增知识产权价值

在商业革新方面（图4-213、图4-214），2021年国家高新区内医疗器械上市公司取得子公司及其他营业单位支付的现金净额68.01亿元，较2020年有所上升，虽然较2017年和2018年有所下降，但近两年保持平稳增长态势。2021年商誉值为648.06亿元，呈现波动增长的态势，说明高新区内上市公司在不断加强企业商誉度。

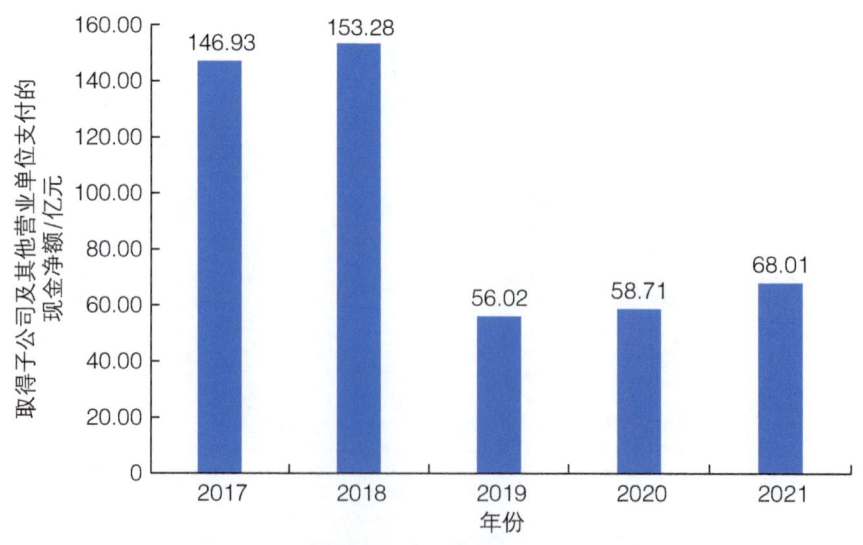

图4-213　2017—2021年国家高新区内医疗器械上市公司取得子公司及其他营业单位支付的现金净额

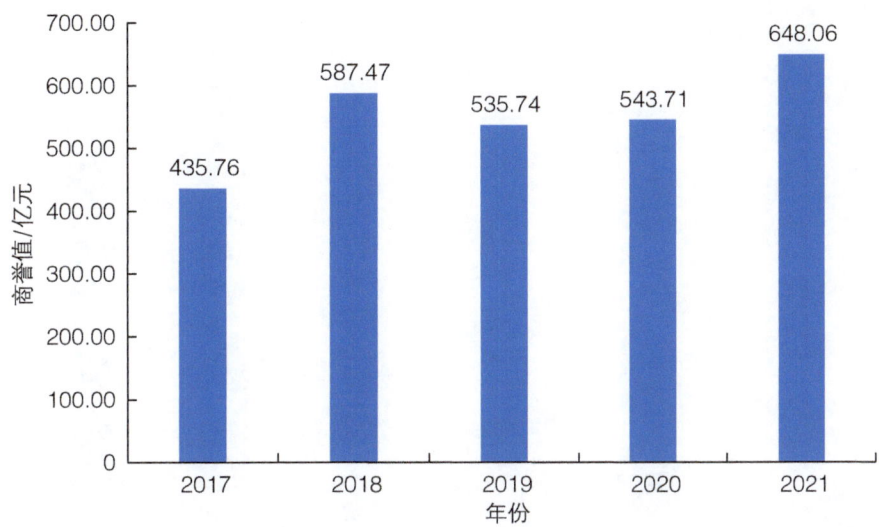

图 4-214　2017—2021 年国家高新区内医疗器械上市公司企业商誉值

（3）创新保障能力

在经济保障方面（图 4-215、图 4-216），国家高新区内医疗器械上市公司营业收入是逐年上升的，2021 年，国家高新区内医疗器械上市公司营业收入为 9531.65 亿元，是近 5 年来增速最快的一年，与 2017 年相比，年均增长 24.52%，说明国家高新区内医疗器械上市公司拥有较强的再生产基础；总市值均值为 29 212.25 亿元，与 2017 年相比，年均增长 26.17%，但较 2020 年有所下降，未来高新区内医疗器械上市公司需要继续加强市值管理。

在运营保障方面（图 4-217），资产负债率是衡量企业负债水平及风险程度的重要标志。2021 年资产负债率为 37.80%，与 2017 年相比，年均增长 17.81%，随着资产负债率不断上升，需要关注上市公司负债情况。

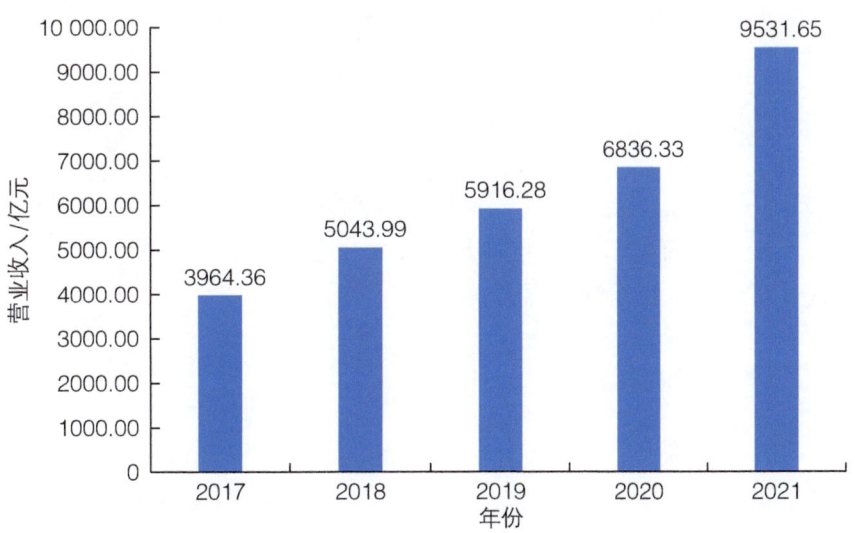

图 4-215　2017—2021 年国家高新区内医疗器械上市公司营业收入

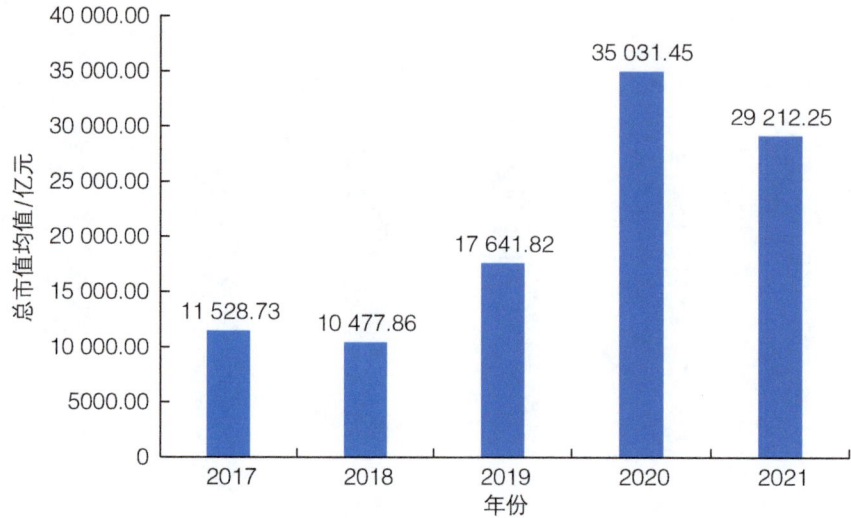

图 4-216　2017—2021 年国家高新区内医疗器械上市公司总市值均值

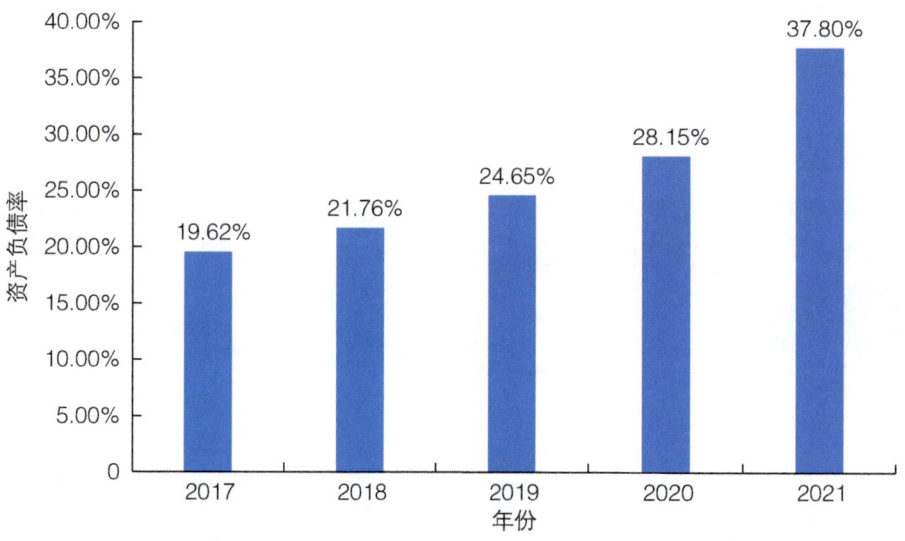

图 4-217　2017—2021 年国家高新区内医疗器械上市公司资产负债率

在文化保障方面（图 4-218），2021 年，国家高新区内医疗器械上市公司从业人员人均教育经费为 1652.98 元，与 2017 年相比，年均增长 6.92%，连续 4 年平稳增长，说明国家高新区内医疗器械上市公司人才培养力度在逐渐加强。

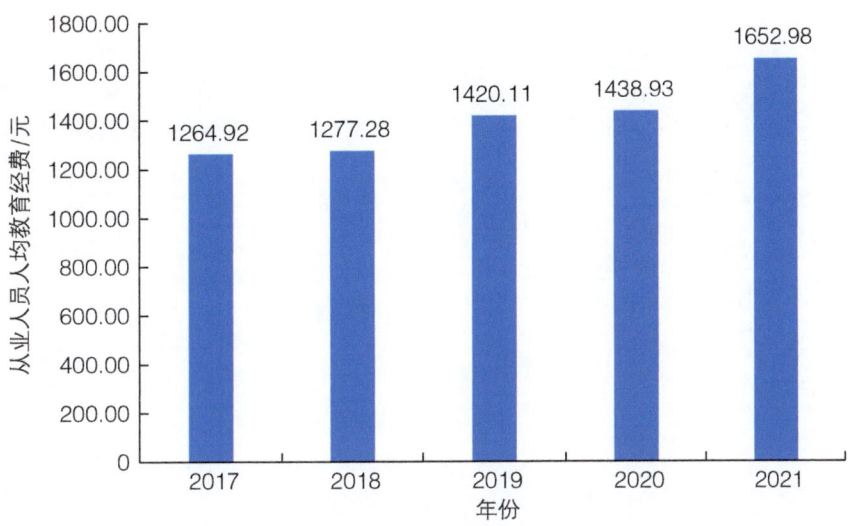

图 4-218 2017—2021 年国家高新区内医疗器械上市公司从业人员人均教育经费

4. 产业内上市公司 20 强名单

结合第三章企业创新能力分析，通过对国家高新区内医疗器械产业 149 家上市公司指标数据进一步归纳整理及评价分析，得出医疗器械产业创新能力排名 20 强上市公司，具体如表 4-29 所示。

表 4-29 2021 年国家高新区内医疗器械产业上市公司 20 强

排名	证券代码	公司中文名称	省市	组织形式	是否高企	A 创新投入能力	B 创新产出能力	C 创新保障能力	创新指数得分
1	600276.SH	江苏恒瑞医药股份有限公司	江苏	民营企业	是	23.28	34.96	18.36	76.60
2	600143.SH	金发科技股份有限公司	广东	民营企业	是	17.06	38.02	17.43	72.51
3	600718.SH	东软集团股份有限公司	辽宁	民营企业	是	20.26	33.27	17.99	71.52
4	300760.SZ	迈瑞医疗国际股份有限公司	广东	外资企业	是	14.51	38.10	18.62	71.23
5	601607.SH	上海医药集团股份有限公司	上海	地方国有企业	否	15.59	36.93	17.21	69.73
6	600587.SH	山东新华医疗器械股份有限公司	山东	地方国有企业	是	19.49	32.63	17.21	69.33
7	000538.SZ	云南白药集团股份有限公司	云南	地方国有企业	否	18.37	34.07	16.85	69.29
8	688363.SH	华熙生物科技股份有限公司	山东	民营企业	是	17.37	34.88	17.02	69.27

续表

排名	证券代码	公司中文名称	省市	组织形式	是否高企	A创新投入能力	B创新产出能力	C创新保障能力	创新指数得分
9	688399.SH	江苏硕世生物科技股份有限公司	江苏	民营企业	是	18.85	34.31	15.10	68.26
10	300003.SZ	乐普（北京）医疗器械股份有限公司	北京	民营企业	是	15.32	35.12	17.17	67.61
11	002030.SZ	广州达安基因股份有限公司	广东	地方国有企业	是	17.07	33.84	16.18	67.10
12	600196.SH	上海复星医药（集团）有限公司	上海	民营企业	否	17.97	32.36	16.56	66.89
13	300024.SZ	机器人	辽宁	中央国有企业	是	19.17	30.12	17.39	66.68
14	300396.SZ	迪瑞医疗科技股份有限公司	吉林	中央国有企业	是	18.57	32.30	15.73	66.60
15	300298.SZ	三诺生物传感股份有限公司	湖南	民营企业	是	16.55	33.12	16.88	66.55
16	002698.SZ	哈尔滨博实自动化股份有限公司	黑龙江	民营企业	是	17.72	31.89	16.67	66.28
17	300146.SZ	汤臣倍健股份有限公司	广东	民营企业	是	15.94	33.70	16.59	66.22
18	300206.SZ	深圳市理邦精密仪器股份有限公司	广东	民营企业	是	15.38	33.74	17.07	66.19
19	002414.SZ	武汉高德红外股份有限公司	湖北	民营企业	是	17.13	32.41	16.41	65.95
20	688301.SH	上海奕瑞光电子科技股份有限公司	上海	民营企业	是	15.48	33.66	16.78	65.92

数据来源：中国高新区研究中心整理，2022年8月。

5. 典型企业

深圳迈瑞生物医疗电子股份有限公司（简称"迈瑞医疗"）主要从事医疗器械的研发、制造、营销及服务，始终以客户需求为导向，致力于为全球医疗机构提供优质产品和服务。公司融合创新，紧贴临床需求，支持医疗机构提供优质的医疗服务，从而帮助世界各地改善医疗条件、降低医疗成本。公司主要产品覆盖三大领域：生命信息与支持、体外诊断及医学影像，拥有国内同行业中最全的产品线，以安全、高效、易用的"一站式"产品和IT解决方案满足临床需求。历经多年的发展，公司已经成为全球领先的医疗器械及解决方案供应商。

2021年深圳迈瑞生物医疗电子股份有限公司创新投入能力得分为14.51分，创新产出能力得分为38.10分，创新保障能力得分为18.62分，综合得分为71.23分，在国家高新区医疗器械产业上市公司中排名第四，排名较 2020 年上升十名。2021 年，企业实现营业收入 252.7 亿元，同比增长 20.18%，归属净利润 80.02 亿元。按照企业产品分类，迈瑞医疗 2021 年生命信息与支持类产品业务营业收入 111.5 亿元，体外诊断类产品业务为 84.49 亿元，医学影像类产品业务为 54.26 亿元，其他类产品业务为 2.302 亿元。

创新投入能力：迈瑞医疗保证高研发投入，2021 年全年研发投入 27.26 亿元，同比增长 30.08%，占营业收入比例为 10.79%。产品不断丰富，持续技术迭代，尤其在高端产品不断实现突破。目前，迈瑞已布局的三大产线和 4 个高潜力业务所对应的国内、国际可及市场空间分别为 1200 亿元和 7100 亿元。

迈瑞医疗总部设在中国深圳，在北美、欧洲、亚洲、非洲、南美等地区的约 40 个国家设有 52 家境外子公司；在国内设有 21 家子公司及近 40 家分支机构；已建立起基于全球资源配置的研发创新平台，设有十大研发中心，分布在深圳、武汉、南京、北京、西安、成都、美国硅谷、美国新泽西、美国西雅图和欧洲，形成了庞大的全球化研发、营销及服务网络。公司将继续丰富"瑞智联"IT 解决方案，构建设备全息数据库，与医院已有的临床数据库互补并有机结合，助力大数据科研；继续开发"瑞影云++"影像云平台的应用场景，助力提升医联体/医共体整体诊疗水平；不断拓展"迈瑞智检"实验室 IT 方案在全流程智慧管理要素的覆盖，检验报告质量和能力提升的专业云功能应用，以跨产品信息交互实现跨科室交流、跨学科诊疗、跨区域服务患者的诊疗融合创新。同时，公司将持续加大微创外科、动物医疗、骨科等种子业务的研发投入，并积极探索分子诊断领域，采用内外部研发相结合的方式，加快在这些领域的研发节奏。依托于公司深厚的全球研发实力和持续的资金投入，公司将对前沿技术进行不断探索，为公司的长久发展提供持续动力。

从拳头产品监护仪，到麻醉机、呼吸机、除颤仪等全面实现高端突破；从最早的血液细胞分析和生化分析起步，到如今化学发光免疫诊断、凝血检测等业务发展态势喜人；从早期的黑白超声设备切入，到多形态高端彩超和 DR 满足不同临床场景的影像检查需求。如今，迈瑞医疗已经实现了覆盖高中低端、整体化、智能化的解决方案，正式向行业"引领者"迈进。目前，遍布全球的十大研发中心正在带领迈瑞医疗和中国医疗器械行业进入研发深水区。

创新产出能力：截至 2021 年 12 月 31 日，迈瑞医疗共计申请专利 7418 件，其中发明专利 5308 件；共计授权专利 3437 件，其中发明专利授权 1618 件。公司采取自主研发模式，目前已建立起基于全球资源配置的研发创新平台，设有十大研发中心，共有 3492 名研发工程师，分布在深圳、武汉、南京、北京、西安、成都、美国硅谷、美国新泽西、美国西雅图和欧洲。武汉研究院项目的建设工作进展顺利，拟建成公司的第二大研发中心，开启迈瑞自主创新与发展的新征程。

"十二五"期间，迈瑞医疗主导国家科技支撑项目《高端全数字彩色多普勒超声诊断设备的研发》《自动体外除颤仪及远程管理维护系统》和 863 计划项目《新一代高性能五分类血细胞分析系统研制》，填补了中国医疗器械行业多项高端技术的空白，使得国产医用超声成像设备、体外除颤设备及血细胞分析设备的功能、性能和质量达到甚至局部超越了国际领先水平。"十三五"期间，由公司牵头，中国科学院深圳先进技术研究院、深圳大学、西安交通大学、清华大学、北京大学第三医院、北京大学深圳医院共同合作承担的国家重点研发计划"多功能动态实时三维成像系统"实现超声成像领域的重大技术突破。2021 年，公司与大连理工大学团队共同研发的"血液细胞荧光成像染料的创制及应用"项目获得 2020 年度国家技术发明奖二等奖。公司"一种超声成像的方法和装置"获得第二十二届中国专利奖银奖（发明）；"ARDS 精准化诊疗体系的建立与同质化平台推广"获得 2021 年度江苏省科技进步奖一等奖;"疟原虫感染的红细胞的识别方法及装置"获得第八届广东省专利奖（银奖）;"流量监测与控制的装置"获得 2021 年度深圳市专利奖;"高端数字移动式 X 射线机（DR）"获得 2021 年度深圳市科技进步奖一等奖。

为了支撑体外诊断业务未来可持续的高速增长，迈瑞医疗不断加大该业务领域的研发投入力度，并于推出了全自动细胞形态学分析仪 MC-80、高端全自动生化分析仪 BS-2800M、高端全自动化学发光免疫分析仪 CL-8000i、全自动血液细胞分析仪 BC-7500CS、全自动尿液分析一体机 EU-5600 等新产品，还将推出全新一代高端凝血分析仪及配套试剂，这些重磅产品的推出将成为助力体外诊断业务延续高速增长的坚实基础。迈瑞医疗通过深度洞察临床实验室需求，公司重磅推出了"迈瑞智检"实验室 IT 方案，在助力实验室实现自动化、智能化、标准化的同时，为临床提供更多有价值的诊断依据。在动物医疗领域，推出全自动血液细胞分析仪 BC-75R Vet 等新产品。

创新保障能力：迈瑞医疗在产品设计、工艺研发、加工制造、质量检测等流程上统一协调，严格执行质量管理标准，实现产品质量一致性和全程可追溯。公司拥有总面积超过 30 万平方米的制造基地，满足了全球销售的生产需求。公司还引入医疗产品创新（MPI）流程，通过全生命周期的管理和电子平台，全面提升研发效率，实现研发和制造联动，使制造基地通过智能化管控，让每个环节的管理可视化、标准化、可溯源。

迈瑞医疗通过医疗产品创新体系（MPI）的建设，包括业务和产品规划流程、产品构思和用户需求管理流程、基于全面质量管理理念的产品开发流程、技术研究流程、产品平台建设流程和产品生命周期管理电子平台系统（PLM）的落实，系统性、规范性地保证了公司源源不断的创新动力。公司建有多个国际领先的研发专业实验室，比如可靠性、标准化、电源、参数、气体、探头、热力学等专项技术实验室，其中可靠性实验室和标准化实验室获得了中国合格评定国家认可委员会（CNAS）认可，可靠性检测实验室还通过了 Intertek、SGS、TÜV 南德等国际第三方机构的认可。

迈瑞医疗通过全资子公司香港全球及香港全球的全资子公司迈瑞荷兰以现金形式收购了全球领先的体外诊断抗原抗体供应商 Hytest Invest Oy 及其下属子公司［简称"海肽（HyTest）"］100% 的股权。海肽（HyTest）深厚的原材料研发积累和卓越的科学家研究团队，使公司在体外诊断领域具有了更为全面的技术创新能力，在更好地助力解决临床问题、创造核心临床价值的同时，为迈瑞的体外诊断业务早日跻身世界一流、实现全球化发展贡献坚实的力量。

十、区块链

1. 发展现状及政策

区块链（Blockchain）是一种由多方共同维护，使用密码学保证传输和访问安全，能够实现数据一致存储、难以篡改、防止抵赖的记账技术，也称为分布式账本技术（Distributed Ledger Technology）。典型的区块链以块—链结构存储数据。作为一种在不可信的竞争环境中低成本建立信任的新型计算范式和协作模式，区块链凭借其独有的信任建立机制，正在改变诸多行业的应用场景和运行规则，是未来发展数字经济、构建新型信任体系不可或缺的技术之一。目前，区块链在金融领域的应用从供应链金融、跨境支付延伸至电子票据等领域，而且不断赋能工业互联网、电子商务、生态治理、医疗康养、教育培训等经济和民生领域。

目前，全球区块链行业第一大技术来源国是中国，截至 2021 年 12 月 9 日，中国区块链相关专利数量为 55 553 件，占全球区块链专利数量的 50% 以上（图 4-219）。

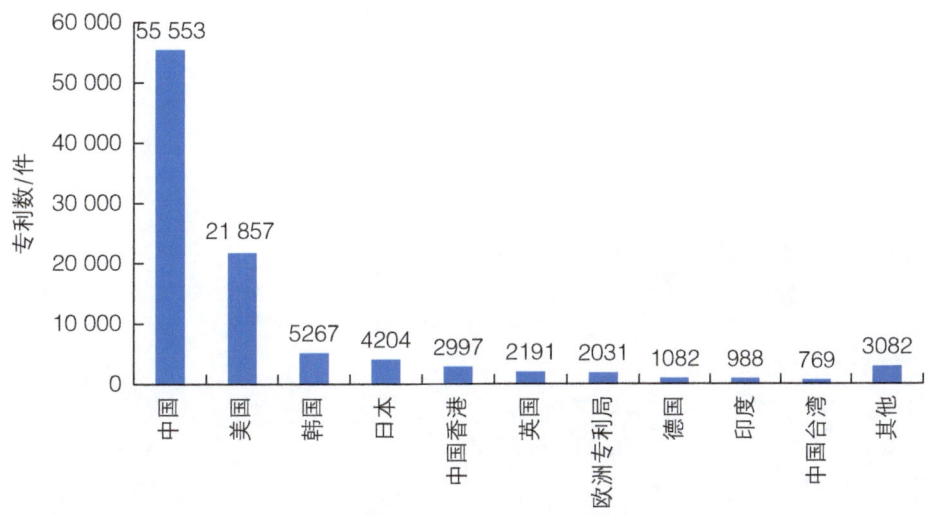

图 4-219　2021 年全球区块链专利数分布

从我国区块链申请数量的省份分布来看，广东省区块链相关专利的申请数量最多，截至 2021 年 12 月 9 日，共计申请 12 533 件；其次是北京市，共计申请 11 181 件（图 4-220）。

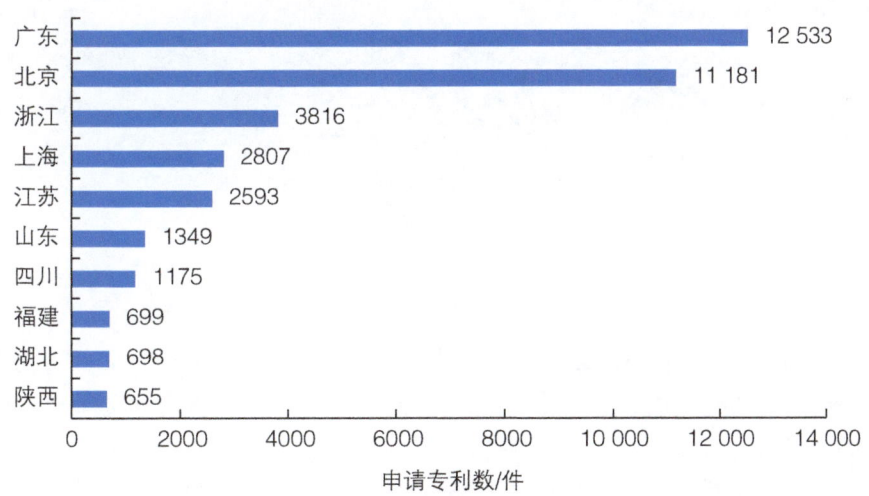

图 4-220　2021 年中国区块链专利申请数分布

近年来随着区块链行业快速发展，产业规模急速增长，中国各地开始将区块链技术作为经济发展的新动能，全国范围内区块链产业园加快建设。2021 以来，中央高度重视区块链产业链培育，产业扶持政策进一步细化下沉，区块链产业"名园"建设步伐开始加快，产业园从初步建设期逐步向高质量发展迈进。截至 2021 年底，全国 15 个省、28 个城市共成立 48 家区块链产业园区，大多数产业园由政府主导建立或参与共建。北京、上海、杭州、广州等省（区、市）已形成较为成熟的区块链产业园管理模式，园区内企业入驻率较中西部地区相对更高，区块链集成应用企业数量每年呈现增多的趋势。当前这几个地区的区块链产业园，凭借地区雄厚的产业发展基础及技术研发实力，园区建设进度领先其他地区，核心城市区块链产业园也大多出台了配套专项优惠政策或管理办法。自2021年以来，建设"名园"的相关细则也相继出台，政策优势和政府资金引导作用渐显，技术研发、项目孵化、产业协同、应用示范、公共服务、企业发展等多层面同步发展，逐步向规划布局合理，配套设施完善，集研发、应用、融合为一体的高质量"名园"发展（图4-221）。

图4-221 区块链产业园示意

近年来，国家出台多项区块链产业相关政策推进行业发展。2021年12月，发改委发布《"十四五"推进国家政务信息化规划》提出强化网络安全防护和网络信任服务体系，推进政务区块链共性基础设施试点应用，支持规范统一、集约共享、互联互通的数据交换和业务协同。2021年11月，国务院发布的《提升中小企业竞争力若干措施》提出支持金融机构深化运用大数据、人工智能、区块链等技术手段，改进授信审批和风险管理模型，持续加大小微企业首贷、续贷、信用贷、中长期贷款投放规模和力度（表4-30）。

表4-30 近年来国家层面区块链产业发展相关政策

时间	发布部门	政策名称	重点内容
2021年	国家发展改革委	《"十四五"推进国家政务信息化规划》	强化网络安全防护和网络信任服务体系，推进政务区块链共性基础设施试点应用，支持规范统一、集约共享、互联互通的数据交换和业务协同

续表

时间	发布部门	政策名称	重点内容
2021年	国务院	《提升中小企业竞争力若干措施》	支持金融机构深化运用大数据、人工智能、区块链等技术手段，改进授信审批和风险管理模型，持续加大小微企业首贷、续贷、信用贷、中长期贷款投放规模和力度
2021年	人力资源社会保障部、工业和信息化部	《关于颁布区块链应用操作员国家职业技能标准的通知》	根据《中华人民共和国劳动法》有关规定，人力资源社会保障部、工业和信息化部共同制定了区块链应用操作员国家职业技能标准
2021年	工业和信息化部	《关于加快推动区块链技术应用和产业发展的指导意见》	明确到2025年，区块链产业综合实力达到世界先进水平，产业初具规模。区块链应用渗透到经济社会多个领域，在产品溯源、数据流通、供应链管理等领域培育一批知名产品，形成场景化示范应用。打造3～5个区块链产业发展集聚区。区块链标准体系初步建立。形成支撑产业发展的专业人才队伍，区块链产业生态基本完善。到2030年，区块链产业综合实力持续提升，产业规模进一步壮大。区块链与互联网、大数据、人工智能等新一代信息技术深度融合，在各领域实现普遍应用，培育形成若干具有国际领先水平的企业和产业集群，产业生态体系趋于完善。区块链成为建设制造强国和网络强国，发展数字经济，实现国家治理体系和治理能力现代化的重要支撑
2021年	国家广播电视总局	《关于发布基于区块链的内容审核标准体系（2021版）的通知》	为发挥标准在基于区块链的内容审核系统中的引领和规范作用，推动广播电视和网络视听行业高质量创新性发展，国家广播电视总局研究建立了基于区块链的内容审核标准体系
2020年	工业和信息化部	《全国区块链和分布式记账技术标准化技术委员会组建公示》	根据国家标准化管理委员会的批复，有关单位提出了全国区块链和分布式记账技术标准化技术委员会组建方案。为进一步听取各方意见，现将委员名单予以公示
2019年	国家互联网信息办	《区块链信息服务管理规定》	规范了我国区块链行业发展所发布的备案依据。本次"管理规定"的出台也意味着我国对于区块链信息服务的"监管时代"正式来临

数据来源：中国高新区研究中心整理，2022年8月。

2. 产业链分析

在区块链的产业链中，上游为底层技术部分提供区块链必要的技术产品和组件，中游为平台服务部分基于底层技术搭建出可运行相应行业应用的区块链平台，下游为产业应用部分主要根据各行业实际场景，利用区块链技术开发行业应用，实现行业内业务协同模式革新（图4-222）。

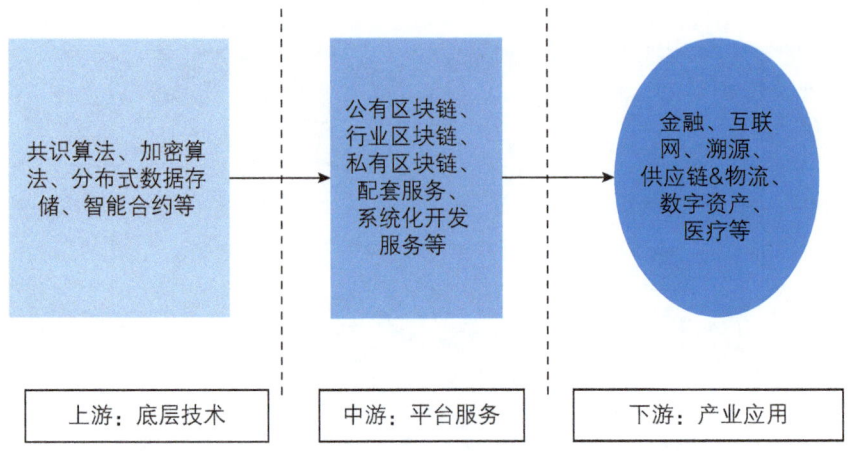

图 4-222　区块链产业链图示

上游：区块链技术组件部分主要包含：共识算法、加密算法、分布式数据存储、智能合约等。随着区块链产业的发展速度不断加快，相关技术企业纷纷开始布局区块链底层技术研发，以提升产品性能和场景适应能力。特别是扩展技术、跨链技术、隐私保护技术等也逐步成为厂商重点布局方向。

国密支持成为多数联盟链标准配置。2020 年 1 月 1 日起实施的《中华人民共和国密码法》，加速了国内联盟链对国密算法的支持进度，国密支持占比逐步提升，逐渐成为联盟链的标准配置。据 2020 年可信区块链评测结果显示，受测厂商目前国密支持占比已达 82%，其中，SM2、SM3、SM4 支持率分别占比 79%、75%、68%（图 4-223）。

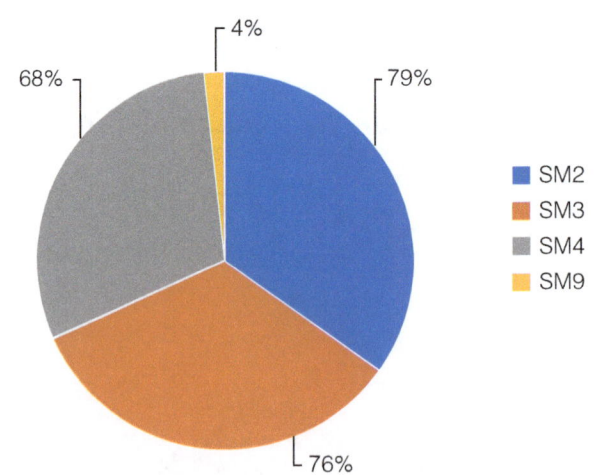

图 4-223　2020 年我国国密算法支持率统计情况

兼顾通信效率与去中心程度的混合型网络成为主流。对等网络按网络结构可分为无结构网络、结构化网络、混合型网络。无结构网络鲁棒性好，去中心化程度高，但通信冗余严重，容易形成网络风暴，如经典 Gossip 网络；有结构网络牺牲了去中心化程度，按照一定策略维护网络拓扑结构，提升通信效率，如类 DHT 网络；混合型网络作为一种折中方案，兼顾了通信效率与去中心化程度。

随着区块链网络规模的扩大,出于对高效通信及网络治理的需要,混合型网络逐渐成为行业主流方案。

读写高效的 NoSQL 数据库成为主流,国内数据库崭露头角。区块链作为一种 IO 敏感的分布式数据库,底层存储通常首选效率较高的 NoSQL 数据库,如 LevelDB、CouchDB、RocksDB 等。同时,鉴于应用层多使用关系型数据库的现实,32% 的链系统还提供了对 MySQL、SQLServer 的支持,即提供灵活可插拔的多种数据库支持。此外,得益于国内数据库的快速发展,11% 的链系统增加了对国内数据库的支持。为了满足不同的应用场景,68% 的链系统提供了多种数据库的支持(图 4-224)。

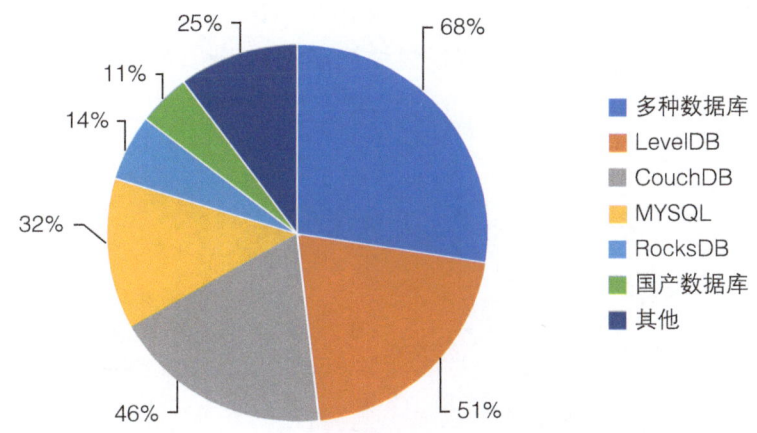

图 4-224　2020 年我国数据存储支持率统计情况

中游:区块链的发展可追溯到 2008 年,由比特币发展而来,目前,区块链技术大致经历了 3 个发展阶段:①以比特币等数字资产为典型代表的区块链 1.0 时代,其目标是实现数字资产的支付、流通等职能。②区块链 2.0 时代是以"以太坊"为代表的智能合约应用为典型特征的"可编程金融"时代,主要应用于金融领域,在无须第三方介入的情况下,解决数字资产兑换、转账操作、跨行支付等问题。③区块链 3.0 时代是指为各行业提供区块链解决方案的"可编程社会"时代,区块链技术将作为未来的可信基础设施,逐渐拓展到金融行业之外的各行业的应用场景。区块链目前按照开放程度分为 3 类,公有链、私有链及联盟链(表 4-31)。

表 4-31　区块链分类及介绍

类别	介绍
公有链	任何节点基于共识机制都可以自由参与的链,是真正地去中心化、分布式的结构,是完全公开的,通过加密保证网络安全,最典型的应用例子就是比特币。但由于公有链的完全中心化、完全匿名参与,导致参与节点比较多,备份账本所需的存储容量和能耗消耗都比较大,确认交易的时间相对也最长
私有链	需要通过组织者授权才能加入的链,读取信息的权限可能被限制,具有分布式的结构,但具有中心化的特征,政府内部审批、银行机构等交易比较适用。不同于公有链的完全公开,私有链参与者即使拥有整套账本,也只能查看与自身相关的或被授权的数据,因此私有链相对封闭一些,如果出现某一参与节点有绝对控制权的情况,或一组串通节点共同投票确认,会影响信任关系

续表

类别	介绍
联盟链	根据一定特征设定节点能参与、交易，共识过程受预先选定节点的控制，是分布式、部分中心化的结构，由参与成员共同维护，提供对各成员的认证、授权、监控、管理等功能，适用于行业协会、大型连锁企业等对分管机构或合作单位之间的交易记录和确认，联盟链通常不采用工作量证明机制，而是采用权益证明、PASOX或其他算法达成共识

数据来源：中国高新区研究中心整理，2022年8月。

联盟链偏好高效、确定性的共识机制，多共识支持趋势凸显。相对于公链希望"全民公投"的共识，联盟链注重共识效率和共识确定性，如类BFT共识、Raft共识等。此外，为适应不同应用场景，参与测试的联盟链产品超六成已提供可插拔多种共识机制的支持，多共识支持逐渐成为主流（图4-225）。

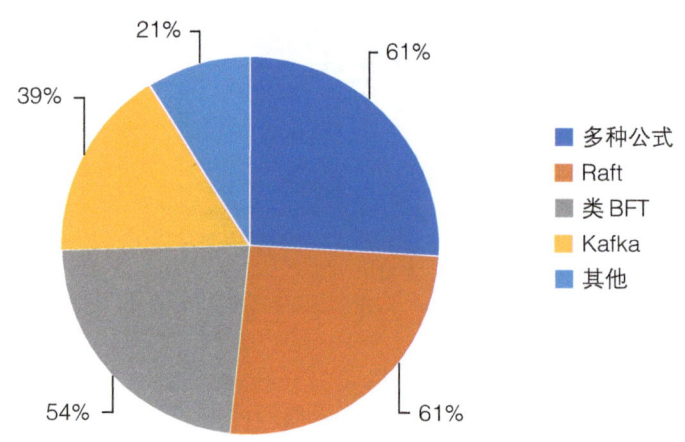

图4-225 2020年我国共识机制支持率统计情况

区块链系统由数据层、网络层、共识层、激励层、合约层和应用层组成。其中，数据层封装了底层数据区块及相关的数据加密和时间戳等基础数据和基本算法；网络层则包括分布式组网机制、数据传播机制和数据验证机制等；共识层主要封装网络节点的各类共识算法；激励层将经济因素集成到区块链技术体系中来，主要包括经济激励的发行机制和分配机制等；合约层主要封装各类脚本、算法和智能合约，是区块链可编程特性的基础；应用层则封装了区块链的各种应用场景和案例。该模型中，基于时间戳的链式区块结构、分布式节点的共识机制、基于共识算力的经济激励和灵活可编程的智能合约是区块链技术最具代表性的创新点（图4-226）。

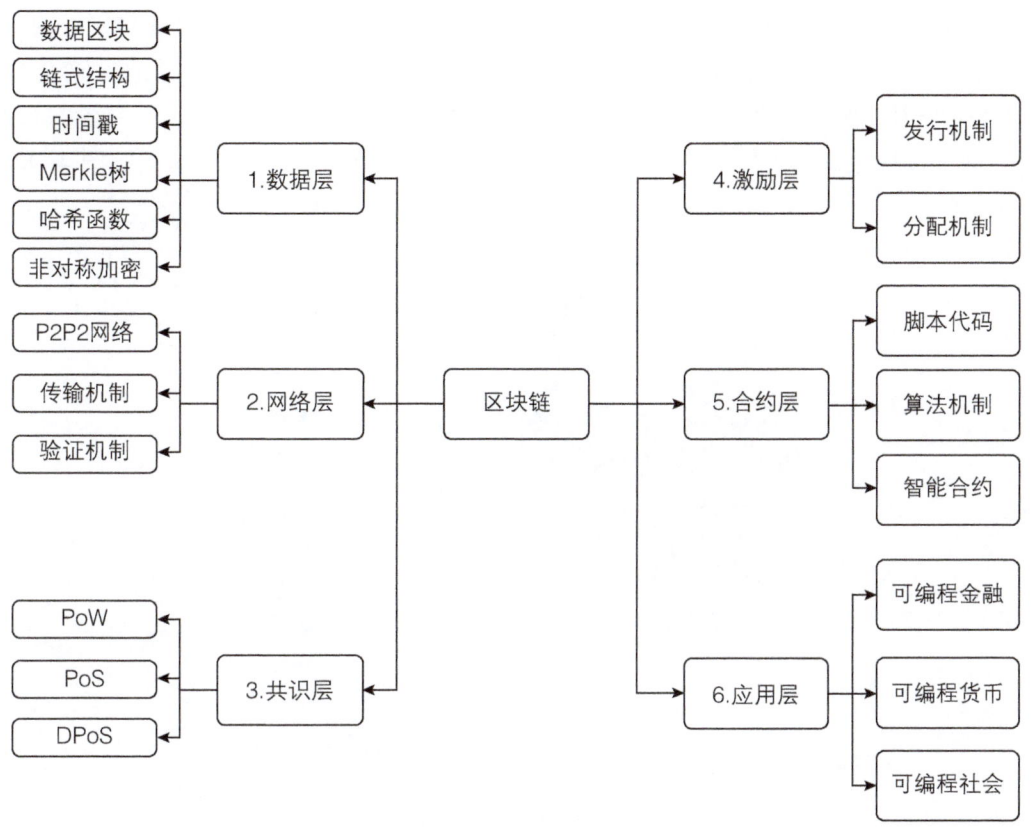

图 4-226 区块链架构模型

下游：在中国区块链业务形态中，应用占比最多，达 36.4%，解决方案排名第二，占 29.8%。其次分别为基础设施、行业服务、底层平台，占比分别为 12.2%、11.9% 及 9.7%。这些共同构成完整的业务形态（图 4-227）。

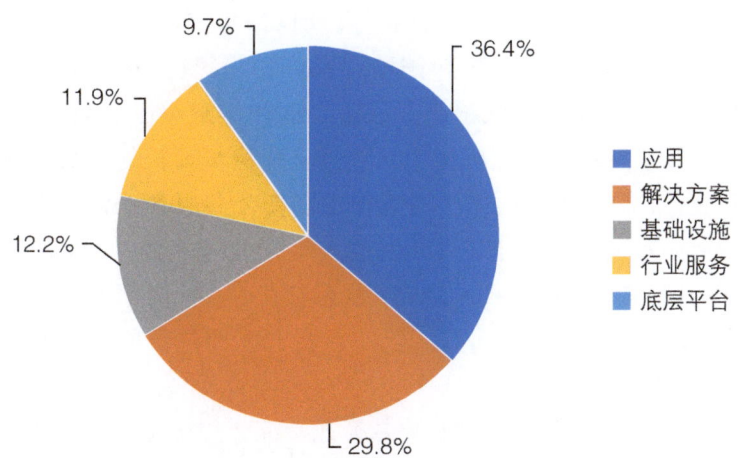

图 4-227 2021 年中国区块链业务形态占比情况

随着区块链应用落地加快推进,"区块链+"业务已经成为互联网骨干企业进军区块链行业的发展重点,在金融业务之外,积极部署互联网、溯源、供应链&物流、数字资产、政务及公共服务、知识产权、法律、医疗等多领域的应用。其中,金融是区块链技术应用场景中探索最多的领域,在供应链金融、贸易融资、支付清算、资金管理等细分领域都有具体的项目落地(图4-228)。

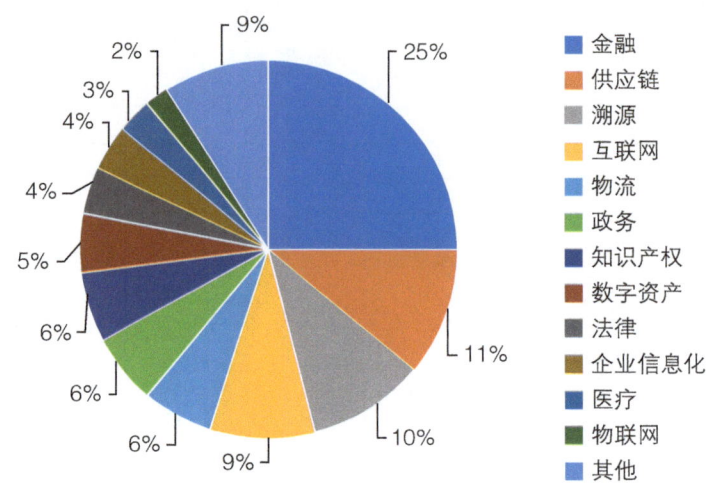

图4-228 2020年中国区块链产业应用分布

3. 产业创新能力

区块链技术被预测为引领第五次技术革命的关键技术,无论是国家还是企业,都已深刻意识到区块链技术将对商业体系与竞争格局带来深远变革。然而,区块链在技术层面依然尚未完全成熟,在应用场景层面,无论是应用的深度还是广度,都处于表层。群雄并起逐鹿、抢占市场先机已成必然趋势。由于区块链所具有的技术壁垒,当前区块链技术发展和应用仍以技术类企业主导。

目前,我国区块链产业保持高速发展态势,2021年以来,为加速建立国际、国家、产业、区域等多方生态协作关系,加速区块链产业生态完善,切实助力实体经济发展,大批区块链产业联盟组织不断涌现。截至2021年底,共成立了中国区块链研究联盟、中国分布式总账基础协议联盟、中国未来区块链产业联盟等70余家区块链产业联盟,区块链组织成员数量已超过2300家(涵盖2200多家企业单位及近百家高校及研究机构),整体呈现稳步增长的态势。联盟主要涉及打造产业服务平台、搭建区块链生态合作共同体、构建技术创新公共服务平台、推动行业应用创新等多个方向。2021年以来,越来越多的企业、高等院校、研究机构通过加入区块链产业联盟组织搭建起政产学研合作交流平台,围绕区块链技术研究、成果转化、行业应用推广、标准制定、教育培训、检测认证和产业发展等方面进行深层次合作,进一步提升联盟成员的研发能力和服务水平,加速构建与完善我国区块链技术产业生态。

2021年,区块链产业在十大概念产业中排名第九,综合得分为50.12分,其中创新投入得分为11.71分,创新产出得分为21.83分,创新保障得分为16.58分。

(1)创新投入能力

在创新人员投入方面(图4-229、图4-230),2021年,国家高新区内区块链上市公司硕士研究生学历及以上人员占企业员工比重为7.49%,与2017年相比,年均增长5.73%,总体呈快速增长，说明国家高新区内区块链上市公司注重对高学历人才的引进；研发人员为9.28万人，较前几年相比有所下降。

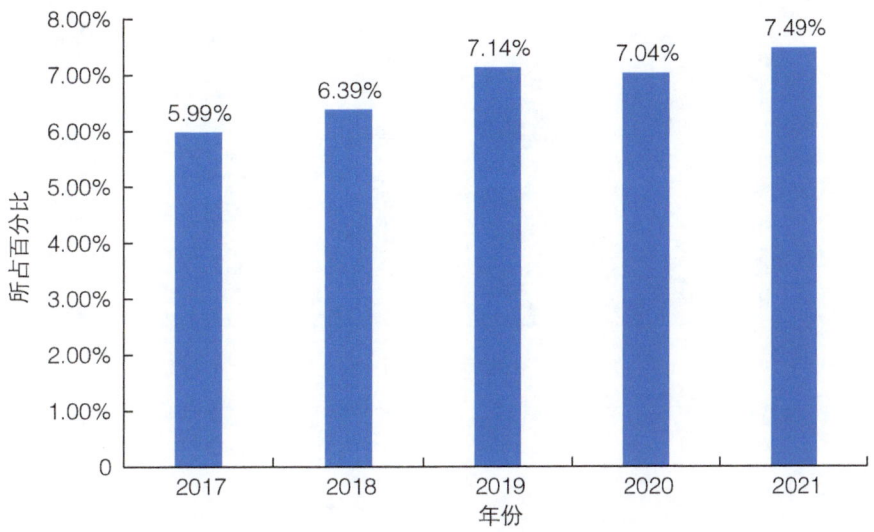

图 4-229　2017—2021 年国家高新区内区块链上市公司硕士研究生学历及以上人员占企业员工比重

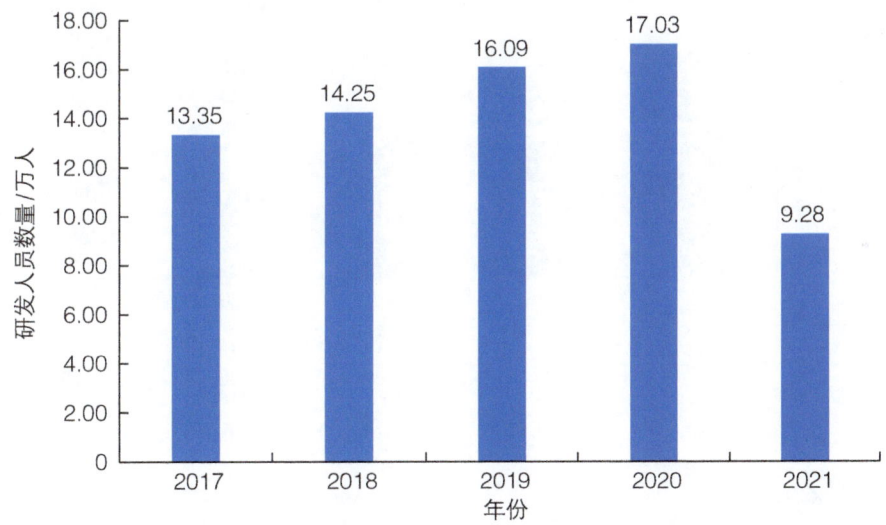

图 4-230　2017—2021 年国家高新区内区块链上市公司研发人员数量

在资金投入方面（图 4-231 至图 4-233），2021 年，国家高新区内区块链上市公司研发投入占营业收入比重为 9.45%，与 2017 年相比，年均增长 0.79%，总体呈现波动趋势；企业获得的政府创新补贴为 62.23 亿元，与 2017 年相比，年均增长 17.15%，总体呈上升趋势，说明政府部门大力支持区块链上市公司进行不断创新；研发人员人均经费为 34.58 万元，与 2017 年相比，年均增长 15.21%，2021 年增速较快。

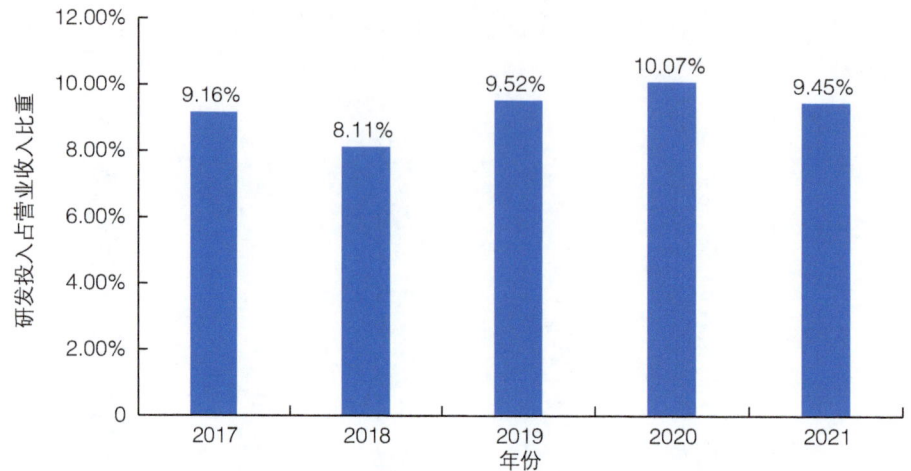

图 4-231　2017—2021 年国家高新区内区块链上市公司研发投入占营业收入比重

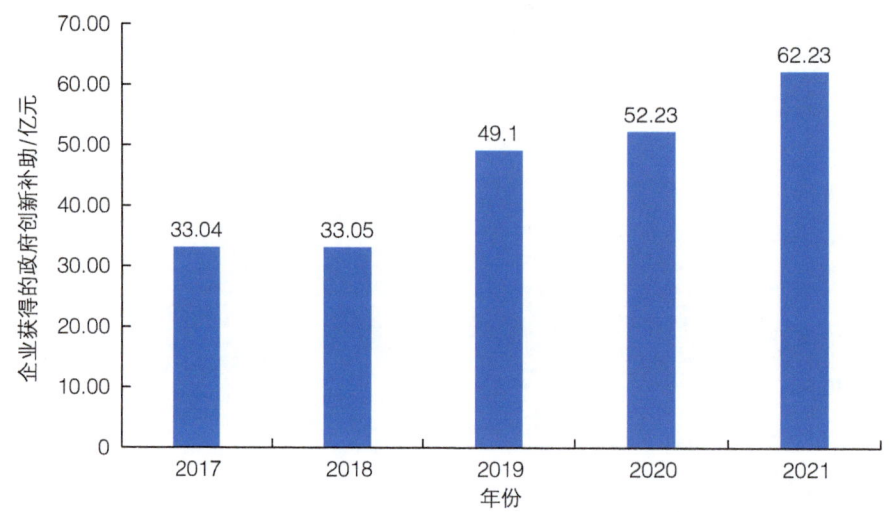

图 4-232　2017—2021 年国家高新区内区块链上市公司获得的政府创新补贴

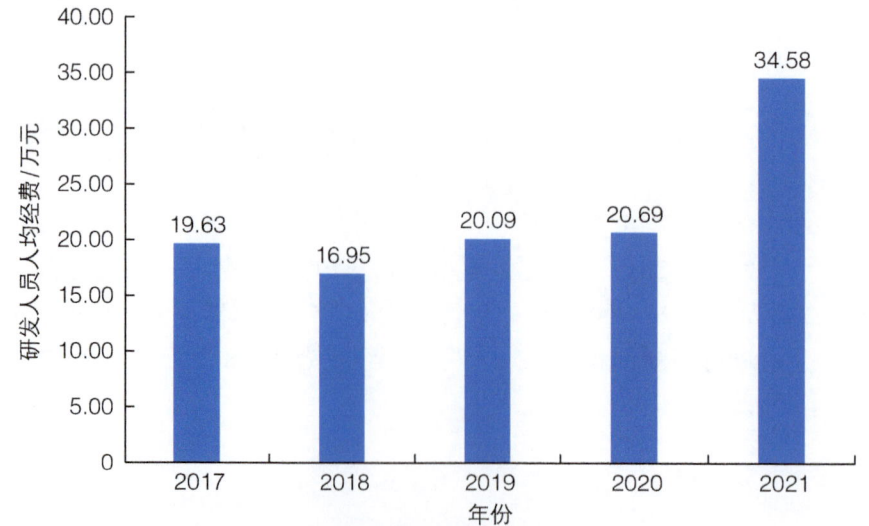

图 4-233　2017—2021 年国家高新区内区块链上市公司研发人员人均经费

在物资投入方面（图4-234），2021年，国家高新区内区块链上市公司当年购置的机器设备价值149.38亿元，较2020年呈倍速增长，说明国家高新区内区块链上市公司注重对研发设备的投入。

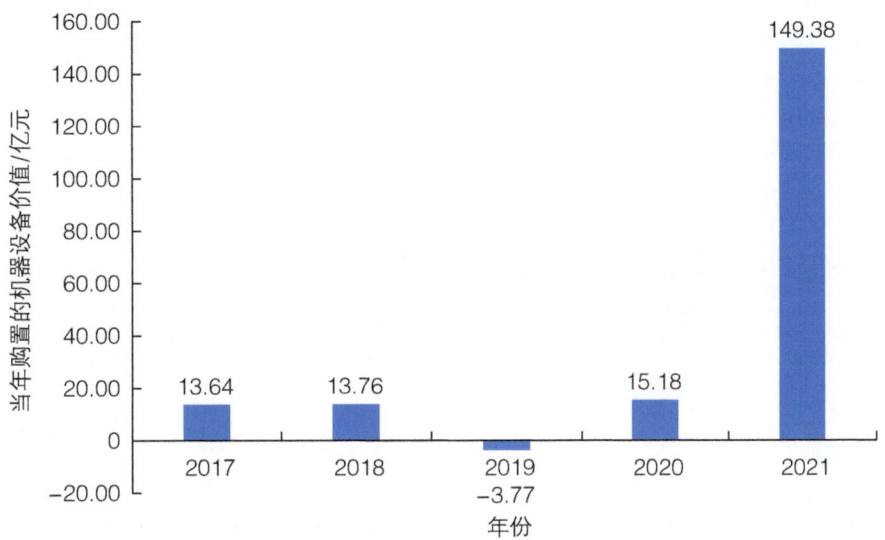

图4-234　2017—2021年国家高新区内区块链上市公司当年购置的机器设备价值

（2）创新产出能力

在技术成果产出方面（图4-235），2021年，国家高新区内区块链上市公司新增专利数为8652件，与2017年相比，年均增长6.53%，是连续3年下降之后的再一次上涨，说明国家高新区内区块链上市公司技术成果转化方面仍在继续努力。

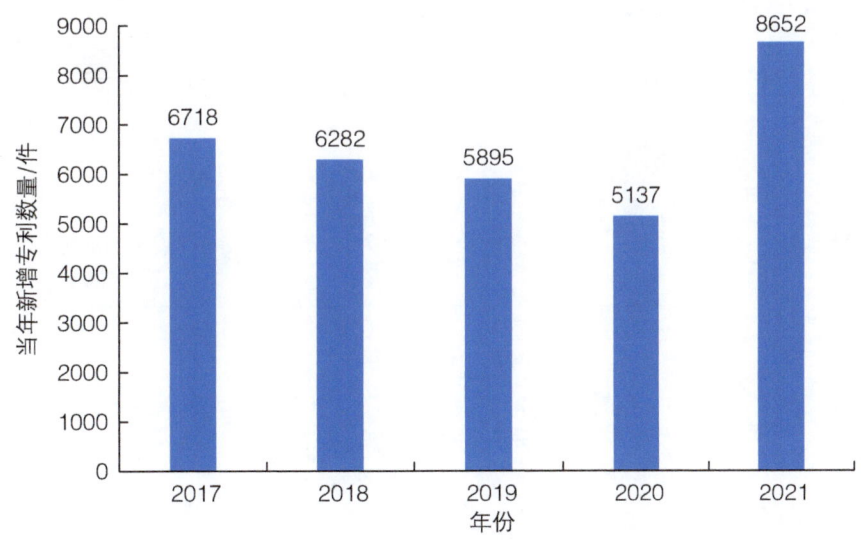

图4-235　2017—2021年国家高新区内区块链上市公司当年新增专利数量

在经济效益方面（图4-236），2021年，国家高新区内区块链上市公司当年新增知识产权价值为48.17亿元，较2020年呈倍增态势，与2017年相比，年均增长43.18%，说明国家高新区内上市公司越来越注重知识产权价值。

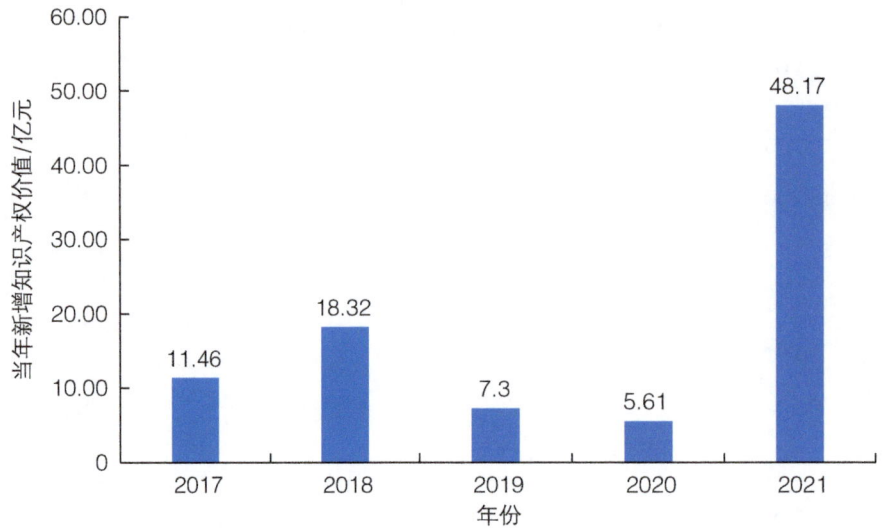

图 4-236　2017—2021 年国家高新区内区块链上市公司当年新增知识产权价值

在商业革新方面（图 4-237、图 4-238），2021 年，国家高新区内区块链上市公司取得子公司及其他营业单位支付的现金净额 14.75 亿元，连续 4 年下降。2021 年商誉值为 309.88 亿元，2021 年下降趋势较明显，说明国家高新区内上市公司需要不断加强企业商誉度。

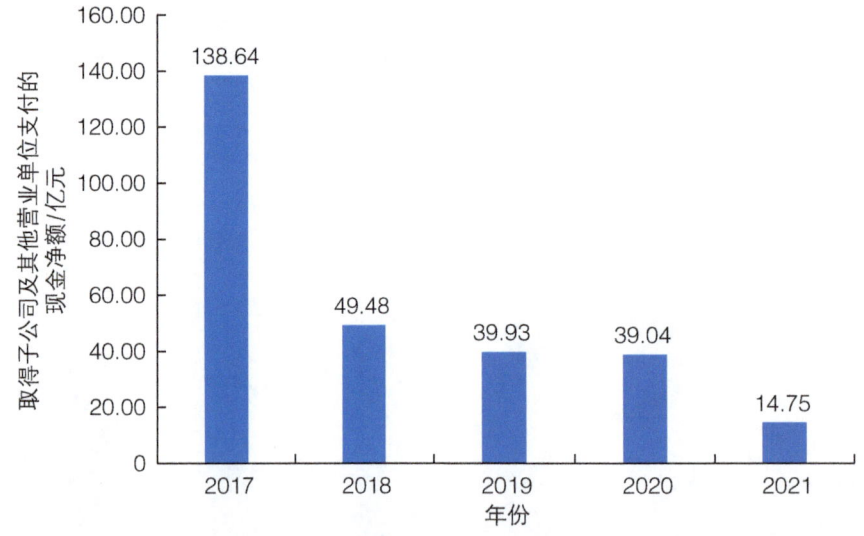

图 4-237　2017—2021 年国家高新区内区块链上市公司取得子公司及其他营业单位支付的现金净额

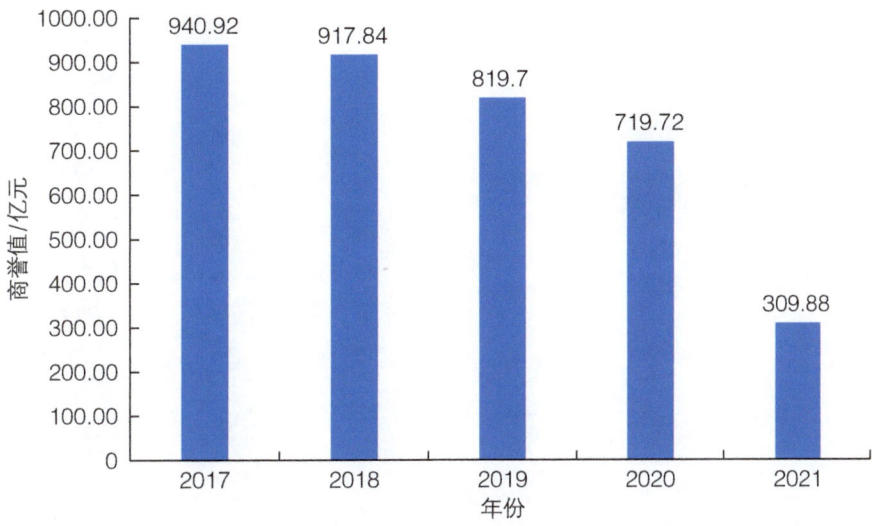

图 4-238　2017—2021 年国家高新区内区块链上市公司企业商誉值

（3）创新保障能力

在经济保障方面（图 4-239、图 4-240），国家高新区内区块链上市公司营业收入都是逐年上升的，2021 年，国家高新区内区块链上市公司营业收入为 11 420.18 亿元，是近 5 年来增速最快的一年，与 2017 年相比，年均增长 24.44%，说明国家高新区内区块链上市公司拥有较强的再生产基础；总市值均值为 23 733.36 亿元，与 2017 年相比，年均增长 17.99%，说明具有良好的融资市场来获取创新资本。

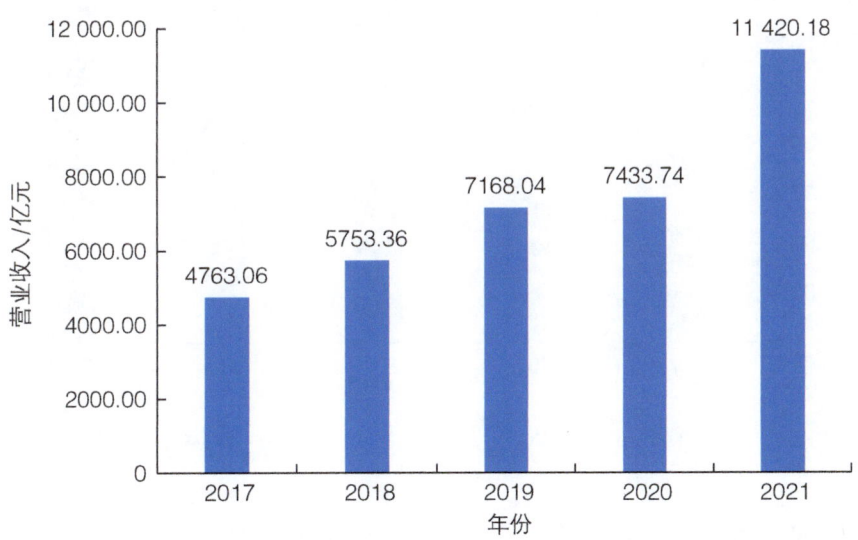

图 4-239　2017—2021 年国家高新区内区块链上市公司营业收入

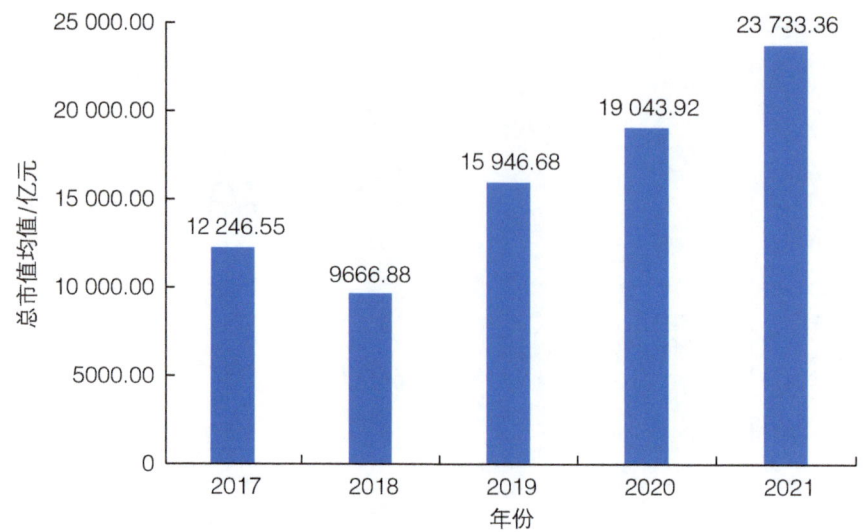

图 4-240　2017—2021 年国家高新区内区块链上市公司总市值均值

在运营保障方面（图 4-241），资产负债率是衡量企业负债水平及风险程度的重要标志。2021 年，资产负债率为 41.17%，已经突破 40%，与 2017 年相比，年均增长 9.87%，随着资产负债率不断上升，需要关注上市公司负债情况。

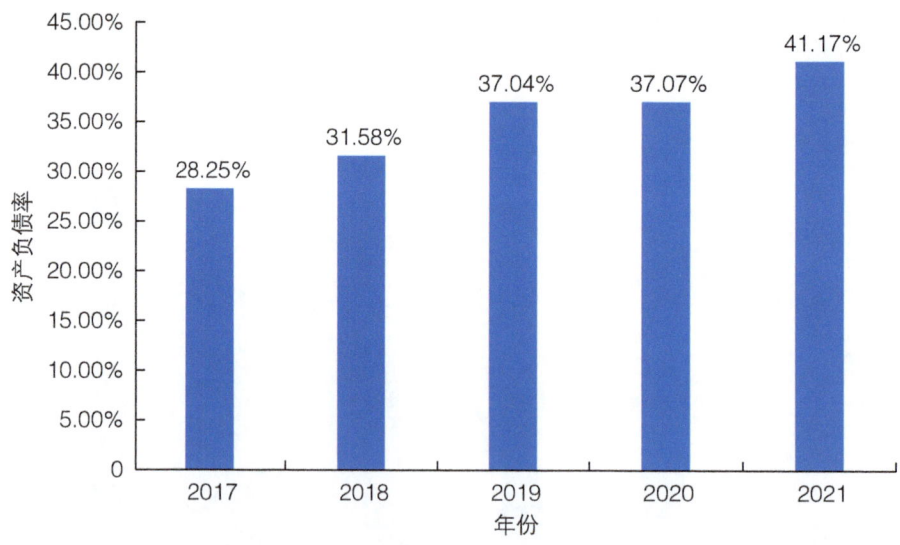

图 4-241　2017—2021 年国家高新区内区块链上市公司资产负债率

在文化保障方面（图 4-242），2021 年，国家高新区内区块链上市公司从业人员人均教育经费为 2010.40 元，与 2017 年相比，年均增长 15.00%，2021 年增速较快，说明国家高新区内区块链上市公司人才培养力度在逐渐加强。

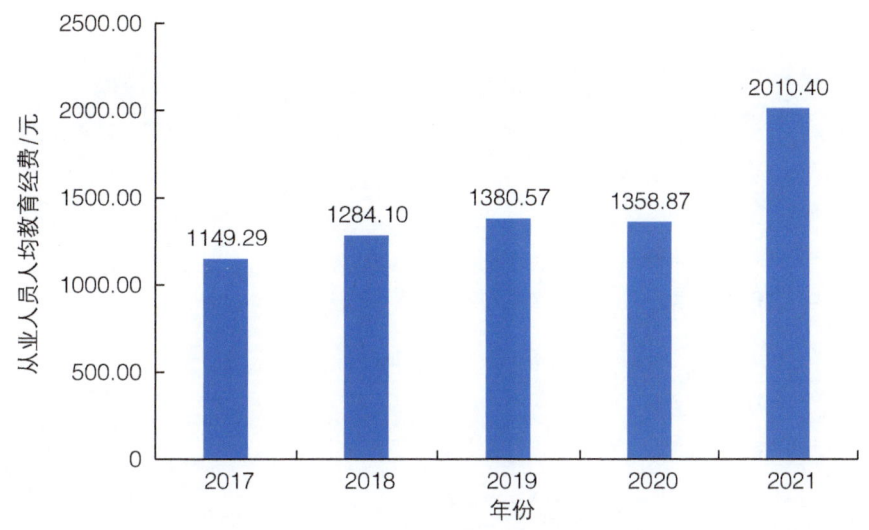

图 4-242 2017—2021 年国家高新区内区块链上市公司从业人员人均教育经费

4. 产业内上市公司 20 强名单

结合第三章企业创新能力分析，通过对国家高新区内区块链产业 144 家上市公司指标数据进一步归纳整理及评价分析，得出区块链产业创新能力排名 20 强上市公司，排名具体如表 4-32 所示。

表 4-32 2021 年国家高新区内区块链产业上市公司 20 强

排名	证券代码	公司中文名称	省市	组织形式	是否高企	A 创新投入能力	B 创新产出能力	C 创新保障能力	创新指数得分
1	600718.SH	东软集团股份有限公司	辽宁	民营企业	是	20.26	33.27	17.99	71.52
2	600839.SH	四川长虹电器股份有限公司	四川	地方国有企业	否	19.00	33.86	18.38	71.23
3	603019.SH	曙光信息产业股份有限公司	天津	中央国有企业	是	20.93	32.39	17.68	70.99
4	600570.SH	恒生电子股份有限公司	浙江	民营企业	是	18.99	33.39	17.07	69.45
5	600271.SH	航天信息股份有限公司	北京	中央国有企业	是	15.55	35.72	17.60	68.87
6	600588.SH	用友网络科技股份有限公司	北京	民营企业	是	16.62	34.33	17.38	68.33
7	300188.SZ	厦门市美亚柏科信息股份有限公司	福建	中央国有企业	是	16.64	33.65	17.53	67.82
8	002405.SZ	北京四维图新科技股份有限公司	北京	民营企业	是	17.22	32.67	17.34	67.22

续表

排名	证券代码	公司中文名称	省市	组织形式	是否高企	A 创新投入能力	B 创新产出能力	C 创新保障能力	创新指数得分
9	688015.SH	交控科技股份有限公司	北京	中央国有企业	是	15.46	34.40	17.22	67.09
10	688012.SH	中微半导体设备（上海）股份有限公司	上海	民营企业	是	18.28	30.88	17.71	66.87
11	000938.SZ	紫光股份有限公司	北京	中央国有企业	是	19.57	30.31	16.88	66.76
12	300638.SZ	深圳市广和通无线股份有限公司	广东	民营企业	是	16.09	33.97	16.50	66.56
13	688095.SH	福建福昕软件开发股份有限公司	福建	民营企业	是	17.92	33.07	15.46	66.44
14	002268.SZ	卫士通信息产业股份有限公司	四川	中央国有企业	是	17.98	31.41	16.83	66.22
15	002152.SZ	广州广电运通信息科技有限公司	广东	地方国有企业	是	14.02	33.77	18.10	65.89
16	300007.SZ	汉威科技集团股份有限公司	河南	民营企业	是	17.41	31.22	16.70	65.33
17	300608.SZ	北京思特奇信息技术股份有限公司	北京	民营企业	是	14.88	33.34	16.96	65.18
18	300379.SZ	北京东方通科技股份有限公司	北京	民营企业	是	15.31	32.98	16.66	64.95
19	000066.SZ	中国长城科技集团股份有限公司	广东	中央国有企业	是	15.97	31.98	16.83	64.77
20	300682.SZ	朗新科技集团股份有限公司	江苏	民营企业	是	18.32	30.36	15.95	64.63

数据来源：中国高新区研究中心整理，2022 年 8 月。

5. 典型企业

航天信息股份有限公司（简称"航天信息"）成立于 2000 年 11 月 1 日，是中国航天科工集团有限公司控股、以信息安全为核心的国有科技型上市公司。2003 年 7 月 11 日，在 A 股主板市场挂牌上市，是中国信息技术行业最具影响力的企业之一，是全国文明单位、国务院国资委标杆"科改示范企业"、国有企业公司治理示范企业。面向企业数字化转型需要，航天信息向用户提供基础设施与业务系统替代、财税整体解决方案、输出数字化建设能力。统筹构建"平台+产品+服务+征信"的业务模式，为广大中小微企业提供全程电子化的一站式、SaaS 云化产品及服务，助力企业数字化发展。由最大的商用密码（金税盘）提供商转型为最大的电子发票综合服务商，年开票量达 40 亿张。为全国 2 万余超大型企业和重点行业客户定制税务管理信息化解决方案；为千万企业提供智能业财票税及办公的全场景解决方案和财务管理、供应链管理、财税共享、电子档案等数字化转型解决方案；为院校、企业和个人提供财税咨询、培训、能力认证等多元化增值服务。

2021年航天信息股份有限公司创新投入能力得分为15.55分，创新产出能力得分为35.72分，创新保障能力得分为17.60分，综合得分为68.87分，在国家高新区区块链产业上市公司中排名第五，排名较2020年有所下降。2021年，企业实现营业收入235.2亿元，同比增长7.81%，归属净利润10.25亿元。按照企业产品分类，航天信息2021年其他业务营业收入75.75亿元，网信业务为45.86亿元，智慧业务为41.85亿元，企业财税业务为39.30亿元，防伪税控业务为32.00亿元。

创新投入能力：2021年航天信息的研发支出总额为14.47亿元，同比下降16.89%，占营业收入比例为6.58%。研发人员总人数为4103人，占总人数的21.1%，其中博士研究生12人，硕士研究生675人。

航天信息坚持高水平科技自立自强，围绕密码、区块链、大数据和人工智能，形成9类关键技术、上百项核心技术成果、1300余项自主知识产权。荣获国家科技进步奖二等奖、国防科学技术进步奖三等奖、多项省部级科学技术进步奖等。培育加密经济新业态，打造覆盖全国、分工有序、高效协同的研发体系。具备信息系统建设和服务能力CS4（优秀级）、软件能力成熟度CMMI-5级、信息安全服务资质安全集成、安全开发、安全运维一级、运维服务能力成熟度二级、工程设计专项、安防工程企业一级等多项资质，获得国家发改委企业信用修复资质备案、央行企业征信机构备案，拥有国家电子认证服务等资质。航天信息基于原有团队和技术创新成果，组建形成了"1+5+N"区块链组织架构体系，即设立一个区块链总体院，结合航天信息主营业务板块，形成金税、金融、智慧、网信和海外5个产业应用分院，依托全国38家区域公司、1100余家基层业务单位设立N个应用落地机构，形成了分布广泛的技术创新研发网络。同时，航天信息参与编写区块链技术白皮书，制定区块链技术行业标准，行业话语权日益提升。

创新产出能力：航天信息早在2016年就开始区块链领域的研究和探索，打造了航天信息区块链平台1.0版。随着时代发展，航天信息以密码技术为核心，突破区块链可监管隐私保护、新型共识机制、跨链通信协议、大数据融合等多项关键技术，全方位采用国密算法，实现了一套高效国密算法库，同时终端硬件等全面支持国密标准，保障了系统的安全合规，为区块链的长远发展奠定了坚实基础。

面向数字政府建设需要，航天信息将密码安全技术、数据安全技术、区块链技术、隐私计算技术全面融入数字政府核心业务安全需求，实现数字政府安全数据流通，充分发挥数据价值，保障数字政府的数据安全。在经济运行、公共安全、交通出行、粮食安全等领域，为政府（行业）客户提供数字化、智能化、绿色化的科技产品、信息服务与解决方案，助力政府及行业建设更加现代化的治理体系、提供更加便捷高效的监管服务及民生服务。在税务领域，服务国家税制改革，保障"营改增""减税降费"等重大政策实施，助力国家税收征管由"以票控税"转向"以数治税"。在公安领域，承建国家人口基础信息库、全国出入境信息管理系统等，系列自助通关产品应用于港珠澳大桥及多个口岸。在交通领域，区块链技术应用于多式联运、铁路物流、远洋运输等。在粮食和市场监管领域，承建全国20余个省市自治区粮食监管平台和2000余座智慧粮库；疫苗追溯监管平台已在天津、安徽、云南、西藏、黑龙江等多个省（区、市）应用，保障疫苗安全。在信创领域，拥有信创产业的咨询设计、核心产品、系统集成、运维服务一体化综合能力，参与建设数百个国家级重点信创工程及项目，覆盖数十个部委及全国 31 个省、自治区、直辖市。

创新保障能力：航天信息把满足人民对美好生活的向往作为奋斗目标，以区块链平台作为基础平台，以区块链数据共享、电子存证、数据安全管控及质量追溯四大应用平台为支撑，研发形成多项解决方案，在电子发票、疫苗监管、多式联运、车辆信息全生命周期管理、供应链金融等领域服务好广大人民群众需求。

航天信息以信息安全为核心，突破数据安全、物联网安全、新一代区块链框架等核心关键技术，完善产业布局，打造以"产品+行业级应用+平台级运营"的业务模式，抢占政务、教育、医疗等行业密码市场；开拓能源、交通等重点领域的信诺链电子存证、信诺链产品溯源服务市场。围绕客户管理、商机管理、营销人才体系、产品运营体系四要素协同，全面建成航天信息市场营销体系。建立重大项目库管理机制、数字营销运行机制、市场营销资源配置机制，实现全业务链管理。推动业务协同、人才培养、经验共享，助力产业市场生态化发展。

航天信息坚持服务国家战略、服务国计民生，承担了国家"金税""金卡""金盾"等重点信息化工程。经过 20 余年的发展壮大，已在 31 个省、自治区、直辖市，5 个计划单列市和 2 个特别行政区，建立了 67 家法人单位、1100 余家基层业务单位，现有员工近 2 万人，形成了覆盖全国、深入区县、多平台应用的线上线下相结合的专业化市场营销服务网络。航天信息明确了"一二三五八"发展思路。"一"是坚持一个主业，即信息技术主业；"二"是面向两个市场，即数字政府和企业数字化产业市场；"三"是坚持三类创新，即技术创新、模式创新和改革创新；"五"是坚持"五化"导向，即数字化、绿色化、产业化、生态化、一流化；"八"是实施以八项创新工程为代表的重大创新工程，即网络可信身份认证体系、网络可信数据交换、爱信诺企业服务平台、"丝路云链"平台、"双链"分析、粮食创新中心、"数字海南"及"三十工程"。

第五章

国家高新区上市公司区域创新能力分析

我国国土辽阔，各地区的要素资源禀赋差异较大，经济发展的自然条件和社会条件也不尽相同。尤其是最近各大城市群的兴起，更加带动周边地区的快速发展。因此，不同省（自治区、直辖市）［以下简称省（区、市）］城市群之间国家高新区上市公司创新能力表现也可能存在较大差异。本章主要针对不同省（区、市）和主要城市群对国家高新区上市公司进行区域创新能力分析。

第一节 区域创新发展情况

一、省（区、市）分布

1. 国家高新区上市公司在经济发达地区的集聚效应较为显著

截至 2021 年底，分布在全国 30 个省（区、市）的 169 个国家高新区，共有 1864 家 A 股上市公司。其中，广东省、北京市、江苏省、上海市和浙江省的高新区上市公司数量居前 5 位，共 1201 家，占全国的 63%，较 2020 年下降了 2 个百分点，头部聚集效应依然显著；山东省和湖北省的高新区上市公司数量在全国平均水平（62 家）之上，湖南省则刚好达到平均水平；其余省份的高新区上市公司数量都未达全国平均水平；山西省、内蒙古自治区、海南省、宁夏回族自治区和青海省的高新区上市公司数量都未突破两位数。上市公司正加速向东部地区和一线城市的国家高新区集聚，地区之间的差距进一步拉大（图 5-1）。

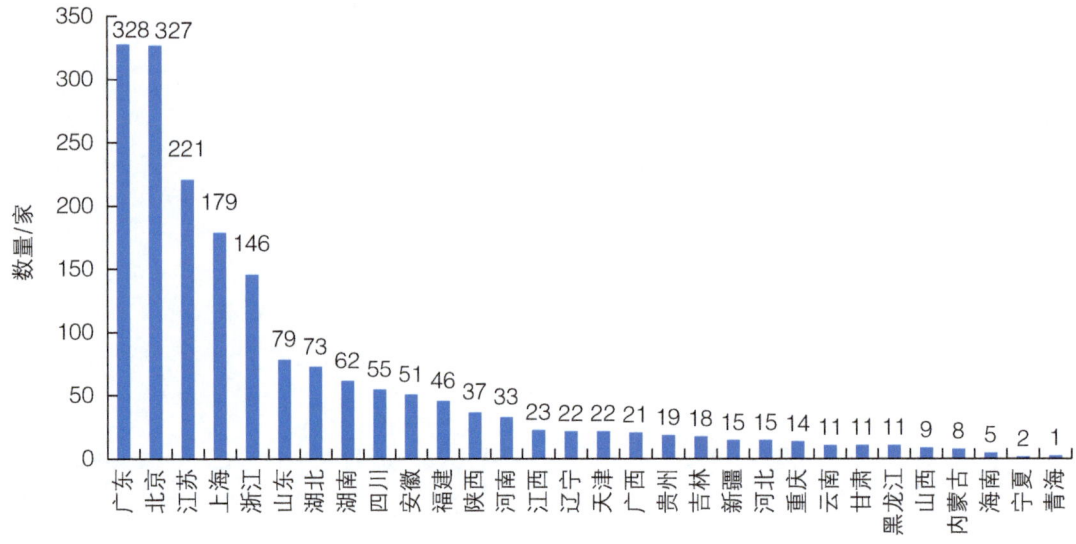

图 5-1　国家高新区上市公司在各省（区、市）分布（截至 2021 年底）

截至 2021 年底，国家高新区 1864 家 A 股上市公司的总市值均值为 32.05 万亿元（图 5-2）。其中，中关村科技园区上市公司总市值均值为 61 208 亿元，占全国的 19%；广东省、上海市、江苏省、浙江省和山东省的高新区上市公司总市值均值居第 2 位至第 6 位；前三甲中，北京市、广东省和上海市的总市值均值依次递减，差距较小。

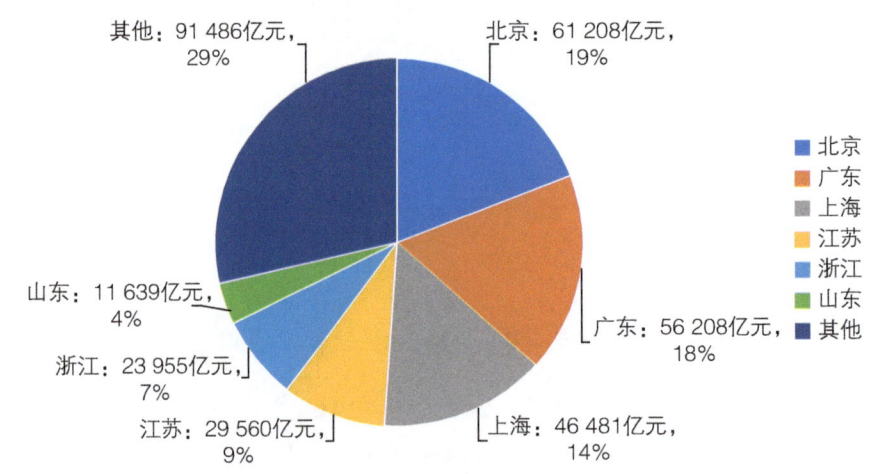

图 5-2　2021 年各省（区、市）国家高新区上市公司总市值均值及其占比

从板块分布来看，大部分省（区、市）的国家高新区拥有的上市公司是在主板，接着为创业板和港股，之后为科创板，拥有上市公司数量最少的板块为美股（表 5-1）。

表 5-1 各省（区、市）国家高新区上市公司在各省份分布 单位：家

省（区、市）	创业板	科创板	北交所	主板	港股	美股
安徽	12	9	1	29	2	1
北京	108	51	4	164	106	77
福建	19	4	0	23	4	0
甘肃	2	0	0	9	0	0
广东	119	38	3	168	37	8
广西	1	0	1	19	0	0
贵州	1	1	0	17	0	0
海南	1	1	0	3	1	0
河北	6	0	0	9	5	0
河南	11	2	0	20	2	0
黑龙江	1	1	0	9	1	0
湖北	22	7	0	44	4	0
湖南	18	6	0	38	3	0
吉林	1	2	0	15	1	0
江苏	58	42	5	116	21	2
江西	5	0	1	17	3	0
辽宁	8	3	0	11	1	0
内蒙古	1	0	0	7	1	0
宁夏	0	0	0	2	0	0
青海	0	0	0	1	0	0
山东	16	8	2	53	9	2
山西	1	0	1	7	1	0
陕西	9	5	1	22	4	3
上海	37	49	0	93	64	26
四川	15	7	1	32	13	1
天津	7	1	0	14	1	0
新疆	2	1	0	12	3	0
云南	2	0	1	8	1	0
浙江	39	15	1	91	8	2
重庆	1	0	0	13	1	0

数据来源：中国高新区研究中心整理，2022年8月。

2. 北京市国家高新区上市公司经济效益一马当先

截至2021年底，国家高新区上市公司营业收入共计16.67万亿元（图5-3）。其中，北京市的上市公司营业收入占有绝对优势，为49 802亿元，达到全国的31%，比居第2位的上海市和广东省之和都要多；江苏省、山东省和浙江省国家高新区上市公司的营业收入在全国各省份中位列第三梯队，占比较大，但山东省、浙江省均不足万亿元；海南省、宁夏回族自治区和青海省国家高新区上市公司的营业收入最少，位列最后三名。

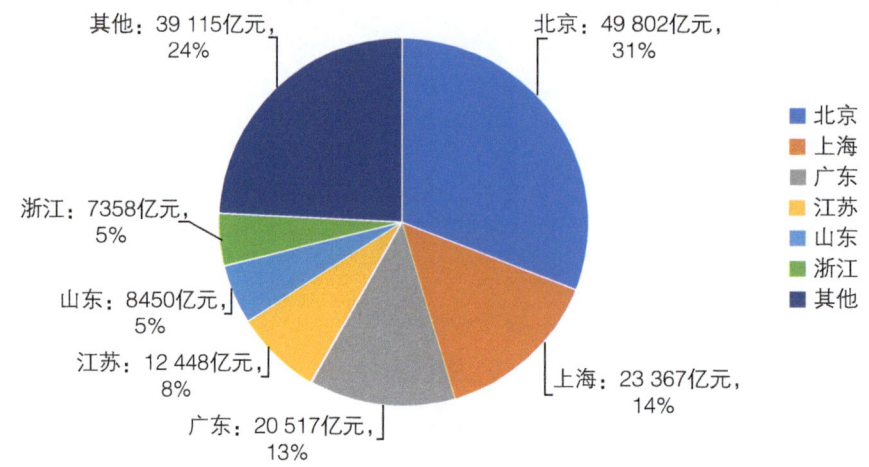

图5-3　2021年各省（区、市）国家高新区上市公司营业收入及其占比

2021年，30个省、自治区和直辖市的国家高新区的上市公司净利润情况（图5-4）为：北京市国家高新区上市公司的净利润为1982亿元，全国最高；广东省和上海市的国家高新区上市公司的净利润表现良好，也都超过了1000亿元，分居第2位和第3位；江苏省、浙江省和山东省紧随其后，居第4位至第6位，净利润均超过了500亿元；除青海省和江西省外，均都实现净利润为正值。

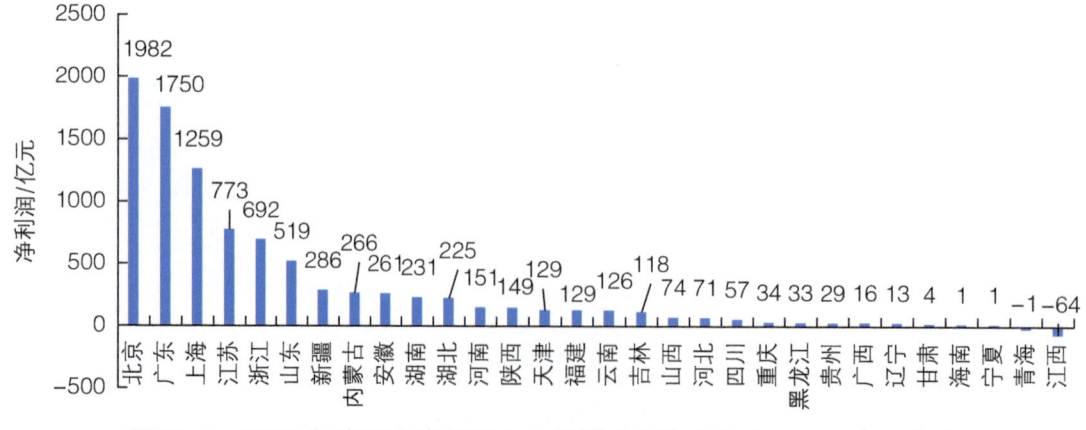

图5-4　2021年末国家高新区上市公司净利润在各省（区、市）分布

截至2021年底，169个国家高新区的上市公司共解决就业8 561 284人（图5-5）。其中北京市的上市公司共有1 936 096名员工，占到全国的近1/4；广东省上市公司的员工在全国的占比超

过 10%；江苏省、浙江省和山东省的上市公司员工也较多；其余 24 个省份的国家高新区受上市公司数量少和规模小等原因影响，员工人数合计仅占全国的 31%。

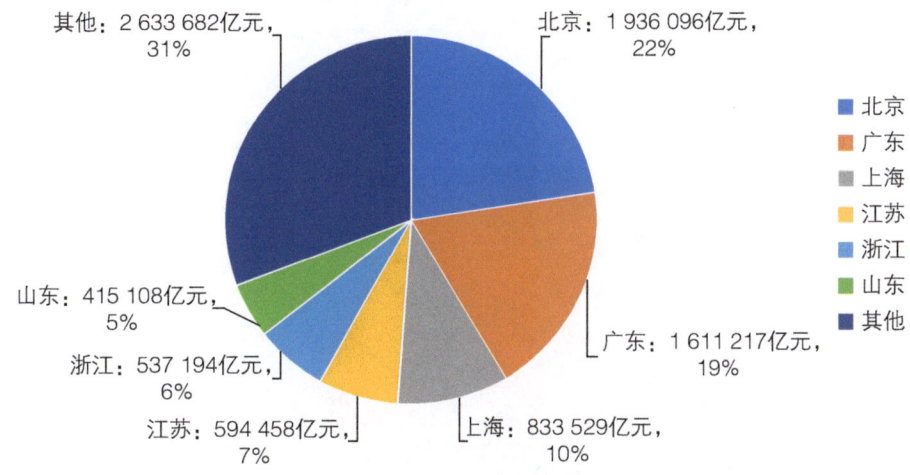

图 5-5 2021 年各省（区、市）国家高新区上市公司员工总数及占比

3. 北京市国家高新区上市公司创新要素规模全国最高

截至 2021 年底，国家高新区的上市公司中共有 1474 家高新技术企业（图 5-6），其中，北京市、广东省、江苏省、上海市和浙江省的高新技术企业数量位列第一方阵，占到总量的 68%。其余 25 个省份的上市公司中的高新技术企业数量都较少，这与其自身的上市公司数量少有关，也与上市公司的科技属性较弱有关。

从高新技术企业/上市公司数量的占比来看：海南省达到了上市公司中的高新技术企业全覆盖；青海省上市公司中尚未有高新技术企业，新疆维吾尔自治区高新技术企业占比低于 30%，其余省份的上市公司高新技术企业占比均在 40% 以上。

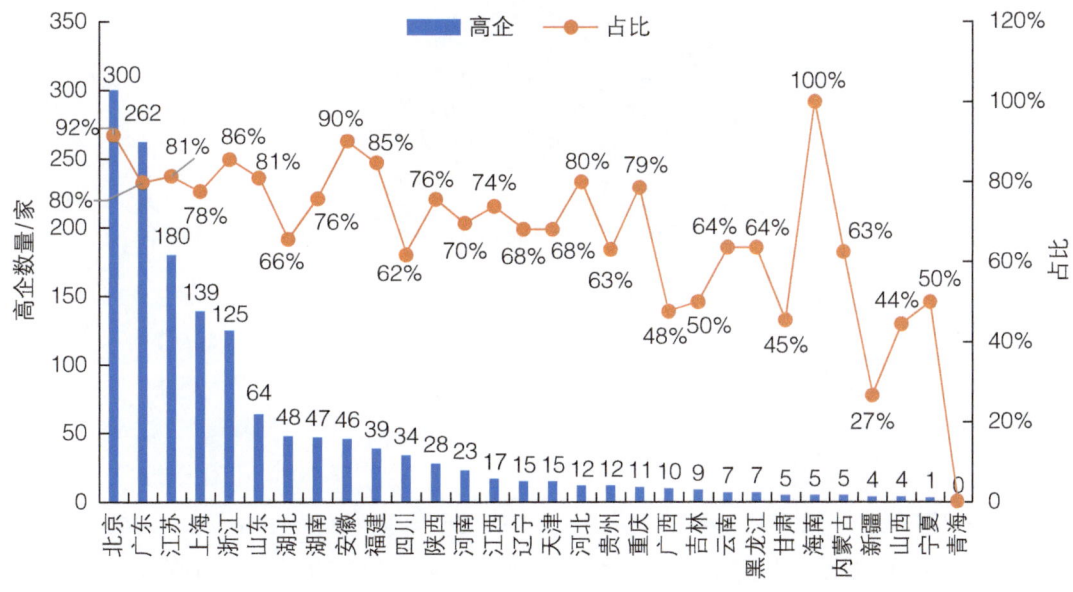

图 5-6 国家高新区上市公司中的高新技术企业在各省（区、市）分布（截至 2021 年底）

2021年，国家高新区1864家A股上市公司共投入研发费用6426亿元（图5-7）。其中北京市以1883亿元的投入将近占到了全国的30%；广东省、上海市、江苏省、浙江省和山东省的研发费用居第2位至第5位，研发投入较多；其余24个省份的研发费用投入较少，总计1436亿元，仅占全国的22%。

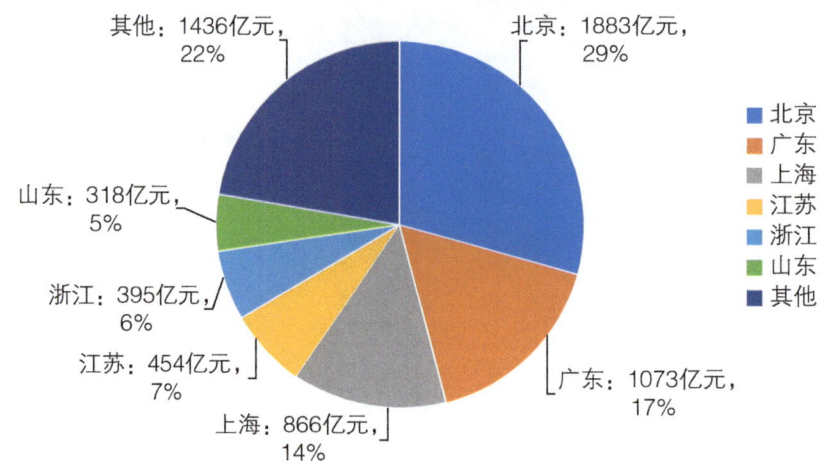

图5-7　2021年各省（区、市）国家高新区上市公司研发费用及其占比

截至2021年底，169个国家高新区的上市公司共有132.68万名研发人员（图5-8）。其中北京市依托丰富的科教资源、独特的区位资源等共有330 479名研发人员，占到全国的1/4；北京市、广东省和上海市总计占比超过了全国的一半；浙江省、江苏省和山东省的研发人员数量位列第二梯队；其余省份的研发人员数量较少，总计占全国的1/4。

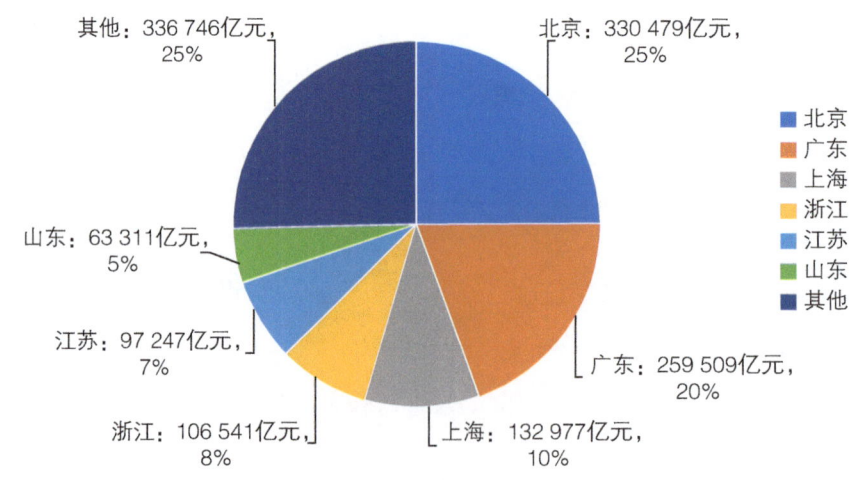

图5-8　2021年各省（区、市）国家高新区上市公司研发人员数量及其占比

截至2021年底，169个国家高新区的上市公司共有硕士研究生及以上学历520 249人（图5-9）。其中，北京市具有绝对优势，共有164 120名硕士研究生及以上学历人员，占到全国的近1/3；广

东省和上海市的硕士研究生及以上学历人数占全国的比重都超过了10%；江苏省、浙江省和湖北省的硕士研究生及以上学历人数也较多，在全国范围来看具有优势；其余24个省份的硕士研究生及以上学历人数总计124 280人，仅占全国的24%，说明高学历人才资源较为匮乏。

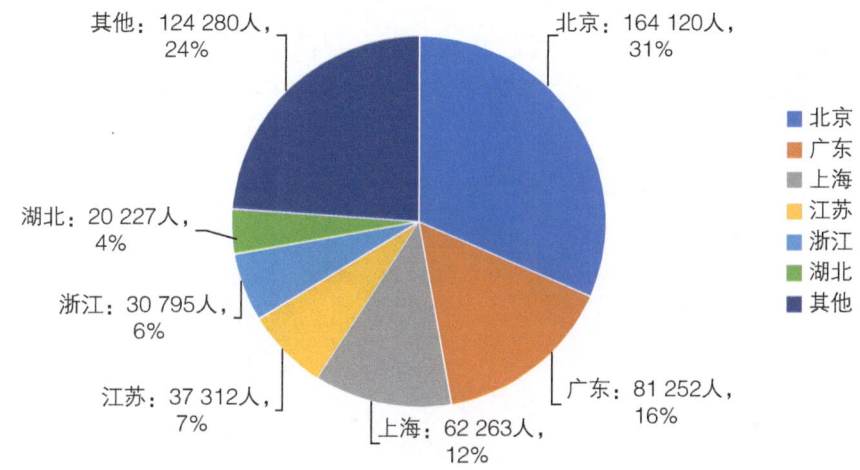

图5-9　2021年各省份国家高新区上市公司硕士研究生及以上学历人数及占比

2021年，国家高新区1864家A股上市公司共获得政府创新补助859亿元（图5-10）。其中，北京市国家高新区的上市公司共获得164亿元政府创新补助，是所有国家高新区中最多的，占比达到19%；广东省和上海市的国家高新区上市公司获得的政府创新补助接近，占全国的比重均为17%；江苏省、浙江省和湖南省的国家高新区上市公司获得的政府创新补助居第4、第5、第6位，为30亿～60亿元附近；其余省份高新区上市公司获得的政府创新补助整体较少，总计仅占全国的30%，而海南省、青海省和宁夏回族自治区的国家高新区上市公司全年获得政府创新补助未超过亿元。

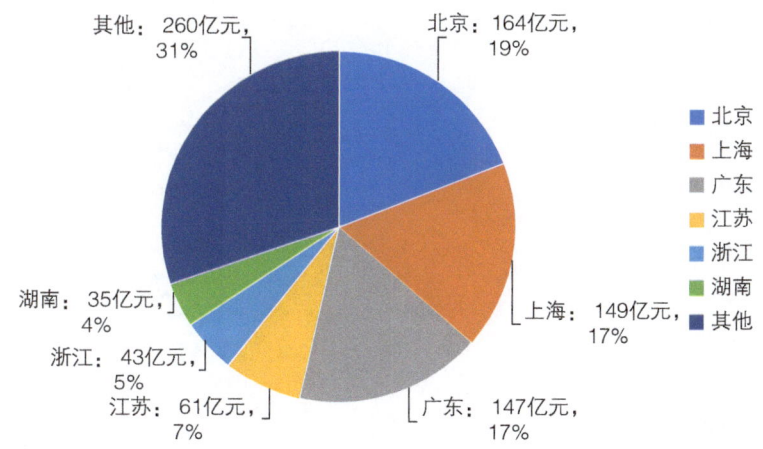

图5-10　2021年各省（区、市）国家高新区上市公司政府创新补助及占比

4. 广东省国家高新区上市公司专利产出规模遥遥领先

2021年，国家高新区上市公司共新增专利149 166件（图5-11）。其中，广东省凭借格力电器、中兴通讯和珠海冠宇等企业在专利方面的优势，共新增了52 904件专利，占全国的36%，远超第二名北京市的36 070件专利，处于绝对优势的位置；上海市的张江高新区和紫竹高新区上市公司新增专利数量较2020年增长约3.7倍，达到19 489件专利；山东省、江苏省和浙江省，新增专利数量差距不大，分别居第4位至第6位；青海省高新区的上市公司2021年无新增专利。

从研发投入强度来看：北京市、上海市、山东省、江苏省的研发投入强度相差无几，浙江省是新增专利前六名省份中研发投入强度最高的。

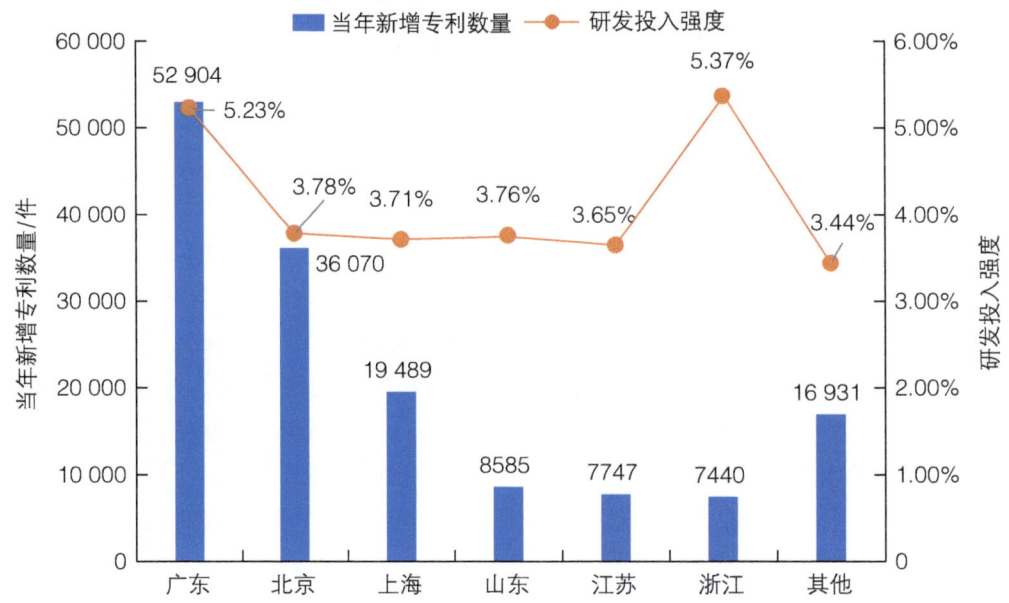

图 5-11　2021年各省（区、市）国家高新区上市公司当年新增专利数量及研发投入强度

二、城市群分布

1. 长三角在上市公司规模上独占鳌头

2021年底，成渝、京津冀、长江中游、长三角、珠三角和黄河流域六大城市群的国家高新区共有A股上市公司1696个，占全国的91%（图5-12）。六大城市群中，国家高新区的上市公司又主要集中在京津冀、长三角和珠三角中，占比达到76%，其中长三角的国家高新区整体实力最强，拥有597个A股上市公司。

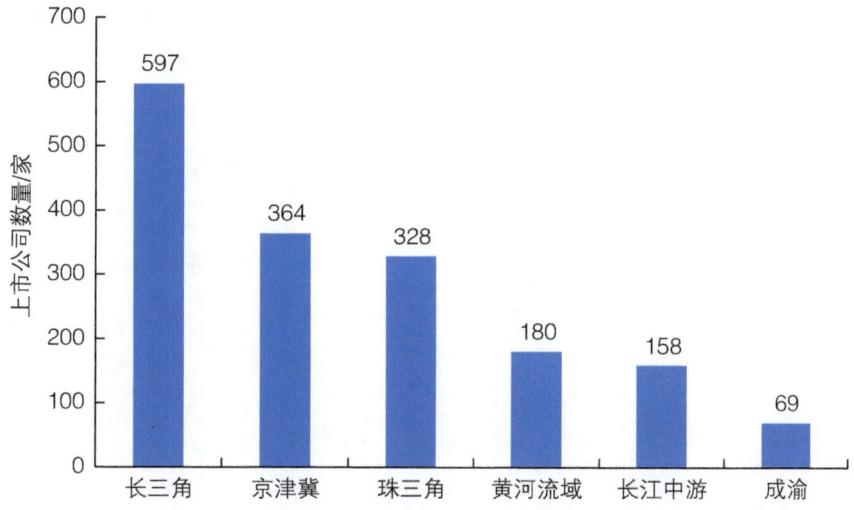

图 5-12　2021 年国家高新区上市公司数量在各城市群分布

2021 年底，长三角城市群的国家高新区上市公司以 107 603 亿元的总市值均值位列六大城市群之首，较居第 2 位的京津冀城市群优势明显（图 5-13）；珠三角城市群虽较长三角和京津冀差距显著，但和黄河流域相比还是优势明显；长江中游与黄河流域基本相当；成渝城市群的国家高新区上市公司的总市值均值最少，仅为 9566 亿元。

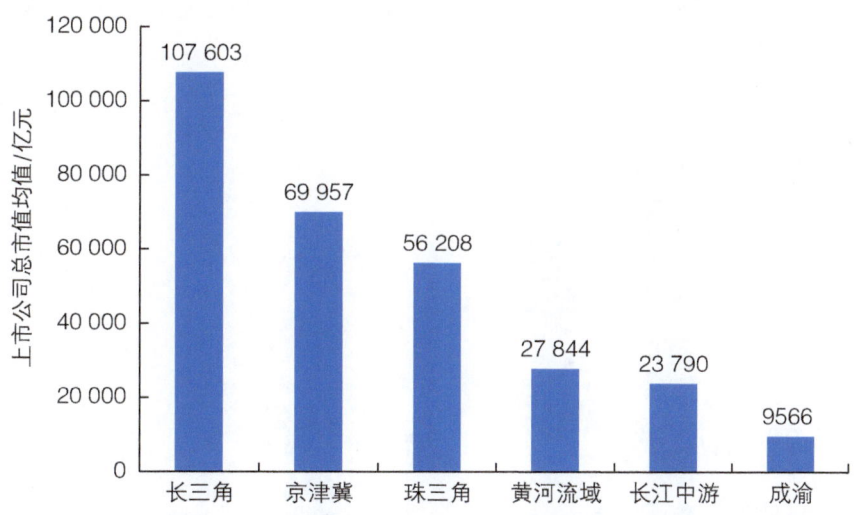

图 5-13　2021 年国家高新区上市公司总市值均值在各城市群分布

2021 年底，六大城市群的国家高新区都拥有赴境外（包括美国和香港）的上市公司（图 5-14）。京津冀城市群在香港和美国上市的企业都是最多的，分别为 112 家和 77 家；珠三角虽地缘距离香港最近，但是在香港的上市公司仅有 37 家；长三角在美国的上市公司与京津冀相比相差较大，但在香港的上市公司与京津冀相差较小。

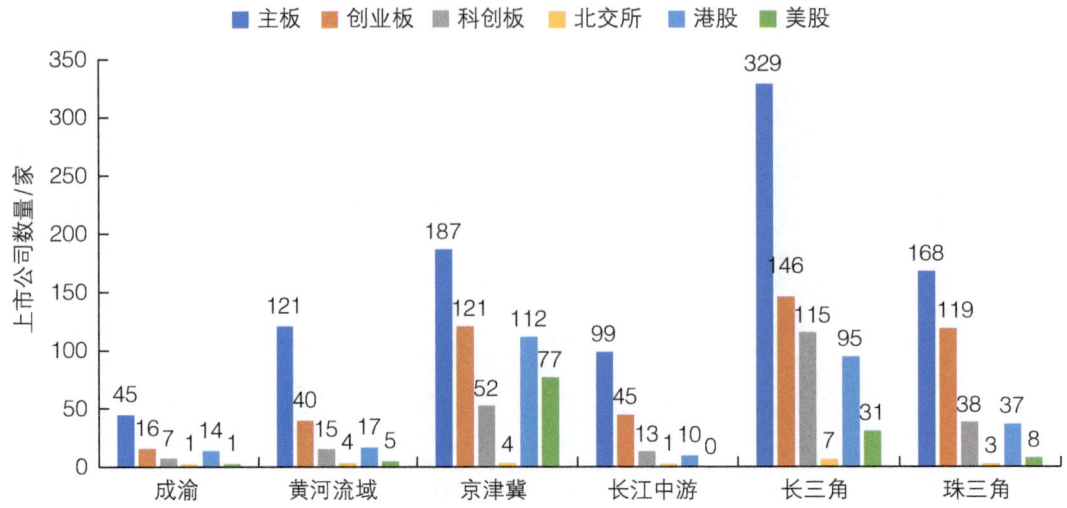

图 5-14　2021 年六大城市群国家高新区上市公司数量在各板块分布

2. 京津冀和长三角在经济效益上表现突出

营业收入是经济规模的主要衡量指标之一。截至 2021 年底,京津冀城市群国家高新区的上市公司共计 53 320 亿元的营业收入(图 5-15),是六大城市群中最高的;长三角与京津冀略有差距,但较其他城市群优势明显;黄河流域与珠三角旗鼓相当,都在万亿元以上,此指标也是黄河流域能够与珠三角相媲美的为数不多的指标之一;长江中游城市群刚越过万亿元的门槛,还需要进一步提高加强。

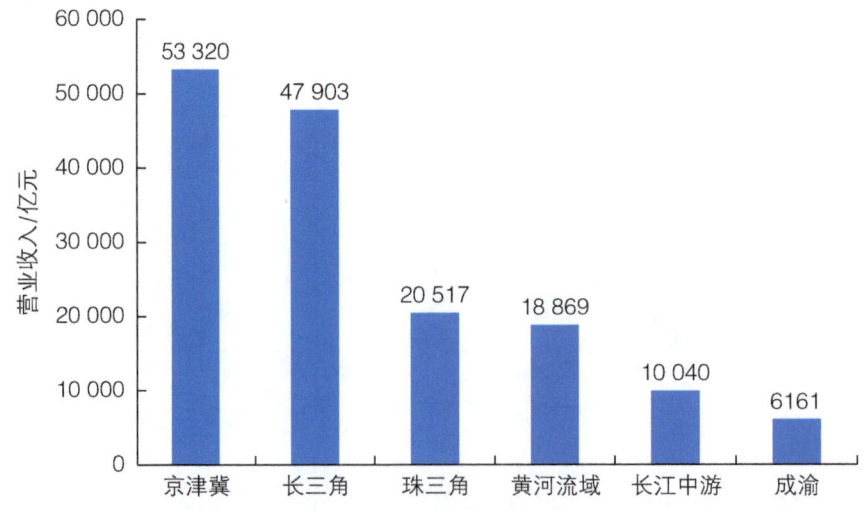

图 5-15　2021 年国家高新区上市公司营业收入在各城市群分布

2021 年,长三角城市群国家高新区上市公司共实现 2985 亿元的净利润(图 5-16),居于六大城市群优势显著;京津冀和珠三角此指标表现基本相当;成渝城市群国家高新区上市公司仅实现 92 亿元净利润,是六大城市群中实现净利润最少的城市群。

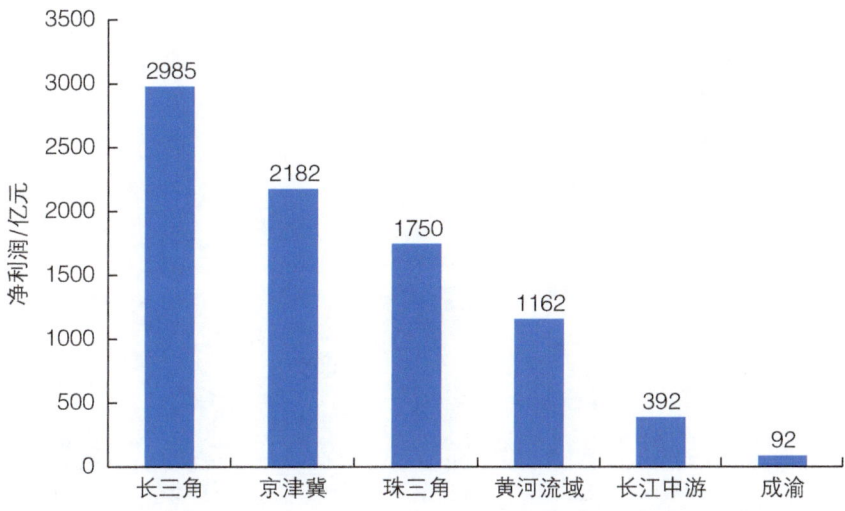

图 5-16　2021 年国家高新区上市公司净利润在各城市群分布

2021 年底,从带动就业来看,京津冀和长三角城市群国家高新区的上市公司表现最好(图 5-17),合计共解决 400 多万人次的就业岗位,也体现了区域发展活力和潜力;珠三角也是人才集聚的重要区域,仅凭一省之力带动 1 611 217 人次的就业;长江中游和黄河流域此指标表现相当;成渝城市群国家高新区上市公司仅有员工 353 411 人,说明在人才集聚和解决就业方面仍需进一步强化。

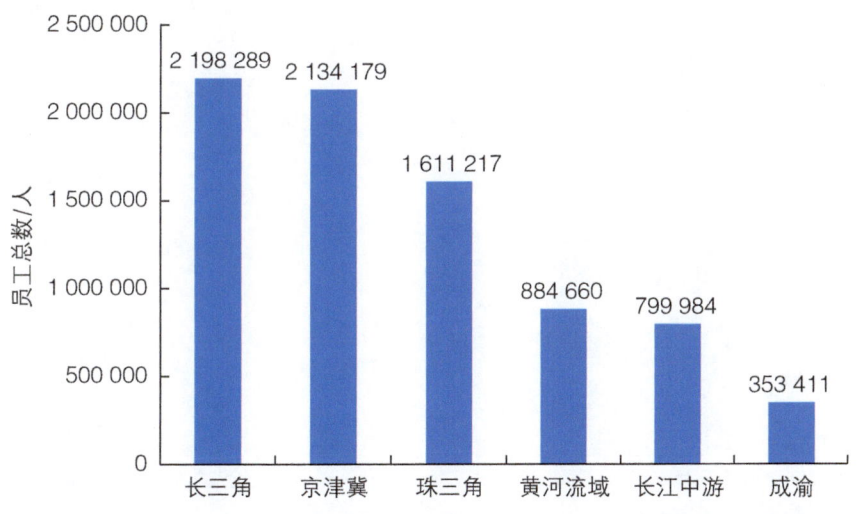

图 5-17　2021 年国家高新区上市公司员工总数在各城市群分布

2021 年,京津冀城市群国家高新区的上市公司共计支付职工薪酬 5045 亿元(图 5-18),在六大城市群中位列榜首;长三角城市群紧随其后,共计支付职工薪酬 4239 亿元,京津冀、长三角城市群遥遥领先其他城市群,说明这两大城市群用工成本最高;成渝城市群国家高新区上市公司的工资总额为 525 亿元,是最少的。

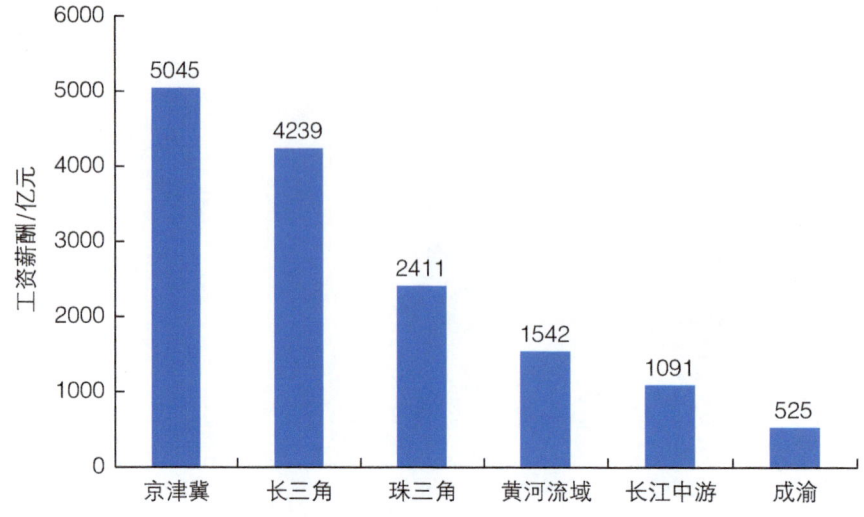

图 5-18　2021 年国家高新区上市公司工资薪酬在各城市群分布

3. 京津冀和长三角在创新要素规模上优势明显

截至 2021 年底，长三角城市群国家高新区的上市公司中高新技术企业数量为 490 个，居六大城市群之首（图 5-19）；紧接着是京津冀和珠三角；黄河流域和长江中游的数量基本相当；成渝城市群国家高新区上市公司的高新技术企业最少，仅有 45 个。

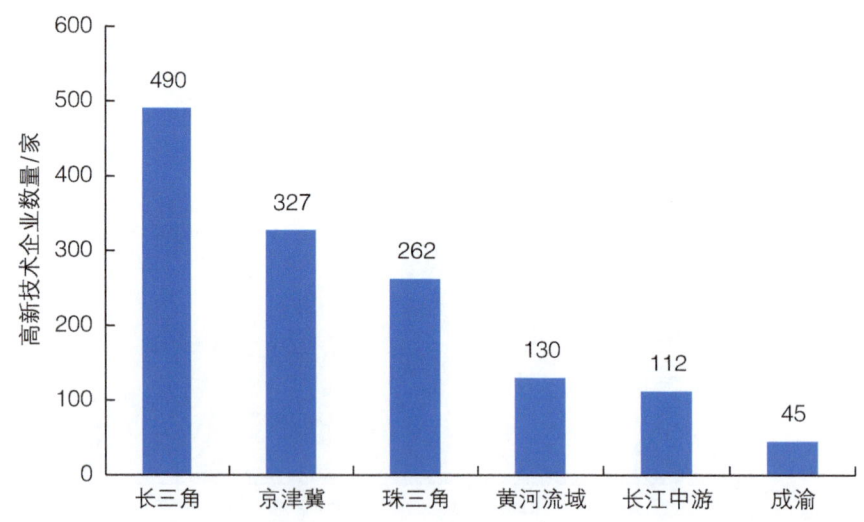

图 5-19　2021 年国家高新区上市公司中的高新技术企业数量在各城市群分布

2021 年，京津冀城市群国家高新区上市公司投入的研发费用为 2078 亿元（图 5-20），这主要得益于北京市的中关村科技园区上市公司在研发方面的大量投入；长三角城市群国家高新区上市公司投入的研发费用为 1894 亿元，较居第 3 位的珠三角城市群优势明显；珠三角基本处于第二梯队，虽仅有京津冀的一半左右，但几乎相当于后 3 个城市群之和。

从研发投入强度来看，珠三角的研发强度达到 5.23%，在六大城市群中是最高的；京津冀、长三角属于同一水平,都达到了3.9%;虽然长江中游和成渝城市群研发费用较少,但是研发强度仍达到了3%;黄河流域国家高新区上市公司的研发强度最低,仅为2.77%。

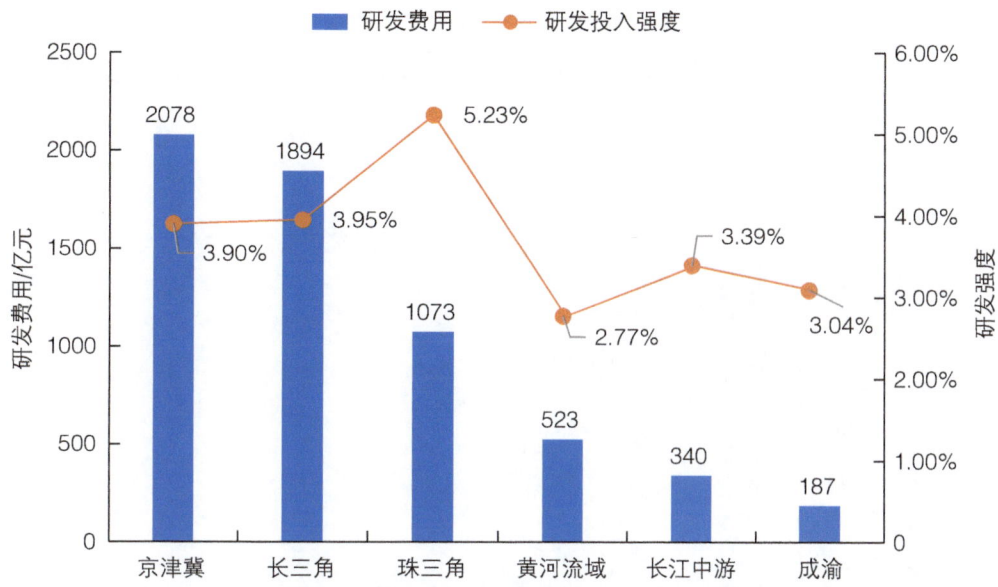

图 5-20　2021 年国家高新区上市公司研发费用及研发强度在各城市群分布

2021 年底,六大城市群国家高新区上市公司共有研发人员 1 242 210 人(图 5-21)。其中,长三角和京津冀的研发人员基本相当,遥遥领先于其他城市群;珠三角的研发人员为 259 509 人,位于六大城市群的第二梯队;黄河流域和长江中游的研发人员数量处于同一水平,位于六大城市群的第三梯队;成渝城市群的研发人员最少,仅为 36 516 人。

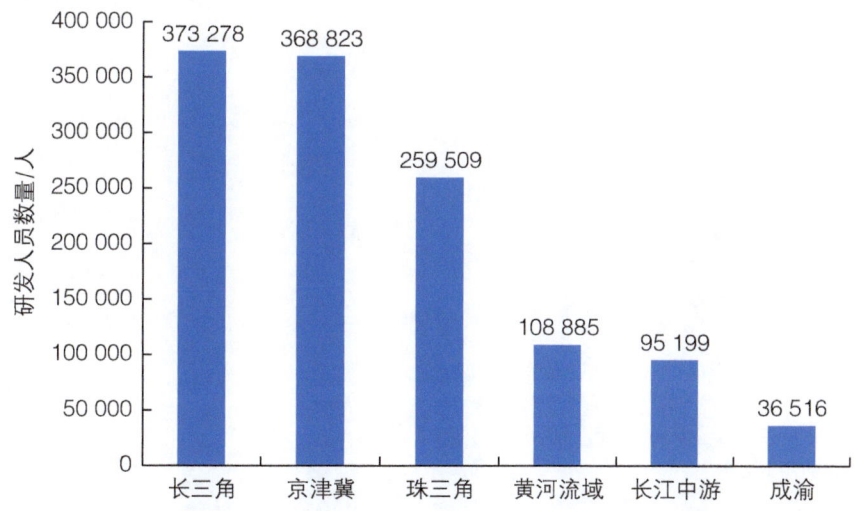

图 5-21　2021 年国家高新区上市公司研发人员数量在各城市群分布

2021年底，京津冀城市群国家高新区上市公司共有硕士研究生及以上学历人员173 483人（图5-22），较其他城市群优势显著，京津冀城市群中，硕士研究生及以上学历人员数量最多的国家高新区为中关村科技园区，主要是由于北京市拥有全国数量最多的高等院校资源及良好的创新创业环境等；长三角和珠三角城市群国家高新区的上市公司也是集聚硕士研究生及以上学历人员的主要地区；成渝城市群国家高新区的上市公司硕士研究生及以上学历人员数量最少，为16 728人，较去年增幅达到70%。

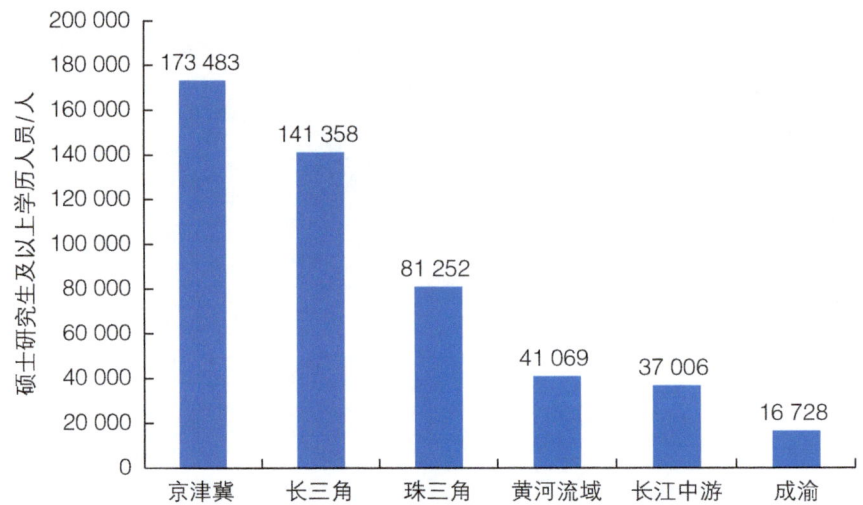

图5-22　2021年国家高新区上市公司硕士研究生及以上学历人员在各城市群分布

2021年，长三角城市群国家高新区的上市公司从政府渠道获得的创新补助为283亿元，位列六大城市群之首，较居第2位的京津冀优势明显（图5-23）；京津冀和珠三角此指标基本相当；黄河流域和长江中游位于第三梯队；成渝城市群国家高新区上市公司获得的政府创新补助最少，仅为24亿元。

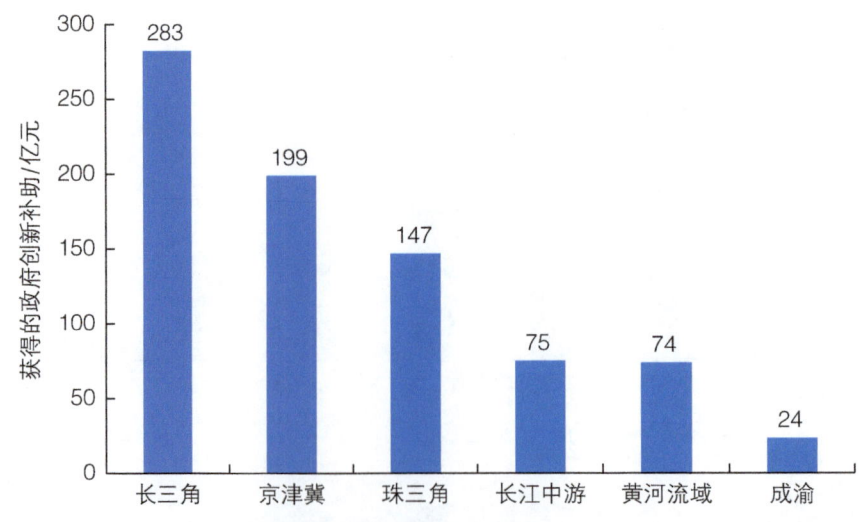

图5-23　2021年国家高新区上市公司获得的政府创新补助在各城市群分布

4. 珠三角在专利产出规模上成绩亮眼

2021年，从创新产出来看，珠三角城市群国家高新区上市公司的新增专利数量为52 904件（图5-24），在六大城市群中处于一枝独秀的位置，表现突出；长三角和京津冀此指标处于同一重量级，整体为第二梯队；黄河流域是长江中游的2倍，在大多数指标与长江中游相差无几的背景下，此指标明显优于长江中游；成渝城市群国家高新区的上市公司仅新增1272件专利，数量偏少，亟待加强创新产出能力。

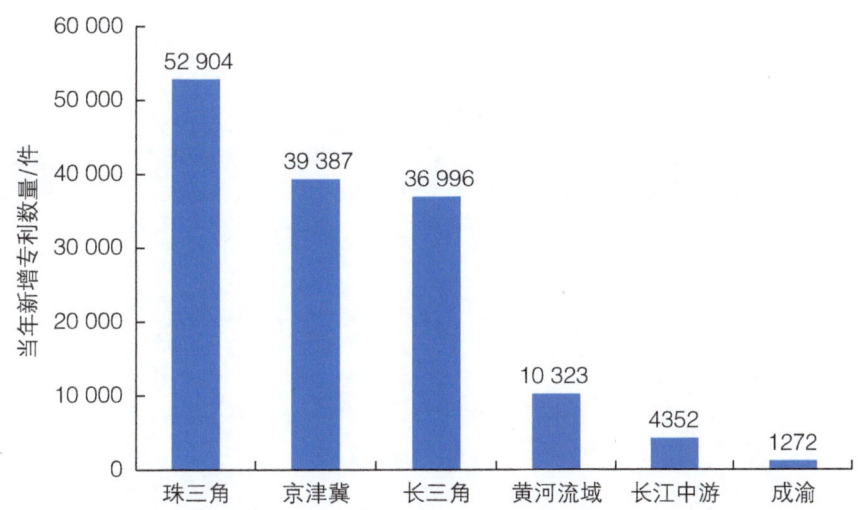

图5-24　2021年国家高新区上市公司当年新增专利数量在各城市群分布

企业的创新产出会对企业的盈利能力形成支撑。从盈利能力来看，2021年，珠三角城市群国家高新区上市公司的净利润率是最高的，为8.53%（图5-25），较其他城市群优势显著；长三角和黄河流域此指标表现基本相当，处于第二梯队；京津冀和长江中游此指标处于第三梯队；成渝国家高新区上市公司净利润率仅为1.49%，在六大城市群中排名垫底且与其他城市群相比差距较大，还有较大提升空间。

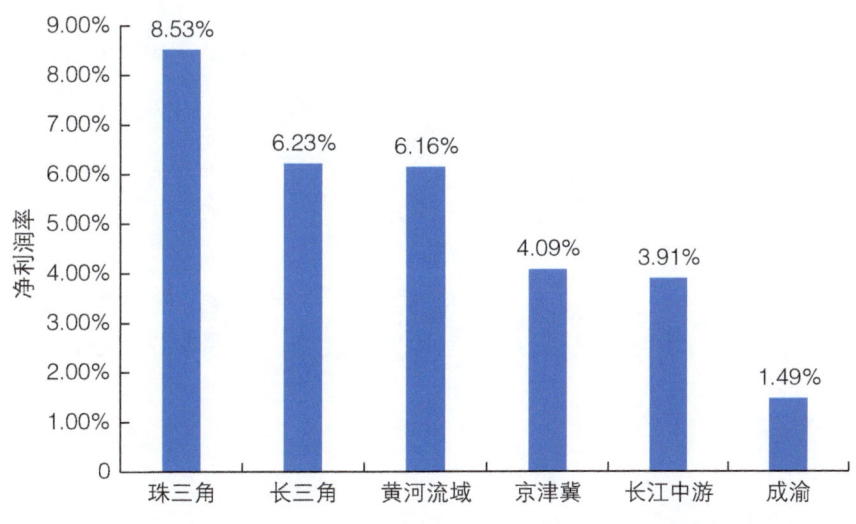

图5-25　2021年国家高新区上市公司净利润率在各城市群分布

第二节 区域创新能力评估

一、创新总指数

从省份来看（表 5-2）：北京市国家高新区上市公司创新能力得分为 77.18 分，居第 1 位；新疆、广东、上海、江苏居第 2 位至第 5 位，得分也都在 75 分以上；新疆的国家高新区虽上市公司数量不多，但是创新能力得分却排名靠前；海南、甘肃、宁夏和青海得分位于后 4 名，且与其他省份差距明显。

表 5-2 2021 年国家高新区上市公司创新能力省份得分、排名

省份	综合得分	排名	省份	综合得分	排名
安徽	73.60	8	江西	67.34	20
北京	77.18	1	辽宁	67.39	19
福建	67.71	18	内蒙古	74.61	6
甘肃	58.00	28	宁夏	48.49	29
广东	75.65	3	青海	32.10	30
广西	64.55	23	山东	68.37	16
贵州	64.58	22	山西	63.38	25
海南	58.51	27	陕西	64.74	21
河北	71.94	10	上海	75.35	4
河南	71.95	9	四川	70.97	13
黑龙江	63.56	24	天津	71.09	12
湖北	69.95	15	新疆	77.07	2
湖南	71.11	11	云南	68.09	17
吉林	70.65	14	浙江	74.36	7
江苏	75.11	5	重庆	62.16	26

数据来源：中国高新区研究中心整理，2022 年 8 月。

从城市群来看（表 5-3）：长三角得分为 82.83 分，位列榜首；京津冀、黄河流域、珠三角和长江中游彼此间基本属于同一梯队，属于第二梯队；成渝的创新得分最低且与第二梯队也差距明显。

表 5-3 国家高新区上市公司创新能力城市群得分、排名

城市群	2021年得分	2021年排名
成渝	29.35	6
京津冀	74.54	2
长江中游	68.93	5
长三角	82.83	1
珠三角	72.31	4
黄河流域	73.71	3

数据来源：中国高新区研究中心整理，2022年8月。

二、创新分指数

从省份来看（表5-4）：北京创新投入排名第20位，其余2个指标均位列榜首，是各省份中变现最好的；新疆创新投入排名第1位、创新产出排名第5位，说明新疆非常重视创新投入；内蒙古创新投入排名第18位、创新产出排名第2位，说明创新产出的效率较高；吉林、辽宁和山东等都是创新投入较高，创新产出却较低的省份，说明亟待加强创新的效率；宁夏、海南和青海的3项分项指标也多排名靠后，说明上述省份国家高新区上市公司的创新能力是全方位落后的。

表 5-4 2021年国家高新区上市公司创新投入、产出和保障能力-省份得分、排名

省份	创新投入得分	创新投入排名	创新产出得分	创新产出排名	创新保障得分	创新保障排名
安徽	20.60	8	34.94	8	18.07	7
北京	18.50	20	38.88	1	19.80	1
福建	16.32	28	33.85	11	17.54	10
甘肃	18.44	21	23.99	28	15.57	25
广东	17.42	25	38.56	3	19.67	2
广西	18.56	19	30.10	19	15.88	22
贵州	17.86	24	30.45	18	16.26	19
海南	16.60	27	27.13	27	14.78	27
河北	21.32	6	34.40	9	16.22	20
河南	20.69	7	33.99	10	17.27	13
黑龙江	19.65	15	28.74	23	15.17	26
湖北	19.38	16	32.76	14	17.81	9
湖南	20.18	9	32.96	13	17.98	8

续表

省份	创新投入得分	创新投入排名	创新产出得分	创新产出排名	创新保障得分	创新保障排名
吉林	25.36	2	28.68	24	16.61	18
江苏	20.11	10	36.27	6	18.74	5
江西	18.68	17	31.90	16	16.76	17
辽宁	22.03	3	29.30	22	16.06	21
内蒙古	18.64	18	38.66	2	17.31	12
宁夏	15.25	29	21.61	29	11.62	29
青海	11.10	30	15.91	30	5.09	30
山东	21.37	5	28.57	25	18.44	6
山西	19.74	14	27.87	26	15.77	24
陕西	18.21	23	29.69	20	16.85	15
上海	18.29	22	37.83	4	19.23	3
四川	19.76	13	33.70	12	17.51	11
天津	21.62	4	32.33	15	17.15	14
新疆	25.52	1	37.52	5	14.04	28
云南	19.88	12	31.44	17	16.78	16
浙江	19.90	11	35.51	7	18.94	4
重庆	16.79	26	29.53	21	15.83	23

数据来源：中国高新区研究中心整理，2022 年 8 月。

从城市群来看（表 5-5）：长三角的 3 个分项指标整体表现是最好的；京津冀各方面比较均衡基本相当；成渝的 3 个分项指标都位于末位。

表 5-5　2021 年国家高新区上市公司创新投入、产出和保障能力 – 城市群得分、排名

城市群	创新投入得分	创新投入排名	创新产出得分	创新产出排名	创新保障得分	创新保障排名
成渝	10.80	6	16.46	6	2.09	6
京津冀	19.53	3	35.72	3	19.30	2
长江中游	16.70	4	34.28	5	17.95	5
长三角	21.53	1	41.68	1	19.62	1
珠三角	14.65	5	38.68	2	18.98	3
黄河流域	20.44	2	35.09	4	18.17	4

数据来源：中国高新区研究中心整理，2022 年 8 月。

第三节 区域创新能力分析

一、京津冀城市群

1. 发展现状

经济规模遥遥领先。总市值均值从 2017 年的 40 045 亿元增长至 2021 年的 69 957 亿元，年均增长率达 14.97%（图 5-26）。营业收入逐年递增。2017—2021 年，营业收入逐年增长，年均增长率达 13.65%，尤其近两年增长幅度较大，说明京津冀城市群国家高新区上市公司经济规模态势发展良好。

图 5-26　2017—2021 年京津冀城市群国家高新区上市公司总市值均值及营业收入

创新产出成效明显。2017—2019 年当年新增专利数量逐年递增，其中 2019 年新增专利数量是最多的，达到 35 288 件（图 5-27），但 2020 年有所下降，跌至 24 526 件，在 2021 年创近几年新高达到 39 387 件。

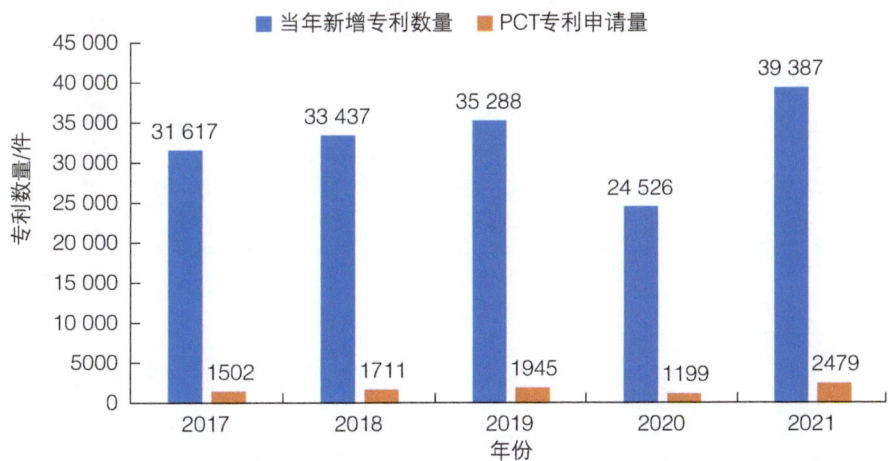

图 5-27　2017—2021 年京津冀城市群国家高新区上市公司当年新增专利数量及 PCT 专利量

政府对于创新的重视程度逐步加强。2017—2021年京津冀城市群国家高新区上市公司获得的政府创新补助稳步增长，由2017年的115.39亿元增长至2021年的199.22亿元（图5-28），尤其近两年政府创新补助增长迅速。

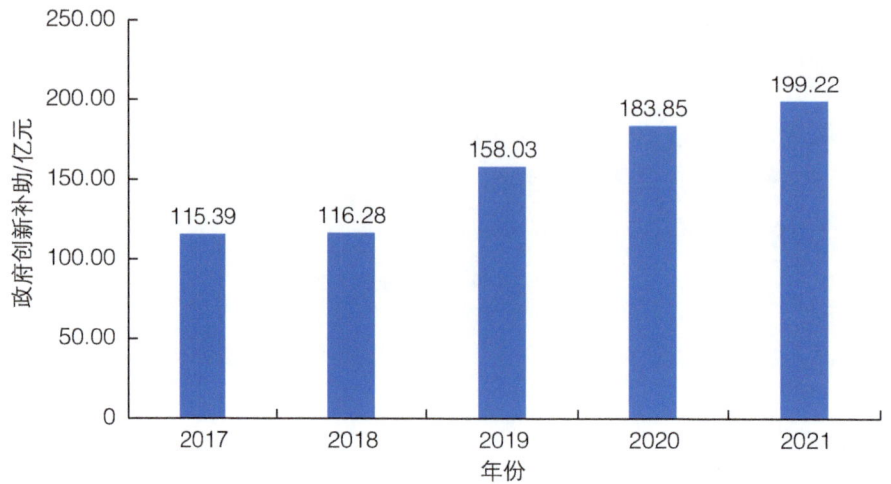

图5-28　2017—2021年京津冀城市群国家高新区上市公司获得的政府创新补助

人才聚集势头强劲。2017—2021年硕士研究生及以上学历人数实现跨越式发展，由2017年的101 785人增长至2021年的173 483人（图5-29），年均增长率达14.26%；员工人数也在稳步增长，由2017年的1 697 541人增长至2021年的2 134 179人，年均增长率达5.89%。

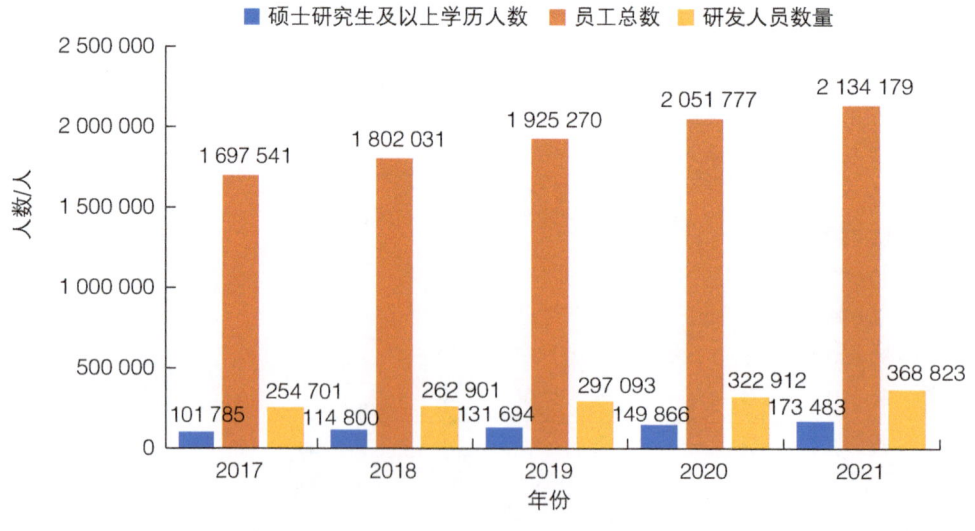

图5-29　2017—2021年京津冀城市群国家高新区上市公司从业人员

企业净利润率需进一步提升。2017—2020年，净利润率逐年下跌，从2017年的4.28%下降到2020年的2.94%（图5-30）。但是2021年净利润率强势反弹，回升至4.09%。尽管如此，其净利润率在六大城市群中的排名依然靠后，有待于进一步提升。

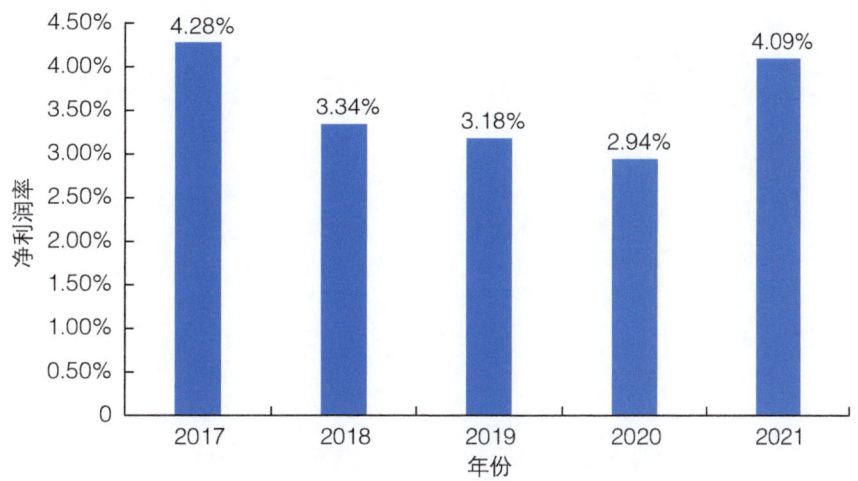

图 5-30　2017—2021 年京津冀城市群国家高新区上市公司净利润率

2. 高新区排名

从创新能力来看（表 5-6）：中关村科技园区居第 1 位且领先优势明显；保定高新区、天津滨海高新区位于第二梯队；石家庄高新区、唐山高新区、安顺高新区位于第三梯队；其余 2 个高新区创新能力得分较少且与第三梯队有较大差距。

表 5-6　京津冀高新区上市公司创新能力得分、排名

国家高新区	得分	排名
中关村科技园区	82.89	1
保定高新区	73.03	2
天津滨海高新区	71.65	3
石家庄高新区	53.39	4
唐山高新区	48.67	5
安顺高新区	48.10	6
承德高新区	41.74	7
燕郊高新区	38.10	8

数据来源：中国高新区研究中心整理，2022 年 8 月。

从创新投入来看（表 5-7），整体排名与创新能力相同，但是第二梯队的高新区与中关村科技园区差距很微弱，说明创新投入各个高新区都很重视。从创新产出来看，整体排名与创新能力相同，说明中关村科技园区创新产出的效率较高，在创新投入相差无几的前提下，创新产出效果更明显。从创新保障来看，整体排名与创新能力相同。

表5-7 京津冀高新区上市公司创新投入、产出和保障能力排名

国家高新区	创新投入得分	创新投入排名	创新产出得分	创新产出排名	创新保障得分	创新保障排名
中关村科技园区	21.41	2	42.50	1	18.98	1
保定高新区	21.29	3	35.98	2	15.76	3
天津滨海高新区	21.75	1	34.05	3	15.85	2
石家庄高新区	17.64	4	21.72	4	14.03	4
唐山高新区	17.09	5	21.53	5	10.06	6
安顺高新区	14.95	6	20.72	6	12.43	5
燕郊高新区	9.66	8	19.17	7	9.27	7
承德高新区	14.88	7	18.34	8	8.52	8

数据来源：中国高新区研究中心整理，2022年8月。

3. 典型高新区

中关村科技园区

（一）高新区简介

中关村科技园区始建于1988年，目前已形成"一区十六园"的发展格局。在京津冀城市群高新区上市公司创新指数排名总得分中位列第一，较排在第二的保定高新区优势明显，创新产出和创新保障2个分项指标也都位列第一，创新投入位列第二。截至2021年底，中关村科技园区拥有A股上市公司327个，境外上市公司183个，硕士研究生及以上学历164 120人，研发人员330 479人，营业收入49 801.5亿元，当年新增专利数36 070件。

（二）政策支撑

北京市人民政府印发《关于进一步推动提高北京上市公司质量的若干措施》，聚焦提高治理水平、推动做优做强、健全退出机制、解决突出问题、依法打击违法违规行为、形成提高质量的工作合力等6个方面，推出16条措施。完善上市公司知识产权保护，依法落实侵权惩罚性赔偿制度，优化科技成果分享机制。探索开展适合科技型上市公司的个性化融资服务，推进知识产权保险试点，引导保险机构为上市公司定制个性化保险产品，为企业融资提供便利化服务。支持北京境内上市公司发行股份购买境外优质资产，允许更多符合条件的外国投资者对北京境内上市公司进行战略投资，提升上市公司国际竞争力。引导上市公司合理利用资本市场各类产品业务工具，理性融资。

北京市地方金融监督管理局等印发《金融支持北京市制造业转型升级的指导意见》，积极支持辖区内符合条件的优质、成熟制造业企业上市融资，促进重点领域制造业企业做优做强；对上市融资企业储备库里创新能力强、成长性好的制造业企业重点扶持；支持制造业企业在境外上市融资，增强中国制造业企业的国际竞争力；鼓励制造业企业通过资本市场并购重组，实现行业整合和布局调整优化。

（三）资金奖励

北京市支持企业挂牌或上市。对获准在全国中小企业股份转让系统挂牌的企业，一次性给予60万元资金支持；对在境内交易所首次公开发行股票并上市的企业，奖励300万元，奖励分阶段拨付。对在境内上市的企业，完成企业股份制改造并列入北京市上市后备库的奖励30万元，在北京证监局办理辅导登记备案手续的奖励60万元，经中国证监会正式受理申请材料并进行公布的奖励90万元，获得中国证监会核准并在沪深交易所成功发行的奖励120万元。对在境外上市的企业一次性奖励300万元。

北京市积极引进优质上市（挂牌）企业资源。鼓励优质上市公司和挂牌企业在本区发展，对上市公司提供"一企一策"专项服务。对指导推动企业成功上市或者挂牌的中介服务机构，给予最高60万元的一次性资金奖励。企业申请上市前经园区科企服务部备案但未能成功上市的，对所发生的上市财务费用，同样给予一定比例资金补助，最高不超过150万元。

北京市大力拓展拟上市企业融资渠道。为拟上市企业提供长期、及时、低成本的融资支持，鼓励企业通过投贷联动、发行债券等途径融资。对取得纯信用贷款的本区拟上市企业给予最高50万元的贷款贴息补助，对运用直接债务工具融资的本区拟上市企业给予最高100万元的中介费用补贴。

（四）组织培训

北京市相关部门调整支持企业上市政策、积极开展上市培训辅导、启动提高上市公司发展质量系列培训等措施，加大对企业上市的服务力度。金融办会同中关村科学城管理委员会、上海证券交易所和中介机构联合举办"提高上市公司质量"系列培训，对科创板财务指标审核规则及要点进行解读，吸引多家拟上市企业高管参会。在精准提供上市协调服务方面，金融办已接待近70家拟上市和已上市企业来访，为企业协调解决问题近50件次。

（五）加强合作

北京市海淀区不断加强与证监会、沪深交易所、全国股转系统、北京股权交易中心等部门的对接与合作，深挖潜在上市企业资源，加强企业上市筛选、挖掘、培育和服务体系建设，支持大中型、稳定发展型企业登陆主板，创新型、创业型企业登陆创业板，"硬科技"企业登陆科创板，成长型中小微企业申报精选层并适时转板上市，不断提升上市公司"海淀板块"含金量。

（六）多层次培育

北京市依托"钻石工程"行动计划，构建以企业上市综合服务平台、外商投资企业境内上市服务平台为基础的企业上市综合服务体系，引导拟上市公司聚焦主业、提升规范运作水平。继续落实北京市企业上市挂牌补贴相关政策，推动落实高端人才奖励、研发费用奖补、科技信贷支持、科技补助等精准激励措施，丰富上市挂牌后备企业资源储备。支持证券交易所、全国中小企业股份转让系统开展拟上市挂牌公司的培育工作，大力发展天使投资、创业投资、股权投资，激发市场活力，打造掌握关键核心技术、彰显北京国际科技创新中心实力的上市公司集群。北京市紧抓科创板、注册制改革及"两区"建设机遇，扩大上市挂牌后备资源发掘范围，加大科技型、创新型后备企业培育力度，重点关注区内独角兽企业、瞪羚企业、制造业单项冠军、专精特新"小巨人"企业和高新技术企业，动态挖掘更新上市储备库。

北京市开展"3+1"梯队化管理，实现上市企业后备队伍的良性可持续发展。针对入库企业，配备上市服务管家团队，提供上市辅导培育、管家式服务、市级上市奖励申报、上市企业潜在风险实时监测等服务，持续更新拟上市企业储备库、中介机构资源库，关注并服务已上市库内企业创新发展，提升上市服务信息化水平，进一步完善经开区上市服务体系。采用"一企一策"，针对不同企业的发展瓶颈，量身定制"服务包"，并安排服务管家"一对一"服务，畅通企业上市之路。全方位支持"种子"企业进入资本市场，在税收、土地等要素保障、行政服务等方面都给予诸多优惠。同时，加大资金支持、加强与两大交易所对接、完善中介服务体系、定期开展上市辅导、利用投融资服务平台开展路演等方式，加快拟上市企业的培育与引导，支持企业利用资本市场做大做强。

石家庄高新区

（一）高新区简介

石家庄高新区是1991年3月经国务院批准设立的首批国家级高新区，在科技部火炬中心综合评价考核中，连续7年位居国家高新区第一方阵，2021年度在全国169个国家级高新区中，综合排名第26位。在京津冀城市群高新区上市公司创新指数排名总得分中位列第四，创新投入、创新产出和创新保障3个分项指标也都位列第四。截至2021年底，石家庄高新区共有7家上市公司，共有员工总数25 413人，研发人员3473人，当年新增专利285件。

（二）政策支撑

石家庄高新区已建立完善的企业上市挂牌扶持政策，切实有效分担、降低企业上市挂牌成本及费用支出，建立了上市挂牌后备企业库，做好拟上市挂牌企业的后期培育。对有上市挂牌意愿、但尚不具备上市挂牌条件的企业，高新区指导其制定发展规划，实施产权重组和股份制改造，健全公司法人治理机构，规范公司财务制度和管理制度，为其上市挂牌奠定坚实基础。对已初具上市挂牌条件的企业，引导其尽快启动上市挂牌计划，积极帮助企业引入优质的中介机构，建立健全服务协调机制。支持该区企业到境内外多层次资本市场挂牌上市融资，提高资金使用效益，防范资金使用风险。

（三）平台推动

石家庄高新区科技金融服务中心是河北省首家一站式综合科技金融服务平台，该中心是一站式科技金融服务平台的线下服务窗口，总面积1800 m²，包括办公区、展示区、交流活动区、培训区、综合服务区，配套齐全、设施先进，为金融机构和中介机构提供免费的物理场所、丰富的融资项目资源，为科技型企业提供全方位的融资服务和路演展示平台。目前已有20多家大型金融机构、中介机构、金融传媒机构入驻。科技金融服务中心主要向科技型企业、金融机构及中介机构提供基础功能服务和特色服务。基础功能服务包括债权融资服务、股权融资服务及增值服务，服务对象为科技型企业。同时为企业提供包括法律服务、财务服务、工商、专利类代理服务、教育培训服务、改制上市服务及其他企业咨询类服务等多方面专业咨询服务，帮助中小企业解决成长过程中遇到的各种问题。特色服务包括大数据建模应用、科技金融平台母基金、天使投资风险补偿资金、战略性新兴企业一站式申报及线上+线下路演孵化平台五大模块，服务对象为金融机构、中介服务机构及科技型企业。通过整合政府、企业、机构等各方优势资源，科技金融服务中心构建和完善了天使投资、创业投资、私募股权投资相结合的股权投资体系，丰富和深化商业银行、小额贷款公司、区域性融资机构结合的债权投资体系，建立和健全战略咨询、管理咨询、教育培训相结合的服务体系，为企业提供多元化、全方位的一站式服务，助力科技型中小企业发展壮大，打造良好的创新创业生态环境。

二、长三角城市群

1. 发展现状

经济规模快速扩大。2017—2021年总市值均值整体呈现增长趋势，仅在2018年出现短暂下滑，其中2020年增长幅度最大，增长率达78.37%（图5-31）。2017—2021年长三角城市群国家高新区上市公司营业收入稳步增长，由2017年的27 049亿元增长至2021年的47 903亿元，年均增长率达15.36%。

图5-31　2017—2021年长三角城市群国家高新区上市公司总市值均值及营业收入

政府创新补助投入力度大。2017—2021年长三角城市群国家高新区上市公司获得的政府创新补助连年上涨，由2017年的135.48亿元增长到2021年的282.77亿元，年均增长率达20.20%，其中，2020年政府创新补助增长最多，增长了50.77亿元（图5-32）。

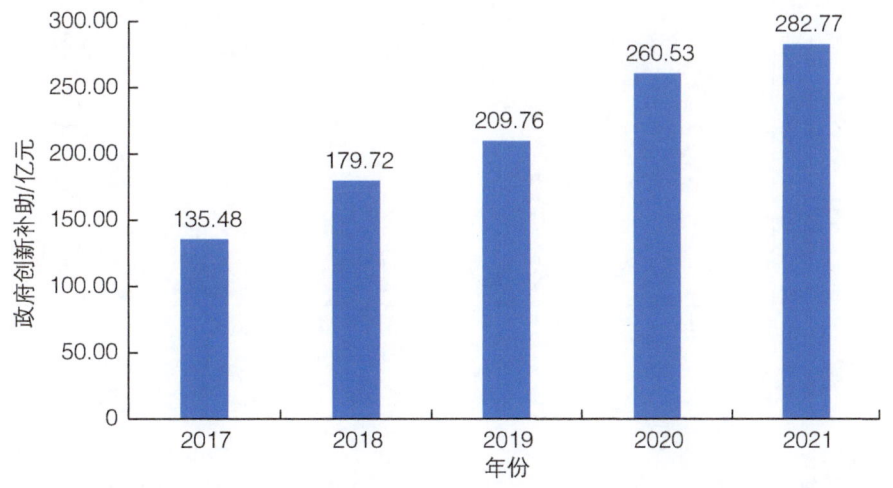

图5-32　2017—2021年长三角城市群国家高新区上市公司获得的政府创新补助

科技创新能力正逐步变强。2017—2019 年长三角城市群国家高新区上市公司当年新增专利数量逐年递增，2019 年达到短暂的峰值 27 737 件（图 5-33），2020 年略有下滑，至 24 652 件。在 2021 年实现了强力反弹，达到了 36 996 件，较去年实现了 50.07% 增长。

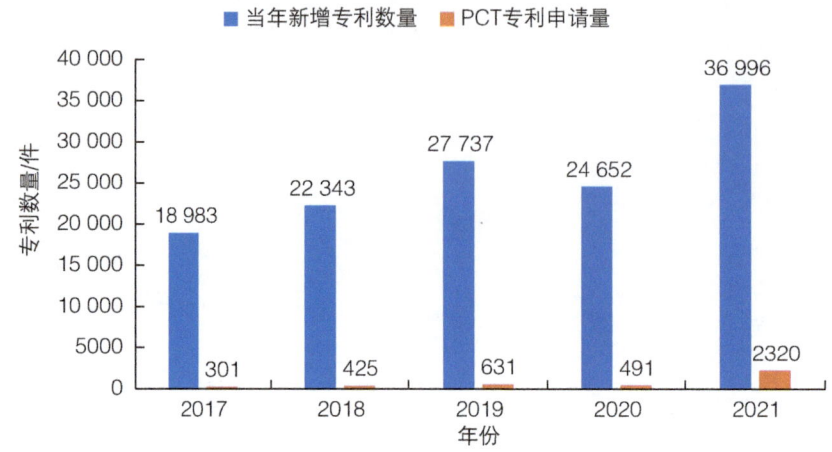

图 5-33　2017—2021 年长三角城市群国家高新区上市公司当年新增专利数量及 PCT 专利量

招才纳智工作成效显著。2017—2021 年硕士研究生及以上学历人数实现翻倍增长，由 2017 年的 62 720 人增长至 2021 年的 141 358 人（图 5-34）；2017—2021 员工总数也是稳步增长，由 2017 年的 1 400 307 人增长至 2021 年的 2 198 289 人，年均增长率达 11.93%；研发人员数量在 2020 年、2021 年实现快速增长，两年年均增长率达到 15.92%。

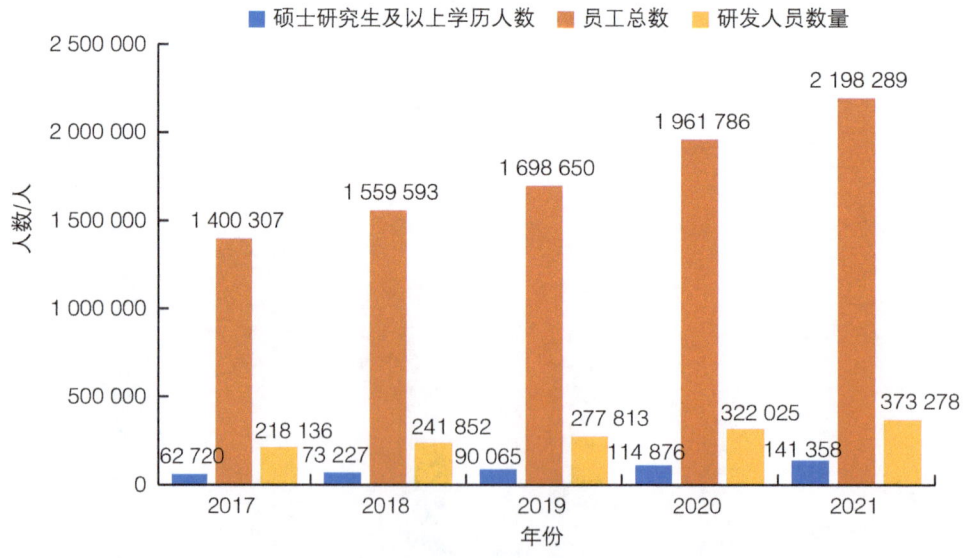

图 5-34　2017—2021 年长三角城市群国家高新区上市公司从业人员　　（单位：人）

上市公司还需要进一步加大研发投入力度。2017—2021 年，长三角城市群国家高新区上市公司研发投入占营业收入的比例越来越大，由 2017 年的 2.49% 上升到 2021 年的 3.95%（图 5-35），特别是2021年同比涨幅较大。但与珠三角城市群国家高新区上市公司相比,这一指标还是明显落后。2021年低了1.28个百分点之多,这对长三角城市国家高新区上市公司的专利产出量较少产生了一定的影响。

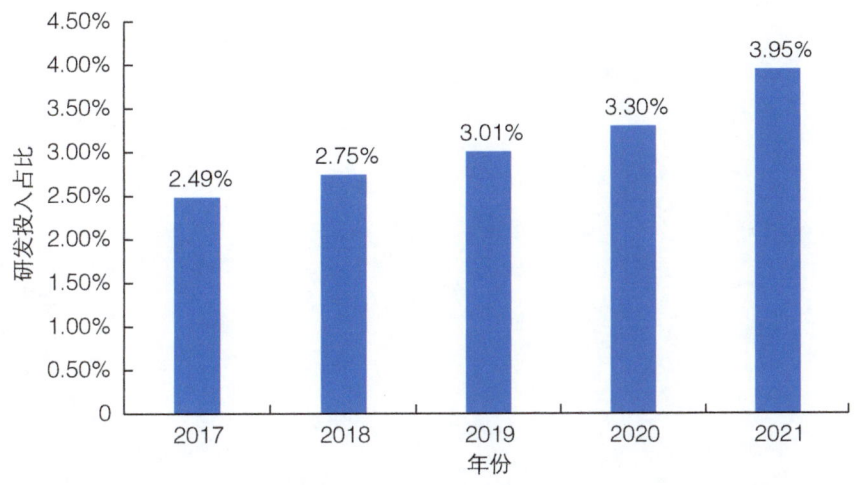

图 5-35　2017—2021 年长三角城市群国家高新区上市公司研发投入占比

2. 高新区排名

从创新能力来看(表 5-8):上海张江高新区以 79.43 分位列第一,杭州高新区、南京高新区分居第 2 位和第 3 位;无锡高新区、宁波高新区、苏州高新区、温州高新区、武进高新区之间的得分非常接近;常熟高新区和淮南高新区得分分别居倒数第一和倒数第二,且与排在倒数第三的南通高新区也差距较大。整体来看,上海张江高新区的领先优势较为明显。

表 5-8　长三角高新区上市公司创新能力得分、排名

国家高新区	得分	排名
上海张江高新区	79.43	1
杭州高新区	75.00	2
南京高新区	73.53	3
合肥高新区	72.27	4
连云港高新区	72.03	5
马鞍山慈湖高新区	70.55	6
无锡高新区	68.74	7
宁波高新区	68.43	8
苏州高新区	68.39	9
温州高新区	67.96	10

续表

国家高新区	得分	排名
武进高新区	67.57	11
苏州高新区	66.91	12
嘉兴秀洲高新区	63.24	13
绍兴高新区	62.92	14
常州高新区	62.34	15
芜湖高新区	62.29	16
萧山临江高新区	61.80	17
上海紫竹高新区	60.63	18
江阴高新区	60.36	19
扬州高新区	60.02	20
昆山高新区	59.10	21
泰州医药高新区	57.24	22
蚌埠高新区	56.72	23
宿迁高新区	54.24	24
湖州莫干山高新区	53.79	25
徐州高新区	52.86	26
镇江高新区	50.86	27
铜陵狮子山高新区	50.79	28
衢州高新区	50.64	29
南通高新区	49.55	30
淮南高新区	45.95	31
常熟高新区	42.78	32

数据来源：中国高新区研究中心整理，2022年8月。

上海张江高新区的创新产出排名和创新保障排名均居首位，只有创新投入排名居第5位，同南京高新区一样，都属于创新投入少但创新产出高的类型；杭州高新区3个方面都表现优异；连云港高新区创新产出和创新保障虽表现中上，但创新投入却力压创新能力强的高新区排名居榜首，应提升创新产出能力；创新投入排名居倒数第二、创新产出排名居倒数第一的常熟高新区与其他高新区差距较大（表5-9）。

表 5-9　长三角高新区上市公司创新投入、产出和保障能力排名

国家高新区	创新投入得分	创新投入排名	创新产出得分	创新产出排名	创新保障得分	创新保障排名
上海张江高新区	20.94	5	40.56	1	17.93	1
杭州高新区	21.92	2	36.15	3	16.93	2
南京高新区	20.38	8	36.39	2	16.75	3
合肥高新区	21.32	3	34.85	5	16.10	5
连云港高新区	23.60	1	33.21	10	15.23	8
马鞍山慈湖高新区	21.24	4	34.46	6	14.86	12
无锡高新区	20.57	6	32.93	11	15.24	7
宁波高新区	18.60	13	33.92	8	15.91	6
苏州高新区	19.21	10	32.87	12	16.31	4
温州高新区	17.88	18	34.91	4	15.17	9
武进高新区	18.53	14	34.25	7	14.78	14
苏州高新区	18.43	15	33.49	9	15.00	10
嘉兴秀洲高新区	18.35	16	30.77	15	14.12	18
绍兴高新区	17.14	21	31.78	13	14.00	19
常州高新区	18.95	11	28.45	20	14.95	11
芜湖高新区	18.33	17	29.68	16	14.28	16
萧山临江高新区	15.81	29	31.14	14	14.85	13
上海紫竹高新区	20.45	7	26.47	21	13.71	20
江阴高新区	16.26	27	29.68	17	14.42	15
扬州高新区	17.64	19	28.90	18	13.48	21
昆山高新区	17.36	20	28.46	19	13.28	23
泰州医药高新区	19.50	9	25.08	23	12.66	26
蚌埠高新区	18.69	12	23.87	26	14.15	17
宿迁高新区	16.30	26	24.92	24	13.01	24
湖州莫干山高新区	17.07	22	23.35	27	13.37	22
徐州高新区	16.07	28	25.28	22	11.51	32
镇江高新区	16.80	23	21.58	30	12.48	29
铜陵狮子山高新区	16.59	24	22.07	28	12.13	31
衢州高新区	16.57	25	21.53	31	12.54	28

续表

国家高新区	创新投入得分	创新投入排名	创新产出得分	创新产出排名	创新保障得分	创新保障排名
南通高新区	15.27	30	21.68	29	12.59	27
淮南高新区	8.91	32	24.73	25	12.31	30
常熟高新区	15.20	31	14.59	32	12.99	25

数据来源：中国高新区研究中心整理，2022年8月。

3. 典型高新区

南京高新区

（一）高新区简介

2020年8月，新的南京高新区管委会揭牌，整合15个园区、实行"1+N"架构，全面启动"世界一流高科技园区"建设。在长三角城市群高新区上市公司创新指数排名总得分中居第3位，仅次于上海张江高新区和杭州高新区，创新投入排名居第8位，创新产出排名居第2位，创新保障排名居第3位。截至2021年底，南京高新区共有69个A股上市公司，硕士研究生及以上学历18 769人，研发人员37 407人，实现营业收入5296.6亿元，当年新增专利数2334件，总市值均值为7258.4亿元。

（二）市级政策支撑

近年来，南京市地方金融监管局着力提升资本市场服务水平，推进多层次资本市场建设。先后制定出台了《推动南京企业上市"宁航行动"计划》《金融支持产业链高质量发展工作方案》《推动企业上市"千百十"工作方案》等，建立市推进企业上市联席会议、上市服务专员制度等六项工作机制，搭建"南京资本市场学院""南京科技金融路演中心""科创板企业培育中心（南京）"等平台，为近千家拟上市企业提供资本市场培训咨询服务。2021年5月，南京印发《市政府关于进一步提高上市公司质量 促进资本市场健康发展的实施意见》，在《意见》中结合南京资本市场发展的实际情况提出了利用大数据技术建设南京企业培育信息系统、强化拟上市企业培育服务专员制度和"一站式服务"制度、多渠道规范引进优质上市公司、设立资本市场学院南京分院、支持上市公司与产业链企业协同发展等南京特色10点。

（三）良好营商环境

在支持和推动更多优质企业上市方面，南京高新区形成了"建立一个滚动培育库，设立一个内部服务专班，组建一个外部专家团队，定制一个专有政策服务机制"的"四个一工程"的工作机制，对拟上市企业要做到"不叫不到""随叫随到""服务周到""说到做到"。对企业上市过程中出现的各类问题，在不违反法律法规的前提下实施"一企一策"和"特事特办"，为企业上市开通绿色通道。通过全媒体推广手段把政策送到企业家手里，打通政策落地的"最后一公里"，已形成压茬推进、滚动发展的良性循环。

南京高新区为加快推动南京"硬科技"企业登陆科创板，邀请上交所"科创沙龙"，向拟上市科技企业传递资本市场监管形势，进行全面政策解读、开展问诊答疑及申报前辅导等，以更好地推动资本与科技结合，服务创新驱动发展战略。

（四）建立完善拟上市企业库

南京市结合各区、各部门及市场机构报送推荐等方式，充分运用信息技术筛选，建设企业培育信息系统，建立完善全市拟上市企业库，加快推进创新型领军企业、独角兽企业、瞪羚企业、专精特新"小巨人"、高新技术企业、八大产业链重点企业、新研机构及孵化企业、政府引导基金投资企业入库。优先支持符合国家战略、突破关键核心技术、市场认可度高的优质企业入库，形成分行业、分板块、分梯队的储备资源。对入库拟上市企业实行动态管理、逐月更新、分类指导、重点突破，提供全流程服务。

（五）培育成功案例

在冠石科技上市筹备过程中，园区多部门全力配合，深入落实"你上市我服务"的陪伴服务理念，为其量身定制上市服务专班，提供精准服务。不仅前期快速兑现上市奖补资金140万元，还通过专项研究会解决企业用地需求、合规证明等一系列问题。

合肥高新区

（一）高新区简介

合肥高新区是1991年经国务院批准的首批国家级高新区，在国家级高新区综合排名中连续8年居前10位。在长三角城市群高新区上市公司创新指数排名总得分中居第4位，创新投入排名居第3位，创新产出排名居第5位，创新保障排名居第5位。截至2021年底，合肥高新区共有31个A股上市公司，硕士研究生及以上学历9127人，研发人员23 542人，实现营业收入1357.7亿元，当年新增专利数1794件，总市值均值为5562.2亿元。

（二）政策支撑

近年来，安徽省政府高度关注企业上市进展情况，强调推动企业上市是拓宽企业直接融资渠道、促进全省经济高质量发展的重要途径，为加快推动多层次资本市场发展，充分发挥资本市场的枢纽作用和资源配置功能，更好地服务"三地一区"建设，2021年8月，安徽省人民政府办公厅印发《发展多层次资本市场服务"三地一区"建设行动方案》，为企业上市工作指明方向。合肥高新区上市办、科技局、财政局等部门全力推进高新区企业积极上市。为加快高新区建设世界一流高科技园区，充分发挥资本市场在服务供给侧结构性改革、促进产业转型升级、培育经济发展新动能等方面的重要作用，积极推动企业充分利用国际、国内两个市场，股权、债权2种资源，合肥高新区于2021年11月印发《合肥高新区关于推进企业境外上市的若干意见》（简称《意见》），在《意见》中提出按照"政府引导、企业主体、分类指导、整体推动"的原则，坚持管委会层面统筹，打造"储备一批、培育一批、辅导一批、申报一批、上市一批"的梯次推动模式，结合合肥高新区重点产业发展目标，集中筛选一批符合境外上市条件的重点企业，建立重点"拟赴境外上市企业资源库"。为增强企业上市信心，促进企业规范运作，推动企业股改上市进程，按照"资产资本化、资本市场化"基本思路，2021年7月，印发《合肥高新区关于推进企业股改上市的若干意见》。

（三）多方位扶持企业上市

为引导推动本土企业上市，合肥专门设立了总规模10亿元的科创母基金和首期规模4亿元的国耀科创基金，专项解决市场化股权基金对成长期科创型企业价值识别不准和长期投入不足等问题，通过借力金融资本和产业链资源，扶持科创型企业快速成长，推动其尽快达到上市标准。

在专业服务上，为加强对上市企业的优选培育，合肥充分发挥社会融资主渠道作用，实行"名单制"动态分类管理，合肥高新区建立科创板后备资源企业分层清单，以及科创板重点后备企业库。合肥高新区实施"一企一策"，推动符合条件的企业对接资本市场，及时传递资本市场改革的最新政策，引导企业把握政策窗口。

合肥高新区还争取了上交所资本市场服务安徽基地落户，与上海交易所、安徽证监局互派干部挂职交流，选派干部赴深圳证券交易所学习交流，提升与沪、深交易所的战略伙伴关系。由安徽省股权托管交易中心主办的安徽科创专板，也在打造成为上交所科创板的"孵化器"，通过筛选优质高新技术企业到省科创板挂牌、融资、培育，充实科创板上市后备企业资源。

（四）资金支持

合肥出台专项奖补政策，缓解企业上市带来的资金压力。对申请上市的企业，合肥一次性奖励300万元，对科创板成功上市企业再追加奖励200万元，奖补力度居全国前列。目前，合肥市企业成功上市可获省、市、县三级财政奖励不低于1000万元，有效降低了企业上市成本。

（五）培育成功案例

2016年，市天使基金投资芯碁微装600万元，在接下来的几年时间里，市、区相关基金又先后投资400万元、2000万元。不仅是资金上的支持，合肥高新区针对企业发展的不同阶段，还会开展基础培训、专项培训、深度培训、冲刺培训，帮助企业深化对资本市场的认识和了解，于2021年4月，芯碁微装成功在科创板上市。

三、珠三角城市群

1. 发展现状

经济总体规模趋势向好。2017—2021年总市值均值整体为波动式上扬，仅在2018年有小幅度下滑，2020年增长迅速，增长率达46.91%（图5-36）。2017—2021年营业收入稳步增长，年均增长率达16.86%（图5-36），其中2017年实现了过万亿元的目标，2021年营收更是达到2万亿元，说明珠三角城市群国家高新区上市公司整体态势发展较好。

图5-36　2017—2021年珠三角城市群国家高新区上市公司总市值均值及营业收入

创新产出能力全国领先。2017—2021 年，当年新增专利数量不稳定，2019 年为峰值，达到 55 725 个（图 5-37），2018 年出现小幅度下滑，2020 年大幅下降，在 2021 年得到快速地回升。

图 5-37　2017—2021 年珠三角城市群国家高新区上市公司当年新增专利数量及 PCT 专利量

政府创新补助稳中有进。2017—2021 年，政府创新补助呈现阶梯式上涨，由 2017 年的 82.06 亿元增长到 2021 年的 147 亿元（图 5-38），年均增长率达 15.69%。

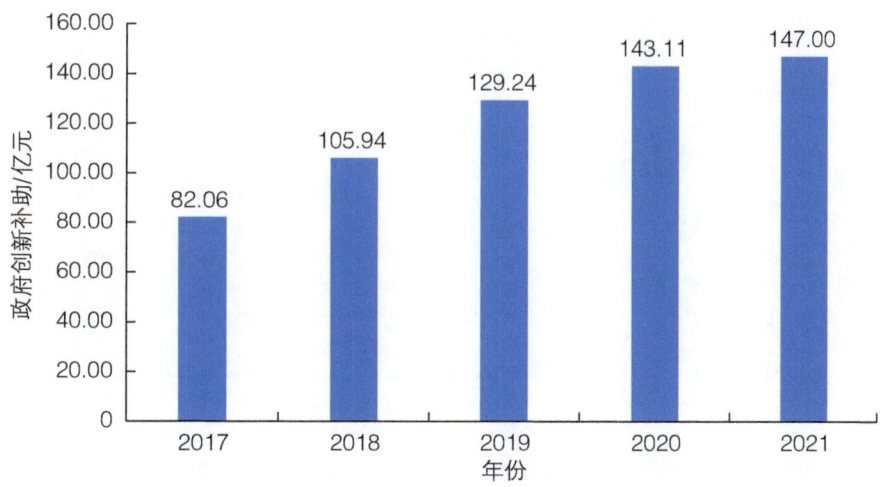

图 5-38　2017—2021 年珠三角城市群国家高新区上市公司获得的政府创新补助

人才结构得到合理优化。2017—2021 年，硕士研究生及以上学历人数、员工总数和研发人员数量均是增长态势，年均增长率分别为 11.60%、12.73% 和 14.09%（图 5-39），说明珠三角城市群国家高新区上市公司不仅为社会解决了大量的就业人口，同时从业人员素质较高，重视研发，发展后劲较大。

图 5-39 2017—2021 年珠三角城市群国家高新区上市公司从业人员

研发投入力度在国内首屈一指。2017—2021 年，珠三角城市群国家高新区上市公司研发投入占比都在 4% 以上，2021 年达到峰值 5.23%（图 5-40）。其余 5 个城市群在 2017—2021 年中，研发投入占比均未突破 4%，此项指标珠三角城市群表现极优。

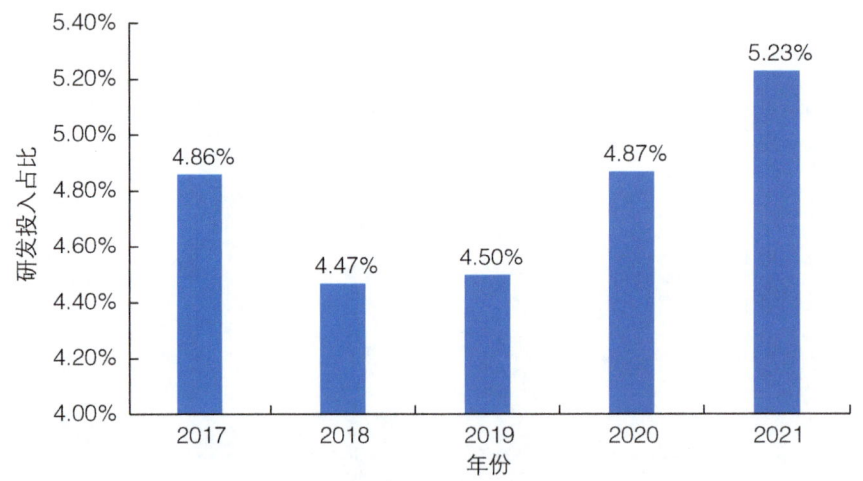

图 5-40 2017—2021 年珠三角城市群国家高新区上市公司研发投入占比

上市公司盈利能力表现优异。尽管 2018 年净利润率出现了大幅下跌，但是 2018—2021 年净利润率稳步上涨，2021 年恢复到与 2018 年相近的水平，达到 8.53%（图 5-41）。2021 年的净利润率在六大城市群中位居榜首，比位列次席的长三角城市群高出了 2.3 个百分点。

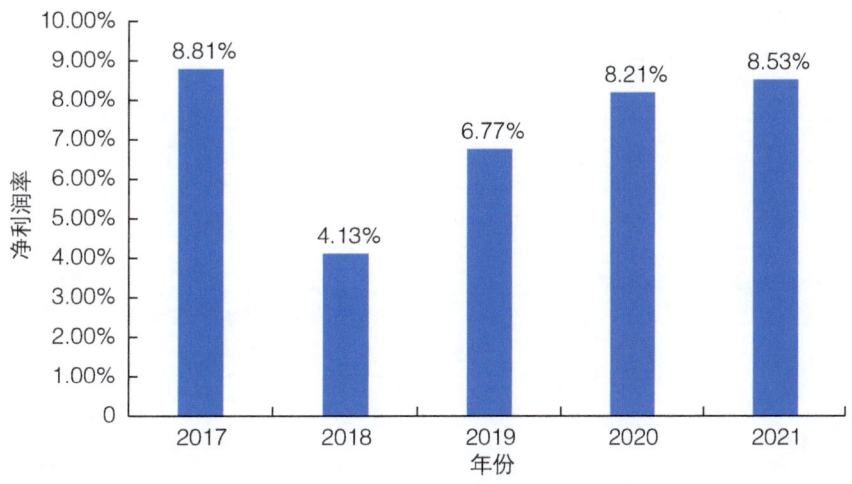

图 5-41　2017—2021 年珠三角城市群国家高新区上市公司净利润率

2. 高新区排名

从创新能力来看（表 5-10），深圳高新区以 77.96 居榜首，珠海高新区力压省会的广州高新区居第 2 位，茂名高新区位列末位，且与排在倒数第二的湛江高新区有较大的差距。整体来看，珠三角高新区上市公司创新能力得分排名错落有致，相邻排名一般相差 2～3 分。

表 5-10　粤港澳大湾区高新区上市公司创新能力总得分、排名

国家高新区	总得分	排名
深圳高新区	77.96	1
珠海高新区	76.59	2
惠州仲恺高新区	75.16	3
广州高新区	72.53	4
中山火炬高新区	62.60	5
汕头高新区	62.14	6
东莞松山湖高新区	61.35	7
江门高新区	60.70	8
佛山高新区	58.63	9
清远高新区	57.36	10
肇庆高新区	52.60	11
湛江高新区	50.31	12
茂名高新区	40.04	13

数据来源：中国高新区研究中心整理，2022 年 8 月。

深圳高新区虽创新能力总得分居第 1 位，但从分项指标来看，创新产出却被珠海高新区超出，创新投入被惠州仲恺高新区超出；3 个分项指标的前四名皆由深圳高新区、珠海高新区、惠州仲恺高新区和广州高新区所占据；肇庆、湛江和茂名 3 个高新区在珠三角城市群中，上市公司整体创新能力较弱，与其他高新区差距较大，尤其是茂名高新区，3 个分项指标全部居倒数第 1 位（表 5-11）。

表 5-11　粤港澳大湾区高新区上市公司创新投入、产出和保障能力排名

国家高新区	创新投入得分	创新投入排名	创新产出得分	创新产出排名	创新保障得分	创新保障排名
深圳高新区	19.66	2	39.92	2	18.37	1
珠海高新区	19.12	4	40.58	1	16.89	3
惠州仲恺高新区	21.74	1	37.55	3	15.87	4
广州高新区	19.41	3	36.22	4	16.91	2
中山火炬高新区	16.94	11	30.09	7	15.57	5
汕头高新区	18.17	6	30.28	6	13.69	8
东莞松山湖高新区	16.26	12	30.43	5	14.65	7
江门高新区	18.85	5	28.28	8	13.57	9
佛山高新区	17.99	7	25.22	10	15.43	6
清远高新区	17.20	9	27.13	9	13.03	10
肇庆高新区	17.45	8	22.37	11	12.79	11
湛江高新区	17.00	10	20.94	12	12.36	12
茂名高新区	15.47	13	16.13	13	8.44	13

数据来源：中国高新区研究中心整理，2022 年 8 月。

3. 典型高新区

广州高新区

（一）高新区简介

广州高新区是 1991 年 3 月经国务院批准成立的首批国家级高新区之一，实行独具特色的"四区合一"管理模式。在珠三角城市群高新区上市公司创新指数排名总得分中居第 4 位，仅次于深圳高新区、珠海高新区和惠州仲恺高新区，创新投入排名居第 3 位，创新产出排名居第 4 位，创新保障排名居第 2 位。截至 2021 年底，广州高新区共有 A 股上市公司 59 家，硕士研究生及以上学历 12 127 人，员工总数 186 728 人，实现营业收入 2478.7 亿元，当年新增专利 3180 件，实现总市值均值 10 195.1 亿元。

（二）政策支撑

广州高新区先后出台"金融 10 条""绿色金融 10 条""风投 10 条"等政策，集聚各类金融要素和资源，增强金融服务实体经济能力。同时，在 IAB 专项政策、"民营 18 条""美玉 10 条"

等系列产业政策中专设金融扶持条款，促进金融与产业深度融合发展。2021年8月，广州高新区在全国首推"专精特新10条"专项政策，加大上市扶持力度，从落户投资、金融扶持等7个维度对专精特新企业给予支持，将专精特新企业优先纳入企业上市苗圃培育工程，在境内外资本市场上市分阶段给予总额800万元奖励，推动"中小企业能办大事"。

（三）全链条培育

近年来，广州高新区启动实施企业上市苗圃培育工程，抢抓股票发行注册制改革、北京证券交易所设立的重大机遇，遴选出"金穗层""青苗层""种子层"等近250家上市苗圃企业进行重点培育，搭建"上市苗圃企业综合服务平台"，举办苗圃企业特训营，开展专属金融服务方案深度对接和苗圃企业"投早投小"专项路演，推出了苗圃企业特训营，携手沪深交易所、区域监管机构、行业专家等专家导师，根据金穗层、青苗层、种子层企业不同阶段发展需求，专门定制上市培育课程体系，打通企业上市"理论+实战"融合的各个环节，引导券商、银行、风投等机构围绕苗圃企业开展个性化上市辅导和综合金融服务。从产业孵化、科技赋能至上市辅导的各个环节，包括获得信贷、引入投资、股改规范、"新三板"分层奖励、上市辅导、成功上市、上市再融资、发行债券、并购重组，乃至上市后的企业发展都实施了全方位的扶持政策，已形成"初创期企业投融资对接－成长期企业发展伴随－成熟期企业培育上市"的全链条服务。

（四）畅通联系渠道

广州高新区建立健全省（区、市）证监部门纵向和区属部门横向联动体系，通过签订战略合作协议等形式，与上海、深圳、香港、新加坡等证券交易所建立沟通联动机制，增强交易所与企业双向走访互动，提供坚实组织保障，助力企业精准对接资本市场。广州高新区全力构建"天使—VC—PE—IPO"金融生态链，打造"政策引领扶持—直接融资支撑—间接融资保障—服务平台对接"综合金融服务体系，满足企业上市全生命周期多样化融资需求，为科创企业开展全生命周期融资对接服务，实现创新链、产业链、资金链、服务链"四链合一"，破解融资难题。

（五）风投保障

广州高新区强化上市资本支撑，打造中国风险投资科学城大厦，设立"风险投资一站式服务中心"，先后引进百度风投、创新工场、IDG资本等知名风投机构，以"风投10条"1.0版本为基准，完善"风投10条"2.0版，加大力度推动风投机构联合银行等金融机构做好企业投后服务，强化了鼓励缓解科技型中小企业融资难、融资贵问题的政策导向，提高了对风投机构"大脑"——风险投资管理企业的吸引力度，提升了风投核心资源聚集度。截至2021年2月底，广州高新区风投机构已达517家，管理资金规模约1211亿元；已设立了10亿元黄埔人才引导基金，撬动社会资本56亿元，总计为战略性新兴产业领域创新创业企业提供20亿元股权融资。

中山火炬高技术产业开发区

（一）高新区简介

中山火炬高技术产业开发区（简称"火炬开发区"）由国家科技部、广东省人民政府和中山市人民政府于1990年共同创办。目前，正凭借着珠江西岸综合交通枢纽、粤港澳大湾区几何中心的区位优势，走向了国家战略竞争的大舞台。截至2021年底，火炬开发区共有13家上市公司，员工总数218 185人，研发人员11 912人，当年新增专利数量733件，实现营业收入940.7亿元，总市值均值2642.8亿元。

（二）推动企业上市挂牌工作

支持符合条件的企业在主板、科创板、创业板、新三板及区域性股权交易市场等上市挂牌，并打造广东省股权交易中心"火炬高新板"，扩大企业融资规模。定期对区内上市企业和上市后备企业进行走访和调研，及时了解企业经营情况、业务需求、上市进程，以及过程中遇到的问题，并给予支持和指导，截至目前，我区境内上市企业 13 家，境外上市企业 4 家，新三板挂牌企业 11 家，火炬高新板挂牌企业 39 家，展示企业 231 家。2021 年推动完成中山华利实业集团股份有限公司在深圳证券交易所创业板上市，IPO 募集资金 38.87 亿元，上市当天收盘成为我市首家市值超过千亿元的企业。

（三）对企业上市给予财政支持

为进一步激发企业上市热情和财政扶持，2021 年 1 月，我区对之前的科技金融扶持政策进行修订，出台《中山火炬开发区科技金融专项资金管理办法》，对企业上市符合对应条件的予以财政支持，经中国证券监督管理委员会广东监管局辅导备案每家市扶持 500 万元，高新区扶持 200 万元，首次公开发行股票并上市的申请经正式受理每家市扶持 100 万元，高新区扶持 50 万元，在交易所成功上市每家市扶持 100 万元，高新区扶持 50 万元，科创板上市的每家市给予一次性补助 500 万元，改制为股份有限公司，并成功新三板挂牌每家市扶持 100 万元，高新区扶持 20 万元，广东股权交易中心首次挂牌每家 5 万。对融资、增发按融资金额市给予 100 万~500 万元扶持。今年共拟扶持上市、挂牌等资金扶持申请金额合计 690 万元。经对比，火炬开发区支持上市扶持政策力度在广东省各市中处于中等水平。

四、成渝城市群

1. 发展现状

研发投入程度保持稳定。2017—2020 年，成渝城市群国家高新区上市公司研发投入占比稳步增长，由 2017 年的 3.21% 增长到 2020 年的 3.67%（图 5-42）。但在 2021 年降到了 3.04%，在六大城市群中居倒数第二位，仅高于黄河流域城市群，对于研发的投入还需要引起公司的重视。

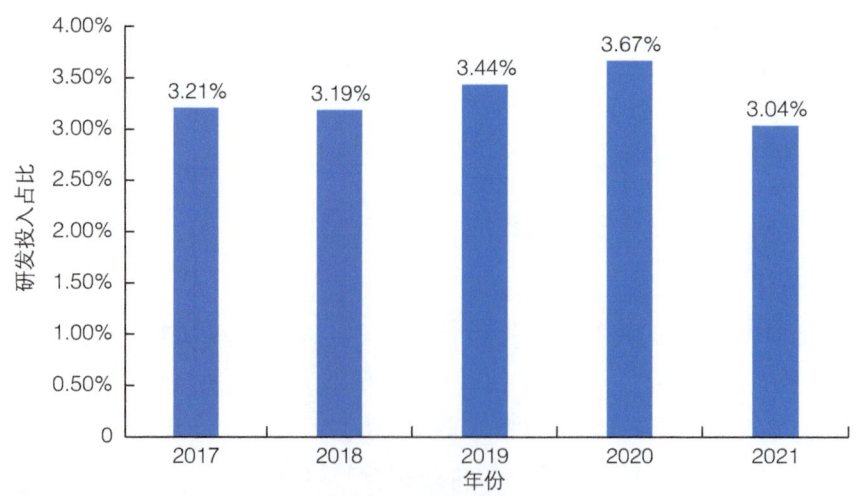

图 5-42　2017—2021 年成渝城市群国家高新区上市公司研发投入占比

政府创新补助稳中有进。2017—2021年获得的政府创新补助稳步增长，由2017年的12.78亿元增长到2021年的23.74亿元（图5-43），年均增长率达16.74%，这也表明高新区管委会对上市公司的创新越来越重视，资金支持的力度越来越大。

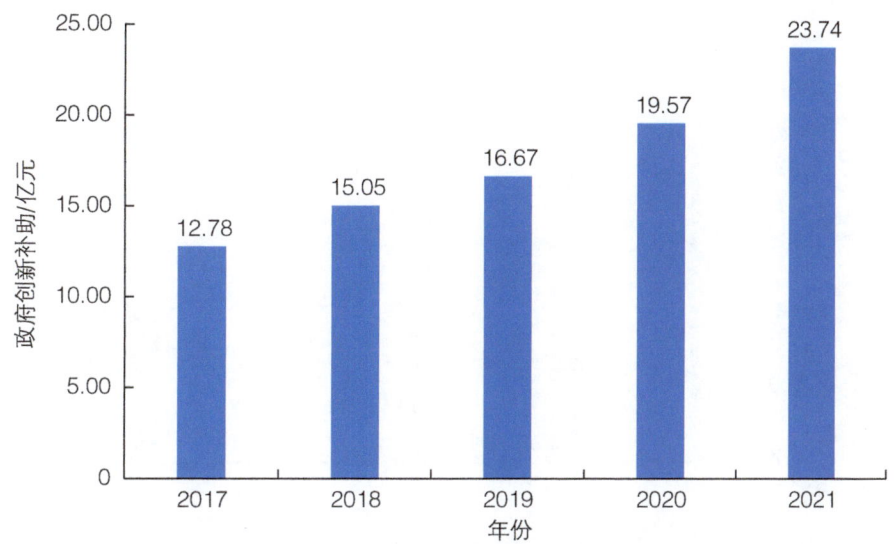

图5-43　2017—2021年成渝城市群国家高新区上市公司获得的政府创新补助

上市公司整体经济规模偏小。2017—2021年总市值均值呈现"V"形趋势，从2017—2019年呈下降趋势，整体降幅不大，到2020年快速回升，超过2017年，在2021年里出现大幅度的反弹涨幅近2020年的1倍，虽然趋势向好，但总体而言仍然处于六大城市群中靠后的位置（图5-44）。2017—2021年，营业收入呈现稳中有进的增长态势，前4年基本保持200亿元左右的增长，2021年实现了翻倍增长达到6161亿元，其中，新希望六和、四川长虹电器、四川路桥建设集团、通威股份4家企业约占营业收入总数的60%，受个别企业影响较大，距离长江中游城市群有约4000亿元差距，较2020年差距正在缩小。

图5-44　2017—2021年成渝城市群国家高新区上市公司总市值均值及营业收入

创新产出能力仍有待加强。2017—2021年当年新增专利数量呈现不断下降态势，近两年新增专利数量显著减少，且较少幅度较大，需要引起各高新区的重视，深入了解企业在创新能力建设中遇到的困难（图5-45）。2017—2019年PCT专利申请量未突破个位数，在2020年快速增长达到16件，近一年内增长到52件，在一定程度上形成突破，但是距离其他5个城市群仍有不小差距。

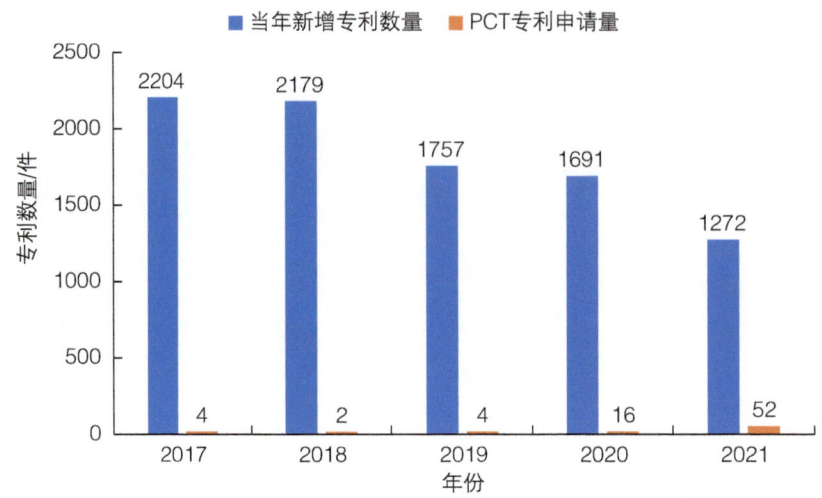

图5-45　2017—2021年成渝城市群国家高新区上市公司当年新增专利量及PCT专利申请量

人才结构得到进一步优化。2017—2021年，硕士研究生及以上学历人数稳步增长，由2017年的6587人增长至2021年的16 728人，年均增长率达26.24%，其中2021年相较2021年增长约71.03%（图5-46）。员工总数在前四年呈现波动式下滑，但在2021年达到353 411人；研发人员数量增长缓慢，2020年较于2017年反而呈现小幅度下降，在2021年达到36 516人。

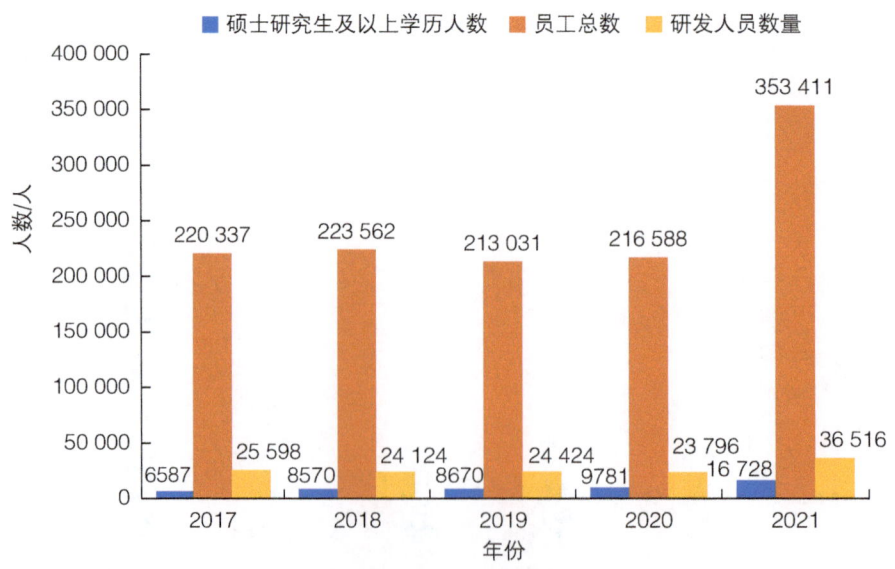

图5-46　2017—2021年成渝城市群国家高新区上市公司从业人员数量

2. 高新区排名

从创新能力来看（表5-12），成都高新区一枝独秀，比排在次席的绵阳高新区还要高将近7分；绵阳高新区较除成都高新区的其他高新区外同样优势显著；重庆市的3家高新区整体表现不佳，亟待提高上市公司的创新能力。

表5-12 成渝高新区上市公司创新能力总得分、排名

国家高新区	总得分	排名
成都高新区	73.96	1
绵阳高新区	67.54	2
重庆高新区	62.67	3
内江高新区	54.71	4
乐山高新区	50.94	5
自贡高新区	49.05	6
荣昌高新区	47.56	7
泸州高新区	43.80	8
璧山高新区	42.01	9

数据来源：中国高新区研究中心整理，2022年8月。

成都高新区3个分项指标除创新投入居第2位外，另外2项都居第1位且优势明显；绵阳高新区在创新投入落后于内江高新区、成都高新区；泸州高新区和璧山高新区整体实力较弱（表5-13）。

表5-13 成渝高新区上市公司创新投入、产出和保障能力排名

国家高新区	创新投入得分	创新投入排名	创新产出得分	创新产出排名	创新保障得分	创新保障排名
成都高新区	21.11	2	36.62	1	16.23	1
绵阳高新区	20.22	3	32.28	2	15.03	2
重庆高新区	17.30	5	30.85	3	14.51	3
内江高新区	21.71	1	21.51	4	11.49	6
乐山高新区	16.75	6	21.27	5	12.92	4
自贡高新区	19.07	4	17.53	8	12.45	5
荣昌高新区	16.67	7	19.76	6	11.13	8
泸州高新区	14.97	8	17.53	9	11.31	7
璧山高新区	13.13	9	18.14	7	10.74	9

数据来源：中国高新区研究中心整理，2022年8月。

3. 典型高新区

成都高新区

（一）高新区简介

1991年，成都高新区经国务院批准为全国首批国家级高新区，2006年获批成为全国首批"创建世界一流高科技园区"试点，现有面积234.4平方公里。在成渝城市群高新区上市公司创新指数排名总得分中居榜首，创新产出和创新保障3个分项排名均居第1位，仅创新投入排名居第2位。截至2021年底，成都高新区共有A股上市公司40个，硕士研究生及以上学历9594人，员工总数154 441人，研发人员24 716人，实现营业收入3022.8亿元，投入研发费用129.1亿元，当年新增专利956件。

（二）大力推行政策"一窗式"申报

高新区科技人才局通过查阅沪深交易所官方网站等公开资料，并通过"高新通"企业服务平台，对项目单位的主体资格进行确认，以"免申即享"的形式兑现上市奖励政策，由"企业找政策"转变为"政策找企业"。

（三）加大与证券交易所的沟通力度

成都高新区设立上交所科创板企业培育中心（西部），邀请上交所和深交所专家和相关机构专家，讲授板块选择、财务审核、股东核查、创业板最新发审动态、债务融资实务与案例分析、重点财务问题、法律问题、私募股权融资等上市相关实操课程，进一步激发了拟上市企业上市意愿，从而提速区内企业上市进程。

（四）构建系统性人才培训体系

成都高新区针对拟上市公司和上市公司人才需求特征，按照分层、分类、分梯度的原则，全面实施上市公司人才提升工程。具体来说：针对公司决策层，组织走进沪深交易所活动，激发上市和资本市场运作积极性；针对公司管理层，开展体系化专题培训，提高上市管理能力；针对公司实操层，加大专业人才招培力度，提升上市实操水平。

（五）建立"金熊猫"特色培育渠道

成都高新区设立"金熊猫融资课堂"进阶培训，分层分类定制实用课程。针对种子轮、初创期企业，培养股权融资意识和提升企业内部治理能力；针对成长期企业，辅导企业进行融资估值和机构筛选；针对成熟期企业，布局链接多层次资本市场，助力企业高质量发展。同时，高新区围绕电子信息、生物医药、新经济三大主导产业，策划开展"金熊猫路演汇"，搭建科技企业与创新资本之间的桥梁纽带，发现和挖掘产业链高端企业和代表未来产业布局企业，从而不断壮大五级上市后备企业梯队。

（六）打造"五化"服务体系

成都高新区建设上市后备企业一站式综合服务平台，已构建起"储备、股改、辅导、申报、上市"五级上市后备企业梯度培育体系和"上市培育梯度化、上市服务标准化、问题解决个性化、扶持政策链条化、上市培训体系化"的上市工作"五化"服务体系，助推区域内企业发展。在上市服务方面，高新区不断完善上市后备企业培育服务机制，围绕五大产业功能区、三大主导产业生态圈和科技创新生态链，已构建形成"基金—信贷—保险"三位一体特色产业金融体系，助推企业上市，赋能产业发展。

（七）培育辅导案例

中自科技是成都高新区致力培育本土科创企业、助力企业实现"PI-IP-IPO"发展的一个缩影。在中自科技业务爆发式增长的时候，面临大量订单却没有足够流动资金投入生产的困境。成都高新区得知后，立即组织区域内多家金融机构召开专场融资对接会，最终帮助中自科技通过供应链融资的方式在短时间内获得银行贷款 1 亿元。

五、黄河流域城市群

1. 发展现状

经济规模稳健增长。从总市值均值来看，2017—2021 年，总市值均值整体呈现"N"形上涨趋势，前三年有小幅度的下降，在 2019 年之后实现快速反弹，由 2019 年的 14 856 亿元增长至 2021 年的 27 844 亿元（图 5-47），年均增长率达 23.29%。2017—2021 年，营业收入呈现稳步增长趋势，其中 2021 年增长最快，较上一年增长 37.39%（图 5-47）。

图 5-47 2017—2021 年黄河流域城市群国家高新区上市公司总市值均值及营业收入

覆盖区域最为广泛。黄河流域城市群国家高新区上市公司分布在河南、甘肃、内蒙古、山东和山西等 8 个省（区、市），分别为安阳、白银、包头稀土、宝鸡、德州等 30 个国家高新区。在六大城市群中，黄河流域城市群国家高新区上市公司是涉及省份和国家高新区最多的。

政府创新补助力度略显不足。2017—2021 年，获得的政府创新补助呈现波动式变化，由 2017 年的 51.61 亿元增长到 2021 年的 73.94 亿元（图 5-48），但是其峰值出现在 2019 年，达到 74.74 亿元，2020 年较 2019 年略有下降。与其他 5 个城市群相比，黄河流域城市群国家高新区上市公司的政府创新补助仅比成渝城市群和长江中游城市群高，但考虑到黄河流域城市群包括 8 个省（区、市）的 30 个国家高新区，因此，整体来看，单独一个高新区对上市公司的创新补助相对较少。

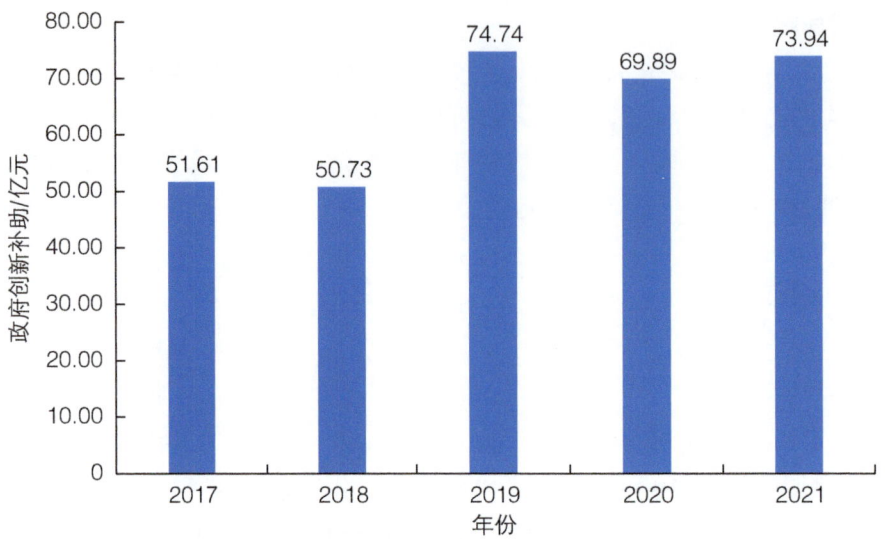

图 5-48　2017—2021 年黄河流域城市群国家高新区上市公司获得的政府创新补助

研发投入占比明显不足。2017—2021 年，黄河流域城市群国家高新区上市公司研发投入占比徘徊不前，呈"V"形发展趋势，2021 年达到了近年来的峰值 2.77%，但仍未突破 3%，在 2018 年出现低谷为 1.96%，随后几年正在不断恢复中，形成新的突破（图 5-49）。与其他 5 个城市群相比，黄河流域城市群此项指标表现不佳，其与第 5 名的成渝城市群差距正在加大。

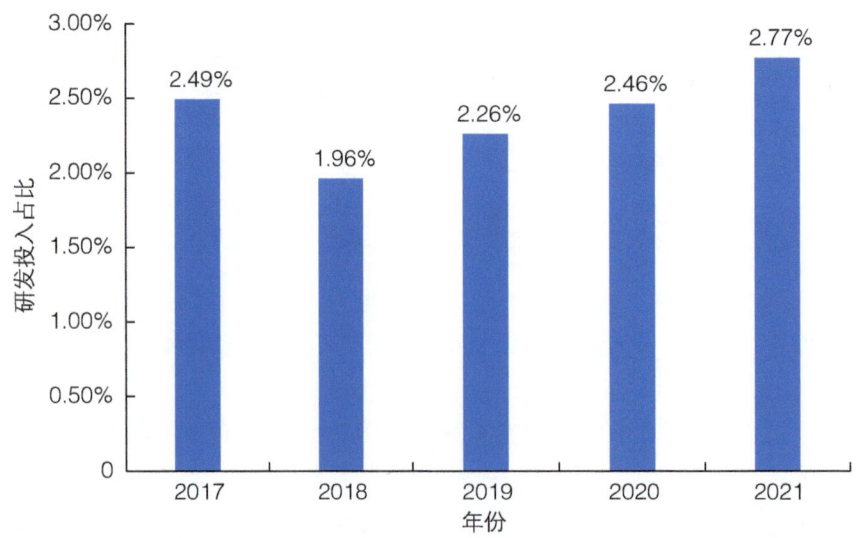

图 5-49　2017—2021 年黄河流域城市群国家高新区上市公司研发投入占比

带动社会就业方面仍有较大发展空间。黄河流域城市群覆盖范围广，2017—2021 年，硕士研究生及以上学历人数、员工总数和研发人员数量都呈现上涨态势，年均增长率分别为 13.33%、6.57% 和 12.60%（图 5-50）。其中，员工总数增长相对来说速度最慢，这不仅影响高新区的发展活力，而且从侧面反映其没有很好地起到对所在区域的就业带动作用。

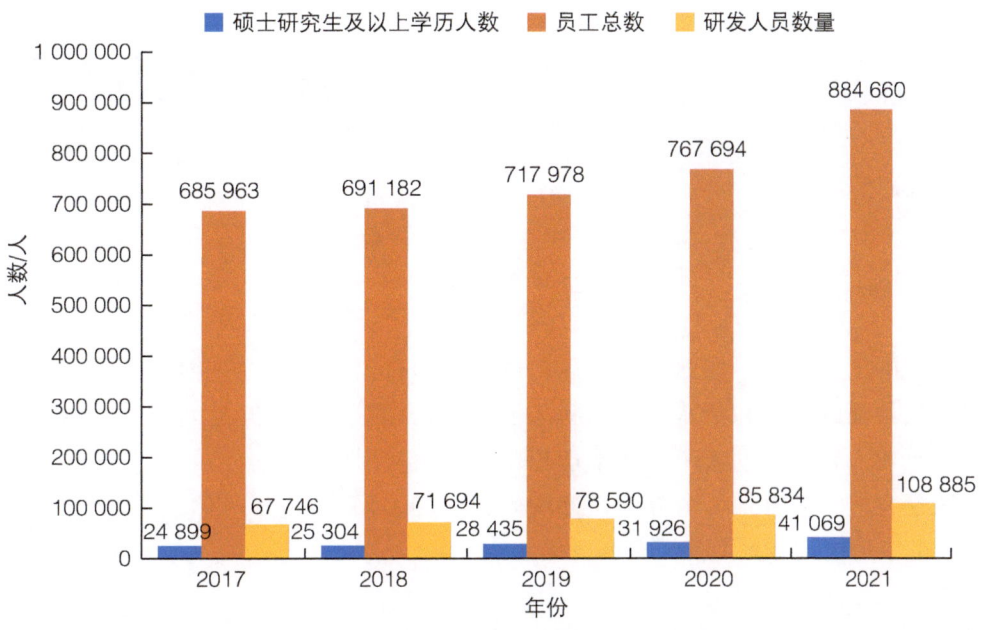

图 5-50 2017—2021 年黄河流域城市群国家高新区上市公司从业人员数量

2. 高新区排名

从创新能力来看（表 5-14），黄河流域城市群中，山东省的高新区整体优势明显，前 5 位中占据了 3 位，其中，潍坊高新区居榜首；宁夏和青海的高新区明显处于劣势位置，上市公司创新能力偏弱；山西的 2 家高新区处于中游位置；陕西和内蒙古都是省会的高新区上市公司创新能力最强。

表 5-14 黄河流域高新区上市公司创新能力总得分、排名

国家高新区	总得分	排名	国家高新区	总得分	排名
潍坊高新区	73.23	1	威海火炬高新区	57.43	13
洛阳高新区	70.95	2	鄂尔多斯高新区	57.42	14
呼和浩特金山高新区	70.72	3	白银高新区	56.95	15
青岛高新区	70.33	4	长治高新区	56.79	16
济南高新区	69.71	5	烟台高新区	56.23	17
包头稀土高新区	67.80	6	安阳高新区	55.97	18
西安高新区	66.64	7	济宁高新区	55.90	19
郑州高新区	65.10	8	德州高新区	52.60	20
咸阳高新区	61.55	9	宝鸡高新区	52.59	21
淄博高新区	60.22	10	兰州高新区	51.92	22
平顶山高新区	58.53	11	新乡高新区	51.49	23
太原高新区	58.50	12	杨凌高新区	50.58	24

续表

国家高新区	总得分	排名	国家高新区	总得分	排名
南阳高新区	49.59	25	莱芜高新区	42.91	28
泰安高新区	46.32	26	青海高新区	40.70	29
宁夏石嘴山高新区	44.70	27	银川高新区	39.25	30

数据来源：中国高新区研究中心整理，2022年8月。

潍坊高新区的创新保障不如西安高新区，创新产出排名居第3位，创新投入排名居第1位，综合实力仍然是最强的；呼和浩特金山高新区创新投入相对不足，但是创新产出能力却很强势；济宁高新区创新投入较多，创新产出却不理想，今后亟待提升创新产出能力；西安高新区创新保障能力虽然表现良好，但其他2个分项指标均表现不佳；莱芜、青海和银川高新区3个分项指标表现都较差，上市公司创新方面需要全面升级（表5-15）。

表5-15 黄河流域高新区上市公司创新投入、产出和保障能力排名

国家高新区	创新投入得分	创新投入排名	创新产出得分	创新产出排名	创新保障得分	创新保障排名
潍坊高新区	22.30	1	35.08	3	15.85	2
洛阳高新区	20.75	2	34.69	4	15.50	4
呼和浩特金山高新区	18.95	16	36.57	1	15.19	7
青岛高新区	19.36	10	35.63	2	15.34	6
济南高新区	20.40	5	33.61	6	15.70	3
包头稀土高新区	19.20	12	33.71	5	14.88	8
西安高新区	19.02	15	31.46	7	16.16	1
郑州高新区	20.54	4	30.23	8	14.33	10
咸阳高新区	18.27	18	30.17	9	13.11	18
淄博高新区	19.88	8	24.98	15	15.37	5
平顶山高新区	20.04	7	25.45	13	13.04	20
太原高新区	19.05	14	24.99	14	14.46	9
威海火炬高新区	19.24	11	23.88	17	14.31	11
鄂尔多斯高新区	17.37	23	26.91	11	13.15	17
白银高新区	18.21	19	25.49	12	13.26	15
长治高新区	19.12	13	24.52	16	13.16	16
烟台高新区	15.77	27	28.02	10	12.44	22
安阳高新区	20.35	6	22.30	19	13.32	14

续表

国家高新区	创新投入得分	创新投入排名	创新产出得分	创新产出排名	创新保障得分	创新保障排名
济宁高新区	20.73	3	21.73	24	13.44	13
德州高新区	17.59	20	22.16	20	12.86	21
宝鸡高新区	18.37	17	20.72	25	13.49	12
兰州高新区	19.53	9	19.31	27	13.08	19
新乡高新区	17.38	21	22.09	21	12.02	23
杨凌高新区	17.34	24	21.81	23	11.43	25
南阳高新区	17.37	22	20.70	26	11.52	24
泰安高新区	17.03	25	19.10	28	10.18	28
宁夏石嘴山高新区	16.27	26	17.76	29	10.67	27
莱芜高新区	14.71	28	17.49	30	10.71	26
青海高新区	13.78	29	21.98	22	4.94	30
银川高新区	9.63	30	22.49	18	7.13	29

数据来源：中国高新区研究中心整理，2022年8月。

3. 典型高新区

青岛高新区

（一）高新区简介

青岛高新区是1992年5月经国务院批准设立的国家级高新区，2000年被认定为国家高新技术产品出口基地，2001年被评为国家级先进高新技术产业开发区。在黄河流域城市群高新区上市公司创新指数排名总得分中排名第四，创新投入排名第十、创新产出排名第二、创新保障排名第六。截至2021年底，青岛高新区共有A股上市公司15家，硕士研究生及以上学历3124人，研发人员8706人，实现营业收入1140.5亿元，当年新增专利3221件。

（二）政策支撑

青岛高新区先后出台《青岛高新区加快推进企业上市工作意见》和《青岛高新区关于聚焦创新引领加快企业雁阵培育 推动高质量发展的试行意见》等政策措施，从建立上市培育企业"白名单"、开辟企业上市"绿色通道"、强化募投项目用地支持、加大融资支持力度等9个方面制定服务措施，加大"真金白银"奖补力度，全方面优化企业上市服务，支持企业利用资本市场做大做强。奖补政策主要内容是：

注重"雪中送炭"，减轻企业上市前资金压力。企业上市前，产生的税务成本、规范成本、中介成本较大，造成企业资金紧张，本次政策注重"雪中送炭"，将奖补资金兑现的节点前移，减轻企业资金压力。一是对"四上"企业改制成规范化股份公司的给予40万元补助；二是对拟上市企业在银行贷款实际支付的利息按照30%的贴息给予年度最高30万元补助；三是对拟在境内外首发上市的企业上市前分阶段给予 700 万元补助；四是对获得创投风投股权投资的拟上市企业给予累计最高 100 万元补助；五是对在上市过程中因股改等产生的个人所得税给予 100% 奖励。

重奖企业管理团队，激发企业管理团队干事创业积极性。一是企业成功上市后奖励企业管理团队 300 万元；二是上市公司实现再融资按照年度再融资额的 0.2% 给予企业管理团队最高 200 万元奖励。

鼓励企业三板四板挂牌融资，健全多层次资本市场。一是对新三板挂牌的企业按照实际发生的相关中介机构费用给予最高 150 万元的补助，挂牌后进入精选层的企业再给予 50 万元的奖励；二是对新三板挂牌企业在银行贷款实际支付的利息按照 15% 的贴息给予年度最高 15 万元的补助；三是对获得创投风投股权投资的新三板挂牌企业给予累计最高 100 万元补助；四是对在蓝海股权交易中心、齐鲁股权交易中心挂牌的企业给予 10 万元的一次性补助；五是四板挂牌并实现直接融资的企业给予年度累计直接融资最高 20 万元的奖补。

积极构建科技型企业全生命周期雁阵培育体系，对纳入青岛市上市培育库的企业，每年给予最高 600 万元的研发费用奖励。对被正式纳入高企上市培育库的企业将获得年度最高 300 万元研发费用奖励及 20 万元市科技计划项目支持。

（三）举办培训

青岛高新区财政金融部联合经济发展部、科技创新部开展了企业上市专题培训会，组织区内有上市潜力和意向的企业 30 余家、企业网格员 60 余人参加培训，对新出台的《青岛高新区加快推进企业上市工作意见》及细则进行详细解读，中信建投证券的上市专家对科创板及创业板改革动态进行最新分析，上海锦天城律师事务所的上市专家讲解了上市筹划与法律风险，帮扶企业用好用活资本市场。通过培训，参会人员加深了对新上市政策的理解与把握，对上市形势有了更加准确的认识，对上市规划有了更加清晰的思路，区内企业上市工作进程进一步加快。

（四）引入专业孵化器

青岛高新区已与浙江一亿中流信息科技有限公司签约，浙江一亿中流信息科技有限公司在青岛高新区注册成立全资子公司，独立运营高新区计世产业园 6718 平方米载体，打造一亿中流上市加速器，力争起到标杆和示范作用，为高新区引进营收或估值介于千万元级至亿元级的企业，同时将本土企业培育壮大，共同加速区域经济建设。

（五）成功培育案例

2019 年 8 月在科创板成功上市的青岛高测科技股份有限公司曾因地块手续办理问题影响到了上市进程，青岛高新区相关领导在公司现场开会办公，压茬推进、容缺受理，优先保障土地使用指标，助力企业融资，开辟手续办理"绿色通道"，助力企业顺利上市。

（六）已取得成绩及展望

2020 年以来，青岛高新区加快推进企业上市工作，全面发起企业上市攻势，加大企业上市工作支持力度，按照"一企一账"原则，建立 10 余家上市进展较快的重点拟上市企业台账，筛选出 30 余家有上市意愿及潜力的企业纳入上市后备企业库；协调上交所等机构对中科英泰、海纳光电等拟上市企业进行"一对一"辅导，实地调研中科英泰、盘古智能等企业 20 余家，为拟上市企业解决疑难问题 10 余项。目前，青岛高新区已有软控股份、高测股份 2 家上市公司，其中，高测股份 2020 年 8 月 7 日登陆科创板，成为高新区本土培育的第一家上市公司；中科英泰处于上交所问询阶段；盘古智能、科捷智能在青岛证监局辅导备案登记；盘古智能、科捷智能已向证券交易所提报首发上市材料，目前处于上市问询审核阶段；瑞思德生物、斯坦德检测、海大生物等10余家企业正在进行上市辅导；10家企业入选山东省重点上市后备企业名单，位列全市第3；瑞思德生物、海大生物、鑫嘉星电子等10余家企业正在进行上市辅导；康立泰药业、创捷中云、慧拓智能等30余家企业处于上市培育阶段，上市企业梯队已初步形成。下一步，青岛高新区将按照"培育一批、改制一批、辅导一批、申报一批、上市一批"梯次推进模式，持续打好培育企业上市攻坚战，以上市培训为抓手提升企业上市能力，以企业网格员为媒介优化企业上市服务，引导企业"想上市、敢上市、会上市"，从经营企业加快向经营资本转变，助力企业通过资本市场做大做强。力争到2023年末，全区境内外上市公司不少于8家，不断实现园区企业上市工作的新突破。

郑州高新区

（一）高新区简介

郑州高新区是1991年国务院批准的第一批国家级高新区、是2016年国务院批准建设的郑洛新国家自主创新示范区核心区。区域管辖面积99平方公里，下辖5个办事处，总人口35万，拥有各类市场主体4万余家，已经成为中国中部颇具竞争力的高新技术产业高地。截至2021年底，郑州高新区共有14家上市公司，共有员工总数20 942人，研发人员5512人，实现营业收入176.2亿元，总市值均值684.6亿元，当年新增专利数量145件。

（二）多措并举助力企业上市

郑州高新区加快推进全市优秀企业上市，形成了鼓励上市、支持上市、服务上市的良好氛围。涵盖天使投资、创业投资、私募股权基金、产业投资基金等在内的股权投资体系初步形成，全年累计引导社会资本进行股权投资超15亿元，增速50%。开启百企上市三年行动计划，筛选上市后备企业，出台相关支持政策，在国家和地方各类项目申报、办理项目备案、安排土地使用指标等方面对重点上市或挂牌培育企业进行政策倾斜。同时给予分层次资金奖励支持。

为完善"金融链"，高新区在供需两端发力，从总量与结构入手，着力搭建支撑科技创新的股、资、债、担结合的金融生态体系。在政策性金融供给端，高新区设立了7支国有基金、1亿元风险补偿资金池、1.5亿元应急转贷资金、3亿规模的科技融资担保公司、1亿元天健商业保理公司及挂牌服务协会等支持企业发展。打造高新区科技金融广场，注册创投机构106家，管理基金规模达500亿元，服务百余家科创企业完成直接融资、间接融资达20余亿元，并在此基础上，构建多层次银行服务体系，鼓励金融产品创新，推出科创贷、补贴贷、云税贷等金融产品。在金融需求端，高新区围绕"中原中小企业成长指数服务平台"，精准服务金融需求侧。目前，指数平台认证企业达3700余家，累计支持企业股权、债权融资约50亿元。特别是近年来，郑州高新区将《资本力量》"1+6"打造为全国资本市场路演高端品牌，资本力量活动已累计支持企业融资约10亿元。结合郑州高新区利用科技创新资源、孵化培育体系、科技金融服务等方面的优势，继上海证券交易所河南基地落户郑州后，设立了深圳证券交易所河南基地，欲打造深交所服务河南的高新示范样本。

六、长江中游城市群

1. 发展现状

经济规模逐步扩大。2017—2018 年总市值均值无明显变化，在 2020—2021 年呈现上升趋势，在 2020 年实现突飞猛进的增长，增长率达 56.95%，在 2021 年保持高速增长态势，总市值均值达到 23 790 亿元（图 5-51）。2017—2021 年营业收入呈现阶梯式增长趋势，由 2017 年的 6215 亿元增长至 2021 年的 10 040 亿元，年均增长率达 12.74%，其中 2021 年实现突破式发展，营业收入突破 10 000 亿。

图 5-51　2017—2021 年长江中游城市群国家高新区上市公司总市值均值及营业收入

创新产出能力有待加强。2017—2021 年，当年新增专利数量呈现倒 "V" 形发展趋势，在 2017—2019 年连年增加，创新产出能力不断提高，但 2020 年后出现一定程度的下滑，2021 年仅 4352 件，为近 5 年最低（图 5-52）。PCT 专利申请量在 2020 年出现最低数后，在 2021 年实现大反弹达到 128 件。与其他 5 个城市群相比，长江中游城市群国家高新区上市公司当年新增专利数量及 PCT 专利申请量 2 项指标均处于相对落后位置。

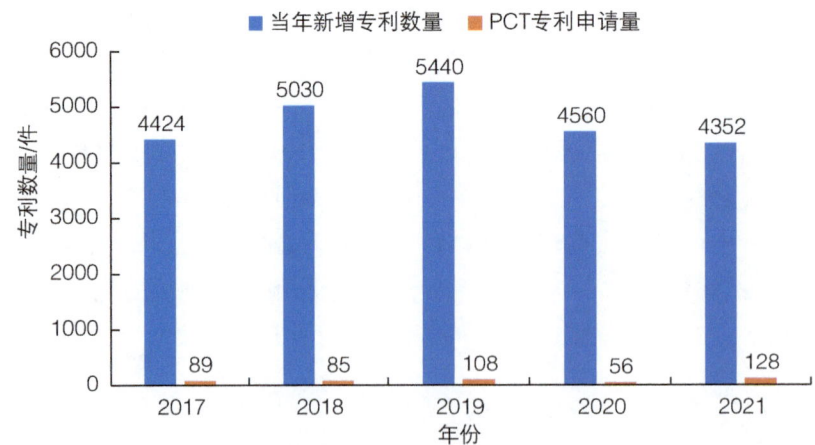

图 5-52　2017—2021 年长江中游城市群国家高新区上市公司当年新增专利数量及 PCT 专利申请量

政府创新补助投入正不断地追加。纵向来看，2017—2021年长江中游城市群国家高新区上市公司获得的政府创新补助为上涨态势，其中2021年投入增长最多，增长率为31.36%，达到最高值75.17亿元（图5-53）。横向来看，与其他5个城市群相比，此项指标居六大区域中的第4位，但是距离前3名的差距相当大，仅为居第3位的珠三角城市群的一半，今后长江中游城市群国家高新区应该继续加大向所属区域的上市公司提供创新补助的力度。

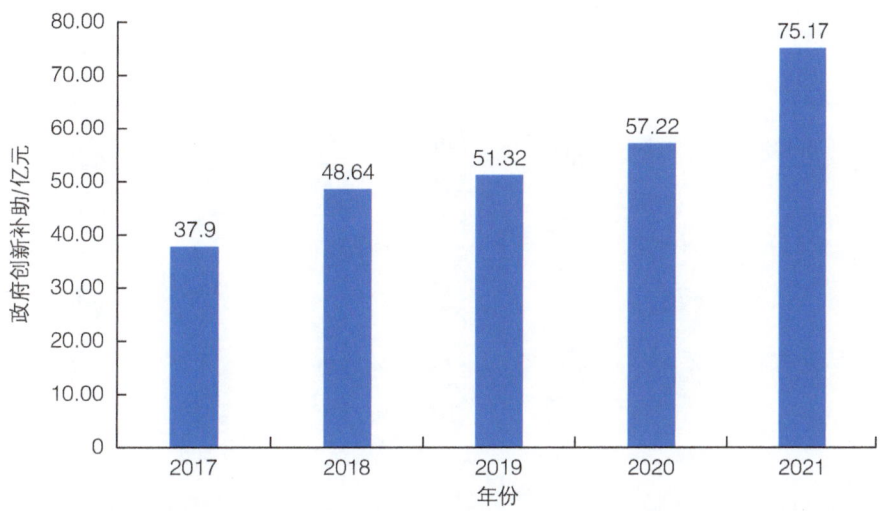

图5-53　2017—2021年长江中游城市群国家高新区上市公司获得的政府创新补助

员工学历水平提升速度加快。2017—2021年硕士研究生及以上学历人数、员工总数和研发人员数量都是增长趋势，增长率分别为15.26%、7.29%和10.71%（图5-54）。相比较而言，长江中游城市群国家高新区上市公司从业人员中硕士研究生及以上学历人数年均增长率排名居前3位，说明长江中游城市群国家高新区上市公司越来越重视员工的学历水平。

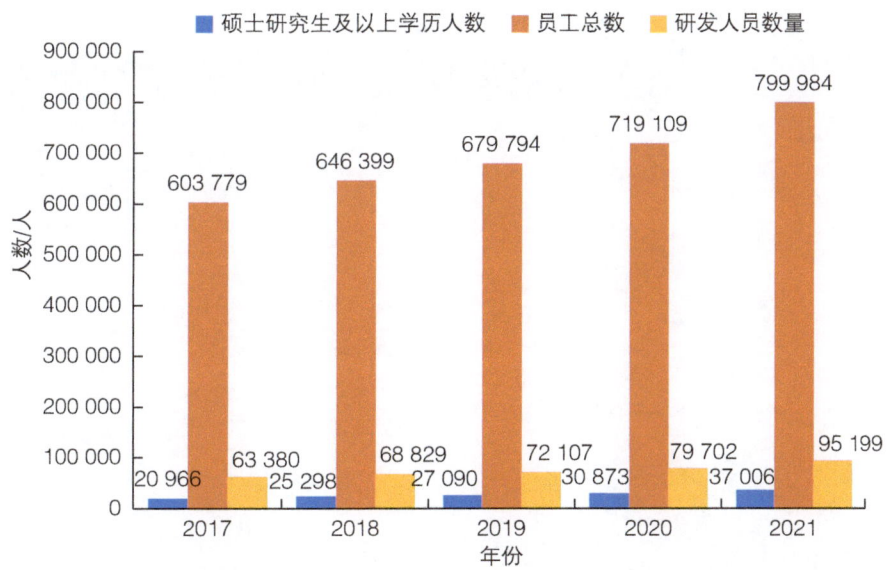

图5-54　2017—2021年长江中游城市群国家高新区上市公司从业人员数量

独立董事人数占比相对较低。2021年，长江中游城市群国家高新区上市公司独立董事人数占比为60.05%（图5-55），在六大城市群中仅居第5位。此项指标较低，说明长江中游城市群国家高新区上市公司在外部监督方面还不够，不利于上市公司保护中小企业的利益，也不利于长期发展。

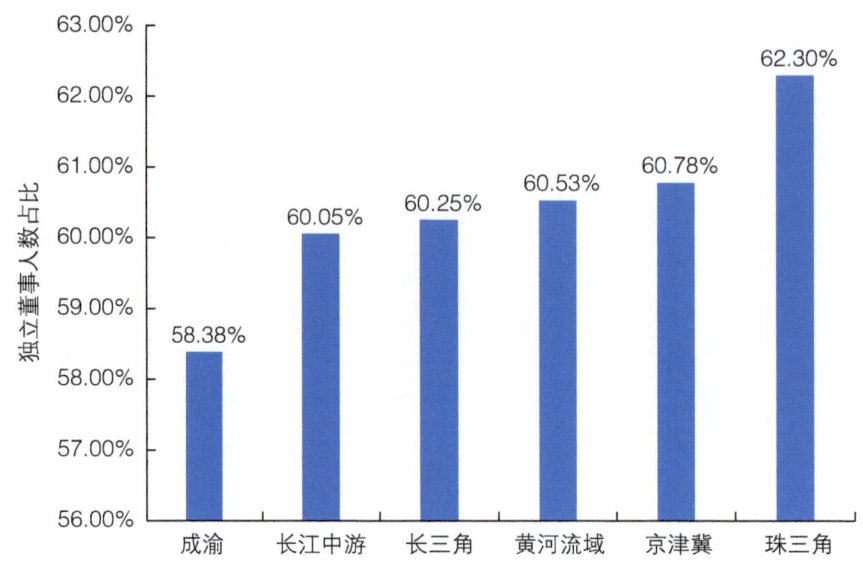

图5-55　2021年长江中游城市群国家高新区上市公司独立董事人数占比

2. 高新区排名

从创新能力来看（表5-16），长沙高新区在长江中游城市群中居榜首，与武汉东湖高新区处于明显领先的地位，呈现两强相争的局面；居第3位至第6位的襄阳、南昌、株洲和新余高新区处于第二梯队；宜昌、荆门、湘潭、益阳、景德镇和孝感高新区创新能力处于第三梯队。

表5-16　长江中游高新区上市公司创新能力总得分、排名

国家高新区	总得分	排名
长沙高新区	73.52	1
武汉东湖高新区	73.25	2
襄阳高新区	66.15	3
南昌高新区	65.47	4
株洲高新区	64.05	5
新余高新区	63.29	6
宜昌高新区	60.55	7
荆门高新区	57.97	8
湘潭高新区	53.10	9

续表

国家高新区	总得分	排名
益阳高新区	52.45	10
景德镇高新区	52.04	11
孝感高新区	50.17	12
潜江高新区	49.01	13
随州高新区	48.20	14
抚州高新区	47.62	15
鹰潭高新区	45.76	16
宜春丰城高新区	45.13	17
黄冈高新区	44.14	18
衡阳高新区	43.84	19
郴州高新区	40.88	20
黄石大冶湖高新区	39.66	21
咸宁高新区	39.34	22

数据来源：中国高新区研究中心整理，2022年8月。

长沙高新区和武汉东湖高新区的3个分项指标占据了长江中游城市群的前2位，说明这2个省会城市的高新区上市公司整体优势明显；南昌高新区略显投入不足，今后如果能够补足创新投入的短板，有望跻身长江中游城市群的前三甲；新余高新区与南昌高新区面临同样的问题，也需要加强创新投入建设；衡阳高新区创新投入充足，但却没有带来相对应的创新产出，需要提升创新产出能力（表5-17）。

表5-17 长江中游高新区上市公司创新投入、产出和保障能力排名

国家高新区	创新投入得分	创新投入排名	创新产出得分	创新产出排名	创新保障得分	创新保障排名
长沙高新区	21.12	1	35.80	1	16.60	2
武汉东湖高新区	21.05	2	35.55	2	16.65	1
襄阳高新区	20.63	3	31.41	5	14.11	5
南昌高新区	18.98	7	31.71	4	14.78	3
株洲高新区	19.78	4	30.24	7	14.03	6
新余高新区	16.92	11	32.99	3	13.38	9
宜昌高新区	15.93	13	30.46	6	14.15	4
荆门高新区	17.85	9	26.30	8	13.82	7

续表

国家高新区	创新投入得分	创新投入排名	创新产出得分	创新产出排名	创新保障得分	创新保障排名
湘潭高新区	19.22	5	20.41	15	13.48	8
益阳高新区	16.94	10	22.42	10	13.09	10
景德镇高新区	18.24	8	21.26	12	12.54	11
孝感高新区	15.67	14	22.24	11	12.25	12
潜江高新区	13.93	21	24.46	9	10.62	18
随州高新区	15.33	16	21.17	13	11.69	14
抚州高新区	16.83	12	18.99	18	11.80	13
鹰潭高新区	13.89	22	20.72	14	11.15	15
宜春丰城高新区	15.11	18	19.04	17	10.98	16
黄冈高新区	15.06	19	19.41	16	9.68	22
衡阳高新区	19.21	6	14.28	22	10.36	19
郴州高新区	15.35	15	14.74	20	10.79	17
黄石大冶湖高新区	14.70	20	15.18	19	9.79	21
咸宁高新区	15.20	17	14.34	21	9.80	20

数据来源：中国高新区研究中心整理，2022年8月。

3. 典型高新区

长沙高新区

（一）高新区简介

长沙高新区1991年获批首批国家级高新技术产业开发区，现有企业32 000家，其中高新技术企业1800家，占全市44%，上市企业47家，占全市61%，"一区四园"2020年实现企业总收入近2820亿元。在长江中游城市群高新区上市公司创新指数排名总得分中居第1位，创新投入排名第一、创新产出排名居第1位、创新保障排名居第2位。截至2021年底，长沙高新区共有A股上市公司43家，硕士研究生及以上学历11 959人，研发人员41 930人，实现营业收入2620.4亿元，高新区商品房均价约为1万元/平方米，当年新增专利1309件。

（二）培育上市公司主要举措及取得成绩：

（1）以梯队建设铸"基"，精挑细选变"自然生长"为"逐级成长"

选优预备队。结合"雏鹰企业–瞪羚企业（小巨人）–冠军企业"梯度培育体系，从孵化阶段开始培育有意向的企业进入资本市场，重点聚焦具有高成长性潜力的"独角兽企业"、瞪羚企业及细分领域"隐形冠军企业"，以科技金融赋能企业，推动个转企、企升规、规转股、股上市。独角兽企业御家汇（水羊股份）成为从园区本土成长起来的"IPO电商第一股"。选准后备库。

搭建"信用麓谷"信息化平台，运用多维度大数据为园区科技型企业"建档立户""精准画像"。将企业划分为12类，把企业信用评级与获取上市培育、融资服务、政策扶持等匹配结合，为上百家投融资机构出具"企业信用报告"5000余份，为后续金融资本的精准跟进扶持提供精确参考依据，更进一步筛选出市级拟上市后备企业61家。选强生力军。对未来2～3年有实力冲击上市的企业予以重点关注、重点跟踪，针对企业所处前期股改、辅导报备、上会在审、过会待发等不同阶段，实时对接企业需求和推进动态，为企业"量体裁衣""量身定制"培育方案，确保加快上市进度。

目前已获成绩：爱威科技、长远锂科顺利登陆科创板，艾布鲁环保已过会待发，创研科技已顺利进入新三板创新层，天济草堂正接受新三板精选层挂牌审查，麒麟信安、世邦通信已报湖南省证监局进行辅导。截至8月末，高新区上市企业总数已达50家，占全市68%、全省41%，持续领跑全省各县（市、区）。

（2）用创新服务解"难"，精准施策变"大水漫灌"为"精准滴灌"

创新模式。建立科技风补、贷款贴息、转贷支持等融资支持体系，支持债券融资机构"敢贷宽贷"，企业"想贷能贷"。在全省首创信贷风险补偿模式，承担科技型中小微企业的信贷逾期风险，已为园区近千家中小企业发放无抵押纯信用贷款，融资总额超过30亿元，已连续5年未发生代偿。设立全省首家转贷引导基金，解决企业资金周转问题。搭建平台。针对高速成长科技型企业上市过程中对股权投资的需求，与上交所合作建立全省首个上市服务工作站，与深交所建立全市科技金融路演中心，全面深化与资本市场的联系合作，打造企业与资本无缝对接平台，累计已联合科技部火炬中心、上交所、深交所及各类一线投资机构举办路演、沙龙、培训等投融资活动200余场。"我要投资"品牌活动已启动第三季海选，将为科技型成长企业提供高品质资本对接平台。加强扶持。打造"1+X"政策体系，出台企业上市高质量发展计划，形成了涵盖企业发展全周期的产业扶持链条，针对改制上市、并购重组、贷款贴息、股权融资等重点事项给予支持，引导和鼓励企业运用多层次资本市场规范经营、成长壮大。

目前已获成绩：创星科技、华诚生物等拟上市公司通过路演获得资本青睐，加速上市进程。景嘉微、三诺生物、方盛制药等众多优质上市公司从园区孵化，成为"蝶变"上市的典范。

（3）将特色机制用"实"，精细服务变"日常照看"为"经常管护"

"一企一策"抓指导促上市。对接省金融局、证监会，联合上交所、深交所、港交所三大交易所加大企业上市指导培训力度，打造金牌董秘工程、资本下午茶、约见投资人等活动，通过专题培训、案例分析、专家答疑、面谈交流等方式为企业上市答疑解惑。针对主板、科创板、创业板、新三板及区域性股权市场对企业上市挂牌有不同标准，指导企业选择合适板块和交易所上市。"一事一议"抓帮扶推上市。建立上市企业联席会议和绿色通道制度，搭建政企沟通桥梁，由主要领导任总召集人，分管领导任第一召集人亲自坐镇、靠前指挥，"一事一议"研究、审议上市企业相关问题。区金融部门每月对拟上市重点企业IPO进度进行问题汇总和工作调度，牵头协调解决有关问题。"一岗一责"抓服务保上市。联合行政审批局建立拟上市企业行政审批优化机制，对进入上市后备库的企业办理证明开具、核准备案、用地审批、环境评价、工商登记等手续开辟快车道。协调税务局实地上门服务，限时为企业解决涉税难题。配合宣传和网信部门及时监控处置舆情，消除企业上市负面影响。推动市场监管等执法部门对上市、拟上市企业实行包容审慎监管，行政处罚报告制，为企业上市营造最有利环境。

目前已获成绩：后备企业中拟主板上市 2 家，科创板上市 24 家，创业板上市 26 家，新三板上市企业 7 家，境外上市企业 4 家。针对圣湘生物、长远锂科在 IPO 材料申报前期出现的重点问题，由金融办牵头，住建、规划、消防等部门组成帮扶小组，一周内便完成各项准备工作。

（4）把营商环境建"优"，精耕生态变"上市盆景"为"产业风景"

在资本市场发展上助力。引进设立百亿规模的"独角兽"公司专项投资基金，以及智能制造产业基金等投资规模达 30 亿左右的基金，积极发挥社会资本杠杆撬动作用助力产业、企业跨越式发展。在金融生态营造上聚力。依托麓谷基金广场，通过"一站式""一条龙""一揽子"服务模式实现投融资机构注册落户高效闭环，汇聚各类投融资机构 973 家，管理规模突破 1200 亿元，引导成立金融投资协会，促进行业健康发展。在政务环境优化上给力。实行"一门""一窗""一网"审批服务，打造 1 天企业开办、1 天工规领证、10 天施工许可"1110 工程"和无费园区，整合市场监管、税务、消防、安监等部门力量，帮助企业及时掌握政策、开具证明、办理手续，助力企业跑出上市"加速度"。

目前已获成绩：天际汽车已启动上市筹备阶段并将拟上市主体转移至长沙。已实现投资超过 230 亿元，有效支持华凯创意、御家汇、远大住工等一批企业成功上市或正在改制上市。对力合科技上市前涉及诉讼问题，航天环宇涉及的股东投资问题等，通过优质法律服务为企业专业指导、精准化解。

第六章

点评与总结

第一节　国家高新区上市公司创新点评

一、北京市

中关村科技园区 A 股上市公司高学历人才优势显著

近年来，北京市先后制定了《北京经济技术开发区关于进一步支持企业上市发展的若干政策》《关于支持创新型中小企业在北京证券交易所上市融资发展的若干措施》等政策措施，构建了全方位、全周期企业上市服务体系，鼓励金融机构开展创新服务，推动全市高精尖产业高质量发展。

据《报告》显示，截至 2021 年底，中关村科技园区拥有 A 股上市公司 327 家，其中高企占比达到 91.74%，上市公司创新指数在全国拥有上市公司的 144 家国家高新区中排名位列第 1 名。

从具体指标来看，中关村科技园区 A 股上市公司在带动就业能力、硕士研究生及以上学历人员占从业人员比重和研发人员占从业人员比重等方面表现突出，值得肯定；在总资产利润率等指标方面表现较弱，仍有较大提升空间。

着眼于未来，中关村科技园区要继续落实北京市企业上市挂牌补贴相关政策，推动落实高端人才奖励、研发费用奖补、科技信贷支持、科技补助等精准激励政策措施，不断丰富上市挂牌后备企业资源储备，打造掌握关键核心技术、彰显北京国际科技创新中心实力的上市公司集群。

二、上海市

1. 上海张江高新区A股上市公司总市值增势迅猛

近年来，上海科创办为贯彻落实高质量发展要求，发布《推进张江高新技术产业开发区高质量发展行动方案（2021—2023年）》暨"张江之星"行动，会同张江高新区各分园，积极开展企业培育工作，根据企业实际需求，实施分类分层的精准服务，促进更多科创企业通过多层次资本市场融资。

据《报告》显示，截至2021年底，上海张江高新区拥有A股上市公司175家，其中高企占比达到77.14%，上市公司创新指数在全国拥有上市公司的144家国家高新区中排名位列第2名。

从具体指标来看，上海张江高新区A股上市公司在人均工资薪酬、创新补助占研发经费比重等方面表现较好，值得肯定；但在研发经费占营业收入比重等方面落后于全国高新区均值，还有较大提升空间。

着眼于未来，上海张江高新区要始终以创新的锐气和勇气奋发前行，把科技创新摆到更加重要位置，踢好"临门一脚"。要提升原始创新能力，注重发挥企业主体作用。要促进科技创新要素加快集聚，促进金融、科技和产业良性循环与三角互动。

2. 上海紫竹高新区A股上市公司多项指标实现跨越式发展

近年来，上海紫竹高新区以抓招商引资、项目建设、产业培育、运营环境和铂金服务为工作主线，提质增效，关注增长潜力，取长补短，主要经济指标继续保持两位数高速增长，已发展成为区域乃至上海经济增长新引擎，对保持上海经济和产业转型起到了重要支撑作用。

据《报告》显示，截至2021年底，上海紫竹高新区拥有A股上市公司4家，其中高企占比达到100%，上市公司创新指数在全国拥有上市公司的144家国家高新区中排名位列第56名。

从具体指标来看，上海紫竹高新区A股上市公司受数量较少的影响，营业收入和总市值等绝对量指标都较低；而人均工资薪酬等指标较全国平均水平而言有一定优势，值得肯定。此外，上市公司实现高企全覆盖，说明整体科技熟悉较强。

今后，上海紫竹高新区要为企业制定资本上市规划路径，扶持具有高科技含量的技术企业的早期孵化，为企业配套人才、资源、政策等。同时要进一步完善知识产权服务体系，在优化知识产权质量、深化知识产权运营等方面持续开展工作，为上海建设具有全球影响力的科创中心做出更大贡献。

三、天津市

天津滨海高新区A股上市公司总资产利润率进步明显

近年来，天津滨海高新区全力营造支持上市公司高质量发展的良好环境，不断充实重点培育上市公司资源库，加强与上交所、深交所和北交所联系对接，及时把资本市场政策信息反馈给各重点培育上市公司，为上市进度提供保障，已经汇聚了一大批具备自主创新实力的头部企业。

据《报告》显示，截至2021年底，天津滨海高新区拥有A股上市公司22家，其中高企占比达到68.18%，上市公司创新指数在全国拥有上市公司的144家国家高新区中排名位列第17名。

从具体指标来看，天津滨海高新区A股上市公司在高企占比略低，表明科技属性不强。在硕士研究生及以上学历占从业人员比重、研发经费占营业收入比重等方面表现较好，值得肯定，但在资产负债率方面表现不佳，仍需继续发挥财务杠杆作用，加快发展步伐。

下一步，天津滨海高新区要持续加大企业上市挂牌挖掘、培育力度，进一步强化培育的针对性、精准性，严格落实辅导监管要求，把好"入口关"，支持和推动滨海新区优质企业上市挂牌，从源头提高上市公司质量，在服务滨海新区经济高质量发展方面做出更大贡献。

四、重庆市

1. 重庆高新区A股上市公司利用资产盈利能力较强

近年来，重庆市通过不断完善工作机制、强化上市资源培育和财税奖补等措施，助推企业加快上市步伐。上市办从实施企业上市"育苗"行动、帮助企业解决上市障碍等6个方面，提出17条推动企业上市的举措，并直接出台专项政策，鼓励企业赴境内外上市。

据《报告》显示，截至2021年底，重庆高新区拥有A股上市公司12家，其中高企占比达到75%，上市公司创新指数在全国拥有上市公司的144家国家高新区中排名位列第45名。

从具体指标来看，重庆高新区A股上市公司在总资产利润率等指标方面表现较好，值得肯定，在硕士研究生及以上学历人员占从业人员比重、研发人员占从业人员比重和研发经费占营业收入比重等方面表现不佳，仍有较大提升空间。

今后，重庆高新区要出台含金量高、针对性强、操作性好的入库企业支持政策，同时面向拟上市公司提供银企对接、基企对接等金融综合服务。也要学习广东、浙江和四川等地，提高政策精准度，进一步加强拟上市公司的培育、选优和扶持工作，储备一大批上市后备企业，通过层层筛选、精准扶优扶强，推动上市"苗子"不断往上进阶，解决企业发展面临的资金问题。

2. 璧山高新区A股上市公司亟须改善高端人才结构

近年来，璧山高新区全区上下持之以恒抓实体经济，转变观念、解放思想，把握机遇、精准施策，鼓励企业走上市之路，利用市场化手段，不断做大做强实体经济；相关部门要认真倾听企业意见建议，出台奖励和激励措施，积极主动作为，为企业上市保驾护航。

据《报告》显示，截至2021年底，璧山高新区拥有A股上市公司1家，其中高企占比达到100%，上市公司创新指数在全国拥有上市公司的144家国家高新区中排名位列第135名。

从具体指标来看，璧山高新区仅有1家A股上市公司，数量较少、规模较小，在硕士研究生及以上学历人员占比、人均工资薪酬和研发人员占从业人员比重等指标方面表现不佳，仍有较大提升空间。同时，在研发人员人均经费等方面表现较好，是优势指标。

着眼于未来，璧山高新区要宣传、解读好各级利好政策，让企业把政策利好用在刀刃上，实现新的更快发展。要制定精准化目标，一对一培养上市公司，出台奖励和激励措施，千方百计解决企业上市过程中遇到的专业知识欠缺、专业人才匮乏、上市信心不足等困难和问题，让企业通过上市华丽转身、做大做强，为全区实体经济发展做出更大贡献。

3. 荣昌高新区 A 股上市公司利用资产盈利能力愈来愈弱

近年来，荣昌高新区紧紧围绕打造成渝地区双城经济圈合作主战场和桥头堡定位，深化川渝合作，围绕"规划引领，做优空间""产业引领，做大经济""科技引领，做强创新""改革引领，做大开放"4 个方面，明确了加快提质扩容、布局建设南部科创中心和产城景融合发展等重点任务。

据《报告》显示，截至 2021 年底，中荣昌高新区拥有 A 股上市公司 1 家，且是高企，上市公司创新指数在全国拥有上市公司的 144 家国家高新区中排名位列第 121 名。

从具体指标来看，荣昌高新区仅有 1 家上市公司，数量较少，因此绝对量指标整体偏低。研发人员占从业人员比重、研发人员人均经费等指标上升态势显著，表现优异，但是总资产利润率等指标下滑显著，值得关注。

着眼于未来，荣昌高新区要围绕打造创新驱动发展示范区和高质量发展先行区，强化要素保障，全心服务企业发展，全力做大产业集群，继续发挥投资经验及资源优势，赋能高新技术产业优质项目，进一步推动全市和国家战略新兴产业高端高质高效发展。

五、河北省

1. 石家庄高新区 A 股上市公司高学历人才较为短缺

近年来，石家庄高新区积极落实河北省《推动企业上市"蝶变计划"工作方案》，对有意向、有潜质的上市公司进行资源挖掘，建立"孕育、成长、蝶变"滚动培育体系，分级分层开展精准服务，制定了企业挂牌上市行动计划、扶持企业上市十三条政策措施，助力提升区内企业在资本市场的融资效率。

据《报告》显示，截至 2021 年底，石家庄高新区拥有 A 股上市公司 7 家，其中高企占比达到 85.71%，上市公司创新指数在全国拥有上市公司的 144 家国家高新区中排名位列第 91 名。

从具体指标来看，石家庄高新区 A 股上市公司研发经费占营业收入比重、人均工资薪酬等指标均为增长态势，发展势头良好，值得肯定。但是硕士研究生及以上学历人员占从业人员比重等指标表现较弱，还有进一步提升的空间。

今后，石家庄高新区要对拟上市公司现有问题"一企一策"，建立任务清单，全力支持企业上市；要加大上市公司培训力度，组织拟上市公司走访沪、深、北交易所，营造资本市场发展的良好氛围；也要对列入上市后备企业库的企业在项目申报、用地申请等方面优先支持，主动靠前服务，提振企业上市信心决心。

2. 保定高新区 A 股上市公司人才优势有待提升

近年来，保定高新区根据保定市政府《关于进一步推动企业利用资本市场加快发展的实施意见》要求，结合园区企业挂牌上市融资实际，制定了《关于进一步推动企业利用资本市场加快发展的实施意见》，旨在推动企业挂牌上市融资工作，鼓励企业充分利用境内外多层次资本市场做优做强。

据《报告》显示，截至 2021 年底，保定高新区拥有 A 股上市公司 5 家，实现高企全覆盖，上市公司创新指数在全国拥有上市公司的 144 家国家高新区中排名位列第 12 名。

从具体指标来看，保定高新区 A 股上市公司总市值和员工总数等指标表现突出，值得肯定；但在硕士研究生及以上学历人员占从业人员比重等指标方面略显不足，还有较大提升空间。

从长远来看，保定高新区要抢抓国家深化资本市场改革的重要机遇，从构建服务库、资金奖补、要素供给、外联协作、全过程扶持和保障机制等方面制定具体措施，形成"一企一包联一专班一台账"的工作格局。也要适时邀请上市和拟上市公司代表分享上市经验，进一步坚定广大企业登陆资本市场实现更大发展的信心和决心。

3. 唐山高新区 A 股上市公司高学历人才优势显著

近年来，唐山市人民政府发布《关于进一步推进企业上市挂牌 高质量发展的实施意见》等政策，对上市公司进行资金等全方位补贴。唐山高新区组织专业券商机构从上市标准、上市条件、新三板变迁、上市流程、上市好处、上市优势等方面为上市后备库企业进行培训，提升上市培育工作质量。

据《报告》显示，截至 2021 年底，唐山高新区拥有 A 股上市公司 1 家，且是高企，上市公司创新指数在全国拥有上市公司的 144 家国家高新区中排名位列第 116 名。

从具体指标来看，唐山高新区 A 股上市公司在总资产利润率等指标方面表现强势，说明市场竞争力较强。唐山高新区仅有 1 家上市公司，上市公司阵营较为渺小，因此上市公司的绝对量指标整体表现不佳，仍有较大提升空间。

今后，唐山高新区要鼓励拟上市公司用好、用活、用足资本市场工具，增强资本实力，做大做强主业，推动企业存量尽快转变为上市公司增量。也要持续优化上市"绿色通道"。加大企业挂牌上市合法经营认定"一件事"宣传力度，加强典型案例推广，提升企业知晓率、参与度，促进"一件事"服务扎实开展。

4. 燕郊高新区 A 股上市公司亟须提升高学历人才比例

近年来，燕郊高新区建立"企业评部门、评科室"制度，倒逼部门提升服务水平。强力推进"一网通办""并联审批""接诉即办"改革，组建"城市大脑"，实现"让数据多跑路，让企业少跑腿"。以荣获"全国营商环境百强县（市）"为契机，继续着力打造营商环境金字招牌。

据《报告》显示，截至 2021 年底，燕郊高新区拥有 A 股上市公司 1 家，上市公司创新指数在全国拥有上市公司的 144 家国家高新区中排名位列第 143 名。

从具体指标来看，燕郊高新区仅有 1 家上市公司，数量较少，在营业收入、总市值和从业人数等绝对量指标方面都略显不足，需要进一步提升。在总资产利润率等指标方面表现优异，说明上市公司的产品市场竞争力较强，在同业中处于优势地位。

今后，燕郊高新区要将助推企业上市作为一把手项目，成立高新区上市办，建立上市工作专班机制，组建企业上市（挂牌）工作领导小组，党工委主要领导任第一组长，实现实体化运作、全方位服务。也要积极对接证监会、证监局等上级部门，形成推进企业上市的强大合力。

5. 承德高新区 A 股上市公司研发经费骤然增加

近年来，承德高新区与全国三大交易所深度合作，在全方位推动园区企业规范上市提供服务等维度积极努力，摸排拟上市公司辅导进展，在依法合规基础上，实现"即报即验""即验即复"，打造"上市驱动、资本赋能、头部拉动、行业整合"的先进模式，极大提升了园区企业上市效能。

据《报告》显示，截至 2021 年底，承德高新区拥有 A 股上市公司 1 家，上市公司创新指数在全国拥有上市公司的 144 家国家高新区中排名位列第 136 名。

从具体指标来看，承德高新区仅有 1 家 A 股上市公司，园区企业利用直接融资渠道不畅。获得的政府创新补助和研发经费占营业收入比重等指标发展态势良好，值得肯定。利用资产盈利的能力较强是重要亮点。

下一步，承德高新区要紧密依托河北省企业上市服务联盟、资本赋能专家服务团，向企业提供优质高效快捷服务。也要围绕产业集群优势精准发力、分层引导、梯次培育，竭尽全力帮助企业进一步提高认识。同时还要优化服务、狠抓落实，引导企业借力资本市场做大做强，助力全市经济实现新提升。

六、山西省

1. 太原高新区 A 股上市公司科技属性稍显不足

经过多年发展，太原高新区通过"全承诺""全代建""全包联"举措，以用心、贴心、暖心的服务，助推项目加速跑，形成以煤炭、焦化、冶金、电力等传统支柱产业为主导，以高端装备制造、新一代信息技术、新材料合成加工、绿色能源等战略性新兴产业创新发展的格局，为太原市全方位推动高质量发展积蓄力量。

据《报告》显示，截至 2021 年底，太原高新区拥有 A 股上市公司 7 家，其中高企占比为 42.86%，上市公司创新指数在全国拥有上市公司的 144 家国家高新区中排名位列第 70 名。

从具体指标来看，太原高新区 A 股上市公司数量偏少，且高企占比较低，科技属性较弱。总资产利润率、硕士研究生及以上学历人员占从业人员比重和研发经费占营业收入比重等指标表现不佳，还有较大提升空间。

从长远来看，太原高新区要按照"培育一批、股改一批、挂牌一批、上市一批"的发展路径，动态筛选出园区符合国家产业发展政策，符合太原市转型发展要求，主营业务突出、竞争能力较强、盈利能力较好、具有发展潜力的重点企业，设立分层次、分梯队的上市挂牌后备企业资源库，为进入后备资源库的企业提供培育和政策支持。

2. 长治高新区 A 股上市公司职工福利待遇持续提升

近年来，长治高新区站在全局和战略高度，不断创新举措，对标先进，持续营造风清气正、服务高效的营商环境，大力培育合格市场主体，优化上市挂牌服务，推出《长治高新区推动企业上市挂牌十条措施》。高新区科创融资担保公司抢抓国家融资担保基金新增 1 万亿元规模的政策机遇，融入山西省融资再担保集团有限公司的再担保体系。

据《报告》显示，截至 2021 年底，长治高新区拥有 A 股上市公司 2 家，其中高企占比为 50%，上市公司创新指数在全国拥有上市公司的 144 家国家高新区中排名位列第 79 名。

从具体指标来看，长治高新区仅有 2 家 A 股上市公司，数量偏少，园区企业利用资本市场的普及程度明显偏低。硕士研究生及以上学历人员占从业人员比重和研发经费占营业收入比重等指标表现不佳，尚有一定提升空间。

着眼于未来，长治高新区要进一步落实《推进企业上市挂牌行动计划（2021—2025年）》和市场主体"倍增"工程，加大宣传、培育、服务力度，着力破除企业上市挂牌的思想和制度障碍，营造良好营商环境，推动企业打造合格市场主体，利用资本市场做优做大做强，为全市推动经济高质量发展提供强有力支撑。

七、内蒙古自治区

1. 包头稀土高新区A股上市公司总资产利润率表现优异

近年来，包头稀土高新区积极落实自治区、包头市两级政府推进企业上市奖补政策，对企业完成股改并进入上市辅导期、通过上市辅导验收、实现股票挂牌上市等阶段分别予以奖补，建立推进企业上市联盟机制，强化"一站式"受理企业合规性证明办理机制，优化服务企业上市绿色通道机制。

据《报告》显示，截至2021年底，包头稀土高新区拥有A股上市公司6家，其中高企占比达到66.67%，上市公司创新指数在全国拥有上市公司的144家国家高新区中排名位列第28名。

从具体指标来看，包头稀土高新区A股上市公司硕士研究生及以上学历人员占从业人员比重和研发经费占营业收入比重等指标表现不佳，需要进一步提升。总资产利润率和研发人员人均经费等指标增长势头迅猛，值得肯定。

今后，包头稀土高新区要高质量扩充上市后备企业梯队，对于掌握核心关键"卡脖子"技术、自主研发实力突出、科研成果转化能力优秀、体现园区产业特色特点、产品市场认可度高的一批优质企业，要予以重点跟踪，加大扶持力度，全方位做好上市服务。

2. 呼和浩特金山高新区A股上市公司高学历人才占比持续提升

近年来，在自治区党委、政府的坚强领导下，在自治区地方金融监督管理局、自治区证监局的大力支持和精心指导下，呼和浩特金山高新区扎实培育市场主体，以加强上市公司培育扶持为抓手，稳定区域经济，推动城市发展水平，企业上市取得了实质性成效。

据《报告》显示，截至2021年底，呼和浩特金山高新区拥有A股上市公司1家，上市公司创新指数在全国拥有上市公司的144家国家高新区中排名位列第19名。

从具体指标来看，呼和浩特金山高新区仅有1家A股上市公司，数量较少，园区企业直接融资渠道尚未打通。在研发人员占从业人员比重和研发经费占营业收入比重等指标方面表现一般，还有较大提升空间。

下一步，呼和浩特金山高新区要紧紧围绕"六大产业集群"发展方向，积极构建"储备一批、改制一批、辅导一批、申报一批"的梯度培育和分类服务体系，高效推动企业上市工作，构建企业上市"绿色通道"，为助推首府乃至全区经济高质量发展贡献资本市场力量。

3. 鄂尔多斯高新区A股上市公司经济规模稳步提升

近年来，鄂尔多斯市积极抢抓资本市场改革机遇，加强顶层设计，加大企业上市奖补力度，建立企业上市全方位支持体系。市政府金融办精准细化各项服务，印发《鄂尔多斯重点上市挂牌后备企业护航服务举措》，组织专家服务团深入企业进行动员、辅导和培育。

据《报告》显示，截至 2021 年底，鄂尔多斯高新区拥有 A 股上市公司 1 家，且是高企，上市公司创新指数在全国拥有上市公司的 144 家国家高新区中排名位列第 75 名。

从具体指标来看，鄂尔多斯高新区仅有 1 家 A 股上市公司，数量偏少，硕士研究生及以上学历人员占从业人员比重等指标较弱，高端人才集聚度不够，还有较大提升空间。营业收入和总资产利润率等指标 2021 年变现较好，值得肯定。

未来，鄂尔多斯高新区言根据园区企业基本情况、经营业绩、上市进展及存在的困难问题，对企业目前存在的问题进行详细分析并提出解决意见，对企业战略规划、产品营销、上市路径进行专业指导，对企业提出的问题逐一解答交流，手把手辅导企业走好走稳上市之路。

八、辽宁省

1. 沈阳高新区 A 股上市公司 2021 年带动就业效应显著

近年来，沈阳高新区为深入贯彻全国及省、市金融工作会议精神，抢抓资本市场设立科创板并试点注册制的改革机遇，加大企业上市扶持力度，壮大上市公司队伍，加快推进高新区高质量发展，依据《辽宁省人民政府办公厅关于进一步支持企业上市发展的意见》《沈阳市促进金融业发展若干政策措施》，制定《沈阳高新区关于支持企业上市发展》的政策措施。

据《报告》显示，截至 2021 年底，沈阳高新区拥有 A 股上市公司 7 家，其中高企占比达到 71.43%，上市公司创新指数在全国拥有上市公司的 144 家国家高新区中排名位列第 66 名。

从具体指标来看，沈阳高新区 A 股上市公司在研发人员占从业人员比重、人均工资薪酬等指标方面表现突出，示范效应显著，但在研发人员人均经费等指标方面仍稍显薄弱，提升空间较大。

今后，沈阳高新区要简化国际金融机构及其服务机构准入条件和程序，鼓励其设立区域总部；也要抢抓北交所上市机遇，深入贯彻落实《沈阳市推进企业在北交所上市工作方案》，实现京沪深三家交易所、港交所等全市场板块上市工作目标化、梯队化。

2. 大连高新区 A 股上市公司需要进一步提升科技属性

近年来，大连始终走在科技强企、质量兴企、资本优企的路上，积极推动企业上市，在上市过程中，拟上市公司得到了全市各方面力量的携手支持，在科创板、创业板、北交所及境外市场均取得了突破性进展，创造了辽宁省甚至东北地区的多项第一。

据《报告》显示，截至 2021 年底，大连高新区拥有 A 股上市公司 5 家，其中高企占比达到 40%，上市公司创新指数在全国拥有上市公司的 144 家国家高新区中排名位列第 88 名。

从具体指标来看，大连高新区 A 股上市公司的高企占比仅为 40%，占比很低，科技属性较弱。在总资产利润率、硕士研究生及以上学历人员占从业人员比重等指标方面表现不佳，仍需进一步提升。

着眼于未来，大连高新区要继续优化"政府搭台、企业发力、券商助推"的良好局面，为拟上市公司做好全流程、全方位、全景式服务，通过组织高质量、高规格、高标准的观摩和分专题、分行业、分阶段的培训，营造园区企业拥抱资本市场新局面，为金融强市、资本强市、产业强市不断积蓄新动能。

3. 鞍山高新区 A 股上市公司需要不断提升员工福利待遇

近年来，鞍山市着眼于企业上市过程中面临的实际问题和困难，下发了《关于进一步支持企业上市发展的实施意见》，从加大企业上市扶持力度、优化企业上市服务环境、完善上市保障机制三方面提出 14 条新政，多维度支持企业上市，支持企业利用资本市场上市融资发展，壮大上市公司队伍，为高质量发展赋能。

据《报告》显示，截至 2021 年底，鞍山高新区拥有 A 股上市公司 5 家，其中高企占比达到 80%，上市公司创新指数在全国拥有上市公司的 144 家国家高新区中排名位列第 123 名。

从具体指标来看，鞍山高新区 A 股上市公司在人均工资薪酬、硕士研究生及以上学历人员占从业人员比重等指标方面表现较差，进步空间很大。在资产负债率方面指标偏低，财务杠杆效应发挥不佳，发展步伐偏慢。

今后，鞍山高新区要从开展后备企业分层次培育、建立上市后备企业库、加强企业科创板上市融资等方面发力，不断完善上市保障机制。也要按照"培育一批、辅导一批、申报一批"的工作思路，对上市后备企业进行分类排序，分层培育，有计划、分阶段推进企业上市工作，积极构建梯次推进格局。

4. 营口高新区 A 股上市公司总市值增长迅猛

近年来，营口市委、市政府高度重视企业上市发展，组建上市辅导团队为企业上市问题开展"望闻问切"，分析定制上市板块属性；邀请专家解读时事政策，面对面为企业答疑解惑；沟通沪深北交易所、全国股转系统开展"场外上市、场内挂牌"流程、财务规范等资本市场系列活动，组织优质企业高管代表参加投融资路演、观摩，形成"上市大学堂"，打造健全的上市学习环境。

据《报告》显示，截至 2021 年底，营口高新区拥有 A 股上市公司 1 家，且是高企，上市公司创新指数在全国拥有上市公司的 144 家国家高新区中排名位列第 119 名。

从具体指标来看，营口高新区仅有 1 家 A 股上市公司，数量偏少，尚未有效贯通直接融资市场。硕士研究生及以上学历人员占从业人员比重和营业收入等指标表现不佳，还有进一步提升空间。研发人员占从业人员比重等指标表现较好，值得肯定。

今后，营口高新区要充分利用交易所强大的资本市场平台优势，培育一批尚不具备短期上市条件的优质企业，改制一批已明确上市规划的股份公司，辅导一批具备基本上市条件的企业，整合全方位资源，进一步扩展项目、提高品质、开拓市场，为全市经济做出更大贡献，为提振东北经济信心吹响号角。

5. 辽阳高新区 A 股上市公司高学历人才占比持续走低

近年来，辽阳高新区开足马力、铆劲生产，同时加快创新体制机制，探索"一区多园"和"管委会+公司"发展模式，引进社会资本，打造开发运营、科创投资等专业化平台，加快聚合高质量发展的各类资源要素。

据《报告》显示，截至 2021 年底，辽阳高新区拥有 A 股上市公司 2 家，其中高企占比达到 50%，上市公司创新指数在全国拥有上市公司的 144 家国家高新区中排名位列第 69 名。

从具体指标来看，辽阳高新区由于仅有 2 家 A 股上市，因此营业收入和总市值等绝对量指标都偏低。高端人才集聚度不够，研发团队较为薄弱，从职工薪酬来看，虽然纵向对比一直增长，但是横向对比差距明显。

今后，辽阳高新区要积极响应市委、市政府号召，以深化改革为抓手，深入落实"项目落地年"活动要求，在"快、优、实"上下功夫，积极主动落实疫情防控措施，不断优化惠企政策，科学合理安排建设工序。

6. 锦州高新区 A 股上市公司发展初具规模

近年来，锦州市聚焦建设区域中心城市目标定位，坚持以创新引领发展，把产业发展作为重中之重，把企业上市作为转型升级的重要途径来抓，围绕后备培育、机制保障、精准助推、优化服务等方面多措并举，全线发力，持续挖掘、培育和扶持企业上市，推动资本市场锦州版块扩容提质。

据《报告》显示，截至 2021 年底，锦州高新区拥有 A 股上市公司 1 家，且是高企，上市公司创新指数在全国拥有上市公司的 144 家国家高新区中排名位列第 89 名。

从具体指标来看，锦州高新区在 2020 年实现了园区上市公司"0"的突破，具有历史性意义。从营业收入和总市值等绝对量指标来看，数值很低。从研发人员占从业人员比重等相对量指标来看，也处在初期发展阶段，仍有较大提升空间。

着眼于未来，锦州高新区要响应国家大力发展多层次资本市场的号召，充分利用辽宁股权交易中心，打造中小微科技型企业提供了展示、孵化的平台，加快推进锦州市企业，特别是科技型企业走入多层次资本市场，帮助企业进行多渠道融资。

7. 阜新高新区 A 股上市公司发展后劲不足

近年来，阜新市聚焦"双碳"目标，精准把握从化石能源转向光伏、风电等可再生能源的大势，在电、氢、储能等能源载体建设上频频发力，在新能源汽车、户用光伏等场景应用上全力出击，利用新能源得天独厚的资源优势，打造未来产业转型的坚固基石。

据《报告》显示，截至 2021 年底，阜新高新区拥有 A 股上市公司 1 家，且是高企，上市公司创新指数在全国拥有上市公司的 144 家国家高新区中排名位列第 103 名。

从具体指标来看，阜新高新区仅有 1 家 A 股上市公司，近 5 年再无新增上市公司，发展活力不足。在人均工资薪酬等方面表现较好，值得肯定，对将来加快集聚高端人才而言，是坚实的资金基础。但是在总资产利润率等指标方面表现不佳，仍有较大提升空间。

未来，阜新高新区要高度重视企业上市工作，把培育企业上市作为推动金融创新、构建现代产业体系的一项重要抓手，在氛围营造、政策激励、服务优化、考核推动等方面做了大量工作，一批治理规范、发展健康的企业上市，为全市经济社会高质量发展注入了强大动力。

九、吉林省

1. 长春高新区 A 股上市公司研发人员人均经费骤然增加

近年来，长春高新区充分把握资本市场重要改革机遇，做精做强主营业务，金融和投资工作领导小组联合专业券商机构共同举办北交所上市业务专题讲座，推动"专精特新"中小企业抢抓机遇积极对接北交所，进一步完善高新区多层次资本市场服务体系，不断提升核心竞争力和创新能力。

据《报告》显示，截至 2021 年底，长春高新区拥有 A 股上市公司 10 家，其中高企占比达到 60%，上市公司创新指数在全国拥有上市公司的 144 家国家高新区中排名位列第 31 名。

从具体指标来看，长春高新区 A 股上市公司中高企占比仅为 60%，科技属性不足。总资产利润率等指标表现较好，利用资产获得利润的能力较强。同时，在研发人员占从业人员比重等指标方面比较落后，研发人员队伍需要进一步增加。

下一步，长春高新区要进一步做强梯队培育，充分挖掘企业上市潜力，做大上市分母，邀请专业机构开展评估、辅导和培训，全力为拟上市挂牌企业提供全生命周期的服务保障，推动更多优质企业进入资本市场，抢抓机遇、乘势而上，奋力开辟企业上市工作新局面。

2. 长春净月高新区 A 股上市公司利用资产盈利能力需不断提升

近年来，长春净月高新区设立政府产业投资基金，对符合长春净月高新区产业规划的企业，经审定，可以利用国有平台公司进行股权投资。在境内主板、中小板、创业板、科创板及境外上市的，给予一次性 300 万元奖励；将市场准入关系、税务登记迁入长春净月高新区的区外上市公司，给予最高 200 万元一次性的奖励。

据《报告》显示，截至 2021 年底，长春净月高新区拥有 A 股上市公司 4 家，其中高企占比为 25%，上市公司创新指数在全国拥有上市公司的 144 家国家高新区中排名位列第 62 名。

从具体指标来看，长春净月高新区 A 股上市公司中，仅有一家为高新技术企业，高企占比低，科技属性不足。在总资产利润率、研发经费占营业收入比重等指标方面表现不佳，尚有较大提升空间。在硕士研究生及以上学历人员占从业人员比重和人均工资薪酬方面表现突出，具有相当大的研发潜力。

今后，长春净月高新区要充分发挥资本力量成果转化催化剂作用，构建政产学研用金一体化服务体系，促进资本链、创新链、产业链、人才链融合协同，推动科技、资本、产业高水平循环、高质量发展。也要主动参与全省国企混改，为全省民营企业提供全生命周期、全风险维度的资本服务，为吉林高质量发展注入源头活水。

3. 吉林高新区 A 股上市公司经营规模不断萎缩

近年来，吉林市抓住资本市场深化改革契机，加大拟上市企业选拔和培育力度，推动重点企业加快上市步伐。吉林碳谷、西点药业作为"腾飞类"资源库企业，分别在北交所和深交所上市。吉林碳谷是吉林市首家、全省第二家北交所首批上市公司，一举扭转吉林市 10 年无新增上市公司被动局面。西点药业 2022 年 2 月成为吉林市创业板首家上市公司后，也实现创业板上市公司数量"零"的突破。

据《报告》显示，截至 2021 年底，吉林高新区拥有 A 股上市公司 2 家，其中高企占比为 50%，上市公司创新指数在全国拥有上市公司的 144 家国家高新区中排名位列第 130 名。

从具体指标来看，吉林高新区 A 股上市公司在员工总数、营业收入和总市值等指标方面整体表现低迷，发展后劲略显不足。在人均工资薪酬等指标方面与其他国家高新区上市公司平均数据差距甚远。在总资产利润率方面相当长时间亏损。

着眼于未来，吉林高新区要围绕行业骨干企业和"专精特新"中小企业，深入开展拟上市企业后备资源专项摸排和挖掘培育，筛选更多符合上市条件的优质资源，通过"政策扶持、建库培育、专班推进、专题培训、专家指导"等方式，强化服务保障措施，接续打造上市梯队，推动更多优质企业上市直接融资。

4. 通化医药高新区A股上市公司总市值不断缩水

近年来，通化医药高新区不断优化营商环境，加大企业上市挂牌培育力度，围绕企业上市挂牌工作重点、难点问题，强化政策推动，完善服务体制机制创新催生出来的结果。先后邀请深交所综合研究所、深交所北方中心、上交所发行上市服务中心专家实地调研，通过"一对一"交流研讨的方式，结合企业发展实际，促进企业正确认识资本市场和自身潜力，坚定企业上市信心。

据《报告》显示，截至2021年底，通化医药高新区拥有A股上市公司2家，其中高企占比为50%，上市公司创新指数在全国拥有上市公司的144家国家高新区中排名位列第71名。

从具体指标来看，通化医药高新区A股上市公司在营业收入、总市值和员工总数等反映经济活力的主要指标中，均表现不佳，还有较大提升空间。在硕士研究生及以上学历人员占从业人员比重等指标方面表现突出，具有一定的示范效应。

今后，通化医药高新区要继续搭建合作交流平台，倾力营造良好上市环境，实施"请进来、走出去"战略，举办大型"携手资本力量 赋能通化振兴"战略合作暨投融资对接活动，加强与本地企业交流合作、共谋发展，展现了通化对外开放合作形象，加快了优质企业融入资本市场工作进程。

十、黑龙江省

1. 哈尔滨高新区A股上市公司2021年整体表现突出

近年来，哈尔滨市正式发布《哈尔滨新区暨自贸试验区哈尔滨片区关于推动企业进入资本市场实现高质量发展的十条政策措施》（简称"助企上市十条"），进一步落实推进黑龙江省"紫丁香计划"（《黑龙江省加快推进企业上市工作方案》）的实施，从而加快企业上市步伐，促进区域经济的高质量发展。

据《报告》显示，截至2021年底，哈尔滨高新区拥有A股上市公司10家，其中高企占比达到60%，上市公司创新指数在全国拥有上市公司的144家国家高新区中排名位列第41名。

从具体指标来看，哈尔滨高新区A股上市公司高企占比仅为60%，数值偏低，科技属性较弱。2021年，总市值、营业收入、人均工资薪酬和研发人员人均经费等多项指标都进步明显，成绩斐然。

今后，哈尔滨高新区要继续发挥示范引领和辐射带动作用，依托体制机制优势，出台更优更有力的惠企政策，厚植企业成长与壮大的土壤，营造更好、更贴心的营商环境，全力推进企业上市各项工作，不断健全完善工作机制，真心实意地为企业上市做好服务，推进政策落实，在时间上抢进度，在服务上提精度，实现政策的及时兑现。

2. 大庆高新区A股上市公司数量规模有待提升

近年来，大庆高新区深入贯彻落实《黑龙江省新一轮科技型企业三年行动计划（2021—2023年）》，加快科技型企业培育，形成多点支撑、多业并举、多元发展的现代产业体系，新培育一批科技型企业成长为高新技术企业，实现"从小到大"；加快推动一批创新型领军企业上市，实现"从大到强"。

据《报告》显示，截至2021年底，大庆高新区拥有A股上市公司1家，且是高企，上市公司创新指数在全国拥有上市公司的144家国家高新区中排名位列第126名。

从具体指标来看，大庆高新区仅有1家A股上市公司，数量偏少，园区上市公司阵营较为薄弱。营业收入和总市值等反映经济规模和经济活力的指标都不够活跃，硕士研究生及以上学历人员占从业人员比重等指标表现不佳，还有较大提升空间。

着眼于未来，大庆高新区要不断鼓励企业充分对接资本市场，通过上市挂牌、债券发行等方式，提高直接融资比重。要利用各级上市补助、国家级贫困县"上市免排队"、科创板注册制试点等政策机遇，不断拓宽企业融资渠道，推动园区重点企业境内外上市。

十一、江苏省

1. 南京高新区A股上市公司各项指标2021年屡创新高

近年来，南京市印发《市政府关于进一步提高上市公司质量 促进资本市场健康发展的实施意见》，在《意见》中提出5个方面共16条工作举措，围绕科创企业提供集中式、开门式培训和交流，为科创企业搭建精准服务、政策直达的平台，全方位提高上市公司质量。

据《报告》显示，截至2021年底，南京高新区拥有A股上市公司69家，其中高企占比达到78.26%，上市公司创新指数在全国拥有上市公司的144家国家高新区中排名位列第8名。

从具体指标来看，南京高新区A股上市公司在总市值、营业收入和硕士研究生及以上学历人员占从业人员比重等指标方面，2021年都实现了额突飞猛进的发展，成绩斐然、值得肯定。但是总资产利润率整体为下滑态势，值得关注。

今后，南京高新区要继续深入贯彻落实"四新""八链"工作部署，进一步夯实全市"4+4+1"主导产业体系，争取实现产业发展迅猛，产业链条不断完善、空间布局持续优化、创新能力显著增强、重点企业支撑明显，成为南京建设"创新名城、美丽古都"和东部地区重要金融中心的重要支撑。

2. 苏州高新区A股上市公司高端学历人才略显不足

近年来，苏州形成了特色鲜明的产业创新集群，培养了一大批优质科创企业，形成了雄厚的产业基础。同时，聚焦重点领域，分类做好资源挖掘，建强企业上市后备梯队，聚焦关键环节，打造联动服务矩阵，与沪深北三大交易所、全国股转系统、港交所均建立密切合作交流，为企业对接资本市场提供全方位、专业化、精准化服务。

据《报告》显示，截至2021年底，苏州高新区拥有A股上市公司21家，其中高企占比达到80.95%，上市公司创新指数在全国拥有上市公司的144家国家高新区中排名位列第33名。

从具体指标来看，苏州高新区 A 股上市公司高企覆盖率达到了 80.95%，科技属性十足。硕士研究生及以上学历人员占从业人员比重较低，高端人才集聚度不够；总资产收益率较低，还有较大提升空间。

着眼于未来，苏州高新区要全力打造产业合作平台、资本集聚平台、公司成长平台、上市赋能平台，做强做大做优"苏州高新区板块"，有力推动区域优质企业脱颖而出，也要全面推进"参天计划"，做优做强资本市场苏州板块，引导企业以上市为起点，成长为昂首挺立的参天大树，成为创新发展的"领头羊"和高质量发展的"压舱石"，把"苏州高新区上市军团"打造成资本市场闪耀的名片。

3. 昆山高新区 A 股上市公司员工福利待遇不断提升

近年来，昆山高新区积极引导民企聚焦"2+6+X"新兴产业布局，坚持存量转化和增量优化并举，抢抓发展机遇，提升产业层级，助推民企转型发展；不断强化民营企业在自主创新中的主导地位，提升关键领域科技自立自强、产业自主可控水平，助推民营企业创新发展；积极培育打造一批高科技民营骨干企业、优势产业链、高端产业集群，构建民营经济高质量发展产业生态。

据《报告》显示，截至 2021 年底，昆山高新区拥有 A 股上市公司 7 家，其中高企占比达到 85.71%，上市公司创新指数在全国拥有上市公司的 144 家国家高新区中排名位列第 64 名。

从具体指标来看，昆山高新区 A 股上市公司营业收入、硕士研究生及以上学历人员占从业人员比重等指标表现不佳，还有进一步提升空间。总市值和人均工资薪酬增势甚好，值得肯定。

今后，昆山高新区要积极抢抓资本市场深化改革机遇，围绕多层次资本市场建设主线，强化服务功能，加大扶持力度，培育后备梯队，为广大企业提供肥沃土壤，也要弘扬企业家精神，向龙头企业、纳税大户看齐，勇担社会责任、争当标杆企业。找准入口、抢抓机遇，协助企业尽快完成上市前准备，积极推进企业利用资本市场做大做强，借力资本市场实现高质量发展。

4. 无锡高新区 A 股上市公司整体运转良好

近年来，无锡市人民政府与北交所签订《战略合作协议》，推动设立北交所无锡服务基地，实现我市与上交所、深交所、北交所战略合作协议和服务基地全覆盖。无锡高新区紧紧围绕金融服务实体经济，踔厉奋发，主动作为，积极抢抓资本市场改革机遇，深入推进实施企业上市"3150"倍增计划，持续赋能产业发展，资本市场各项工作再上新台阶。

据《报告》显示，截至 2021 年底，无锡高新区拥有 A 股上市公司 21 家，其中高企占比达到 85.71%，上市公司创新指数在全国拥有上市公司的 144 家国家高新区中排名位列第 23 名。

从具体指标来看，无锡高新区 A 股上市公司大部分指标都处于连续上涨态势，说明整体运转良好。硕士研究生及以上学历人员占从业人员比重等指标与国家高新区 A 股上市公司平均水平相比，处于落后状态，高端人才集聚度不够。

今后，无锡高新区要深入贯彻产业强区主导战略，全面落实企业上市倍增计划，进一步发挥政策激励作用，抢抓资本市场改革机遇，全面梳理摸排上市后备企业名单，推动更多优质企业进入资本市场，持续做大资本市场"新吴板块"，助推经济高质量发展。

5. 江阴高新区 A 股上市公司数量优势弱化

近年来，江阴高新区紧紧把握科创板推出和创业板改革的机遇，加大企业上市政策研发力度，分类指导、因企施策，全面构建企业梯度培育体系，引导更多企业加快上市、挂牌步伐，全力做大企业产值、市值，全力支持更多江阴企业走好产业、科技、金融深度融合创新之路。

据《报告》显示，截至 2021 年底，江阴高新区拥有 A 股上市公司 12 家，其中高企占比为 58.33%，上市公司创新指数在全国拥有上市公司的 144 家国家高新区中排名位列第 58 名。

从具体指标来看，江阴高新区 A 股上市公司"底盘"仍较大，但数量优势在弱化，近年来上市增速缓慢，周边昆山高新区等地都在奋起直追，与江阴的差距不断缩小。硕士研究生及以上学历人员占从业人员比重等指标表现不佳，还有较大提升空间。

着眼于未来，江阴高新区要不断强化扶持政策，优化营商环境，加强挖潜增优，积极引导企业提升创新驱动能力，重点培育列入 A 股上市培育梯队的龙头企业，全力推动龙头企业上市加速度，实现产业、科技、金融互促并进，让"科创江阴"成为江阴现代化建设最靓丽的画卷。

6. 常州高新区 A 股上市公司创新人才占比提升空间大

近年来，常州高新区始终坚持把企业上市作为推进高质量发展的关键抓手，不断强化政策引导，优化服务环境，培育上市资源，以更大力度支持企业股改上市，高度重视资本市场在全市"532"发展战略中的重要作用，深入实施"双百行动计划""上市企业倍增计划"，全力推进资本市场"常州板块"扩容提质。

据《报告》显示，截至 2021 年底，常州高新区拥有 A 股上市公司 12 家，其中高企占比达到 100%，上市公司创新指数在全国拥有上市公司的 144 家国家高新区中排名位列第 47 名。

从具体指标来看，常州高新区 A 股上市公司实现了高企全覆盖，科技熟悉十足。营业收入、硕士研究生及以上学历人员占从业人员比重和人均工资薪酬等指标表现不佳，还有较大提升空间。

未来，常州高新区要紧紧锚定"十四五"上市总目标，继续抢抓机遇、乘势而上，不断创新上市工作路径，加大上市服务力度，帮助上市公司做大做强，全面助力区域内企业"扬帆资本海"，助推苏南模式转型升级，为打造国际化智造名城、长三角中轴枢纽贡献经开力量。

7. 武进高新区 A 股上市公司须需赋予研发人员更多经费

近年来，武进高新区深挖规上企业、税收超千万元企业、高新技术企业、龙城英才创新创业企业等科技型、创新型、成长型企业资源，将符合条件的企业分类纳入主板、创业板、科创板和新三板培育名单；同时搭建已上市企业与后备企业的交流平台，分享股改、上市、再融资工作经验，引导企业规范经营、有序股改，增强上市信心和融资动力。

据《报告》显示，截至 2021 年底，武进高新区拥有 A 股上市公司 14 家，其中高企占比达到 85.71%，上市公司创新指数在全国拥有上市公司的 144 家国家高新区中排名位列第 29 名。

从具体指标来看，武进高新区 A 股上市公司硕士研究生及以上学历人员占从业人员比重、研发经费占营业收入比重等指标表现较差，今后需要持续重点提升。总市值、人均工资薪酬和研发人员人均经费等指标表现较好，值得肯定。

下一步，武进高新区要逐步打响"阳湖金融"工作品牌，营造全区上市工作氛围，按照"多层次市场并举、境内外市场并重"的原则，加大上市工作推进力度，注重全区企业市值管理服务，到"十四五"末力争上市公司数量实现倍增，全力争创全省上市公司高质量发展示范区。

8. 泰州医药高新区 A 股上市公司员工福利待遇较高

近年来，泰州市抢抓注册制改革契机，充分发挥后发优势，加大统筹培育力度，大力推动企业高质量发展，取得阶段性成效，企业在上市进程中，可享受到政务、数据、专业等方面的"多维立体"服务，与深交所联合设立大健康产业创新创业企业上市（泰州）培育基地和全国首家以"深交所"冠名的路演中心。

据《报告》显示，截至 2021 年底，泰州医药高新区拥有 A 股上市公司 2 家，其中高企占比达到 100%，上市公司创新指数在全国拥有上市公司的 144 家国家高新区中排名位列第 77 名。

从具体指标来看，泰州医药高新区仅有 2 家 A 股上市公司，数量偏少。在人均工资薪酬、总资产利润率等指标方面表现较好，领先优势显著。但在研发经费占营业收入比重等指标方面表现不佳，还有较大提升空间。

今后，泰州医药高新区要继续抢抓资本市场改革机遇，注重用资本力量助力创新创造、赋能产业发展，也要紧抓江苏支持泰州大健康产业集聚发展试点和示范区的系列政策、举全市之力支持医药高新区的"24 条政策"等政策红利，推动科技与金融的深度融合，推动资本市场"药城板块"的快速崛起。

9. 徐州高新区 A 股上市公司高端人才集聚度不够

近年来，徐州高新区依托深交所徐州路演中心，围绕拟上市公司发掘培育的职能，开展多场资本论坛，邀请专家对梯队企业进行"点对点"辅导，提供上市咨询的同时，也为企业的长远发展"把脉问诊"，各职能部门多次深入企业现场办公，协调解决问题，对上市后备企业在载体落实、项目审批、工程建设、环境保护等方面全程提供优质高效的服务。

据《报告》显示，截至 2021 年底，徐州高新区拥有 A 股上市公司 2 家，其中高企占比达到 100%，上市公司创新指数在全国拥有上市公司的 144 家国家高新区中排名位列第 93 名。

从具体指标来看，徐州高新区 A 股上市公司硕士研究生及以上学历人员占从业人员比重、研发人员人均经费等指标方面表现较弱，尚有进一步提升空间。在营业收入、员工总数等指标方面虽基数较小，但是发展态势良好。

今后，徐州高新区要紧抓《徐州市上市公司高质量发展"鹏程计划"行动方案（2021—2025 年）》正式发布的政策机遇，也要继续优化产业环境、营商环境，丰盈资本生态圈，为资本市场培植更多的"种子选手"，壮大徐州"上市军团"的规模。同时应依据各个上市交易所的特点、要求，更有针对性地服务拟上市公司，提高上市命中率。

10. 苏州工业园区 A 股上市公司经济规模持续扩大

近年来，苏州市先后出台了《促进企业利用资本市场实现高质量发展的实施意见》《加快推进产业资本中心建设行动计划》等政策举措，之后进一步加大政策支持力度，出台《关于金融支持产业创新集群发展的工作意见》、实施"育林计划"和"参天计划"，组建注册资本180亿元的苏州创新投资集团，出台了《推进苏州上市公司做优做强若干措施》等。

据《报告》显示，截至2021年底，苏州工业园区拥有A股上市公司35家，其中高企占比达到80%，上市公司创新指数在全国拥有上市公司的144家国家高新区中排名位列第25名。

从具体指标来看，苏州工业园区A股上市公司数量高达35个，阵营强大。营业收入、员工总数等反映经济规模的绝对量指标增长态势良好。但是总资产利润率等指标表现不佳，尚有较大提升空间。

着眼于未来，苏州工业园区要继续积极抢抓资本市场全面深化改革机遇，有效发挥资本市场功能，锚定金融服务实体经济根基，以"开门红"的姿态引领"全年红"。深入实施"育林计划"，加强全国性证券交易所的深度合作，推动优质企业早日上市，也要全面推进"参天计划"，做优做强资本市场苏州板块，引导企业以上市为起点，成为创新发展的"领头羊"和高质量发展的"压舱石"。

11. 南通高新区A股上市公司员工福利待遇整体较低

近年来，南通高新区明确科技企业梯度培育、企业创新能力提升、创新生态优化等方面具体措施，主动融入沿江科创带建设，突出创新核心地位，推动高新区创新生态建设路径研究成果落地实施，加快形成以高层次创新平台、高效率成果转化、高水平人才支撑为核心的创新体系，加快打造"如鱼得水、如鸟归林"的一流创新生态，形成了以创新为主要引领和支撑的经济体系和发展模式。

据《报告》显示，截至2021年底，南通高新区拥有A股上市公司5家，其中高企占比达到40%，上市公司创新指数在全国拥有上市公司的144家国家高新区中排名位列第112名。

从具体指标来看，南通高新区A股上市公司高企占比仅为40%，科技属性较低。硕士研究生及以上学历人员占从业人员比重、营业收入和总市值等指标表现不佳，还有较大提升空间。

下一步，南通高新区要重视企业上市工作，将企业上市作为推动新型工业化强市建设的重要突破口、立脚点，要及时解决企业上市过程中面临的困难问题，在资金、土地、用工等方面为企业建立"绿色通道"排忧解难，争取使高新区企业上市公司如雨后春笋般遍地生根、发展壮大。

12. 镇江高新区A股上市公司经济规模持续扩大

近年来，镇江市委、市政府高度重视资本市场工作，出台资本市场"扬帆计划"，主动作为，积极行动，为推动企业上市、引导上市公司高质量发展提供了制度保障，出台了《关于进一步推进资本市场扬帆计划的实施意见》，持续提升资本市场政务服务质效。

据《报告》显示，截至2021年底，镇江高新区拥有A股上市公司2家，其中高企占比达到100%，上市公司创新指数在全国拥有上市公司的144家国家高新区中排名位列第105名。

从具体指标来看，镇江高新区仅有2家A股上市公司，数量偏少。在硕士研究生及以上学历人员占从业人员比重、研发经费占营业收入比重等指标方面表现不佳，尚有较大提升空间。

今后，镇江高新区要在做大做强存量方面夯实基础、有序提升，鼓励上市公司更好发挥带头作用，要在优化资本市场发展环境方面协同推进、凝聚合力，进一步深化与江苏证监局的合作交流，加强金融人才培养，不断提升上市公司可持续发展能力，高质量打造资本市场"镇江板块"。

13. 连云港高新区 A 股上市公司员工福利迅速提升

近年来，连云港市紧紧围绕打造"具有港城特色、国内一流、世界知名"的"中华药港"，全面提升新医药产业的首位度，高度重视企业上市和区域资本市场发展大力实施企业上市挂牌三年行动计划，全市企业上市挂牌工作取得积极成效。

据《报告》显示，截至 2021 年底，连云港高新区拥有 A 股上市公司 5 家，其中高企占比达到 80%，上市公司创新指数在全国拥有上市公司的 144 家国家高新区中排名位列第 15 名。

从具体指标来看，连云港高新区 A 股上市公司硕士研究生及以上学历人员占从业人员比重、营业收入和人均工资薪酬等指标都增势向好，发展前景较好。而研发经费占营业收入比重等指标却出现较大幅度下滑，值得关注。

今后，连云港高新区要进一步培育更多医药核心企业踏足资本市场，激活企业发展活力，要切实把企业上市作为加快连云港"高质发展、后发先至"的重要举措，牢牢把握好当前资本市场改革的政策机遇期，加快推进企业上市挂牌步伐，为连云港经济发展不断注入新动力。

14. 扬州高新区 A 股上市公司营收规模有待扩大

近年来，扬州市委、市政府大力推动下企业在资本市场破浪前行，全市坚持把利用多层次资本市场，作为构建现代产业体系的重要着力点，加快企业上市挂牌步伐，上市公司军团正以"速度快于省均，质态好于全省"的势态，为全市推动高质量发展走在前列做出重要贡献。

据《报告》显示，截至 2021 年底，扬州高新区拥有 A 股上市公司 6 家，其中高企占比达到 100%，上市公司创新指数在全国拥有上市公司的 144 家国家高新区中排名位列第 61 名。

从具体指标来看，扬州高新区 A 股上市公司实现了高企全覆盖，科技熟悉十足。在员工总数和营业收入等指标方面规模较小，今后需要不断扩大。总资产收益率和研发经费占营业收入比重等指标表现较好，值得肯定。

着眼于未来，扬州高新区要邀请交易所专家走访园区上市企业后备库的优质企业，为上市后备企业进军资本市场进一步理清思路，为企业加快进入资本市场做好全方位的服务，开创"滚动培育、梯次推进、持续发展"的良好局面，不断壮大资本市场上的"扬州板块"。

15. 常熟高新区 A 股上市公司高学历人才优势显著

近年来，常熟市高度重视金融生态建设，把培育企业上市作为推动金融创新、促进转型升级的重要抓手，成立了高质量推动企业上市工作领导小组，出台了《上市公司高质量发展三年行动计划》，构建起"虞城上市通"服务体系，落实了企业问题三级协调机制，精准服务重点企业，全力推动企业上市。

据《报告》显示，截至 2021 年底，常熟高新区拥有 A 股上市公司 4 家，其中高企占比达到 100%，上市公司创新指数在全国拥有上市公司的 144 家国家高新区中排名位列第 134 名。

从具体指标来看，常熟高新区 A 股上市公司实现高企全覆盖，科技含量十足。硕士研究生及以上学历人员占从业人员比重、总资产利润率和人均工资薪酬等指标均表现不佳，需要重点提升。

着眼于未来，常熟高新区要深入开展企业股改，形成后备资源库，要按照"股改一批、辅导一批、上市一批"的基本思路，以各镇（板块）为责任主体，建立股改清单，动态筛选一批符合国家产

16. 宿迁高新区 A 股上市公司总资产利润率表现优异

近年来，宿迁通过强化政策扶持、专业跟踪服务等措施，加快推进企业上市与挂牌步伐，助力千百亿级产业培育发展，同时审时度势，坚持分层分类培育原则，境内与境外上市统筹兼顾、企业上市与挂牌共同推进，全力构建宿迁多层次资本市场发展格局，资本市场的"宿迁板块"正加速崛起。

据《报告》显示，截至 2021 年底，宿迁高新区拥有 A 股上市公司 4 家，其中高企占比达到 100%，上市公司创新指数在全国拥有上市公司的 144 家国家高新区中排名位列第 87 名。

从具体指标来，宿迁高新区 A 股上市公司实现高企全覆盖，具有较强的科技属性，硕士研究生及以上学历人员占从业人员比重、人均工资薪酬等指标表现不佳，今后应重点提升。总资产利润等指标表现出色，值得肯定。

未来，宿迁高新区要继续坚持"无事不扰、有求必应"的理念，尽心尽力做好帮办服务，努力为企业发展创造更加优良的环境，也要坚持把上市（挂牌）后备企业培育与推动产业升级统筹谋划，提升重点产业的支撑带动力和综合竞争力，实现企业发展与区域产业提升协同推进。

十二、浙江省

1. 杭州高新区 A 股上市公司员工福利待遇优渥

近年来，杭州市出台了《深入推进经济高质量发展"凤凰行动"（2021—2025 年）》，在财政支持方面，加大了企业上市股改和小微企业融资支持力度，并新增了通过"红筹"等方式在境外交易所实现间接上市的财政补助政策，多层次资本市场逐步建立，企业上市工作卓有成效。

据《报告》显示，截至 2021 年底，杭州高新区拥有 A 股上市公司 50 家，其中高企占比达到 80%，上市公司创新指数在全国拥有上市公司的 144 家国家高新区中排名位列第 6 名。

从具体指标来看，杭州高新区 A 股上市公司总规模达到了 50 家，阵容庞大。在员工总数、硕士研究生及以上学历人员占从业人员比重、研发人员占从业人员比重和总资产收益率等指标方面均表现非常出色，示范效应显著。

今后，杭州高新区 A 股上市公司要为园区内有科创板上市需求的企业提供了精准的上市指导，进一步加快企业上市的步伐，巩固园区在科创板上市的全省领跑地位，助力企业加强科技创新，攻克"卡脖子"技术，借助资本市场做大做强。

2. 萧山临江高新区 A 股上市公司总市值表现亮眼

近年来，萧山区委、区政府高度重视企业上市工作，深入实施"凤凰行动"计划，研究出台"凤凰行动"计划 2.0 实施意见，印发《萧山区上市后备企业认定管理办法》，明确目标任务，起草新一轮上市扶持政策，优化政策扶持，精准开展上市服务辅导，加快推进上市步伐，推动一批治理规范、发展健康的企业成功上市，积极助推萧山经济社会高质量发展。

据《报告》显示，截至 2021 年底，萧山临江高新区拥有 A 股上市公司 14 家，其中高企占比达到 85.71%，上市公司创新指数在全国拥有上市公司的 144 家国家高新区中排名位列第 50 名。

从具体指标来看，萧山临江高新区 A 股上市公司在员工总数、研发人员占从业人员比重、研发经费占营业收入比重和总市值等指标方面均表现非常出色，示范效应显著。

今后，萧山临江高新区 A 股上市公司要通过开辟"绿色通道"、简化办事程序等方式，为企业上市扫清障碍，切实做好服务保障工作。大力宣传股改上市、证券市场的基本知识和我区企业上市政策，在高新区上下形成想上市、争上市的浓厚氛围。以更加积极主动的姿态，加快多层次资本市场建设步伐。

3. 宁波高新区 A 股上市公司总资产利润率表现不佳

近年来，宁波高新区按照"培育一批、股改一批、上市一批"的基本思路，加大上市企业后备资源培育力度，强化对区内优势资源和区外优质资源的整合利用，注重对成长型企业和战略性新兴产业创业企业的引导培育，建立拟挂牌上市企业清单，分层分类推动企业多渠道挂牌上市，同时，加大对上市企业及拟上市企业的扶持奖励力度，缓解企业上市前资金压力。

据《报告》显示，截至 2021 年底，宁波高新区拥有 A 股上市公司 47 家，其中高企占比达到 93.62%，上市公司创新指数在全国拥有上市公司的 144 家国家高新区中排名位列第 24 名。

从具体指标来看，宁波高新区 A 股上市公司硕士研究生及以上学历人员占从业人员比重、营业收入和人均工资薪酬等指标都增势向好，发展前景较好。而总资产利润率等指标却出现较大幅度下滑，值得关注。

今后，宁波高新区要积极引导区内上市公司建立正确的知识产权观，高度重视知识产权开发、运用与保护，强化员工教育培训，有效提升员工技能素养，为企业未来发展塑造核心竞争力；重点引进一批全国乃至全球知名的公募基金、证券投资基金和股权投资机构，促进其投资区内上市及拟上市企业，引导上市公司持续优化股权结构和管理架构，全方位激发企业创新活力。

4. 绍兴高新区 A 股上市公司研发人员人均经费连年新高

近年来，浙江省以《浙江省新兴金融中心建设行动方案》，统筹推进上市公司引领转型升级等特色金融工作，形成多个新兴金融区域中心城市，为绍兴市示范区建设增添了强大动力。绍兴高新区发布《关于加快推进越城区（高新区）企业股改上市（挂牌）的政策意见》等措施，积极推进企业资产证券化，组织优质成长企业到多个层次资本市场融资，推动大型企业集团和政府融资平台类公司资产证券化。

据《报告》显示，截至 2021 年底，绍兴高新区拥有 A 股上市公司 10 家，其中高企占比达到 70%，上市公司创新指数在全国拥有上市公司的 144 家国家高新区中排名位列第 44 名。

从具体指标来看，绍兴高新区 A 股上市公司大部分指标都处于连续上涨态势，说明整体运转良好。硕士研究生及以上学历人员占从业人员比重等指标与国家高新区 A 股上市公司平均水平相比，处于落后状态，高端人才集聚度不够。

今后，绍兴高新区要紧紧围绕产业结构调整和经济转型升级，主动适应经济发展新常态，应时合势，抢抓机遇，把推进企业上市（挂牌）纳入全区经济社会发展中长期规划。坚持"政府引导、企业主体、政策扶持、协调推进"原则，上下联动，充分发挥政府的引导、培育和服务功能，着力培育优质上市（挂牌）资源，推动高新区实体经济向更高层次发展。

5. 温州高新区 A 股上市公司研发经费占营业收入比重亟须提升

近年来，温州高新区高度重视上市企业培育工作，出台企业上市 10 条政策，落实企业上市奖励，重点推动企业上市和并购重组"凤凰行动"计划，积极培育拟挂牌上市资源，动态化摸排、梳理在库企业"需求清单"，分层次、分行业、分梯队进行培育和服务，根据企业实际情况，实施多层次、多渠道上市公司倍增计划。同时，发挥财政资金杠杆作用，撬动社会资本支持实体经济发展。

据《报告》显示，截至 2021 年底，温州高新区拥有 A 股上市公司 7 家，其中高企占比达到 85.71%，上市公司创新指数在全国拥有上市公司的 144 家国家高新区中排名位列第 26 名。

从具体指标来看，温州高新区 A 股上市公司在营业收入、总市值、总资产利润率、人均工资薪酬等指标表现较好，在研发人员占从业人员比重、研发经费占营业收入比重等指标表现不佳，还有较大提升空间。

未来，温州高新区要积极引导区内民营上市公司持续优化股权结构和管理架构，开展持续资本运作，提升直接融资比重，全方位激发企业创新活力；重点探索人才集聚新模式，引导上市公司重视人才引进、培养工作，努力提升人才待遇及福利水平，提升人才市场竞争力。

6. 衢州高新区 A 股上市公司总资产利润率波动起伏较大

"十三五"期间，衢州高新区聚焦服务企业和引领企业 2 个领域，围绕"众创业、个转企、小升规、规转股、股上市、育龙头、聚集群"重点工作，推进企业挂牌上市和并购重组，鼓励企业做大做强。

据《报告》显示，截至 2021 年底，衢州高新区拥有 A 股上市公司 3 家，其中高企占比达到 33.33%，上市公司创新指数在全国拥有上市公司的 144 家国家高新区中排名位列第 107 名。

从具体指标来看，衢州高新区 A 股上市公司在总市值、硕士研究生及以上学历人员占从业人员比重、人均工资薪酬、研发人员人均经费等指标表现出色，值得肯定。

未来，衢州高新区要摸排一批有条件、有意愿的企业，推动企业开展股改，帮助其牵线搭桥、嫁接资本，促使企业在股权结构、公司治理、管理理念、经营机制等方面实现质的飞跃，推动企业向更高层次、更大规模、更快速度发展。

7. 湖州莫干山高新区 A 股上市公司总资产利润率表现亮眼

近年来，德清县紧扣金融支持实体经济和金融产业自身发展两条主线，深入推进金融领域供给侧结构性改革，加快省级金融创新示范县建设，积极助推企业股改上市、挂牌，通过资本市场发展讲座、资本市场推荐会、企业中介机构对接会等平台，推广多层次资本市场理念，出台《德清县人民政府办公室关于鼓励企业赴多层次资本市场挂牌上市的若干意见》等相关政策，提高企业进入资本市场的积极性，大力推进企业改制上市、新三板及场外交易市场挂牌，推动上市公司并购重组。

据《报告》显示，截至 2021 年底，湖州莫干山高新区拥有 A 股上市公司 8 家，其中高企占比达到 75%，上市公司创新指数在全国拥有上市公司的 144 家国家高新区中排名位列第 90 名。

从具体指标来看，湖州莫干山高新区在硕士研究生及以上学历人员占从业人员比重、研发人员占从业人员比重、研发人员人均经费和研发经费占营业收入比重等指标方面表现不佳，尚有较大提升空间。

今后，湖州莫干山高新区要继续实施"政银联动金融稳企"攻坚行动，从而进一步扩大金融稳企服务覆盖面，为外贸企业增强应对挑战的信心，打造具有一定企业数量、产业特色、竞争优势的上市企业群"德清板块"。

8. 嘉兴秀洲高新区A股上市公司研发人员占从业人员比重再创新高

近年来，嘉兴秀洲高新区加大了股改的宣传力度，通过手机短信、微信群、QQ群、分发宣传资料等方式，向众多企业负责人积极宣传市、区两级政府推动企业股改工作的有关补助奖励政策等，并对有意愿股改的企业开展上门指导服务，与企业投资人进行面对面交流，努力消除企业股改的各种顾虑，推进企业股改签约。

据《报告》显示，截至2021年底，嘉兴秀洲高新区拥有A股上市公司7家，其中高企占比达到85.71%，上市公司创新指数在全国拥有上市公司的144家国家高新区中排名位列第43名。

从具体指标来看，嘉兴秀洲高新区A股上市公司在总市值、总资产利润率、研发人员占从业人员比重等指标表现较好，需继续保持。

今后，嘉兴秀洲高新区要进一步完善企业股改上市计划、强化领导联系企业制度、提升营商环境、发挥平台优势，一如既往全力推进企业股改上市工作，推动股份公司和上市公司的制度优势转化为现实生产力，加快推进区域经济高质量发展步伐。

十三、安徽省

1. 合肥高新区A股上市公司各项指标表现出色

2019年，上交所资本市场服务安徽基地在合肥高新区正式授牌成立。同时，为了推进企业股改上市，高新区针对不同企业特点实施"一企一策"，推动符合条件的企业对接相应层次的资本市场，鼓励已上市挂牌企业充分利用资本市场，通过股权加债券进行产业转型升级。

据《报告》显示，截至2021年底，合肥高新区拥有A股上市公司31家，其中高企占比达到93.55%，上市公司创新指数在全国拥有上市公司的144家国家高新区中排名位列第14名。

从具体指标来看，合肥高新区A股上市公司在总资产利润率、总市值、研发人员人均经费和研发人员占从业人员比重等方面表现较好，值得肯定。

未来，合肥高新区要积极引导区内上市公司高度重视知识产权开发、运用与保护，抢占市场先机，稳固市场地位，增强企业的核心竞争力；充分发挥上市公司示范引领作用，在科技创新领域展现大谋略、大格局，在社会民生领域展现大担当、大作为。

2. 蚌埠高新区A股上市公司营业收入"芝麻开花节节高"

近年来，蚌埠高新区从"丰富产业构成、延长产业链条、壮大产业集群、集聚产业生态"4个方面进行招商选资，尤其注重将"总部经济"作为招商引资的重要抓手。专门出台了《蚌埠高新区鼓励科技创新 促进高新技术产业发展暂行办法》和《实施细则》，设立1亿元"科技创新产业化专项资金"，鼓励总部经济发展，并在项目推进、人才引进等方面提供全方位支持。针对企业融资需求提供快速服务，在商标抵押、专利抵押等方面为企业和金融机构之间搭建快速通道，并安排专人实施专班跟踪包保服务。

据《报告》显示，截至 2021 年底，蚌埠高新区拥有 A 股上市公司 5 家，其中高企占比为 80%，上市公司创新指数在全国拥有上市公司的 144 家国家高新区中排名位列第 80 名。

从具体指标来看，蚌埠高新区 A 股上市公司在总市值、研发人员人均经费、研发经费占营业收入比重等指标中，表现突出，具有一定的示范效应。

今后，蚌埠高新区要抢抓资本市场改革机遇，积极扩大区内中小企业融资渠道，建立企业上市服务专班，引进中介机构辅导企业上市挂牌，加快推进企业上市融资。

3. 芜湖高新区 A 股上市公司在带动就业方面表现较好

近年来，芜湖市出台《关于全面推进企业上市五年行动计划的实施意见》等政策措施，专门成立市推进企业上市工作领导小组，同时建立规模 3.2 亿元的上市奖补专项资金，把推进企业上市作为深化金融供给侧结构性改革、推进经济高质量发展的重要抓手，着力培育上市后备企业、扩大上市公司数量、提升上市公司发展质量。引进众环海华会计师事务所有限公司安徽分所，充实了各专业服务机构业务力量，填补了芜湖市没有上市公司资产评估中介机构的空白。目前，芜湖市政策体系不断健全，板块规模不断壮大，首发上市取得突破，直接融资保持高位发展，资本市场服务实体经济的能力不断增强。

据《报告》显示，截至 2021 年底，芜湖高新区拥有 A 股上市公司 9 家，其中高企占比为 88.89%，上市公司创新指数在全国拥有上市公司的 144 家国家高新区中排名位列第 48 名。

从具体指标来看，芜湖高新区 A 股上市公司在总市值、研发人员人均经费、研发经费占营业收入等指标表现不佳，未来需继续保持。

今后，芜湖高新区要组织上市公司及拟上市公司主要负责人进行学习深造，着力打造一支优秀企业家队伍。要动态建立上市后备企业资源库，对入库企业进行重点扶持。要支持上市公司通过配股、增发及可转换债券、优先股等再融资方式，扩大直接融资规模。要加强政府性股权投资基金对拟上市重点后备企业的支持。

4. 马鞍山慈湖高新区 A 股上市公司需提升就业市场竞争力

近年来，马鞍山市出台一系列政策，从财政补贴、完善上市后备资源库、建立服务专员制度和实施企业家培育工程等方面扶持企业上市挂牌。马鞍山慈湖高新区成立了由管委会主要领导为组长的上市（挂牌）工作专班，高度重视并积极发挥高新技术企业资源丰富的优势，重点加强对高新技术企业的摸排，综合分析企业多方面经营表现，努力挖掘出有巨大发展潜力的优质企业，并与企业耐心沟通，鼓励其确立上市的奋斗目标。

据《报告》显示，截至 2021 年底，马鞍山慈湖高新区拥有 A 股上市公司 2 家，且均为高企，上市公司创新指数在全国拥有上市公司的 144 家国家高新区中排名位列第 20 名。

从具体指标来看，马鞍山慈湖高新区仅有 2 家 A 股上市公司，数量较少，园区企业直接融资渠道尚未打通。在总市值和员工人数等指标方面表现一般，还有较大提升空间。

今后，马鞍山慈湖高新区要继续鼓励园区国有投资公司和市场化引导基金加大对上市后备企业投资力度，抢抓资本市场改革重大政策机遇，加大对拟上市公司的激励、扶持和服务力度，全力加快企业上市挂牌工作，助力企业早日实现上市目标，为全力打造马鞍山"生态福地、智造名诚"提供金融支撑。

5. 铜陵狮子山高新区 A 股上市公司总市值突飞猛进

2021 年以来，铜陵狮子山高新区紧紧围绕高质量发展的目标定位，在常态化开展疫情防控工作的同时，狠抓创新驱动，园区发展呈现出"一个扭转、五个突破"的良好局面，即扭转了经济下行态势，实现了企业上市有突破。推进企业对接多层次资本市场，促进园区优质企业集聚成链、优势产业集群发展。

据《报告》显示，截至 2021 年底，铜陵狮子山高新区拥有 A 股上市公司 3 家，且均为高企，上市公司创新指数在全国拥有上市公司的 144 家国家高新区中排名位列第 106 名。

从具体指标来看，铜陵狮子山高新区 A 股上市公司在总市值、人均工资薪酬、研发人员占从业人员比重和研发经费占营业收入比重等指标均表现较好，未来需继续保持。

未来，铜陵狮子山高新区要提升科技创新能力，加大科技企业扶持培育力度，打造一流的营商环境，推动更多具有国际竞争力的企业上市，把高新区打造成为科技创新发展高地和创新发展先行区。

6. 淮南高新区 A 股上市公司债务风险控制有待加强

近年来，淮南高新区大力发展大数据百亿产业，建成了江淮云、智慧谷、科技企业孵化器等科研孵化平台。发展装备智造产业，推动万泰电子上市，推进中车瑞达的淮南电机研发和生产基地项目建设，但对上市公司培育的重视程度仍然不够。

据《报告》显示，截至 2021 年底，淮南高新区拥有 A 股上市公司 1 家，上市公司创新指数在全国拥有上市公司的 144 家国家高新区中排名位列第 124 名。

从具体指标来看，淮南高新区 A 股上市公司在人均工资薪酬、总资产利润率等指标方面表现突出，示范效应显著，但在员工人数等指标方面仍稍显薄弱，提升空间较大。

今后，淮南高新区要以战略高度、全局视野来认识推进企业上市工作的重要意义，进一步加大工作力度，聚焦短板精准发力，在支持企业加快发展、推动优质企业上市上取得更大成效，为园区高质量跨越式发展集聚更多资源、增添更强动力。

十四、福建省

1. 福州高新区 A 股上市公司人才结构优势明显

近年来，福州高新区坚持以新发展理念为引领，创新推动"校地融合""四化融合""开放融合""产城融合"，努力打造福州版"中关村"、"三创"产业园示范区、区域发展核心载体和宜学宜业宜居宜游的好环境，探索形成院、校、城、企、人"创新共同体"，为实现高新区全方位推动高质量发展超越注入强劲动力。

据《报告》显示，2021 年福州高新区拥有 A 股上市公司 19 家，其中高企占比高达 94.74%，在全国拥有上市公司的 144 家国家高新区中上市公司创新指数排名位列第 32 名，创新投入排名第 24，是表现最好的指标，创新产出排名第 37，是最靠后的指标，创新保障排名第 34，略低于总排名。

从具体指标来看，福州高新区 A 股上市公司人均工资薪酬具有一定优势，高端人才资源较为充沛，高企覆盖率较高，说明上市公司科技属性极强，但研发人员人均经费表现欠佳，需要引起足够重视。

今后，福州高新区要立足新发展阶段、坚持新发展理念、构建新发展格局，高起点规划、高标准配套、高效率服务，加强创新平台建设，深化产学研用融合，增强创新发展的活力，不断推进产业基础高级化、产业链现代化，为园区制造业高质量发展提供强力支撑。

2. 厦门火炬高新区A股上市公司需进一步加强高学历人才引进

近年来，厦门火炬高新区把握科创板推出和创业板改革的机遇，着重挖潜上市后备企业资源，通过建立上市公司后备库，筛选企业重点培育，为资本市场发展增添后劲，秉承"梯度培育"和"事前服务"的思路，根据企业所处的不同阶段，进行分类指导、因企施策，解决其改制上市过程中存在的共性问题和个性化难题。

据《报告》显示，2021年厦门火炬高新区拥有A股上市公司18家，其中高企占比高达77.78%，在全国拥有上市公司的144家国家高新区中上市公司创新指数排名位列第39名。从一级指标来看：创新投入排在第114名，表现最差；创新产出排第28；创新保障排名第18，是表现最好的。

从具体指标来看，厦门火炬高新区A股上市公司研发人员占比、研发经费占营业收入比重和总资产利润率等都有一定优势，但是硕士研究生及以上学历人员占比和研发人员人均经费等表现不佳，可能会引起创新能力削弱的风险。

今后，厦门火炬高新区要深化高新区体制改革，从而进一步形成推进高新区高质量发展的强大合力，在引才、育才、留才方面，要一手抓人才引进，一手抓人才培育，推动本地人才孵化，助力落地人才的成长，还要着力培育有利于创新创业创造的环境，助推国际人才扎根。

3. 泉州高新区A股上市公司创新人才引进亟待加强

近年来，泉州高新区坚持以高质量发展为核心，加快做强补齐产业链，引导创新和技术改造，推动资源盘活和转型，力促开发建设提质增效，并着眼产业集聚，加快构建现代都市产业体系，重点发展高科技纺织品、新型电子元器件、节能环保设备等先进制造业集群。

据《报告》显示，2021年泉州高新区拥有A股上市公司3家，且均为高企，在全国拥有上市公司的144家国家高新区中上市公司创新指数排名位列第99名。

从具体指标看，泉州高新区A股上市公司在总市值、总资产负债率、总资产利润率等方面表现突出，在研发人员占从业人员比重、研发经费占营业收入比重等方面表现不足，需保持重点关注。

下一步，泉州高新区要高度重视引才聚才工作，发挥园区优势，不断加强与其他地域的合作交流，充分聚焦产业人才优势，加大政策支持力度，为各地人才落地园区发展提供便利，打通企业、人才需求信息双向通道，推动企业成为吸纳人才的主体。

4. 漳州高新区A股上市公司人才结构有待优化

近年来，漳州高新区深入挖掘上市后备资源，对标资本市场要求，大力招引上市后备项目，加快企业"规转股、股上市"培育进程，择优推荐列为重点上市后备企业。将重点上市后备企业按上市进度细分为"储备培育"企业、"金种子"企业、"辅导申报"企业，实施差异化精准服务。

据《报告》显示，2021年漳州高新区拥有A股上市公司3家，在全国拥有上市公司的144家国家高新区中上市公司创新指数排名位列第 59 名，在创新产出方面位列第 44 名，表现较为优秀，创新投入表现较差。

从具体指标看，漳州高新区 A 股上市公司在研发人员人均经费、总市值均值等方面表现较为优秀，在研发经费占比和硕士研究生及以上学历人员和研发人员占企业员工比重等方面表现较差，仍需保持重点关注。

今后，漳州高新区要支持园区企业通过多种方式培养高层次人才和高技能人才，支持高新区面向全球招才引智和引进国际创新团队，建立完善符合实际的分配激励和考核机制，园区公司也要不断加快专业化、精细化发展，打造具有竞争力和影响力的产品与品牌。

5. 三明高新区 A 股上市公司数量有待增加

近年来，三明高新区充分发挥园区在抓项目、拼经济上的主力军作用，通过园区平台优化资源整合、平台集聚、要素匹配，推动资源向产业集中、向园区集中、向深加工拓展，促进资源配置效益最大化，加快做大中心城市、更好发挥辐射带动作用。

据《报告》显示，2021 年三明高新区拥有 A 股上市公司 1 家，在全国拥有上市公司的 144 家国家高新区中上市公司创新指数排名位列第 144 名。

从具体指标看，三明高新区 A 股上市公司在总资产利润率、创新补助占研发经费比重等方面表现较好，但在研发人员人均经费、研发经费占营业收入比重、研发人员占比等方面表现不足，有待进一步提升。

未来，三明高新区要坚持大力培育重点成长型企业、后备入规企业，推动更多企业"规下转规上"，吸引一批新企业入驻园区，并充分发挥三明矿产、土地、资源等比较优势，强化招商引资，攻坚重大项目，突破重点区域，集聚高新企业，形成鲜明特色，进一步盘活资源。

6. 龙岩高新区 A 股上市公司资产运营效益表现较好

近年来，龙岩高新区积极围绕"拓空间、提质量、强配套"，开展全产业链招商，着力建链、补链、强链，引进了一批差异化、高端化的企业，推动了新兴产业集聚发展，并继续加快推进企业上市工作，进一步完善产业体系，扩大经济规模，拓宽融资渠道。

据《报告》显示，2021 年龙岩高新区拥有 A 股上市公司 2 家，且全部为高企，在全国拥有上市公司的 144 家国家高新区中上市公司创新指数排名位列第 63 名，在创新产出方面位列第 41 名，表现较好，但在创新投入、创新保障方面表现较为不足。

从具体指标看，龙岩高新区 A 股上市公司在员工总数增长和总资产利润率等方面表现较为优秀，在硕士研究生学历及以上人员占企业员工比重、研发人员人均经费等方面表现较差，仍需保持重点关注。

今后，龙岩高新区要加强对属地重点上市后备企业的培育辅导，加快股改上市进程，推动其借助资本市场力量做大做强。针对重点上市后备企业在上市、挂牌中遇到的问题，要按照市场化、法治化原则，积极帮助协调解决，充分发挥金融服务实体经济作用，帮助企业拓宽融资渠道，提供综合性金融服务。

十五、江西省

1. 南昌高新区A股上市公司需加强关注营收情况

近年来，南昌高新区广泛宣传有关企业上市的最新政策法规和发展动态，着重分享企业利用上市实现跨越式发展的成功经验，加强企业高管人员的上市培训，并通过现场办公，定期协调企业上市过程中遇到的各类困难问题，对拟上市公司的诉求优先解决、特事特办、急事急办，制定针对性措施，精准助推企业上市。

据《报告》显示，2021年南昌高新区拥有A股上市公司14家，其中高企占比达64.29%，在全国拥有上市公司的144家国家高新区中上市公司创新指数排名位列第37名，较2020年上升了12位，进步明显。

从具体指标看，南昌高新区A股上市公司在研发人员数量和研发人员人均经费等方面表现较为优秀，在研发经费占营业收入比重和总资产利润率等方面表现较差，仍需要保持重点关注。

今后，南昌高新区要不断加快推进园区企业上市工作，拓宽企业融资渠道，优化社会融资方式，提高区内企业直接融资比重，全面促进南昌高新区产业结构转型升级和经济高质量发展，多渠道、多形式地促进企业改制、上市，壮大资本市场"高新板块"。

2. 新余高新区A股上市公司薪酬优势不明显

近年来，新余高新区坚持"服务就是竞争力，环境就是生产力"，紧紧围绕"降成本、优环境"，积极主动作为，用心用情用力为企业解决"急难愁盼"问题，着力打造"政策最优、成本最低、服务最好、办事最快"的营商环境高地，推动全区经济高质量跨越式发展。

据《报告》显示，2021年新余高新区拥有A股上市公司3家，且均为高企，在全国拥有上市公司的144家国家高新区中上市公司创新指数排名位列第42名。从一级指标来看：创新投入排第99名；创新产出排第29名；创新保障排第71名。

从具体指标来看，新余高新区A股上市公司总资产利润率和研发经费占营业收入比重等方面表现较好，但在人均工资薪酬和人才结构等方面表现欠佳，需要重点关注。

今后，新余高新区要推动"政校企"立体联动，不断加强产才深度融合，围绕产业链布局人才链，以高层次人才产业园为依托，整合人才、信息、技术、项目、资金等资源，吸引更多优质项目落户，促进更多成果转化，为高新区经济高质量发展提供有力的人才资源支撑。

3. 景德镇高新区A股上市公司人才优势有待增强

近年来，景德镇高新区按照"培育一批、股改一批、申报一批、上市一批"梯次推动模式，增强企业利用资本市场的主体意识，积极推动陶瓷、航空、汽车、旅游及传统优势产业企业加快上市步伐，强化服务协调，充分发挥各方力量和优势，扶持企业股改上市。

据《报告》显示，2021年景德镇高新区拥有A股上市公司3家，其中高企占比66.67%，在全国拥有上市公司的144家国家高新区中上市公司创新指数排名位列第100名。

从具体指标看，景德镇高新区上市公司在营业收入、研发人员人均经费总资产负债率等方面表现突出，在硕士及以上人员占比、研发人员占比等方面表现不足，有较大提升空间。

未来，景德镇高新区要狠抓突出重点企业、强化对接服务等各项工作，大力引导园区企业对接资本市场，不断提高园区直接融资比重，促进多层次资本市场健康发展，全力推进高新区企业股改上市工作，为"实现三年倍增，打造千亿园区"贡献金融力量。

4. 鹰潭高新区A股上市公司数量规模较小

近年来，鹰潭高新区深入推进营商环境优化升级，在行政审批上做"减法"，在优化服务上做"加法"，从提高工程项目审批效率、减轻市场主体负担、降低企业融资成本、推进"互联网＋"政务服务等8个方面，优化营商软环境，确保企业项目早落地、见成效。

据《报告》显示，2021年鹰潭高新区拥有A股上市公司1家，在全国拥有上市公司的144家国家高新区中上市公司创新指数排名位列第125名，较上年同期下降了7位。

从具体指标看，鹰潭高新区A股上市公司在总资产利润率、资产负债风险控制等方面表现突出，在研发人员占从业人员比重、硕士研究生及以上学历人员占从业人员比重、研发人员人均经费等方面表现不足，需保持重点关注。

下一步，鹰潭高新区要建立分层次的资本市场宣传引导模式，分梯队邀请企业参加上市专题培训会、专题研讨班、投融资对接会。开展资本市场、资本运作和企业股份制改造、上市规划等培训学习活动，及时通报资本市场最新要求和发展动态，交流企业股份制改造、上市工作经验，加快企业股份制改造上市步伐。

5. 抚州高新区A股上市公司研发投入略显不足

近年来，抚州高新区调整优化了营商环境工作领导小组，设立多个专项小组，全面推进优化营商环境工作，深化"一窗式"改革，实现"一网式"服务，实施"一链办理"制度，再造开办企业"一次提交、同步办理、限时办结"新流程，为入驻企业创造了优质的营商环境。

据《报告》显示，2021年抚州高新区拥有A股上市公司1家，且为高企，在全国拥有上市公司的144家国家高新区中上市公司创新指数排名位列第120名。

从具体指标看，抚州高新区A股上市公司在总资产利润率等方面表现较好，在研发经费占营业收入比重、硕士研究生及以上学历人员占从业人员比重、政府创新补助投入等方面表现欠佳，需保持重点关注。

未来，抚州国家高新区进一步强化政务服务"一网通办"功能，实现系统通、数据通、业务通；并争取建立长效的营商环境考核机制，推动高新区各个职能部门形成合力优化营商环境，对有突出带动作用的大项目、好项目，由高新区组织专家评审，实行"一企一策"。

6. 宜春丰城高新区A股上市公司政府创新支持力度较大

近年来，宜春丰城高新区立足资源优势和产业特色，将科技创新作为高质量发展的重中之重，组织企业申报国家和省市各类科技项目，鼓励企业争取科技专项扶持资金，大力开发新产品、新技术，增强科技创新力和研发能力，科技创新工作实现多点开花。

据《报告》显示，2021年宜春丰城高新区拥有A股上市公司1家，且为高企，在全国拥有上市公司的144家国家高新区中上市公司创新指数排名位列第127名，较去年下降了8位。

从具体指标看，宜春丰城高新区A股上市公司在研发人员占从业人员比重、研发经费占营业收入比重、总资产利润率和政府创新补助投入等方面表现较好，在硕士及以上人员占比和研发人员人均经费等方面表现不足，需进一步加强。

下一步，宜春丰城国家高新区要推进"公司制"改革，探索推行"管委会+平台公司"管理模式，补齐短板弱项，强化招商引资牵引力，不断做大经济总量，争创千亿园区，全面优化园区各项考核评价指标，建设江西省高质量发展示范区，推进宜春丰城高新区在全国、江西省争先进位。

十六、山东省

1. 济南高新区 A 股上市公司研发强度亟须提升

山东省济南市高新区近年来高度重视企业上市工作，制定了"上市一批，培育一批，储备一批"的工作推进计划，开辟了企业上市服务绿色通道。2021 年，济南高新区再新增 3 家上市公司，已成为济南市最具活力的创新创业高地、新旧动能转换的前沿阵地，成为山东省重要的高新技术产业聚集区。

据《报告》显示，2021 年济南高新区拥有 A 股上市公司 19 家，其中高企占比 73.68%，在全国拥有上市公司的 144 家国家高新区中上市公司创新指数排名位列第 22 位，比上一年（第 21 位）下降 1 位。

从具体指标来看，济南高新区 A 股上市公司人均工资薪酬的稳定增长对于吸引人才具有较大的作用，同时，在创新方面获得的政府支持力度也越来越大；但是研发强度的表现上有所欠缺，近年出现了一定程度的下滑。

济南高新区后续发展首先要继续加大研发强度，以创新驱动带动高质量发展；其次要结合资本市场改革趋势，重点筛选符合国家产业政策、竞争力强、盈利能力好的企业纳入上市后备资源库，努力争取各方支持，积极协调帮助企业解决好上市过程中遇到的问题，推动更多企业尽快实现上市。

2. 威海火炬高新区 A 股上市公司研发投入强度表现较好

近年来，威海火炬高新区把优化提升营商环境作为推动高质量发展的"关键一招"，精准发力打造服务"高地"，以营商环境的持续优化不断增强发展动能；威海火炬高新区与多家中介机构建立紧密合作关系，积极开展企业上市辅导，修订完善优惠政策，设立技术创新基金，成立总投资额为创业投资公司和小额贷款公司，为上市公司提供资金支持和增值服务。

在《报告》中，2021 年威海火炬高新区与上年相比，A 股上市公司仍是 8 家高新技术企业，数量上并无变化，在全国拥有上市公司的 144 家国家高新区中上市公司创新指数排名位列第 74 名，下降了 35 位，对比两年的数据发现，主要是由于今年威海火炬高新区在创新产出和创新保障两方面的能力评分排名下降所致，创新产出能力排名从第 41 位下滑至第 85 位。

从具体指标看，威海火炬高新区 A 股上市公司在研发投入强度方面表现较为优秀，但在硕士研究生学历及以上人员占企业员工比重、企业获政府创新补助和创新补助占研发经费比重等方面表现不足，未来仍需重点发力。

在未来的发展中，威海火炬高新区要充分发挥科技型中小企业重要聚集区的先天优势，着力构建创新创业生态，持续优化营商环境，不断激发发展新动能。同时积极借力资本市场，主板、创业板、科创板多板齐上，逐步打响"照单收、高兴办"金字招牌，加快带动区域高质量发展。

3. 青岛高新区A股上市公司研发经费占比下滑

近年来，青岛高新区加快推进企业上市工作，2021年出台了《青岛高新区加快推进企业上市工作意见》，构建上市后备企业梯度培育体系，坚持创新驱动发展战略，聚焦主导产业，加大企业上市工作支持力度，打造全链条上市培育体系。

据《报告》显示，2021年青岛高新区拥有A股上市公司15家，较前一年新增了2家，其中高企占比高达86.67%，在全国拥有上市公司的144家国家高新区中上市公司创新指数排名位列第21名，名次下降了10位。

从具体指标看，青岛高新区A股上市公司在研发人员人均经费和总资产利润率等方面具有一定优势；在新兴企业方面表现出色，涌现出海尔生物、鼎信通讯、华仁药业等一批科技型企业，但是上市公司数量依然偏少。

今后，青岛高新区要加大对已上市公司的创新补助力度，鼓励企业加大研发投入力度，吸引并培育高端创新人才，引进各类资本市场要素，推进区内优秀企业融资上市，完善上市后备企业梯度培育体系，为园区企业的未来发展塑造核心竞争力。

4. 潍坊高新区A股上市公司亟需加强人才引进

2021年，潍坊市人民政府印发了《关于进一步支持企业加快上市的若干政策》，高新区持续加大资本运作力度，积极引进外部资源，通过投贷联动试点、政策帮扶支撑、金融管家助力等多种形式培育新的上市主体，进一步助力高新区经济社会高质量发展。

据《报告》显示，截至2021年底，高新区拥有A股上市公司6家，其中高企占比达到83.33%，且潍坊高新区还在持续壮大上市后备企业梯队，上市公司创新指数在全国拥有上市公司的144家国家高新区中排名位列第11名。

从具体指标看，潍坊高新区A股上市公司在人均工资薪酬、研发强度等方面优势显著且持续保持着稳步上涨，但硕士研究生及以上学历人员占比等是短板指标，需要加快提升步伐。

在未来发展中，潍坊高新区要积极引导上市公司重视人才引进、培养工作，努力提升人才待遇及福利水平，探索引进人才的有效措施，同时要继续加大政策帮扶和金融支持力度，大力支持上市公司增加研发投入，持续改善园区内创新创业生态，逐步带动区内企业高质量发展，充分挖掘后备上市公司资源。

5. 淄博高新区A股上市公司总市值涨势良好

近年来，淄博高新区大力实施资本市场突破行动，"一企一策"支持企业上市，逐家制定助力上市扶持政策，淄博高新区印发《关于印发促进企业上市挂牌和加快发展资本市场的若干政策》，以强有力的政策措施支持高成长性的创新创业企业到创业板上市、核心竞争力和科创属性强的企业到科创板上市。

据《报告》显示，2021年淄博高新区拥有A股上市公司18家，其中高企占比达77.78%。在全国拥有上市公司的144家国家高新区中上市公司创新指数排名位列第60名，较前一年下降了36位。从一级指标来看：创新投入和创新保障排名都没有太大变动；而创新产出是前年排名表现最好的一项，2021年从第24位下降到第77位。

从具体指标来看，淄博高新区A股上市公司在研发经费占营业收入比重和人均工会经费及教育经费等维度表现不佳，还需要进一步提升；总市值增长态势良好，高企占比有所提升。

今后，淄博高新区要引导A股上市公司继续加大创新投入力度，持续提升研发强度，加大引进高水平创新人才。同时，要深入挖掘符合产业政策导向、主营业务突出的细分行业龙头企业，不断充实挂牌上市公司后备资源库，以更加优质的服务举措助力企业更好更强发展，为产业转型升级和经济发展提供重要支撑。

6. 济宁高新区A股上市公司总市值态势依旧疲软

近年来，济宁高新区根据2021年济宁市人民政府《关于进一步完善企业上市挂牌扶持政策的意见》文件，制定了若干政策推进全区资本市场高质量发展，印发《济宁高新区关于扶持企业上市挂牌的若干政策》，不断推动更多企业加快上市挂牌步伐、助推经济高质量发展。

据《报告》显示，2021年济宁高新区拥有A股上市公司4家，其中高企占比高达100%。在全国拥有上市公司的144家国家高新区中上市公司创新指数排名位列第83名，较前一年下降了21位。从一级指标来看：创新产出和创新保障排名较前年都有不同程度的下滑。

从具体指标来看，济宁高新区A股上市公司在总市值、研发人员占比和总资产利润率等维度表现欠佳，需要加以关注研究提升方案；人均工资薪酬增长态势良好，应继续努力维持增长以赶上国家高新区A股上市公司平均水平。

在未来的发展中，济宁高新区要抓住多层次资本市场带来的发展机遇，发挥资本市场在促进全区经济高质量发展中的推动作用，加大企业上市挂牌奖励力度和扩大企业直接融资奖励范围，落实企业上市挂牌的扶持政策，实现济宁高新区A股上市公司总市值的持续提升。

7. 烟台高新区A股上市公司研发强度有待加强

近年来，烟台高新区把大力培育资本市场和推进企业上市作为经济高质量发展的重要抓手，不断强化政策引导、优化服务环境、培育上市资源，逆势而上，用2年时间，实现了上市公司从无到有、从境内到境外全覆盖全区上市工作按下"快进键"、跑出"加速度"。

据《报告》显示，2021年烟台高新区拥有A股上市公司3家，其中高企占比66.67%。在全国拥有上市公司的144家国家高新区中上市公司创新指数排名位列第81名，较前一年上升2位。

从具体指标来看，烟台高新区A股上市公司在总市值和创新补助占研发经费比重等维度表现尚可，但在营业收入、研发人员和高学历人员占比、研发强度等多个方面都表现欠佳，应重点关注远低于国家高新区A股上市公司平均水平的相关方面，争取在后续发展计划制定中设法改善。

未来烟台高新区要结合本区实际，加大政策扶持力度，鼓励企业引进更多高学历人才和研发人员，增强园区企业的创新能力，加快推动瞪羚企业和"专精特新"中小企业培育，促进园区企业在主板、科创板、创业板、北交所上市，力争成长为引领经济高质量发展的主力军。

8. 泰安高新区A股上市公司员工组成整体水平较高

近年来，泰安高新区印发《关于大力支持企业上市挂牌的实施意见》，从鼓励企业上市挂牌前规范培育、鼓励企业上市挂牌、鼓励上市挂牌企业做大做强3个方面出发，力求系统解决企业在上市挂牌积极性不高、上市挂牌成本较高等问题，力求有效解决企业在上市挂牌前期、推进过程中及上市挂牌后进一步发展的难点和堵点。

据《报告》显示，截至2021年底，泰安高新区拥有A股上市公司仅1家且非高企，上市公司创新指数在全国拥有上市公司的144家国家高新区中排名位列第122名，较上年数据上升了7位，从一级指标来看，创新投入、创新产出和创新保障3个方面能力排名与前一年对比都有了一定进步。

从具体指标看，泰安高新区A股上市公司在硕士研究生及以上学历研发人员占比、人均工会经费及教育经费、总资产利润率等方面表现较好，但营业收入、总市值和研发经费投入等还有待发展，需重点关注。

在后续发展规划中，泰安高新区要加快推进企业多板块上市、实施县域上市挂牌突破工程、实施后备资源梯次培育计划、抓实"种子企业"动态管理、推动国资国企控股参股上市公司、推动多层次资本市场挂牌、强化上市精准培训、建立企业上市挂牌"政务服务直通车"和放大上市公司辐射带动效应等方面内容。

9. 德州高新区A股上市公司总体发展势头良好

近年来，德州高新区落实德州市人民政府发布的《关于进一步推进企业上市挂牌工作的意见》，秉持"发展高科技，实现产业化"的使命，坚持创新驱动、产业强区，夯实高端产业、科技创新、绿色发展"三大基石"，积极做强医养健康、高端装备、新能源新材料三大主导产业，全力打造高端制造业新城。

据《报告》显示，截至2021年底，德州高新区拥有A股上市公司共4家，其中3家为高新技术企业，上市公司创新指数在全国拥有上市公司的144家国家高新区中排名第95名，较上年数据下降了5位，从一级指标来看，创新投入、创新产出和创新保障3个方面能力排名较上年同期都有了一定范围下滑。

从具体指标看，德州高新区A股上市公司与国家高新区A股上市公司平均水平相比，虽然在各项数据方面都还有所不足，但近几年的发展都较为迅猛，与平均水平间的差距都有了很大程度上的缩小。

在后续发展中，德州高新区要继续贯彻落实"储备一批、培育一批、辅导一批、上市一批"的工作思路，坚持企业境内上市和境外上市一起抓，主板、科创板、创业板和北交所一并推，营造"要上市、早上市、多上市、快上市"的良好环境。

10. 莱芜高新区A股上市公司企业资产运营效益欠佳

近年来，莱芜高新区积极实施产业创新能级提升行动，建立智能制造装备潜力地标企业培育库，每年滚动筛选10家企业重点扶持，着力培育若干自主创新能力强、掌握核心技术、经营状况佳、市场前景好的标杆企业。

据《报告》显示，截至2021年底，高新区拥有A股上市公司1家，为高新技术企业，上市公司创新指数在全国拥有上市公司的144家国家高新区中排名位列第133名，较高新区总体排名下降了22位。

从具体指标看，莱芜高新区A股上市公司在总市值、总资产利润率、企业获得的政府创新补助数据和创新补助占比等方面出现负增长，但研发人员占比和研发经费占比等项目上属于优势指标。

在未来发展中，莱芜高新区要坚持把推进企业挂牌作为培育资本市场、破解资金瓶颈的有效途径，制定扶持企业挂牌的有关政策，支持企业进入资本市场，引导有条件的智能制造装备企业积极申报国家级、省级单项冠军，以及专精特新"小巨人"、瞪羚企业等，集中政策资源给予重点支持。

十七、河南省

1. 郑州高新区 A 股上市公司研发人员人均经费"V 型"上涨

近年来，郑州高新区在帮助企业登陆资本市场实现上市挂牌方面，积极落实郑州市关于加快推进企业上市挂牌"千企展翼"行动，发布"百企"上市挂牌后备企业三年行动计划，设立重点企业上市工作专班，落地深交所河南基地，从"促新增、保存量、抓后备"3 个方面构建"七个一批"上市推进格局，建立多层次立体化企业上市挂牌培育体系。

据《报告》显示，2021 年，郑州高新区拥有 A 股上市公司 14 家，较 2020 年增加了 2 家，其中高企占比高达 78.57%，在全国拥有上市公司的 144 家国家高新区中上市公司创新指数排名位列第 38 名。从一级指标来看：创新投入和创新保障排名虽略有下降，但创新产出进步较大，导致整体排名比上一年上升了 10 名。

从具体指标看，郑州高新区 A 股上市公司在营业收入、高学历和研发人员占比、研发经费占比等方面存在一定优势，但在研发人员人均经费等方面表现欠佳，还需要在后续发展规划中重点关注如何加大优势、补全短板项目。

在接下来的发展规划中，郑州高新区要积极培育优质上市、挂牌企业资源，大力支持企业上市或挂牌，持续优化企业上市或挂牌的社会环境，着力推动区内中小科技企业进入主板、创业板、"新三板"及地方股权交易市场挂牌交易，不断鼓励企业进入资本市场谋求更大发展。

2. 洛阳高新区 A 股上市公司研发投入需紧跟营收增长脚步

近年来，洛阳市在"高新技术企业是推动科技创新的重要力量"的理念指导下，出台"高新技术企业倍增行动方案"，完善高新技术企业培育库，健全"微成长、小升高、高变强"梯次培育机制，分层次培育科技型中小企业、高新技术企业、瞪羚企业、创新龙头企业，构建创新型企业集群。

据《报告》显示，2021 年，洛阳拥有 A 股上市公司 11 家，其中高企占比达 72.73%，在全国拥有上市公司的 144 家国家高新区中上市公司创新指数排名位列第 18 名，较前一年上升了 16 位，从一级指标来看，创新产出表现最佳，在全国排名第 19 位，而创新投入和创新保障排名都是第 22 位，较上年都有了长足进步。

从具体指标看，洛阳高新区 A 股上市公司营业收入和总市值近年来呈现快速上升趋势，从业人员数量也大幅上升，高企数量总体较少，且较前年同期没有增长，需要在培养高企上加大力度，此外，在研发强度和总资产利润率等方面也需要持续关注。

在未来的发展中，洛阳高新区还需要不断增强园区的创新能力，继续探索建立科技创新创业的新政策、新机制、新模式，持续优化企业发展环境，大力支持企业加大研发投入力度，稳步推动资本市场发展取得新进展，继续壮大创新型企业集群，力争培育出更多的优质上市公司。

3. 安阳高新区A股上市公司人均工资薪酬持续增长

2021年以来，安阳高新区认真落实河南省人民政府"万人助万企"决策部署，清醒认识推进企业股改上市的重要意义，紧紧抓住全市推进企业上市和并购重组"百舸竞帆"计划的重要机遇，针对省定上市储备企业予以重点指导和跟踪服务，采取"一企一策"的办法协调解决企业上市工作，着力推进全区经济转型升级。

据《报告》显示，2021年，安阳拥有A股上市公司2家，均为非高企，在全国拥有上市公司的144家国家高新区中上市公司创新指数排名位列第82名，较前一年上升了10位，从一级指标来看，创新投入方面的进步最为明显，从2020年的第82名上升至第31名，对整体排名的提升起到了极大促进作用。

从具体指标看，安阳高新区A股上市公司营业收入、研发人员占从业人员比重和总资产利润率自2021年开始呈现快速回升趋势，人均工资薪酬也持续上升，但高企数量不足，且上市公司中严重缺乏高新技术类公司，同时需要重点关注研发强度方面。

今后，安阳高新区的发展需要落实深化企业上市培育工作，开展多层次、多形式的专题培训，加强"一对一"指导，引导企业通过上市弥补发展短板，同时推进营商环境不断优化，提升高新区内上市公司的创新能力，推动全区经济高质量发展。

4. 南阳高新区A股上市公司总市值持续下滑

近年来，南阳高新区实施"企业上市倍增计划"，深入挖掘上市后备资源，加快企业"个转企、小升规、规转股、股上市"培育进程，推动企业阶梯式成长壮大，充分发挥上市公司以大带小、以强带弱作用，整合上下游产业链。

据《报告》显示，2021年，南阳高新区拥有A股上市公司2家，其中高企有1家，在全国拥有上市公司的144家国家高新区中上市公司创新指数排名位列第111名，较前一年上升了10位，从一级指标来看，创新产出和创新保障方面的排名上升较为突出，分别上升了13名和15名，推动了整体排名的提升。

从具体指标看，南阳高新区A股上市公司研发人员研发经费和人均工资薪酬为优势项，但在营业收入、总市值和员工总数方面2021年均表现不佳，在后期的发展规划中需要重点加强关注，有针对性地提出改进措施。

接下来的发展过程中，南阳高新区要继续落实"企业上市倍增计划"，着力推动企业在多层次资本市场上市挂牌，持续挖掘上市后备资源，逐渐完善上市后备企业分类排序、科学调度等工作，有序推进企业上市工作，积极构建梯次推进格局。

5. 新乡高新区A股上市公司资产负债率呈上升趋势

近年来，新乡高新区以重点企业上市为突破口，坚持"一企一策"定制辅导，全力支持优质企业深耕资本市场，常态化、精准化、专业化培育后备企业，重视市场主体发展，把培育创新型企业上市作为调整产业结构、促进经济转型升级和区域高质量发展的重要举措。

据《报告》显示，2021年，新乡拥有A股上市公司2家，均为高企，在全国拥有上市公司的144家国家高新区中上市公司创新指数排名位列第102名，较前一年下降了5位。

从具体指标看，新乡高新区 A 股上市公司员工总数、研发人员占比、总资产利润率和资产债务风险控制为优势项目，但在高学历人员占从业人员比重方面表现欠佳，还需要进一步提升。

今后，新乡高新区的发展要继续按照"培育一批、辅导一批、上市一批、储备一批"的工作思路，在发掘存量优质企业的基础上，围绕园区主导产业，持续加大培育力度，以河南省"万人助万企"活动为契机，深入企业走访调研，促进资本市场服务更多创新主体，打造优质金融营商环境，助力企业加快上市进程。

6. 平顶山高新区 A 股上市公司研发人员占比持续提升

近年来，平顶山市人民政府出台的《关于实施推进企业上市工作"121 行动计划"的意见》，对在主板、中小企业板、创业板成功上市的企业给予奖励措施，充分发挥政策激励作用，鼓励、扶持和引导企业借助上市提升融资能力和核心竞争力，推动产业向绿色高端智能化转变。

据《报告》显示，2021 年，平顶山高新区仅拥有 A 股上市公司 2 家，高新技术企业仅有一家，在全国拥有上市公司的 144 家国家高新区中上市公司创新指数排名位列第 68 位，较前一年进步了 7 位。

从具体指标看，平顶山高新区 A 股上市公司在人均工资薪酬和企业获得的政府创新补助及创新补助占比等方面表现均不佳，后续发展过程中，园区需要重点关注这些方面。

今后，平顶山高新区要按照主板、中小企业板、创业板和境外等不同市场上市的要求，分类别、分阶段、有区别、有重点地进行培育相关企业，建立上市后备企业库，专项推动，动态调整，并争取为拓宽融资渠道打下坚实基础，加快高新区多层次资本市场建设步伐。

十八、湖北省

1. 武汉东湖高新区 A 股上市公司整体发展态势较好

近年来，武汉东湖高新区根据《东湖高新区关于促进企业上市的若干政策》，采取了一系列措施积极推动园区的高质量发展，明确了作为中国光谷的"三步走"发展战略，提出了全面推进"世界光谷"发展目标。

据《报告》显示，2021 年，武汉东湖拥有 A 股上市公司 46 家，其中高企占比 63.04%，在全国拥有上市公司的 144 家国家高新区中上市公司创新指数排名位列第 10 名，较前一年下降了 1 位。

从具体指标看，武汉东湖高新区 A 股上市公司在研发强度和资产负债率方面还有待改善，其他方面较全国平均水平均表现良好，需要继续保持优势、补齐短板，争取不断优化各方面能力。

武汉东湖高新区的后续发展，应结合当地实际，健全完善更具力度、更加精准的扶持激励政策，不断扩大政策覆盖面，加快推动一批优质企业上市，同时积极鼓励企业在着重引进和培育专业人才、加大研发投入、加强政策协同等方面进行提升，助力光谷的新兴产业发展、建设有全球影响力的创新创业中心。

2. 襄阳高新区 A 股上市公司研发人员人均经费大幅上涨

近年来，襄阳高新区高度重视推进企业上市和发展资本市场工作，坚持将企业改制上市与推动融资体制改革、实现产业结构优化升级相结合，从政策支持、资金保障、完善服务等方面加大企业上市推进力度。

据《报告》显示，2021年，襄阳高新区拥有A股上市公司8家，其中高企占比高达62.50%，在全国拥有上市公司的144家国家高新区中上市公司创新指数排名位列第36名，较上年进步了37位，创新投入能力和创新产出能力表现尤为突出，进步明显。

从具体指标看，襄阳高新区A股上市公司主要是在研发人员和高学历人员占比等方面表现欠佳，在研发人员人均经费、人均工会经费、资产负债率和高企数量方面表现较好。

在未来的发展中，襄阳高新区要继续落实推进企业上市和发展资本市场工作，始终坚持将企业改制上市与推动融资体制改革、实现产业结构优化升级相结合，从政策支持、资金保障、完善服务等方面持续加大企业上市推进力度。

3. 宜昌高新区A股上市公司员工高学历人才占比低

近年来，宜昌高新区先后出台多个鼓励加快多层次资本市场建设相关政策文件，为企业在资本市场的运作保驾护航，努力破解企业融资难、融资贵等问题，为全区企业发展提供金融支撑，有力促进转型发展。

据《报告》显示，2021年，宜昌高新区拥有A股上市公司7家，其中高企占比高达85.71%，在全国拥有上市公司的144家国家高新区中上市公司创新指数排名位列第57名，较上年进步了1位。

从具体指标看，宜昌高新区A股上市公司在高企数量和政府创新补助方面表现不错，但在员工整体人才占比、研发强度等方面还有待加强。

今后，宜昌高新区要充分认识到科创板对于宜昌高质量发展的重要意义，把企业在科创板上市挂牌工作摆在更加突出的位置进行高位推进，把推动企业上市工作作为优化全市融资机构、解决企业融资难、促进宜昌高质量发展的重要改革举措进行坚决落实。

4. 孝感高新区A股上市公司整体由亏转盈

近年来，孝感市人民政府加大"上市倍增计划"实施力度，加快推进企业上市步伐，激发市场活力，开辟上市工作"绿色通道"，明确多个相关职能部门的服务职责，限时解决企业改制上市中遇到的困难和问题。

据《报告》显示，2021年，孝感高新区拥有A股上市公司2家，均为高新技术企业，在全国拥有上市公司的144家国家高新区中上市公司创新指数排名位列第110位，较上年进步了7位。

从具体指标看，孝感高新区A股上市公司在研发人员占比和总资产利润率上表现较好，但在高学历人才占比、研发强度和人均工会经费及教育经费等多个方面都表现欠佳。

今后，孝感高新区要结合本市重点产业发展目标，集中筛选一批符合国家产业政策、主营业务突出、竞争能力较强、盈利水平较高、具有发展潜力的重点企业，建立上市后备企业资源库，加大金融支持力度，为企业上市提供充分的政策支持。

5. 荆门高新区A股上市公司总资产利润率形势不佳

近年来，荆门高新区不断建立健全促进企业上市的工作机制，强化上市后备企业培育，完善落实奖励扶持政策，制定了相应的上市工作倍增计划，积极做好企业上市的组织、协调和推进工作。

据《报告》显示，2021年，荆门高新区拥有A股上市公司5家，高企占比60%，在全国拥有上市公司的144家国家高新区中上市公司创新指数排名位列第73位，较上年进步了1位。

从具体指标看，荆门高新区A股上市公司从多项数值的表现来看，均存在一定的问题，其中总资产利润率问题最为突出，需要重点关注并加强提升，争取早日回升到原有水平。

在未来的发展中，荆门高新区要充分发挥已上市挂牌企业的示范效应，积极营造良好的上市挂牌氛围，深入开展多层次、多形式的资本运作专题培训，不断强化"一对一"指导，进一步鼓励和引导本市企业通过多层次资本市场拓宽融资渠道。

6. 随州高新区A股上市公司总资产利润率增长迅猛

近年来，《省人民政府关于进一步提升上市公司质量的实施意见》《省人民政府办公厅关于印发进一步加快推进企业上市若干措施的通知》等政策措施相继发布，随州高新区积极贯彻落实，进一步鼓励和引导本区企业在境内外上市融资，促进全区经济高质量发展。

据《报告》显示，2021年，随州高新区仅拥有A股上市公司1家，且非高新技术企业，在全国拥有上市公司的144家国家高新区中上市公司创新指数排名位列第117位，较上年进步了11位，从一级指标来看，主要是在创新投入方面进步较大。

从具体指标看，随州高新区A股上市公司在总市值、研发强度和总资产利润率方面表现较好，而员工的人才占比和人均工资薪酬等方面还需要重点关注，这些方面还有待提升。

在未来发展中，随州高新区要不断完善企业上市工作机制，逐步健全上市后备企业储备培育制度，认真落实奖励扶持政策，持续优化上市服务环境，积极鼓励和引导本区企业在境内外上市融资，着力推动园区上市公司数量和质量稳步提升。

7. 黄冈高新区A股上市公司资产负债率持续下降

近年来，黄冈市人民政府发布了《市人民政府办公室关于印发黄冈市企业上市工作绿色通道制度（修订）的通知》，并就其中关于企业上市激励的相关政策进行调整，以便进一步抢抓多层次资本市场改革机遇，逐渐提高企业上市激励政策的适应性精准性，加快推动更多优质企业利用多层次资本市场融资发展壮大。

据《报告》显示，2021年，黄冈高新区仅拥有A股上市高企1家，在全国拥有上市公司的144家国家高新区中上市公司创新指数排名位列第129位，较上年下降4位，从一级指标来看，排名下滑最明显的为创新保障排名，下滑了9位，到2021年排名第138位。

从具体指标看，黄冈高新区A股上市公司在研发经费占营业收入比重和资产负债风险控制方面表现亮眼，但高素质人才占员工总数比重及人均工资薪酬等方面还有待改进。

今后，园区要进一步发扬《关于促进黄冈高新技术产业开发区创新发展的决定》等文件精神，不断完善《黄冈高新区高层次人才引进奖补实施细则》《黄冈高新区提升众创空间奖补实施方案》等政策文件，完善对企业技术创新、人才引进等方面的奖励政策，实施创新驱动发展战略，做到驰而不息，久久为功。

8. 咸宁高新区A股上市公司创新能力综合排名下降

近年来，为抢抓改革机遇，充分发挥资本市场在服务经济发展中的作用，支持更多企业上市融资和利用资本市场实现高质量发展，咸宁市人民政府研究出台了《咸宁市进一步加快推进企业上市若干措施》。

据《报告》显示，2021 年，咸宁高新区仅拥有 1 家非高企的 A 股上市公司，在全国拥有上市公司的 144 家国家高新区中上市公司创新指数排名位列第 141 位，较上年下降 10 位，从一级指标来看，除了创新投入排名有所上升外，在创新产出和创新保障两方面均表现欠佳，排名存在一定幅度下滑。

从具体指标看，咸宁高新区 A 股上市公司在研发经费占营业收入比重和资产负债风险控制方面优于国家高新区 A 股上市公司平均水平，但在总市值、高素质人才占员工总数比重、总资产利润率等方面均表现欠佳。

今后，咸宁高新区要强化政策引导，鼓励企业走进资本市场，优化营商环境，加快企业转型升级，并坚持精准发力，一对一服务企业上市融资。园区要把抓企业上市放在更加突出的位置，加强政策引导扶持，鼓励企业挂牌上市，培育壮大多层次资本市场，切实发挥好资本市场服务实体经济发展的"引擎"作用。

9. 黄石大冶湖高新区 A 股上市公司创新能力亟待增强

黄石大冶湖高新区为加快新旧动能转换，以推动高质量发展为主题，以产业发展为核心，以科技创新和深化改革为动力，发展高科技、实现产业化，培育"高""新"项目，提升园区能级和品质，努力打造鄂东地区科技创新高地、先进制造标杆、绿色低碳园区。

据《报告》显示，2021 年，该区在全国拥有上市公司的 144 家国家高新区中上市公司创新指数排名位列第 140 位，较上年下降 3 位。

从具体指标看，2021 年的黄石大冶湖高新区 A 股上市公司在研发人员比重和创新补助占比两方面高于全国均值，总资产利润率则是增长显著，但硕士研究生及以上学历人员占比和研发强度等方面表现不佳。

今后，黄石大冶湖高新区需要继续坚持创新驱动发展，推动新旧动能转换，实现经济规模稳步提升、产业转型升级提速，逐步形成以新能源与智能网联汽车、先进材料、生命大健康、高端装备制造、电子信息为主导和以现代服务业为支撑的"5+1"现代产业体系，不断增强在全市发展中的引领示范和辐射带动作用。

10. 潜江高新区 A 股上市公司总资产利润率有待提升

近年来，潜江高新区优化创新创业生态，大力培育新产业、新业态、新模式，促进传统产业提质增效，努力成为促进技术进步和增强自主创新能力的重要载体，朝着带动区域经济结构调整和经济发展方式转变的强大引擎及抢占世界高新技术产业制高点前沿阵地的目标前进。

据《报告》显示，2021 年潜江高新区拥有 A 股上市公司 1 家且为高企，在全国拥有上市公司的 144 家国家高新区中上市公司创新指数排名位列第 115 名。

从具体指标看，2021 年的潜江高新区 A 股上市公司在研发人员占比和人均工会经费及教育经费等方面表现较为突出，但在上市公司数量和研发强度等方面则表现欠佳。

今后，潜江高新区要持续大力支持实体经济发展，通过技改资金、并购政策、重组优惠等措施，做大龙头企业，培育骨干企业，壮大中小企业，形成大中小微企业协同发展的实体经济梯队格局。围绕新化工、新材料、新能源等重点领域，大力推动骨干企业拓展校企合作的广度和深度，牢固树立人才是第一资源理念，全力做好"引才、用才、育才、留才"工作，激发创新创业活力。

十九、湖南省

1. 长沙高新区 A 股上市公司盈利状况较好

近年来，长沙高新区制定了加大对上市公司再融资、并购重组的支持力度，新增对上市公司市值增长、税收增长的奖励等一系列激励政策，并进一步完善帮扶机制，通过"一企一策"指导促上市、"一事一议"帮扶推上市、"一岗一责"服务保上市，为优质拟上市公司提供全过程、全方位、全天候服务。

据《报告》显示，2021 年，长沙高新区拥有 A 股上市公司 43 家，其中高企占比达 74.42%，在全国拥有上市公司的 144 家国家高新区中上市公司创新指数排名位列第 9 名，其中创新投入和创新产出能力分别位于第 18 名和第 12 名，只有创新保障能力进入全国排名前十。

从具体指标看，2021 年的长沙高新区 A 股上市公司在总市值、研发强度和资产风险控制上表现亮眼，但高素质人才占比、人均工资薪酬方面还有待提升。

从长远发展来看，长沙高新区应当加大激励力度，进一步推动实施"千博万硕"人才引进工程，并加强完善以公司为主体、市场为导向、产学研用相结合的协同创新体系，搭建科技创新和产业发展的关键平台和核心载体，促进高新区在新的起点上创新驱动、战略提升，实现转型升级、产业倍增的发展目标。

2. 株洲高新区 A 股上市公司盈利情况欠佳

近年来，株洲市高新区为全面落实"三高四新"战略定位和使命任务，进一步加大金融支持实体经济力度，认真推进企业上市"金芙蓉"跃升行动计划，争取做到把政策送上门、把服务送上门，筛选了一批上市意愿强、经营业绩较好、增长速度较快、发展潜力较大的企业作为重点培育对象，纳入园区上市公司后备梯队。

据《报告》显示，2021 年株洲高新区拥有 A 股上市公司 6 家，其中高企占比高达 83.33%，在全国拥有上市公司的 144 家国家高新区中上市公司创新指数排名位列第 40 名。从一级指标来看：创新投入排第 36 位，创新产出排第 48 位，创新保障排第 56 位。

从具体指标看，株洲高新区 A 股上市公司在营业收入变化方面表现较为较好，但在总市值、硕士研究生及以上学历人员占比和研发强度等表现不佳，还需要继续提升。同时上市公司数量整体偏少，不具备规模优势。

在未来的发展中，株洲高新区应当加强人才引进，并多鼓励企业在抓住当前有利形势做大做强的同时，尽快对接资本市场，充分享受资本市场带来的政策红利。园区应就未来企业上市工作做好精准规划，为统筹做好园区企业金融服务工作，为企业提供源源不断的金融要素支撑提供配套的政策方案。

3. 湘潭高新区 A 股上市公司总市值创历史新高

近年来，作为先进电传动及风电装备产业链、精品钢材深加工及新材料产业链和人工智能及传感器产业链的建设主体，湘潭高新区围绕产业链布局、招商、落地、为企排忧解难等方面全面发力，3条产业链稳步发展壮大，链群发展态势凸显，园区高质量发展底色更足。

据《报告》显示，2021年湘潭高新区拥有A股上市公司4家，其中高企占比75%，在全国拥有上市公司的144家国家高新区中上市公司创新指数排名位列第92名，较上年名次提升了28位。

从具体指标看，湘潭高新区A股上市公司2021年在各项指标上均有长足进步，各项数据基本都在稳步提升，未来园区在上市公司数量规模方面还需要继续增强，并不断引进高学历人才，增加硕士研究生及以上学历人员占比。

在后续发展中，湘潭高新区要继续鼓励支持企业充分利用多层次资本市场，加快做大、做强、做优的步伐，加速产业集群，重点关注产业链式发展、集群发展，并进一步激发企业的创新创造活力，加快推动园区高质量发展，向打造创新能力强的先进园区迈进。

4. 益阳高新区A股上市公司需加大引进高学历人才力度

近年来，益阳高新区主动对标"五好"园区创建要求，深入开展规划优化、平台搭建、产业项目培优、体制机制创新、发展环境提升等"五大"行动，逐渐形成了由装备制造产业、电子信息产业及新材料新能源产业组成的"两主一特"产业。

据《报告》显示，2021年益阳高新区拥有A股上市公司5家，均为高新技术企业，在全国拥有上市公司的144家国家高新区中上市公司创新指数排名位列第98名，较上年名次下降了22位。

从具体指标看，益阳高新区A股上市公司在总市值和研发强度方面表现较好，但在高学历人才占比、人均工会经费及教育经费等方面表现欠佳，且园区的A股上市公司数量不足。

在后续发展中，益阳高新区要进一步鼓励和引导园区优质企业对接资本市场，深入推进园区企业上市工作及园区资本市场建设，帮助企业进行上市规划，加快推进企业上市步伐，进一步发挥资本市场在优化资源配置、调整经济结构、筹集发展资金、推进制度创新等方面作用，促进园区经济社会高质量发展。

5. 衡阳高新区A股上市公司研发投入大幅增加

近年来，衡阳高新区成立了中小企业服务中心，进一步完善信用信息共享平台、企业信用信息公示系统等政府统一数据共享交换平台，试行"一门式一网式"审批服务，深入推进"互联网+行政审批"建设，产业生态方面持续改善，不断加快实现高新区产业大发展、大提升、大跨越。

据《报告》显示，2021年衡阳高新区拥有A股上市公司2家，其中1家为高新技术企业，在全国拥有上市公司的144家国家高新区中上市公司创新指数排名位列第131名，较上年名次提升了9位。

从具体指标看，衡阳高新区A股上市公司在高企数量和园区A股上市公司的资产负债风险控制方面还有待改善，但2021年衡阳高新区的A股上市公司总市值、研发经费占比、人均工资薪酬等多项数据增长上均表现优异。

在今后的发展中，衡阳高新区要在国内国际双循环发展新格局中布局产业，大力推进高层次创新、高水平开放、高质量集聚。要在新战略中布局产业，瞄准新兴技术，构建数字经济新模式，集聚发展战略性新兴产业和未来产业，进一步开拓国际化视野、整合区域资源、寻求区域合作、优化产业布局。

6. 郴州高新区 A 股上市公司研发投入不足

近年来，郴州高新区坚持抓好落实、主动服务，紧紧围绕企业上市目标，切实帮助企业解决上市过程中的困难和问题，并不断提升优质服务，助力企业发展壮大，坚定上市信心，围绕上市时间节点，对标要求、补齐短板，有序推进各项工作。

据《报告》显示，2021 年郴州高新区拥有 A 股上市公司 2 家，其中仅 1 家为高新技术企业，在全国拥有上市公司的 144 家国家高新区中上市公司创新指数排名位列第 137 名，较上年名次上升 1 位。

从具体指标看，郴州高新区 A 股上市公司在企业数量、硕士研究生及以上学历人员占从业人员比重及研发强度等方面表现欠佳，而园区上市公司在资产负债率方面则是进步突出。

在郴州高新区今后的发展中，园区企业需要立足自身实际，补足短板，各部门要在服务企业上市工作中解放思想、拓宽思路，要抓住重点，进一步坚定目标导向、坚持问题导向、强化结果导向，重点鼓励园区上市公司在研发方面的投入，并不断推动园区企业上市，增加园区上市公司数量。

二十、广东省

1. 广州高新区 A 股上市公司研发强度居于领先

近年来，广州高新区坚持以企业需求为导向，建立最有利于创新创业创造的生态，打造一系列品牌活动，并依托创新创业人才政策体系和重要科技平台载体，引育战略科技人才、科技领军人才、青年科技人才和高水平创新团队，以人才带动技术、市场、资本等要素进驻整合，实现企业创新能力突破。

据《报告》显示，2021 年，广州高新区拥有 A 股上市公司 59 家，其中高企占比高达 81.36%，在全国拥有上市公司的 144 家国家高新区中上市公司创新指数排名位列第 13 位，较上年名次下降了 5 位。创新产出和创新保障能力表现较好，但创新投入能力排名 42 位，仍需要进一步加强。

从具体指标来看，广州高新区在硕士研究生及以上学历人员占比、研发强度和人均工资薪酬等方面表现突出，2021 年上市公司达 59 家，新生力量快速崛起，但在资产负债率方面还有待改善。

在后续发展中，广州高新区要进一步鼓励和引导园区优质企业对接资本市场，深入推进园区企业上市工作及园区资本市场建设，帮助企业进行上市规划，加快推进企业上市步伐，进一步发挥资本市场在优化资源配置、调整经济结构、筹集发展资金、推进制度创新等方面作用，促推园区经济社会高质量发展。

2. 深圳高新区 A 股上市公司人才聚集优势显著

近年来，深圳市紧紧围绕经济社会发展需求，先后出台了《深圳经济特区人才工作条例》《关于促进人才优先发展的若干措施》及"鹏城英才计划"等一系列人才政策法规，吸引了一大批海内外人才来深创新创业。深圳高新区也在此基础上积极搭建人才科技企业产品供需对接平台，为人才提供创新创业、生活保障等全方位服务。

据《报告》显示，2021 年深圳高新区拥有 A 股上市公司 165 家，其中高企占比高达 80%，在全国拥有上市公司的 144 家国家高新区中上市公司创新指数排名位列第 3 名，创新投入能力为第

42 名，表现较差，创新产出能力和创新保障能力分别为第 4 名和第 2 名。

从具体指标看，深圳高新区 A 股上市公司在研发人员人均经费和创新补助占研发经费比重等指标方面还存在一定的提升空间，但在园区创新型人才聚集程度及上市公司数量规模等方面均具有较大的领先优势。

在未来发展中，深圳高新区要在发挥优质科创资源用才、留才机制的基础上，不断完善长期稳定持续的投入机制，高质量推进深圳国家高新区建设，以"一区两核多园"为主阵地，建设新一代信息技术、生物医药等带动优势突出、竞争优势明显的创新产业集群。

3. 火炬开发区 A 股上市公司人才引进力度亟待加强

近年来，火炬开发区大力引进更多重大创新平台，通过"政产学研"深度融合带动数字化转型的"链式反应"。全力构建"全球大招商"格局，特别聚焦数字化智能化上下游产业链，引入一批具有引领作用的"灯塔式"企业，加快推动产业全链条的数字化转型。

据《报告》显示，2021 年火炬开发区拥有 A 股上市公司 13 家，其中高企占比高达 76.92%，在全国拥有上市公司的 144 家国家高新区中上市公司创新指数排名位列第 46 名。从一级指标来看：创新投入排第 97 名、创新产出排第 51 名，这两项数据排名较上年同期均有所下滑；创新保障排第 21 名，是表现最好的。

从具体指标来看，火炬开发区 A 股上市公司在引进人才、留住人才、研发强度、员工薪资及政府创新支持力度等多个方面表现依然不足，但是营业收入和总市值方面增长显著。

今后，火炬开发区要结合火炬区实际情况，加大人才扶持政策力度，帮助企事业单位引进和留住人才，壮大人才队伍，优化人才结构，加大火炬开发区应届毕业生引进力度，进一步加强和改进新时代人才工作，将园区打造成为人才创新创业热土。

4. 佛山高新区 A 股上市公司创新能力有较大提升空间

近年来，佛山高新区锚定全市"515"高质量发展战略目标，聚焦"一区一园一城"建设任务，积极融入十大创新引领型特色制造业园区和十大现代服务业产业集聚区各项工作，并努力集聚人才、技术、资本、项目等高端要素，着力打造全市创新中心和人才高地。

据《报告》显示，2021 年佛山高新区拥有 A 股上市公司 25 家，其中高企占比高达 76%，在全国拥有上市公司的 144 家国家高新区中上市公司创新指数排名位列第 67 名，创新投入和创新产出能力表现欠佳，均在 70 名开外，需要进一步强化。

从具体指标来看，佛山高新区 A 股上市公司在硕士研究生及以上学历人员占比、研发人员占比、研发强度和人均工资薪酬等方面表现不佳，在创新补助占研发经费比重和资产负债率两方面基本保持与全国均值一致的变化趋势。

在接下来的发展中，佛山高新区应当聚焦改革创新方面，在创新创业上寻求突破、在园区建设方面不断追求进步，统筹各园区继续贯彻建设"双十园区"的目标，集中资源、聚焦主业。争取做到两手抓：一手抓硬科技发展，高质量支撑制造业当家；一手抓软服务提升，高水平营造一流营商环境。

5. 惠州仲恺高新区 A 股上市公司发展势头强劲

近年来，仲恺高新区坚持以高质量发展政策体系推动区域创新发展，坚定实施创新驱动发展

"八大举措"和科技创新"四大倍增行动"，如高新技术企业倍增行动、孵化器加速器倍增行动、科技金融倍增行动和上市企业倍增行动等，为企业项目扫清障碍、提供优质服务，精准推动项目投资落地见效。

据《报告》显示，2021年惠州仲恺高新区拥有A股上市公司10家，其中高企占比高达80%，在全国拥有上市公司的144家国家高新区中上市公司创新指数排名位列第5名，较上年名次上升了8位，创新投入能力和创新产出能力表现较好，都进入了前十。

从具体指标看，惠州仲恺高新区A股上市公司硕士研究生及以上学历人员比重、人均薪酬待遇方面还有待提升，园区上市公司数量有待增加，但2021年园区在研发强度、总资产利润和资产负债率方面均表现较好。

在后续发展规划中，惠州仲恺高新区要强化人才支撑，着力在人才引进、留用、服务等方面采取有效措施，进一步为企业引才、留才提供优质环境，并以需求为导向集聚培养引领高质量发展的人才队伍，不断推动园区上市公司创新能力的高质量发展。

6. 珠海高新区A股上市公司高学历人才引进迫在眉睫

近年来，珠海高新区高度重视企业上市培育和服务工作，通过不断完善上市后备企业培育服务机制，多部门联动参与企业上市进程环节，帮助企业上市，并不断促进园区内企业利用资本市场做大做强，营造金融支持自主创新的良好环境，增强企业自主创新能力。

据《报告》显示，2021年珠海高新区拥有A股上市公司24家，其中高企占比高达70%，在全国拥有上市公司的142家国家高新区中上市公司创新指数排名位列第4名，创新产出和创新保障能力表现强势，但创新投入能力表现欠佳，后期发展需要重点关注。

从具体指标看，珠海高新区A股上市公司在研发人员占比和总资产利润率方面表现较为亮眼，但在硕士研究生及以上学历人员占比及人均工资薪酬等方面仍需要继续努力加强。

在未来发展中，珠海高新区要不断强化人才要素对于创新的核心作用，要以高质量平台载体作为支撑，培养造就更多的企业科技领军人才和高水平创新创业团队，深化产城融合，构建一流人才生态环境，为将园区打造独具珠海特色的创新高地做好充分准备。

7. 东莞松山湖高新区A股上市公司资产收益率方面表现优异

近年来，东莞松山湖高新区为了全面抓好松山湖上市公司总部基地企业的上市培育和扶持工作，提高园区整体竞争力，制定了《关于推动松山湖上市企业高质量发展的若干措施》，使得园区依托明确的产业定位、便捷的区位交通和优质的营商环境，初步形成适合上市公司和准上市公司发展的良好生态。

据《报告》显示，2021年东莞松山湖高新区拥有A股上市公司6家，且均为高企，在全国拥有上市公司的144家国家高新区中上市公司创新指数排名位列第54名，较上一年排名提升了14位。

从具体指标看，东莞松山湖高新区A股上市公司在总市值、研发经费占营业收入比重、总资产利润率等方面表现突出，但在人才结构方面还需要进一步优化，尤其需要重点加强引进高学历人才。

今后，东莞松山湖高新区要增强企业利用资本经营发展的能力，提高园区市场整体竞争力，进一步加大园区企业上市培育和扶持力度，以实现全方位促进上市公司集聚发展的目标。此外，东莞松山湖高新区还要继续加大高学历高素质人才的引进力度，持续优化园区人才结构。

8. 肇庆高新区 A 股上市公司人才优势有待加强

近年来，肇庆高新区领导积极听取企业意见建议，帮助协调解决相关问题，支持企业加快上市，不断推动企业上市工作再上新台阶。在园区营造重视、支持、培育企业上市的浓烈氛围，推动支持企业上市各项工作落地，推动上市公司高质量发展。

据《报告》显示，2021 年肇庆高新区拥有 A 股上市公司 3 家，且均为高企，在全国拥有上市公司的 144 家国家高新区中上市公司创新指数排名位列第 96 名，较上一年排名提升了 7 位。

从具体指标看，肇庆高新区 A 股上市公司在人才结构、研发人员人均经费及人均工会经费及教育经费等方面还有很大提升空间，但园区在研发经费占比及债务风险控制方面表现优异。

今后，肇庆高新区要不断完善园区人才结构，并继续加大对企业上市工作的支持力度，全力构建可持续的上市后备企业梯队，加强对企业上市的扶持奖励，充分借助资本市场支持实体经济发展，全面支持引导优质企业利用多层次资本市场加快发展、做大做强。

9. 江门高新区 A 股上市公司经营能力表现较好

近年来，江门高新区一方面在积极推动传统产业转型升级，另一方面在努力推动战略性新兴产业发展，借助资本市场带动产业链巩固提升。此外园区还不断加大企业扶持力度，提升服务质量，优化营商环境，全方位扶持园区企业发展壮大，以扩大园区上市公司的储备库。

据《报告》显示，2021 年江门高新区拥有 A 股上市公司 8 家，其中高企占比 62.50%，在全国拥有上市公司的 142 家国家高新区中上市公司创新指数排名位列第 55 名，较前一年排名下降 2 位。

从具体指标看，江门高新区 A 股上市公司在研发人员数量、研发投入强度和资产负债率等方面表现较为优秀，但在研发人员人均经费、硕士研究生学历及以上人员占企业员工比重等方面表现有待提升，在后续发展中仍需要保持重点关注。

今后，江门高新区要坚持创新驱动发展，不断增强园区的科技创新能力，加快推进产学研创新平台和孵化育成载体建设，建立良好的孵化载体，助推区内企业创新，激发企业的创新活力，并不断推动项目建设提速、推进产业平台提质，全力打造一流的营商环境。

10. 清远高新区 A 股上市公司创新能力仍有较大提升空间

近年来，清远高新区一直坚持不断加大对上市后备企业的培育扶持力度，持续增强为企业提供高效便捷政务服务的能力，切实增强地方经济活力，促进企业转型升级，推动上市公司提质增效，力争成为辐射带动区域经济发展和产业优化的重要力量。

据《报告》显示，2021 年清远高新区拥有 A 股上市公司 3 家，其中有两家是高企，在全国拥有上市公司的 144 家国家高新区中上市公司创新指数排名位列第 76 名，较前一年排名上升 5 位。

从具体指标看，清远高新区 A 股上市公司在研发人员和硕士研究生学历及以上人员占从业人员比重、研发投入强度、人均工资薪酬等方面相较于国家高新区平均水平，仍存在较大提升空间，但在创新补助占研发经费比重上依旧领先于全国平均水平。

今后，清远高新区应当继续拓宽企业融资渠道，不断争取获得更多的金融产品精准支持。进一步加强与其他地区各类投融资机构合作，打通区外优质科技项目转移对接通道，灵活运用园区科技金融信用数据综合服务平台，并加大财政保障力度，推动上市后备企业和园区国有企业资本相互促进，支持企业做优做强。

11. 汕头高新区 A 股上市公司创新人才结构亟须改善

近年来，汕头高新区不断创新思路，引导企业走资本化、集约化的经营道路，为高新区实现科学发展奠定了基础。并以推进企业改制上市工作为契机，促使企业从资本市场筹集资金，不断扩大规模、发展壮大，从而建立现代企业制度，提高企业管理水平，降低经营风险，开拓市场。

据《报告》显示，2021 年汕头高新区拥有 A 股上市公司 8 家，其中高企占比高达 100%，在全国拥有上市公司的 144 家国家高新区中上市公司创新指数排名位列第 49 名。从一级指标来看：创新投入排第 74 位；创新产出排第 47 位；创新保障排第 64 位。

从具体指标来看，汕头高新区 A 股上市公司创新人才结构、人均工资薪酬和研发经费占营业收入比重等方面表现不佳，还需要进一步提升；反之，园区上市公司的总资产利润率在 2021 年则是成功实现反超国家平均水平，表现较好。

今后发展过程中，汕头高新区要继续大力培育发展科技型中小企业，建立完善覆盖创业团队、科技型中小企业、高新技术企业的梯次培育机制，激发企业创新活力，持续加大创新创业平台建设力度，促进汕头高新区成为高新技术、人才、资金等创新要素的集聚地。

12. 湛江高新区 A 股上市公司研发经费占比提升显著

近年来，湛江高新区坚持"企业主动、政府推动、市场拉动、中介联动"的原则，把推进企业上市作为深化金融供给侧结构性改革、优化营商环境的重要抓手，进一步健全上市工作机制，完善扶持政策，加快形成较为完善的企业上市服务体系、政策支撑体系和孵化培育体系。

据《报告》显示，2021 年湛江高新区拥有 A 股上市公司 3 家，其中高新技术企业有 2 家，在全国拥有上市公司的 144 家国家高新区中上市公司创新指数排名位列第 109 名，较 2020 年排名上升 5 位。

从 2021 年具体指标看，湛江高新区 A 股上市公司在硕士研究生及以上学历人员占从业人员比重、研发人员占从业人员比重等方面表现不佳，在研发人员人均经费和总资产利润率等方面表现较好，但仍有较大发展空间。

未来，湛江国家高新区要将符合产业政策导向，特别是高新技术、专精特新、优质税源、成长型企业，根据上市挂牌条件，完善上市后备企业资源库，对入库企业按照培育阶段、股改阶段、辅导阶段、申报阶段进行梯队化管理，以实现促进园区经济高质量发展的目标。

13. 茂名高新区 A 股上市公司人才结构需持续关注

近年来，茂名市人民政府印发《茂名市"十四五"企业上市行动计划》，并积极实施上市公司培育行动，把推动企业上市作为深化金融供给侧结构性改革、推动经济高质量发展的重要抓手，积极发掘上市公司后备资源，全面提升上市公司数量和质量，根本性扭转上市公司数量少和上市公司质量不高的局面。

据《报告》显示，2021 年茂名高新区仅拥有 A 股上市公司 1 家，且非高新技术企业，在全国拥有上市公司的 144 家国家高新区中上市公司创新指数排名位列第 139 名，较 2020 年排名下降

3位。

从2021年具体指标看，茂名高新区A股上市公司在硕士研究生及以上学历人员和研发人员占比、研发经费占营业收入比重等方面表现不佳，但在人均工资薪酬及资产负债率方面表现较好。

未来，茂名国家高新区要坚持按照"抓产业、引人才、强创新、治环境"的工作思路，全面实施创新驱动发展战略，积极探索体制机制改革创新，全力推动产业转型升级，并采取灵活多样的形式吸引人才，大力促进企业与高等院校、科研院所的联系和合作，以不断推动当地经济社会的高质量发展。

二十一、广西壮族自治区

1. 南宁高新区A股上市公司资产运营效益不佳

近年来，南宁高新区坚持推动企业改制上市和再融资，促进科技创新产业和金融资本市场结合，持续引导园区企业通过资本市场直接融资，扶持企业做大做强，推动高新区经济稳定、健康发展，鼓励园区企业通过多渠道融资，加快企业自身发展，进一步夯实实体经济根基。

据《报告》显示，2021年南宁高新区拥有A股上市公司9家，其中高企5家，在全国拥有上市公司的144家国家高新区中上市公司创新指数排名位列第72名，在创新投入方面表现较差，有待进一步增强。

从具体指标看，南宁高新区A股上市公司在创新补助占研发经费比重方面表现突出，但在营业收入、总市值、研发强度及资产利润率等方面表现相对不足，仍需要保持重点关注。

今后，南宁高新区要不断推进企业上市和融资工作，同时园区企业要立足"专精特新"，做专、做精、做特、做新，积极融入资本市场，做到资本运营和实业发展双轮驱动，提升园区企业的核心竞争力，积极对接各方优质资源，推动企业上市。

2. 桂林高新区A股上市公司研发投入占比表现优异

近年来，桂林高新区坚持落实和兑现《桂林国家高新区关于促进科技创新发展的若干措施》《桂林国家高新区关于促进小微企业发展的若干措施》等相关政策，积极落实高新技术企业扶持政策，支持高新技术企业研发能力建设，培育高成长型科技企业。

据《报告》显示，2021年桂林高新区拥有A股上市公司6家，其中一半是高企，在全国拥有上市公司的144家国家高新区中上市公司创新指数排名位列第86名，在创新投入方面表现较好，位列第63名，但在创新产出和保障方面表现欠佳，有待进一步增强。

从具体指标看，桂林高新区A股上市公司在研发经费投入占比、企业债务风险控制及创新补助占比等方面表现优异，但在硕士及以上人员及研发人员占比方面变现有待改善。

今后，桂林高新区要继续加大力度，持续推进双创示范基地建设。结合园区的发展特点，完善双创政策措施，形成创新创业扶持政策体系，发展"制造业+双创""信息服务业+双创""高校科研机构+双创""高端装备制造+双创"等新模式，支持和协助企业与高校、科研院所联合建设高水平的创新中心和双创基地。

3. 柳州高新区 A 股上市公司创新人才缺乏

近年来，柳州高新区不断加大基础研究和应用基础研究投入，加强关键共性技术、前沿引领技术、现代工程技术、颠覆性技术联合攻关和产业化应用，持续推动技术创新、标准化、知识产权和产业化深度融合，在园区建立"科技型中小企业、专精特新中小企业、高新技术企业、瞪羚企业、独角兽企业"的科技企业培育体系。

据《报告》显示，2021 年柳州高新区拥有 A 股上市公司 3 家，其中高企 2 家，在全国拥有上市公司的 144 家国家高新区中上市公司创新指数排名位列第 51 名，较 2021 年上升了 19 位。

从具体指标看，柳州高新区 A 股上市公司在硕士研究生及以上学历和研发人员占比、研发经费占营业收入比重及人均工资薪酬方面还有待提升，但在营业收入发展情况及研发人员人均经费方面表现较好。

未来，柳州高新区要精准制定实施高层次人才和高技术技能人才引育计划，搭建国际化引才育才平台，组织引进重点领域高端领军人才和高水平科学研究团队，培育引进各类经营管理人才、专业技术人才和技能型人才，鼓励高新区制定奖励激励政策，加大引进培育高层次创新人才力度。

4. 北海高新区 A 股上市公司总市值涨幅明显

近年来，北海高新区不断提升北海高新技术产业园区的创新能力和孵化能力，打造具有特色的高新技术产业集群，充分发挥北海高新区的资源优势、技术创新优势、体制机制优势和产业组织优势，推动园区高新技术产业和战略性新兴产业加快发展。

据《报告》显示，2021 年北海高新区拥有 A 股上市公司 3 家，且均非高企，在全国拥有上市公司的 144 家国家高新区中上市公司创新指数排名位列第 94 名，较上年同期排名进步了 36 位，从一级指标来看，北海高新区在创新投入方面表现突出，位列第 41 位。

从具体指标看，北海高新区 A 股上市公司在总市值、研发人员占从业人员比重、资产负债率等方面表现较好，在研发人员占从业人员比重、高学历人员占比及研发强度等方面表现不足，需保持重点关注。

下一步，北海高新区要从政策配套、引资引智、平台搭建、优化环境等方面入手，加快推进国家创新型特色园区建设，把握"高"和"新"的发展定位，大力优化营商环境，聚焦高端服务业发展，吸引培育一流创新人才，进一步激发企业创新活力，成为创新驱动发展示范区和高质量发展先行区。

二十二、海南省

海口高新区 A 股上市公司研发强度方面进步迅速

近年来，海口市在发展中紧紧围绕构建四大主导产业体系和坚持集约集聚的要求，从"扩投资、稳增长"目标出发，通过规划引领、资金扶持、政策支撑、项目推介等多种形式，积极构建良好的营商环境，以全方位支持海口国家高新区的高质量发展。

据《报告》显示，2021 年海口高新区拥有 A 股上市公司 5 家，且均为高企，在全国拥有上市公司的 144 家国家高新区中上市公司创新指数排名位列第 65 名，在创新投入方面有待提升。

从具体指标看，海口高新区 A 股上市公司在硕士研究生及以上学历和研发人员占从业人员比重、从业人员人均教育经费、总资产利润率等方面表现欠佳，有待进一步提升，但在总市值增长和研发强度方面表现突出。

今后，海口高新区要充分发挥省内唯一国家级高新区的平台优势和引领作用，全力推动产业转型升级实现新突破、园区开发建设展现新作为、营商环境优化取得新成效，扛起做大做优富有海口特色实体经济的"园区担当"，支撑起自贸港现代产业体系建设和高质量发展。

二十三、四川省

1. 成都高新区 A 股上市公司总市值增长迅猛

近年来，成都高新区将发力点集中在了技术创新、人才吸引、平台打造、知识产权等方面，围绕人才、技术、平台、转化、产品、企业、金融、产业 8 个核心维度，园区通过集聚高端人才、提升创新策源能力、加快科技成果资本化，努力为加快创建世界领先科技园区提供有力保障。

据《报告》显示，2021 年成都高新区拥有 A 股上市公司 40 家，其中高企占比高达 72.50%，在全国拥有上市公司的 144 家国家高新区中上市公司创新指数排名位列第 7 名，创新投入能力表现有待提升。

从具体指标看，近年来成都高新区 A 股上市公司在硕士研究生及以上学历人员占比和人均工资薪酬等方面表现突出，人才结构也正在向高学历化、重研究化方向演进。从园区上市公司整体运营情况来看，资产负债率过高，总资产利润率表现欠佳。

立足长远，成都高新区在后续发展规划中要聚力企业培育提升高质量发展动能，重点优化梯度企业培育、空间资源配置、头部企业培育方式，力争培育一批城市标签级科技领军企业，攻克形成一批国际国内领先的产品和技术，创造从"0"到"1"的原创突破。

2. 绵阳高新区 A 股上市公司人员结构有待改善

近年来，绵阳高新区为企业提供绿色通道，成立项目专班，做到面对面梳理问题，点对点解决困难，"一企一策"帮助区内优势企业扩能上量，推动战略性新兴产业、高新技术产业企业产值增长，加快形成新型显示产业集群和新能源、新材料创新产业集群。

据《报告》显示，2021 年绵阳高新区拥有 A 股上市公司 5 家，其中仅 1 家为高企，在全国拥有上市公司的 144 家国家高新区中上市公司创新指数排名位列第 30 名。从一级指标来看：创新投入排第 32 位，创新产出排第 34 位，创新保障排第 32 位。

从具体指标来看，绵阳高新区仅有 5 家 A 股上市公司且 4 家都不是高企，总资产利润率显著降低，公司人员结构比例不佳，但营业收入 2021 年增势迅猛，市值大幅增加，人均工会经费及教育经费也有了长足进步。

今后，绵阳高新区要吸引聚集各类人才来绵阳高新区创新创业、服务高新区经济社会发展，对符合条件的"高精尖缺"人才在高新区开展科技创新类项目的，根据情况给予奖励扶持，加大人才招引力度，力争把高新区建设成为创新高地、人才高地。

3. 自贡高新区 A 股上市公司人才结构有待优化

近年来，自贡高新区牢固树立"抓项目就是抓发展，抓大项目就是抓大发展"理念，持续强化"三抓联动""四重并举"，大力实施"两项行动"，以深入推进"四个一批"项目建设为抓手，确保抓项目、促投资、稳增长，实现新突破，充分发挥高新区高质量发展的示范引领和辐射带动作用。

据《报告》显示，2021 年，自贡高新区拥有 A 股上市公司 4 家，其中高企 2 家，在全国拥有上市公司的 144 家国家高新区中上市公司创新指数排名位列第 114 名，较 2020 年下降 26 位。

从具体指标看，自贡高新区 A 股上市公司在研发经费占营业收入比重方面表现突出，但在人才结构优化、人均工会经费及教育经费及上市公司债务风险等方面表现相对不足，有待进一步提升。

今后，自贡高新区要立足产业发展主引擎和动力源定位，锚定"创新驱动、人才强区"目标，打造"引才磁场"，布局"聚才高地"，构建"育才摇篮"。坚持优化体制机制，有力激发人才干事创业，助力高新区突出"高"和"新"，加快走出创新发展、转型发展、跨越发展和高质量发展新路。

4. 乐山高新区 A 股上市公司发展需加强引进创新人才

近年来，乐山高新区通过联动区内各项政策措施，调动市场化力量关注创新积分制，吸引各类创新要素向企业集聚，培育一批研发能力强、成长潜力大、掌握关键核心技术的高成长创新型企业，建设具有核心竞争力的先进制造业集聚区，构建绿色低碳优势特色产业体系，推动乐山高新区发展能级不断提升。

据《报告》显示，2021 年，乐山高新区拥有 A 股上市公司 4 家，仅一家为高企，在全国拥有上市公司的 144 家国家高新区中上市公司创新指数排名位列第 104 名，从一级指标来看，其在创新保障能力方面表现较为突出，排在 89 位。

从具体指标看，乐山高新区上市公司在总资产利润率上增长迅猛，但在研发经费占营业收入比重、硕士研究生及以上学历占比和研发人员占比等方面表现不足，有较大提升空间。

未来，乐山高新区要推动科技与人文、自然和谐交融，持续优化更具创新活力、更为生态宜居、更加包容高效、更有安全韧性的高新发展环境，进一步促进人才、资金、技术、信息等创新要素自由流动、高效配置，推动实体经济、科技创新、现代金融、人力资源协同发展。

5. 泸州高新区 A 股上市公司研发投入有待增加

近年来，泸州高新区重点培育发展电子信息、高端装备制造、现代医药等主导产业，大力实施产业链以商招商，激活"招来一个，引进一批，促成一片"的"葡萄串"效应。充分发挥现有龙头企业、骨干企业话语权重、集聚力强、生态链长的优势。

据《报告》显示，2021 年，泸州高新区拥有 A 股上市公司 1 家，且非高新技术公司，在全国拥有上市公司的 144 家国家高新区中上市公司创新指数排名位列第 132 名。

从具体指标看，泸州高新区 A 股上市公司在硕士研究生及以上学历人员占比、研发人员人均经费、研发经费占营业收入比重等方面表现欠佳，在总资产利润率方面表现较好，需继续保持。

未来，泸州高新区要积极融入成渝地区双城经济圈科技创新中心建设，狠抓科技创新主体培

6. 内江高新区 A 股上市公司创新人才占比优势显著

近年来，内江高新区围绕"产业集聚、人才集聚、创新集聚"3 个目标，园区坚持抓好人才"引育用留"一体化建设，统筹推进人才工作，推动建设创新人才集聚区，并在完善创新要素保障方面，内江高新区不断创新补、投、贷等多元扶持方式，打造金融"活水"助力创新发展。

据《报告》显示，2021 年，内江高新区拥有 A 股上市公司 1 家，且为高企，在全国拥有上市公司的 144 家国家高新区中上市公司创新指数排名位列第 84 名，其在创新投入能力方面表现极为优秀，排名居第 12 位。

从具体指标看，内江高新区 A 股上市公司在总市值、硕士研究生及以上学历和研发人员占比及研发经费占比等方面表现较好，在园区高企数量、人均工会经费及教育经费等方面表现不足，需要保持重点关注。

为了支持园区企业积极向资本市场借力借势，下一步内江高新区要争取先进制造业聚集实现新突破，重大产业项目建设取得新进展，加快园区高质量现代产业体系、高水平开放型经济体系、高能级创新平台体系构建，继续实施创新驱动发展战略，强化创新链、产业链深度融合，全力打造创新驱动发展新高地。

二十四、贵州省

1. 贵阳高新区 A 股上市公司人均工资薪酬亟待提高

近年来，贵阳高新区始终聚焦主责主业，集中精力抓产业发展，牢牢把握"高"和"新"的发展定位和开发区首要职责是抓工业的功能定位，以经济高质量发展助力"强省会"行动为工作主线，全力发展首位产业、潜力产业，努力构建"大企业顶天立地、中小微企业铺天盖地、创新型企业勇闯天地"的新局面。

据《报告》显示，2021 年贵阳高新区拥有 A 股上市公司 16 家，其中高企占比为 56.25%，在全国拥有上市公司的 144 家国家高新区中上市公司创新指数排名位列第 35 名，其中创新产出表现较好，而在创新投入方面仍需要加强。

从具体指标看，贵阳高新区 A 股上市公司在研发经费占营业收入比重、总资产利润率等方面还有较大提升空间，高层次人才不足，且人均工资薪酬水平远低于全国均值，就业吸引力较弱。

今后，贵阳高新区有待进一步提升从业人员就业环境，继续加强科技投入，吸引更多高端人才，并着力优化人才发展"软"和"硬"两方面的环境条件，以提升人才满意度和获得感为标尺，力争成为大数据和高科技人才的"聚宝盆"。

2. 安顺高新区 A 股上市公司亟待引进人才

近年来，安顺高新区在推动企业上市融资、从业人员收入水平、国际标准制定等方面表现较好，并持续发展高新产业，推动传统产业提档升级，通过建立产学研合作渠道，在园区实现以研促产、优势互补、合作共赢的创新发展格局，全力推动安顺高新区实现高质量发展。

据《报告》显示，2021 年，安顺高新区拥有 A 股上市公司 3 家，且均为高企，在全国拥有上市公司的 144 家国家高新区中上市公司创新指数排名位列第 118 名，从一级指标来看，其在创新投入方面还有待提升。

从具体指标看，安顺高新区 A 股上市公司在营业收入、总资产利润率和创新补助占研发经费比重等方面表现较好，但在研发人员人均经费、研发经费占营业收入比重、人才结构占比等方面表现不足，有待进一步提升。

未来，安顺高新区要着力于打造人才创新创业平台，实施创新创业资助计划，实行重大事项"一事一议"，并积极支持重点产业人才和重大产业项目产才融合，对具有引领性、原创性、标志性的顶尖创新创业团队和产业化项目，以及对带重大产业项目落户的创新团队给予奖励和支持，推行企业引才奖励。

二十五、云南省

1. 昆明高新区 A 股上市公司研发占比有待提升

近年来，昆明高新区立足云南资源禀赋、产业基础、科技资源，大力推动产业聚集，持续提升创新能力，不断壮大经济规模，形成了具有自身特点和优势的生物医药大健康、金属新材料、IT 和现代服务业三大主导产业，不断改造提升传统产业，积极培育壮大新兴产业。

据《报告》显示，2021 年，昆明高新区拥有 A 股上市公司 10 家，其中高企占比达 60%，在全国拥有上市公司的 144 家国家高新区中上市公司创新指数排名位列第 27 名。从一级指标来看：创新投入排第 34 位；创新产出排第 31 位；创新保障排第 31 位。

从具体指标来看，昆明高新区 A 股上市公司在研发人员占比和企业获得的创新补助等方面表现较好，但是创新补助占研发经费下降明显，人均工资薪酬吸引力还有待提升，高企覆盖率也表现欠佳，整体科技属性较弱。

今后，昆明高新区要坚持以科技创新为动力、以三大主导产业为龙头，全面做好"六稳"工作，紧扣发展第一要务，主攻发展目标，实现经济社会健康协调发展，坚持扩投资、抓项目、优环境、增活力，奋力推进园区发展再上新台阶，向建设创新型特色园区的发展目标迈进。

2. 玉溪高新区 A 股上市公司盈利状况较好

近年来，玉溪高新区不断加快推进以科技创新、产业创新、城市运行管理创新和政府服务创新为主的全面创新，大力构建以市场为导向、以企业为主体、以政产学研深度融合为支撑的科技创新体系，大幅提升自主创新能力、双创服务能力、科技成果转化能力，推动高新技术产业和战略性新兴产业加快集聚发展。

据《报告》显示，2021 年，玉溪高新区拥有 A 股上市公司仅 1 家，为高新技术企业，在全国拥有上市公司的 144 家国家高新区中上市公司创新指数排名位列第 113 名。从一级指标来看：在创新产出和创新保障方面排名分别为第 127 位和第 113 位，创新投入表现最好，排名第 60 位。

从具体指标来看，玉溪高新区 A 股上市公司在创新人才比例结构、人均工资薪酬及高企数量等方面还有很大提升空间，但在研发强度和总资产利润率方面表现较为亮眼。

今后，玉溪高新区要充分发挥"孵化"功能作用，精准聚焦企业培育，加大人才引进和培育力度，形成集挖掘、培育、孵化为一体的创新生态，切实为企业发展保驾护航，同时还需要积极吸引国内外优秀创新创业人才，对各类人才创新创业提供资金支持。

二十六、陕西省

1. 西安高新区A股上市公司高学历人才优势显著

近年来，西安高新区发布《西安高新区推动上市公司高质量发展的若干政策措施》，以上市后备企业培育、上市公司提质增效等5大方面的9条政策措施，给予上市公司全方位支持，并实行靶向引才、精准引才，持续加大创新人才招引，加快形成人才引领产业、产业集聚人才的良性循环。

据《报告》显示，2021年，西安高新区拥有A股上市公司29家，其中高企占比高达72.41%，在全国拥有上市公司的144家国家高新区中上市公司创新指数排名位列第34名。从一级指标来看：创新投入排第56位；创新产出排第38位；创新保障排第12位，是表现最好的。

从具体指标来看，西安高新区A股上市公司在硕士研究生及以上学历人员占比和营业收入、总市值等方面表现突出，但研发强度、研发人员占比及公司风险控制等方面表现不佳，需要进一步提升。

今后，西安高新区要营造良好创新创业生态，优化整体布局，支持差异化发展，加强创新资源开放集聚和优化配置，加速产业链和创新链深度融合，加快科技成果转化，建设立体联动"孵化器"、成果转化"加速器"，以及"两链"融合"促进器"，共同打造全省创新驱动高质量发展的强大引擎。

2. 宝鸡高新区A股上市公司创新人才占比表现有所欠缺

近年来，宝鸡高新区按照"政府引导，市场运作，科学决策，防范风险"的原则，设立宝鸡高新区产业发展引导基金并出台相关政策，委托专业化管理团队进行管理，通过参股投资、跟进投资、融资担保等多种形式，带动社会资金投入创新创业和科技成果转化。

据《报告》显示，2021年，宝鸡高新区拥有A股上市公司5家，且均为高企，在全国拥有上市公司的144家国家高新区中上市公司创新指数排名位列第97名，较上年名次下降28位。

从具体指标看，宝鸡高新区A股上市公司研发投入比重、人均工会经费及教育经费及总资产利润率等方面表现突出；在园区人才结构优势、研发投入等方面相对不足，有待进一步提升。

今后，宝鸡高新区要加大人才激励政策措施力度，支持创新主体依托秦创原创新驱动平台，吸引培育创新人才，自主引进"高精尖缺"人才和团队，建立人才引进培养长效机制，并通过股权投资等方式，加大对科创企业支持力度，通过加大财政科技投入，带动园区研发经费投入增长。

3. 杨凌高新区A股上市公司整体发展态势较好

近年来，杨凌高新区高起点推动上市公司持续发展，坚持通过扩大融资、并购重组、强化激励等方式推动企业实现低成本、高效率、爆发式成长，并持续优化提升营商环境，有效防范化解风险，不断提高推进企业上市工作的精准度和实效性，努力搭建企业上市的绿色通道。

据《报告》显示，2021 年，杨凌高新区拥有 A 股上市公司 1 家且非高企，在全国拥有上市公司的 144 家国家高新区中上市公司创新指数排名位列第 108 名，较上年同期排名进步 5 位。

从具体指标看，杨凌高新区 A 股上市公司在总资产利润率、企业获得的政府创新补助等方面表现突出，在研发人员占从业人员比重、硕士研究生及以上学历人员占从业人员比重、研发人员人均经费等方面表现不足，需要保持重点关注。

下一步，杨凌高新区要进一步鼓励和支持示范区企业加快改制上市步伐，利用资本市场做大做强，不断促进示范区科技企业自主创新能力，激励科技研发投入，加速科技成果转移转化，发展和壮大科技型中小企业和高新技术企业，多措并举提高上市公司质量，推动园区经济高质量发展迈出更大步伐。

4. 咸阳高新区 A 股上市公司人才结构表现欠佳

近年来，咸阳高新区大力发展科技型中小企业、高新技术企业及"专精特新"企业，并持续推进企业上市的培育工作，引导企业了解和运用资本市场，增强上市意识，转变观念，抢抓机遇，充分发挥资本市场配置资源、服务实体经济的作用，全面提升产业发展水平，为推动全市经济高质量发展创造良好环境。

据《报告》显示，2021 年，咸阳高新区拥有 A 股上市公司 2 家，均为高企，在全国拥有上市公司的 144 家国家高新区中上市公司创新指数排名位列第 52 名，创新投入、创新保障能力排名有待提升，但创新产出方面位列第 50 名，表现最好。

从具体指标看，咸阳高新区 A 股上市公司在研发人员人均经费、资产负债率、总资产利润率等方面表现较为优秀，在硕士研究生及以上学历和研发人员占比及研发经费占比等方面表现较差，仍需要保持重点关注。

今后，咸阳高新区要深化人才发展体制机制改革，搭建良好的人才就业创业平台，出台落实惠及各类人才的政策措施，在各类人才政策的支持下，实现科技创新成果转化，加大对高端人才智力项目的引育力度，通过举办各项创新活动，吸引人才、留住人才。

二十七、甘肃省

1. 兰州高新区 A 股上市公司资产运营效益亟待提升

近年来，兰州高新区充分利用科技创新优势资源，推动生产组织创新、技术创新、市场创新，重视技术研发和人力资本投入，不断优化完善股权等激励措施，有效调动科技人员创造力，努力提升园区企业的科技创新能力，并持续强化精准服务，使得企业培育环境得到不断优化。

据《报告》显示，2021 年，兰州高新区拥有 A 股上市公司 8 家，其中高企占比 62.50%，在全国拥有上市公司的 144 家国家高新区中上市公司创新指数排名位列第 101 名。

从具体指标看，兰州高新区 A 股上市公司在研发强度和吸纳就业人员等方面表现较好，但在硕士研究生及以上学历和研发人员占从业人员比重、总资产利润率等方面表现不足，需要进一步加强。

下一步，兰州国家高新区要不断优化产业结构和产品结构，不断增强创新能力，进一步提高产业的特色化、规模化、集群化水平，并着力于提升园区企业的创新能力，帮助企业从科技发展、产业发展、人才建设等方面进行突破，推进企业转型升级，提升产业整体实力。

2. 白银高新区 A 股上市公司创新能力有待提升

近年来，白银高新区深刻认识招商引资工作的重大意义，进一步创新招商引资管理体制、运行机制和招商方式，不断提升招商工作质量和服务水平，坚持招商引资规划引领，明确工作重点和发力方向，并不断深化"放管服"改革，优化园区营商环境。

据《报告》显示，2021 年白银高新区拥有 A 股上市公司 3 家，均非高企，在全国拥有上市公司的 144 家国家高新区中上市公司创新指数排名位列第 78 名。

从具体指标看，白银高新区 A 股上市公司在研发人员人均经费、资产负债率和总资产利润率等方面表现突出，在硕士研究生及以上学历和研发人员占从业人员比重、研发经费占营业收入比重等方面表现不足，需要保持重点关注。

下一步，白银高新区要实施梯度培育，不断提升园区企业的创新能力，并坚持问题导向，聚焦关键环节，深化体制机制改革，培育壮大创新主体，优化招商思路方法，强化要素保障，加快项目落地建设，以更加严实的作风和更加有力的举措推动园区建设发展取得更大成效。

二十八、青海省

青海高新区 A 股上市公司研发投入仍需加强

近年来，青海高新区依托青藏高原得天独厚的地理优势和动植物资源，以科技为先导，促进产业做大做强，在国家深入实施创新驱动发展战略的大背景下，青海高新区不断加大科技投入，建设研发公共服务平台，重视知识产权工作，强化科技成果转化，推动园区发展。

据《报告》显示，2020 年青海高新区拥有 A 股上市公司 1 家，且非高企，在全国拥有上市公司的 144 家国家高新区中上市公司创新指数排名位列第 138 名。

从具体指标看，青海高新区 A 股上市公司在资产负债率方面表现稳定，而在研发人员占从业人员比重、研发经费占营业收入比重和人均工会经费及教育经费等方面有待提升，需保持重点关注。

下一步，青海高新区应当全面推进高新区体制机制改革创新，完善管理制度和政策体系，建立完善开放创新、协同创新的体制机制，进一步增强功能优势，吸引和培育创新主体，发展和壮大创新型产业集群，全面实现创新驱动发展模式，着力打造创新型特色产业集群，不断提高青海高新区的创新能力。

二十九、宁夏回族自治区

1. 银川高新区 A 股上市公司创新能力仍有较大提升空间

近年来，银川高新区聚焦新能源、新材料、新食品三大新兴产业，坚持全链聚合、多链融合，推动产业耦合发展，促进产业链向下游延伸、价值链向中高端攀升，坚持精准化招商、上下游并进，积极招引关联企业和配套项目，致力于将高新区打造成为新业态发展、新动能集聚的平台。

据《报告》显示，2021 年银川高新区拥有 A 股上市公司 1 家，且非高企，在全国拥有上市公司的144家国家高新区中上市公司创新指数排名位列第142名。

从具体指标看，银川高新区上市公司在硕士研究生及以上学历人员占比和风险控制等方面表现较好，但在营业收入、吸纳就业人员能力和人均工资薪酬等方面表现不佳，需保持重点关注。

未来，银川高新区要不断深化"放管服"改革，整合各类资源，优化审批流程，用优良的营商环境吸引优质的企业和项目；坚持新发展理念，提升自主创新能力，加快由要素驱动向创新驱动转变，推动产业向高端化、绿色化、智能化、融合化方向发展。

2. 石嘴山高新区A股上市公司资产运营表现较好

近年来，石嘴山高新区按照"围绕产业、聚焦瓶颈、东西合作、重点突破"及"产业链、创新链、资金链、政策链、人才链、服务链"六链融合思路，把新材料、装备制造、电石化工等作为科技创新发展的重点领域，突破了一批制约传统产业提升和特色新兴产业发展的关键技术瓶颈。

据《报告》显示，2021年，石嘴山高新区拥有A股上市公司1家，且为高企，在全国拥有上市公司的144家国家高新区中上市公司创新指数排名位列第128名。

从具体指标看，石嘴山高新区A股上市公司在研发人员占比、研发经费占营业收入比重、总资产利润率和企业获得的政府创新补助等方面表现较好，在员工人数、高学历人才占比和研发人员人均经费等方面表现不足，需保持重点关注。

未来，石嘴山高新区要进一步明确发展目标、发展重点和工作措施，构建形成齐抓共管、分工协作、合力推进的产业发展工作格局，并不断培育企业，提速发展，建立"一企一档"，从重点工作、重点项目、困难问题出发，加大园区创新型企业培育力度，定期监测运行情况，积极帮扶企业发展，推动企业上市。

三十、新疆维吾尔自治区

1. 乌鲁木齐高新区A股上市公司创新人才结构持续优化

近年来，乌鲁木齐高新区大力实施创新驱动发展战略，完善科技创新机制，促进产业结构不断优化升级，实体经济提质增效，优势主导产业向中高端水平迈进，高新技术产业、战略性新兴产业、现代服务业加快发展，发展质量和效益明显提高，不断推动园区经济增长。

据《报告》显示，2021年乌鲁木齐高新区拥有A股上市公司9家，其中高企2家，在全国拥有上市公司的144家国家高新区中上市公司创新指数排名位列第16名。从一级指标来看：创新投入排第4位，创新产出排第13位，表现优异；创新保障排第85位，还有待提升。

从具体指标来看，乌鲁木齐高新区A股上市公司研发经费占比表现欠佳，总市值增势较弱，提升空间较大；对员工的再培训和劳动权益保障表现突出，具有示范标杆作用。

今后，乌鲁木齐高新区要培育更高质量的上市后备资源，提供更加高效的上市协调服务，完善上市推进机制，并不断完善园区的拟上市公司资源库并加强分类指导和精准服务，常态化对园区内企业进行挖掘和现场调研，全力打造全方位、多层次重点企业上市梯队。

2. 昌吉高新区 A 股上市公司研发人员数量有待增加

近年来，昌吉高新区坚持创新驱动发展战略，明确加大创新主体培育，深入实施高新技术企业培育行动，推动产业链上下游、大中小企业融通创新，从培育主体、优化环境、聚集资源等方面入手，加快推进产城融合发展，全力打造开放创新主阵地。

据《报告》显示，2021 年昌吉高新区拥有 A 股上市公司 3 家，其中 1 家为高企，在全国拥有上市公司的 144 家国家高新区中上市公司创新指数排名位列第 53 名，在创新投入方面位列第 3 名，表现极为优秀，创新产出和创新保障方面能力有待提升。

从具体指标看，昌吉高新区 A 股上市公司在研发人员人均经费、硕士研究生学历及以上人员占企业员工比重、员工薪酬激励等方面表现较为优秀，在研发人员占比等方面表现欠佳，仍需要保持重点关注。

今后，昌吉高新区要坚定推动高质量发展，坚持底线思维，持续优化结构，努力把园区建设成为科技体制改革和创新政策试验区、创新创业生态优化示范区、科技成果转化示范区、新兴产业集聚示范区、转型升级引领区、科技创新国际合作先导区。

3. 石河子高新区 A 股上市公司盈利状况较好

近年来，石河子高新区为鼓励企业加大研发投入，激发创新活力，石河子高新区研究出台《关于加快推进石河子国家自主创新示范区建设的若干政策》，涉及人才引进培育、科技创新支持、创新平台建设、引导产业发展、科技金融创新等多项措施，支持企业研发投入、培育高新技术企业、创建科创平台、延伸产业链等。

据《报告》显示，2021 年，石河子高新区拥有 A 股上市公司 3 家，其中高企占 1 家，在全国拥有上市公司的 144 家国家高新区中上市公司创新指数排名位列第 85 名。

从具体指标看，石河子高新区 A 股上市公司在研发人员比重、总资产利润率和风险控制等方面表现突出，但在高学历人员占从业人员比重、创新补助占研发经费比重等方面表现不足，需保持重点关注。

下一步，石河子高新区要将推动企业上市挂牌作为发展新经济、培育新动能的重要抓手，大力鼓励拟上市和挂牌企业完成股份制改造后进行再投资，支持企业利用多层次资本市场融资，鼓励企业兼并重组；并继续聚焦优惠政策落实、完善园区金融生态体系、不断改善营商环境。

第二节 国家高新区上市公司总结

国家高新区上市公司创新要素快速集聚，创新能力不断提升，产业集群效应凸显，融资能力逐步增强，企业的品牌价值和市场影响力明显提高，对于国家高新区乃至整个国家的贡献越来越大。国家高新区上市公司在创新发展方面既有明显的优势条件，也存在许多不足与挑战。在当前世界政治经济格局深度调整、新技术革命方兴未艾的背景下，国家高新区上市公司未来创新发展将被赋予更加深远的时代内涵。基于此，国家高新区上市公司应聚焦于提升自主创新能力，巩固和发挥自身优势，有效补齐自身存在的劣势与短板，紧抓机遇，应对挑战，努力发展成为引领和带动高新区企业创新发展的先锋军和领头羊。发展方向主要集中在以下 5 个方面：

（一）提升自主创新能力。加大研发投入，联合企业、高校、科研院所等创新主体和社会力量加强关键共性技术、前沿引领技术联合攻关和产业化应用，推动技术创新、标准化、知识产权和产业化深度融合，激发创新活力和动力。

（二）开创新经济增长模式。加强战略前沿领域部署，广泛应用新技术、新工艺、新材料、新设备，推进互联网、大数据、人工智能同实体经济深度融合，促进产业向智能化、高端化、绿色化发展。

（三）积极参与产业组织变革。通过扩张、联合、兼并等多种形式主动参与全社会产业组织变革，抢抓世界第四次工业革命的先手棋。

（四）加快科技研发成果转化。加快建设科技成果中试工程化服务平台，积极承担国家和地方科技计划项目，促进重大创新成果落地转化并实现产品化、产业化。

（五）开放加入全球创新发展。面向未来发展和国际市场竞争，加快引进集聚国际高端创新资源，加强与国际创新产业高地联动发展，深度融合国际产业链、供应链、价值链，积极参与国际标准和规则制定，拓展新兴市场。

附录 1

中国城市群分布

充分参考《中国自然地理》《中国地理》等教材，结合《中共中央 国务院关于建立更加有效的区域协调发展新机制的意见》，将各省份初步划分为京津冀、成渝、珠三角、长江中游、长三角、黄河流域六大城市群。

京津冀城市群：北京、天津、河北

成渝城市群：四川、重庆

珠三角城市群：广东

长江中游城市群：湖南、湖北、江西

长三角城市群：安徽、江苏、浙江、上海

黄河流域城市群：青海、甘肃、宁夏、陕西、山西、河南、山东、内蒙古

附录 2

2021 年国家高新区新增的 336 家上市公司名单

序号	证券代码	证券名称	证券板块	所属国家高新区	组织形式	是否高企
1	00020.HK	商汤 –W	香港交易所主板	中关村科技园区	其他企业	否
2	001210.SZ	金房节能	深交所主板	中关村科技园区	民营企业	是
3	001213.SZ	中铁特货	深交所主板	中关村科技园区	中央国有企业	否
4	01024.HK	快手 –W	香港交易所主板	中关村科技园区	其他企业	否
5	01228.HK	北海康成 –B	香港交易所主板	中关村科技园区	其他企业	否
6	01490.HK	车市科技	香港交易所主板	中关村科技园区	其他企业	否
7	01948.HK	优矩控股	香港交易所主板	中关村科技园区	其他企业	否
8	02015.HK	理想汽车 –W	香港交易所主板	中关村科技园区	其他企业	否
9	02137.HK	腾盛博药 –B	香港交易所主板	中关村科技园区	其他企业	否
10	02158.HK	医渡科技	香港交易所主板	中关村科技园区	其他企业	否
11	02210.HK	京城佳业	香港交易所主板	中关村科技园区	其他企业	否
12	02251.HK	鹰瞳科技 –B	香港交易所主板	中关村科技园区	其他企业	否
13	02518.HK	汽车之家 –S	香港交易所主板	中关村科技园区	其他企业	否
14	02618.HK	京东物流	香港交易所主板	中关村科技园区	其他企业	否
15	06127.HK	昭衍新药	香港交易所主板	中关村科技园区	其他企业	否

续表

序号	证券代码	证券名称	证券板块	所属国家高新区	组织形式	是否高企
16	06618.HK	京东健康	香港交易所主板	中关村科技园区	其他企业	否
17	06669.HK	先瑞达医疗-B	香港交易所主板	中关村科技园区	其他企业	否
18	06909.HK	百得利控股	香港交易所主板	中关村科技园区	其他企业	否
19	09600.HK	新纽科技	香港交易所主板	中关村科技园区	其他企业	否
20	09888.HK	百度集团-SW	香港交易所主板	中关村科技园区	其他企业	否
21	09898.HK	微博-SW	香港交易所主板	中关村科技园区	其他企业	否
22	300774.SZ	倍杰特	深交所创业板	中关村科技园区	民营企业	是
23	300928.SZ	华安鑫创	深交所创业板	中关村科技园区	民营企业	是
24	300935.SZ	盈建科	深交所创业板	中关村科技园区	民营企业	否
25	300958.SZ	建工修复	深交所创业板	中关村科技园区	地方国有企业	否
26	300965.SZ	恒宇信通	深交所创业板	中关村科技园区	民营企业	否
27	301047.SZ	义翘神州	深交所创业板	中关村科技园区	民营企业	是
28	301080.SZ	百普赛斯	深交所创业板	中关村科技园区	民营企业	是
29	301085.SZ	亚康股份	深交所创业板	中关村科技园区	民营企业	否
30	301169.SZ	零点有数	深交所创业板	中关村科技园区	民营企业	否
31	430090.BJ	同辉信息	北交所	中关村科技园区	民营企业	否
32	600916.SH	中国黄金	上交所主板	中关村科技园区	中央国有企业	否
33	605069.SH	正和生态	上交所主板	中关村科技园区	民营企业	是
34	605305.SH	中际联合	上交所主板	中关村科技园区	民营企业	是
35	688201.SH	信安世纪	上交所科创板	中关村科技园区	民营企业	是
36	688235.SH	百济神州-U	上交所科创板	中关村科技园区	外资企业	否
37	688236.SH	春立医疗	上交所科创板	中关村科技园区	民营企业	是
38	688246.SH	嘉和美康	上交所科创板	中关村科技园区	民营企业	是
39	688272.SH	富吉瑞	上交所科创板	中关村科技园区	民营企业	是
40	688280.SH	精进电动-UW	上交所科创板	中关村科技园区	民营企业	是
41	688315.SH	诺禾致源	上交所科创板	中关村科技园区	民营企业	是
42	688316.SH	青云科技-U	上交所科创板	中关村科技园区	民营企业	否
43	688456.SH	有研粉材	上交所科创板	中关村科技园区	中央国有企业	是
44	688468.SH	科美诊断	上交所科创板	中关村科技园区	民营企业	是

附录2
2021年国家高新区新增的336家上市公司名单

续表

序号	证券代码	证券名称	证券板块	所属国家高新区	组织形式	是否高企
45	688509.SH	正元地信	上交所科创板	中关村科技园区	中央国有企业	是
46	688597.SH	煜邦电力	上交所科创板	中关村科技园区	民营企业	是
47	688613.SH	奥精医疗	上交所科创板	中关村科技园区	中外合资经营企业	是
48	688621.SH	阳光诺和	上交所科创板	中关村科技园区	民营企业	否
49	688687.SH	凯因科技	上交所科创板	中关村科技园区	民营企业	是
50	688722.SH	同益中	上交所科创板	中关村科技园区	中央国有企业	是
51	688787.SH	海天瑞声	上交所科创板	中关村科技园区	民营企业	是
52	832145.BJ	恒合股份	北交所	中关村科技园区	民营企业	否
53	837344.BJ	三元基因	北交所	中关村科技园区	民营企业	是
54	871553.BJ	凯腾精工	北交所	中关村科技园区	民营企业	否
55	BAOS.O	宝盛	美国纳斯达克市场	中关村科技园区	其他企业	否
56	IFBD.O	讯鸟软件	美国纳斯达克市场	中关村科技园区	其他企业	否
57	MF.O	每日优鲜	美国纳斯达克市场	中关村科技园区	其他企业	否
58	RLX.N	雾芯科技	纽约证券交易所	中关村科技园区	其他企业	否
59	TIRX.O	天睿祥	美国纳斯达克市场	中关村科技园区	其他企业	否
60	WDH.N	水滴	纽约证券交易所	中关村科技园区	其他企业	否
61	ZH.N	知乎	纽约证券交易所	中关村科技园区	其他企业	否
62	001288.SZ	运机集团	深交所主板	自贡高新区	民营企业	否
63	600783.SH	鲁信创投	上交所主板	淄博高新区	地方国有企业	否
64	688191.SH	智洋创新	上交所科创板	淄博高新区	民营企业	是
65	EPOW.O	晖阳新能源	美国纳斯达克市场	淄博高新区	其他企业	否
66	002388.SZ	新亚制程	深交所主板	珠海高新区	民营企业	是
67	01061.HK	亿胜生物科技	香港交易所主板	珠海高新区	其他企业	否
68	301042.SZ	安联锐视	深交所创业板	珠海高新区	民营企业	是
69	688049.SH	炬芯科技	上交所科创板	珠海高新区	外资企业	是
70	688772.SH	珠海冠宇	上交所科创板	珠海高新区	民营企业	是
71	03737.HK	中智药业	香港交易所主板	火炬开发区	其他企业	否
72	06898.HK	中国铝罐	香港交易所主板	火炬开发区	其他企业	否
73	08005.HK	裕兴科技	香港交易所创业板	火炬开发区	其他企业	否

续表

序号	证券代码	证券名称	证券板块	所属国家高新区	组织形式	是否高企
74	09926.HK	康方生物-B	香港交易所主板	火炬开发区	其他企业	否
75	300979.SZ	华利集团	深交所创业板	火炬开发区	外资企业	是
76	001215.SZ	千味央厨	深交所主板	郑州高新区	民营企业	否
77	300614.SZ	百川畅银	深交所创业板	郑州高新区	民营企业	否
78	301059.SZ	金三江	深交所创业板	肇庆高新区	民营企业	是
79	300069.SZ	金利华电	深交所创业板	长治高新区	民营企业	是
80	000504.SZ	南华生物	深交所主板	长沙高新区	地方国有企业	否
81	002505.SZ	鹏都农牧	深交所主板	长沙高新区	民营企业	否
82	301126.SZ	达嘉维康	深交所创业板	长沙高新区	民营企业	否
83	600390.SH	五矿资本	上交所主板	长沙高新区	中央国有企业	否
84	600478.SH	科力远	上交所主板	长沙高新区	民营企业	否
85	688067.SH	爱威科技	上交所科创板	长沙高新区	民营企业	是
86	688779.SH	长远锂科	上交所科创板	长沙高新区	中央国有企业	是
87	688799.SH	华纳药厂	上交所科创板	长沙高新区	民营企业	是
88	000546.SZ	金圆股份	深交所主板	长春净月高新区	民营企业	否
89	01855.HK	中邦环境	香港交易所主板	长春净月高新区	其他企业	否
90	601279.SH	英利汽车	上交所主板	长春高新区	外资企业	是
91	688276.SH	百克生物	上交所科创板	长春高新区	地方国有企业	是
92	02155.HK	森松国际	香港交易所主板	张江高新区	其他企业	否
93	02207.HK	融信服务	香港交易所主板	张江高新区	其他企业	否
94	09626.HK	哔哩哔哩-W	香港交易所主板	张江高新区	其他企业	否
95	DDL.N	叮咚买菜	纽约证券交易所	张江高新区	其他企业	否
96	EM.O	怪兽充电	美国纳斯达克市场	张江高新区	其他企业	否
97	JWEL.O	聚好商城	美国纳斯达克市场	张江高新区	其他企业	否
98	RERE.N	万物新生	纽约证券交易所	张江高新区	其他企业	否
99	300997.SZ	欢乐家	深交所创业板	湛江高新区	民营企业	否
100	01481.HK	竣球控股	香港交易所主板	源城高新区	其他企业	否
101	08070.HK	侨洋国际控股	香港交易所创业板	源城高新区	其他企业	否
102	688151.SH	华强科技	上交所科创板	宜昌高新区	中央国有企业	是

附录2
2021年国家高新区新增的336家上市公司名单

续表

序号	证券代码	证券名称	证券板块	所属国家高新区	组织形式	是否高企
103	837092.BJ	汉鑫科技	北交所	烟台高新区	民营企业	是
104	002529.SZ	海源复材	深交所主板	新余高新区	民营企业	否
105	301089.SZ	拓新药业	深交所创业板	新乡高新区	民营企业	是
106	00906.HK	中粮包装	香港交易所主板	萧山临江高新区	其他企业	否
107	01057.HK	浙江世宝	香港交易所主板	萧山临江高新区	其他企业	否
108	605060.SH	联德股份	上交所主板	萧山临江高新区	民营企业	是
109	605566.SH	福莱蒽特	上交所主板	萧山临江高新区	民营企业	是
110	688079.SH	美迪凯	上交所科创板	萧山临江高新区	民营企业	是
111	688606.SH	奥泰生物	上交所科创板	萧山临江高新区	民营企业	是
112	300971.SZ	博亚精工	深交所创业板	襄阳高新区	民营企业	是
113	301048.SZ	金鹰重工	深交所创业板	襄阳高新区	中央国有企业	是
114	000519.SZ	中兵红箭	深交所主板	湘潭高新区	中央国有企业	否
115	001208.SZ	华菱线缆	深交所主板	湘潭高新区	地方国有企业	是
116	301031.SZ	中熔电气	深交所创业板	西安高新区	民营企业	是
117	600248.SH	陕西建工	上交所主板	西安高新区	地方国有企业	否
118	601179.SH	中国西电	上交所主板	西安高新区	中央国有企业	是
119	688167.SH	炬光科技	上交所科创板	西安高新区	民营企业	是
120	688314.SH	康拓医疗	上交所科创板	西安高新区	民营企业	否
121	835640.BJ	富士达	北交所	西安高新区	中央国有企业	是
122	300982.SZ	苏文电能	深交所创业板	武进高新区	民营企业	是
123	301010.SZ	晶雪节能	深交所创业板	武进高新区	民营企业	否
124	871396.BJ	常辅股份	北交所	武进高新区	民营企业	是
125	02101.HK	福禄控股	香港交易所主板	武汉东湖高新区	其他企业	否
126	09960.HK	康圣环球	香港交易所主板	武汉东湖高新区	其他企业	否
127	301221.SZ	光庭信息	深交所创业板	武汉东湖高新区	民营企业	否
128	600421.SH	华嵘控股	上交所主板	武汉东湖高新区	民营企业	否
129	688038.SH	中科通达	上交所科创板	武汉东湖高新区	民营企业	是
130	688665.SH	四方光电	上交所科创板	武汉东湖高新区	民营企业	是
131	01165.HK	顺风清洁能源	香港交易所主板	无锡高新区	其他企业	否

续表

序号	证券代码	证券名称	证券板块	所属国家高新区	组织形式	是否高企
132	688192.SH	迪哲医药-U	上交所科创板	无锡高新区	中外合资经营企业	是
133	688601.SH	力芯微	上交所科创板	无锡高新区	民营企业	是
134	000159.SZ	国际实业	深交所主板	乌鲁木齐高新区	民营企业	否
135	002941.SZ	新疆交建	深交所主板	乌鲁木齐高新区	地方国有企业	否
136	603393.SH	新天然气	上交所主板	乌鲁木齐高新区	民营企业	否
137	00609.HK	天德化工	香港交易所主板	潍坊高新区	其他企业	否
138	301035.SZ	润丰股份	深交所创业板	潍坊高新区	民营企业	是
139	600076.SH	康欣新材	上交所主板	潍坊高新区	地方国有企业	否
140	301108.SZ	洁雅股份	深交所创业板	铜陵狮子山高新区	民营企业	是
141	300988.SZ	津荣天宇	深交所创业板	天津滨海高新区	民营企业	是
142	688670.SH	金迪克	上交所科创板	泰州医药高新区	民营企业	是
143	600617.SH	国新能源	上交所主板	太原高新区	地方国有企业	否
144	831832.BJ	科达自控	北交所	太原高新区	民营企业	是
145	02170.HK	贝康医疗-B	香港交易所主板	苏州工业园	其他企业	否
146	02257.HK	圣诺医药-B	香港交易所主板	苏州工业园	其他企业	否
147	06628.HK	创胜集团-B	香港交易所主板	苏州工业园	其他企业	否
148	688257.SH	新锐股份	上交所科创板	苏州工业园	民营企业	是
149	688329.SH	艾隆科技	上交所科创板	苏州工业园	民营企业	是
150	688607.SH	康众医疗	上交所科创板	苏州工业园	中外合资经营企业	否
151	688656.SH	浩欧博	上交所科创板	苏州工业园	民营企业	是
152	688690.SH	纳微科技	上交所科创板	苏州工业园	外资企业	是
153	832089.BJ	禾昌聚合	北交所	苏州工业园	民营企业	是
154	000551.SZ	创元科技	深交所主板	苏州高新区	地方国有企业	否
155	430418.BJ	苏轴股份	北交所	苏州高新区	地方国有企业	是
156	688661.SH	和林微纳	上交所科创板	苏州高新区	民营企业	是
157	688697.SH	纽威数控	上交所科创板	苏州高新区	民营企业	是
158	300106.SZ	西部牧业	深交所创业板	石河子高新区	地方国有企业	否
159	600075.SH	新疆天业	上交所主板	石河子高新区	地方国有企业	否
160	688303.SH	大全能源	上交所科创板	石河子高新区	民营企业	是

附录2
2021年国家高新区新增的336家上市公司名单

续表

序号	证券代码	证券名称	证券板块	所属国家高新区	组织形式	是否高企
161	688739.SH	成大生物	上交所科创板	沈阳高新区	地方国有企业	是
162	00909.HK	明源云	香港交易所主板	深圳高新区	其他企业	否
163	01302.HK	先健科技	香港交易所主板	深圳高新区	其他企业	否
164	01698.HK	腾讯音乐-SW	香港交易所主板	深圳高新区	其他企业	否
165	02239.HK	国微控股	香港交易所主板	深圳高新区	其他企业	否
166	02369.HK	酷派集团	香港交易所主板	深圳高新区	其他企业	否
167	02708.HK	艾伯科技	香港交易所主板	深圳高新区	其他企业	否
168	08030.HK	汇联金融服务	香港交易所创业板	深圳高新区	其他企业	否
169	09699.HK	顺丰同城	香港交易所主板	深圳高新区	其他企业	否
170	09959.HK	联易融科技-W	香港交易所主板	深圳高新区	其他企业	否
171	300484.SZ	蓝海华腾	深交所创业板	深圳高新区	民营企业	是
172	300938.SZ	信测标准	深交所创业板	深圳高新区	民营企业	是
173	300939.SZ	秋田微	深交所创业板	深圳高新区	民营企业	是
174	300942.SZ	易瑞生物	深交所创业板	深圳高新区	民营企业	是
175	300960.SZ	通业科技	深交所创业板	深圳高新区	民营企业	是
176	301021.SZ	英诺激光	深交所创业板	深圳高新区	外资企业	是
177	301041.SZ	金百泽	深交所创业板	深圳高新区	民营企业	否
178	301128.SZ	强瑞技术	深交所创业板	深圳高新区	民营企业	是
179	301177.SZ	迪阿股份	深交所创业板	深圳高新区	民营企业	否
180	605499.SH	东鹏饮料	上交所主板	深圳高新区	民营企业	否
181	688112.SH	鼎阳科技	上交所科创板	深圳高新区	民营企业	是
182	688210.SH	统联精密	上交所科创板	深圳高新区	民营企业	是
183	688383.SH	新益昌	上交所科创板	深圳高新区	民营企业	是
184	688395.SH	正弦电气	上交所科创板	深圳高新区	民营企业	是
185	688575.SH	亚辉龙	上交所科创板	深圳高新区	民营企业	是
186	688617.SH	惠泰医疗	上交所科创板	深圳高新区	民营企业	是
187	688793.SH	倍轻松	上交所科创板	深圳高新区	民营企业	是
188	839680.BJ	广道数字	北交所	深圳高新区	民营企业	是
189	TME.N	腾讯音乐	纽约证券交易所	深圳高新区	其他企业	否

续表

序号	证券代码	证券名称	证券板块	所属国家高新区	组织形式	是否高企
190	UTME.O	联代科技	美国纳斯达克市场	深圳高新区	其他企业	否
191	688660.SH	电气风电	上交所科创板	上海紫竹高新区	地方国有企业	是
192	02160.HK	心通医疗-B	香港交易所主板	上海张江高新区	其他企业	否
193	02171.HK	科济药业-B	香港交易所主板	上海张江高新区	其他企业	否
194	02185.HK	百心安-B	香港交易所主板	上海张江高新区	其他企业	否
195	02252.HK	微创机器人-B	香港交易所主板	上海张江高新区	其他企业	否
196	02256.HK	和誉-B	香港交易所主板	上海张江高新区	其他企业	否
197	06609.HK	心玮医疗-B	香港交易所主板	上海张江高新区	其他企业	否
198	300983.SZ	尤安设计	深交所创业板	上海张江高新区	民营企业	否
199	301024.SZ	霍普股份	深交所创业板	上海张江高新区	民营企业	否
200	301062.SZ	上海艾录	深交所创业板	上海张江高新区	民营企业	是
201	603324.SH	盛剑环境	上交所主板	上海张江高新区	民营企业	否
202	605081.SH	太和水	上交所主板	上海张江高新区	民营企业	是
203	605289.SH	罗曼股份	上交所主板	上海张江高新区	民营企业	否
204	605598.SH	上海港湾	上交所主板	上海张江高新区	民营企业	是
205	688071.SH	华依科技	上交所科创板	上海张江高新区	民营企业	是
206	688082.SH	盛美上海	上交所科创板	上海张江高新区	外资企业	是
207	688107.SH	安路科技-U	上交所科创板	上海张江高新区	民营企业	是
208	688110.SH	东芯股份	上交所科创板	上海张江高新区	民营企业	否
209	688131.SH	皓元医药	上交所科创板	上海张江高新区	民营企业	否
210	688206.SH	概伦电子	上交所科创板	上海张江高新区	外资企业	是
211	688212.SH	澳华内镜	上交所科创板	上海张江高新区	民营企业	是
212	688217.SH	睿昂基因	上交所科创板	上海张江高新区	民营企业	否
213	688230.SH	芯导科技	上交所科创板	上海张江高新区	民营企业	是
214	688265.SH	南模生物	上交所科创板	上海张江高新区	民营企业	是
215	688317.SH	之江生物	上交所科创板	上海张江高新区	民营企业	是
216	688385.SH	复旦微电	上交所科创板	上海张江高新区	中外合资经营企业	是
217	688680.SH	海优新材	上交所科创板	上海张江高新区	民营企业	否
218	688682.SH	霍莱沃	上交所科创板	上海张江高新区	民营企业	否

附录2
2021年国家高新区新增的336家上市公司名单

续表

序号	证券代码	证券名称	证券板块	所属国家高新区	组织形式	是否高企
219	688798.SH	艾为电子	上交所科创板	上海张江高新区	民营企业	否
220	GRCL.O	亘喜生物	美国纳斯达克市场	上海张江高新区	其他企业	否
221	301111.SZ	粤万年青	深交所创业板	汕头高新区	民营企业	是
222	06633.HK	青瓷游戏	香港交易所主板	厦门火炬高新区	其他企业	否
223	688619.SH	罗普特	上交所科创板	厦门火炬高新区	民营企业	是
224	300955.SZ	嘉亨家化	深交所创业板	泉州高新区	外资企业	是
225	688669.SH	聚石化学	上交所科创板	清远高新区	民营企业	是
226	002871.SZ	伟隆股份	深交所主板	青岛高新区	民营企业	是
227	688677.SH	海泰新光	上交所科创板	青岛高新区	外资企业	是
228	600699.SH	均胜电子	上交所主板	宁波高新区	民营企业	否
229	688553.SH	汇宇制药-W	上交所科创板	内江高新区	民营企业	是
230	688517.SH	金冠电气	上交所科创板	南阳高新区	民营企业	是
231	000421.SZ	南京公用	深交所主板	南京高新区	地方国有企业	否
232	02285.HK	泉峰控股	香港交易所主板	南京高新区	其他企业	否
233	06888.HK	英达公路再生科技	香港交易所主板	南京高新区	其他企业	否
234	300964.SZ	本川智能	深交所创业板	南京高新区	民营企业	否
235	301006.SZ	迈拓股份	深交所创业板	南京高新区	民营企业	否
236	301016.SZ	雷尔伟	深交所创业板	南京高新区	民营企业	否
237	301076.SZ	新瀚新材	深交所创业板	南京高新区	民营企业	是
238	600064.SH	南京高科	上交所主板	南京高新区	地方国有企业	否
239	603912.SH	佳力图	上交所主板	南京高新区	民营企业	是
240	605588.SH	冠石科技	上交所主板	南京高新区	民营企业	是
241	688105.SH	诺唯赞	上交所科创板	南京高新区	民营企业	是
242	835305.BJ	云创数据	北交所	南京高新区	民营企业	否
243	EVK.O	华瑞服装	美国纳斯达克市场	南京高新区	其他企业	否
244	000650.SZ	仁和药业	深交所主板	南昌高新区	民营企业	否
245	002036.SZ	联创电子	深交所主板	南昌高新区	民营企业	否
246	600269.SH	赣粤高速	上交所主板	南昌高新区	地方国有企业	否
247	833427.BJ	华维设计	北交所	南昌高新区	民营企业	否

续表

序号	证券代码	证券名称	证券板块	所属国家高新区	组织形式	是否高企
248	000876.SZ	新希望	深交所主板	绵阳高新区	民营企业	否
249	600139.SH	*ST 西源	上交所风险警示板	绵阳高新区	民营企业	否
250	836239.BJ	长虹能源	北交所	绵阳高新区	地方国有企业	是
251	000626.SZ	远大控股	深交所主板	连云港高新区	民营企业	否
252	000981.SZ	银亿股份	深交所主板	兰州高新区	民营企业	否
253	01478.HK	丘钛科技	香港交易所主板	昆山高新区	其他企业	否
254	300957.SZ	贝泰妮	深交所创业板	昆明高新区	外资企业	是
255	833266.BJ	生物谷	北交所	昆明高新区	民营企业	否
256	301211.SZ	亨迪药业	深交所创业板	荆门高新区	民营企业	是
257	300995.SZ	奇德新材	深交所创业板	江门高新区	民营企业	是
258	300996.SZ	普联软件	深交所创业板	济南高新区	民营企业	是
259	301185.SZ	鸥玛软件	深交所创业板	济南高新区	地方国有企业	是
260	600784.SH	鲁银投资	上交所主板	济南高新区	地方国有企业	否
261	605589.SH	圣泉集团	上交所主板	济南高新区	民营企业	是
262	835670.BJ	数字人	北交所	济南高新区	民营企业	是
263	002579.SZ	中京电子	深交所主板	惠州仲恺高新区	民营企业	否
264	688499.SH	利元亨	上交所科创板	惠州仲恺高新区	民营企业	是
265	688609.SH	九联科技	上交所科创板	惠州仲恺高新区	民营企业	是
266	833523.BJ	德瑞锂电	北交所	惠州仲恺高新区	民营企业	是
267	872925.BJ	锦好医疗	北交所	惠州仲恺高新区	民营企业	是
268	603110.SH	东方材料	上交所主板	合肥高新区	民营企业	否
269	688367.SH	工大高科	上交所科创板	合肥高新区	民营企业	是
270	688630.SH	芯碁微装	上交所科创板	合肥高新区	民营企业	是
271	688639.SH	华恒生物	上交所科创板	合肥高新区	民营企业	是
272	688768.SH	容知日新	上交所科创板	合肥高新区	民营企业	否
273	ZEPP.N	华米科技	纽约证券交易所	合肥高新区	其他企业	否
274	000156.SZ	华数传媒	深交所主板	杭州高新区	地方国有企业	否
275	003030.SZ	祖名股份	深交所主板	杭州高新区	民营企业	否
276	02216.HK	堃博医疗-B	香港交易所主板	杭州高新区	其他企业	否

附录2
2021年国家高新区新增的336家上市公司名单

续表

序号	证券代码	证券名称	证券板块	所属国家高新区	组织形式	是否高企
277	06606.HK	诺辉健康-B	香港交易所主板	杭州高新区	其他企业	否
278	301009.SZ	可靠股份	深交所创业板	杭州高新区	民营企业	是
279	301073.SZ	君亭酒店	深交所创业板	杭州高新区	民营企业	否
280	603071.SH	物产环能	上交所主板	杭州高新区	地方国有企业	否
281	603171.SH	税友股份	上交所主板	杭州高新区	民营企业	是
282	605011.SH	杭州热电	上交所主板	杭州高新区	地方国有企业	否
283	688092.SH	爱科科技	上交所科创板	杭州高新区	民营企业	是
284	688109.SH	品茗科技	上交所科创板	杭州高新区	民营企业	是
285	688789.SH	宏华数科	上交所科创板	杭州高新区	民营企业	是
286	838924.BJ	广脉科技	北交所	杭州高新区	民营企业	是
287	688676.SH	金盘科技	上交所科创板	海口高新区	民营企业	是
288	600038.SH	中直股份	上交所主板	哈尔滨高新区	中央国有企业	否
289	600666.SH	*ST瑞德	上交所风险警示板	哈尔滨高新区	民营企业	否
290	605577.SH	龙版传媒	上交所主板	哈尔滨高新区	地方国有企业	是
291	832885.BJ	星辰科技	北交所	桂林高新区	民营企业	否
292	000920.SZ	沃顿科技	深交所主板	贵阳高新区	中央国有企业	否
293	688239.SH	航宇科技	上交所科创板	贵阳高新区	民营企业	是
294	003035.SZ	南网能源	深交所主板	广州高新区	中央国有企业	否
295	01156.HK	CHINANE-WENERGY	香港交易所主板	广州高新区	其他企业	否
296	301033.SZ	迈普医学	深交所创业板	广州高新区	民营企业	是
297	688359.SH	三孚新科	上交所科创板	广州高新区	民营企业	是
298	688622.SH	禾信仪器	上交所科创板	广州高新区	民营企业	是
299	300941.SZ	创识科技	深交所创业板	福州高新区	民营企业	是
300	688195.SH	腾景科技	上交所科创板	福州高新区	民营企业	是
301	08291.HK	万成金属包装	香港交易所创业板	佛山高新区	其他企业	否
302	301018.SZ	申菱环境	深交所创业板	佛山高新区	民营企业	是
303	688662.SH	富信科技	上交所科创板	佛山高新区	民营企业	是
304	003040.SZ	楚天龙	深交所主板	东莞松山湖高新区	民营企业	是

续表

序号	证券代码	证券名称	证券板块	所属国家高新区	组织形式	是否高企
305	688628.SH	优利德	上交所科创板	东莞松山湖高新区	外资企业	是
306	605016.SH	百龙创园	上交所主板	德州高新区	民营企业	是
307	000586.SZ	汇源通信	深交所主板	成都高新区	民营企业	否
308	02162.HK	康诺亚-B	香港交易所主板	成都高新区	其他企业	否
309	02165.HK	领悦服务集团	香港交易所主板	成都高新区	其他企业	否
310	02197.HK	三叶草生物-B	香港交易所主板	成都高新区	其他企业	否
311	02270.HK	德商产投服务	香港交易所主板	成都高新区	其他企业	否
312	03601.HK	鲁大师	香港交易所主板	成都高新区	其他企业	否
313	06833.HK	兴科蓉医药	香港交易所主板	成都高新区	其他企业	否
314	06919.HK	人瑞人才	香港交易所主板	成都高新区	其他企业	否
315	06999.HK	领地控股	香港交易所主板	成都高新区	其他企业	否
316	08370.HK	智昇集团控股	香港交易所创业板	成都高新区	其他企业	否
317	300987.SZ	川网传媒	深交所创业板	成都高新区	地方国有企业	否
318	301050.SZ	雷电微力	深交所创业板	成都高新区	民营企业	否
319	301213.SZ	观想科技	深交所创业板	成都高新区	民营企业	是
320	600039.SH	四川路桥	上交所主板	成都高新区	地方国有企业	否
321	600438.SH	通威股份	上交所主板	成都高新区	民营企业	否
322	600466.SH	蓝光发展	上交所主板	成都高新区	民营企业	否
323	603759.SH	海天股份	上交所主板	成都高新区	民营企业	否
324	688070.SH	纵横股份	上交所科创板	成都高新区	民营企业	是
325	688319.SH	欧林生物	上交所科创板	成都高新区	民营企业	是
326	688696.SH	极米科技	上交所科创板	成都高新区	民营企业	是
327	688737.SH	中自科技	上交所科创板	成都高新区	民营企业	是
328	AIHS.O	森淼科技	美国纳斯达克市场	成都高新区	其他企业	否
329	300936.SZ	中英科技	深交所创业板	常州高新区	民营企业	是
330	688689.SH	银河微电	上交所科创板	常州高新区	民营企业	否
331	688711.SH	宏微科技	上交所科创板	常州高新区	民营企业	是
332	833509.BJ	同惠电子	北交所	常州高新区	民营企业	是
333	600556.SH	天下秀	上交所主板	北海高新区	民营企业	否

附录2
2021年国家高新区新增的336家上市公司名单

续表

序号	证券代码	证券名称	证券板块	所属国家高新区	组织形式	是否高企
334	688285.SH	高铁电气	上交所科创板	宝鸡高新区	中央国有企业	是
335	600191.SH	华资实业	上交所主板	包头稀土高新区	民营企业	否
336	832000.BJ	安徽凤凰	北交所	蚌埠高新区	外资企业	否

附录3

国家高新区主板100强企业

排名	证券代码	证券名称	上市年份	组织形式	高新区	是否高企	所属国民经济行业
1	000651.SZ	格力电器	1996	地方国有企业	珠海高新区	是	制造业－电气机械和器材制造业
2	601633.SH	长城汽车	2011	民营企业	保定高新区	是	制造业－汽车制造业
3	002415.SZ	海康威视	2010	中央国有企业	杭州高新区	是	制造业－计算机、通信和其他电子设备制造业
4	000338.SZ	潍柴动力	2007	地方国有企业	潍坊高新区	是	制造业－汽车制造业
5	000725.SZ	京东方A	2001	地方国有企业	中关村科技园区	是	制造业－计算机、通信和其他电子设备制造业
6	000063.SZ	中兴通讯	1997	民营企业	深圳高新区	是	制造业－计算机、通信和其他电子设备制造业

续表

排名	证券代码	证券名称	上市年份	组织形式	高新区	是否高企	所属国民经济行业
7	600276.SH	恒瑞医药	2000	民营企业	连云港高新区	是	制造业－医药制造业
8	600887.SH	伊利股份	2004	民营企业	呼和浩特金山高新区	否	制造业－食品制造业
9	000100.SZ	TCL科技	2000	民营企业	惠州仲恺高新区	是	制造业－计算机、通信和其他电子设备制造业
10	000157.SZ	中联重科	1994	中外合资经营企业	长沙高新区	是	制造业－专用设备制造业
11	600808.SH	马钢股份	2008	中央国有企业	马鞍山慈湖高新区	是	制造业－黑色金属冶炼和压延加工业
12	002236.SZ	大华股份	2008	民营企业	杭州高新区	是	制造业－计算机、通信和其他电子设备制造业
13	002230.SZ	科大讯飞	2008	中央国有企业	合肥高新区	是	信息传输、软件和信息技术服务业－软件和信息技术服务业
14	002241.SZ	歌尔股份	2003	民营企业	潍坊高新区	是	制造业－计算机、通信和其他电子设备制造业
15	600406.SH	国电南瑞	1997	中央国有企业	南京高新区	是	信息传输、软件和信息技术服务业－软件和信息技术服务业
16	600089.SH	特变电工	2021	民营企业	昌吉高新区	是	制造业－电气机械和器材制造业
17	600498.SH	烽火通信	2012	中央国有企业	武汉东湖高新区	是	制造业－计算机、通信和其他电子设备制造业
18	003816.SZ	中国广核	2000	中央国有企业	深圳高新区	否	电力、热力、燃气及水生产和供应业－电力、热力生产和供应业
19	601800.SH	中国交建	1997	中央国有企业	中关村科技园区	是	建筑业－土木工程建筑业
20	000977.SZ	浪潮信息	2004	地方国有企业	济南高新区	是	制造业－计算机、通信和其他电子设备制造业
21	600060.SH	海信视像	2007	地方国有企业	青岛高新区	是	制造业－计算机、通信和其他电子设备制造业
22	002841.SZ	海信视源	2007	民营企业	广州高新区	否	制造业－计算机、通信和其他电子设备制造业
23	600143.SH	金发科技	1997	民营企业	广州高新区	是	制造业－橡胶和塑料制品业
24	601390.SH	中国中铁	1993	中央国有企业	中关村科技园区	是	建筑业－土木工程建筑业
25	002179.SZ	中航光电	2002	中央国有企业	洛阳高新区	是	制造业－计算机、通信和其他电子设备制造业

续表

排名	证券代码	证券名称	上市年份	组织形式	高新区	是否高企	所属国民经济行业
26	600104.SH	上汽集团	1996	地方国有企业	上海张江高新区	是	制造业－汽车制造业
27	000528.SZ	柳工	2020	地方国有企业	柳州高新区	是	制造业－专用设备制造业
28	600458.SH	时代新材	2019	中央国有企业	株洲高新区	是	制造业－橡胶和塑料制品业
29	600718.SH	东软集团	2011	民营企业	沈阳高新区	是	信息传输、软件和信息技术服务业－软件和信息技术服务业
30	601615.SH	明阳智能	2007	中外合资经营企业	火炬开发区	是	制造业－通用设备制造业
31	601877.SH	正泰电器	2014	民营企业	温州高新区	是	制造业－电气机械和器材制造业
32	601808.SH	中海油服	2003	中央国有企业	天津滨海高新区	否	采矿业－开采专业及辅助性活动
33	600839.SH	四川长虹	2018	地方国有企业	绵阳高新区	是	制造业－计算机、通信和其他电子设备制造业
34	603019.SH	中科曙光	2000	中央国有企业	中关村科技园区	是	制造业－计算机、通信和其他电子设备制造业
35	600031.SH	三一重工	2001	民营企业	通化医药高新区	是	制造业－专用设备制造业
36	600867.SH	通化东宝	2008	民营企业	武汉东湖高新区	是	制造业－医药制造业
37	601869.SH	长飞光纤	2002	中外合资经营企业	南京高新区	是	制造业－计算机、通信和其他电子设备制造业
38	600282.SH	南钢股份	2021	民营企业	鄂尔多斯高新区	是	制造业－黑色金属冶炼和压延加工业
39	600295.SH	鄂尔多斯	1997	民营企业	中关村科技园区	是	制造业－黑色金属冶炼和压延加工业
40	601186.SH	中国铁建	2017	中央国有企业	天津滨海高新区	是	建筑业－土木工程建筑业
41	600535.SH	天士力	2001	民营企业	上海张江高新区	是	制造业－医药制造业
42	601607.SH	上海医药	2021	地方国有企业	济宁高新区	否	批发和零售业－零售业
43	000680.SZ	山推股份	2003	地方国有企业	惠州仲恺高新区	是	制造业－专用设备制造业
44	002920.SZ	德赛西威	2015	地方国有企业	平顶山高新区	是	制造业－汽车制造业
45	600312.SH	平高电气	2002	中央国有企业	平顶山高新区	是	制造业－电气机械和器材制造业

附录3
国家高新区主板100强企业

续表

排名	证券代码	证券名称	上市年份	组织形式	高新区	是否高企	所属国民经济行业
46	601699.SH	潞安环能	2020	地方国有企业	长治高新区	否	采矿业－煤炭开采和洗选业
47	600570.SH	恒生电子	2010	民营企业	杭州高新区	是	信息传输、软件和信息技术服务业－软件和信息技术服务业
48	600438.SH	通威股份	2009	民营企业	成都高新区	否	制造业－农副食品加工业
49	600587.SH	新华医疗	2007	地方国有企业	淄博高新区	是	制造业－专用设备制造业
50	000538.SZ	云南白药	2002	地方国有企业	昆明高新区	否	制造业－医药制造业
51	002376.SZ	新北洋	2003	地方国有企业	威海火炬高新区	是	制造业－计算机、通信和其他电子设备制造业
52	002281.SZ	光迅科技	2010	中央国有企业	武汉东湖高新区	是	制造业－计算机、通信和其他电子设备制造业
53	002180.SZ	纳思达	2020	民营企业	珠海高新区	是	制造业－计算机、通信和其他电子设备制造业
54	600582.SH	天地科技	2014	中央国有企业	中关村科技园区	是	制造业－专用设备制造业
55	601608.SH	中信重工	2020	中央国有企业	洛阳高新区	是	制造业－专用设备制造业
56	600271.SH	航天信息	1998	中央国有企业	中关村科技园区	是	制造业－计算机、通信和其他电子设备制造业
57	600569.SH	安阳钢铁	1998	地方国有企业	安阳高新区	否	制造业－黑色金属冶炼和压延加工业
58	600968.SH	海油发展	2016	中央国有企业	中关村科技园区	是	采矿业－开采专业及辅助性活动
59	002422.SZ	科伦药业	2020	民营企业	成都高新区	是	制造业－医药制造业
60	600216.SH	浙江医药	2019	民营企业	绍兴高新区	是	制造业－医药制造业
61	603100.SH	川仪股份	2008	地方国有企业	重庆高新区	是	制造业－仪器仪表制造业
62	000878.SZ	云南铜业	2016	中央国有企业	昆明高新区	否	制造业－有色金属冶炼和压延加工业
63	600875.SH	东方电气	1999	中央国有企业	成都高新区	否	制造业－通用设备制造业
64	601727.SH	上海电气	2019	地方国有企业	上海张江高新区	否	制造业－通用设备制造业
65	600388.SH	ST龙净	1996	民营企业	龙岩高新区	是	制造业－专用设备制造业

续表

排名	证券代码	证券名称	上市年份	组织形式	高新区	是否高企	所属国民经济行业
66	600022.SH	山东钢铁	2004	地方国有企业	济南高新区	否	制造业－黑色金属冶炼和压延加工业
67	600459.SH	贵研铂业	2000	地方国有企业	昆明高新区	是	制造业－有色金属冶炼和压延加工业
68	000581.SZ	威孚高科	2004	地方国有企业	无锡高新区	是	制造业－汽车制造业
69	600183.SH	生益科技	2011	地方国有企业	东莞松山湖高新区	是	制造业－计算机、通信和其他电子设备制造业
70	603660.SH	苏州科达	2004	民营企业	苏州高新区	是	制造业－计算机、通信和其他电子设备制造业
71	003013.SZ	地铁设计	2011	地方国有企业	广州高新区	是	科学研究和技术服务业－专业技术服务业
72	600588.SH	用友网络	2010	民营企业	中关村科技园区	是	信息传输、软件和信息技术服务业－软件和信息技术服务业
73	000876.SZ	新希望	1996	民营企业	绵阳高新区	否	制造业－农副食品加工业
74	601212.SH	白银有色	2016	中央国有企业	白银高新区	否	制造业－有色金属冶炼和压延加工业
75	002249.SZ	大洋电机	2009	民营企业	火炬开发区	是	制造业－电气机械和器材制造业
76	603421.SH	鼎信通讯	2019	民营企业	青岛高新区	是	信息传输、软件和信息技术服务业－软件和信息技术服务业
77	603501.SH	韦尔股份	2010	民营企业	上海张江高新区	是	制造业－计算机、通信和其他电子设备制造业
78	600006.SH	东风汽车	2012	中央国有企业	襄阳高新区	是	制造业－汽车制造业
79	600888.SH	新疆众和	2015	民营企业	乌鲁木齐高新区	是	制造业－电气机械和器材制造业
80	002035.SZ	华帝股份	2017	民营企业	火炬开发区	是	制造业－电气机械和器材制造业
81	600298.SH	安琪酵母	2021	地方国有企业	宜昌高新区	是	制造业－食品制造业
82	600967.SH	内蒙一机	2017	中央国有企业	包头稀土高新区	是	制造业－铁路、船舶、航空航天和其他运输设备制造业
83	002025.SZ	航天电器	2021	中央国有企业	贵阳高新区	是	制造业－计算机、通信和其他电子设备制造业
84	002603.SZ	以岭药业	2010	民营企业	石家庄高新区	是	制造业－医药制造业
85	600111.SH	北方稀土	2017	地方国有企业	包头稀土高新区	否	制造业－有色金属冶炼和压延加工业

续表

排名	证券代码	证券名称	上市年份	组织形式	高新区	是否高企	所属国民经济行业
86	600761.SH	安徽合力	2020	地方国有企业	合肥高新区	是	制造业-专用设备制造业
87	600169.SH	太原重工	2004	地方国有企业	太原高新区	是	制造业-专用设备制造业
88	000921.SZ	海信家电	2019	地方国有企业	佛山高新区	否	制造业-电气机械和器材制造业
89	601369.SH	陕鼓动力	2015	地方国有企业	西安高新区	是	制造业-电气机械和器材制造业
90	600320.SH	振华重工	2007	中央国有企业	上海张江高新区	是	制造业-专用设备制造业
91	603355.SH	莱克电气	2020	民营企业	苏州高新区	是	制造业-电气机械和器材制造业
92	002405.SZ	四维图新	1997	民营企业	中关村科技园区	是	信息传输、软件和信息技术服务业-软件和信息技术服务业
93	600810.SH	神马股份	2019	地方国有企业	平顶山高新区	否	制造业-化学纤维制造业
94	603018.SH	华设集团	2010	民营企业	南京高新区	是	科学研究和技术服务业-专业技术服务业
95	603357.SH	设计总院	1996	地方国有企业	合肥高新区	是	科学研究和技术服务业-专业技术服务业
96	600567.SH	山鹰国际	2006	民营企业	马鞍山慈湖高新区	是	制造业-造纸和纸制品业
97	002030.SZ	达安基因	2017	地方国有企业	广州高新区	是	制造业-医药制造业
98	002008.SZ	大族激光	2019	民营企业	深圳高新区	是	制造业-专用设备制造业
99	603458.SH	勘设股份	2019	民营企业	贵阳高新区	是	科学研究和技术服务业-专业技术服务业
100	002140.SZ	东华科技	2000	中央国有企业	合肥高新区	是	建筑业-土木工程建筑业

附录 4

国家高新区创业板 100 强企业

排名	证券代码	证券名称	上市年份	组织形式	高新区	是否高企	所属国民经济行业
1	300866.SZ	安克创新	2010	民营企业	长沙高新区	是	制造业－计算机、通信和其他电子设备制造业
2	300274.SZ	阳光电源	2018	民营企业	合肥高新区	是	制造业－电气机械和器材制造业
3	300760.SZ	迈瑞医疗	1994	外资企业	深圳高新区	是	制造业－专用设备制造业
4	300450.SZ	先导智能	2009	民营企业	无锡高新区	是	制造业－专用设备制造业
5	300458.SZ	全志科技	2012	中外合资经营企业	珠海高新区	是	制造业－计算机、通信和其他电子设备制造业
6	300014.SZ	亿纬锂能	2019	民营企业	惠州仲恺高新区	是	制造业－电气机械和器材制造业

附录4
国家高新区创业板100强企业

续表

排名	证券代码	证券名称	上市年份	组织形式	高新区	是否高企	所属国民经济行业
7	300567.SZ	精测电子	1998	民营企业	武汉东湖高新区	是	制造业－仪器仪表制造业
8	300188.SZ	美亚柏科	2019	中央国有企业	厦门火炬高新区	是	信息传输、软件和信息技术服务业－软件和信息技术服务业
9	300124.SZ	汇川技术	2014	民营企业	深圳高新区	是	制造业－电气机械和器材制造业
10	300474.SZ	景嘉微	2001	民营企业	长沙高新区	是	制造业－计算机、通信和其他电子设备制造业
11	300003.SZ	乐普医疗	2004	民营企业	中关村科技园区	是	制造业－专用设备制造业
12	300284.SZ	苏交科	2017	地方国有企业	南京高新区	是	科学研究和技术服务业－专业技术服务业
13	300628.SZ	亿联网络	2020	民营企业	厦门火炬高新区	是	制造业－计算机、通信和其他电子设备制造业
14	300661.SZ	圣邦股份	2003	中外合资经营企业	中关村科技园区	是	制造业－计算机、通信和其他电子设备制造业
15	300732.SZ	设研院	2019	民营企业	郑州高新区	否	科学研究和技术服务业－专业技术服务业
16	300473.SZ	德尔股份	2012	民营企业	阜新高新区	是	制造业－通用设备制造业
17	300082.SZ	奥克股份	2014	民营企业	辽阳高新区	是	制造业－化学原料和化学制品制造业
18	300768.SZ	迪普科技	2003	民营企业	杭州高新区	是	信息传输、软件和信息技术服务业－软件和信息技术服务业
19	300024.SZ	机器人	2010	中央国有企业	沈阳高新区	是	制造业－通用设备制造业
20	300613.SZ	富瀚微	2008	民营企业	上海张江高新区	是	信息传输、软件和信息技术服务业－软件和信息技术服务业
21	300396.SZ	迪瑞医疗	2011	中央国有企业	长春高新区	是	制造业－专用设备制造业
22	300638.SZ	广和通	1999	民营企业	深圳高新区	是	制造业－计算机、通信和其他电子设备制造业
23	300298.SZ	三诺生物	1994	民营企业	长沙高新区	是	制造业－专用设备制造业
24	301048.SZ	金鹰重工	2020	中央国有企业	襄阳高新区	是	制造业－铁路、船舶、航空航天和其他运输设备制造业
25	300369.SZ	绿盟科技	2007	中外合资经营企业	中关村科技园区	是	信息传输、软件和信息技术服务业－软件和信息技术服务业

续表

排名	证券代码	证券名称	上市年份	组织形式	高新区	是否高企	所属国民经济行业
26	300349.SZ	金卡智能	2014	民营企业	温州高新区	是	信息传输、软件和信息技术服务业－软件和信息技术服务业
27	300146.SZ	汤臣倍健	2012	民营企业	珠海高新区	是	制造业－食品制造业
28	300206.SZ	理邦仪器	2009	民营企业	深圳高新区	是	制造业－专用设备制造业
29	300482.SZ	万孚生物	2021	民营企业	广州高新区	是	制造业－医药制造业
30	300387.SZ	富邦股份	2002	民营企业	孝感高新区	是	制造业－化学原料和化学制品制造业
31	300759.SZ	康龙化成	2001	中外合资经营企业	中关村科技园区	是	科学研究和技术服务业－研究和试验发展
32	300440.SZ	运达科技	2017	民营企业	成都高新区	是	信息传输、软件和信息技术服务业－软件和信息技术服务业
33	300212.SZ	易华录	2020	中央国有企业	中关村科技园区	是	信息传输、软件和信息技术服务业－软件和信息技术服务业
34	300015.SZ	爱尔眼科	2017	民营企业	长沙高新区	是	卫生和社会工作－卫生
35	300725.SZ	药石科技	2008	民营企业	南京高新区	是	制造业－化学原料和化学制品制造业
36	301035.SZ	润丰股份	2011	民营企业	潍坊高新区	是	制造业－化学原料和化学制品制造业
37	300957.SZ	贝泰妮	2014	外资企业	昆明高新区	是	制造业－化学原料和化学制品制造业
38	300007.SZ	汉威科技	2019	民营企业	郑州高新区	是	制造业－仪器仪表制造业
39	300627.SZ	华测导航	2014	民营企业	上海张江高新区	是	制造业－计算机、通信和其他电子设备制造业
40	300691.SZ	联合光电	2018	民营企业	火炬开发区	是	制造业－计算机、通信和其他电子设备制造业
41	300608.SZ	思特奇	2011	民营企业	中关村科技园区	是	信息传输、软件和信息技术服务业－软件和信息技术服务业
42	300516.SZ	久之洋	2014	中央国有企业	武汉东湖高新区	是	制造业－计算机、通信和其他电子设备制造业
43	300376.SZ	易事特	2015	民营企业	东莞松山湖高新区	是	制造业－电气机械和器材制造业
44	300659.SZ	中孚信息	2018	民营企业	济南高新区	是	信息传输、软件和信息技术服务业－软件和信息技术服务业

续表

排名	证券代码	证券名称	上市年份	组织形式	高新区	是否高企	所属国民经济行业
45	300552.SZ	万集科技	2010	民营企业	中关村科技园区	是	信息传输、软件和信息技术服务业 - 软件和信息技术服务业
46	300203.SZ	聚光科技	2014	民营企业	杭州高新区	是	制造业 - 仪器仪表制造业
47	300379.SZ	东方通	2018	民营企业	中关村科技园区	是	信息传输、软件和信息技术服务业 - 软件和信息技术服务业
48	300142.SZ	沃森生物	2018	民营企业	昆明高新区	是	制造业 - 医药制造业
49	300185.SZ	通裕重工	2015	地方国有企业	德州高新区	是	制造业 - 通用设备制造业
50	300604.SZ	长川科技	2003	民营企业	杭州高新区	是	制造业 - 专用设备制造业
51	300682.SZ	朗新科技	2017	民营企业	无锡高新区	是	信息传输、软件和信息技术服务业 - 软件和信息技术服务业
52	300037.SZ	新宙邦	2014	民营企业	深圳高新区	是	制造业 - 化学原料和化学制品制造业
53	300373.SZ	扬杰科技	2020	民营企业	扬州高新区	是	制造业 - 计算机、通信和其他电子设备制造业
54	300496.SZ	中科创达	2017	民营企业	中关村科技园区	是	信息传输、软件和信息技术服务业 - 软件和信息技术服务业
55	300666.SZ	江丰电子	2020	民营企业	宁波高新区	是	制造业 - 计算机、通信和其他电子设备制造业
56	301221.SZ	光庭信息	2010	民营企业	武汉东湖高新区	是	信息传输、软件和信息技术服务业 - 软件和信息技术服务业
57	300529.SZ	健帆生物	2011	民营企业	珠海高新区	是	制造业 - 专用设备制造业
58	300134.SZ	大富科技	2009	民营企业	蚌埠高新区	是	制造业 - 计算机、通信和其他电子设备制造业
59	300433.SZ	蓝思科技	2019	民营企业	长沙高新区	是	制造业 - 计算机、通信和其他电子设备制造业
60	300729.SZ	乐歌股份	2020	民营企业	宁波高新区	是	制造业 - 家具制造业
61	300416.SZ	苏试试验	2019	民营企业	苏州工业园	是	科学研究和技术服务业 - 专业技术服务业
62	300190.SZ	维尔利	2016	民营企业	常州高新区	是	水利、环境和公共设施管理业 - 生态保护和环境治理业
63	300223.SZ	北京君正	2019	民营企业	中关村科技园区	是	制造业 - 计算机、通信和其他电子设备制造业

续表

排名	证券代码	证券名称	上市年份	组织形式	高新区	是否高企	所属国民经济行业
64	300371.SZ	汇中股份	2010	民营企业	唐山高新区	是	制造业-仪器仪表制造业
65	300864.SZ	南大环境	2019	地方国有企业	南京高新区	是	水利、环境和公共设施管理业-生态保护和环境治理业
66	300248.SZ	新开普	2009	民营企业	郑州高新区	是	信息传输、软件和信息技术服务业-软件和信息技术服务业
67	300059.SZ	东方财富	2018	民营企业	上海张江高新区	是	金融业-资本市场服务
68	300041.SZ	回天新材	1999	民营企业	襄阳高新区	是	制造业-化学原料和化学制品制造业
69	300633.SZ	开立医疗	2001	民营企业	深圳高新区	是	制造业-专用设备制造业
70	300699.SZ	光威复材	1997	民营企业	威海火炬高新区	是	制造业-化学纤维制造业
71	300566.SZ	激智科技	2021	民营企业	宁波高新区	是	制造业-计算机、通信和其他电子设备制造业
72	300763.SZ	锦浪科技	2021	民营企业	宁波高新区	是	制造业-电气机械和器材制造业
73	300026.SZ	红日药业	2002	地方国有企业	天津滨海高新区	是	制造业-医药制造业
74	300685.SZ	艾德生物	2011	外资企业	厦门火炬高新区	是	制造业-医药制造业
75	300875.SZ	捷强装备	2020	民营企业	天津滨海高新区	是	制造业-专用设备制造业
76	300527.SZ	中船应急	2021	中央国有企业	武汉东湖高新区	是	制造业-专用设备制造业
77	300073.SZ	当升科技	2006	中央国有企业	中关村科技园区	是	制造业-电气机械和器材制造业
78	300296.SZ	利亚德	2011	民营企业	中关村科技园区	是	制造业-计算机、通信和其他电子设备制造业
79	300832.SZ	新产业	2019	民营企业	深圳高新区	是	制造业-医药制造业
80	300958.SZ	建工修复	2009	地方国有企业	中关村科技园区	是	水利、环境和公共设施管理业-生态保护和环境治理业
81	300712.SZ	永福股份	2016	民营企业	福州高新区	是	建筑业-土木工程建筑业
82	300034.SZ	钢研高纳	2001	中央国有企业	中关村科技园区	是	制造业-有色金属冶炼和压延加工业

附录4
国家高新区创业板100强企业

续表

排名	证券代码	证券名称	上市年份	组织形式	高新区	是否高企	所属国民经济行业
83	300861.SZ	美畅股份	2005	民营企业	杨凌高新区	否	制造业-非金属矿物制品业
84	300327.SZ	中颖电子	2016	外资企业	上海张江高新区	是	制造业-计算机、通信和其他电子设备制造业
85	300747.SZ	锐科激光	2017	中央国有企业	武汉东湖高新区	是	制造业-计算机、通信和其他电子设备制造业
86	300503.SZ	昊志机电	2001	民营企业	广州高新区	是	制造业-通用设备制造业
87	300101.SZ	振芯科技	2020	民营企业	成都高新区	是	制造业-计算机、通信和其他电子设备制造业
88	300463.SZ	迈克生物	2020	民营企业	成都高新区	是	制造业-医药制造业
89	300205.SZ	天喻信息	2021	民营企业	武汉东湖高新区	是	制造业-计算机、通信和其他电子设备制造业
90	300236.SZ	上海新阳	2016	民营企业	上海张江高新区	是	制造业-化学原料和化学制品制造业
91	300500.SZ	启迪设计	2019	民营企业	苏州工业园	是	科学研究和技术服务业-专业技术服务业
92	300705.SZ	九典制药	2021	民营企业	长沙高新区	是	制造业-医药制造业
93	300407.SZ	凯发电气	2016	民营企业	天津滨海高新区	是	制造业-电气机械和器材制造业
94	300002.SZ	神州泰岳	1997	民营企业	中关村科技园区	是	信息传输、软件和信息技术服务业-软件和信息技术服务业
95	300562.SZ	乐心医疗	2021	民营企业	火炬开发区	是	制造业-专用设备制造业
96	301080.SZ	百普赛斯	2010	民营企业	中关村科技园区	是	科学研究和技术服务业-研究和试验发展
97	300821.SZ	东岳硅材	2015	民营企业	淄博高新区	是	制造业-化学原料和化学制品制造业
98	300862.SZ	蓝盾光电	2019	民营企业	铜陵狮子山高新区	是	制造业-仪器仪表制造业
99	300088.SZ	长信科技	2020	地方国有企业	芜湖高新区	是	制造业-计算机、通信和其他电子设备制造业
100	300487.SZ	蓝晓科技	2018	民营企业	西安高新区	是	制造业-化学原料和化学制品制造业

附录 5

国家高新区科创板 100 强企业

排名	证券代码	证券名称	上市年份	组织形式	高新区	是否高企	所属国民经济行业
1	688660.SH	电气风电	2001	地方国有企业	上海紫竹高新区	是	制造业－通用设备制造业
2	688798.SH	艾为电子	2020	民营企业	上海张江高新区	是	制造业－计算机、通信和其他电子设备制造业
3	688208.SH	道通科技	2015	民营企业	深圳高新区	是	制造业－计算机、通信和其他电子设备制造业
4	688772.SH	珠海冠宇	2019	民营企业	珠海高新区	是	制造业－电气机械和器材制造业
5	688599.SH	天合光能	2020	民营企业	常州高新区	是	制造业－电气机械和器材制造业
6	688363.SH	华熙生物	2020	民营企业	济南高新区	是	制造业－医药制造业

附录5
国家高新区科创板100强企业

续表

排名	证券代码	证券名称	上市年份	组织形式	高新区	是否高企	所属国民经济行业
7	688235.SH	百济神州-U	2019	外资企业	中关村科技园区	否	制造业－医药制造业
8	688256.SH	寒武纪-U	1999	民营企业	中关村科技园区	是	信息传输、软件和信息技术服务业－软件和信息技术服务业
9	688378.SH	奥来德	2000	民营企业	长春高新区	是	制造业－专用设备制造业
10	688088.SH	虹软科技	2003	外资企业	杭州高新区	是	信息传输、软件和信息技术服务业－软件和信息技术服务业
11	688561.SH	奇安信-U	2001	民营企业	中关村科技园区	是	信息传输、软件和信息技术服务业－软件和信息技术服务业
12	688777.SH	中控技术	2016	民营企业	杭州高新区	是	信息传输、软件和信息技术服务业－软件和信息技术服务业
13	688036.SH	传音控股	2017	民营企业	深圳高新区	否	制造业－计算机、通信和其他电子设备制造业
14	688399.SH	硕世生物	2021	民营企业	泰州医药高新区	是	制造业－医药制造业
15	688007.SH	光峰科技	2000	民营企业	深圳高新区	是	制造业－计算机、通信和其他电子设备制造业
16	688553.SH	汇宇制药-W	2019	民营企业	内江高新区	是	制造业－医药制造业
17	688018.SH	乐鑫科技	2019	外资企业	上海张江高新区	是	信息传输、软件和信息技术服务业－软件和信息技术服务业
18	688192.SH	迪哲医药-U	2010	中外合资经营企业	无锡高新区	是	制造业－医药制造业
19	688008.SH	澜起科技	2010	民营企业	上海张江高新区	是	制造业－计算机、通信和其他电子设备制造业
20	688696.SH	极米科技	2010	民营企业	成都高新区	是	制造业－计算机、通信和其他电子设备制造业
21	688222.SH	成都先导	1999	外资企业	成都高新区	是	科学研究和技术服务业－研究和试验发展
22	688023.SH	安恒信息	2009	民营企业	杭州高新区	是	信息传输、软件和信息技术服务业－软件和信息技术服务业
23	688015.SH	交控科技	2014	中央国有企业	中关村科技园区	是	制造业－铁路、船舶、航空航天和其他运输设备制造业
24	688111.SH	金山办公	2017	民营企业	中关村科技园区	是	信息传输、软件和信息技术服务业－软件和信息技术服务业
25	688289.SH	圣湘生物	2020	民营企业	长沙高新区	是	制造业－医药制造业

续表

排名	证券代码	证券名称	上市年份	组织形式	高新区	是否高企	所属国民经济行业
26	688100.SH	威胜信息	2020	民营企业	长沙高新区	是	制造业－计算机、通信和其他电子设备制造业
27	688030.SH	山石网科	2010	中外合资经营企业	苏州高新区	否	信息传输、软件和信息技术服务业－软件和信息技术服务业
28	688012.SH	中微公司	2016	民营企业	上海张江高新区	是	制造业－专用设备制造业
29	688368.SH	晶丰明源	2020	民营企业	上海张江高新区	是	信息传输、软件和信息技术服务业－软件和信息技术服务业
30	688536.SH	思瑞浦	2021	中外合资经营企业	苏州工业园	是	信息传输、软件和信息技术服务业－软件和信息技术服务业
31	688095.SH	福昕软件	2020	民营企业	福州高新区	是	信息传输、软件和信息技术服务业－软件和信息技术服务业
32	688266.SH	泽璟制药－U	1996	中外合资经营企业	昆山高新区	否	制造业－医药制造业
33	688513.SH	苑东生物	2006	民营企业	成都高新区	是	制造业－医药制造业
34	688099.SH	晶晨股份	2015	外资企业	上海张江高新区	是	信息传输、软件和信息技术服务业－软件和信息技术服务业
35	688521.SH	芯原股份－U	2017	民营企业	上海张江高新区	是	信息传输、软件和信息技术服务业－软件和信息技术服务业
36	688601.SH	力芯微	2019	民营企业	无锡高新区	是	制造业－计算机、通信和其他电子设备制造业
37	688107.SH	安路科技－U	2021	民营企业	上海张江高新区	是	制造业－计算机、通信和其他电子设备制造业
38	688499.SH	利元亨	2021	民营企业	惠州仲恺高新区	是	制造业－专用设备制造业
39	688301.SH	奕瑞科技	2019	民营企业	上海张江高新区	是	制造业－医药制造业
40	688180.SH	君实生物－U	1999	民营企业	上海张江高新区	是	制造业－计算机、通信和其他电子设备制造业
41	688608.SH	恒玄科技	2002	民营企业	上海张江高新区	是	制造业－计算机、通信和其他电子设备制造业
42	688385.SH	复旦微电	2021	中外合资经营企业	上海张江高新区	是	制造业－计算机、通信和其他电子设备制造业
43	688003.SH	天准科技	1993	民营企业	苏州高新区	是	制造业－专用设备制造业
44	688105.SH	诺唯赞	2014	民营企业	南京高新区	是	科学研究和技术服务业－研究和试验发展

附录5
国家高新区科创板100强企业

续表

排名	证券代码	证券名称	上市年份	组织形式	高新区	是否高企	所属国民经济行业
45	688188.SH	柏楚电子	2016	民营企业	上海紫竹高新区	是	信息传输、软件和信息技术服务业－软件和信息技术服务业
46	688001.SH	华兴源创	2010	民营企业	苏州工业园	是	制造业－专用设备制造业
47	688508.SH	芯朋微	2007	民营企业	无锡高新区	是	信息传输、软件和信息技术服务业－软件和信息技术服务业
48	688303.SH	大全能源	2018	民营企业	石河子高新区	是	制造业－电气机械和器材制造业
49	688029.SH	南微医学	2012	中外合资经营企业	南京高新区	是	制造业－专用设备制造业
50	688739.SH	成大生物	2010	地方国有企业	沈阳高新区	是	制造业－医药制造业
51	688595.SH	芯海科技	2020	民营企业	深圳高新区	是	制造业－计算机、通信和其他电子设备制造业
52	688009.SH	中国通号	2015	中央国有企业	中关村科技园区	是	制造业－铁路、船舶、航空航天和其他运输设备制造业
53	688039.SH	当虹科技	2020	民营企业	杭州高新区	是	信息传输、软件和信息技术服务业－软件和信息技术服务业
54	688779.SH	长远锂科	2021	中央国有企业	长沙高新区	是	制造业－电气机械和器材制造业
55	688526.SH	科前生物	2016	民营企业	武汉东湖高新区	是	制造业－医药制造业
56	688016.SH	心脉医疗	2006	中外合资经营企业	上海张江高新区	是	制造业－专用设备制造业
57	688068.SH	热景生物	2008	民营企业	中关村科技园区	是	制造业－医药制造业
58	688037.SH	芯源微	2011	民营企业	沈阳高新区	是	制造业－专用设备制造业
59	688066.SH	航天宏图	2015	民营企业	中关村科技园区	是	信息传输、软件和信息技术服务业－软件和信息技术服务业
60	688568.SH	中科星图	2015	中央国有企业	中关村科技园区	是	信息传输、软件和信息技术服务业－软件和信息技术服务业
61	688169.SH	石头科技	2010	民营企业	中关村科技园区	是	制造业－电气机械和器材制造业
62	688516.SH	奥特维	2015	民营企业	无锡高新区	是	制造业－专用设备制造业
63	688027.SH	国盾量子	2011	地方国有企业	合肥高新区	是	制造业－计算机、通信和其他电子设备制造业

续表

排名	证券代码	证券名称	上市年份	组织形式	高新区	是否高企	所属国民经济行业
64	688177.SH	百奥泰	2021	民营企业	广州高新区	是	制造业－医药制造业
65	688575.SH	亚辉龙	2004	民营企业	深圳高新区	是	制造业－医药制造业
66	688165.SH	埃夫特-U	2020	地方国有企业	芜湖高新区	是	制造业－通用设备制造业
67	688358.SH	祥生医疗	2017	民营企业	无锡高新区	是	制造业－专用设备制造业
68	688669.SH	聚石化学	2021	民营企业	清远高新区	是	制造业－橡胶和塑料制品业
69	688557.SH	兰剑智能	2012	民营企业	济南高新区	是	制造业－通用设备制造业
70	688049.SH	炬芯科技	1996	外资企业	珠海高新区	是	制造业－计算机、通信和其他电子设备制造业
71	688151.SH	华强科技	2017	中央国有企业	宜昌高新区	是	制造业－专用设备制造业
72	688579.SH	山大地纬	2004	地方国有企业	济南高新区	是	信息传输、软件和信息技术服务业－软件和信息技术服务业
73	688788.SH	科思科技	2017	民营企业	深圳高新区	是	制造业－计算机、通信和其他电子设备制造业
74	688336.SH	三生国健	2010	外资企业	上海张江高新区	是	制造业－医药制造业
75	688676.SH	金盘科技	2021	民营企业	海口高新区	是	制造业－电气机械和器材制造业
76	688085.SH	三友医疗	2015	民营企业	上海张江高新区	是	制造业－专用设备制造业
77	688389.SH	普门科技	2020	民营企业	深圳高新区	是	制造业－专用设备制造业
78	688677.SH	海泰新光	2006	外资企业	青岛高新区	是	制造业－专用设备制造业
79	688139.SH	海尔生物	2014	集体企业	青岛高新区	是	制造业－专用设备制造业
80	688286.SH	敏芯股份	2015	民营企业	苏州工业园	是	制造业－计算机、通信和其他电子设备制造业
81	688013.SH	天臣医疗	2019	民营企业	苏州工业园	是	制造业－专用设备制造业
82	688276.SH	百克生物	2007	地方国有企业	长春高新区	是	制造业－医药制造业

附录5
国家高新区科创板100强企业

续表

排名	证券代码	证券名称	上市年份	组织形式	高新区	是否高企	所属国民经济行业
83	688082.SH	盛美上海	2017	外资企业	上海张江高新区	是	制造业－专用设备制造业
84	688768.SH	容知日新	2000	民营企业	合肥高新区	是	制造业－仪器仪表制造业
85	688019.SH	安集科技	2011	中外合资经营企业	上海张江高新区	是	制造业－计算机、通信和其他电子设备制造业
86	688609.SH	九联科技	2021	民营企业	惠州仲恺高新区	是	制造业－计算机、通信和其他电子设备制造业
87	688598.SH	金博股份	2019	民营企业	益阳高新区	是	制造业－非金属矿物制品业
88	688580.SH	伟思医疗	2019	民营企业	南京高新区	是	制造业－专用设备制造业
89	688607.SH	康众医疗	2020	中外合资经营企业	苏州工业园	是	制造业－专用设备制造业
90	688158.SH	优刻得－W	2014	民营企业	上海张江高新区	是	信息传输、软件和信息技术服务业－互联网和相关服务
91	688321.SH	微芯生物	2021	外资企业	深圳高新区	是	制造业－医药制造业
92	688167.SH	炬光科技	2012	民营企业	西安高新区	是	制造业－计算机、通信和其他电子设备制造业
93	688737.SH	中自科技	2019	民营企业	成都高新区	是	制造业－化学原料和化学制品制造业
94	688299.SH	长阳科技	2002	民营企业	宁波高新区	是	制造业－橡胶和塑料制品业
95	688550.SH	瑞联新材	2020	民营企业	西安高新区	是	制造业－化学原料和化学制品制造业
96	688315.SH	诺禾致源	2021	民营企业	中关村科技园区	是	科学研究和技术服务业－专业技术服务业
97	688339.SH	亿华通－U	1998	民营企业	中关村科技园区	是	制造业－电气机械和器材制造业
98	688166.SH	博瑞医药	2016	民营企业	苏州工业园	是	制造业－医药制造业
99	688201.SH	信安世纪	2020	民营企业	中关村科技园区	是	信息传输、软件和信息技术服务业－软件和信息技术服务业
100	688199.SH	久日新材	2010	民营企业	天津滨海高新区	是	制造业－化学原料和化学制品制造业

附录 6

2021 年 144 家国家高新区上市公司创新能力及分项指标表现

国家高新区	总排名	创新投入能力得分及排名		创新产出能力得分及排名		创新保障能力得分及排名	
中关村科技园区	1	21.41	13	42.50	1	18.98	1
上海张江高新区	2	20.94	21	40.56	3	17.93	3
深圳高新区	3	19.66	38	39.92	4	18.37	2
珠海高新区	4	19.12	51	40.58	2	16.89	6
惠州仲恺高新区	5	21.74	11	37.55	5	15.87	15
杭州高新区	6	21.92	8	36.15	10	16.93	4
成都高新区	7	21.11	19	36.62	6	16.23	11
南京高新区	8	20.38	30	36.39	8	16.75	7
长沙高新区	9	21.12	18	35.80	12	16.60	9
武汉东湖高新区	10	21.05	20	35.55	15	16.65	8
潍坊高新区	11	22.30	6	35.08	16	15.85	16
保定高新区	12	21.29	16	35.98	11	15.76	19
广州高新区	13	19.41	42	36.22	9	16.91	5
合肥高新区	14	21.32	15	34.85	18	16.10	13
连云港高新区	15	23.60	1	33.21	27	15.23	28

附录6
2021年144家国家高新区上市公司创新能力及分项指标表现

续表

国家高新区	总排名	创新投入能力得分及排名		创新产出能力得分及排名		创新保障能力得分及排名	
乌鲁木齐高新区	16	22.88	4	35.77	13	13.03	85
天津滨海高新区	17	21.75	10	34.05	22	15.85	17
洛阳高新区	18	20.75	22	34.69	19	15.50	22
呼和浩特金山高新区	19	18.95	58	36.57	7	15.19	29
马鞍山慈湖高新区	20	21.24	17	34.46	20	14.86	38
青岛高新区	21	19.36	44	35.63	14	15.34	26
济南高新区	22	20.40	29	33.61	25	15.70	20
无锡高新区	23	20.57	26	32.93	30	15.24	27
宁波高新区	24	18.60	64	33.92	23	15.91	14
苏州工业园	25	19.21	48	32.87	32	16.31	10
温州高新区	26	17.88	77	34.91	17	15.17	30
昆明高新区	27	19.92	34	32.89	31	15.12	31
包头稀土高新区	28	19.20	50	33.71	24	14.88	37
武进高新区	29	18.53	65	34.25	21	14.78	41
绵阳高新区	30	20.22	32	32.28	34	15.03	32
长春高新区	31	22.75	5	29.64	55	14.94	36
福州高新区	32	20.72	24	31.64	37	14.96	34
苏州高新区	33	18.43	66	33.49	26	15.00	33
西安高新区	34	19.02	56	31.46	38	16.16	12
贵阳高新区	35	19.08	53	32.42	33	14.69	42
襄阳高新区	36	20.63	25	31.41	39	14.11	54
南昌高新区	37	18.98	57	31.71	36	14.78	40
郑州高新区	38	20.54	27	30.23	49	14.33	48
厦门火炬高新区	39	16.13	114	33.13	28	15.77	18
株洲高新区	40	19.78	36	30.24	48	14.03	56
哈尔滨高新区	41	19.75	37	29.94	52	14.02	57
新余高新区	42	16.92	99	32.99	29	13.38	71
嘉兴秀洲高新区	43	18.35	68	30.77	43	14.12	53

续表

国家高新区	总排名	创新投入能力 得分及排名		创新产出能力 得分及排名		创新保障能力 得分及排名	
绍兴高新区	44	17.14	91	31.78	35	14.00	58
重庆高新区	45	17.30	89	30.85	42	14.51	44
火炬开发区	46	16.94	97	30.09	51	15.57	21
常州高新区	47	18.95	59	28.45	60	14.95	35
芜湖高新区	48	18.33	70	29.68	53	14.28	50
汕头高新区	49	18.17	74	30.28	47	13.69	64
萧山临江高新区	50	15.81	117	31.14	40	14.85	39
柳州高新区	51	19.25	45	28.74	58	13.71	62
咸阳高新区	52	18.27	71	30.17	50	13.11	81
昌吉高新区	53	22.91	3	24.94	78	13.62	65
东莞松山湖高新区	54	16.26	112	30.43	46	14.65	43
江门高新区	55	18.85	61	28.28	61	13.57	66
上海紫竹高新区	56	20.45	28	26.47	68	13.71	63
宜昌高新区	57	15.93	116	30.46	45	14.15	51
江阴高新区	58	16.26	113	29.68	54	14.42	47
漳州高新区	59	16.39	109	30.64	44	13.31	74
淄博高新区	60	19.88	35	24.98	77	15.37	25
扬州高新区	61	17.64	79	28.90	57	13.48	68
长春净月高新区	62	21.79	9	24.14	84	13.72	61
龙岩高新区	63	14.97	129	31.05	41	13.13	80
昆山高新区	64	17.36	87	28.46	59	13.28	76
海口高新区	65	16.60	105	29.17	56	13.30	75
沈阳高新区	66	22.18	7	22.04	99	14.48	45
佛山高新区	67	17.99	76	25.22	74	15.43	24
平顶山高新区	68	20.04	33	25.45	72	13.04	84
辽阳高新区	69	19.37	43	27.29	65	11.86	110
太原高新区	70	19.05	55	24.99	76	14.46	46
通化医药高新区	71	23.26	2	23.10	88	12.09	107

附录6
2021年144家国家高新区上市公司创新能力及分项指标表现

续表

国家高新区	总排名	创新投入能力 得分及排名		创新产出能力 得分及排名		创新保障能力 得分及排名	
南宁高新区	72	17.01	95	27.38	64	13.76	60
荆门高新区	73	17.85	78	26.30	69	13.82	59
威海火炬高新区	74	19.24	46	23.88	85	14.31	49
鄂尔多斯高新区	75	17.37	86	26.91	67	13.15	79
清远高新区	76	17.20	90	27.13	66	13.03	86
泰州医药高新区	77	19.50	40	25.08	75	12.66	93
白银高新区	78	18.21	73	25.49	71	13.26	77
长治高新区	79	19.12	52	24.52	81	13.16	78
蚌埠高新区	80	18.69	62	23.87	86	14.15	52
烟台高新区	81	15.77	118	28.02	62	12.44	100
安阳高新区	82	20.35	31	22.30	94	13.32	73
济宁高新区	83	20.73	23	21.73	103	13.44	70
内江高新区	84	21.71	12	21.51	109	11.49	118
石河子高新区	85	17.55	82	24.43	83	12.50	97
桂林高新区	86	18.65	63	22.76	89	12.86	90
宿迁高新区	87	16.30	110	24.92	79	13.01	87
大连高新区	88	14.06	136	27.74	63	12.35	103
锦州高新区	89	16.56	108	22.00	100	15.44	23
湖州莫干山高新区	90	17.07	93	23.35	87	13.37	72
石家庄高新区	91	17.64	80	21.72	104	14.03	55
湘潭高新区	92	19.22	47	20.41	118	13.48	69
徐州高新区	93	16.07	115	25.28	73	11.51	117
北海高新区	94	19.48	41	22.37	92	10.91	125
德州高新区	95	17.59	81	22.16	96	12.86	91
肇庆高新区	96	17.45	83	22.37	93	12.79	92
宝鸡高新区	97	18.37	67	20.72	114	13.49	67
益阳高新区	98	16.94	98	22.42	91	13.09	82
泉州高新区	99	14.43	135	25.93	70	11.85	111

续表

国家高新区	总排名	创新投入能力 得分及排名		创新产出能力 得分及排名		创新保障能力 得分及排名	
景德镇高新区	100	18.24	72	21.26	111	12.54	95
兰州高新区	101	19.53	39	19.31	121	13.08	83
新乡高新区	102	17.38	84	22.09	97	12.02	109
阜新高新区	103	21.37	14	18.46	128	11.34	120
乐山高新区	104	16.75	103	21.27	110	12.92	89
镇江高新区	105	16.80	102	21.58	106	12.48	98
铜陵狮子山高新区	106	16.59	106	22.07	98	12.13	106
衢州高新区	107	16.57	107	21.53	107	12.54	96
杨凌高新区	108	17.34	88	21.81	102	11.43	119
湛江高新区	109	17.00	96	20.94	113	12.36	102
孝感高新区	110	15.67	119	22.24	95	12.25	105
南阳高新区	111	17.37	85	20.70	117	11.52	116
南通高新区	112	15.27	123	21.68	105	12.59	94
玉溪高新区	113	18.87	60	18.47	127	11.75	113
自贡高新区	114	19.07	54	17.53	133	12.45	99
潜江高新区	115	13.93	137	24.46	82	10.62	131
唐山高新区	116	17.09	92	21.53	108	10.06	135
随州高新区	117	15.33	122	21.17	112	11.69	114
安顺高新区	118	14.95	131	20.72	115	12.43	101
营口高新区	119	18.00	75	19.14	123	10.74	128
抚州高新区	120	16.83	101	18.99	126	11.80	112
荣昌高新区	121	16.67	104	19.76	119	11.13	123
泰安高新区	122	17.03	94	19.10	124	10.18	134
鞍山高新区	123	16.91	100	17.13	137	12.08	108
淮南高新区	124	8.91	144	24.73	80	12.31	104
鹰潭高新区	125	13.89	138	20.72	116	11.15	122
大庆高新区	126	18.34	69	17.83	131	9.56	139
宜春丰城高新区	127	15.11	126	19.04	125	10.98	124

附录6
2021年144家国家高新区上市公司创新能力及分项指标表现

续表

国家高新区	总排名	创新投入能力得分及排名		创新产出能力得分及排名		创新保障能力得分及排名	
宁夏石嘴山高新区	128	16.27	111	17.76	132	10.67	130
黄冈高新区	129	15.06	127	19.41	120	9.68	138
吉林高新区	130	15.00	128	17.39	136	11.56	115
衡阳高新区	131	19.21	49	14.28	144	10.36	133
泸州高新区	132	14.97	130	17.53	134	11.31	121
莱芜高新区	133	14.71	133	17.49	135	10.71	129
常熟高新区	134	15.20	125	14.59	142	12.99	88
璧山高新区	135	13.13	140	18.14	130	10.74	127
承德高新区	136	14.88	132	18.34	129	8.52	141
郴州高新区	137	15.35	121	14.74	141	10.79	126
青海高新区	138	13.78	139	21.98	101	4.94	144
茂名高新区	139	15.47	120	16.13	139	8.44	142
黄石大冶湖高新区	140	14.70	134	15.18	140	9.79	137
咸宁高新区	141	15.20	124	14.34	143	9.80	136
银川高新区	142	9.63	143	22.49	90	7.13	143
燕郊高新区	143	9.66	142	19.17	122	9.27	140
三明高新区	144	10.13	141	16.43	138	10.49	132

续表

附录 7

国家高新区上市公司创新发展评价指标体系及权重

一级指标	二级指标	三级指标	指标权重
A 创新投入能力	A1 人才投入	A11 硕士及以上人员占企业员工比重	0.05444
		A12 研发人员数量	0.04658
	A2 资金投入	A21 研发强度	0.04791
		A22 研发活动区域集中度	0.04196
		A23 设备采购及营销推广经费	0.02104
	A3 创新激励	A31 企业获得的政府创新补助	0.02803
		A32 员工薪酬激励	0.05784
B 创新产出能力	B1 研发成果	B11 当年新增专利数量	0.08471
		B12 当年新增知识产权价值	0.09928
		B13 商业变革力度	0.11259
	B2 经济效益	B21 人均增加值	0.05463
		B22 总资产收益率	0.03149
	B3 社会贡献	B31 股息率	0.0412
		B32 企业所得税区域贡献度	0.06055

续表

一级指标	二级指标	三级指标	指标权重
C 创新保障能力	C1 基础保障	C11 营业收入	0.02613
		C12 总市值均值	0.03577
		C13 核心技术储备	0.0502
	C2 运营保障	C21 资本结构合理度	0.02832
		C22 管理决策专业度	0.03289
	C3 文化保障	C31 从业人员人均教育经费	0.01098
		C32 开放创新及数字转型重视度	0.03346

后　记

2020年7月17日，国务院印发《关于促进国家高新技术产业开发区高质量发展的若干意见》（国发〔2020〕7号），为进一步促进国家高新区高质量发展，发挥好示范引领和辐射带动作用，文件明确提出支持国家高新区内高成长企业利用科创板等多层次资本市场挂牌上市，支持符合条件的国家高新区开发建设主体上市融资。为了准确把握国家高新区内上市公司的创新发展趋势，科学诊断其发展中所存在的共性问题、找出高新区上市公司发展的优势、短板，合理测度其对国家高新区及全国的创新贡献度，合理判断国家高新区上市公司创新发展的未来方向，本报告特编制一套合理的有针对性的国家高新区上市公司创新能力评价体系，以期为政府战略决策提供依据、引导国家高新区的高质量发展。

本报告用了近一年时间完成。在前一版《国家高新区上市公司创新能力评价报告2021》的基础上，中国高新区研究中心于2022年2月再次启动了《国家高新区上市公司创新能力评价报告2022》的编制工作。一是根据国家高新区新版考核评价指标的要求，历时3个多月重新修订了本报告指标体系的21个指标，期间经历了来自于科技部、工业和信息化部，以及中国科学院等机构的多位资深行业专家反复论证。二是在6—9月，同科技部火炬中心合作，经过一系列的筛选和电话查证、地址比对等方法核实，最终确定2021年国家高新区内2283家上市企业的名单，并通过深沪证券交易所、智慧芽专利数据库、东方财富数据库、万德数据库等平台初步完成了基础数据搜集工作。三是于10月启动联合编写组成员招募工作，同步推进报告编写，于12月初完成初稿，先后召开2次专家论证会，最终于2023年1月底完成本报告的终稿。在此，我要对科技部、工业和信息化部，以及中国科学院的各位专家致以诚挚的感谢！

由于时间仓促，书中难免有疏漏和不妥之处，欢迎并期盼各界专家、学者踊跃提出宝贵意见和建议，让《国家高新区上市公司创新能力评价报告2022》一书的编制更加专业，助推国家高新区上市公司全面实现高质量创新发展。

张冲亚
2023年1月